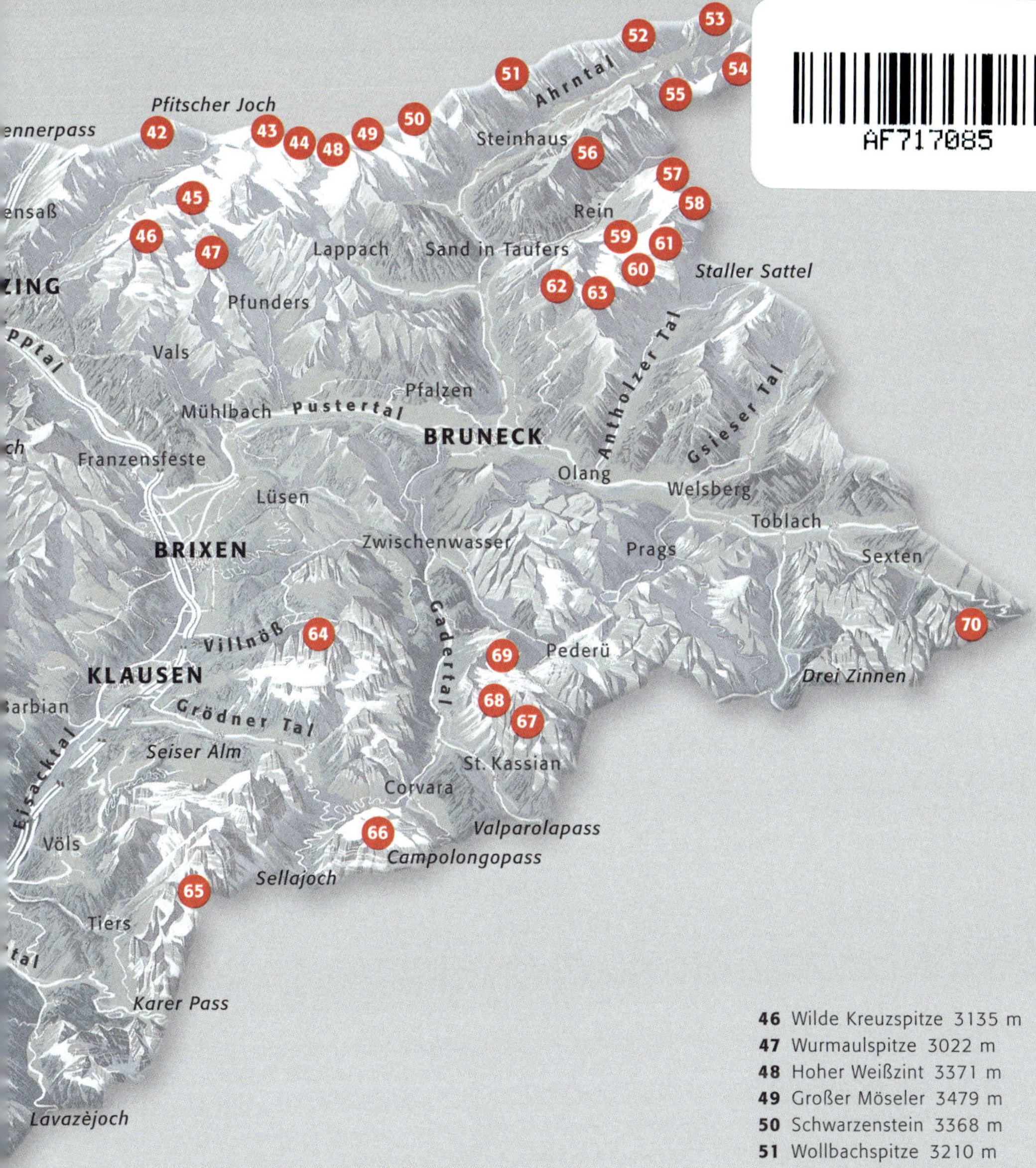

32 Roteck 3337 m
33 Zielspitze 3006 m
34 Lazinser Rötelspitze 3037 m
35 Tschigat 3000 m
36 Hochwilde 3482 m
37 Hinterer Seelenkogel 3470 m
38 Becher 3195
und Wilder Freiger 3418 m
39 Wilder Pfaff 3458
und Zuckerhütl 3507 m
40 Schneespitze 3172 m
41 Weißwandspitze 3016 m
42 Hohe Wand 3289 m
43 Hochsteller 3097 m
44 Hochfeiler 3510 m
45 Grabspitze 3058 m
46 Wilde Kreuzspitze 3135 m
47 Wurmaulspitze 3022 m
48 Hoher Weißzint 3371 m
49 Großer Möseler 3479 m
50 Schwarzenstein 3368 m
51 Wollbachspitze 3210 m
52 Rauchkofel 3252 m
53 Dreiherrenspitze 3499 m
54 Ahrnerkopf 3050 m
55 Rötspitze 3495 m
56 Großer Moosstock 3059 m
57 Dreieckspitze 3031 m
58 Lenkstein 3237 m
59 Schneebiger Nock 3358 m
60 Fernerköpfl 3251 m
61 Magerstein 3273 m
62 Große Windschar 3041 m
63 Schwarze Wand 3105 m
64 Sas Rigais 3025 m
65 Kesselkogel 3004 m
66 Piz Boè 3152 m
67 Piz Conturines 3064 m
68 Piz Lavarela 3055 m
69 Zehner 3026 m
70 Hochbrunnerschneide 3046 m

Die schönsten 3000er in Südtirol

Die 70 lohnendsten Hochtouren zwischen Ortler und Dreiherrenspitze

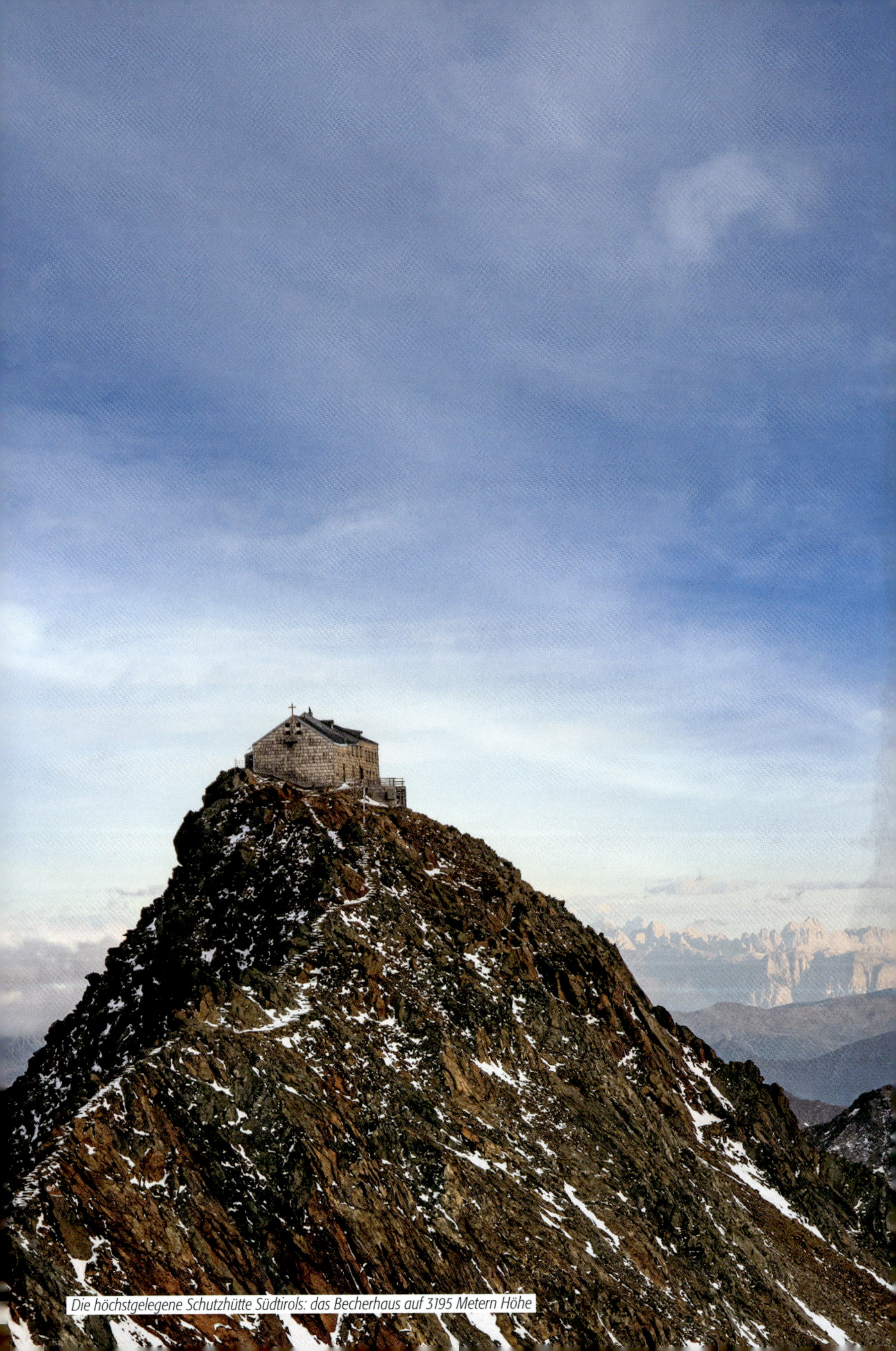

Die höchstgelegene Schutzhütte Südtirols: das Becherhaus auf 3195 Metern Höhe

Hanspaul Menara

Die schönsten 3000er in Südtirol

Die 70 lohnendsten Hochtouren zwischen Ortler und Dreiherrenspitze

TAPPEINER.

Bibliografische Information der Deutschen Nationalbibliothek
Die Deutsche Nationalbibliothek verzeichnet diese Publikation in der Deutschen Nationalbibliografie; detaillierte bibliografische Daten sind im Internet abrufbar: http://dnb.d-nb.de

BILDNACHWEIS
Alle Bilder stammen von **Hanspaul Menara** mit Ausnahme von:
AdobeStock (Umschlag); **Ernst Aigner** (Almenrausch) 6/7, 49, 130; **Margit Ainhauser** 189 re; **www.berglouter.com (Andreas Walder)** 99; **Patrick Egger** 8; **Fotocommunity.de** 262; **Indira Habicher** 33; **Hanspaul Holzmann** 135; **Michael Mair** 52, 179; **Johannes Renfordt** 42; © **Tappeiner Airphoto** 16/17, 161; © **Archiv Georg Tappeiner** 2; sowie dem Privatbesitz der Inserenten.

6., aktualisierte Auflage 2026

Weinbergweg 7
I-39100 Bozen
buchverlag@athesia.it

Umschlaggestaltung: Nele Schütz, München
Kartografie: © KOMPASS Freytag & Berndt GmbH
Karl-Kapferer-Straße 5, A-6020 Innsbruck
Lizenznummer: 01-0325-LAB
Übersichtskarte: Heinz Matthias, Neumarkt
Design & Layout: Athesia-Tappeiner Verlag
Druck: Florjančič, Maribor
Papier: Innenteil Gardamatt Ultra, Vorsatz Magno Natural

Gesamtkatalog unter
www.athesia-tappeiner.com

ISBN 978-88-7073-996-1

Dieses Buch wurde der Umwelt zuliebe nicht mit einer Schutzfolie eingeschweißt.

Bildbeschreibung Umschlag
Die Dreiherrenspitze im Ahrntal

Inhaltsverzeichnis

Dolomiten

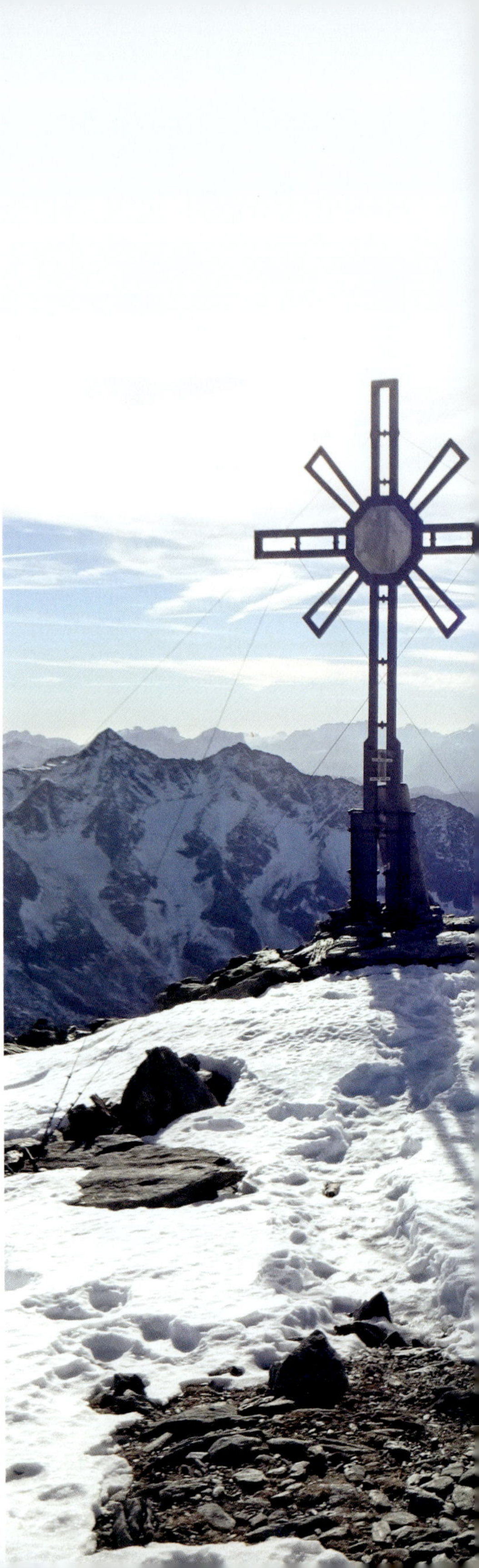

Gipfelkreuz des Großen Moosstock

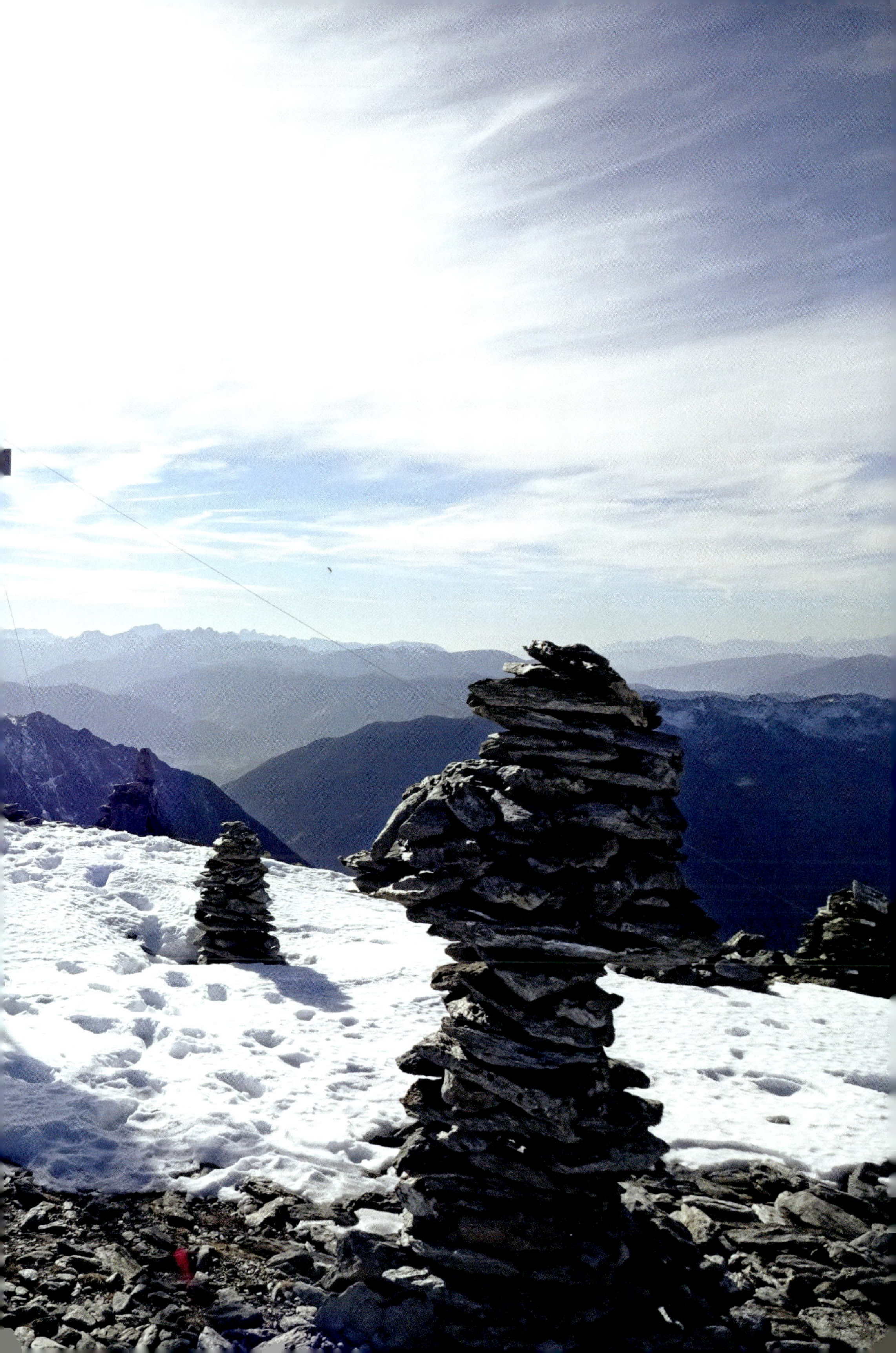

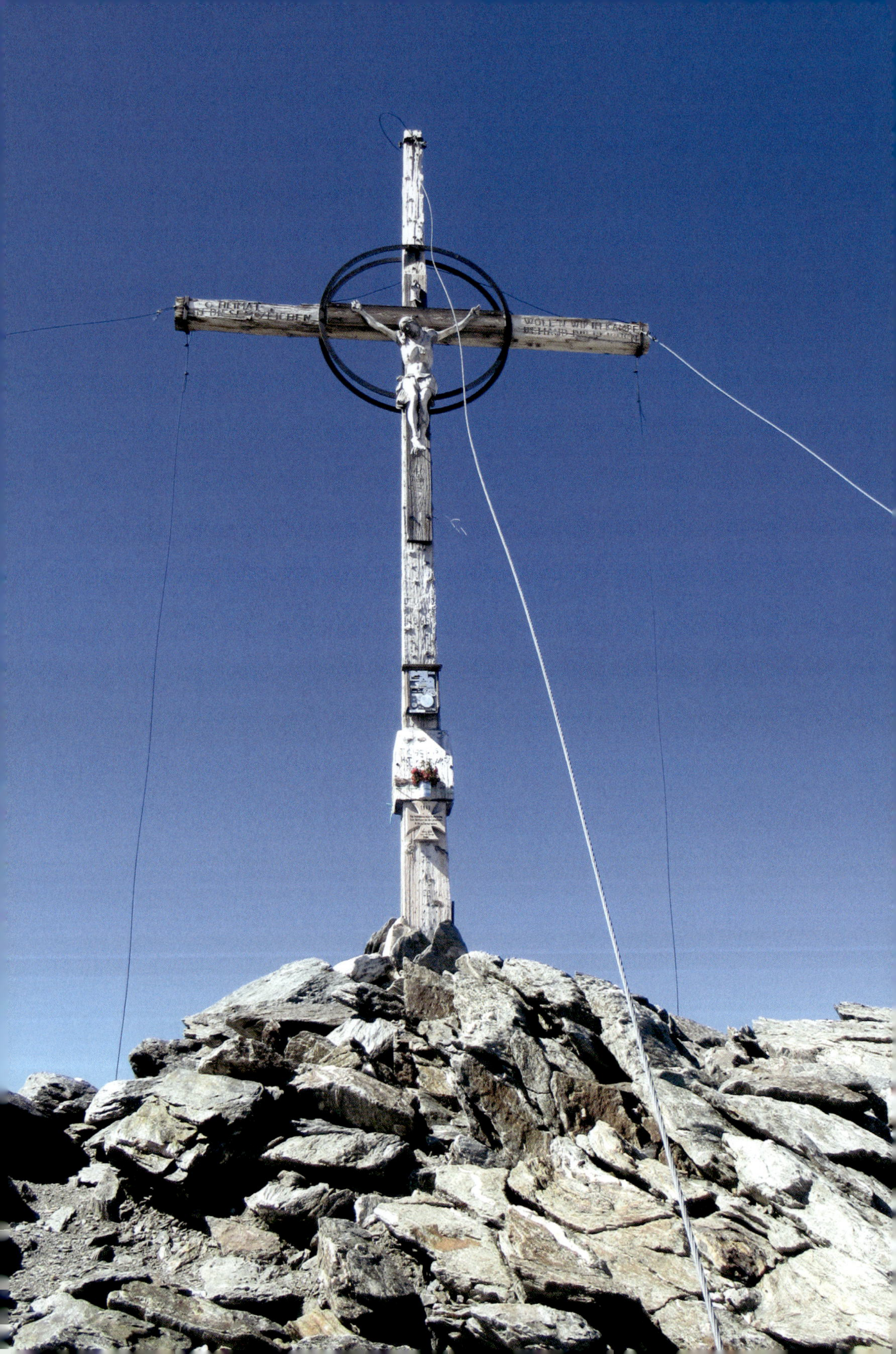
O HEIMAT

Zu diesem Buch

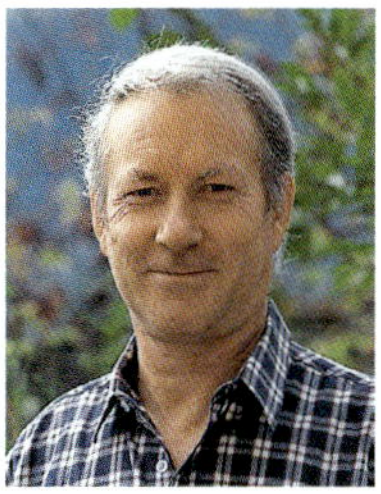

Südtirol ist zwar kein ausgesprochenes Land der Dreitausender, aber deren Zahl ist dennoch beträchtlich und sie prägen in fast allen Talschaften das Landschaftsbild mehr oder weniger entscheidend mit. Hat Südtirol doch Anteil an den Ortler-Alpen, an den Münstertaler, Ötztaler, Stubaier und Zillertaler Alpen, an der Venedigergruppe, an der Rieserfernergruppe und an den Dolomiten; und damit an einer ganzen Reihe bedeutender Hochgebirge des östlichen Alpenbogens.

So gehörte die Besteigung hoher Gipfel fast selbstverständlich auch bereits zu den besonderen Erlebnissen meiner Jugend. Ich werde jenen frühen Morgen nie vergessen, an dem ich auf dem Hochfeiler stand, meinem ersten, immerhin gut 3500 Meter hohen Dreitausender, und über die vom Gold der ersten Sonnenstrahlen übergossene Gletscherwelt der Zillertaler Alpen schaute.

Seit jener ersten Hochfeilerbesteigung verging kaum ein Jahr meines Lebens, das nicht von dieser oder jener Hochtour bereichert worden wäre, und als nun – hauptsächlich von jüngeren Bergfreunden – der Wunsch an mich herangetragen wurde, doch auch einmal ein Dreitausender-Buch herauszubringen, konnte ich natürlich nicht widerstehen.

Das bedeutete freilich, dass ich nicht nur aus dem Fundus vergangener Erlebnisse schöpfen konnte, sondern im Verlauf mehrerer Sommer auch sehr viele Hochtouren nochmals machte, um in diesem nun vorliegenden Buch möglichst aktuelle Angaben liefern zu können.

So erlebte ich im Verlauf dieser letzten Jahre gleichsam einen Teil meines bergsteigerischen Lebens nochmals, und das, weil ich die Touren großteils allein durchführte und auch weil sich mein Interessenspektrum in verschiedene Richtungen hin erweitert hatte, auf eine neue, besonders tiefgehende Art und Weise.

Und so wurde mir wieder in aller Deutlichkeit bewusst, welches Glücksgefühl und welchen Reichtum an Erlebnissen die Besteigung eines Hochgipfels schenken kann. Möge dieses Buch die Wege weisen zu ähnlichen Erlebnissen und damit zu Augenblicken, die vielleicht zu den unvergesslichsten des ganzen Lebens zählen.

Hanspaul Menara

Linke Seite: Das wunderschöne Gipfelkreuz des Hasenöhrls
Unten: Gletscher-Hahnenfuß – eine der Charakterpflanzen des Hochgebirges

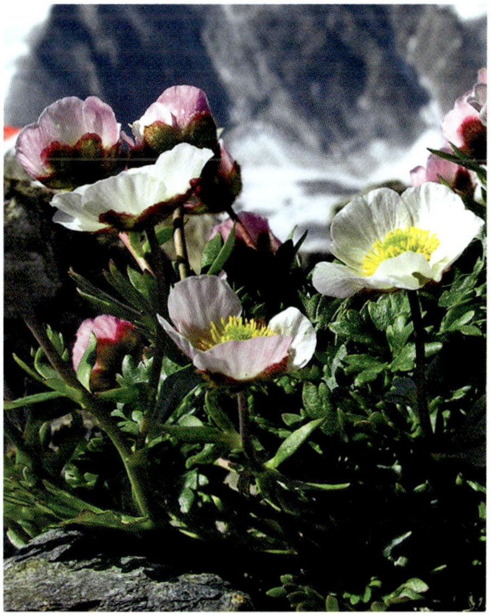

Einführung und Hinweise

Im vorliegenden Buch gehe ich davon aus, dass derjenige, der sich für Dreitausender interessiert, bereits niedrigere Berge bestiegen hat und somit eine gewisse Bergerfahrung besitzt. Daher beschränke ich mich in diesem Abschnitt hauptsächlich auf Hinweise, die das eigentliche Hochgebirge betreffen.

Touren für Normalbergsteiger

Das Buch ist vor allem für den sogenannten Normalbergsteiger gedacht, der sich zwar an das angeseilte Begehen von Gletschern oder an das Begehen von felsigem Gelände mit leichten bis mäßig schwierigen, nicht allzu ausgesetzten Kletterstellen wagt, nicht aber ein Kletterer im eigentlichen Sinn des Wortes ist. Demnach fehlen im Buch Dreitausender, deren Normalanstiege zur Gänze oder teilweise als ausgesprochene Kletterrouten zu bezeichnen sind, wie beispielsweise Langkofel, Grohmannspitze, Zwölfer oder Tribulaun.
Bei den Routen handelt es sich sowohl um gletscherfreie als auch um solche, die mehr oder weniger lange Gletscherbegehungen beinhalten. Eine wie immer geartete Vollständigkeit wurde nicht angestrebt und die Auswahl der Touren erfolgte teilweise nach rein subjektiven Kriterien.

Höhenangaben

Die Höhenangaben in diesem Buch und in anderen Publikationen können aufgrund fehlender Einheitlichkeit in den Kartenwerken gelegentlich kleine Unterschiede aufweisen, die für den Wanderer allerdings höchstens dort ins Gewicht fallen, wo sie einem Berg den Nimbus des Dreitausenders verleihen oder absprechen, das heißt, ob sie einen Gipfel 3000 Meter hoch sein lassen oder beispielsweise nur 2999 Meter. Ich habe mich jedenfalls dort, wo es wirklich nur um einen oder zwei Meter Unterschied geht, »im Zweifel für den Dreitausender« entschieden. Schließlich atmet man da oben in jedem Fall Dreitausenderluft – ein paar Meter hin oder her.

Gehzeiten

Bei den angegebenen Gehzeiten handelt es sich selbstverständlich nur um die reine Gehzeit und nur um Annäherungswerte, die je nach Kondition, Gehgewohnheit, Witterung und sonstigen Umständen mehr oder weniger stark schwanken können.

Schwierigkeitsbewertung

Die jeder Wegbeschreibung angefügte Schwierigkeitsbewertung gilt nur für günstige sommerliche Verhältnisse, das heißt normal ausgeapertes Gelände, trockene Felsen, intakte Weganlagen sowie gute Witterung. Ungünstige Verhältnisse, zum Beispiel ungewöhnlich wenig oder viel Schnee, nasse oder vereiste Felsen, schadhafte Wegsicherungen, aber auch Nebel, starker Wind oder große Kälte, können eine an sich problemlose Route durchaus in eine sehr schwierige oder gar unbegehbare verwandeln. Gilt dies schon für niedrigere Berge, so gilt es in noch viel stärkerem Maße für Dreitausender!

Höhenprofile

Die Höhenprofile entsprechen objektiv zwar den tatsächlichen Gegebenheiten, sie lassen die Anstiege insgesamt aber weniger steil erscheinen als sie bei der Begehung subjektiv empfunden werden. Außerdem kann die tatsächliche Steilheit einzelner Strecken aufgrund des kleinen Maßstabs natürlich nicht dargestellt werden.

Was sind Dreitausender?

Unter dem Begriff »Dreitausender« versteht man Gipfel mit Höhen zwischen 3000 und 4000 Metern; in Südtirol gibt es eine ganze Reihe von Gipfeln mit Höhen um und knapp über 3000 Meter, mit ansteigender Höhe nimmt ihre Zahl dann kontinuierlich ab, bis schließlich mit Höhen über 3800 Metern nur noch die 3857 Meter hohe Königsspitze und der 3905 Meter hohe Ortler übrig bleiben. Schon das lässt erahnen, wie unterschiedlich Hochgipfel sein können, wobei die Unterschiedlichkeit auch von einer ganzen Reihe anderer Faktoren bestimmt wird, angefangen vom geologischen Aufbau bis hin zur Vergletscherung.

Wie viele Dreitausender gibt es?

Auf die nicht selten gestellte Frage nach der Zahl der Südtiroler Dreitausender habe ich im landeskundlichen und alpinen Schrifttum noch nie eine Antwort gefunden. Im Zuge der Erarbeitung dieses Buches wollte ich es dann aber doch wissen und habe in einem Kartenwerk des Maßstabs 1:25.000 all jene Punkte über 3000 Meter Höhe erhoben, die einen eigenen Namen tragen, und bin dabei auf ungefähr 350 Gipfel gekommen. Gleichzeitig habe ich aber auch all die namenlosen, aber immerhin mit einer genauen Höhenangabe versehenen Erhebungen gezählt, die die 3000 Meter übersteigen; und auch da ergab sich eine Gesamtzahl von rund 350. Alpintouristisch mehr oder weniger interessant sind freilich nur rund hundert Südtiroler Dreitausender.

Das Gelände im Hochgebirge

Mag man im Idealfall in 3000 Meter Höhe noch eine nahezu geschlossene Grasnarbe und absolut ungefährliches Gelände antreffen, so kann anderswo die Vegetationsgrenze auch erheblich tiefer liegen. Jedenfalls ist die Strecke, die man im vegetationslosen Ödland und auf Gletschern zurücklegen muss, umso länger, je höher ein Gipfel ist. Dies zu berücksichtigen ist für den Bergsteiger deshalb wichtig, weil im Grasgelände nicht selten noch ein guter Steig vorhanden ist, während er im höher befindlichen Blockwerk, Fels oder Eis oft fehlt und das Steigen entsprechend mühsam, schwierig oder gefährlich sein kann.

Bergerfahrung

Eine der wichtigsten Eigenschaften, die ein Hochalpinist mitbringen muss, ist neben allgemein guter Kondition, Trittsicherheit und Schwindelfreiheit soviel Bergerfahrung wie möglich. Denn je mehr Situationen man bereits erlebt hat, desto mehr kann man auf eigene Erfahrungswerte zurückgreifen.
Diese Bergerfahrung kann man sich allerdings nur nach und nach aneignen, indem man mit kürzeren und leichteren Touren beginnt und sich erfahrenen Hochalpinisten anvertraut.

Regen und Nebel

Nicht nur nach einem Regen, sondern auch wenn längere Zeit Nebel die Berge umhüllt, setzt sich Nässe auf dem Boden an. Sorgt schon diese für rutschige Felsen und Steine und damit für größere Schwierigkeiten und Gefahren, so erhöhen sich diese noch wesentlich, wenn die Nässe zu Eis gefriert. Da kann manche leichte Route ohne Steigeisen unbegehbar werden. Wer eine Dreitausendertour nach dem Abzug einer Schlechtwetterfront vorhat, sollte auch dann Pickel, Steigeisen und Sicherungsutensilien mitführen, wenn kein Schnee gefallen ist und keine Gletscherbegehung geplant ist.

Sommerschnee

Auf Dreitausendern muss den ganzen Sommer über mit Schnee gerechnet werden; einerseits kann sich stellenweise der Altschnee des vergangenen Winters den ganzen Sommer über halten, andererseits schneit es im Hochgebirge auch mitten im Hochsommer und dann speziell im Frühherbst. Bedeckt gut begehbarer Schnee Felsplatten, Geröll oder Gletscherflächen, kann er das Steigen erleichtern, aber aufgeweichter oder sehr harter Schnee kann das Gehen auch erschweren oder gefährlich machen; gefrorene Schneebrücken ermöglichen das Überqueren der Gletscherspalten, aufgeweichte werden zur tödlichen Gefahr; Schnee verdeckt Markierungen und lässt Pfade unkenntlich werden, auf Graten können Schneeverwehungen gefährliche Wechten bilden. Jedenfalls sollte man größere Hochgebirgstouren jahreszeitlich nicht zu früh oder unmittelbar nach Neuschneefällen unternehmen, möglichst Eispickel und Steigeisen mitführen, und natürlich im Bereich von Wechten und auf Schneebrücken größte Vorsicht walten lassen.

Begehen von Gletschern

Ist das Gletschereis schneefrei, nicht zu spaltenreich und nicht zu steil, bereitet seine Begehung mit Steigeisen keine Probleme. Bei entsprechender Achtsamkeit ist kein Sturz in Spalten zu befürchten, da diese ja gut einsehbar sind. Ist das Eis sehr steil, kann der Auf- und Abstieg nur noch mit den Vorderzacken der Steigeisen möglich sein, was entsprechende Übung erfordert.
Vielfach liegt auf der Eismasse eine mehr oder weniger dicke Schneeschicht, unter der sich die Gletscherspalten verbergen. Ist nun die vom Schnee gebildete »Brücke« zu dünn oder zu aufgeweicht, kann der Bergsteiger bei deren Betreten durchbrechen und in die bisweilen sehr tiefe Spalte stürzen. Daher ist es oberstes Gebot, Gletschertouren nur in Begleitung und nur angeseilt zu unternehmen, wobei der Vorangehende durch Einstoßen des Eispickels vorsichtig die Begehbarkeit des Schnees sondiert. Fährt die Pickelspitze ins Leere, wird man versuchen, die versteckte Spalte zu umgehen oder vorsichtig zu überspringen, wobei sich die Bergsteiger gegenseitig mit dem Seil zu sichern versuchen. Frühzeitiger Auf- und Abstieg, solange der Schnee von der Nacht her noch gefroren ist, kann die diesbezüglichen Gefahren deutlich vermindern.

Gletscherrückgang

Seit der »kleinen Eiszeit« um 1600 herum ist ein ständiger Gletscherrückgang zu verzeichnen, auch wenn es zwischendurch immer wieder kleinere oder größere Gletschervorstöße gegeben hat, wie besonders um 1850. Seit den 1980er Jahren befinden sich die Gletscher nun besonders stark im Rückzug, wodurch sich nicht nur das Landschaftsbild, sondern auch die Begehbarkeit des Hochgebirges verändert. Eisfrei gewordenes Berggelände kann nun je nach Art und Steilheit desselben sowohl schwieriger als auch leichter begehbar sein als dies während der Vergletscherung der Fall war; größerenteils wird das Hochgebirge durch den Gletscherrückgang aber wohl unwegsamer, und so manche mittelschwierige Eisroute ist bereits zur sehr schwierigen Felsroute geworden. Außerdem hat an steilen Berghängen, an denen der Gletscher abgeschmolzen ist, die Steinschlaggefahr erheblich zugenommen.

Klettersteige

Die Begehung von Klettersteigen stellt an Können, Erfahrung und Ausrüstung besondere Anforderungen. Der Anfänger sollte sich an solche Touren nicht ohne erfahrene Führung (Bergführer, erfahrener Tourengeher) wagen. Außerdem ist auf Klettersteigen absolute Schwindelfreiheit und Trittsicherheit sowie etwas Kletterübung vonnöten. Und schließlich bedarf es der an anderer Stelle (S. 15) näher beschriebenen Spezialausrüstung.

Kondition und Bergerfahrung

Je länger eine Tour und je höher ein Tourenziel ist, desto mehr an Gehtüchtigkeit und Bergerfahrung sollte man mitbringen. Wer über beides erst noch in bescheidenem Maße verfügt, begnüge sich zunächst mit kleineren Touren und stecke erst allmählich seine Ziele höher.

Hochtouren mit Kindern

Ich werde oft gefragt, ob diese oder jene Tour »auch für Kinder« geeignet sei. Und da muss ich die Antwort meist schuldig bleiben, außer man beschreibt mir sehr genau, um welches Kind es sich im speziellen Fall handelt. Denn das dreijährige Mädelchen ist ebenso ein Kind wie der zwölfjährige Junge. Außerdem kann ein Kind von Natur aus kräftig, trittsicher, schwindelfrei, ausdauernd und gehfreudig sein – oder eben auch nicht. Daher kann es nur im Ermessen und in der Verantwortung der Eltern liegen zu entscheiden, welches Kind auf welcher Tour mitgenommen wird; jedenfalls dürfen Kinder nicht zum Bergsteigen gezwungen werden, und eine Tour ist abzubrechen, wenn ein Kind absolut nicht mehr weiter will oder gar kräftemäßig überfordert ist. Außenstehende sollten in dieser Hinsicht nur dann Ratschläge erteilen, wenn sie das in Frage kommende Kind wirklich genügend kennen.

Bergunfälle

Hat sich ein Bergunfall ereignet, sollte man möglichst Ruhe bewahren. Befindet sich der Verunglückte in schwer zugänglichem Gelände, ist genau zu überlegen, wie und ob er gefahrlos erreichbar ist; unüberlegtes Zuhilfeeilen kann zu einem weiteren Unfall führen! Wer telefonisch Hilfe – über die Notrufnummer 112 – anfordert, sollte möglichst präzise Angaben machen über den Unfallort, die Art des Unfalls, die Zahl der Verunglückten und dergleichen mehr.

Internationales Notsignal

Ist die telefonische Form des Hilfeholens nicht möglich, wird das international eingeführte alpine Notsignal gegeben, das jeder Bergsteiger beherrschen sollte. Dieses besteht darin, dass man sechsmal alle 10 Sekunden »ruft«, 1 Minute Pause einlegt, wieder sechsmal alle 10 Sekunden Signal gibt, und so fort, bis irgendwo Antwort gegeben wird. Die Abgabe des Signals erfolgt bei Tag durch Rufen und Schwenken eines auffallenden Kleidungsstückes und nachts durch Rufen und Blinken mit einer Taschenlampe. – Die Antwort wird in Abständen von 20 Sekunden gegeben.

Die beste Jahreszeit

Die beste Zeit für Hochtouren sind im Allgemeinen die Monate Juli, August und September. Ungewöhnlich späte Schneeschmelze, große Schneemengen, ungewöhnlich früher Wintereinbruch im Hochgebirge oder Schlechtwetterperioden können die günstigste Zeit aber auch verkürzen. Im August ist außerdem mit erhöhter Gewittergefahr und besonders starkem Besucherzustrom zu rechnen.

Markierte Wege

Auf besonders beliebte Hochgipfel führt vielfach ein markierter Steig, oft aber fehlt ein solcher. Und dann gibt es Hochgipfel, bei denen die Markierung am Beginn der Felsregion plötzlich endet. Hier weisen dann zwar oft Steinmännchen und Trittspuren die weitere Richtung, doch nicht immer verlässlich; manchmal führen sie auch in die Irre! Hinsichtlich der Markierungen muss der Berggeher auch damit rechnen, dass im Lauf der Zeit diese oder jene Änderung eintritt, was natürlich auch für den Verlauf der Wege und Pfade gilt.

Schutzhütten

Ein Teil der Südtiroler Schutzhütten sind Eigentum des Landes Südtirol, ein anderer Teil ist im Besitz alpiner Vereine, und einige Hütten sind auch Privateigentum. Die Dauer der Sommerbewirtschaftung reicht im Allgemeinen von etwa Anfang/Mitte Juli bis Mitte/Ende September. Manche Hütten öffnen aber auch – oft witterungsbedingt – früher und schließen später. Wer in der Hauptreisezeit in einem Schutzhaus zu nächtigen gedenkt, sollte sich rechtzeitig anmelden.

Informationen

Da sich auch am Berg ständig und in vielerlei Hinsicht Veränderungen ergeben können, sollte man vor Antritt einer Bergtour stets vor Ort (Tourismusbüro, Alpenverein, Schutzhütte) Auskünfte über die augenblicklichen Verhältnisse einholen, so vor allem über den Zustand der Wege, die Bewirtschaftung der Hütten, den Betrieb der Bergbahnen, die Begehbarkeit von Gletschern, die Befahrbarkeit von Bergstraßen und dergleichen mehr.

Schulung

Das richtige Verhalten im Hochgebirge, die Handhabung des Seiles und der anderen Ausrüstungsgegenstände sowie die wichtigsten Verhaltensweisen bei einem Unfall sollten möglichst bei einem Alpinlehrgang erlernt werden.

Bergschuhe und Bekleidung

Je höher ein Berg ist, desto mehr muss man mit unwegsamem Gelände (Blockwerk, Fels, Schnee, Eis), mit niedrigeren Temperaturen und im Falle eines Wettersturzes mit Schneefall rechnen. Feste, wasserdichte Bergschuhe mit rutschsicherer Profilgummisohle, Regenschutz sowie kältedämmende Bekleidungsstücke (Anorak, Pullover, lange Hose, Mütze, Handschuhe) sind daher bei der Besteigung eines Dreitausenders unerlässlich.

Spezielle Ausrüstungsgegenstände

Für die Begehung von Gletschern und Klettersteigen bedarf es spezieller Ausrüstungsgegenstände wie Kletterseil, Eispickel, Steigeisen, Bergsteigerhelm, Klettergürtel, Reepschnur, Eisschrauben und Felshaken; sie seien nachfolgend kurz charakterisiert.

Kletterseil

Das Kletterseil wird bei den in diesem Buch beschriebenen Touren vorwiegend beim Begehen von

Gletschern verwendet und dient zur Vermeidung eines Spaltensturzes oder eines Absturzes in steilem Eisgelände; aber auch in ausgesetztem Felsgelände ist angeseiltes Gehen ratsam.

Eispickel

Der Eispickel dient zum Sondieren versteckter Spalten auf verschneiten Gletschern, er ermöglicht das Hacken von Stufen im steilen Eis oder Hartschnee und er kann auch in sonstigem Steilgelände sehr nützlich sein. Wanderstöcke sind auf dem Gletscher meist kein vollwertiger Ersatz für den Eispickel!

Steigeisen

Es gibt zwei Arten von Steigeisen: die meist zwölfzackigen »richtigen« Steigeisen und die nur vier- oder sechszackigen kleinen »Grödeln«. Die Letztgenannten sind so klein und leicht, dass man sie sicherheitshalber stets im Rucksack haben sollte. Für längere Gletscherbegehungen sind hingegen die »richtigen« Steigeisen unerlässlich, die heute aber ebenfalls nur ein bescheidenes Gewicht aufweisen. Daher überlege man im Zweifel nicht lange und nehme sie einfach mit.

Klettersteigausrüstung

Auf kürzeren gesicherten Wegstrecken ist im Normalfall keine besondere Ausrüstung notwendig, für die Begehung eines richtigen Klettersteiges gibt es hingegen die spezielle Klettersteigausrüstung, zu der vor allem der Bergsteigerhelm und der Klettergurt gehören. Der Helm schützt hauptsächlich vor Steinschlag und vor Kopfverletzungen im Falle eines Absturzes, während der Klettergürtel, der aus Hüft- und Brustgurt zusammengesetzt ist, den Bergsteiger im Falle eines Absturzes vor jenen besonderen Verletzungen bewahrt, die durch das gurtlose Anseilen entstehen können.

Sicherungsutensilien

Für Touren, bei denen keine größeren Schwierigkeiten zu erwarten sind und man daher keine speziellen Ausrüstungsgegenstände mit sich führt, empfehle ich zumindest die Mitnahme einiger Sicherungsutensilien, die in einer unerwarteten heiklen Situation rasch eingesetzt werden können, um die Sicherheit zu erhöhen: die erwähnten Grödeln, ein paar Reepschnüre und Karabiner, einen Eisstichel und eventuell einen oder zwei Felshaken.

Kleinutensilien

Was an Kleinutensilien bei keiner größeren Hochtour fehlen sollte, sind Mobiltelefon, Taschenlampe, Rucksackapotheke, Taschenmesser, Wanderkarte und Sonnenschutz.

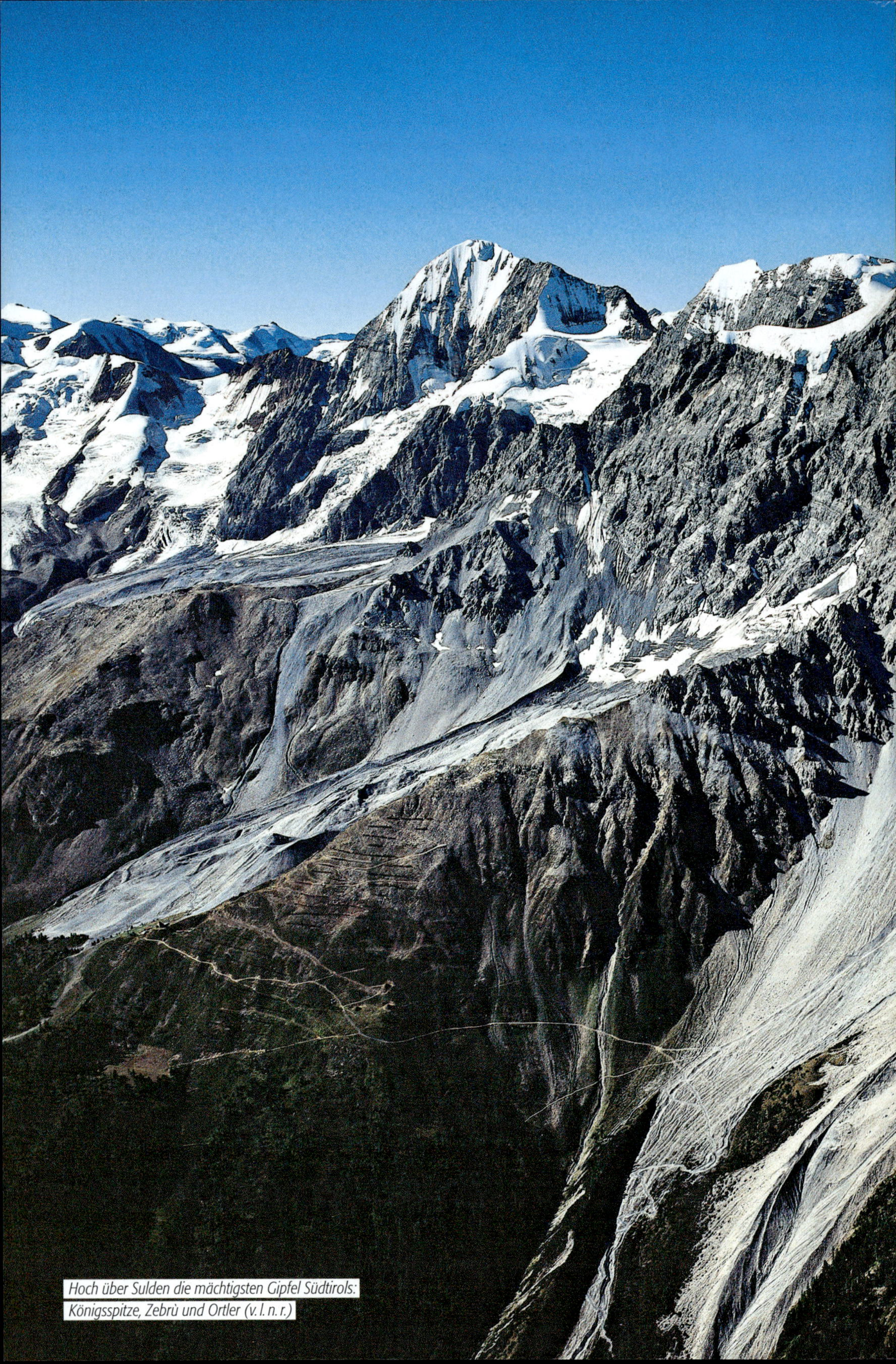

Hoch über Sulden die mächtigsten Gipfel Südtirols: Königsspitze, Zebrù und Ortler (v. l. n. r.)

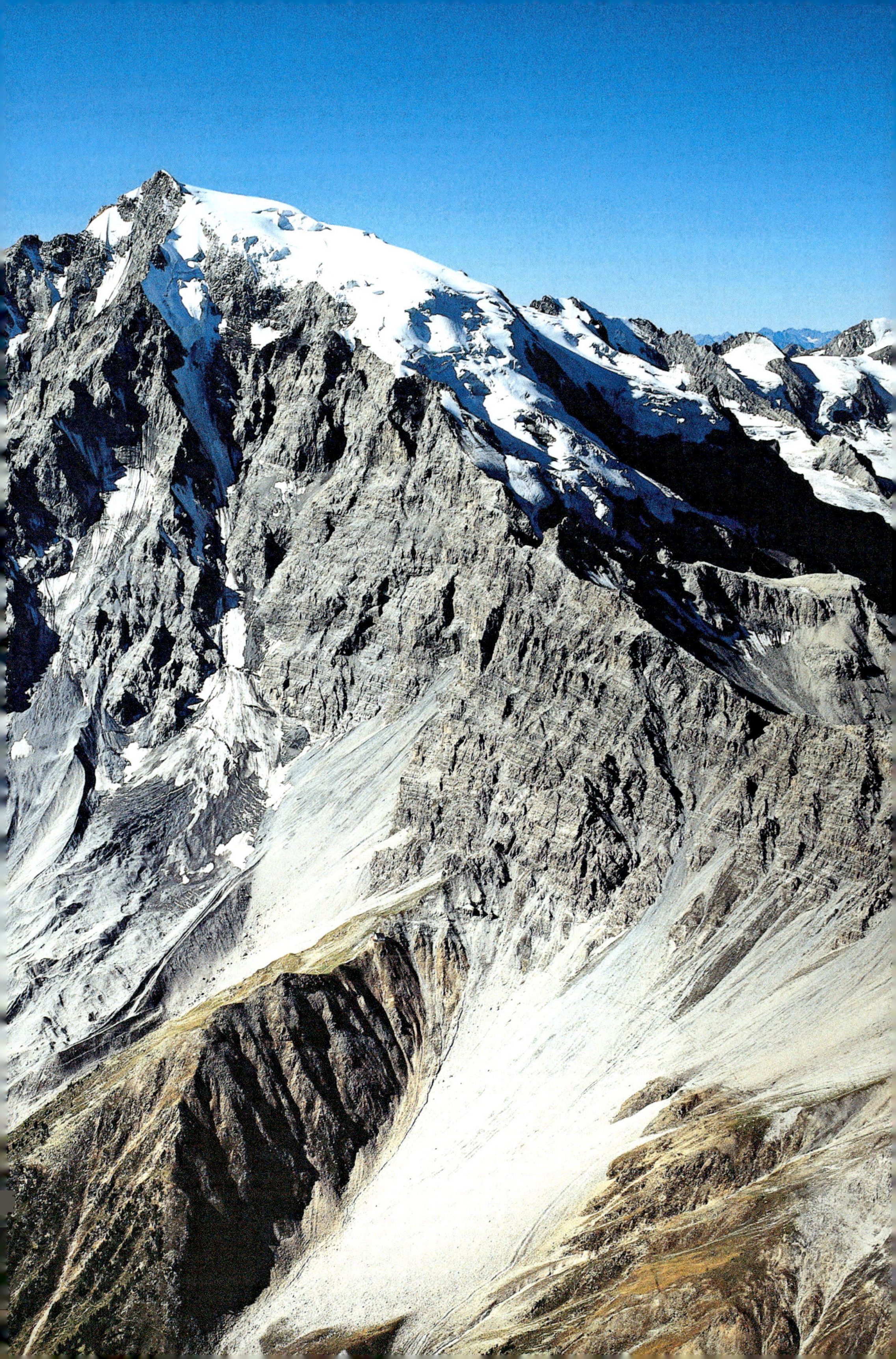

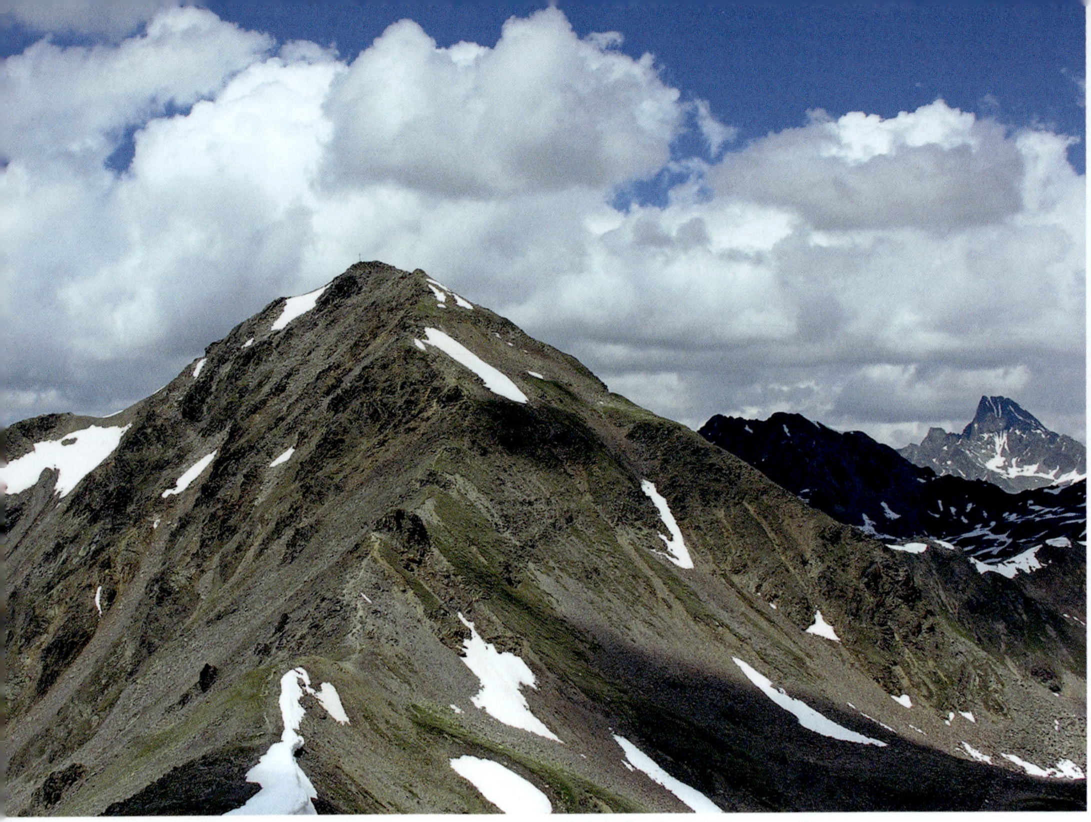

Der Große Schafkopf von Westen gesehen

Großer Schafkopf 3000 m

Leichte Hochtour auf der Langtauferer Sonnenseite

Der Große Schafkopf befindet sich nordseitig über dem mittleren Langtauferer Tal, und wenn er auch einen etwas abwertenden Namen trägt, so handelt es sich doch um einen ausgeprägten und felsigen Hochgipfel, der sich über mehreren kleinen Bergseen stolz in den Himmel erhebt.

Der Berg ist nicht in allen Karten mit einheitlicher Höhe verzeichnet, aber die Unterschiede sind nur sehr gering. So bleibe dahingestellt, ob jene Kartographen recht haben, die ihn etwas niedriger, oder jene, die ihn etwas höher sein lassen. Für uns ist wichtig, dass er ein lohnender Hochgipfel ist – und damit machen wir uns daran, ihn zu ersteigen.

Vom Weiler Gschwell führt uns zunächst ein breiter Weg durch lichten Lärchenwald bergan. Es sind dies sehr steile Bannwaldzonen, aber der Weg steigt nur in mäßig steilen Serpentinen an.

Oberhalb der Baumgrenze geht es dann durch weites Grasgelände zum bekannten Langtauferer Höhenweg, und diesen verfolgen wir ein Stück bis zum hübschen Gschweller See.

1

Die Tour im Überblick Gschwell – Gschweller See – Wölfelesjoch – Großer Schafkopf – retour
Orientierung und Schwierigkeit Für Gehtüchtige und etwas Geübte unschwierig
Gehzeiten Aufstieg knapp 4 Std., Abstieg 3 Std.
Karten 1:50.000: Kompass, Blatt 52 (Vinschgau); 1:25.000: Tabacco, Blatt 043 (Vinschgauer Oberland)

7 Std. | 13,1 km | 1184 Hm

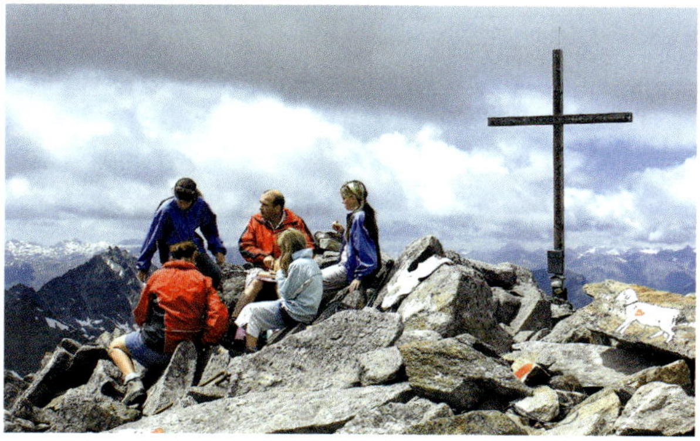

Am Gipfel des Großen Schafkopfs

Konnten wir bis hierher guten Wegen folgen, so müssen wir uns fortan mit Pfadspuren begnügen. Aber die sind gut markiert und führen über steinige Grashänge unschwierig hinauf ins Wölfelesjoch, wo wir den Südwestgrat des Berges betreten. Dieser Grat ist zwar scharf und felsig, doch er ist gut begehbar und gut markiert.

So erreichen wir schon bald und ohne Probleme das Gipfelkreuz. Und spätestens hier zeigt sich vollends, dass unser Berg ein echter Hochgipfel ist. Das äußerst sich nicht zuletzt darin, dass es in weitem Umkreis keinen höheren gibt, und es äußert sich in der Aussicht, die weit nach Norden, Westen und Süden reicht und im Osten von der nahen Gletscherwelt der Ötztaler Alpen beherrscht wird.

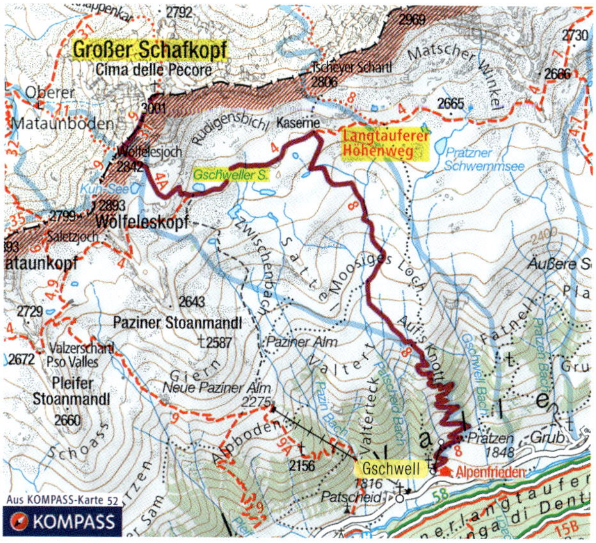

Wegverlauf: Vom Weiler Gschwell im mittleren Langtauferer Tal (1816 m) auf dem großteils guten Weg 8 zuerst durch einen Lärchenbestand und dann lange über freie Hänge nordwärts mäßig steil empor zum querenden Langtauferer Höhenweg (2643 m, hier eine alte Zollkaserne) und auf diesem westwärts bis zu einem großen Steinmann nahe dem Gschweller See am Fuß des Südkammes des Berges (2670 m, Wegweiser); nun auf markierten Steigspuren anfangs steil über steinige Grashänge und Blockwerk hinauf ins Wölfelesjoch (2842 m) und rechts, weiterhin der Markierung folgend, über den felsigen Grat unschwierig empor zum Gipfel (3000 m); ab Gschwell knapp 4 Std.
Abstieg: am sichersten wieder zur Gänze über den Aufstiegsweg.

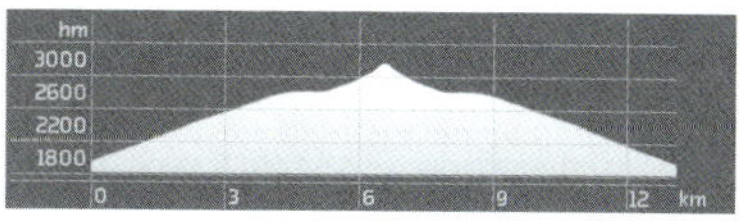

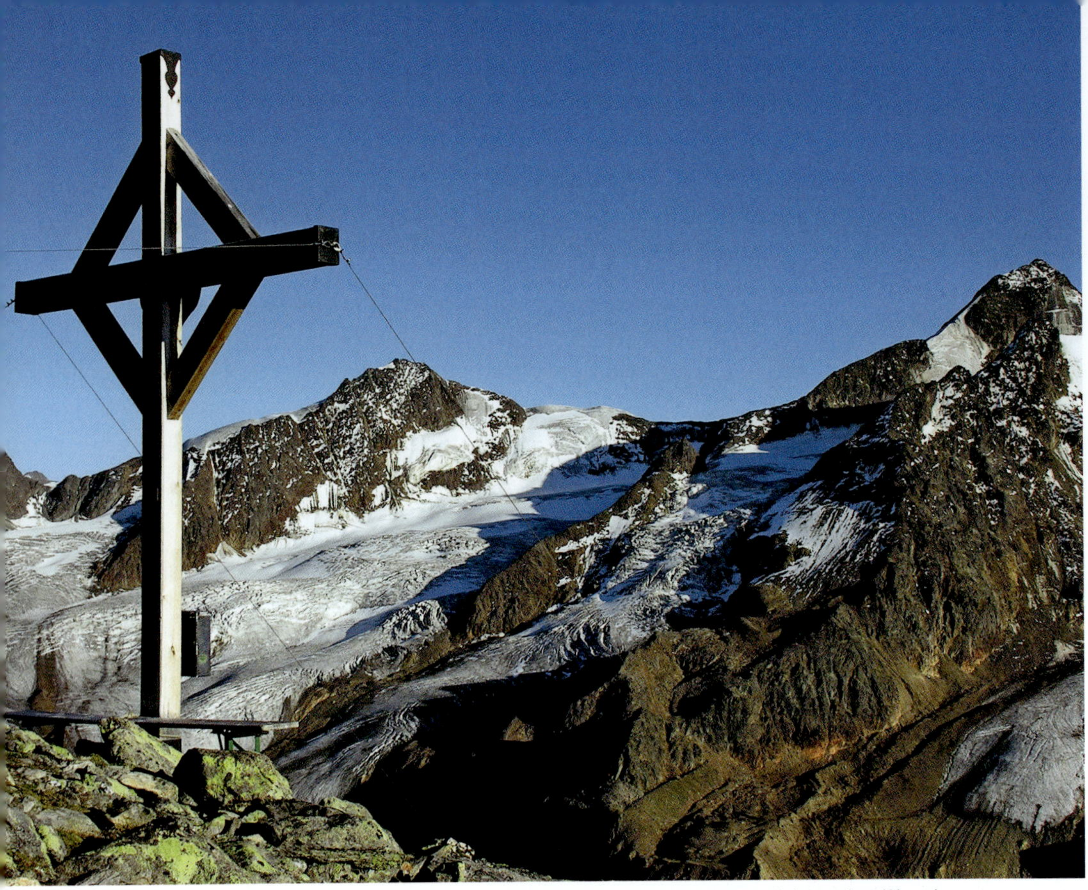

Das Kreuz am »Adlerkopf« gegen die Langtauferer Gletscher mit Langtauferer Spitze (links) und Weißkugel

2

Die Tour im Überblick Melag – Weißkugelhütte – Schmied – Adlerkopf – retour
Orientierung und Schwierigkeit Für trittsichere und schwindelfreie Berggeher nicht schwierig
Höhenunterschiede Bis zur Hütte 629 m, von dort zum Gipfel 628 m
Gehzeiten Aufstieg zur Hütte 2 ½ Std., von dort zum Gipfel knapp 2 Std.; Abstieg ins Tal insgesamt 3 ½ Std.
Ausrüstung Bergbekleidung und Bergschuhe; evtl. Sicherungsutensilien für Ungeübte
Besonderer Hinweis Abgesehen von der mit einem Halteseil versehenen Stelle, weist der Westanstieg auch ein paar ungesicherte leichte Kletterstellen (I-) auf!
Karten 1:50.000: Kompass, Blatt 52 · (Vinschgau); 1:25.000: Tabacco, Blatt 043 (Vinschgauer Oberland)

8 Std. | 14,3 km | 1255 Hm

Schmied 3170 m

… und »Adlerkopf« über der Weißkugelhütte

Zunächst führt uns der Weg hinauf zur Weißkugelhütte, die bekannt ist für ihre einzigartige Lage. Denn ihr gegenüber erhebt sich das gewaltige, von Gletschern, Moränen und Felsen bestimmte Weißkugelmassiv.

Für gletschererfahrene Hochalpinisten bieten sich von der Hütte aus vor allem die Weißkugel und die Weißseespitze als Gipfelziele an, doch die Hütte besitzt auch einen Dreitausender mit eisfreiem, wesentlich kürzerem und dazu noch gut markiertem Anstieg; oder genauer gesagt, es sind sogar deren zwei – ein kürzerer, aber etwas ausgesetzterer über die Südflanke und den Westgrat des Berges und ein leichterer, aber etwas längerer Anstieg über die Ostseite.

So kann man wählen zwischen dem leichteren und dem weniger leichten, am schönsten aber ist es, beide Routen miteinander zu verbinden. Das ergibt eine interessante, kurzweilige Rundtour.

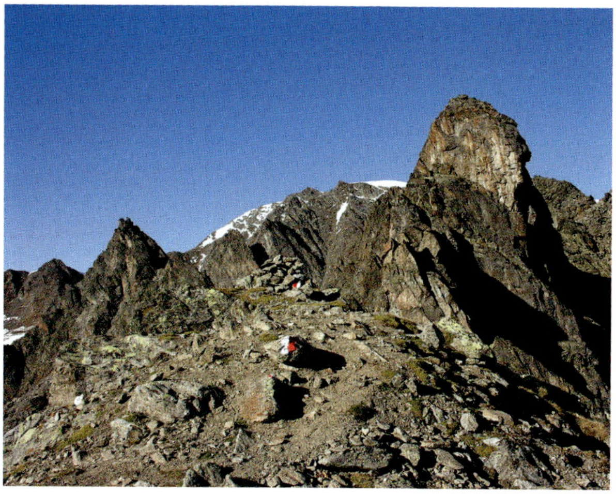

Das Steinmännchen als Gipfelzeichen am höchsten Punkt des Schmied; dahinter ein markanter Felsturm und die Weißseespitze

Der Gipfel des Schmied, hinter dem eine tiefe Felsscharte eingeschnitten ist und ein mächtiger Felsturm aufragt, trägt als Gipfelzeichen nur einen Steinmann. Aber dafür steht nur wenig tiefer, auf einer Schulter des Südostgrates, die als Adlerkopf bezeichnet wird, ein stattliches Kreuz, das auch von der Hütte aus deutlich zu erkennen ist und somit eine Art Wegweiser bildet.

Dass die Aussicht hier oben jene der Weißkugelhütte übertrifft, liegt auf der Hand (dass die Karten für den Schmied unterschiedliche Höhen angeben, ändert daran nichts). Und mag auch die Fernsicht nach Norden und Osten etwas eingeschränkt sein, so bietet der Schmied dafür geradezu atemberaubende Einblicke in die sich in der Nähe aufbauenden Felsbastionen sowie den Blick hinüber zur Eiswelt der Weißkugel, die erst von hier oben betrachtet ihre ganze Pracht entfaltet.

Wegverlauf: Vom Weiler Melag im hintersten Langtauferer Tal (1915 m) stets auf dem breiten Güterweg (zuerst Mark. 2, dann 5) in schöner ebener Wanderung talein zur Melager Alm (1970 m; Ausschank), bald darauf auf Brücke über den Talbach, und dann auf dem klassischen Hüttenweg 2 hinauf zur Weißkugelhütte (2542 m); ab Melag 2 ½ Std.
Von der Hütte dann der Beschilderung »Schmied« und der nummernlosen Markierung folgend zuerst kurz westwärts zu einer kleinen Hangschulter, dann anfangs über Gras, Blockwerk und stellenweise auch Fels (eine Stelle I-) am Südhang hinauf zum Westgrat, über diesen (hier vereinzelte leichte Kletterstellen, ein Stück mit Halteseil) steil, aber kaum ausgesetzt hinauf zu der aus hellem Blockwerk bestehenden Gipfelhaube und kurz weiter zum Steinmann am höchsten Punkt (3170 m); ab Hütte knapp 2 Std.
Abstieg: Entweder wie Aufstieg, oder über die etwas leichtere, zur Gänze markierte Ostroute: Am südseitigen Blockhang kurz hinab zu Wegteilung (rechts geht es zum Westgrat), links auf Steigspuren kurz hinab zum Kreuz am Adlerkopf (3100 m), von da am steilen, aber unschwierigen Grat der Markierung folgend hinab zu einer Zone mit sehr großen Felstrümmern und nach einem sanft absteigenden Geländerücken hinunter zum querenden Richterweg, der in wenigen Minuten zur Hütte zurückbringt.

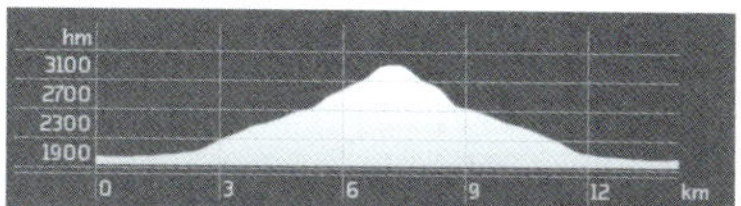

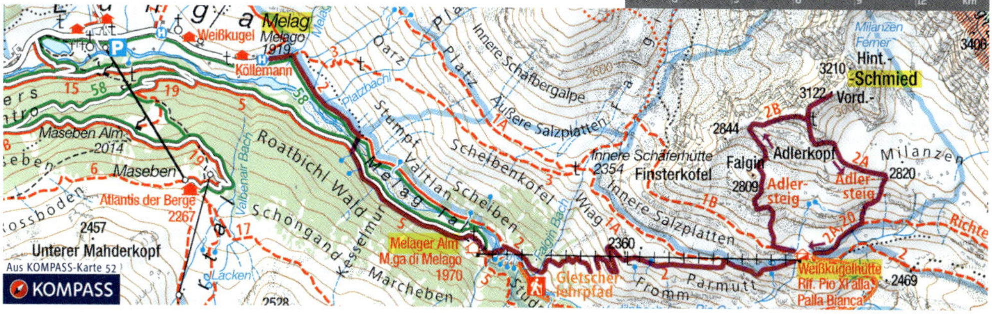

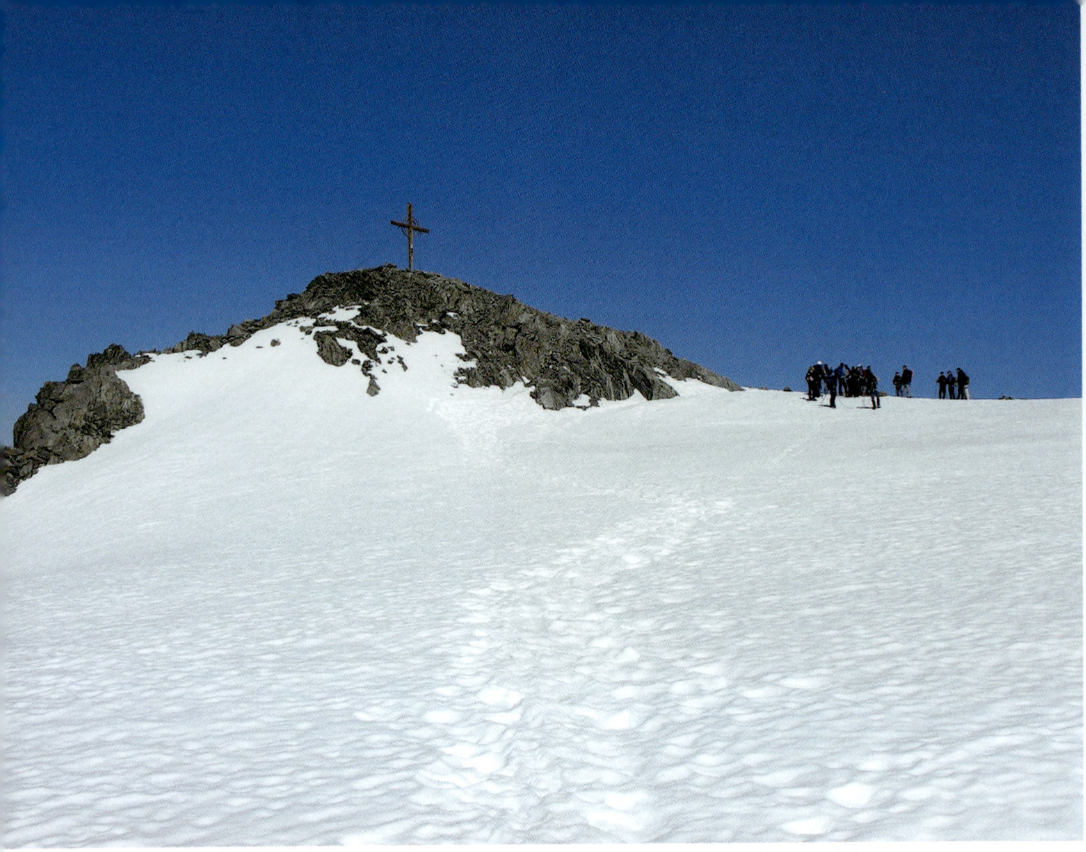

Die Weißseespitze, von unserem Zugangspfad aus

Weißseespitze 3532 m

Von der Weißkugelhütte auf den mächtigen Eisberg

3

Die Tour im Überblick Melag – Weißkugelhütte – Gepatschferner – Weißseespitze – retour
Orientierung und Schwierigkeit Anspruchsvolle Hochtour mit langer Gletscherbegehung; Ausdauer und reichliche Gletschererfahrung notwendig
Höhenunterschiede Bis zur Hütte 627 m, weiter zum Gipfel 990 m
Gehzeiten Aufstieg zur Hütte 2 ½ Std., weiter zum Gipfel 4 Std., Abstieg ins Tal insgesamt 5 Std.
Ausrüstung Seil, Pickel und Steigeisen sind unabdingbar

11 ½ Std. | 23,3 km | 1617 Hm

Zwei stark vergletscherte Hochgipfel, die zu den bekanntesten und schönsten der ganzen Ötztaler Alpen gehören, erheben sich über dem inneren Langtauferer Tal: die Weißkugel und die Weißseespitze. Beide sind von diesem Tal aus ersteigbar und beide haben die 1893 von der Sektion Frankfurt am Main des Deutschen und Österreichischen Alpenvereins erbaute Weißkugelhütte als Stützpunkt für die Besteigung.

Im vorliegenden Buch schlage ich für die Besteigung der Weißkugel jedoch die kürzere Route über die Oberetteshütte im Matscher Tal vor und beschränke mich hier auf die Tour zur Weißseespitze.

Dieser imposante Berg erhebt sich mit seiner breiten Westflanke ganz hinten über dem Langtauferer Talschluss, zur Linken flankiert von der formschönen Karlesspitze und rechts von den wilden Gletscherbrüchen des Gepatschferners. Und am langen, nur leicht ansteigenden Gipfelgrat verrät eine dünne weiße Linie, dass es auch dort Gletschereis gibt.

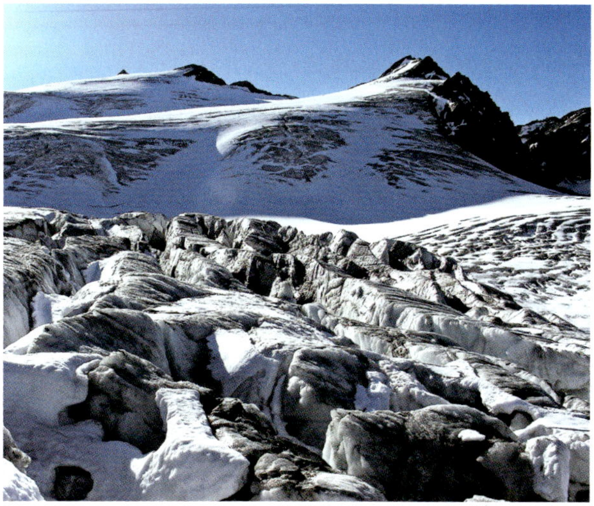

Spaltenzone an unserem Weg zur Weißseespitze

Doch bevor der Bergsteiger das Eis betritt, muss er von der Weißkugelhütte, die am Vortag von Melag herauf erreicht wurde, durch die sehr steilen Hänge unter kleinen sprühenden Kaskaden hinein queren zu den auffallenden Vernaglwänden und zum Gletscher gelangen.

Es ist dies der sogenannte Richterweg, der 1913 von der Sektion Brandenburg des Deutschen und Österreichischen Alpenvereins hauptsächlich als Zugang von Langtaufers zum Brandenburger Haus erbaut und nach Paul Richter, dem verdienten zweiten Sektionsvorsitzenden, benannt wurde. Wo man den Gletscher betritt, ist er schön flach, aber schon nach wenigen Schritten bäumt er sich steil auf. Bei vorhandenen Tritten in festem Schnee kein Problem, bei Blankeis aber bedarf es der entsprechenden Erfahrung und Ausrüstung.

Hat man den Steilaufschwung und die nachfolgende Spaltenzone gut hinter sich gebracht, zeigt sich, wie riesig der Gepatschferner ist – und welch schönes Gehgelände er scheinbar bildet. Aber eben nur scheinbar. Denn auch wenn dieser flächenmäßig mit 18 Quadratkilometern drittgrößte Gletscher der Ostalpen in Richtung Weißseespitze nur in sanften Wellen leicht ansteigt, spaltenlos ist er nicht. Und wenn sich die Spalten unter einer Schneedecke verbergen, heißt es äußerst vorsichtig sein und gekonnt mit Seil und Pickel umgehen. Demnach glücklich, wer die Hütte sehr früh und bei kühler Witterung verlassen hat, sodass er beim Abstieg keinen aufgeweichten Schnee antrifft, in dem man Schritt um Schritt tief einbricht und sich die Spaltengefahr natürlich noch wesentlich

Besonderer Hinweis Diese Tour beinhaltet eine der längsten Gletscherwanderungen in Südtirol; auf versteckte Spalten achten!
Karten 1:50.000: Kompass, Blatt 52 (Vinschgau); 1:25.000: Tabacco, Blatt 043 (Vinschgauer Oberland)

Wegverlauf: Von Melag im inneren Langtauferer Tal (1915 m) stets auf dem breiten Güterweg (zuerst Mark. 2, dann 5) talein zur Melager Alm (1970 m; Ausschank) und nach der nahen Brücke auf dem klassischen Hüttenweg 2 hinauf zur Weißkugelhütte (2542 m); ab Melag 2 ½ Std. Hier evtl. Nächtigung.

Von der Hütte dann auf dem stellenweise abschüssigen Richtersteig eben bis leicht ansteigend durch die Steilhänge ostwärts hinein und zuletzt in Serpentinen (Drahtseil) empor zum Gepatschferner. Nun bald über Firn oder Eis steil hinauf in eine spaltenreiche Zone (bei Blankeis allerdings problemlos) und schließlich in langer Gletscherwanderung über den riesigen Ferner (meist Trittspuren, bei Schneelage erfordern versteckte Querspalten große Vorsicht!) bald leicht ansteigend, bald eben hinan und zuletzt ganz kurz über Blockwerk zum Gipfelkreuz (3532 m); ab Hütte 4 Std.

Abstieg: wie Aufstieg (4–5 Std.). – Abstiegsalternative direkt nach Melag: Vom Gipfel über den felsigen Westgrat hinunter in eine Scharte östlich des Falginjochs (ca. 3100 m), südseitig steil hinab ins Falgintal, durch dieses (ab nun Weg 3) hinaus zur Schäferhütte und westwärts hinunter nach Melag (3–4 Std.).

erhöht. Als eisfreie Alternative zum Abstieg über den Gletscher bietet sich am Gipfel der bei normalen Verhältnissen nicht schwierige Westgrat an, von dessen Fuß man südseitig nach Melag absteigen kann, wobei die Weißkugelhütte allerdings nicht mehr berührt wird.

Entscheidet man sich aber dennoch für den Abstieg über den Gepatschferner, lasse man die Gipfelrast beim Kreuz, das einen hübschen, am Rand der riesigen Eismassen aufragenden Felskopf krönt, nicht zu lange ausfallen. Zu einem ausgedehnten Blick in die Runde sollte die Zeit freilich reichen, denn von diesem mächtigen Eisgipfel aus ist die Aussicht natürlich unbeschreiblich, wobei schwer zu sagen ist, was mehr beeindruckt: das Rundum-Panorama, der Blick über die Schnee- und Eiswüste des Gepatschferners, an dessen Rand das Brandenburger Haus zu erkennen ist, oder die wie eine Pfeilspitze in den Himmel ragende Weißkugel.

Hat man schließlich auch den Abstieg gut hinter sich gebracht, dann verklärt sich das Ganze und wird zur bleibenden Erinnerung an eine lange, nicht ganz leichte und nicht ganz ungefährliche, aber in ihrer Gesamtheit einzigartige Hochtour, bei der wir nicht nur einen der bedeutendsten Gipfel der Ötztaler Alpen erstiegen haben, sondern auch mehrere Stunden lang über einen der größten Alpengletscher gewandert sind – einen Gletscher, der uns vielleicht eine vage Vorstellung vermittelt, wie in etwa die gesamte alpine Landschaft während der Eiszeit ausgesehen hat.

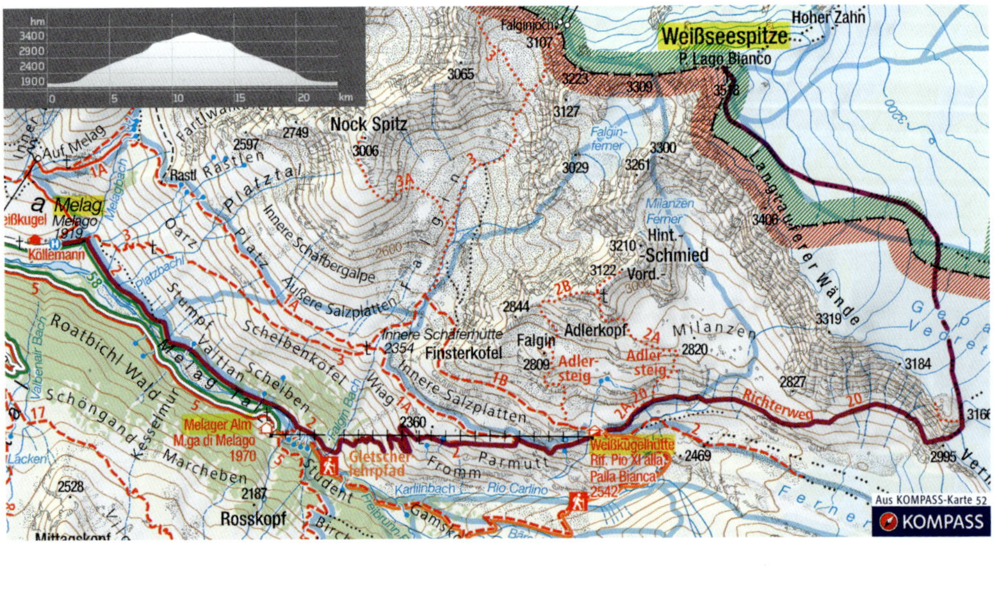

Blick von der Weißseespitze über den riesigen Gepatschferner; links im Hintergrund der Similaun

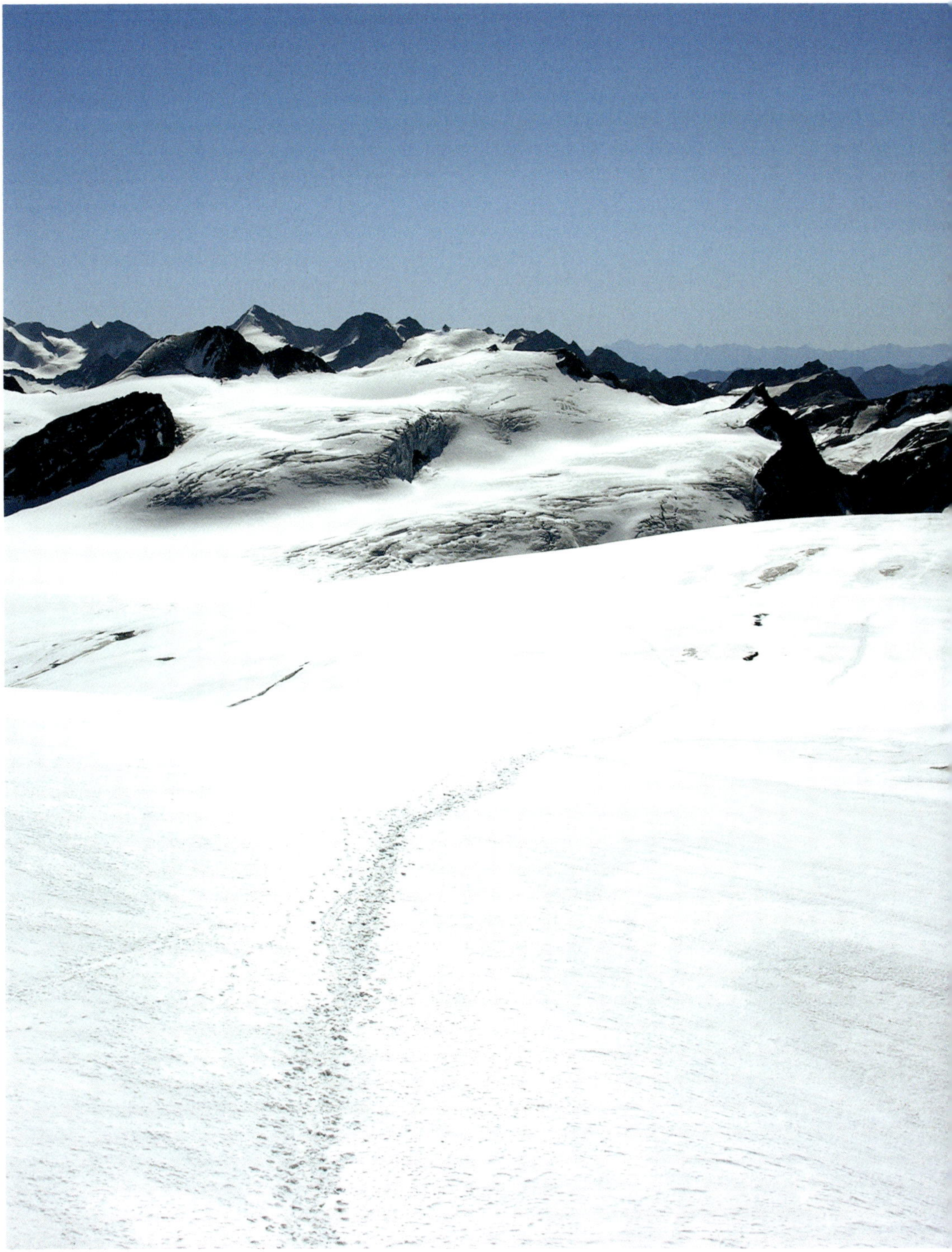

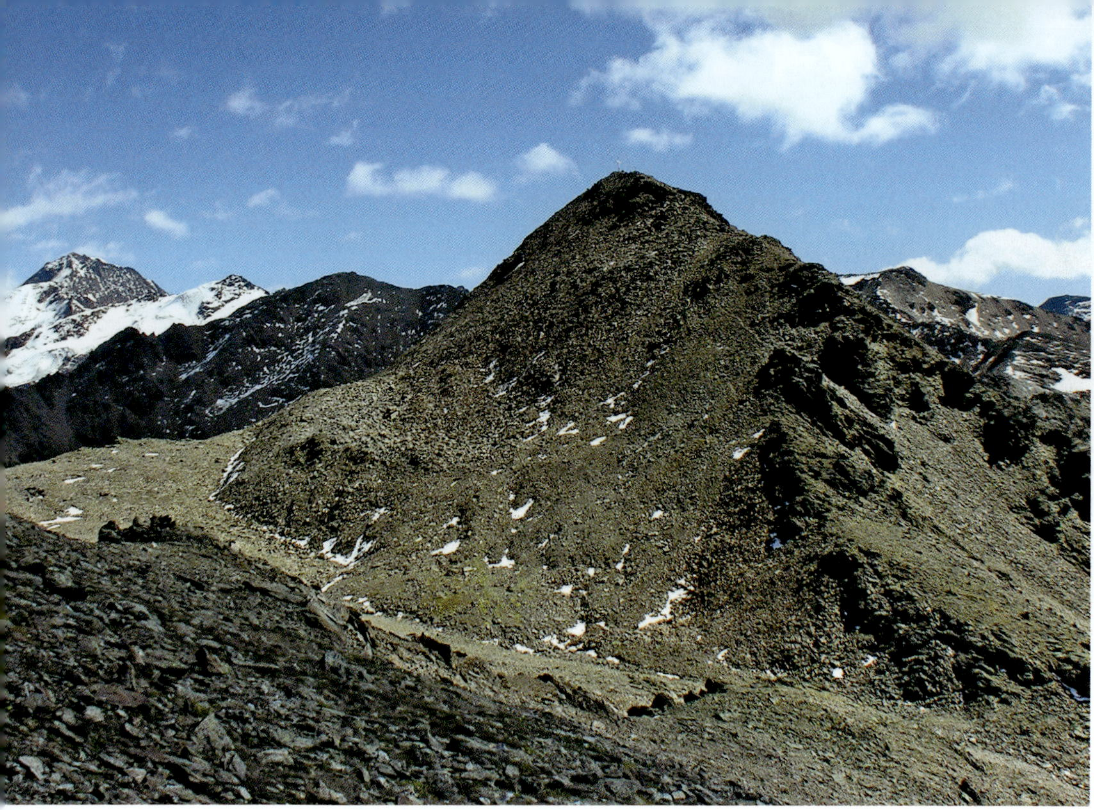

Die Tiergartenspitze, links davon die Weißkugel

Tiergartenspitze 3068 m

Hausberg der Masebenalm in Langtaufers

4

Die Tour im Überblick Hinterkirch (1850 m) – Berghütte Maseben – Tiergartenspitze – retour
Orientierung und Schwierigkeit Für ausdauernde Berggeher bei gutem Wetter leicht und problemlos
Gehzeiten: Aufstieg gut 3 ½ Std., Abstieg 2 ½ Std.
Ausrüstung Bergbekleidung
Wanderkarten 1:50.000: Kompass, Blatt 52 (Vinschgau); 1:25.000: Tabacco, Blatt 043 (Vinschgauer Oberland)

6 Std. | 5,4 km | 1218 Hm

Unter den nicht gerade wenigen Dreitausendern, die das Langtauferer Tal südseitig überragen, gehört die Tiergartenspitze zwar nicht zu den höchsten, aber dafür ist sie auf einem unschwierigen und markierten Pfad problemlos ersteigbar.

Der bekannte Gipfel – im Volksmund abkürzend auch einfach nur Tiergarten genannt – bildet zusammen mit dem nordseitig vorgelagerten Schwarzkopf einen wuchtigen Bergaufbau, der mit steilen, im unteren Teil bewaldeten Hängen ins innere Langtauferer Tal abbricht.

Im Westen wird der Aufbau vom Kühtal und im Osten vom Falbenairtal begrenzt, zwei einsamen Hochtälern, die aus der Wald- und Almregion in die eigentliche Hochregion überleiten.

Das erstgenannte Tal haben wir im Zusammenhang mit dem Danzebell bereits kennengelernt, das Falbenairtal wählen wir hingegen für den Aufstieg zum Gipfelkreuz auf der Tiergartenspitze. Dabei steigen wir zu Fuß zunächst von Hinterkirch im inneren Langtauferer Tal hinauf zur Almregion, wo die

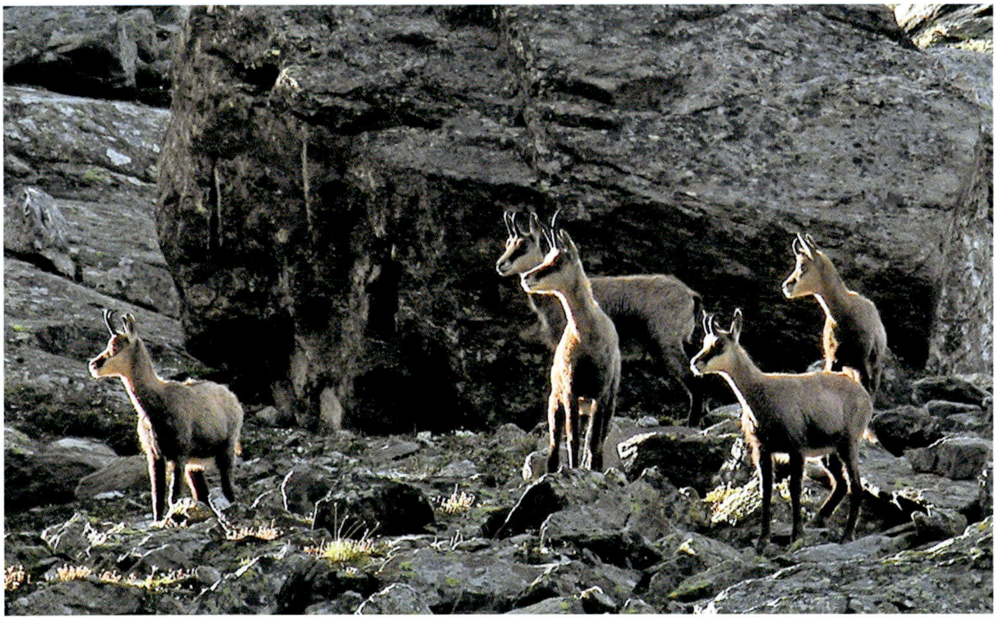

Reicher Wildbestand hat dem »Tiergarten« den Namen gegeben; im Bild ein kleines Gämsrudel.

Berghütte Maseben – die früher »Atlantis der Berge« hieß – Rast- und Einkehrmöglichkeit bietet.

Hier befinden wir uns in immerhin fast 2300 Meter Höhe, sodass sich die noch zu bewältigende Höhenleistung mit rund 800 Metern in Grenzen hält; und da die Route bis zum Gipfel wie erwähnt markiert ist und teilweise auch ein ausgeprägter Bergsteig besteht, gehört unser Berg zu jenen Dreitausendern, die sich fast jeder berggewohnte Geher zutrauen darf.

Von der Berghütte Maseben wandern wir zunächst ein Stück im einsamen, von mehreren Hochgipfeln umschlossenen Falbenairtal über Bergrasen hinauf zu einer grünen Mulde, in der sich meist bis in den Spätsommer hinein ein Seelein hält und sich das Weidevieh das würzige Berggras schmecken lässt. Und etwas später stehen wir vor einer weiteren, diesmal aber wesentlich größeren Mulde, und zwar dort, wo der geschlossene Graswuchs ausgedehntem Trümmerwerk Platz macht. Diese weite, bei den Gämsen als geschützter Rückzugsort sicher schon immer beliebte Mulde ist nun der »Tiergarten«, nach dem auch die nahe Spitze, die südlich darüber ihre überaus markante Gipfelgestalt erhebt, den Namen erhalten hat.

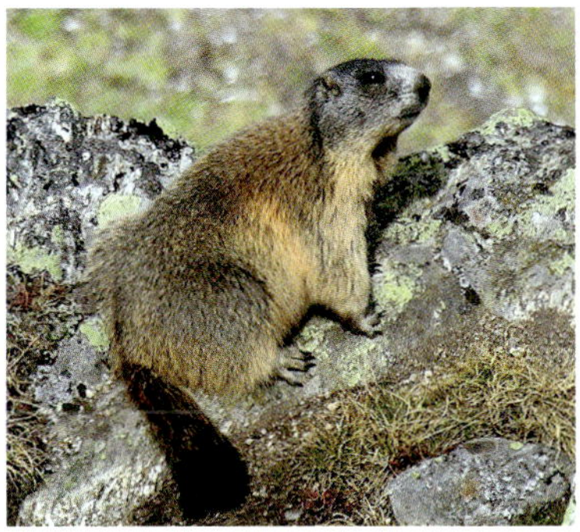

Murmeltier an unserem Weg

Rechte Seite: Nur noch wenige Schritte trennen uns vom Gipfelkreuz der Tiergartenspitze.

Deren Gipfelkreuz ist nun in greifbare Nähe gerückt, doch wer ein echter Dreitausendersammler ist, wird sich wohl die Durchquerung der Mulde und den ganz kurzen Anstieg auf den nahen Schwarzkopf nicht entgehen lassen. Immerhin ist er 3002 Meter hoch, besitzt einen eigenen Namen und darf sich demnach mit Fug und Recht zu den Dreitausendern zählen.

Sein Gipfel ist zwar nicht besonders ausgeprägt, aber er bietet bereits einen Vorgeschmack von der herrlichen Aussicht, die wir dann nach kurzem Aufstieg über den guten Bergsteig oben auf der Tiergartenspitze genießen. Auf der einen Seite überschauen wir Schweizer und Vorarlberger Gipfel, im Süden reihen sich die Eishäupter der Ortlergruppe aneinander, und in der Nähe haben wir vor allem die Weißkugel und die Weißseespitze vor uns.

Wer vielleicht beim Blick auf die Karte geglaubt hatte, die Tiergartenspitze sei etwa nur so etwas wie der Vorgipfel eines wichtigeren Hauptberges oder gar nur ein runder Grasmugel, stellt nicht nur angesichts des genannten Panoramas mit freudiger Überraschung fest, dass dem nicht so ist. Denn die Tiergartenspitze hebt sich durch eine immerhin fast 150 Meter tiefe Scharte vom übrigen, zur Mitterlochspitze ziehenden Gratverlauf ab, und sie ist ein formschöner, felsiger, absolut für sich allein stehender Dreitausender – einer der lohnendsten und leichtesten Hochgipfel des Landes.

Wegverlauf: Von Hinterkirch im Langtauferer Tal (1850 m; Parkplatz unweit der Kirche) der Beschilderung »Masebner Alm« folgend auf breitem Weg kurz hinunter zum Talbach, dann links auf Weg 15 zu Wegteilung, hier rechts weiter und mit Nr. 19 teils auf breitem Forstweg, teils auf dem alten Fußweg durch Wald- und Almhänge teils mäßig, teils stärker ansteigend hinauf zur Waldgrenze und zur Berghütte Maseben (ehemals »Atlantis der Berge«) im Weidegebiet der gleichnamigen Alm (2267 m; die Berggaststätte im Sommer sowie im Winter bewirtschaftet; ab Ausgangspunkt knapp 1½ Std.). Hier dem Wegweiser »Tiergarten« und weiterhin der Markierung 19 folgend westseitig unweit des Skilifts über steiniges Graselände und über einen grasbewachsenen alten Moränenwall aufwärts, dann am westseitigen Grashang und über Blockwerk gerade hinauf zu einer flachen Senke (rechts evtl. kurzer Abstecher zum Schwarzkopf, 3002 m) und auf dem ausgeprägten markiertem Bergsteig am steilen Blockwerkshang hinauf zum Gipfel der Tiergartenspitze mit dem Kreuz (3068 m; ab Berghütte Maseben knapp 2 ½ Std.).
Abstieg: über den Aufstiegsweg (insgesamt bis Hinterkirch ca. 3 Std.).

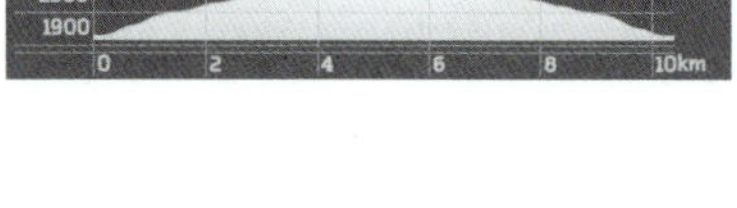

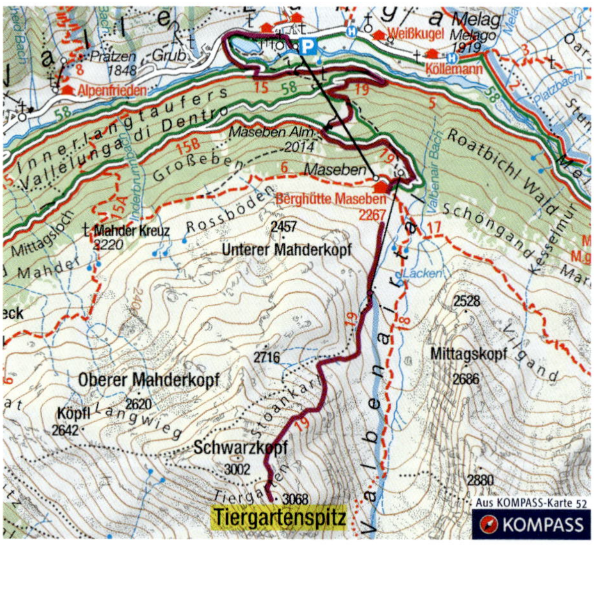

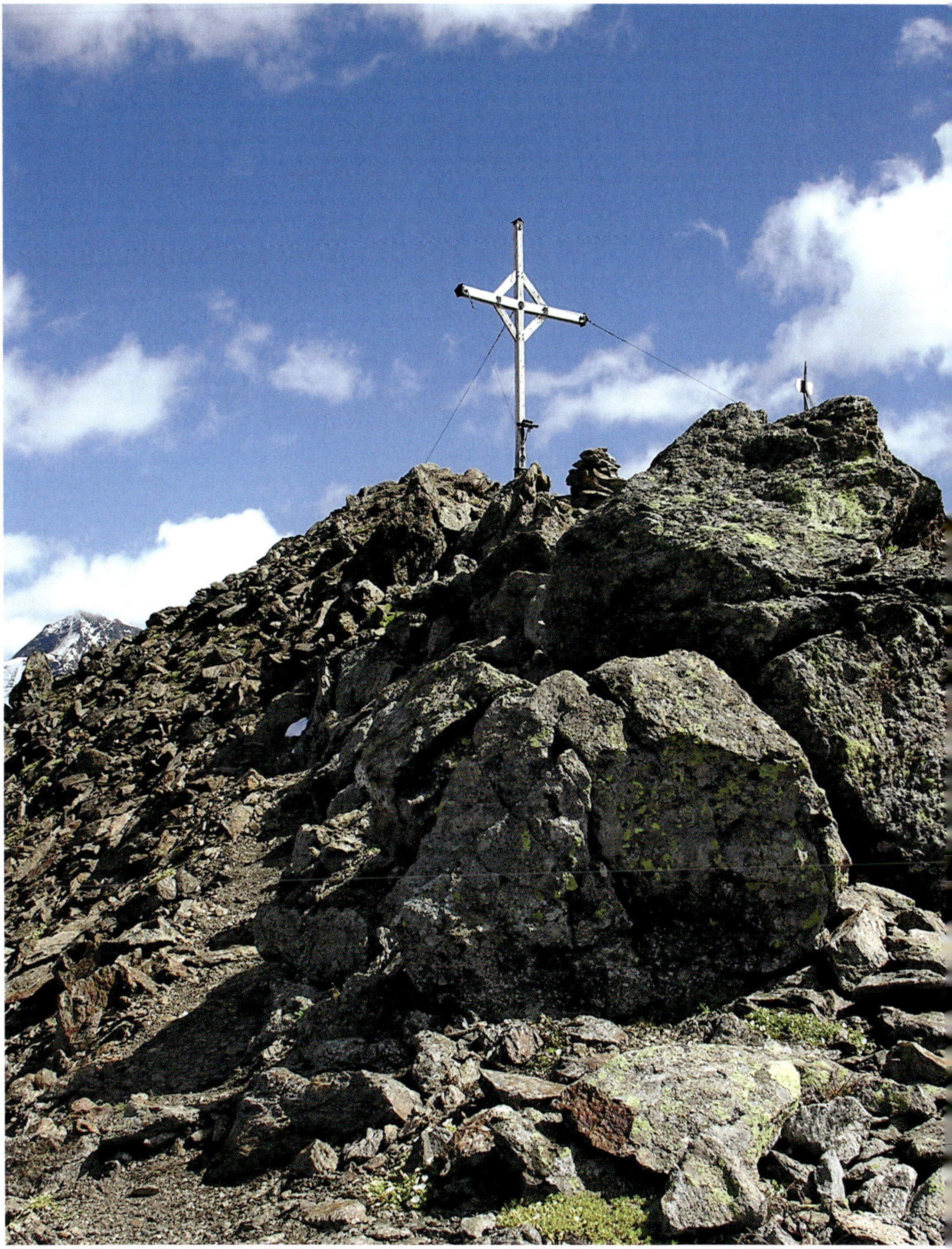

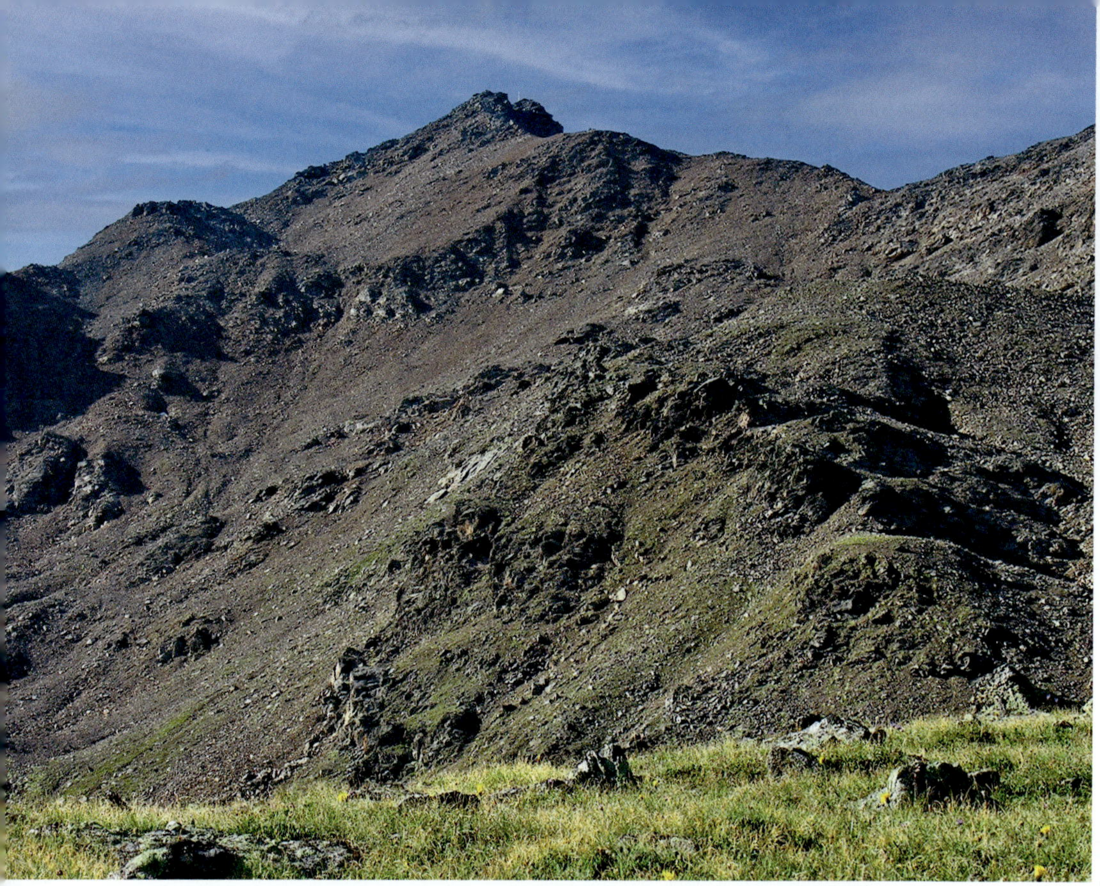

Der Danzebell von unserem Zugang aus; der Aufstieg erfolgt über die Hänge in der rechten Bildhälfte.

5

Die Tour im Überblick Kapron in Langtaufers – Kaproner Alm – Martinsbildstock – Danzebell – retour

Orientierung und Schwierigkeit Für selbstständige und trittsichere Geher mit Bergerfahrung nicht schwierig; aber teilweise steil und mühsam (Geröll und Blockwerk)

Gehzeiten Aufstieg 4 ½ Std.; Abstieg 3 Std.

Ausrüstung Bergbekleidung, feste Bergschuhe

Besonderer Hinweis Nach dem Martinsbildstock nicht, wie in manchen Karten verzeichnet, talein und zum Nordostgrat aufsteigen, sondern rechts hinauf gegen die Scharte im Nordwestgrat!

Karten 1:50.000: Kompass, Blatt 52 (Vinschgau); 1:25.000: Tabacco, Blatt 043 (Vinschgauer Oberland)

7 ½ Std. | 14,7 km | 1500 Hm

Danzebell 3148 m

Von Langtaufers zum markanten Felsgipfel

Der Tiroler Kartograf Peter Anich verzeichnet unseren Berg in seinem 1774 erschienenen Atlas Tyrolensis als »Danze Welle Kopf«, und der in diesem Buch noch öfters zu Wort kommende Topograf Johann Jakob Staffler, der ein mehrbändiges Werk über Tirol und Vorarlberg verfasste, sagt um 1840, der »Danzewelle-Kopf« erhebe sich mit seinen 9242 Fuß »höher als andere«.

So viel Aufmerksamkeit wurde damals längst nicht jedem Gipfel zuteil, und außerdem stimmt Stafflers Aussage genau. Denn der Berg, dessen nicht sicher geklärter Name heute als Danzebell und Danzewell geschrieben wird, überragt zumindest in seiner näheren Umgebung alle anderen Gipfel als kühn aufragende, scheinbar nur in schwieriger Kletterei ersteigbare Felsgestalt.

Doch auch dieser Gipfel hat seine schwache Seite und ist von Kapron im Langtauferer Tal aus ohne größere Schwierigkeiten ersteigbar.

Zunächst geht es bequem zur Kaproner Alm, in der fleißige Senner am Werk sind, und dann auf großteils markiertem Weg durch das weltverlorene Kühtal hinauf zu einem dem heiligen Martin geweihten Bildstock, von wo man sich schließlich weglos über Grashänge und Trümmerwerk Schritt um Schritt dem weithin sichtbaren Gipfelkreuz nähert.

Der steile Blockhang, der uns zum Nordwestgrat bringt, ist zwar mühsam zu erklimmen, aber Steinmännchen und das markante Jöchl oben am Kamm weisen die Richtung. Und schließlich geht es in kurzweiliger, keineswegs schwieriger Felsturnerei ohne Umwege empor zum Hauptgipfel, wo sich außer dem Kreuz eine kleine Marmorplatte befindet, mit der sich ein gewisser Johann Schöpf aus Mals am 8. August 1893 verewigt hat. Er vermisste wohl ein Gipfelbuch …

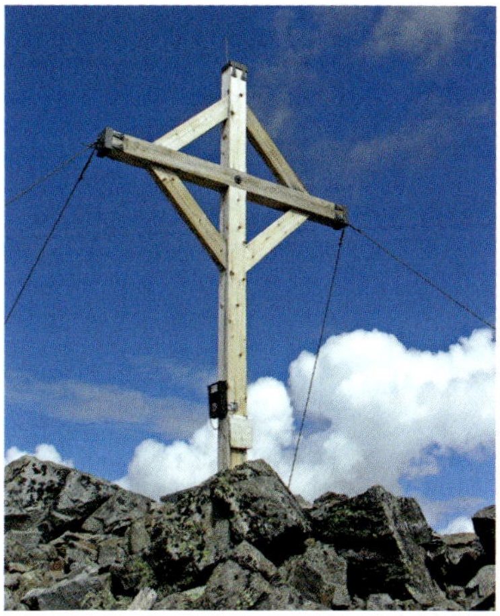

Das Gipfelkreuz auf dem Danzebell

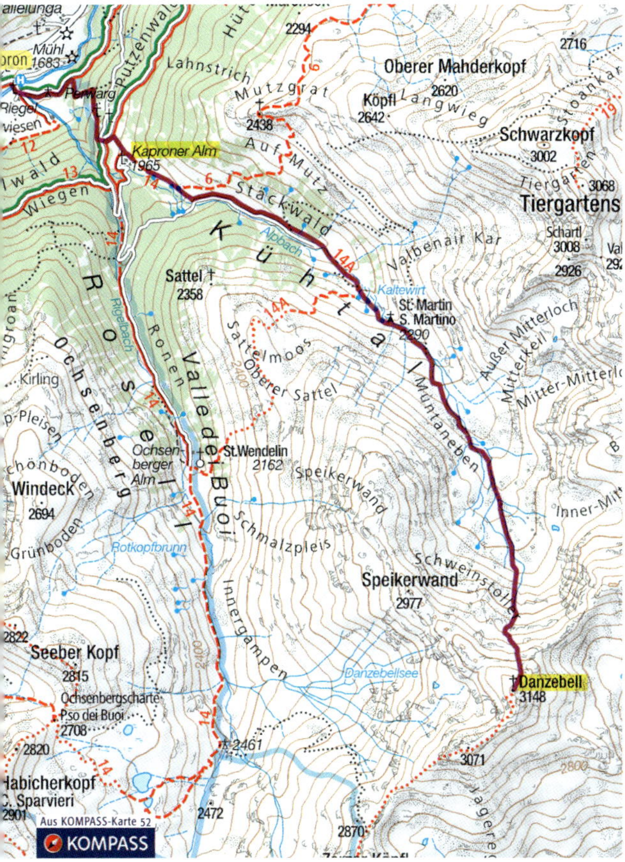

Wegverlauf: Von Kapron in Langtaufers (1700 m) auf schmaler Höfestraße kurz hinab zu den Höfen Riegel und Perwarg (1667 m), von da den Wegweisern »Kaproner Alm« folgend auf Fußweg und Forststraße hinauf zu besagter Alm (1965 m), auf Weg 14 im Kühtal hinein und hinauf zu Weggabel (rechts zweigt ein Pfad in Richtung Ochsenbergalm ab) und geradeaus auf Steig 14 A weiter bergan zu einem hölzernen Martinsbildstock (2290 m; ab Ausgangspunkt knapp 2 Std.). Nun kurz talein, dann rechts auf Steigspuren mit Steinmännchen an den steinigen Grashängen in Richtung der rechts des Gipfels eingesenkten Scharte zunächst noch mäßig ansteigend hinan, später über Blockwerk und begrünte Stellen großteils ziemlich steil empor (ab und zu Fußspuren und Steinmännchen) zum Nordwestgrat des Danzebell und an dem zuletzt steilen, aber nicht schwierigen Felsgrat empor zum Gipfel (3148 m; ab Bildstock 2 ½ Std.).
Abstieg: am sichersten über die Aufstiegsroute.

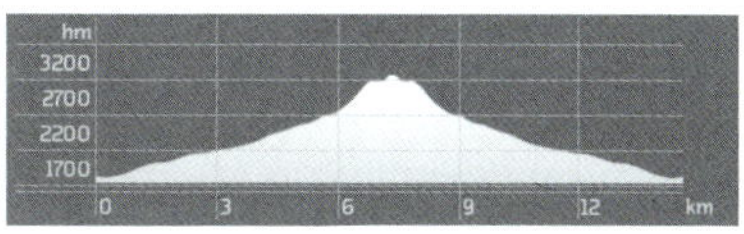

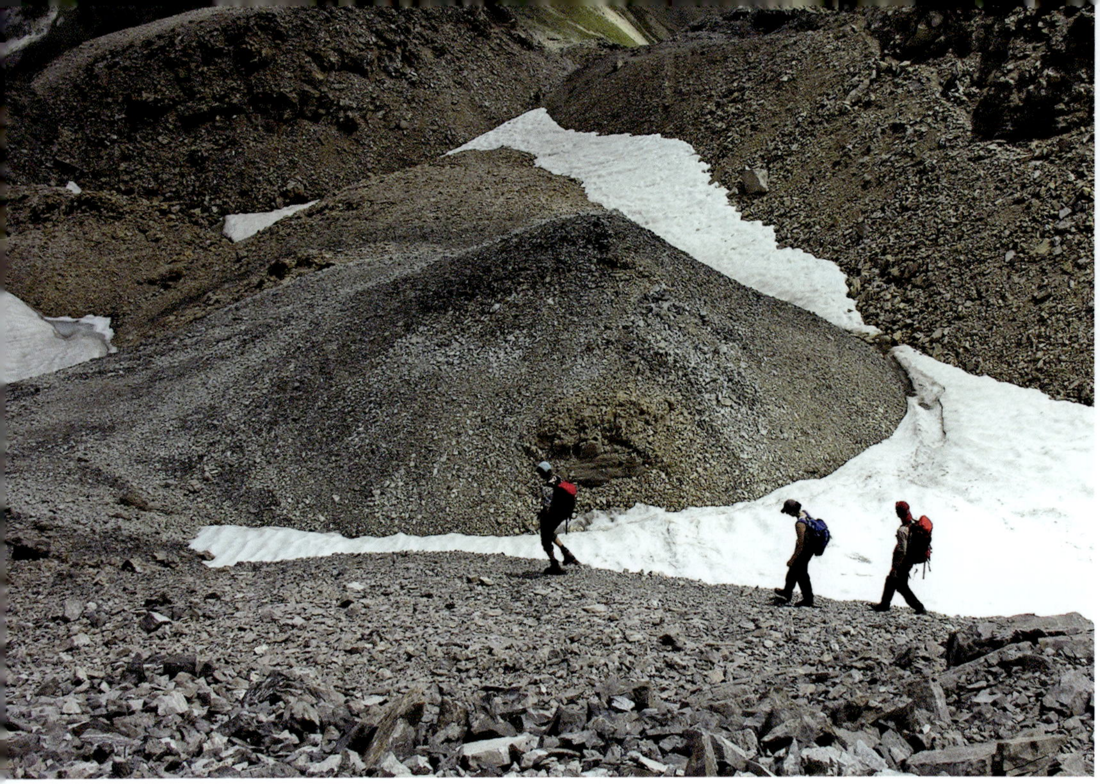

Im »Krater« des Piz Rims

Piz Rims 3070 Piz Cristanas 3092 m

Leichte Dolomitgipfel über Schlinig

6

Die Tour im Überblick Schlinig – Sesvennahütte – Piz Rims und Piz Cristanas – retour
Orientierung und Schwierigkeit Für ausdauernde Geher mit Bergerfahrung leicht und problemlos, gutes Schuhwerk aber wichtig
Höhenunterschiede Bis zur Hütte 530 m, von dort bis zum Piz Cristanas 836 m
Gehzeiten Aufstieg zur Hütte 2 Std., von dort zum Piz Cristanas 3 Std., Abstieg insgesamt bis Schlinig 4 Std.
Ausrüstung Bergbekleidung, feste Bergschuhe
Besonderer Hinweis Der Piz Rims ist von der Sesvennahütte aus zwar nicht direkt sichtbar, wohl aber etwas außerhalb vom Zugangsweg aus.
Einkehrmöglichkeit Sesvennahütte, www.sesvennahuette.it, s. S. 270
Karten 1:50.000: Kompass, Blatt 52 (Vinschgau)

9 Std. | 19 km | 1366 Hm

So wie der markante Föllakopf blickt auch der kegelförmige Kalkkegel des Piz Rims auf die grünen Böden und kleinen Seen im Bereich der Sesvennahütte herunter. Benannt ist sie freilich nicht nach einem der beiden Gipfel, sondern nach dem Piz Sesvenna, dem bekannten Berg, der sich weder vom Schlinigtal noch vom Gebiet unserer Schutzhütte aus blicken lässt und nur gletschertüchtigen und etwas felsgeübten Hochalpinisten vorbehalten bleibt.

Ganz anders der Piz Rims. Um ihn zu besteigen, muss man kein ausgesprochener Hochalpinist sein. Zwar wartet der Berg im letzten Teil des Aufstiegs mit viel steilem Geröll und etwas abschüssigem Steig auf, aber mit ordentlichem Schuhwerk ist das ohne weiteres zu bewältigen.

Wenn man den Piz Rims besteigt, gewinnt man nicht nur einen Gipfel, der ins Gebiet der Sesvennahütte wie eine Verlockung hinunterschaut, sondern auch einen sehr interessanten, aus nahezu weißem Geröll aufgebauten Berg, dessen

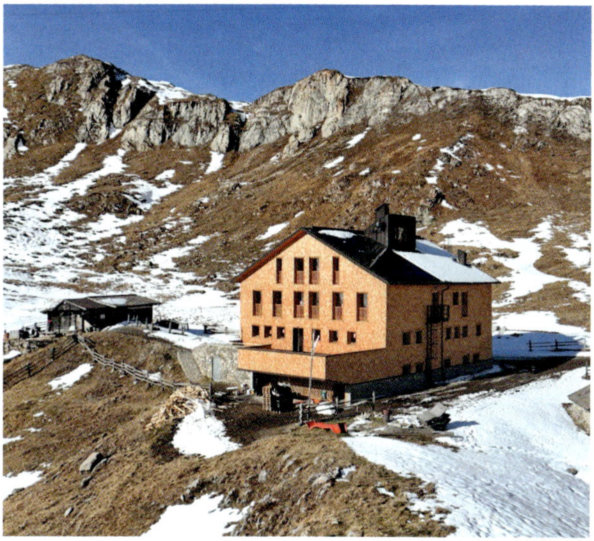

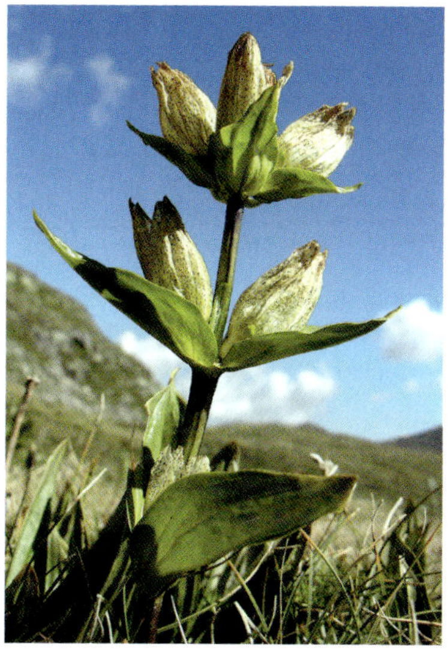

Links: Die neue Sesvennahütte (Neueröffnung Februar 2026)

Rechts: Punktierter Enzian an unserem Weg

Spitze zusammen mit ein paar niedrigeren Erhebungen einen eigenartigen Krater mit einem mitten darin stehenden Kegel umschließt. Und man gewinnt natürlich auch einen Aussichtspunkt ersten Ranges, wobei einerseits der Blick über die Engadiner Dolomiten schweift, denen der Berg angehört, anderseits aber auch vom vergletscherten Massiv des Piz Sesvenna beherrscht wird und schließlich weit über den Vinschgau und dessen umliegende Hochgebirge gleitet.

Doch damit nicht genug. Der auch im Zusammenhang mit dem Piz Sesvenna gerühmte Aufstieg durch die Almgründe des innersten Schlinigtals zur Sesvennahütte und dann an den Heimstätten von Murmeltier, Gämse und Steinbock vorbei hinauf zum faszinierenden Furkelsee ist ein großes landschaftliches Erlebnis, das dann am Weiterweg noch eine erhebliche Steigerung erfährt.

Hinzu kommt als besondere Draufgabe, dass man bei diesem Weiterweg zum Piz Rims nicht einfach von der Scharte zum Gipfel ansteigt, sondern zuerst noch dessen südlichen Nachbargipfel, den immerhin fast 2950 Meter hohen Schadler, überschreitet, sodass man bei dieser Tour, ohne es so recht zu merken, gleich zwei Gipfel ersteigt.

Aber auch damit noch nicht genug. Denn so zufrieden man auf dem Piz Rims mit dem Erreichten sein könnte, so übt der nahe und etwas höhere Piz Cristanas doch eine solche Anziehungskraft aus, dass ihr zumindest leidenschaftliche Gipfelsammler sicher nicht widerstehen können, zumal der Blockgrat,

Wegverlauf: Von Schlinig (1738 m, hierher Straße von Burgeis im oberen Vinschgau) entweder auf dem sonnseitigen geteerten Sträßchen oder – lohnender – auf dem schattseitigen Forstweg talein zu den Schlininger Almen (Einkehrstätte) und auf dem breiten Weg hinauf zur Sesvennahütte (2256 m, Sommerbewirtschaftung; ab Schlinig knapp 2 Std.). Vom Schutzhaus dann auf Steig 5 über Grashänge und Geröll hinauf zum Furkelsee

und zur nahen Sesvennascharte (2824 m; ab Sesvennahütte 1½ Std.), nun rechts auf Steigspuren problemlos an einem Gras- und Felshang hinauf zum höchsten Punkt des Schadlers (2948 m), nordwestwärts über den Grat mit nur geringem Höhenverlust problemlos zum Fuß des Piz Rims und auf dem teilweise recht abschüssigen, aber unschwierigen Pfad über Geröll hinauf zum Gipfel des Piz Rims (3070 m; ab Hütte 3 Std.).
Weiterweg zum Piz Christanas: Vom Gipfel über das Geröll westseitig kurz hinab zum Verbindungsgrat und über diesen problemlos hinüber und hinauf zum genannten Gipfel (3092 m; ab Piz Rims ½ Std.).
Abstieg: über die Aufstiegsroute.

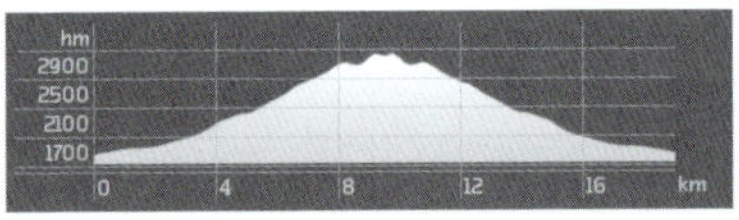

der diese beiden dolomitischen Hochgipfel verbindet, relativ kurz und dazu absolut unschwierig zu begehen ist.

Überdies ist der Piz Cristanas nicht irgendein Gipfel, sondern der Hauptgipfel eines aus mehreren Zweiggraten und Kulminationspunkten bestehenden Bergstockes, den schon der Topograf Staffler um 1840 unter der Bezeichnung »Kristans« ausdrücklich erwähnt und ihn sogar als »mächtig hervorragenden Koloss« bezeichnet.

Bei der kurzen Wanderung vom Piz Rims hinüber zum Piz Cristanas betritt man zwar kurz Schweizer Boden, aber wer wollte es mit dem Grenzübertritt da oben in 3000 Meter Höhe so genau nehmen oder gar Passkontrollen durchführen – da oben, wo man doch nur ein wenig Lebensfreude und Gipfelglück über die ohnehin unsichtbare Grenze schmuggelt.

Der Abstieg vom Piz Cristanas erfolgt wieder über Piz Rims, Schadler, Furkelsee und Sesvennahütte hinunter in den Schliniger Talschluss und dann hinaus nach Schlinig. Er ist lang und ermüdend, aber man geht ihn mit der stolzen Freude im Herzen, in einem Zug gleich drei Gipfel bestiegen zu haben, und davon sogar zwei Dreitausender.

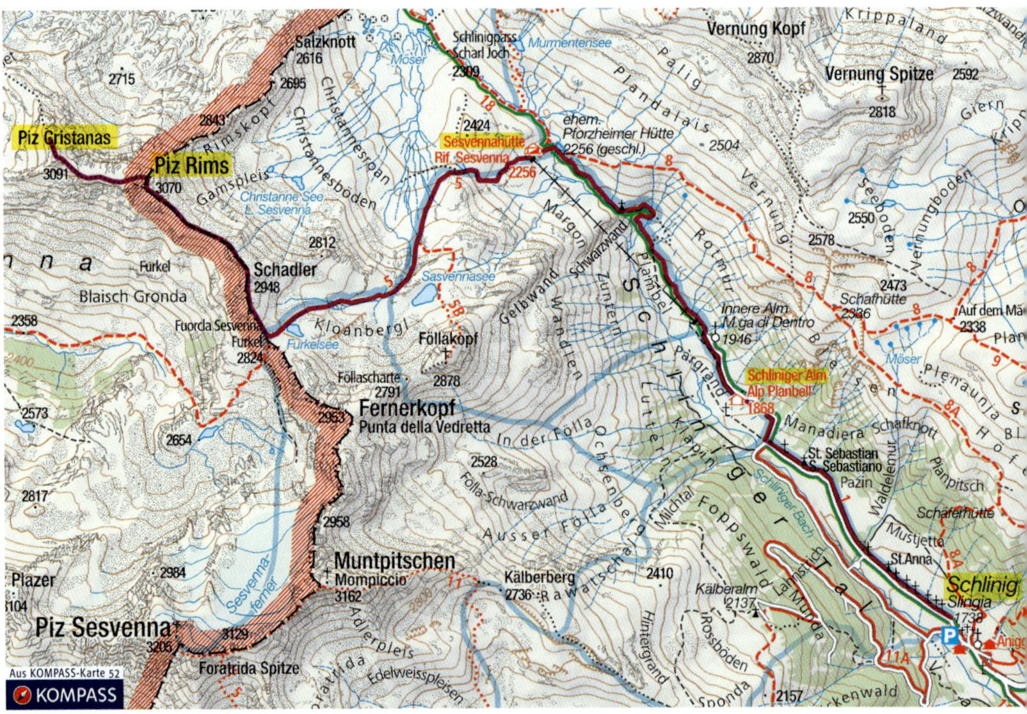

Der Piz Cristanas, vom Piz Rims aus

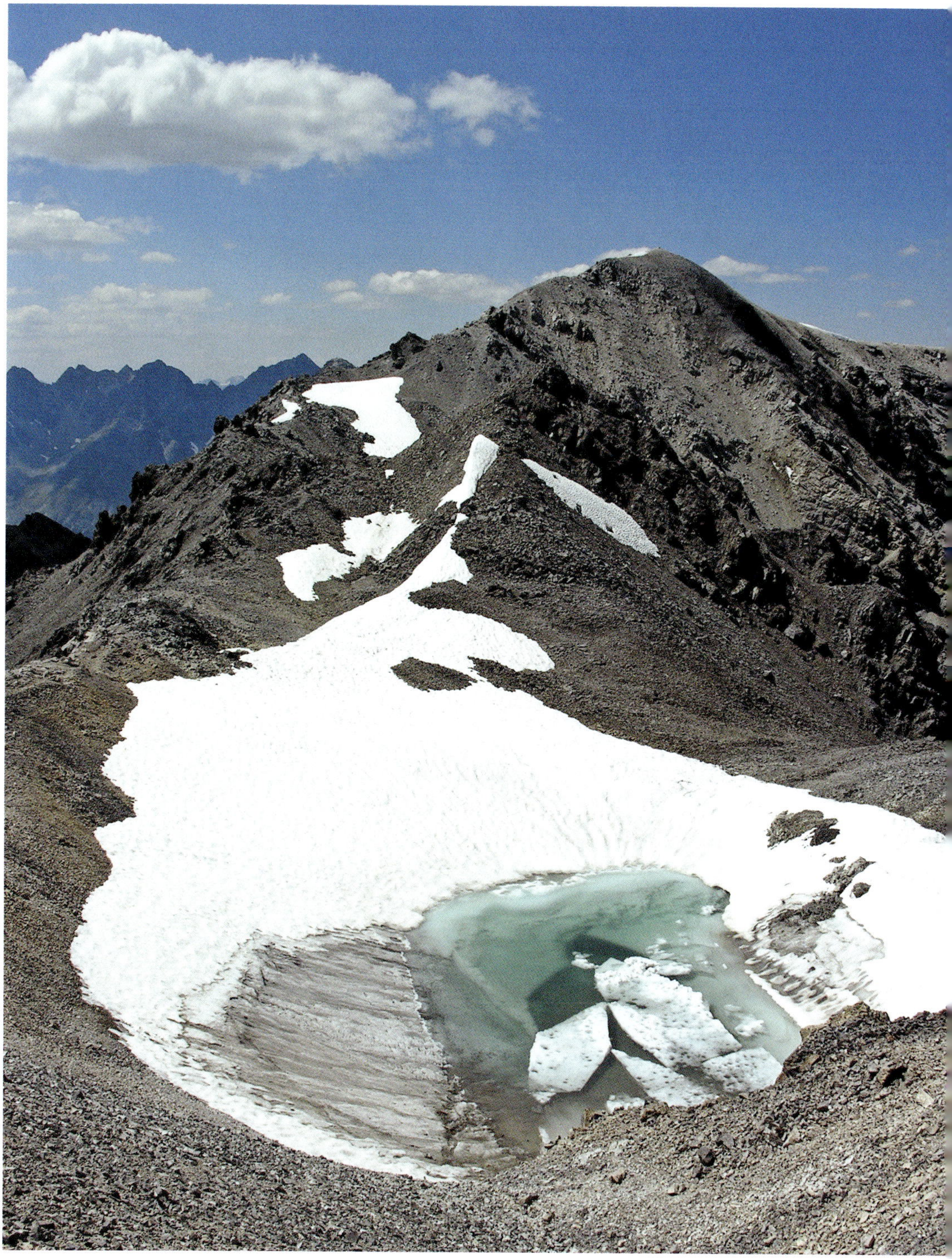

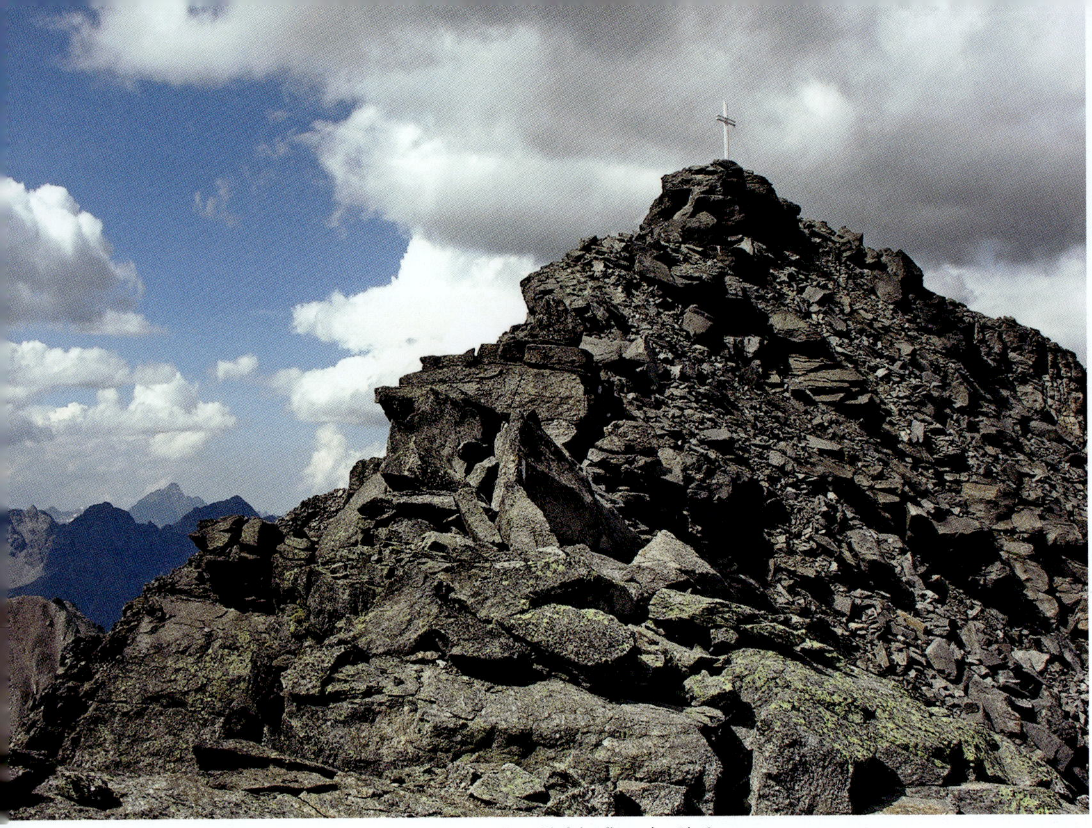

Der Gipfelaufbau des Piz Sesvenna

Piz Sesvenna 3205 m

Von Schlinig zum bekannten Hochgipfel

7

Die Tour im Überblick Schlinig – Sesvennahütte – Sesvennascharte – Piz Sesvenna – retour
Orientierung und Schwierigkeit Nicht schwierige, aber dennoch nur gletscher- und hochgebirgserfahrenen Alpinisten vorbehaltene Tour
Höhenunterschiede Bis zur Hütte 518 m; von dort zum Piz Sesvenna 949 m
Gehzeiten Aufstieg zur Hütte 2 Std., von dort zum Gipfel 3 ½ Std., Abstieg zum Ausgangspunkt insgesamt 4 ½ Std.
Ausrüstung Hochtourenbekleidung, Seil, Pickel, Steigeisen
Karten 1:50.000: Kompass, Blatt 52 (Vinschgau)

10 Std. | 20,2 km | 1467 Hm

Schon um 1840 rühmt der uns bereits bekannte Topograf Johann Jakob Staffler die Bergwelt des Schlinigtales und nennt dabei namentlich – wenn auch in etwas anderer Form – den unweit des Piz Sesvenna aufragenden Muntpitschen.

Und die Schönheit eben dieser Bergwelt bewog ein halbes Jahrhundert später die Sektion Pforzheim des Deutschen und Österreichischen Alpenvereins zur Erbauung der gleichnamigen Schutzhütte, die am 20. August 1901 eröffnet wurde. Anfangs erlebte sie gute, später weniger gute Zeiten, und heute steht sie schon lange unbenützt als Denkmal der frühen Erschließungsgeschichte neben einem hübschen Bergweiher, während unweit davon der Alpenverein Südtirol 1981 mit der Sesvennahütte einen einladenden Ersatz schuf.

Das inmitten grüner Böden liegende Schutzhaus ist ein beliebtes Wanderziel, aber es ist auch ein wichtiger alpiner Stützpunkt am Weg zu jenem Hochgipfel, nach dem die Hütte, eine Scharte, ein See und die ganze Gruppe benannt sind, dem Piz Sesvenna.

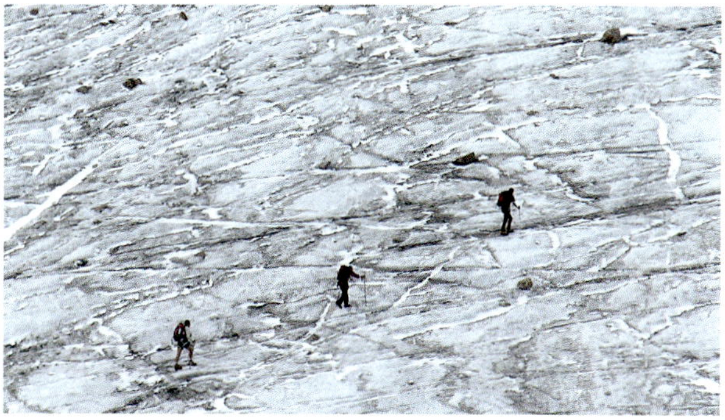

Seilschaft auf dem Sesvennagletscher im Aufstieg zum Piz Sesvenna

Wer zwar ein guter Geher ist, der sich auch im felsigen Gelände sicher zu bewegen weiß, aber das Gehen mit Seil, Pickel und Steigeisen lieber anderen überlässt, dem bietet der Piz Sesvenna auch eine eisfreie Route an. Nämlich jenen Aufstieg, der von Taufers im Münstertal durch das Avignatal erfolgt.

Die eisfreie Südflanke des Berges ist freilich weniger eindrucksvoll als die vergletscherte Nordseite, der Talort Taufers liegt rund 500 Meter tiefer als der Talort Schlinig und schließlich besitzt die südseitige Route keinen Stützpunkt in Form einer Schutzhütte. Das alles bewirkt, dass der Südanstieg weniger beliebt und bekannt ist als der klassische Aufstieg von Schlinig über die Sesvennahütte und den gleichnamigen Gletscher.

Hinzu kommt, dass diese Route auch sonst von großer landschaftlicher Schönheit und viel Abwechslung geprägt ist. Da sind einmal die flachen Schlíniger Almen und ein hübscher Wasserfall im ersten Teil des Aufstiegs, dann die grünen Böden im Gebiet der Sesvennahütte, dann der außerordentlich schöne Furkelsee vor der bizarren Felskulisse des Föllakopfes, und schließlich das Hochgebirgsbild mit dem Dreigestirn Muntpitschen, Foratrida und Piz Sesvenna und ihrem Gletscher.

Dank viel begangener und gut bezeichneter Wege ist der Aufstieg bis zur Sesvennahütte als gemütliche Wanderung zu nennen, dann folgt bis zum genannten See und zur nahen Furkel eine etwas alpinere Strecke mit teilweise steilem Geröll, und ab der Furkel oder Sesvennascharte erhält die Tour dann hochalpinen Charakter.

Zunächst geht es zwar noch auf markiertem Pfad problemlos und nahezu eben über Moränengelände hinein zum Gletscher, aber dann heißt es Seil und Steigeisen anlegen und über das teilweise ziemlich steile Eis ansteigen, was bei Blankeis und damit offenen Spalten dem einigermaßen geübten Gletschergeher keine Probleme bereitet, aber zu erhöhter Vorsicht

Der Furkelsee mit dem Föllakopf

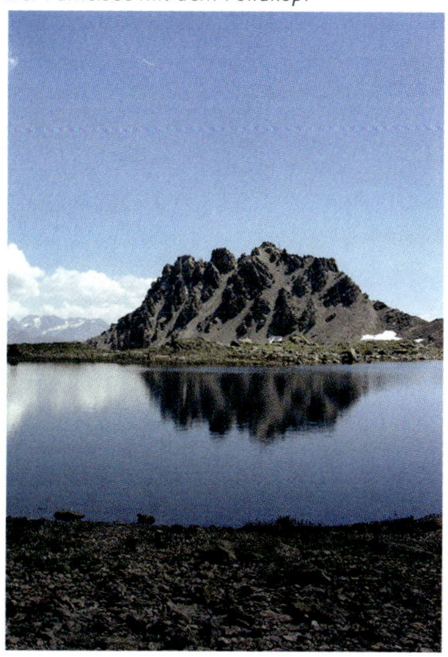

Wegverlauf: Von Schlinig (1738 m) auf dem schattseitigen Forstweg talein zu den Schliniger Almen (Einkehrstätte) und auf dem breiten Weg hinauf zur Sesvennahütte (2256 m, Sommerbewirtschaftung; ab Schlinig 2 Std.). Vom Schutzhaus dann stets den Wegweisern »Piz Sesvenna« folgend auf Steig 5 über Grashänge und Geröll hinauf zum Furkelsee und kurz weiter zur Furkel oder Sesvennascharte (2824 m; ab Sesvennahütte 1 ½ Std.). Nun kurz westseitig hinab, dann links auf Steig 5 die steilen Blockhänge querend hinüber zum Sesvennagletscher, über ihn in einem zuerst nach rechts ausholenden Anstieg (bei Schneelage auf versteckte Spalten achten!) am Anfang und Ende steil, im mittleren Bereich weniger steil hinauf in die Scharte zwischen Piz Foratrida links und Piz Sesvenna rechts (ca. 3100 m) und nun in teilweise leichter Kletterei (bis I+) über den aus sehr großen Felsblöcken bestehenden Ostgrat zum Gipfel (3205; ab Hütte 3 ½ Std.). *Abstieg:* über die Aufstiegsroute.

mahnt, wenn sich die Spalten unter trügerischer Schneedecke verbergen.

Hat man dann glücklich die Felsscharte zwischen Foratridaspitze und Piz Sesvenna erreicht, ändert sich die Szenerie grundlegend und es geht in abwechslungsreicher, bald leichter, bald etwas heiklerer Blockkletterei über den von mächtigen Felstrümmern aufgebauten, ziemlich scharfen und steilen Grat empor zum weithin sichtbaren Kreuz auf dem schmalen Gipfelgrat.

Und oben am Gipfel, dem prächtigen Ziel an der Grenze zwischen Graubünden und Südtirol, dem Ziel mit seiner alle anderen Gipfel im Umkreis überragenden Höhe und mit seiner unbeschreiblichen Aussicht – da oben hat man dann wieder jenes erhebende Gefühl, das die Besteigung jedes Hochgipfels vermittelt.

Beim Abstieg schauen wir auf der Sesvennascharte noch einmal zurück und nehmen ein letztes Mal das Bild des prächtigen Berges in uns auf; und wir bereuen es nicht, die Gletscherroute gewählt zu haben. Sie ist eines 3200 Meter hohen Gipfels würdig, und sie trägt das Ihre dazu bei, dass man später besonders gerne und auch mit leisem Bergsteigerstolz an die Besteigung des Piz Sesvenna zurückdenkt.

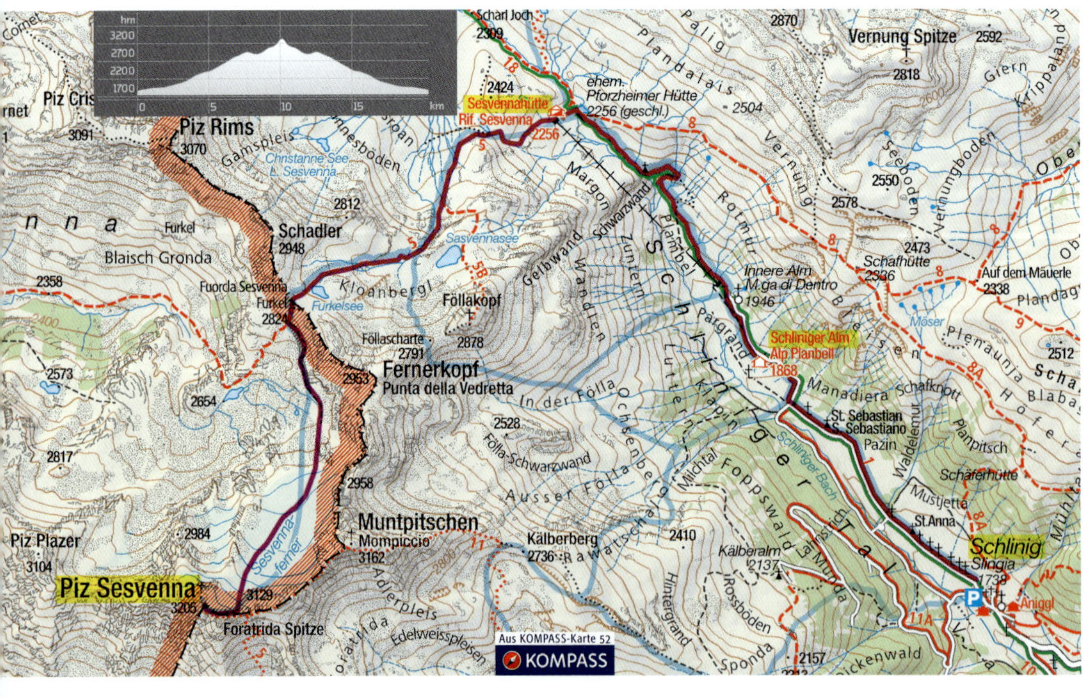

Muntpitschen, Foratrida und Piz Sesvenna (v.l.n.r.) über dem Sesvennagletscher; im Hintergrund der Ortler

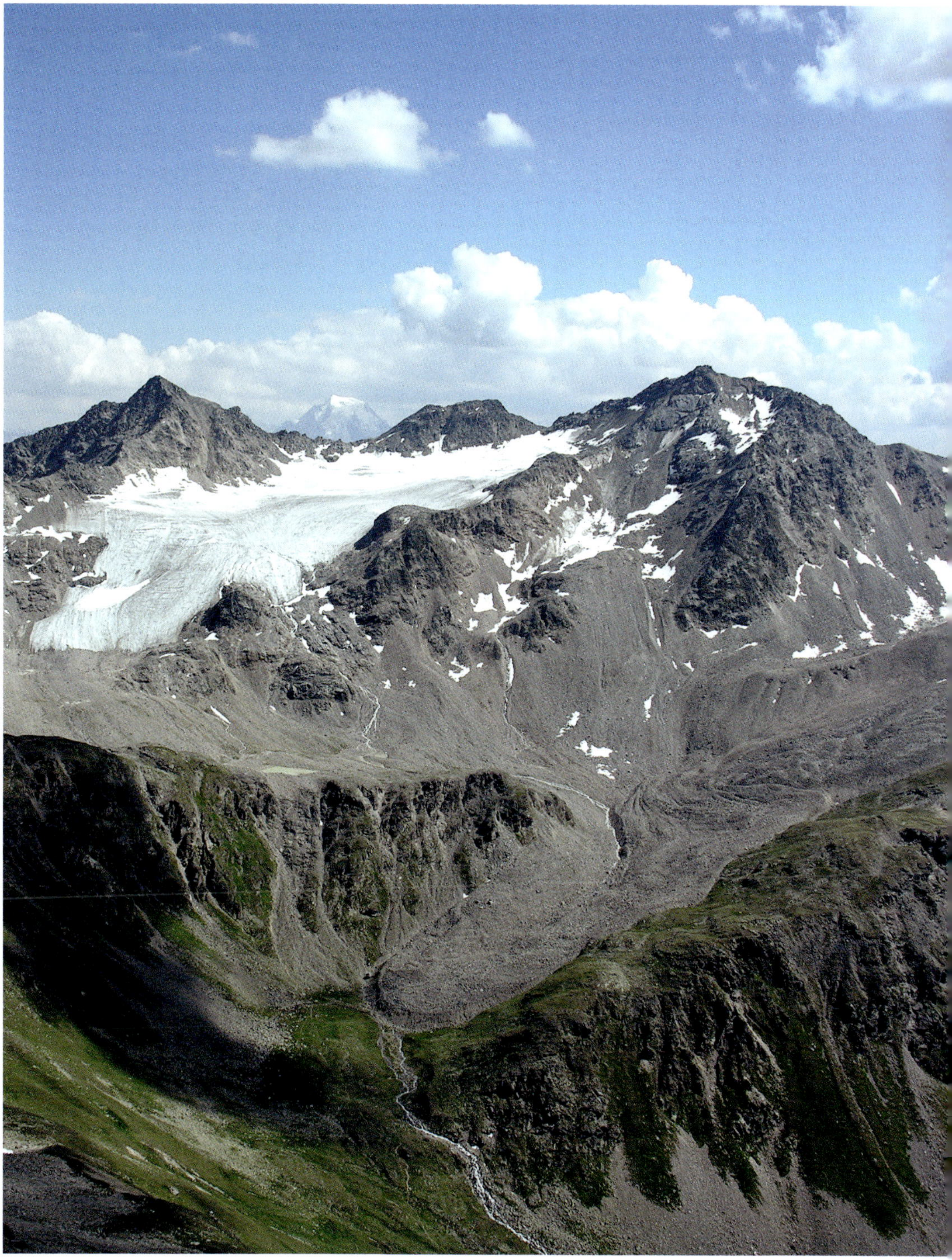

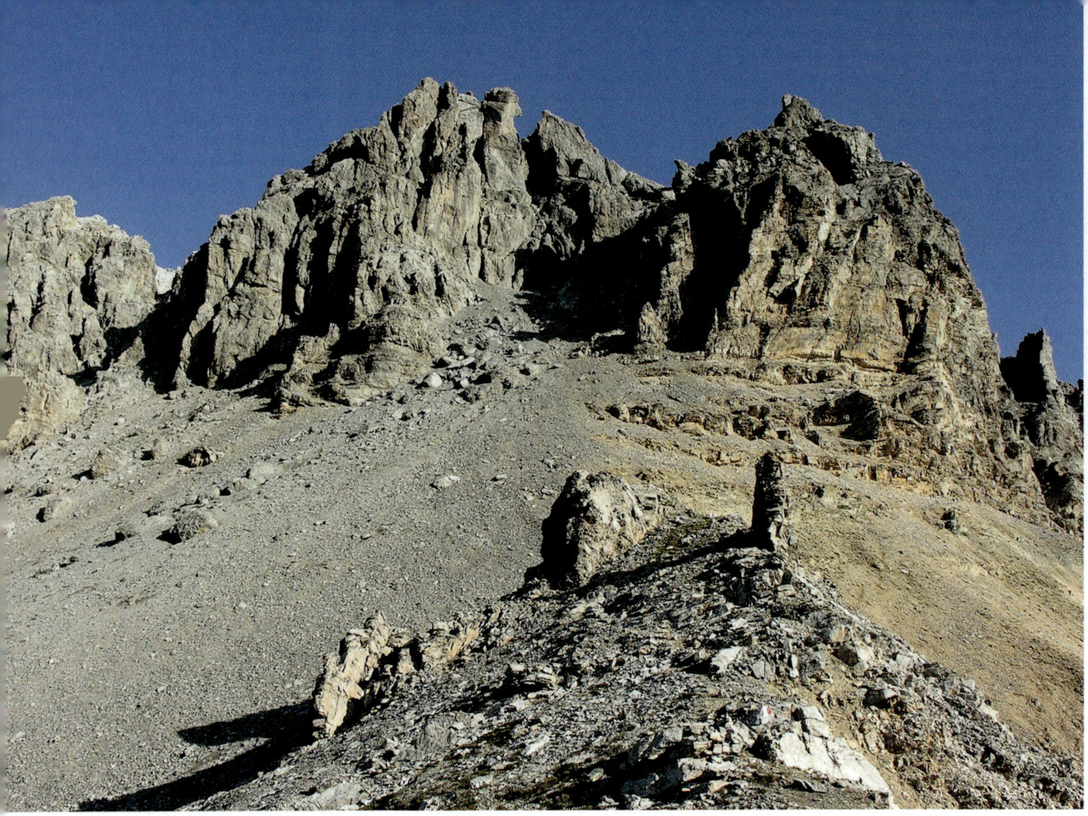

Der Bergaufbau des Piz Starlex; ganz links die Rinne, durch die der letzte Teil des Aufstiegs führt

8

Die Tour im Überblick Taufers im Münstertal – Mangitzer Alm – Starlexhütte – Piz Starlex – retour
Orientierung und Schwierigkeit Großteils für gute Geher zwar leicht und problemlos, in der Steilrinne unter dem Gipfel aber mühsam und nicht ganz ungefährlich, bei ungünstigen Verhältnissen (Schnee, Eis) sogar schwierig; daher nur trittsicheren, umsichtigen, erfahrenen Berggehern vorbehalten
Gehzeiten Aufstieg 4 Std., Abstieg 3 Std.
Ausrüstung Hochtourenbekleidung; wegen möglicher Schnee- oder Eisreste in der Rinne vorsichtshalber Eispickel und Grödeln mitführen
Besonderer Hinweis Falls sich mehrere Personen gleichzeitig in der Rinne befinden, wegen des nur schwer vermeidbaren Lostretens von Steinen größte Vorsicht walten lassen!
Karten 1:50.000: Kompass, Blatt 52 (Vinschgau)

7 Std. | 12,7 km | 1275 Hm

Piz Starlex 3076 m

Münstertaler Dolomitberg für Geübte

Bei Taufers im Münstertal zweigt in Richtung Nordwest das einsame Avignatal ab und zieht hinauf zum S-Charljoch (sprich skarl), dem Übergang ins schweizerische Engadin. Und im westseitigen Begrenzungskamm des Tales befindet sich unser Piz Starlex.

Er ist der höchste Gipfel im genannten Kamm, aber er ist nicht etwa ein schlankes Horn, sondern ein wuchtiger Berg mit vielgestaltigen Graten, Zacken und Rinnen und einem flachen Gipfelgrat, den ganze Gärtlein von Rotem Steinbrech schmücken und auf dessen südlichem Endpunkt das weithin sichtbare Gipfelkreuz steht.

Schon das helle Aufbaugestein und die bizarre Gestalt unterrichten uns, dass der Piz Starlex den Engadiner Dolomiten angehört, auch wenn er nur einen Randpunkt dieser hellen Felslandschaft bildet.

Die Besteigung des Berges gilt als nicht schwierig. Tatsächlich ist die Route bis zum Gipfel gut markiert, und bis hoch hinauf führt ein recht guter Steig.

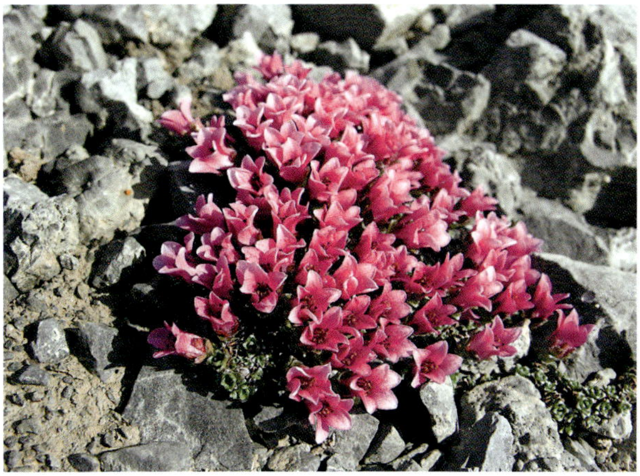

Der Rote Steinbrech am Gipfel des Piz Starlex

Aber schätzungsweise 200 Höhenmeter unter dem Gipfel beginnt eine sehr steile, manchmal mit Schnee oder Eis gefüllte Geröll- und Felsrinne, in der das Ansteigen steinschlaggefährlich, mühsam und stellenweise auch etwas heikel ist.

Das Gesagte soll nun zwar zur Vorsicht mahnen, aber natürlich nicht der Abschreckung dienen. Denn der erfahrene, richtig ausgerüstete Bergsteiger wird die Rinne mit der nötigen Umsicht ohne größere Probleme meistern und er soll sich die Freude an der insgesamt doch prächtigen Tour nicht nehmen lassen.

Wegverlauf: Anfahrt von Taufers im Münstertal auf schmaler Straße durch das Avignatal hinauf bis zur Fahrverbotstafel (ca. 1800 m, begrenzte Parkmöglichkeit). Von da auf Weg 1 kurz hinan zur Mangitzer Alm (1836 m), kurz weiter bis zu Wegweisern und nun links stets der Markierung 4 und der Beschilderung »Piz Starlex« folgend durch eine Wiese und dann durch Wald großteils auf gutem Fußweg mittelsteil hinauf zur Starlexhütte (Hirtenhütte, 2119 m; ab Ausgangspunkt 1 Std.); von da weiterhin der Markierung folgend teils weglos, teils auf einem Steig durch Wald und Bergheide teils gerade hinauf, teils die Hänge querend zu einem Jöchl mit Wegweisern und auf dem markierten Steig empor zu einem weiteren Jöchl in einer Felsrippe. Nun auf Steigspuren hinein in die erwähnte Steilrinne, durch diese über Dolomitschutt, Blockwerk, Felspartien und oft auch Hartschnee oder Eis mühsam und stellenweise nicht ganz ungefährlich (im Dolomitfels leichte Kletterei bis I+) empor zu einer Scharte im Südwestgrat, rechts durch eine kurze, kaminartige Rinne unschwierig zum Gipfelplateau mit dem Kreuz (3066 m) und in wenigen Minuten hinüber zum Nord- oder Hauptgipfel (3075 m); ab Hirtenhütte 3 Std.
Abstieg: über die Aufstiegsroute.

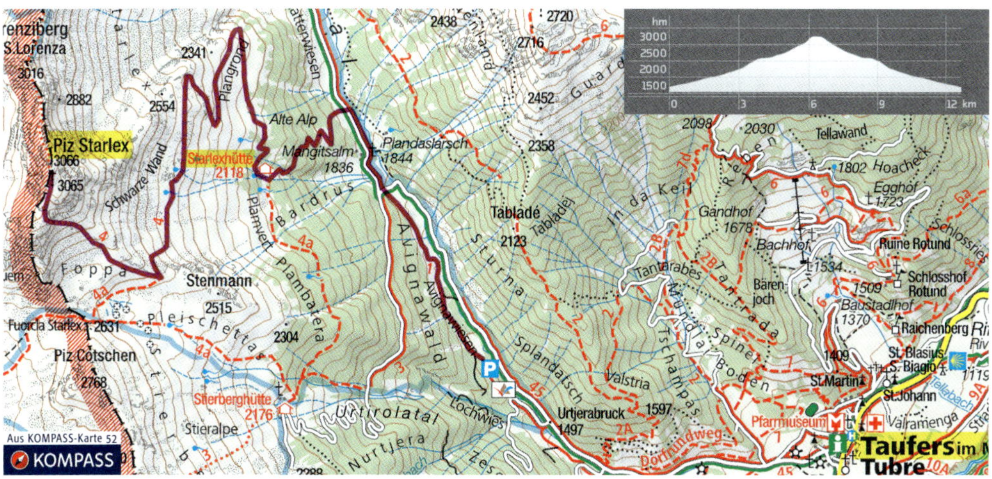

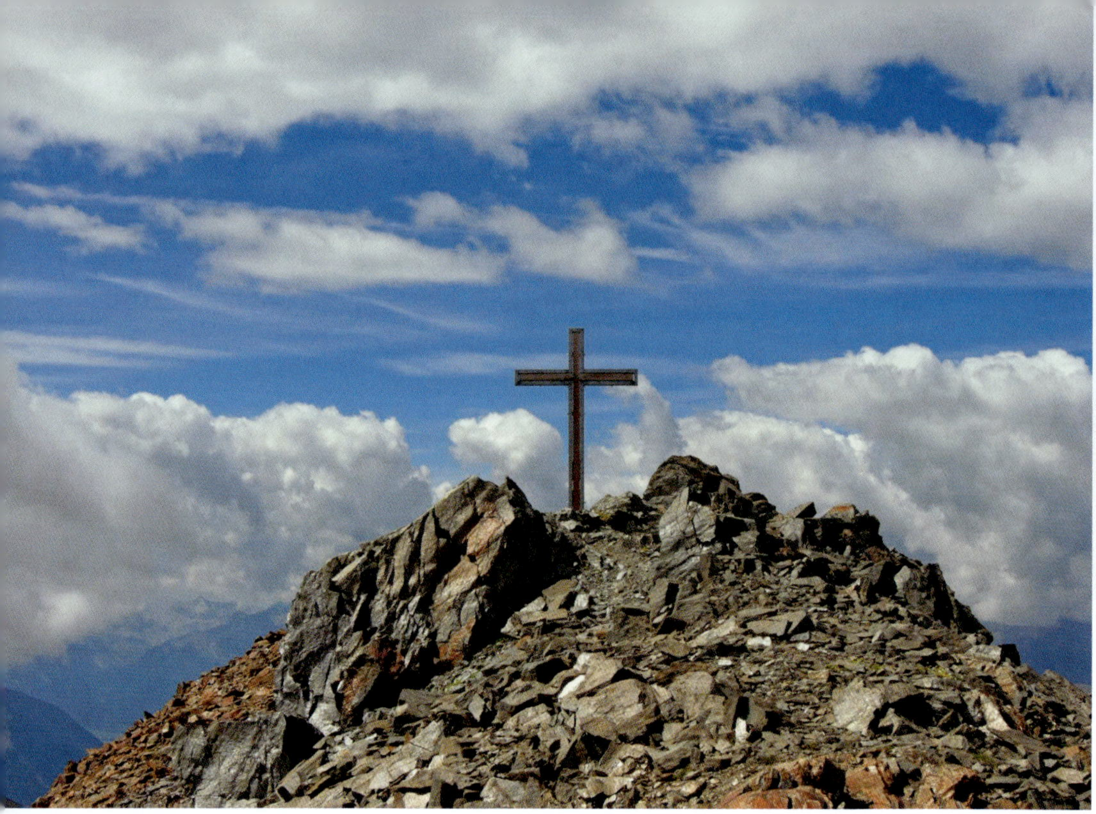

Das Gipfelkreuz auf der Portlesspitze gegen die westliche Ortlergruppe

Portlesspitze 3071 m

Steile Tour auf der Matscher Westseite

9

Die Tour im Überblick Matscher Talstraße – Thanaihöfe – Portlesspitze – retour
Orientierung und Schwierigkeit Für ausdauernde und berggewohnte Geher nicht schwierig; die Route aber im oberen Teil steil und mühsam. Gute Markierung, die aber im obersten Abschnitt durch vereinzelte Steinmännchen ersetzt ist
Gehzeiten Aufstieg 4 Std., Abstieg 3 Std.
Ausrüstung Bergtourenbekleidung, gute Bergschuhe
Karten 1:50.000: Kompass, Blatt 52 (Vinschgau); 1:25.000: Tabacco, Blatt 043 (Vinschgauer Oberland)

7 Std. | 8,5 km | 1321 Hm

Gerade über der kleinen Häusergruppe Thanai, die westseitig etwas außerhalb der bekannten Glieshöfe im inneren Matscher Tal liegt, befindet sich die Portlesspitze, die ihren Namen von den Fluren Äußere und Innere Portles erhalten hat, wobei der Ursprung des Namens im lateinischen *portella* liegen soll, was dem deutschen »Törl« entspricht.

Zwar nicht übermäßig ausgeprägt, aber dennoch aussichtsreich und nicht schwierig erreichbar, ist der Berg durch eine bezeichnete Route für den Durchschnittsbergsteiger erschlossen.

So weisen bereits im Bereich der Thanaihöfe Wegschilder in Richtung Portlesspitze, und dann im Bereich der schönen Eisawiesen wieder. Und bis hier herauf führt teilweise sogar ein relativ guter Fußweg.

Von da an freilich müssen wir uns mit dürftigen Pfadspuren begnügen, denn die eingebuchteten Hänge, die von den Eisawiesen steil ansteigen, sind das Reich der Bergnatur, in das der Mensch nur selten seinen Fuß setzt – als Jäger höchstens oder eben als Bergsteiger.

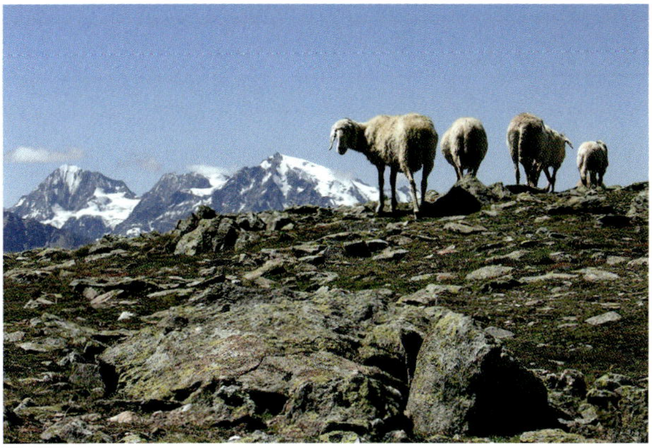

Schafe am Weg zur Portlesspitze; im Hintergrund die zentrale Ortlergruppe

So geht es steil, gerade und mühsam empor, und nach einer flachen Bergmulde, deren kurzlebiges Sommergras sich Schafe, Gämsen und Murmeltiere teilen, wird der Anstieg noch mühsamer. Denn der Schlusshang wartet mit sehr steilem und lockerem Blockwerk auf, wo nur noch einige Steinmännchen und höchstens ein paar Pfadspuren die Richtung weisen.

Doch schließlich hat man auch das hinter sich, und mit wenigen Schritten ist man am höchsten Punkt angelangt, den seit 1986 ein Gipfelkreuz ziert. Hier stehen wir hoch über dem Matscher Tal zur einen und dem Planeiltal zur anderen Seite, mit der weiten Schau über die Täler und Berge des oberen Vinschgaus – und mit der Erkenntnis, dass gerade die mühsamen Wege oft zu einem besonders starken Gefühl innerer Zufriedenheit führen.

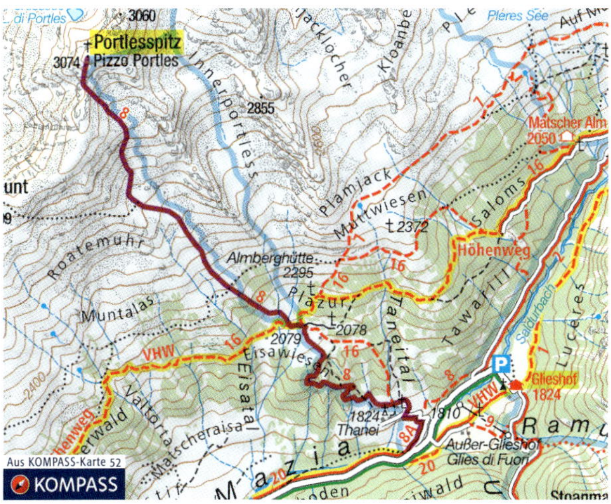

Wegverlauf: Von der Matscher Talstraße etwas außerhalb der Glieshöfe nahe der Brücke (ca. 1750 m, hier kleiner Naturparkplatz) dem Wegweiser »Portlesspitze« folgend auf schmaler Straße kurz hinauf zu den Thanaihöfen, der Markierung und damit dem Fußsteig folgend in einem baumlosen Tälchen gerade hinauf und links auf gutem Weg durch Wald mittelsteil zum oberen Rand der umzäunten Eisawiesen (2079 m). Nun wieder dem Wegweiser »Portles« und der Markierung folgend (nicht schon kurz vorher mit Nr. 16 rechts abbiegen!) teils auf Steigspuren, teils weglos über steindurchsetztes Gras- und Zwergstrauchgelände immer gerade hinauf zu einer Hangverebnung, von da über zunehmend steiler werdendes Trümmerwerk und Geröll (ein Stück noch markiert, dann nur mehr Steinmännchen) teils auf schwachem Steig, teils weglos mühsam empor zum Gipfelgrat und über ihn kurz und problemlos rechts zur Portlesspitze (3071 m); ab Ausgangspunkt 4 Std. – *Abstieg:* wie Aufstieg.

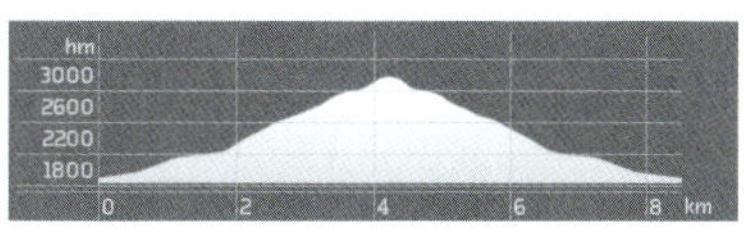

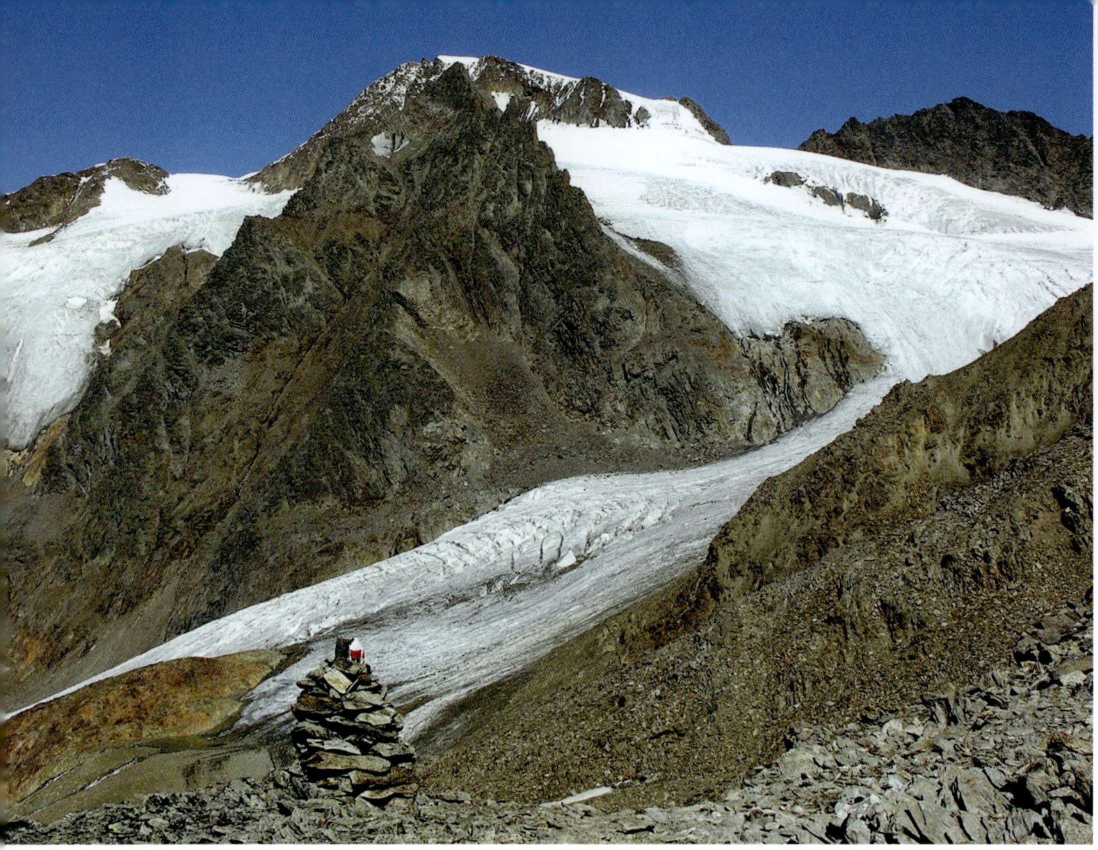

Die Weißkugel von unserem Aufstieg aus

10

Die Tour im Überblick Glieshof – Oberetteshütte – Hochgang – Weißkugel – retour
Orientierung und Schwierigkeit Prachtvolle, aber nur gletscher- und hochgebirgserfahrenen Alpinisten vorbehalten! Der Weg bis zum Gletscher gut markiert und beschildert
Höhenunterschiede Bis zur Hütte 870 m, ab Hütte 1062 m
Gehzeiten Aufstieg zur Hütte 2 ½ Std., weiter zum Gipfel 3 ½ Std. – Abstieg insgesamt 5 Std.
Ausrüstung Hochtourenbekleidung, Seil, Pickel, Steigeisen, Eisschrauben
Besonderer Hinweis Falls der felsige Schlussgrat wegen Vereisung unbegehbar sein sollte, gebe man sich mit dem fast gleich hohen Firngipfel zufrieden. Dort auf Wechten achten!
Karten 1:50.000: Kompass, Blatt 52 (Vinschgau); 1:25.000: Tabacco, Blatt 043 (Vinschgauer Oberland)

11 Std. | 22 km | 1932 Hm

Weißkugel 3739 m

Über die Oberetteshütte zum Traumgipfel

Nach der Ötztaler Wildspitze ist die Weißkugel zwar nur der zweithöchste Gipfel der Ötztaler Alpen, aber im Südtiroler Abschnitt des Gebirges ist sie der höchste. Überdies ist es auch die imposante, frei und von überall her sichtbare Gestalt, die den Berg besonders auszeichnet.

Dabei hat diese Gestalt zwei Gesichter: Von Ost und West gesehen zeigt sie sich als breiter Berg mit senkrechter Flanke und langem Gipfelgrat. Von Nord oder Süd gesehen ist sie hingegen eine sehr schmal aufragende Spitze mit leicht geschwungenen Begrenzungsgraten. Außerdem verleiht auch der Kontrast von vergleichsweise dunklem Urgestein und weißem Firn dem Giganten besondere Schönheit.

Obwohl der Berg von den ihn umgebenden Tälern aus kaum sichtbar ist, war seine besondere Gestalt und Höhe bereits den frühen Kartografen und Topografen bekannt. So verzeichnet Peter Anich in seinem Atlas Tyrolensis von 1774 zwar nur den Namen Schwemserjoch (vielfach wird irrtümlich auch

Schweinserjoch gelesen) und verwechselt ihn damit offenbar mit der nahen Schwemserspitze, aber immerhin versieht er ihn mit einem Stern, dem Zeichen für besonders ausgeprägte Berge.

Auch dem Salzburger Professor Peter Carl Thurwieser fiel der Berg auf und er notierte 1834: »... die Wildeisspitze (oder Weißkugel), ein schöner Schneegipfel, der den Schnalser, Matscher und Langtauferer Ferner beherrscht«.

Zwölf Jahre später überschritt dann Erzherzog Johann vom Ötztal kommend das Hochjoch in Richtung Schnals; auch er erwähnt in seinen Aufzeichnungen mehrmals die Weißkugel und nennt sie »einen mächtigen Riesen, über alle hervorragend«. Aber mehr noch: Er gibt auch den Bericht seiner beiden Schnalser Träger Johann Gurschler und Josef Weitthalm mit den Einzelheiten ihrer kurz vorher erfolgten Erstbesteigung des Berges wieder. »Sie waren« – so schreibt der Erzherzog 1846 kurz und prägnant – »vom Kurzhof hinauf auf den Steinschlagferner, auf den hinteren Eisferner in 2 Stunden, dann über den Ferner 2 Stunden, auf die Schneide drei Stunden. Sie hatten sich mit Stricken gebunden und mußten sich Staffeln aushauen; steil und klüftig der Aufgang. Oben blieben sie eine halbe Stunde, eilten dann in 5 ½ Stunden wieder hinab«.

Im August 1861 bestieg dann der in Wien lebende Allgäuer Josef Anton Specht mit seinen Bergführern die Weißkugel, ebenfalls über die genannte Route; bis zum Auftauchen des Berichts Erzherzog Johanns galt diese Tour als Erstbesteigung des Berges.

Dies war die Zeit des aufkeimenden Alpinismus, und allmählich entstanden da und dort die ersten Schutzhütten. Im Umkreis der Weißkugel waren dies 1883 die Karlsbader Hütte im Matscher Tal, 1893 die Weißkugelhütte im Langtauferer Tal und 1896 die Schöne-Aussicht-Hütte über dem Schnalser Talschluss. Und weil schon der Bau der erwähnten Karlsbader Hütte die Zahl der Weißkugelbesteiger sprunghaft ansteigen ließ, wurde 1887 »von seiten der Alpenvereinssektion Vinschgau das von Frau B. Zwickh gespendete Drahtseil auf der Weisskugel angebracht« – so nachzulesen in den damaligen »Mitteilungen« des Alpenvereins.

Der seither erfolgte Rückgang der Gletscher hat das hochalpine Landschaftsbild zwar verändert, aber eisfrei sind die Ötztaler Alpen und das Massiv der Weißkugel noch lange nicht. Klassische und bei tüchtigen Gletschergehern beliebte Weißkugelanstiege sind nach wie vor jener vom Schnalstal über die Schöne Aussicht und vom Langtauferer Tal über die

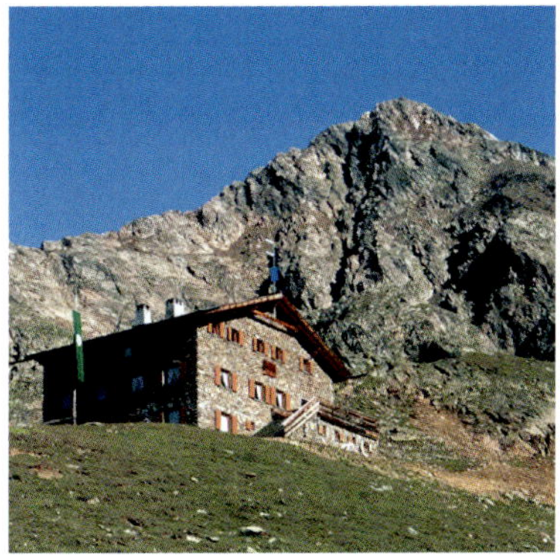

Die Oberetteshütte in Matsch

Aufstieg über den Matscher Ferner

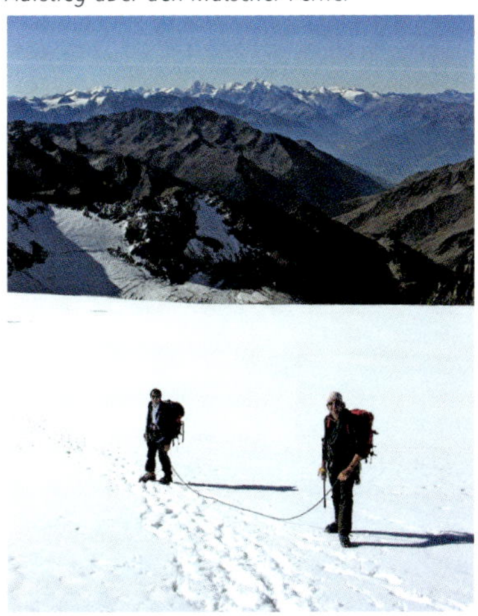

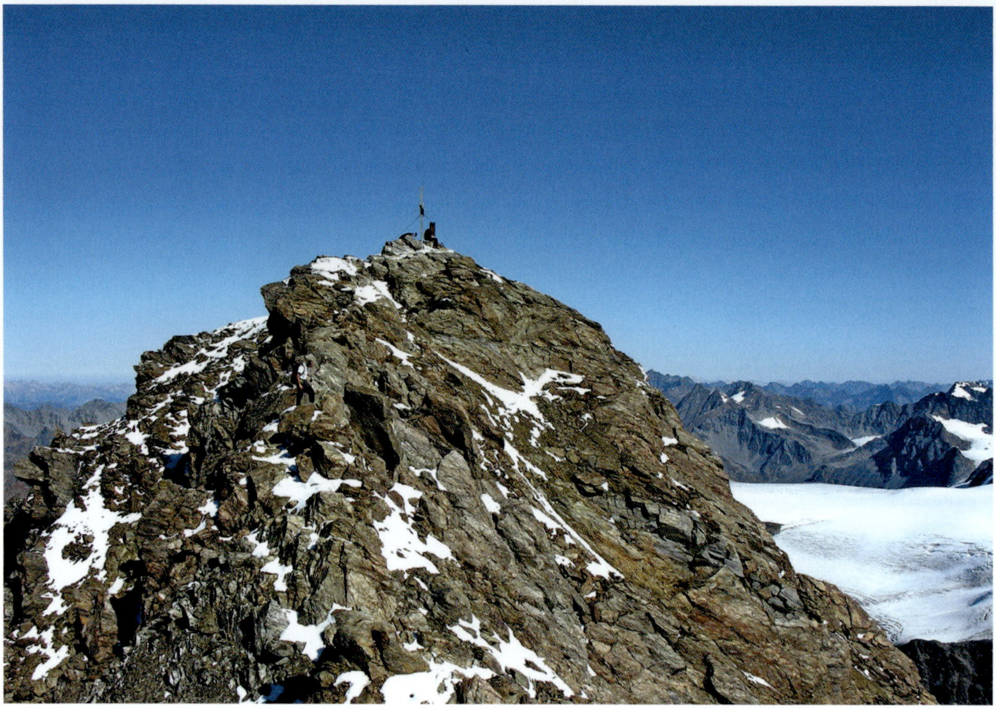

Der Gipfel der Weißkugel

Weißkugelhütte, und dasselbe gilt für den hier vorgeschlagenen Matscher Weg, an dem mit der Karlsbader Hütte, die später in Höllerhütte umbenannt wurde, die erste Schutzhütte im Umkreis der Weißkugel errichtet worden war.

Heute steht dort die stattliche, vom Alpenverein Südtirol 1988 erbaute Oberetteshütte. Und der Zugang zum zwar kleiner gewordenen, aber immer noch beeindruckenden Matscher Ferner verläuft nicht mehr über das Höllerschartl, sondern über den sogenannten Hochgang, eine weiter westlich befindliche und niedrigere Kammsenke.

Aber alles andere ist so gut wie unverändert geblieben, und wer Schritt um Schritt den steilen, am Matscher Wandl sogar sehr steilen Gletscher erklimmt und endlich auch noch den felsigen und nicht ganz harmlosen Schlussgrat gut hinter sich gebracht hat, blickt wohl mit ähnlichen Gefühlen über die schier endlose Hochgebirgswelt ringsum, wie das die Bergsteiger vor hundert und mehr Jahren getan haben mögen – ist die Besteigung der Weißkugel doch eine der großartigsten Hochtouren der ganzen Ostalpen.

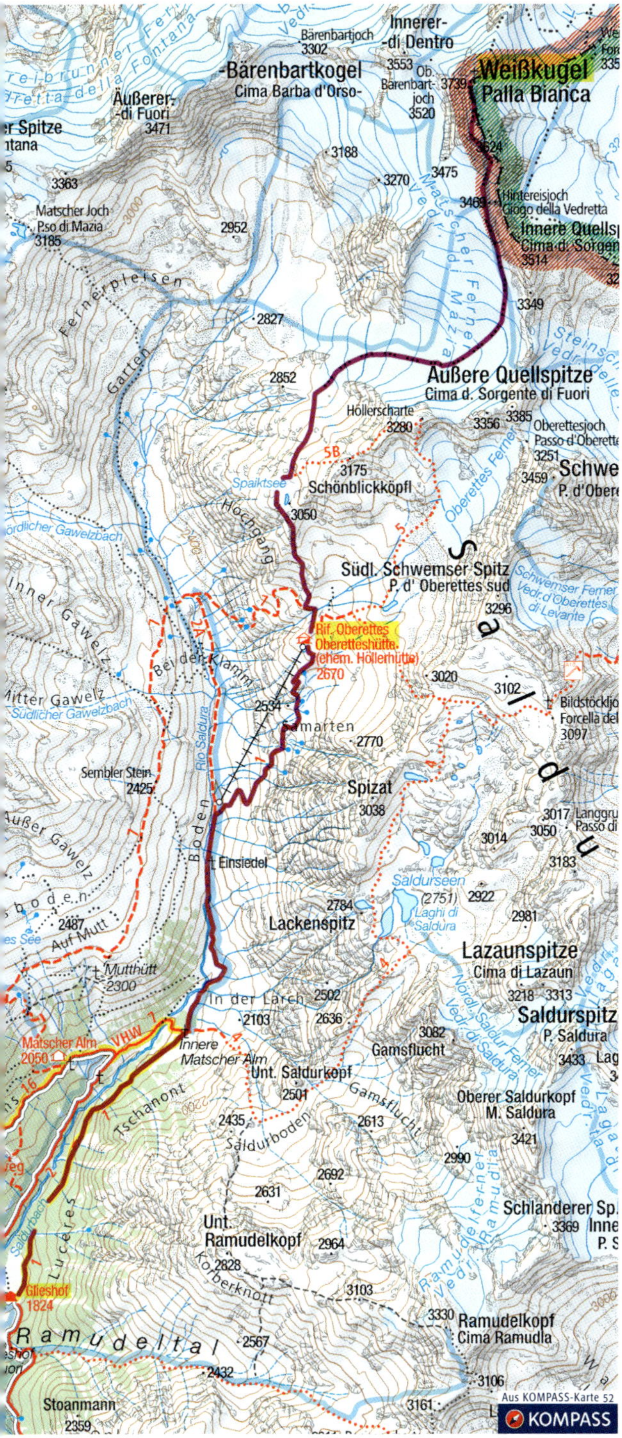

Wegverlauf: Vom Parkplatz nahe dem Inneren Glieshof im inneren Matscher Tal (Gasthof, 1807 m) auf dem schönen breiten Weg 1 talein zur Talstation der Hütten-Materialseilbahn und nun stärker ansteigend über freie Berghänge empor zur Oberetteshütte (2677 m; hier evtl. Nächtigung); ab Glieshof 2 ½ Std.

Von der Hütte dann stets den Wegweisern »Weißkugel« und der guten Markierung folgend zuerst nordostwärts zur nahen Weggabel, hier links ab, bald auf Holzbrücke über einen Gletscherbach und dann über grasdurchsetzte und später felsige Hänge steil, aber nicht schwierig hinauf zur Gratscharte »Hochgang« (ca. 3000 m; Blick zur Weißkugel); nun auf dem weiterhin gut markierten Steig eine Blockmulde ausgehend und dann rund 10 Minuten am felsigen Hang absteigend hinein zum flachen Moränengebiet des Matscher Ferners und zu dessen Zunge (ca. 2900 m). Nun über den Gletscher steil und manche Spalten umgehend hinauf zu einer Verflachung, dann entweder über den wieder aufsteilenden Gletscher ziemlich gerade empor oder etwas weniger steil (aber u. U. steinschlaggefährdet) weiter rechts im Linksbogen hinauf zu einer weiteren Gletscherverflachung am Hintereisjoch (hier kommt die Route von der Schönen Aussicht herauf), nun über das sogenannte Matscher Wandl, den letzten und steilsten Gletscheraufschwung, empor zum flacheren Firngrat der Gipfelschneide und endlich den kurzen Schlussgrat in festem, aber ausgesetztem Fels überkletternd (I+; bei Schnee oder Eis u. U. unbegehbar) hinüber zum Gipfelkreuz (3739 m; ab Hütte ca. 4 Std.). *Abstieg:* wie Aufstieg.

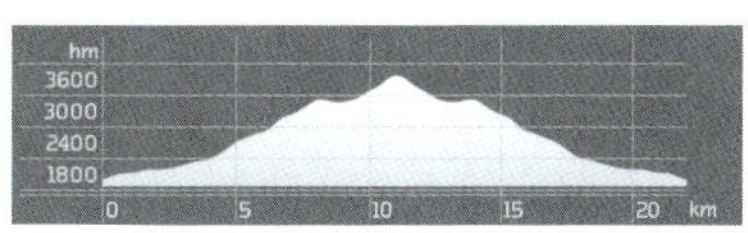

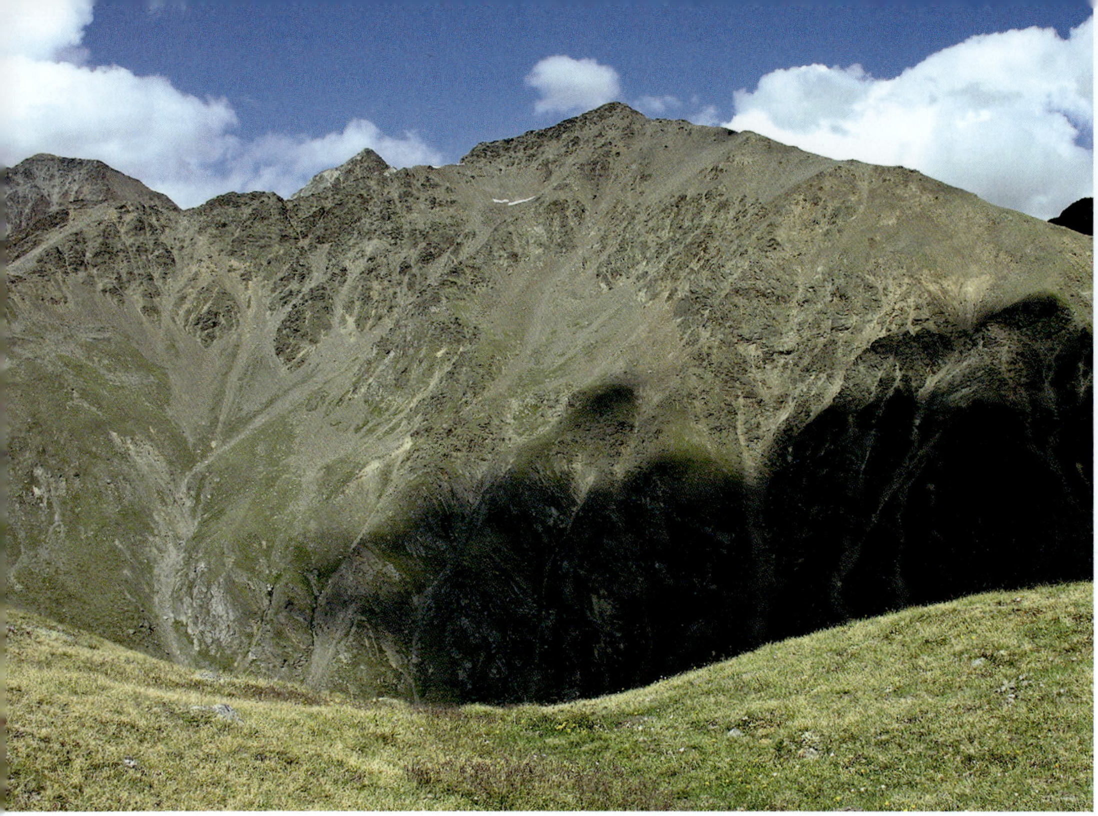

Der Upikopf in Matsch; über den rechten Grat erfolgt der Aufstieg.

Upikopf 3175 m

Leichter Hochgipfel in Matsch

11

Die Tour im Überblick Glieshof – Upialm – Upisee – Upikopf – retour
Orientierung und Schwierigkeit Für ausdauernde und bergerfahrene Geher nicht schwierig
Gehzeiten Aufstieg 4 Std., Abstieg 3 Std.
Ausrüstung Bergbekleidung, feste Bergschuhe
Besonderer Hinweis Man lasse sich nicht verleiten, durch die Südflanke weglos und mühsam zum Pleisenjöchl im Südostgrat aufzusteigen!
Karten 1:50.000: Kompass, Blatt 52 (Vinschgau); 1:25.000: Tabacco, Blatt 043 (Vinschgauer Oberland)

7 Std. | 13,2 km | 1368 Hm

Der Upikopf ist einer der leichtesten Dreitausender in den südlichen Ötztaler Alpen. Er erhebt sich ostseitig über dem inneren Matscher Tal. Der Aufstieg führt zuerst auf breitem Weg durch Wald und Rasengelände zur bewirtschafteten Upi-Alm und von dort, weiterhin über Grasgelände, auf nun schmalem, aber gutem Steig zum Upisee.

Alm, Bach, See und auch unser Berg – alle tragen ein und denselben seltsamen Namen. Karten, Schrifttum und Urkunden führen zwar so unterschiedliche Schreibformen wie Api, Opi, Oppia, Uppie und Upia, die Einheimischen sagen aber Upi, und auch in einer Urkunde von 1543, dem ältesten bekannten Namensbeleg, finden wir diese Form, bei der es sich um ein uraltes Flussnamenwort handeln soll.

Am See beginnt jedenfalls der eigentliche Gipfelanstieg, aber nicht, wie manche Karte ihn verzeichnet, ostseitig im Bereich des Zuflusses, sondern westseitig nahe dem Abfluss. Und die markierte Route führt nicht zur Ostseite des Berges, sondern verfolgt den Südwestgrat. Anfangs überschreitet man noch

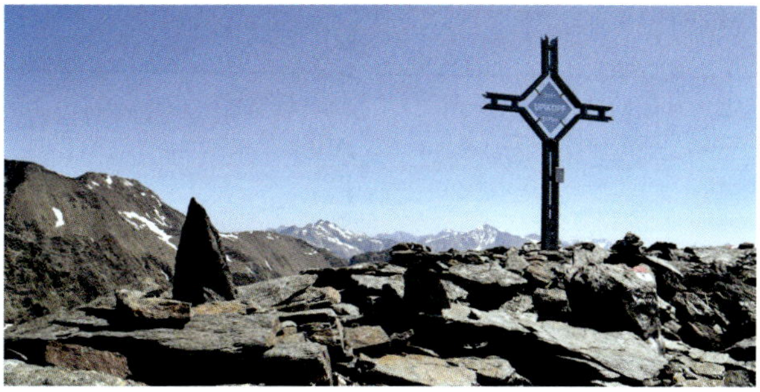

Gipfelkreuz auf dem Upikopf

einen gemütlichen Grasrücken, muss bald darauf allerdings einen ziemlich steilen Hang erklimmen, um später aber wieder weniger anstrengend über einen gut begehbaren Grat den Gipfel zu erreichen.

Dort befindet man sich inmitten der nicht gerade wenigen Matscher Dreitausender. Rappenkopf, Hochalt, Allitzer oder Litzer Spitze, Remsspitze, Portlesspitze, Pleresspitze – alle stehen sie rundherum. Aber der Upikopf ist hoch genug, um auch die Sicht zu weiter entfernten Gebirgen zu gewährleisten – zu den Ortler-Bergen, zu den Engadiner Dolomiten, zum Ötztaler Hauptkamm, zur Texelgruppe.

So ist der Berg nicht nur irgendein »Kopf«, sondern ein überaus lohnender und noch dazu, wie schon eingangs gesagt, ein leicht ersteigbarer Dreitausender.

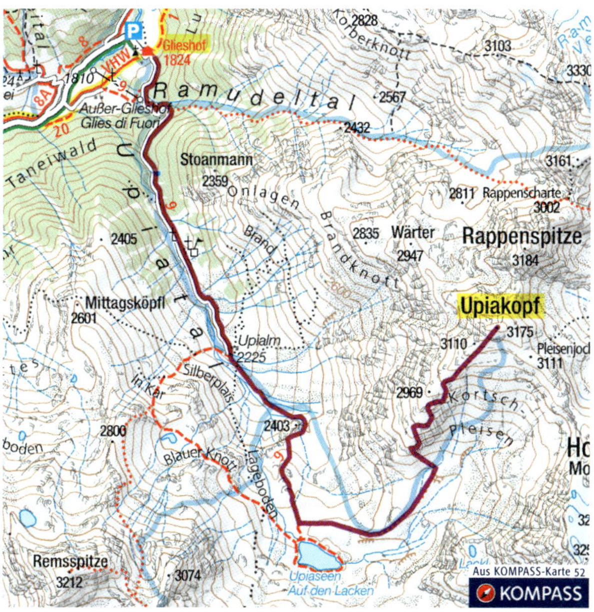

Wegverlauf: Vom Almhotel Glieshof (1807 m) stets der Markierung 9 folgend auf breitem Weg durch Wald und Grasgelände in einer guten Stunde hinauf zur Upialm (2225 m) und auf mittelsteilem Bergpfad weiter zum Abfluss des Upisees (2552 m; ab Ausgangspunkt gut 2 Std.). Hier – und nicht erst am ostseitigen Zufluss des Sees! – vom Hauptweg links, bergseitig ab, teils auf Pfadspuren, teils weglos der Markierung 9 folgend über den auffallenden Grasrücken hinan zum Fuß des eigentlichen Bergaufbaus, auf abschüssigen Steigspuren weiterhin mit Markierung 9 mühsam über eine steinige und schrofige Steilflanke empor, dann weniger steil auf gutem Steig am problemlos begehbaren Südwestgrat des Berges zu den Gipfelfelsen und über Blöcke zum höchsten Punkt (3175 m); ab Upisee knapp 2 Std. *Abstieg:* wie Aufstieg.

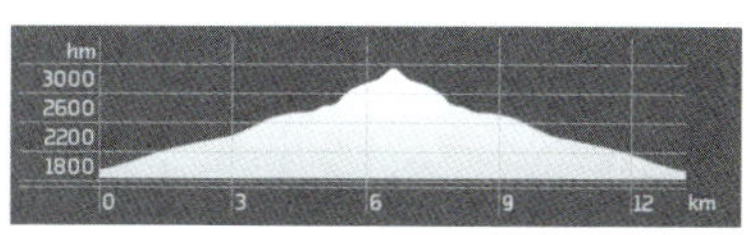

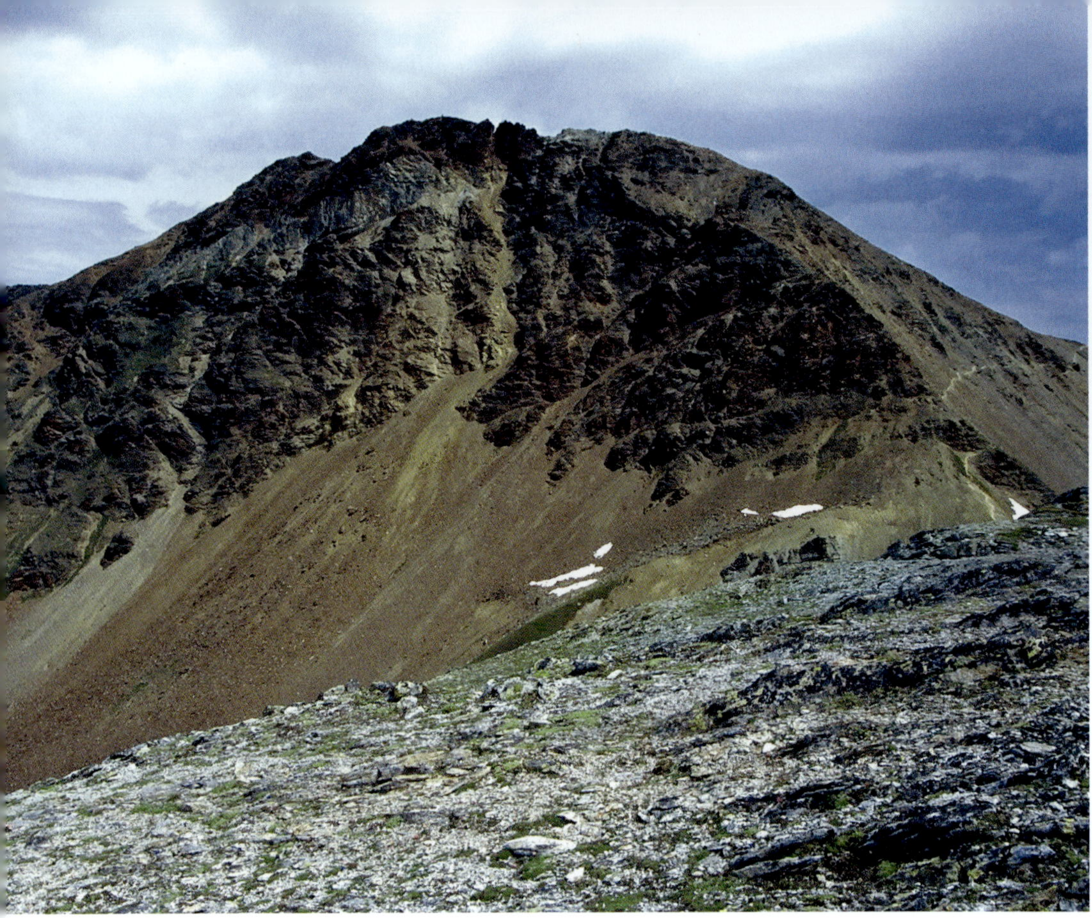

Die Rötelspitze von unserem Zugang aus

Rötelspitze 3026 m

Tourenziel mit Panoramaweg am Stilfser Joch

12

Die Tour im Überblick Stilfser Joch – Dreisprachenspitze – Sella Piz Cotschen – Rötelspitze – retour
Orientierung und Schwierigkeit Für durchschnittlich gehgewohnte Bergwanderer bei guten Verhältnissen leicht und problemlos
Gehzeiten Aufstieg 1 ½ Std., Abstieg gut 1 Std.
Karten 1:50.000: Kompass, Blatt 52 (Vinschgau); 1:25.000: Tabacco, Blatt 08 (Ortlergebiet)

2 ½ Std. | 4,5 km | 269 Hm

Ausgangspunkt für die Tour auf die Rötelspitze ist das 2757 Meter hohe Stilfser Joch, das von Prad im Vinschgau über Trafoi auf der ebenso berühmten wie kurvenreichen, bereits um 1825 erbauten Passstraße erreicht wird.

Unser Gipfelziel befindet sich jedoch nicht unmittelbar über dem Joch, sondern gut anderthalb Kilometer davon entfernt in dem langen Kamm, der vom Trafoital westseitig ansteigt und Fallaschkamm oder auch Chavalatschkamm genannt wird.

Das bedeutet, dass wir nach dem kurzen Aufstieg zur Dreisprachenspitze, die gerade über dem Stilfser Joch durch ihre schlossähnliche Gaststätte auffällt, erst einmal eine längere flache Höhenwanderung über den sogenannten Breitkamm zurücklegen, bevor uns dann vom Südostfuß des eigentlichen Gipfelaufbaues der unschwierige Anstieg zum ersehnten Ziel bringt.

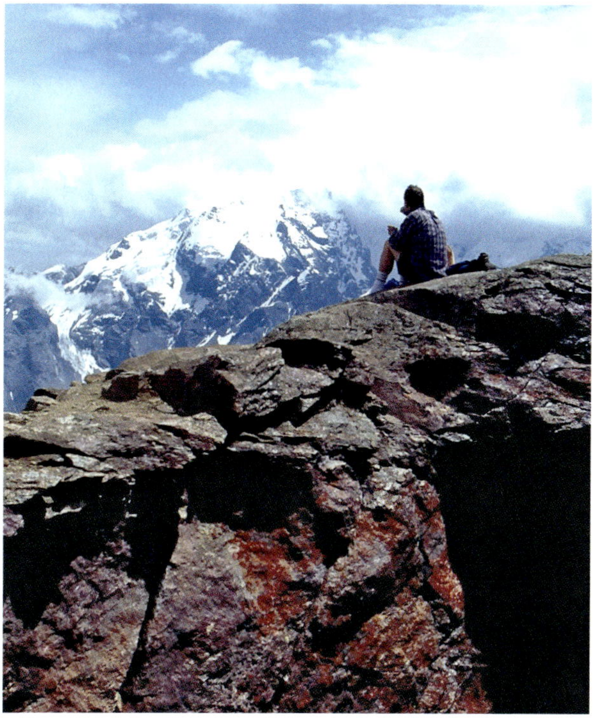

Am Gipfel der Rötelspitze

Wegverlauf: Vom Stilfser Joch (2757 m; hierher kurvenreiche Straße von Prad bzw. Trafoi herauf; Parkplätze, Gastbetriebe) zunächst auf breitem Weg in ca. 20 Minuten nordseitig hinauf zur Dreisprachenspitze mit der Gaststätte Garibaldi (2838 m), dann der Beschilderung »Sella Piz Cotschen« folgend auf gutem Weg über den Breitkamm nahezu eben zu einer Weggabel, hier links weiter, auf markiertem Steig über den Kammscheitel zu einem Jöchl und dann in leichtem Anstieg die Bergflanke querend zur Sella Piz Cotschen (2925 m); hier nun links ab und auf markiertem Stieg nordostwärts am breiten Bergrücken mittelsteil empor zum Gipfelgrat und zum höchsten Punkt (3026 m; Achtung auf eine tiefe Felsspalte!). Ab Stilfser Joch 1 ½ Std.

Abstieg und Rückweg: über den beschriebenen Hinweg.

Dadurch gestaltet sich die Tour länger, als es der zu bewältigende reine Höhenunterschied von nur rund 270 Metern erwarten lässt. Aber das ist kein Nachteil. Denn die gemütliche Wanderung über den Breitkamm und damit hoch über den Tälern erfolgt auf bezeichnetem Panoramapfad.

So gewinnen wir eine gute Einstimmung auf das Gipfelerlebnis und genießen bereits auf dem Zugang den Prachtblick hinüber zum Ortler als Vorgeschmack dessen, was uns an prächtiger Aussicht dann oben auf der Rötelspitze, die im angrenzenden Engadin die rätoromanische Bezeichnung Piz Cotschen trägt (was ebenfalls soviel wie Rötelspitze bedeutet), natürlich noch viel umfassender erwartet.

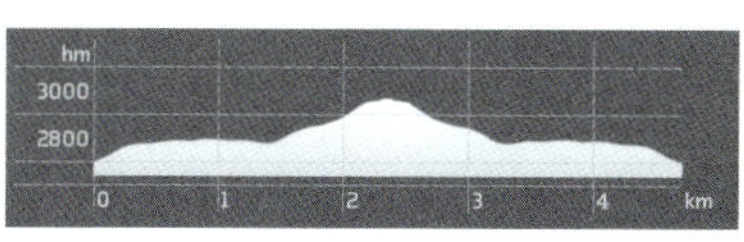

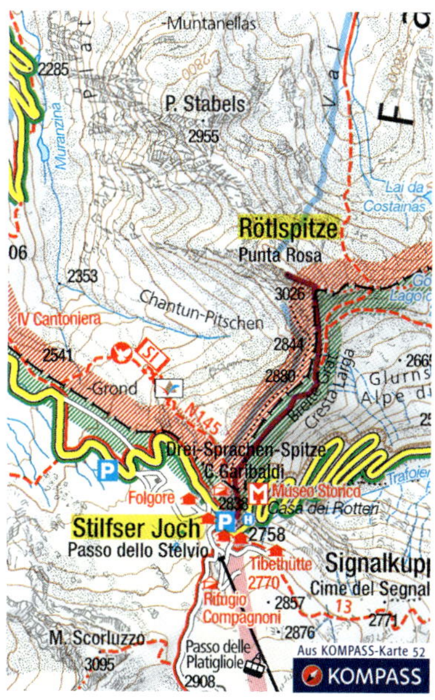

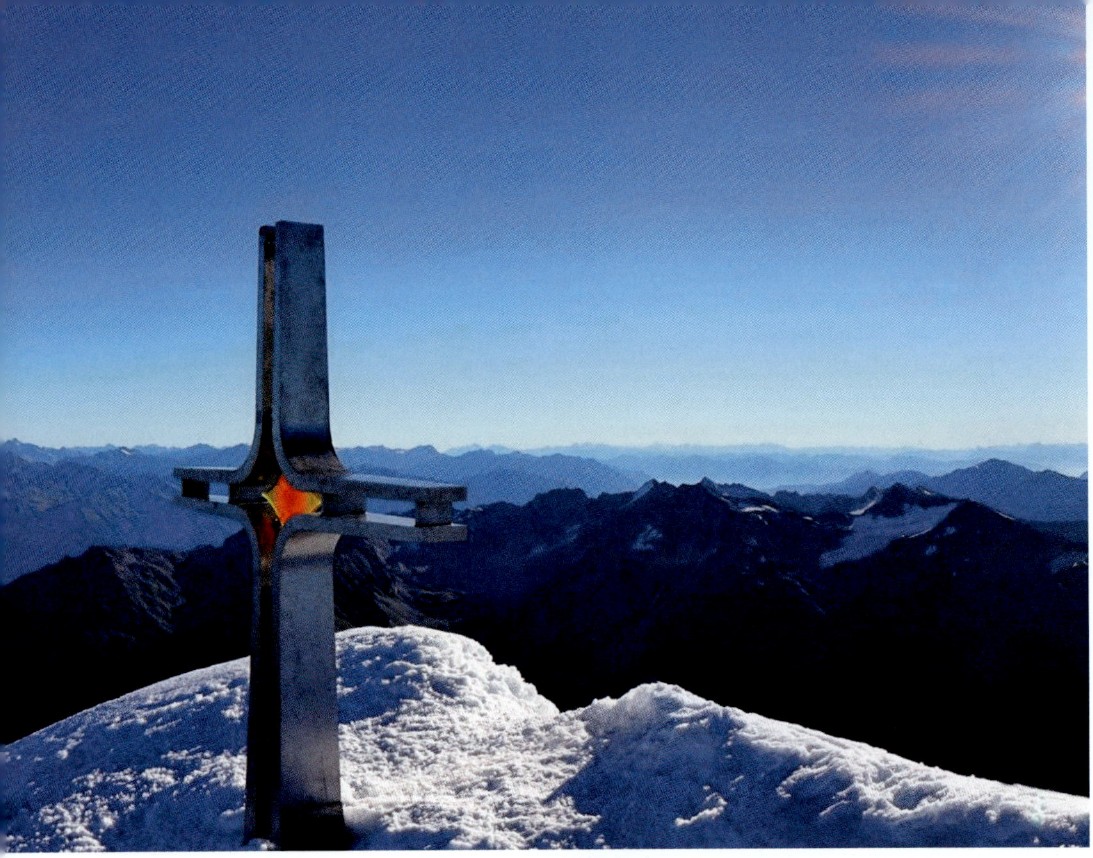

Der Gipfel des Ortlers

13

Die Tour im Überblick Ortler – Tabarettahütte – Bärenkopfscharte – Payerhütte – Tschirfeck – Ortler – retour

Orientierung und Schwierigkeit Großartige, aber nur tüchtigen Hochalpinisten mit Fels- und Eiserfahrung sowie einwandfreier Ausrüstung vorbehaltene Tour auf einen Fast-Viertausender!

Höhenunterschiede Bis zur Payerhütte 1114 m, von dort zum Gipfel 885 m

Gehzeiten Aufstieg zur Payerhütte 3 ½ Std., weiter zum Gipfel 4 Std.; Abstieg ins Tal 5 ½ Std.

Ausrüstung Allgemeine Hochtourenausrüstung mit Seil, Pickel, Steigeisen usw.

Besonderer Hinweis Im Hochsommer kann die Payerhütte überfüllt sein, daher rechtzeitige Anmeldung. Die Tour nur bei sicherem Wetter und guten Verhältnissen in Angriff nehmen!

Karten 1:50.000: Kompass, Blatt 72 (Ortler-Cevedale)

13 Std.	20,9 km	2000 Hm

Ortler 3905 m

Der höchste Berg des Landes und sein Normalweg

Er ist der höchste Berg in dem nach ihm benannten Gebirge, das mit teilweise sehr langen Kämmen nach allen Seiten hin ausstrahlt. Aber er ist auch der höchste Gipfel Südtirols und Alt-Tirols, wie schon der Inntaler Kartograf Peter Anich erkannte und in seinem 1774 erschienenen Atlas Tyrolensis mit den Worten verzeichnete: »Ortles Spiz der Höchste im ganzen Tyrol«. Aber mehr noch: Der Ortler ist der höchste Berg der gesamten Ostalpen östlich der Schweizer Grenze. Diese Präzisierung ist notwendig, weil in der Berninagruppe, die auch noch zu den Ostalpen zählt, einige Gipfel noch höher sind als unser Ortler.

Doch die Bernina ist 50 Kilometer weit weg, und auf dieser doch beachtlichen Strecke gibt es keinen höheren als ihn, ganz zu schweigen, dass es im Norden, Osten und Süden ohnehin keinen Alpengipfel gibt, der ihm an Höhe gleichkommt.

Hinzu kommt, dass es sich beim Ortler um einen selbstständigen, sehr mächtigen Berg handelt mit wilden Graten und

Wänden und sehr starker, nordseitig bis zum Gipfel reichender Vergletscherung.

Um gleichsam allen seine Pracht kundzutun, zeigt sich der Berg frei und selbstbewusst dorthin, wo seit Jahrtausenden die Menschen hausen und schon die römische Via Claudia Augusta verlief – nämlich zum Vinschgau und zum viel befahrenen Reschen hin. So gewaltig ist der Berg, dass Peter Carl Thurwieser 1834 schrieb, der Ortler habe ihn vom Reschen aus an den Montblanc erinnert.

Hoch, gewaltig und für unzählige Reisende sichtbar – das also ist der Ortler, dieser so wie seine Nachbarn aus dolomitischen Triaskalken und aus mächtigen Eispanzern aufgebaute Koloss, dessen Hänge auf der einen Seite zweitausend Meter nach Sulden abbrechen und auf der anderen sogar zweitausendfünfhundert Meter nach Trafoi.

Kein Wunder, dass der Berg schon bald nach Montblanc und Großglockner auf Initiative des Erzherzogs Johann von Österreich im Jahre 1804 erstmals bestiegen wurde. Der im Dienste der Grafen Trapp stehende Passeirer Gämsjäger Josef Pichler, genannt Pseirer Josele, war es, der zusammen mit den beiden Zillertalern Johann Leitner und Johann Klausner den Bergriesen am 27. September 1804 erstmals bestieg, und zwar von Trafoi ausgehend über die »Hinteren Wandln« an der Nordwestseite des Berges. Und ein Jahr später stieg das unerschrockene Josele dem Bergmonarchen sogar über den Hintergrat aufs eisige Haupt.

Das Josele ahnte, dass es einen leichteren Anstieg als die beiden genannten geben müsse, weshalb er 1834 sogar zur Tabarettaspitze hinaufstieg, um dort, wo heute die meistbegangene Route verläuft, einen Durchstieg zu finden. Jedoch vergebens, und erst drei Jahrzehnte später wurden der heutige Normalweg und dessen Zugänge auf Suldner wie Trafoier Seite eröffnet. 1875 errichtete dann die Sektion Prag an der Normalroute in 3020 Meter Höhe die Payerhütte, nach und nach entstanden weitere Hütten an den Flanken des Berges, und heute sind es alljährlich zahllose Bergsteiger, die den Berg besteigen.

Der Normalweg beginnt an der besagten Payerhütte, einem heute großen Schutzhaus auf schmalem Felsgrat, das auf guten Wegen sowohl von Sulden über die Tabarettahütte wie von Trafoi über die Berglhütte problemlos zu erreichen ist.

Doch der Ortler-Normalweg, der bei der Payerhütte schon recht ausgesetzt beginnt, ist keineswegs so leicht, wie manchmal behauptet wird, und der Gletscherrückgang der letzten Jahre hat ihn noch schwieriger gemacht. Die Erkletterung des sogenannten

Alternativer Zugang zur Payerhütte von Trafoi aus: Von der Wallfahrtsstätte Drei Brunnen (1605 m, von Trafoi Straße hierher) auf Weg 18 in knapp 2 Std. hinauf zur Berglhütte (2188 m, bewirtschaftet), dann weiterhin auf Steig 18 hinauf zum Steig 19 und auf diesem empor zur Payerhütte (ab Berglhütte 2 ½ Std.)

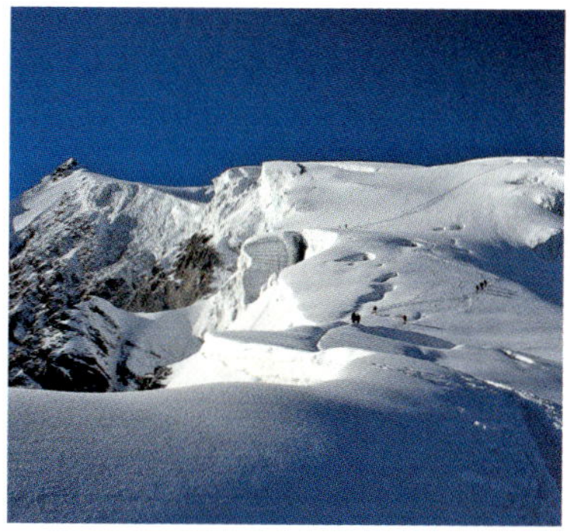

Der lange Gletscherweg zum Ortler

Wegverlauf: Von Sulden (1906 m) auf Weg 4 westseitig durch Wald hinauf zur Baumgrenze und über Moränenschutt und begraste Hänge empor zur Tabarettahütte (2556 m; Sommerbewirtschaftung; ab Sulden 2 Std.; hierher auch von der Langenstein-Bergstation in 1 Std.). Von da weiterhin auf dem Weg bzw. Steig 4 durch teils felsige, teils steinige Steilhänge empor in die Bärenkopfscharte im Tabarettakamm (2877 m), dann eine Felsflanke querend hinüber zur Tabarettascharte (2903 m) und hinauf zur Payerhütte (3020 m; ab Sulden 3 ½ Std.); hier Nächtigung. – Weiter zum Gipfel: Gleich

Rechte Seite: Der majestätische Bergaufbau des Ortlers über dem Vinschgau; in Bildmitte die Nordwand, rechts davon der Grat mit der Payerhütte

hinter bzw. unter dem Schutzhaus auf Trafoier Seite zuerst ausgesetzt über ein waagrechtes Felsband, dann über Felsschrofen und Geröll in leicht ansteigender Hangquerung zum felsigen Westgrat der Tabarettaspitze und jenseits in unschwieriger Kletterei kurz hinab in die Scharte am Ende der Hohen Eisrinne zwischen Tabarettaspitze und Ortler-Nordgrat (ca. 2980 m). Nun am Grat über durchwegs festen Fels teils unschwierig, teils steil bis senkrecht und stellenweise sehr ausgesetzt (im »Wandl« fixe Ketten) in großteils nicht schwieriger, punktuell aber doch etwas heikler Kletterei hinauf zu einer fast waagrechten Felsschneide und über diese sowie quer durch einen Steilhang (Geröll, Schneereste) hinüber zum Gletscher (ca. 3150 m; ab da reine Gletschertour). Nun auf meist vorhandenem Firn- oder Eispfad im sogenannten »Bärenloch« über den Gletscher hinauf zum Rand der Tschirfeckfelsen (steil, manchmal heikler Bergschrund) und entweder mit kleinem Umweg nach links über die Biwakschachtel auf dem Tschirfeck (3316 m) oder am Gletscherhang gerade hinauf zu flacher Gletscherschulter; nun rechts über den steilen Gletscher und vorbei an einer Spaltenzone empor auf das sogenannte Obere Ortlerplatt (relativ flacher Gletscherbereich) und schließlich über den Gipfelgrat zum Kreuz (3905 m); ab Payerhütte bei guten Verhältnissen 4 Std. *Abstieg:* über die Aufstiegsroute (bis zur Payerhütte 3 Std., von dort nach Sulden 2 ½ Std.).

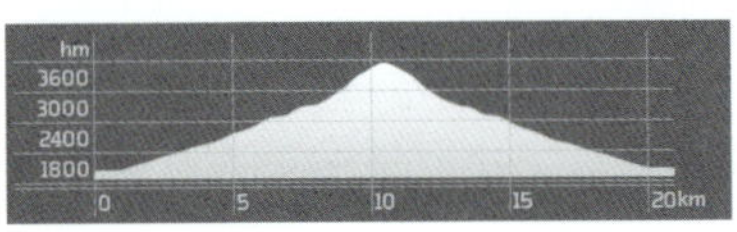

»Wandls« und einer sehr ausgesetzten Gratstelle ist trotz der fixen Ketten kein Spaziergang, und der Aufstieg über den Gletscher ist lang und anstrengend und an einigen sehr steilen Stellen bei ungünstigen Schneeverhältnissen oder Blankeis nicht ungefährlich. Und wer am Ortler gar von einem Wettersturz überrascht wird, oder wer auf dem ausgedehnten Gletscher im Nebel, Sturm und Schneetreiben vom Pfad abkommt, für den kann der »Normalweg« zur tödlichen Falle werden.

Andererseits: Wenn der Fels trocken, eis- und schneefrei ist, wenn man auf dem Gletscher einen guten Schnee- oder Eispfad vorfindet, wenn windstilles, verlässliches Wetter herrscht und wenn man als Bergsteiger einigermaßen fels- und eiserfahren ist, mit Seil, Pickel und Steigeisen umzugehen weiß und über gute Kondition verfügt, dann ist die Besteigung des Ortlers über die Normalroute wenn schon nicht leicht, so doch – zumindest für sehr tüchtige, fels- und eiserfahrene Hochalpinisten – nach alpinen Kriterien auch nicht wirklich schwierig.

Und wer im Morgengrauen von der Payerhütte losgegangen ist, im Schein der ersten Sonnenstrahlen das Wandl erklettert hat, wer im gleichmäßigen Rhythmus über den Gletscher und an riesigen Spalten vorbei zur Firnschneide und zum Kreuz am Gipfel aufgestiegen ist, dort über ein grenzenloses Meer von Gipfeln geschaut und dann wieder heil zur Hütte zurückgekehrt ist, für den zählt die Besteigung des Ortlers wohl zu den unvergesslichsten Erlebnissen seines Lebens.

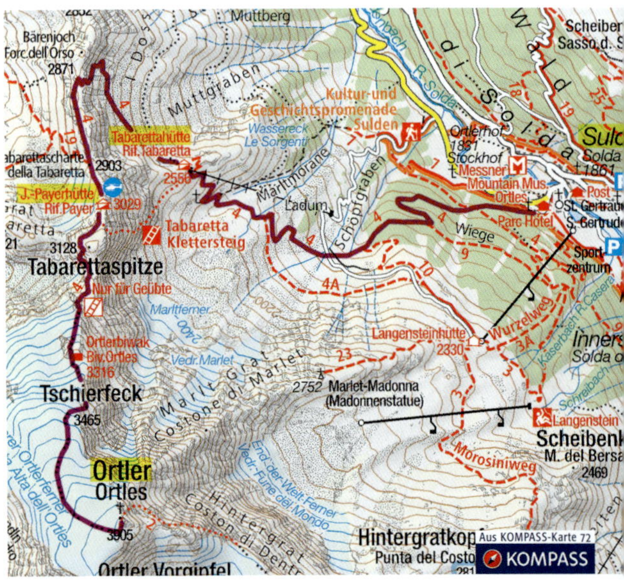

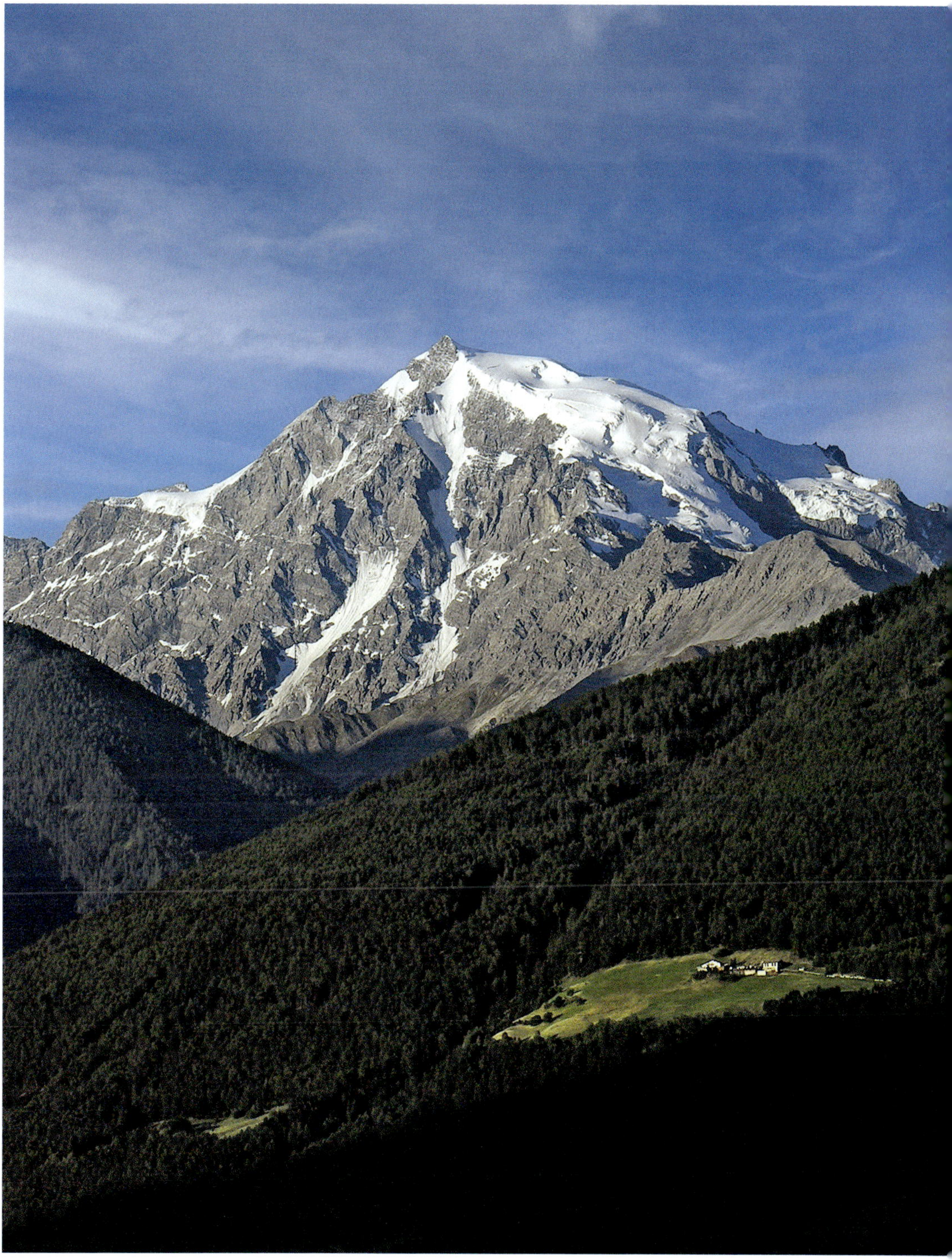

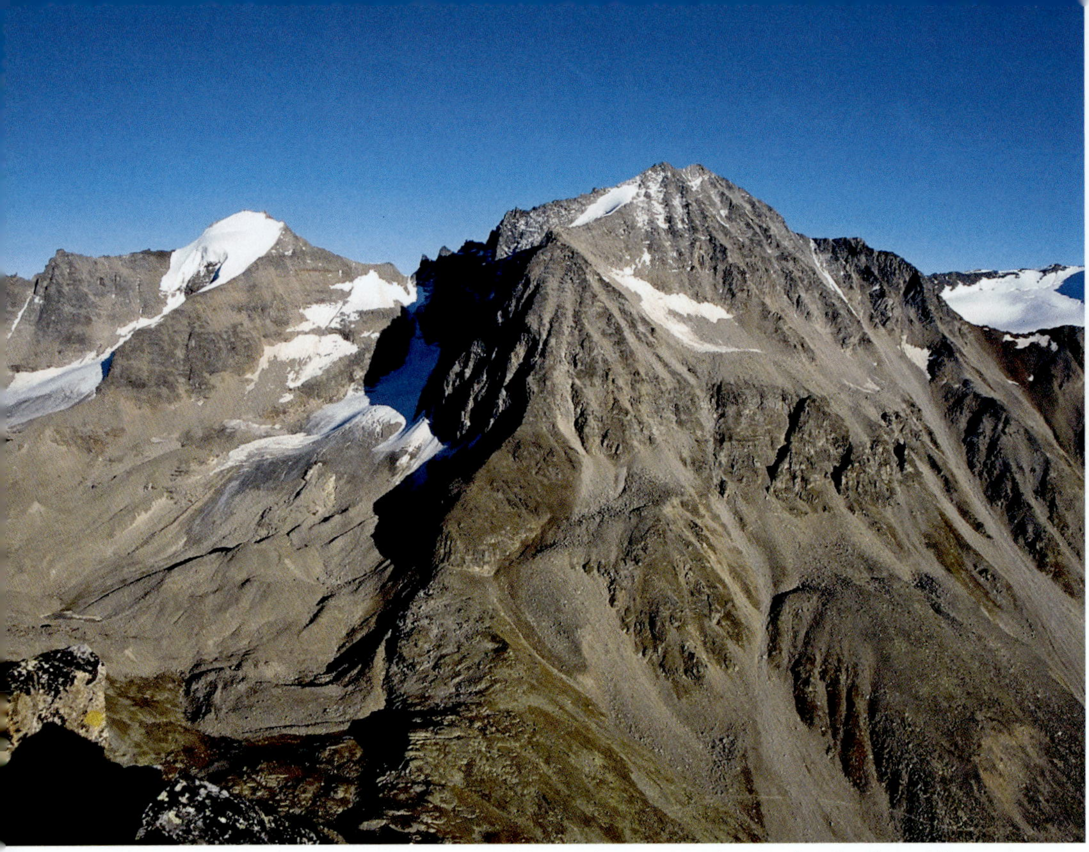

Blick vom Hinteren Schöneck zu Angelus-, Vertain- und Plattenspitze

Hinteres Schöneck 3128 m

Unschwieriger Suldner Berg: mehr als nur ein »schönes Eck«

14

Die Tour im Überblick Sulden – Düsseldorfer Hütte – Hinteres Schöneck – Kälberalm – Sulden
Orientierung und Schwierigkeit Für schwindelfreie Berggeher bei guten Verhältnissen leicht und problemlos
Höhenunterschiede Bis zur Hütte 880 m, von dort zum Gipfel 404 m
Gehzeiten Aufstieg zur Hütte 2 ½ Std., von dort zum Gipfel knapp 1 ½ Std.; Abstieg insgesamt 3 Std.
Ausrüstung Bergbekleidung, feste Bergschuhe

7 Std. | 11,9 km | 1284 Hm

Das Hintere Schöneck bildet den letzten markanten Punkt des gezackten Kammes, der sich nordöstlich über Sulden erhebt und das Zaytal begrenzt. Der schmale Felsgipfel setzt sich vom übrigen Gratverlauf zwar nur wenig ab, doch seine Höhe und freie Lage, aber nicht zuletzt auch seine relativ leichte Ersteigbarkeit auf zwei Seiten machen ihn zu einem lohnenden Tourenziel.

Beide möglichen Anstiege haben ihren Ausgangspunkt in Sulden; und wenn man sie miteinander verbindet, ergibt sich eine prächtige Rundtour.

Der von uns gewählte Aufstiegsweg führt zuerst durch das schöne Zaytal mit seinem rauschenden Bergbach zur Düsseldorfer Hütte. Und von dort führt der in mancher Karte zwar fehlende, in Wirklichkeit aber gut markierte und an den wenigen etwas ausgesetzteren Stellen mit Seilsicherungen versehene Steig am steilen Südosthang des Schönecks empor zum Ziel, das sich nicht nur als schönes Eck, sondern als respektabler

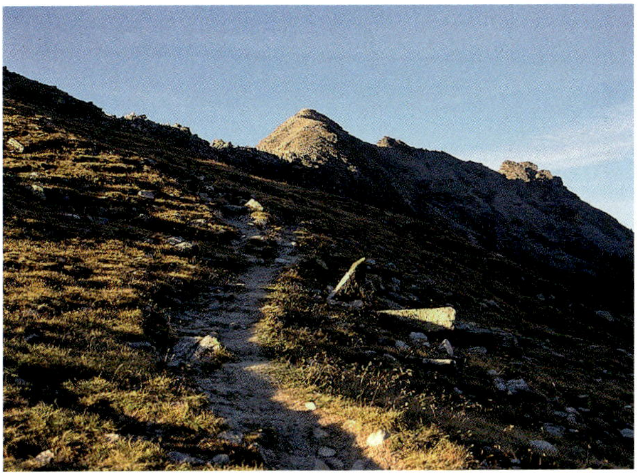

Das Hintere Schöneck

Besonderer Hinweis Wer sich den etwas ausgesetzten Aufstieg von der Düsseldorfer Hütte nicht zutraut, wähle den leichteren, hier in Abstiegsrichtung beschriebenen Weg über die Kälberalm!
Karten 1:50.000: Kompass, Blatt 72 (Ortler – Cevedale)

Dreitausender und als herrlicher Aussichtspunkt erweist, von dem aus man wie von kaum einer anderen Stelle aus die ganze Suldner Hochgebirgswelt und damit den eindrucksvollsten Bereich der zentralen Ortlergruppe vor Augen hat.

Der leichtere, ebenfalls gut markierte Abstiegspfad führt nach anfänglichem Blockgrat großteils über begraste Hänge hinunter zur Kälberhütte mit ihrer Almschenke und durch Wald zurück nach Sulden.

So ist das Hintere Schöneck ein Hochgipfel für jeden durchschnittlich geübten Berggeher, und wer die Absicht hat, in der Ortlergruppe mehrere Hochtouren zu unternehmen, für den kann unser Gipfel einen sehr geeigneten Auftakt bilden.

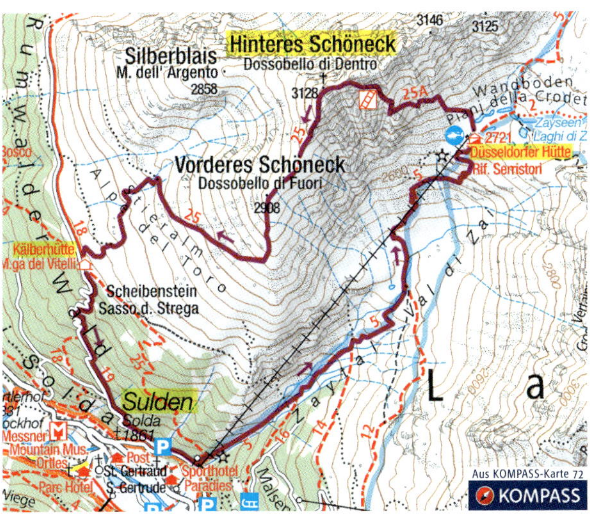

Wegverlauf: Von St. Gertraud in Sulden (1844 m) auf der Straße hinüber auf die gegenüberliegende Talseite und auf Steig 5 (am Wegbeginn Hinweisschilder) durch das Zaytal nordostwärts mittelsteil hinauf zur Düsseldorfer Hütte (2724 m, 2 ½ Std.). Nun dem Wegweiser »Hinteres Schöneck« folgend auf dem gut markierten Steig westwärts durch steile, grasdurchsetzte Felshänge (stellenweise gesichert) in mittelsteilem, nicht schwierigen Anstieg empor zum Gipfel (3128 m; ab Hütte 1 ½ Std.). *Empfohlener Abstieg:* Vom Gipfel südwestwärts zuerst am scharfen Blockgrat und dann auf dem gut markierten Steiglein durch die steilen Hänge des Vorderen Schönecks hinunter zu dessen Südrücken und hier rechts abdrehend durch die begrasten Hänge stets auf dem markierten Steig hinunter zur Kälberhütte (2248 m; Ausschank; ab Gipfel 2 Std.); von da entweder zur Gänze auf dem breiten Güterweg (Mark. 18) oder diesen bald auf dem schmalen Waldsteig 19 verlassend durch die Waldhänge südwärts hinunter zur Talstraße und zurück nach St. Gertraud (ab Almhütte 1 Std.).

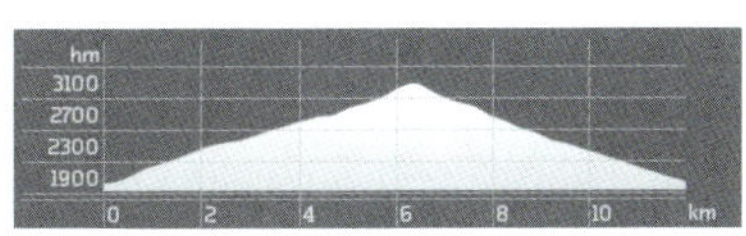

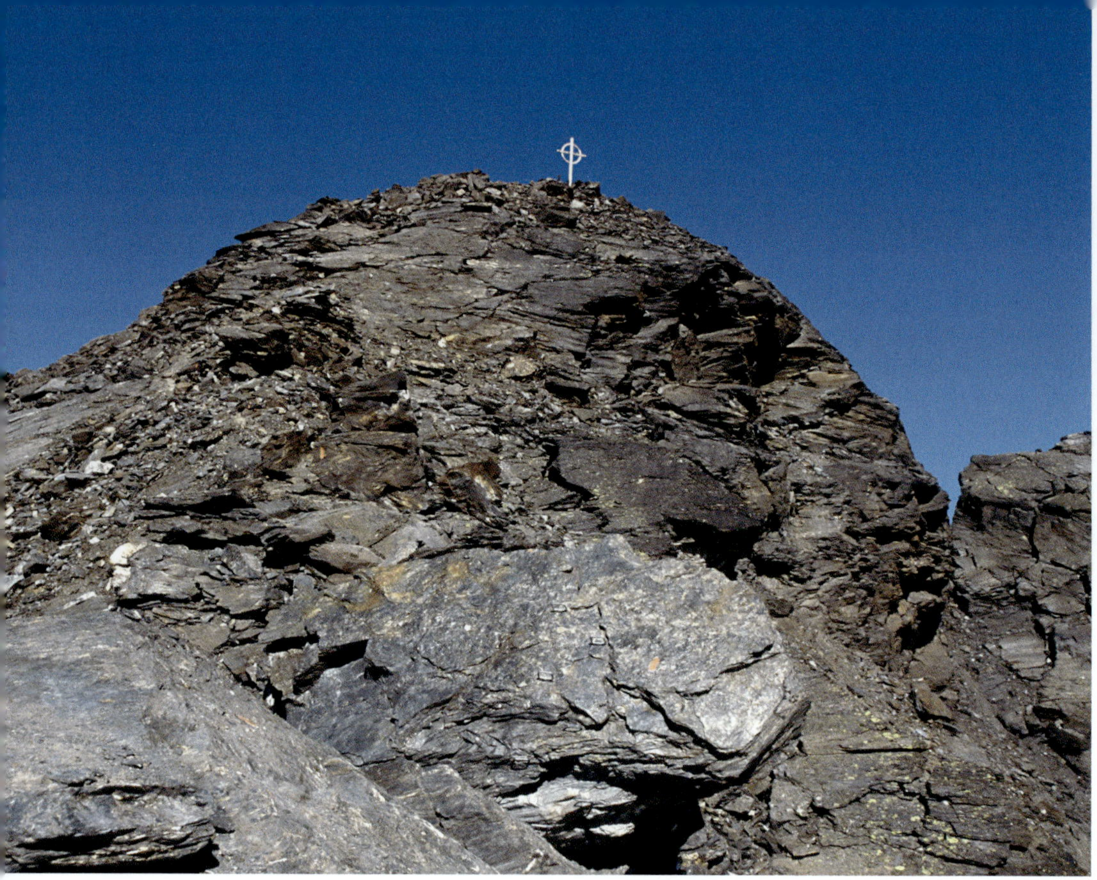

Der Gipfelaufbau der Tschenglser Hochwand

Tschenglser Hochwand 3375 m

Gleich drei Routen stehen zur Auswahl

15

Die Tour im Überblick Sulden – Düsseldorfer Hütte – Tschenglser Hochwand – retour
Orientierung und Schwierigkeit Für bergerfahrene, trittsichere und schwindelfreie Geher mit etwas Felserfahrung nicht schwierig; Ungeübte jedoch ans Sicherungsseil!
Höhenunterschiede Bis zur Hütte 880 m, von dort zum Gipfel 651 m
Gehzeiten Aufstieg zur Hütte 2 ½ Std., von dort zum Gipfel ebenfalls 2 ½ Std.; Abstieg insgesamt nach Sulden 4 Std.
Ausrüstung Hochtourenbekleidung, Sicherungsutensilien, evtl. Klettersteigausrüstung

9 Std.	13,5 km	1531 Hm

Wer durch den Vinschgau fährt, dem fällt die Tschenglser Hochwand als mächtige und abweisende Felsmauer sehr hoch oben über dem Dorf Tschengls auf. Dabei trägt nicht nur die besagte Felswand diesen Namen, sondern auch deren höchster Punkt mit dem weithin sichtbaren Gipfelkreuz.

Die Tschenglser Hochwand gehört zu den wuchtigsten, aber auch unnahbarsten der zahlreichen Berge, die den Vinschgau auf seiner Südseite säumen; doch so abweisend der Berg auf der Nordseite erscheint und ja auch ist, so handelt es sich doch um einen beliebten Hochgipfel, wobei der meistbegangene Aufstieg aber nicht von Tschengls über die Nordseite, sondern aus dem Suldental und damit über die Südseite des Berges erfolgt.

Denn hier ist er verhältnismäßig leicht ersteigbar – sofern man das Wörtchen »leicht« für einen so gewaltigen, fast 3400 Meter hohen Felsberg verwenden darf.

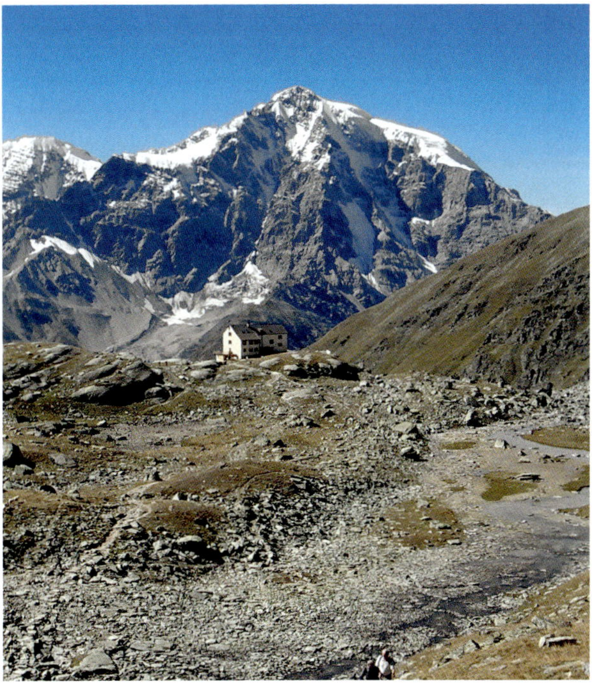

Aufstieg zur Tschenglser Hochwand mit Rückblick auf Düsseldorfer Hütte und Ortler

Jedenfalls führt, nachdem man über die Düsseldorfer Hütte bis zum Bergfuß gelangt ist, zum einen ein etwas mühsames, aber unschwierges Steiglein empor zu einer Scharte und über die teilweise gesicherten Gipfelfelsen zum Kreuz am höchsten Punkt, und zum anderen wurde über den ausgeprägten und steilen, aber guten Fels aufweisenden Südgrat schon vor Jahrzehnten ein Klettersteig angelegt und jüngst sogar ein zweiter.

Ich habe den alten Klettersteig erst vor ein paar Jahren noch in gutem Zustand vorgefunden. Bis auf eine etwas wacklige kleine Holzleiter waren die Sicherungen und Steighilfen in gutem Zustand, und das Aufsteigen über den gestuften und angenehm zu erkletternden Fels hat mir sehr zugesagt. Der etwas weiter rechts verlaufende neue Klettersteig schien mir etwas schwieriger zu sein als der alte, aber in festerem Fels zu verlaufen.

Jedenfalls sollte man diesbezüglich und auch über den Zustand der Sicherungen und Steighilfen am alten Klettersteig in der Düsseldorfer Hütte die nötigen Erkundigungen einholen, sofern man nicht überhaupt dem Normalweg folgt, der nur im Gipfelbereich mit dem Klettersteig identisch ist und dort keine nennenswerten Schwierigkeiten aufweist.

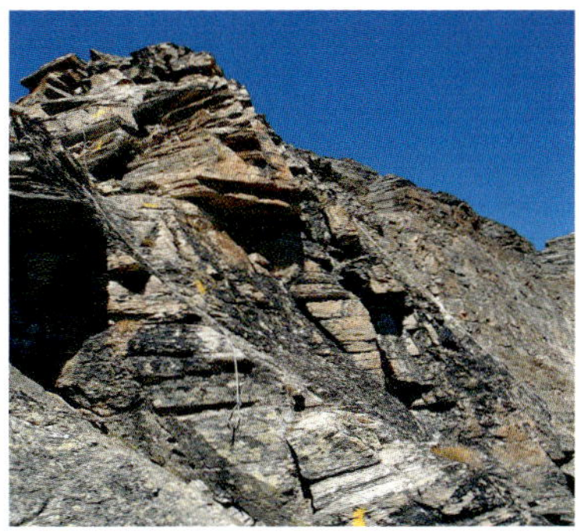

Der Felsrücken der Tschenglser Hochwand mit den beiden Klettersteigen

Besonderer Hinweis Hinsichtlich des Zustandes der Klettersteige erkundige man sich vor Antritt der Tour in der Düsseldorfer Hütte!
Karten 1:50.000: Kompass, Blatt 72 (Ortler – Cevedale)

Die Tschenglser Hochwand über dem Zaytal; die Aufstiegsrouten liegen im linken Bildfeld.

Bei guten Verhältnissen sind wohl alle drei Routen für den erfahrenen, trittsicheren und schwindelfreien Berggeher ohne weiteres zu bewältigen.

Im unmittelbaren Bereich der zentralen Ortlerberge stehend, bietet der Berg selbstverständlich eine einmalige Aussicht zum Ortler und König, aber kaum weniger eindrucksvoll auf die gerade gegenüberliegenden, das Zaytal umschließenden Hochgipfel, vor allem zum vergletscherten Hohen Angelus und zur Vertainspitze mit ihrem Hängegletscher. Aber auch der atemberaubende Blick auf die fast 2500 Meter tiefer liegende Talsohle des Vinschgaus ist besonders hervorzuheben und mit diesem natürlich verbunden der Blick hinüber zu den südlichen Ötztaler Alpen.

Wegverlauf: Von St. Gertraud in Sulden (1844 m) auf der Straße hinüber auf die östliche Talseite und auf Steig 5 durch das Zaytal nordostwärts mittelsteil hinauf zur Düsseldorfer Hütte (2724 m, 2 ½ Std.). Von der Hütte dann auf Steig 5 großteils über Blockwerk leicht ansteigend talein bis zu einer Weggabel unter der Tschenglser Hochwand, hier (Wegweiser) links ab, am Geröllhang hinauf zum Fuß des steilen, gerade zum Gipfel hinaufziehenden Südgrates und nun nach Belieben links dem Wegweiser »Normalweg« folgend auf schwachem Steig durch eine steile Geröllrinne empor in eine Scharte und rechts über den teilweise gesicherten Klettersteig relativ unschwierig zum Gipfel, oder aber rechts einem der beiden Klettersteige folgend am Südgrat großteils sehr steil empor zum Gipfelkreuz (3375 m); ab Hütte 2 ½ Std. *Abstieg:* am besten über den Normalweg.

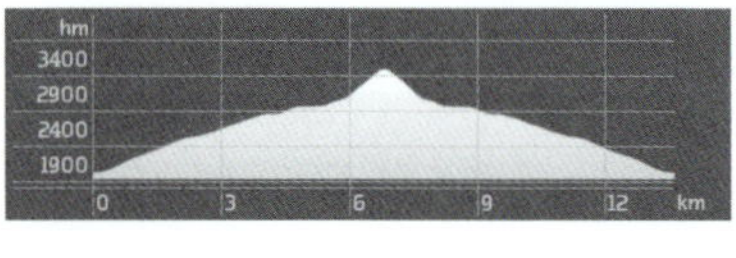

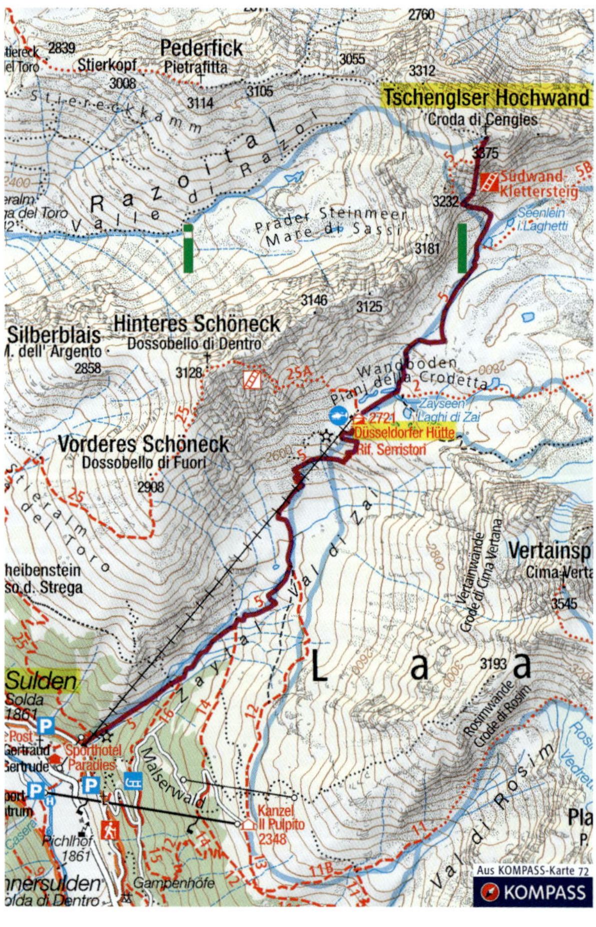

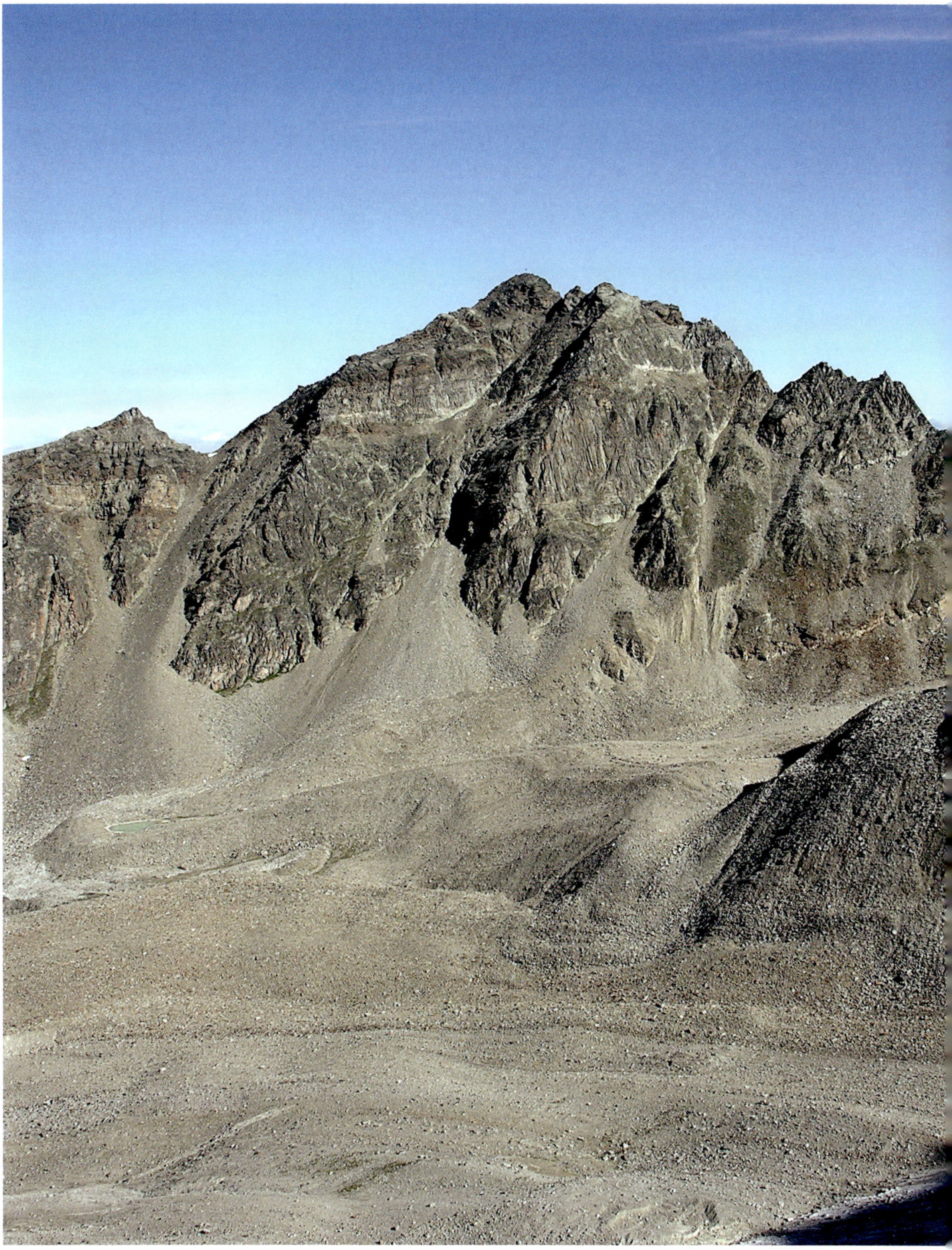

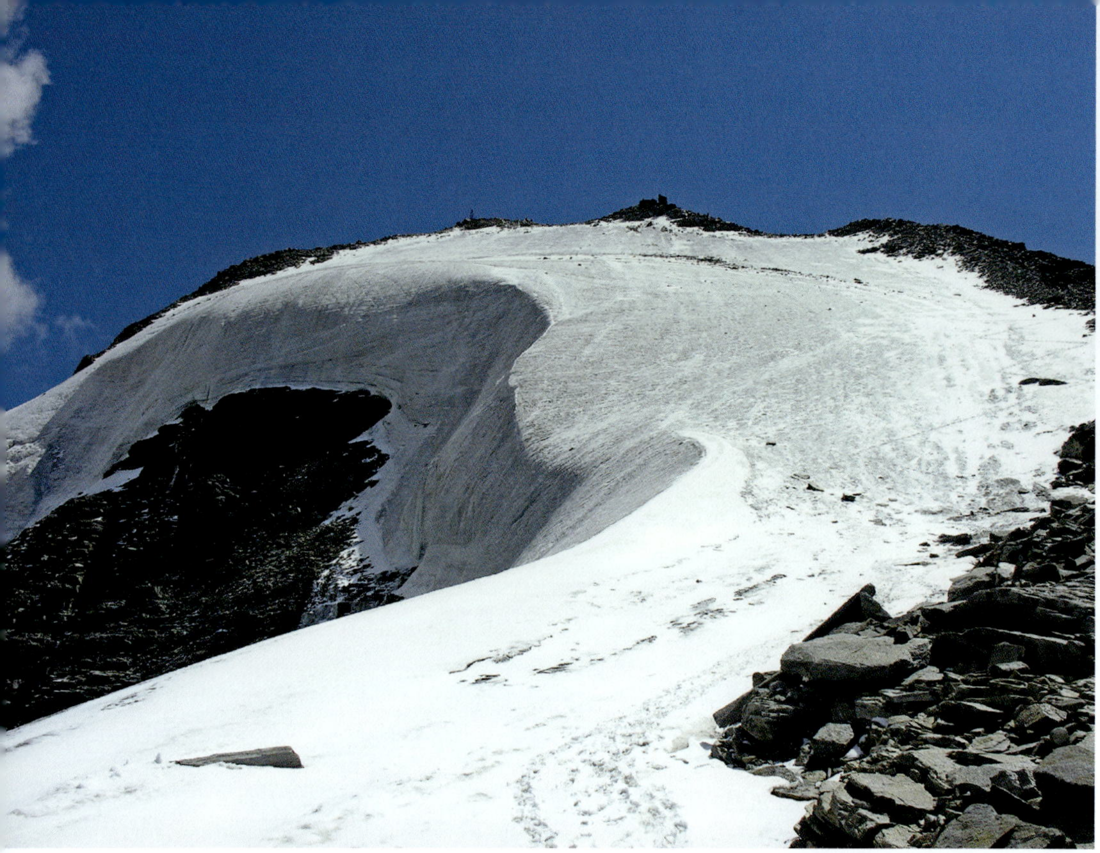

Der vergletscherte Gipfelaufbau des Hohen Angelus

Hoher Angelus 3521 m

Der Eisberg mit dem eisfreien Reinstadlerweg

16

Die Tour im Überblick Sulden – Düsseldorfer Hütte – Hoher Angelus – retour
Orientierung und Schwierigkeit Für trittsichere und schwindelfreie Berggeher mit Hochgebirgs- und etwas Felserfahrung nicht schwierig; stellenweise ausgesetzt; keine Gletscherbegehung
Höhenunterschiede Bis zur Hütte 880 m, von dort zum Gipfel 797 m
Gehzeiten Aufstieg zur Hütte 2 ½ Std., von dort zum Gipfel ebenfalls 2 ½ Std; Abstieg ins Tal insgesamt 3 ½ Std.
Ausrüstung Hochtourenbekleidung; evtl. Sicherungsutensilien für Ungeübte

8 ½ Std. | 14,7 km | 1677 Hm

Wer zum ersten Mal zur Düsseldorfer Hütte aufsteigt, die bekannt ist für ihre einmalige Schau zum Ortler-Dreigestirn, ahnt wohl nicht, welch beeindruckendes Hochgebirgstal sich dahinter auftut.

Dieses Tal, das sich Zaytal nennt, ist zwar verhältnismäßig kurz, es ist unbesiedelt, es gibt keine Almen darin, und zumindest ein guter Teil des Talbodens wird von einer enormen Trümmerhalde ausgefüllt.

Aber da spiegelt eine kleine Wasseransammlung den Himmel wider, dort ist ein grünlicher Gletschersee in eine Moränenmulde gebettet, Rasenflecke beleben den vorderen Teil des Tales, und im Gefels und Geröll krallt sich so manche schöne Hochgebirgsblume fest. Und dazu wird das Tal von einem halben Dutzend mächtiger, teilweise vergletscherter Dreitausender umrahmt.

Der höchste von ihnen und auf der Südseite des Tales der vorderste ist die zweigipfelige Vertainspitze. Auf der Zaytalseite

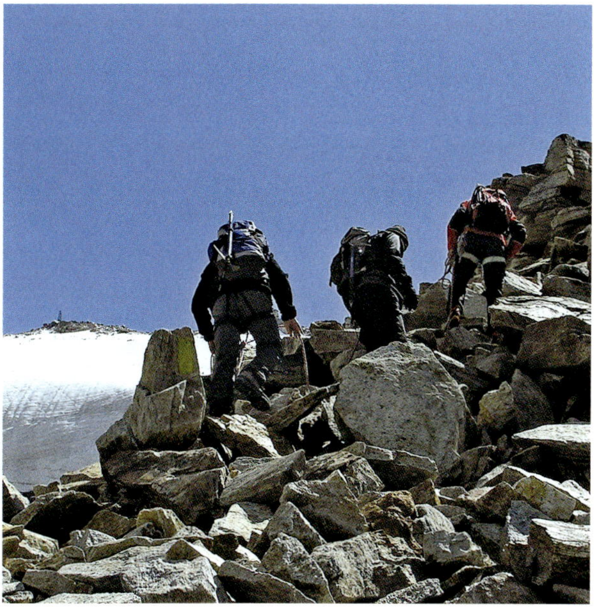

Aufstieg zum Hohen Angelus

am stärksten vergletschert und immerhin der zweithöchste Berg in der Runde ist hingegen der Hohe oder Große Angelus, so benannt zur Unterscheidung vom Kleinen Angelus, der gar so klein allerdings auch wieder nicht ist.

Der Gletscher des Hohen Angelus ist teilweise noch sehr mächtig und seine Zunge dringt weit ins Moränengelände vor, doch die runde Felspartie, die wie ein riesiges Auge mitten aus den Eiskatarakten glotzt, ist heute größer als früher, und in der Mulde, aus der sich das Eis zurückgezogen hat, klatschen die kleinen Wellen eines Gletschersees ans Ufer.

Stärker als der Angelusferner ist aber der Zayferner zurückgeschmolzen, weshalb die frühere Gletscherroute zum Westgrat des Angelus heute kaum mehr begangen wird.

Umso beliebter ist bei zünftigen Bergsteigern der objektiv weitgehend sichere und überdies eisfreie Anstieg, der über den breiten, vom Westgrat herabziehenden Felsrücken führt. Über diesen Felsrücken hat bereits vor Jahrzehnten der frühere Wirt der Düsseldorfer Hütte eine markierte Route angelegt, die man nach ihrem Schöpfer »Reinstadlerweg« nennt.

Dieser Anstieg, der übrigens auch einen beeindruckenden Einblick in die nahe Vertain-Nordwand mit ihrem Hängegletscher vermittelt, wartet im unteren Teil mit einem etwas längeren ausgesetzten Teilstück auf, das aber durch Halteseile entschärft wurde. Und im übrigen Verlauf begeht man ziemlich

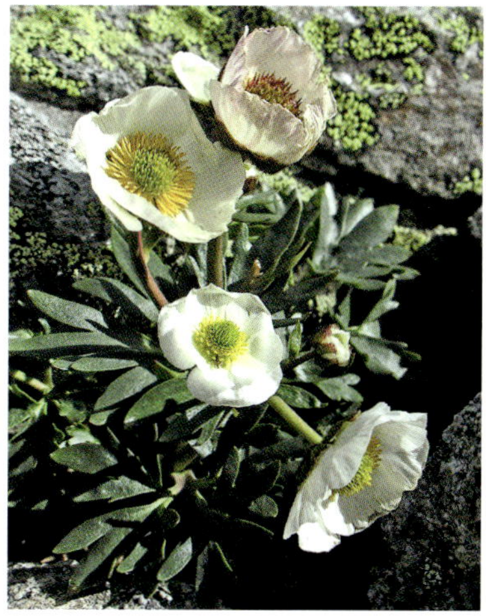

Gletscher-Hahnenfuß am Angelusgipfel

Besonderer Hinweis Der Reinstadlerweg ist kein Klettersteig im üblichen Sinn, denn er weist nur eine kurze Wegstrecke mit Fixseil auf
Karten 1:50.000: Kompass, Blatt 72 (Ortler – Cevedale)

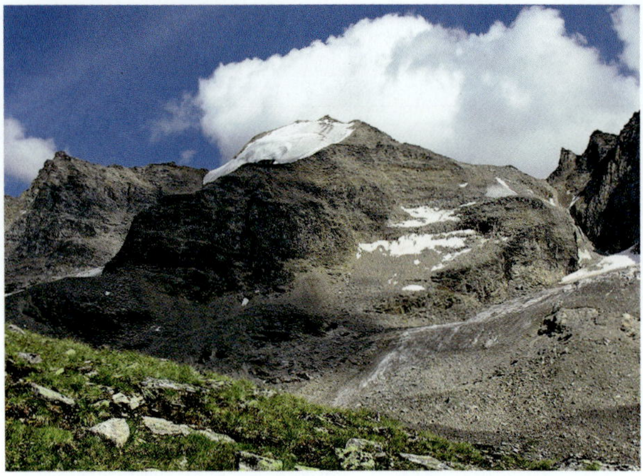

Der Hohe Angelus mit dem mächtigen dunklen Felssporn, über den der Aufstieg zum Gipfelgrat führt

Rechte Seite: Die letzten Meter zum Gipfel des Hohen Angelus

festes Trümmerwerk, das außer ein paar harmlosen kleinen Kletterstellen keinerlei Schwierigkeiten aufweist.

So ist der Hohe Angelus – dessen Namen die Fachleute vom lateinischen *angulus* (Ecke, Winkel) ableiten – trotz seiner Höhe und trotz des beeindruckenden Gletschers in seiner Nordwestflanke bei guten Verhältnissen ein lohnendes Tourenziel, das sich auch der sogenannte Normalbergsteiger zutrauen darf, sofern er trittsicher, schwindelfrei und höhentauglich ist.

Gletschererfahrung und die entsprechende Ausrüstung sind im Normalfall nicht vonnöten, außer wenn im oberen Teil nicht über den Blockgrat, sondern am Rand des Gletschers aufgestiegen wird, was gelegentlich getan wird und bei günstigen Verhältnissen durchaus empfohlen werden kann.

Wegverlauf: Von St. Gertraud in Sulden (1844 m) auf der Straße hinüber auf die östliche Talseite und auf Steig 5 durch das Zaytal nordostwärts hinauf zur Düsseldorfer Hütte (2724 m; 2 ½ Std.). Nun kurz ostwärts zu Wegteilung, dem Wegweiser »Angelus« folgend auf markiertem Steig über Blockwerk leicht ansteigend zum Fuß des Felssporns, dann – weiterhin der Markierung folgend – teils auf ausgeprägtem Steig, teils auf leichter Kletterroute (I – II) hinauf; an einer etwa 30– 40 m langen Stelle mit geradem Anstieg und ausgesetzter Querung ist ein langes Drahtseil angebracht. Nach längerer Steilstrecke mit einigen etwas heikleren Stellen legt sich der Felsrücken zurück und wird zum mittelsteilen Blockgrat; er führt ohne größere Schwierigkeiten oder Orientierungsprobleme hinauf (manchmal wird links über den Schnee aufgestiegen) zu einem markanten Vorgipfelchen, das nordseitig umgangen wird, und kurz darauf zum Hauptgipfel (3521 m).
Abstieg: über die Aufstiegsroute.

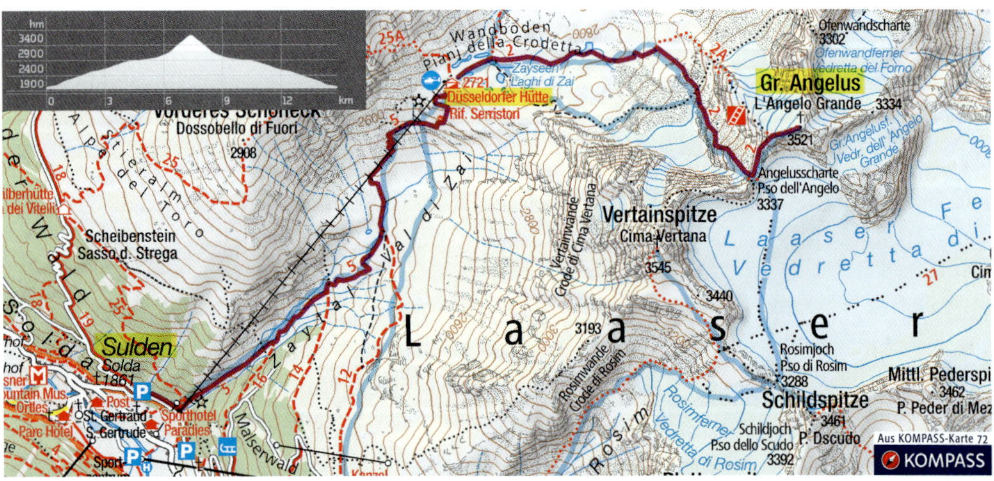

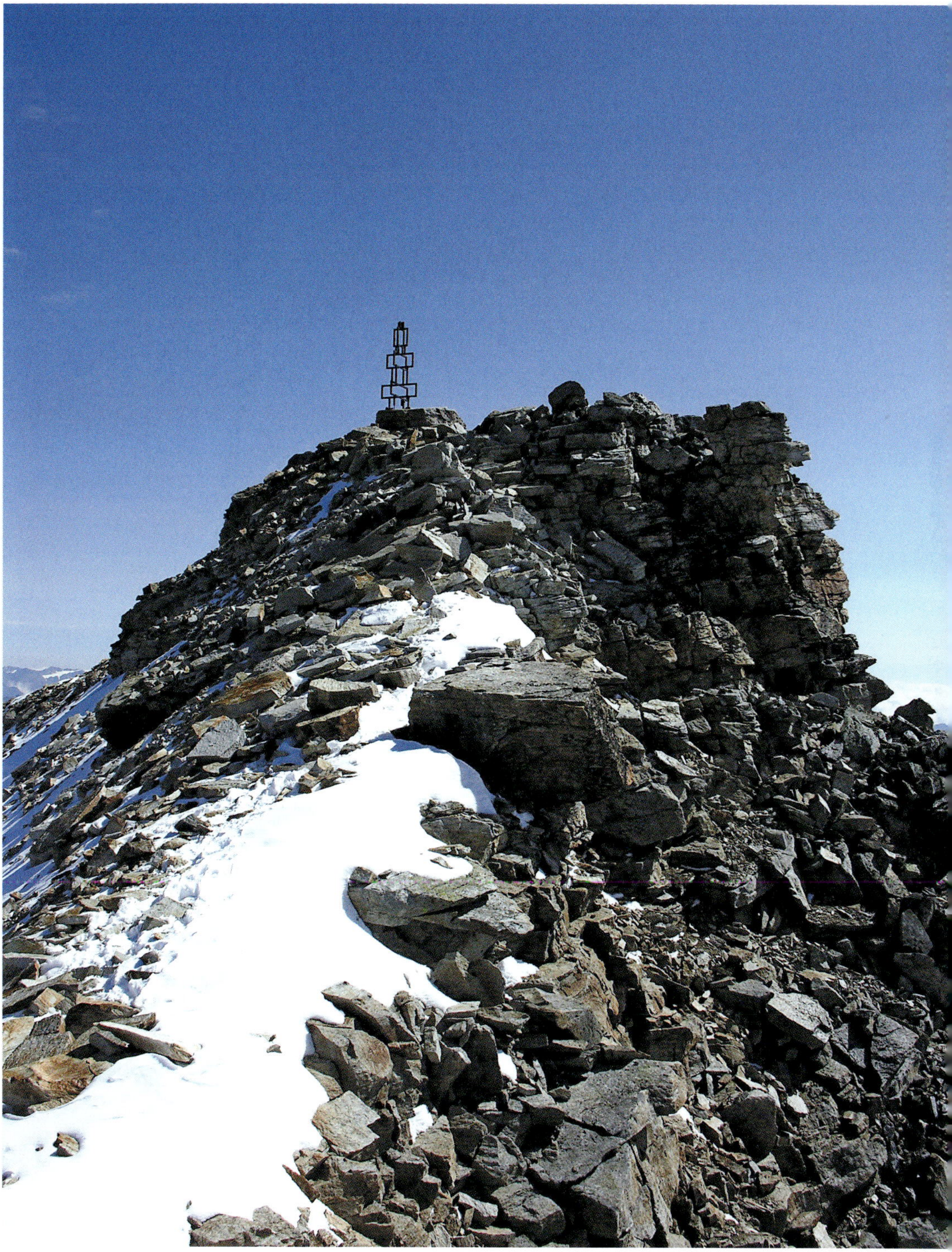

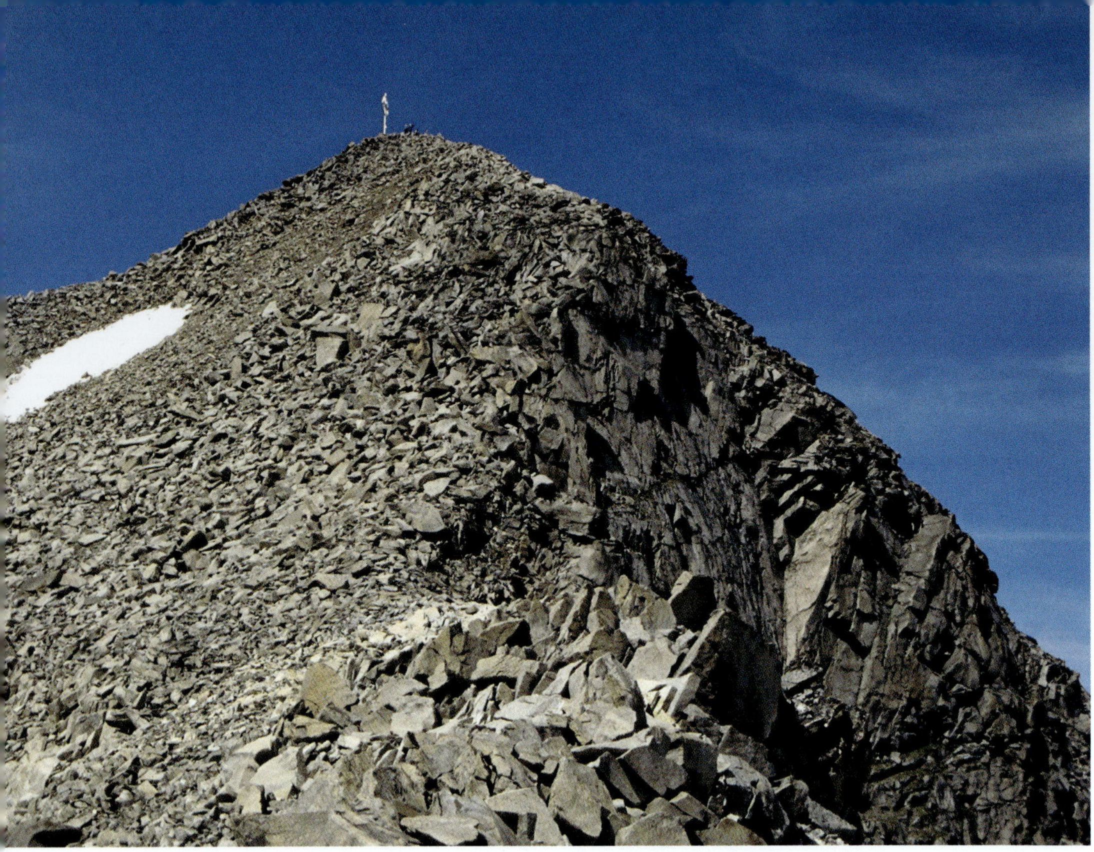

Der Gipfelaufbau der Vertainspitze

Vertainspitze 3545 m

Hoch und prächtig – und doch nicht schwierig

17

Die Tour im Überblick Innersulden – Kanzel – Rosimferner – Vertainspitze – retour
Orientierung und Schwierigkeit Für bergerfahrene Alpinisten bei guten Verhältnissen nicht schwierig
Gehzeiten Aufstieg 3 ½ Std., Abstieg 2 ½ Std.
Ausrüstung Hochtourenbekleidung, Eispickel ratsam
Karten 1:50.000: Kompass, Blatt 72 (Ortler – Cevedale)

6 Std. | 9,3 km | 1197 Hm

Die einmalige Suldner Bergwelt wird natürlich in erster Linie von den drei westseitig aufragenden Bergriesen Ortler, Zebrù und König geprägt, aber auch die ostseitigen Hochgipfel können sich sehen lassen, und da schiebt sich die Vertainspitze ganz besonders in den Vordergrund.

Dieser immerhin über 3500 Meter hohe Berg überragt sie alle, die respektablen Nachbarn auf der Suldner Ostseite und insbesondere um das Zaytal, und dies nicht nur hinsichtlich ihrer Höhe, sondern auch hinsichtlich ihrer eleganten pyramidenförmigen Gestalt mit den zwei nahezu gleich hohen Gipfeln.

Während nordseitig der bekannte, auch als Nordwand bezeichnete Hängegletscher beeindruckt und auf der Ostseite der ausgedehnte Laaser Ferner sich in einem riesigen Bergkessel ausbreitet, lagert südseitig der stattliche Rosimgletscher. Doch hat sich dessen nördlicher Arm, der früher fast bis zum Gipfel reichte, so weit zurückgezogen, dass er meist nur noch als Schneefeld anzutreffen ist.

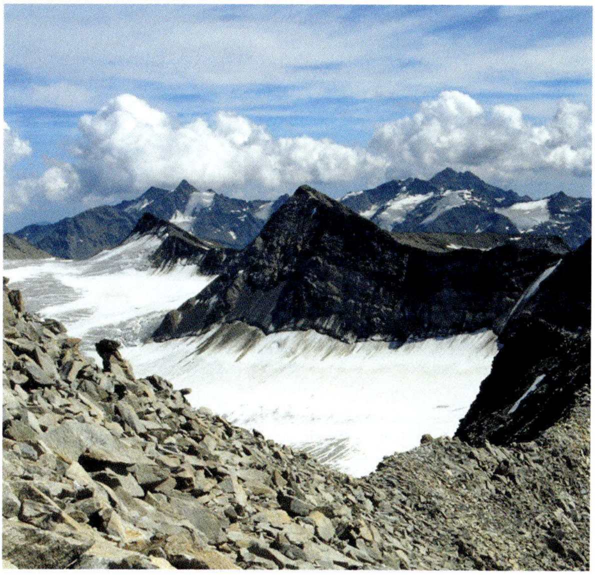

Laaser und Marteller Hochgipfel vom Vertain-Anstieg aus

So kann man den Normalanstieg auf die am 28. August 1865 vom großen Ortler-Erschließer und Nordpolforscher Julius Payer zusammen mit den Suldner Führern Johann Pinggera und Veit Reinstadler erstmals nachweisbar erstiegene Vertainspitze – wegen der beiden Gipfel auch manchmal »die Vertainen« genannt – von Sulden durch das Rosimtal und über die Südflanke als eisfrei bezeichnen.

Damit erübrigt sich die für viele andere Gipfel ähnlicher Höhe so notwendige Gletschererfahrung. Und da diese Route auch sonst keine nennenswerten Schwierigkeiten aufweist, bis hoch hinauf markiert ist und – wenn man sich von der Sesselbahn bis zur »Kanzel« bringen lässt – ihren Ausgangspunkt in rund 2450 Meter Höhe hat, kann sie durchaus als leicht eingestuft werden.

Dies freilich nur gemessen an der Höhe des Berges und bei besten Verhältnissen. Ohne hochalpine Erfahrung und entsprechende Bekleidung sollte man sich jedenfalls an einen solchen Berg nie heranwagen; und selbstverständlich kann auch die Mitnahme des Eispickels nie schaden.

Die Route führt von der erwähnten Kanzel über den hübschen grünen Rosimboden zum Rosimgletscher, lässt diesen aber rechts liegen, wendet sich links hinauf zum Schnee- oder Eisfeld unter dem Gipfelaufbau und führt zuletzt über Felsen und Blöcke hinauf zum Kreuz.

Blick vom Vertain-Anstieg zum Dreigestirn König, Zebrù und Ortler

Rechte Seite: Das Gipfelkreuz auf der Vertainspitze

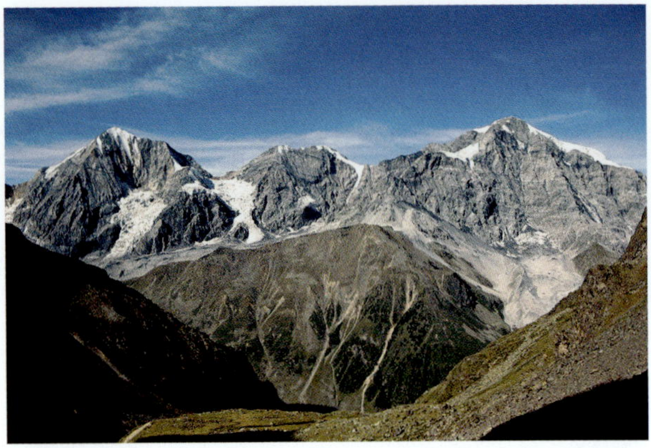

Wegverlauf: Von Sulden (1848 m) zunächst mit der Kanzel-Umlaufbahn hinauf bis zur Baumgrenze (Einkehrstätte, 2348 m). Von dort auf Weg 13 die Grashänge querend südwärts zu Wegteilung, links auf Weg 11 B und später 11 hinein ins Rosimtal (Rosimboden) und in diesem, zuletzt über eine Moräne, hinauf ins Gletschervorfeld des Rosimferners, wo die Markierung endet (ca. 2900 m). Nun auf schwachem Steig über Geröll und Blockwerk empor und in etwa 3200 m Höhe links abdrehend (Steinmännchen weisen die Richtung) über Blockwerk hinauf zu einer Hangschulter; nun die nordwärts anschließende, mit einem Firnfeld ausgefüllte Mulde querend (oder das Firnfeld talseitig umgehend) hinüber zum steilen Südhang des Gipfels (ca. 3400 m) und entweder an diesem Hang oder über den westseitigen Begrenzungsgrat über Blöcke turnend hinauf zum Gipfelkreuz (3545 m; ab Bergstation der Kanzelbahn ca. 3 ½ Std.). *Abstieg:* über die Aufstiegsroute.

Wenn auch das genannte Schneefeld nicht mehr als eigentlicher Gletscher betrachtet werden kann, so heißt das nicht, dass der Gesamteindruck der Tour nicht doch sehr stark von der Gletscherwelt der Ortlergruppe geprägt ist. Denn es liegt nicht nur der erwähnte, durchaus noch sehr stattliche und von Spalten zerrissene Rosimgletscher beim Aufstieg kurz in unserer unmittelbaren Nähe, man schaut auch immer wieder hinüber zu dem nach wie vor stark vergletscherten Ortler mit seinen Nachbarn; und am Gipfel liegt einem der ebenfalls bereits erwähnte, sehr ausgedehnte Laaser Ferner zu Füßen.

So ist die Vertainspitze ein echter Hochgipfel der gleißenden Suldner Gletscherwelt; aber dank des eisfreien Zugangs und des hohen Ausgangspunktes zugleich auch ein lohnendes Ziel für den tüchtigen Normalbergsteiger ohne Gletscherambitionen.

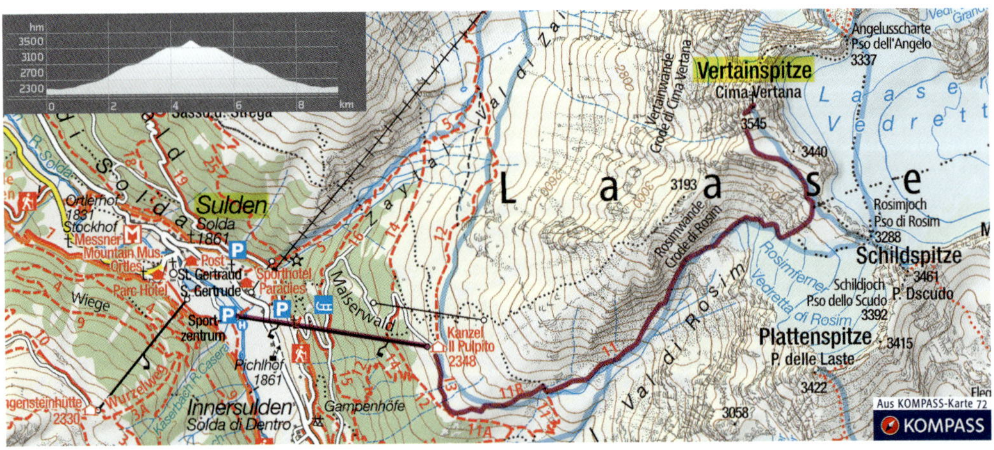

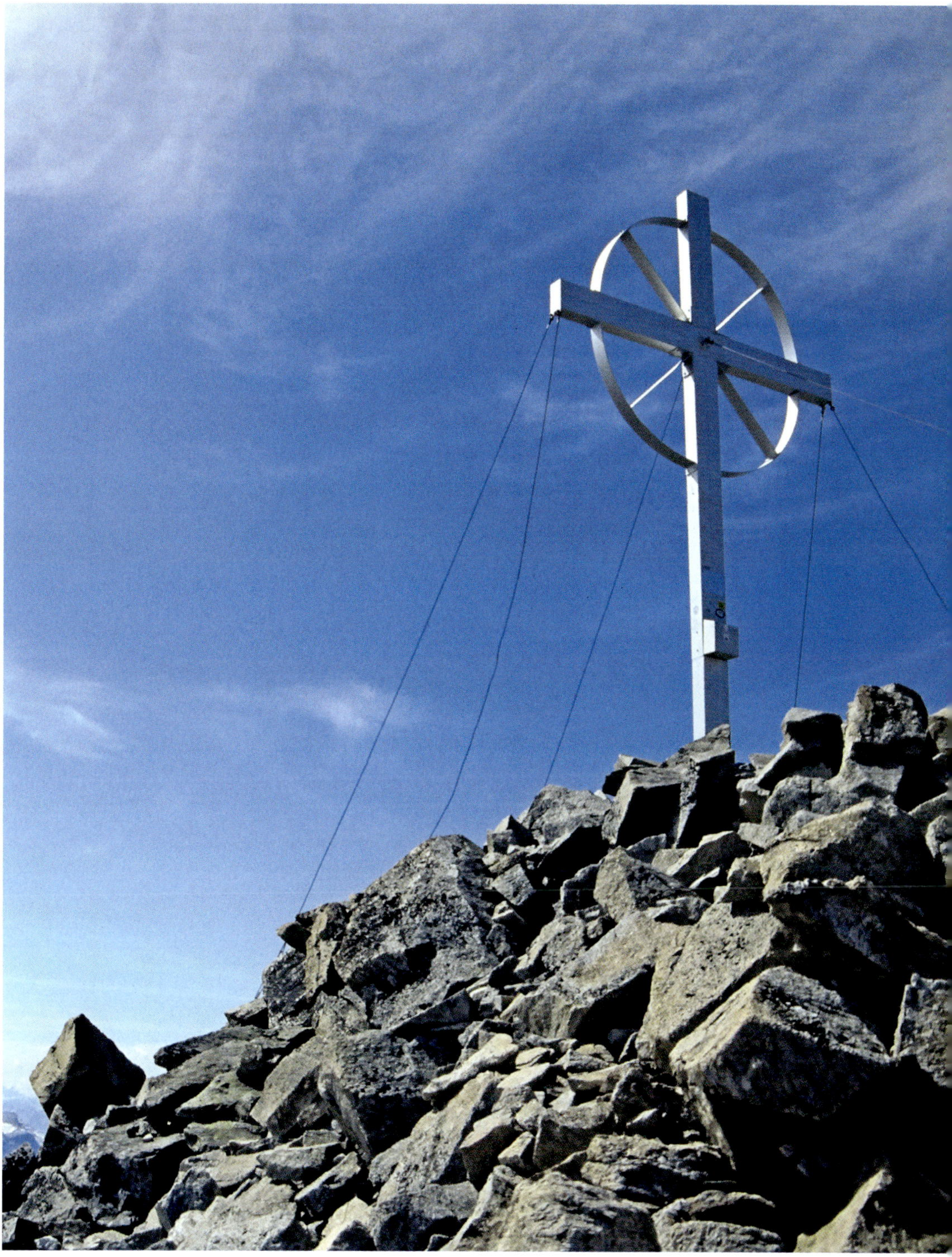

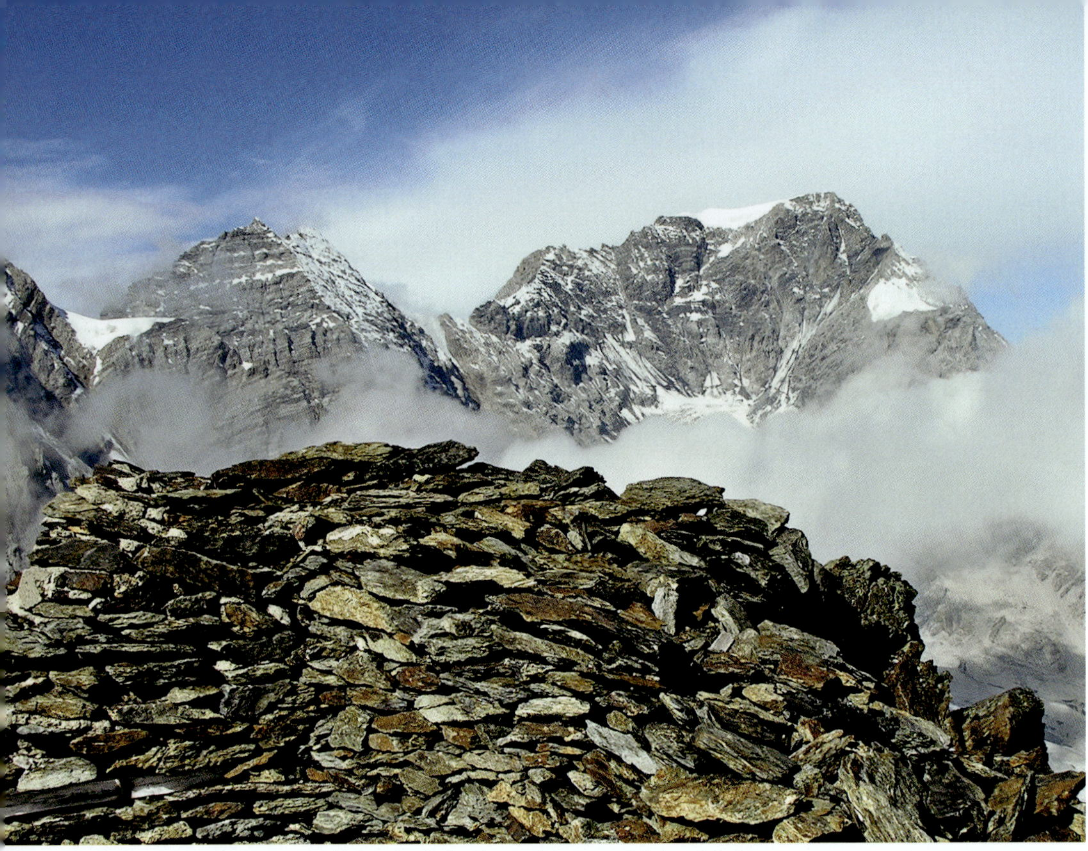

Mauerrest aus dem Ersten Weltkrieg unweit der Eisseespitze gegen Zebrù und Ortler

Eisseespitze 3230 m

Dank Stecknersteig ein unschwieriger Gipfel

18

Die Tour im Überblick Sulden – Seilbahn-Bergstation Schaubachhütte – Eisseespitze – retour
Orientierung und Schwierigkeit Für trittsichere und schwindelfreie Berggeher nicht schwierig; eine leichte Kletterstelle, keine Gletscherbegehung
Gehzeiten Aufstieg 2 Std., Abstieg 1½ Std.
Ausrüstung Hochtourenbekleidung
Besonderer Hinweis Man schlage nicht die berüchtigte, selbst von versierten Gletschergehern gemiedene Route über den Eisseepass ein!
Karten 1:50.000: Kompass, Blatt 72 (Ortler – Cevedale)

3 ½ Std.	4,1 km	630 Hm

Gerade über dem innersten Suldental erhebt sich die Eisseespitze mit breiter felsiger Nordwestflanke, die von den zerrissenen Eiskatarakten des Suldenferners begrenzt wird. Und südseitig, auf der Marteller Seite, reicht das Eis des Langenferners noch fast bis zum Gipfel herauf.

Doch um die Eisseespitze zu besteigen, muss man kein Gletschergeher sein. Denn über den felsigen Nordwestrücken führt der »Stecknersteig«, ein markierter und recht guter Block- und Felssteig, der an einzelnen Stellen zwar die Zuhilfenahme der Hände erfordert, aber für den trittsicheren und schwindelfreien Geher bei trockenem Fels nicht schwierig ist.

Der Stecknersteig wurde um 1895 zugleich mit der einstigen Halle'schen Hütte am Eisseepass mit finanzieller Unterstützung durch den bergbegeisterten Albert Steckner aus Halle errichtet; und dadurch wurde sowohl die Eisseespitze als auch die sonst nur über Gletscherwege erreichbare Schutzhütte auch für den Durchschnittsberggeher zugänglich gemacht. Die Hütte

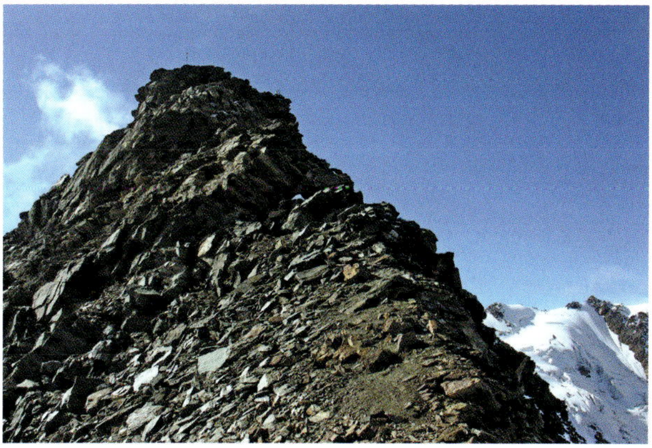

Der Gipfelaufbau der Eisseespitze

brannte im Ersten Weltkrieg dann allerdings ab, und in der Folge blieb auch der Stecknersteig lange dem Verfall preisgegeben.

Doch unlängst hat man ihn wieder instand gesetzt und damit die Eisseespitze erheblich aufgewertet. Und dies ist umso erfreulicher, als der immerhin über 3200 Meter hohe Gipfel aufgrund der zentralen Lage zwischen dem Ortler-Hauptmassiv, den Laaser Bergen, den südseitigen Marteller Bergen und der südlichen Ortlergruppe eine erstrangige Aussichtswarte darstellt.

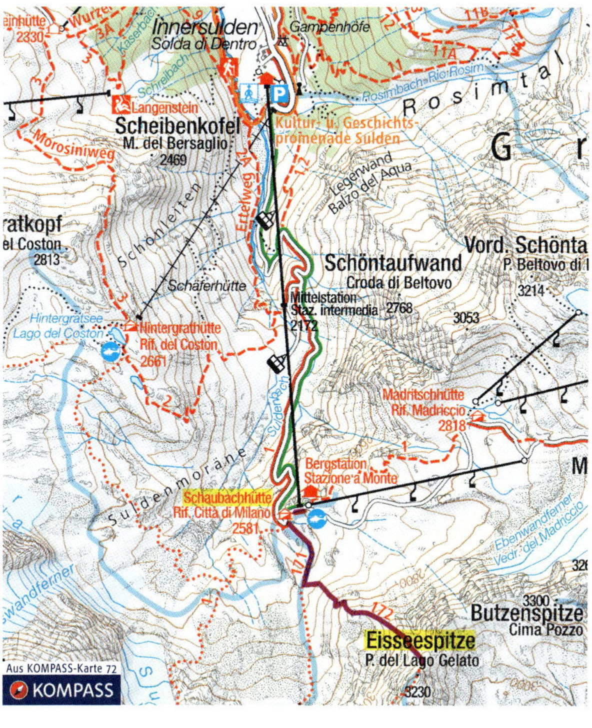

Wegverlauf: Vom Suldner Talschluss (1900 m) zunächst mit der zweiteiligen Seilbahn hinauf zur Bergstation (2600 m; etwas tiefer die Schaubachhütte). Von da auf breitem Fahrweg kurz südwärts und dann auf Fußsteig mit wenigen Schritten links zu Wegteilung (rechts geht es zum Eisseepass); nun dem Wegweiser »Stecknersteig« und der grünen Punktmarkierung folgend auf dem großteils relativ ausgeprägten Fußpfad über Schutt, Blockwerk und Felsstellen in vielen Serpentinen am Nordwestgrat der Eisseespitze hinauf zum felsigen Nordostgrat und über diesen kurz und nicht schwierig empor zum Gipfelsteinmann (3230 m; in manchen Publikationen auch 3243 m); ab Seilbahn-Bergstation: gut 2 Std. *Abstieg:* über die Aufstiegsroute, 1½ Std.

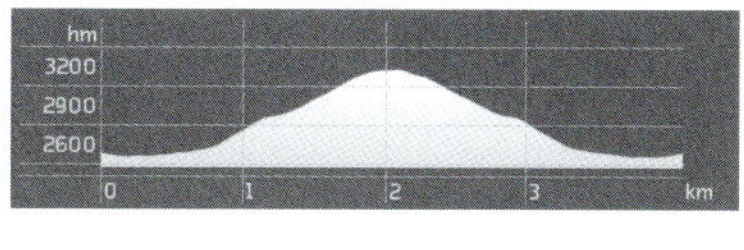

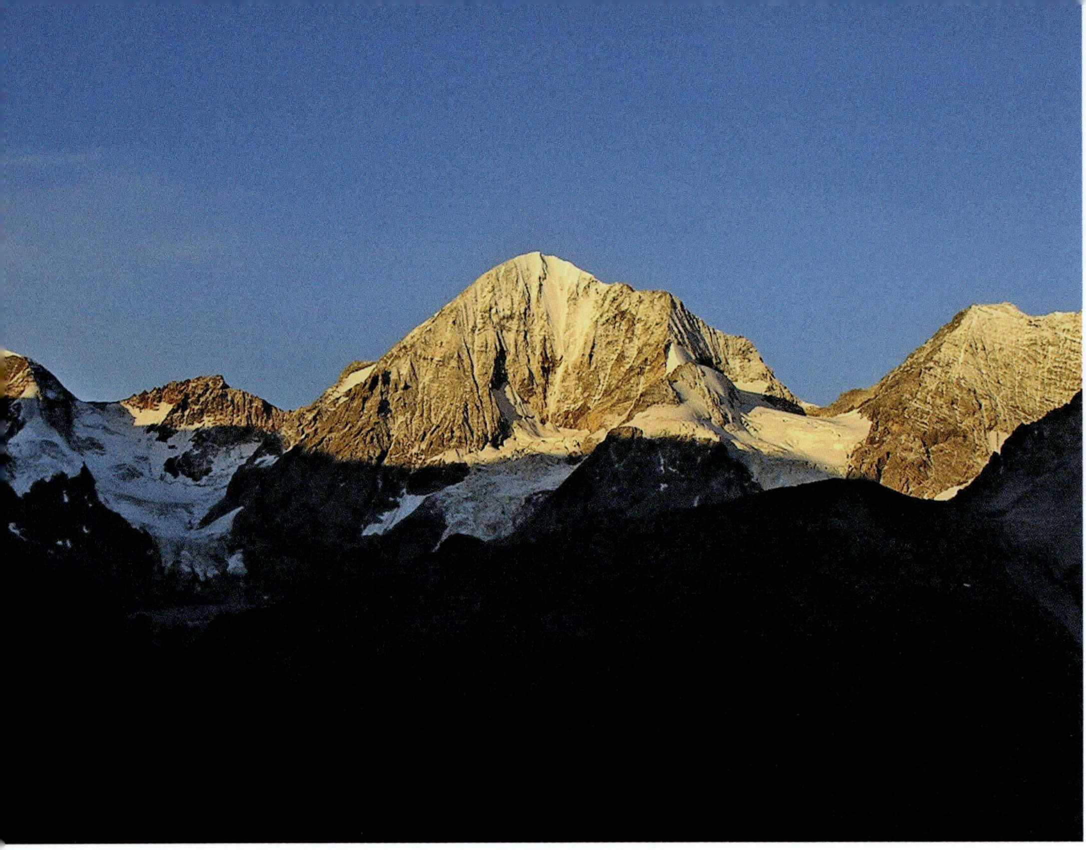

Im ersten Morgenlicht: Die Königsspitze über Sulden mit ihrer Nordwand

Königsspitze 3859 m

Südtirols zweithöchster Berg

19

Die Tour im Überblick Sulden – Bergstation Schaubachhütte – Eisseespitze – Eisseepass – Casatihütte – Königsspitze – retour

Orientierung und Schwierigkeit Insgesamt lange, sehr steile und selbst bei besten Verhältnissen nur sehr erfahrenen und einwandfrei ausgerüsteten Hochalpinisten vorbehaltene Tour

Höhenunterschiede Bis zur Casatihütte 654 m; ca. 250 m Abstieg; weiter bis zum Gipfel ca. 850 m

Gehzeiten Aufstieg zur Casatihütte 3 ½ Std.; weiter zum Gipfel 4 ½ Std.; Abstieg insgesamt 7 Std.

Ausrüstung Hochtourenbekleidung, Seil, Pickel, Steigeisen, Eisschrauben, Sicherungsutensilien

15 Std. | 16,2 km | 1504 Hm

Die Königsspitze ist eine der schönsten Berggestalten der Alpen und sie ist der zweithöchste Gipfel der Ortlergruppe. Aber sie drängt sich nach dem Vinschgau hin nicht so in den Vordergrund wie der nur 50 Meter höhere Ortler.

Wohl deshalb scheint sie um 1770 im Atlas Tyrolensis nicht auf; und 1804, als der »große Bruder« erstbestiegen wurde, hat sie noch keine Rolle gespielt. Aber 1812 fiel sie einem Künstler, der nach Sulden gereist und auf das Schöneck gestiegen war, um den Ortler abzubilden, sehr wohl auf und in einem später im »Boten für Tirol und Vorarlberg« veröffentlichten Brief erwähnt er sie bereits als »Königsspitze«, während der Theologe Thurwieser sie im Bericht über seine Ortlerbesteigung 1834 »Königswand« nennt, weil es ja auch die Nordwand des Berges ist, die ganz besonders ins Auge sticht. Thurwiesers Bericht mag wohl den erst 20-jährigen, aber bereits sehr bergerprobten Theologiestudenten Stephan Steinberger aus Ruhpolding in Bayern, der als Mönch später den Namen Corbinian annahm, zur Erstbesteigung des Berges am 24. August 1854 angeregt haben, wobei er den damals noch viel stärker als heute vergletscherten Zugang vom Stilfser Joch aus wählte.

Die nächsten, die den Berg erkletterten, waren 1864 die Engländer Tuckett und Buxton mit ihren Schweizer Führern. Sie waren in der Valfurva aufgebrochen, stiegen von der Königsspitze aber nach Sulden ab und zeigten so, dass dieser Berg auch von dieser Seite aus besteigbar ist. In der Folge wurden an der Königsspitze – von den Einheimischen meist kurz »Kini« (König) genannt und wie ihr großer Bruder, der Ortler, aus dem Triaskalk der Engadiner Dolomiten aufgebaut – alle nur denkbaren Routen begangen und natürlich auch jene über die so schaurig-schöne Nordwand. Außerdem entstanden an den wichtigsten Zugängen mehrere Schutzhütten.

Und doch ist die Königsspitze kein leicht besteigbarer Berg geworden, ja der allgemeine Gletscherrückgang hat sie sogar noch schwieriger gemacht. Selbst ihr Normalanstieg kann in heißen Hochsommerwochen mit starker Ausaperung der extrem steilen Gipfelflanke so schwierig und gefährlich sein, dass er kaum begangen wird. Doch solange sich im Sommer noch Altschnee in den Steilflanken hält oder wenn im Frühherbst bereits neuer Schnee die Felsen bedeckt, wenn diese Firn- oder Schneeschicht gut begehbare Beschaffenheit und dazu noch eine vorgespurte Route aufweist, dann liegt die Besteigung des Berges für den wirklich hochgebirgserfahrenen, perfekt ausgerüsteten Bergsteiger, der auch großer Ausgesetztheit und Steilheit gewachsen ist, durchaus im Rahmen des Möglichen.

Das bedeutet, dass es zwar in erster Linie von der Tüchtigkeit des Bergsteigers, aber wesentlich auch von den Verhältnissen abhängt, ob die Besteigung der Königsspitze gewagt werden darf oder nicht. Und nur wenn wirklich alle notwendigen Voraussetzungen erfüllt sind, erfüllt sich auch der Wunsch, einmal diesen Traumberg erstiegen zu haben.

Und dass es sich um einen Traumberg handelt, das steht außer Zweifel. Denn auch wenn der Eispanzer in der Nordwand ebenso wie viel anderes Eis da oben im Reich der höchsten Ortlerberge stark zurückgegangen ist und die einst so berühmte Schaumrolle, wie man die riesige Gipfelwechte nannte, weggebrochen ist, so wird dieser Berg doch nach wie vor ein ganz besonderes Tourenziel bleiben.

Nicht gerade schwierig, aber doch lang sind die Zugänge zum Bergfuß. Dabei kann man auf Südtiroler Seite hinsichtlich des Ausgangspunktes wählen zwischen dem Martelltal und

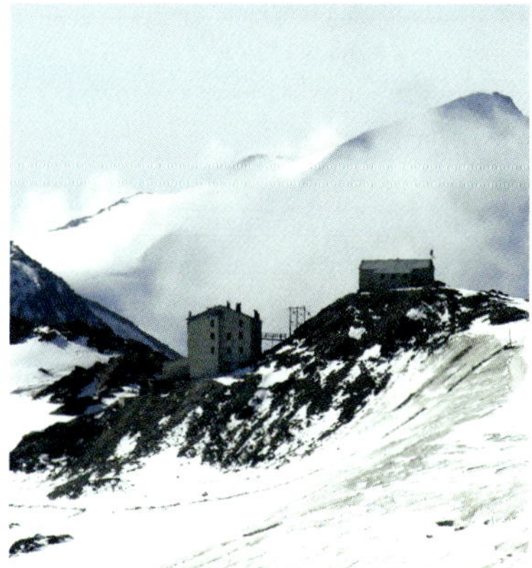

Die Casatihütte mit der kleinen Guastihütte

Besonderer Hinweis Auf verlässliches Wetter achten und sich vor Antritt der Tour so genau wie möglich nach den Verhältnissen erkundigen. Zwischen Eisseepass und Casatihütte auf versteckte Spalten und Steinschlag achten!
Karten 1:50.000: Kompass, Blatt 72 (Ortler – Cevedale)

Rechte Seite: Die Königsspitze mit der Flanke, über die der Aufstieg führt

dem Suldental; Stützpunkt ist dann in beiden Fällen die große, nicht weniger als rund 3250 Meter hoch gelegene Casatihütte am Langenfernerjoch.

Der Weg von Martell zur Hütte wird im Zusammenhang mit dem Cevedale beschrieben, daher sei an dieser Stelle der Aufstieg von Sulden über die Eisseespitze vorgeschlagen. Dieser Zugang ist teilweise zwar steiler und er ist sogar mit einem leichten Höhenverlust verbunden, aber er ist der leichteste Suldner Zugang, er ist abwechslungsreicher als jener von Martell herauf und vor allem hat man hier die Königsspitze schon während des Zugangs zur Hütte vor sich: in Sulden mit ihrer berühmten Nordwand und oben am Eisseekamm, der ebenfalls an anderer Stelle beschrieben wird, mit ihrer vielleicht noch eindrucksvolleren Ostseite; denn hier ragt der Berg wirklich wie eine Pfeilspitze in den Himmel. Und spätestens hier wird man am nächsten Tag nach gelungener Tour beim Abstieg ins Tal ganz besonders froh sein, den Suldner Zugang gewählt zu haben. Denn beim Blick hinauf zum schwierigen Prachtberg erreicht die Freude über dessen Besteigung wohl ihren Höhepunkt.

Wegverlauf: Vom Suldner Talschluss (1900 m) zuerst mit der Seilbahn hinauf zur Bergstation (2600 m; Gaststätte, etwas tiefer die Schaubachhütte) und zu Fuß auf dem grün markierten »Stecknersteig« in knapp 2 Std. hinauf zur Eisseespitze (3230 m); nun auf markiertem Bergpfad westseitig kurz hinunter zum Eisseepass (3139 m, hier herauf auch direkt über den spaltenreichen und steinschlaggefährdeten Randbereich des Suldenferners möglich), auf Pfadspuren westwärts kurz hinunter auf den Langenferner und über ihn auf dem Gletscherpfad bald mäßig ansteigend zur großen Casatihütte (3254 m; ab Seilbahn 3 ½ Std.; hier Nächtigung).
Anderntags südwestseitig ein Stück hinab, dann westwärts die Geröllhänge querend hinüber zum Cedecferner (ca. 3000 m), über diesen mäßig steil hinauf und zuletzt über einen sehr steilen Schneehang (oder über brüchige Felsen) empor zur auffallenden »Unteren Schulter« (ca. 3460 m), wo der anspruchsvollste Abschnitt beginnt. Nun über die fast 400 Meter hohe und bis zu rund 40 Grad steile Südostflanke des eigentlichen Gipfelaufbaus ziemlich gerade empor (bei Schnee mittelschwierig, bei Eis und starker Ausaperung schwierig) zur sogenannten »Oberen Schulter«, dann im leichten Rechtsbogen steil über Firn und Fels zum scharfen Ostsüdostgrat des Berges (Firngrat, auf Wechten achten!) und über ihn steil zum großen Gipfelkreuz; ab Casatihütte 4 – 5 Std.
Abstieg: über die Aufstiegsroute.

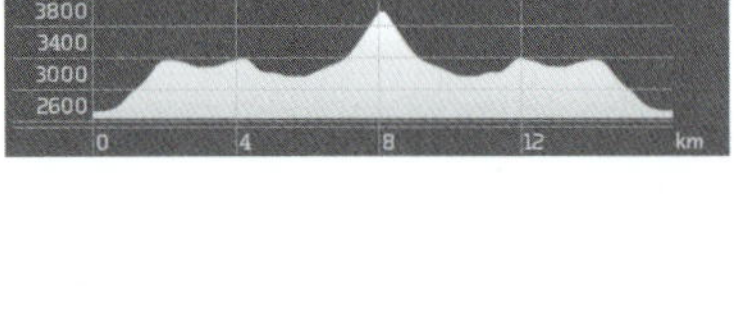

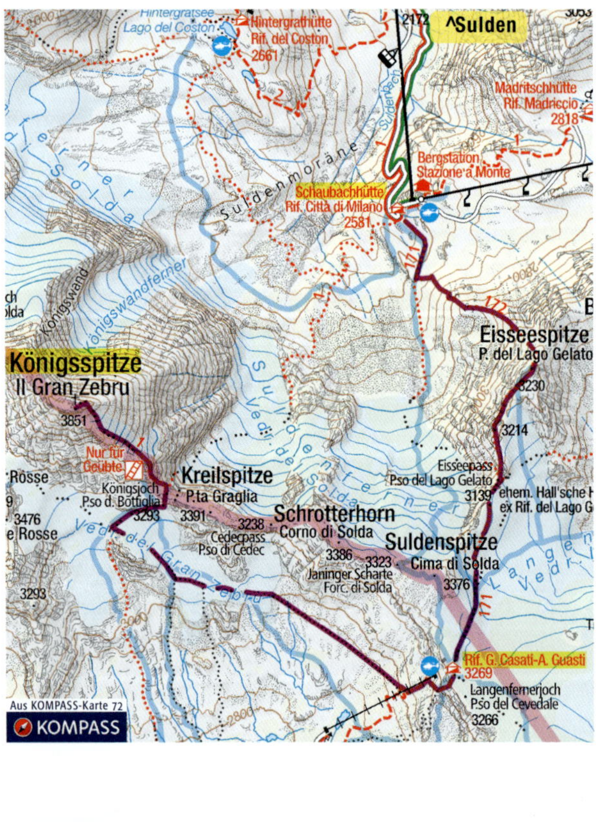

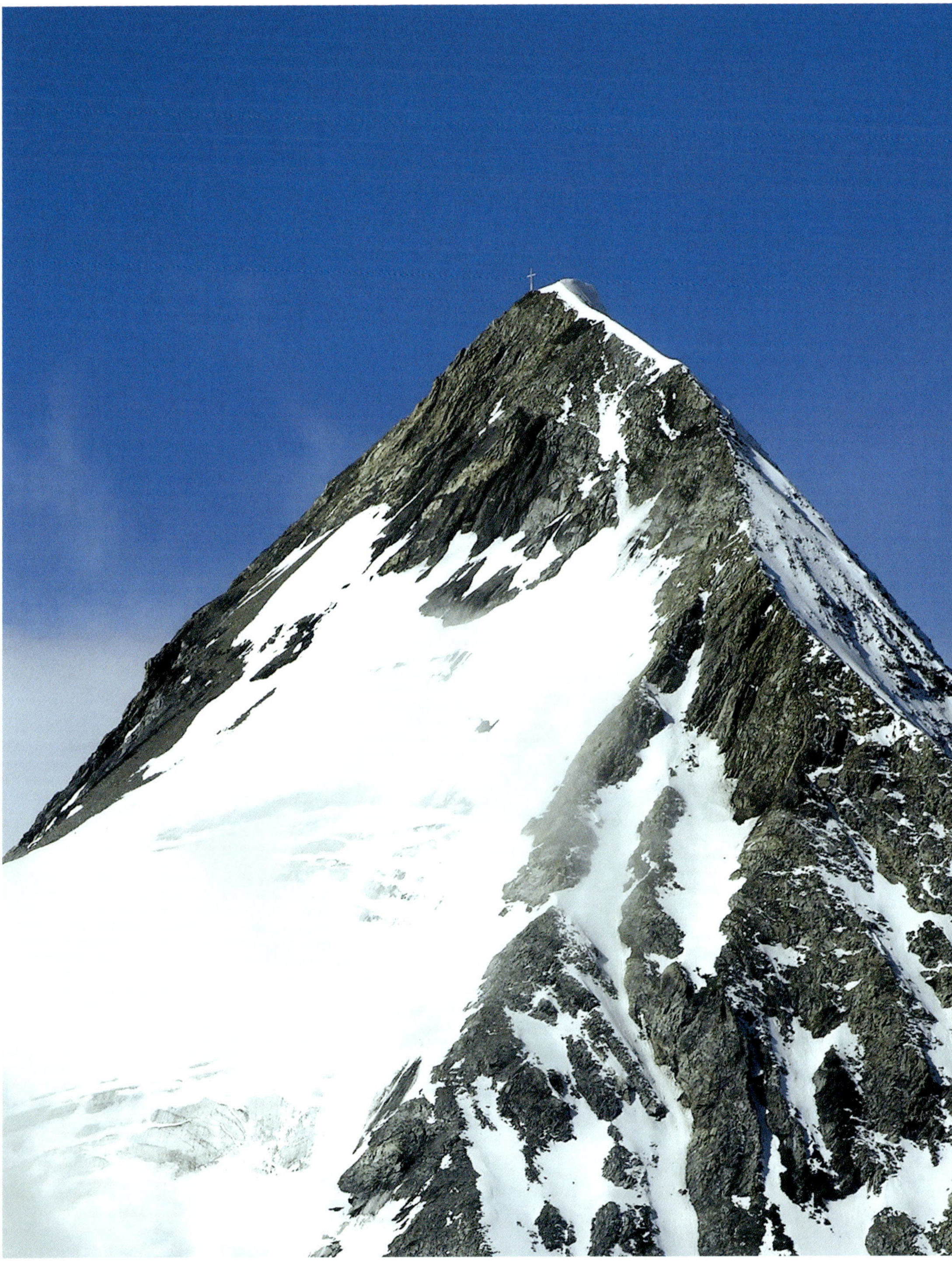

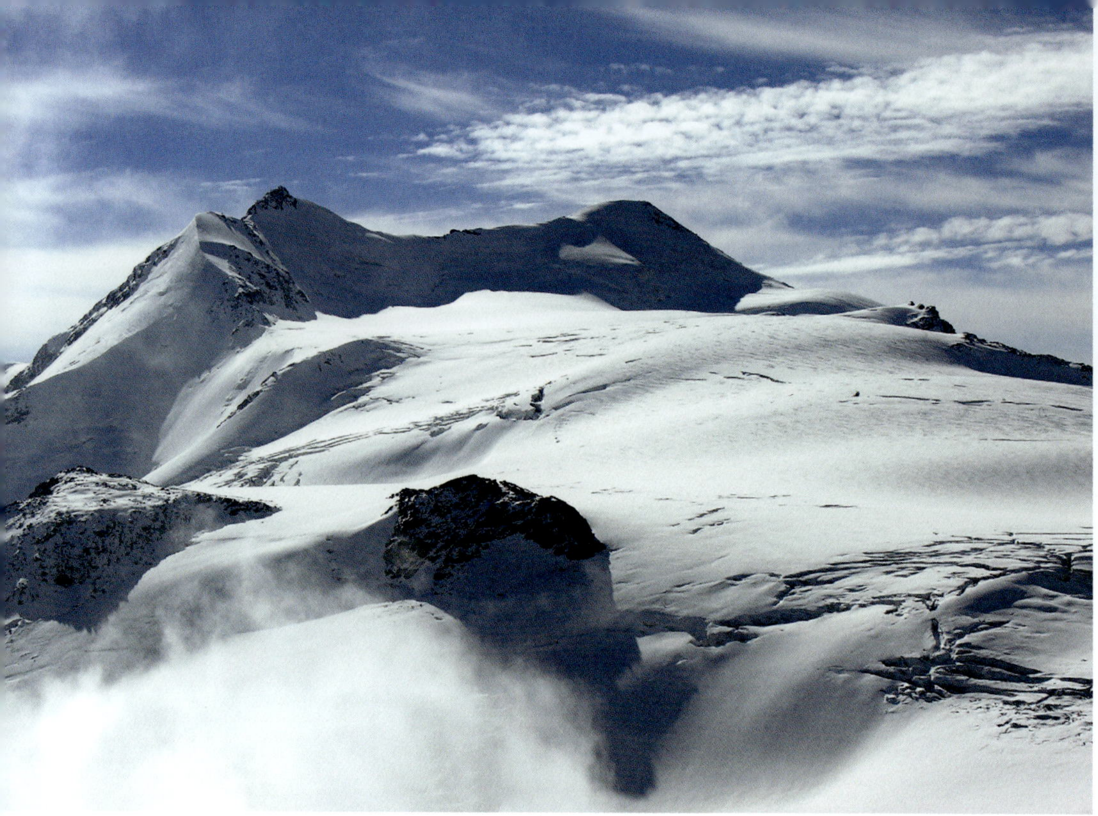

Der Cevedale mit Zufallspitzen links und Cevedale-Hauptgipfel rechts; die Casatihütte liegt außerhalb des rechten Bildrandes.

Cevedale 3769 m

Berühmter Eisberg über dem Marteller Talschluss

20

Die Tour im Überblick Marteller Talschluss – Langenferner – Casatihütte – Cevedale – retour

Orientierung und Schwierigkeit Obwohl nach alpinen Begriffen nicht schwierig, bleibt die Tour wegen der vielen Gletscherspalten und der Steilheit des Schlussanstieges doch nur gletscher- und hochgebirgserfahrenen Bergsteigern vorbehalten

Höhenunterschiede Bis zur Hütte 1203 m, ab Hütte 515 m

Gehzeiten Aufstieg zur Hütte 3 ½ Std., ab Hütte zum Gipfel 2 Std.; Abstieg insgesamt ca. 4 Std.

Ausrüstung Hochtourenbekleidung, volle Gletscherausrüstung mit Seil, Pickel, Steigeisen usw.

9 ½ Std. | 24,7 km | 1718 Hm

Südöstlich der Königsspitze und rund fünfeinhalb Kilometer von dieser entfernt erhebt sich frei und weitum von keinem anderen Berg übertroffen, ein mächtiger Bergaufbau mit zwei fast gleich hohen, durch eine rund 600 Meter lange Gratschneide miteinander verbundenen Gipfeln. Das stark übergletscherte Massiv wird heute meist – im weiteren Sinn des Wortes – als Cevedale bezeichnet, während wir in frühen schriftlichen Belegen einfach den Namen Zufallferner finden. Diese Bezeichnung hat bereits Peter Anich 1774 in seinen Atlas Tyrolensis eingetragen, Peter Carl Thurwieser erwähnt 1834 in einem Bericht den »Zufallferner, einen gewaltigen Eisberg«, und Staffler spricht 1846 von den »gewaltigen Hörnern des Zufallferners«.

Daher wird im engeren Wortsinn als Cevedale nur der 3769 Meter hohe Gipfel im Südwesten der genannten Verbindungsschneide bezeichnet, während der mit 3757 Metern nur geringfügig niedrigere Gipfel im Nordosten den Namen Hintere Zufallspitze trägt – »Hintere« deshalb, weil ihr – von Martell aus gesehen – die Vordere Zufallspitze vorgelagert ist.

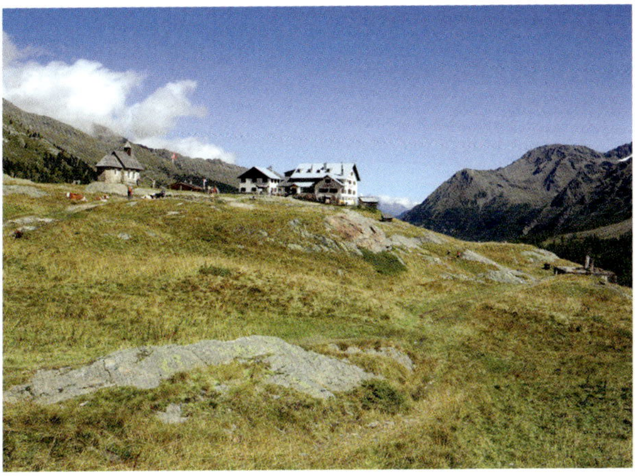

Die Zufallhütte im Martelltal am Weg zum Langenferner

Ob die Namen Zufall und Cevedale ein und desselben Wortstammes sind, ist umstritten. Die Bezeichnung Zufallferner stammt jedenfalls vom Alm- und Gegendnamen Zufall im hintersten Martelltal, und da – im Gegensatz zu fast allen anderen Bergen des Gebietes – dem Namen Cevedale kein tiefer gelegener Flurname entspricht, könnte, wie auf der Westseite des Fürkelejoches der Name der Val Venezia auch in Martell geläufig wurde, auf der Westseite des genannten Joches der Name Zufall im italienischen Gebiet übernommen und zu Cevedale umgewandelt worden sein.

Nach Ortler und Königsspitze ist der Cevedale der dritthöchste Berg der Ortlergruppe. Und da er frei und weitum von keinem Gipfel überragt wird – außer im Norden von den beiden erwähnten höchsten Ortlerriesen –, bietet sein Gipfel natürlich eine einmalige Fernsicht. Diesbezüglich kommt noch hinzu, dass er als südwestlicher Eckpfeiler Südtirols auch den Blick auf die stark vergletscherte südliche Ortlergruppe, zur Adamello-Presanella-Gruppe und zur Berninagruppe bietet, um nur die wichtigsten Gebirge im Süden und Westen zu nennen.

Die etwas nach Süden vorgeschobene Lage bedingt, dass der Cevedale nicht mehr zu den Hochgipfeln des Suldentales zählt, sondern zu jenen des Martelltals. Zwar ist von diesem Tal aus der Hauptgipfel des Massivs nicht sichtbar, wohl aber – und das sehr eindrucksvoll – der östliche Teil mit den beiden genannten Zufallspitzen.

Noch überaus stark vergletschert, erhebt sich diese gleißende, scheinbar fast nur aus Schnee und Eis aufgebaute Berggestalt als ebenmäßige, zweigipfelige Pyramide weithin sichtbar über dem Scheitel des Martelltals, von dessen Talschluss auch

Besonderer Hinweis Bei Schneelage mahnen versteckte Gletscherspalten zu großer Vorsicht, ebenso achte man beim Anstieg zur Casatihütte auf Steinschlag von den rechts ansteigenden, durch den Gletscherschwund ausgeaperten Felshängen herab!
Karten 1:50.000: Kompass, Blatt 72 (Ortler – Cevedale)

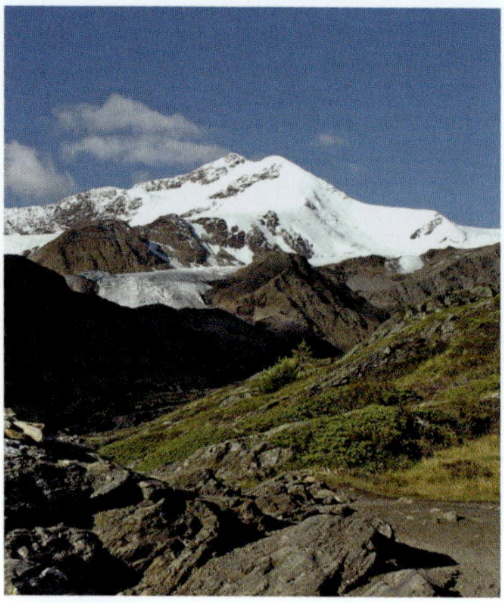

Die Zufallspitzen über dem hintersten Martelltal

Wegverlauf: Vom Gasthof Enzian (Enzianhütte, 2051 m) im Marteller Talschluss auf Weg 150 in gut ½ Std. hinauf zur Zufallhütte (2265 m; bewirtschaftetes Schutzhaus), dann stets auf Weg 150 südwestlich hinauf und anschließend in langer, teils ebener, teils leicht ansteigender Wanderung stets westwärts (der bei der erwähnten Staumauer abzweigende Weg zur Marteller Hütte bleibt unberücksichtigt) durch grasbewachsene Hänge talein, dann im Gletschervorfeld weiter zum Langenferner und über ihn meist der vorgespurten Route folgend und bei Schneelage auf versteckte Spalten achtend in einem leichten Linksbogen großteils mäßig steil hinauf zur Casatihütte am Langenfernerjoch (3254 m; großes, gletschernahes Schutzhaus mit über 200 Schlafplätzen im Scheitel des innersten Martelltals; etwas höher die kleine Guastihütte); ab Martell 3 ½–4 Std.; hier evtl. Nächtigung.
Von der Hütte dann über den zunächst mäßig ansteigenden Gletscher meist auf Gletschersteig südostwärts hinauf bis unter die steile Firn- oder Eisflanke, über sie in einer nach links

der klassische Normalaufstieg erfolgt, der uns über die Zufallhütte zur Casatihütte und von dort über die Nordflanke des Berges zum Hauptgipfel führt.

Wie der Berg selbst, so wird auch der genannte Zugang zu einem guten Teil von großen Eismassen geprägt. Zwar ist der Langenferner heute viel kleiner als vor einem guten Jahrhundert, als der an seiner Zunge vom seitlichen Zufallferner aufgestaute Gletschersee mehrmals ausbrach, das Tal verheerte und den Bau jener großen Sperrmauer veranlasste, an der unser Weg oberhalb der Zufallhütte vorbeiführt. Aber es ist immer noch eine beachtliche Strecke, die wir zuerst neben und dann auf dem Gletscher zurücklegen müssen, um zur erwähnten Casatihütte zu gelangen.

Dieser klassische Zugang zur erwähnten Hütte besitzt als Alternative jenen Zugang, den wir im Zusammenhang mit der Königsspitze kennengelernt haben und den man selbstverständlich auch für die Cevedaletour wählen kann.

Bei der nicht weniger als 3254 Meter hoch gelegenen Casatihütte haben wir jedenfalls einen langen Weg hinter uns, und es trennen uns nur noch 500 Höhenmeter vom Gipfel des Cevedale. Der zur Gänze über Firn und Eis führende Anstieg beginnt gemütlich, wird dann aber zusehends steiler, und dies nicht nur mit zunehmender Höhe, sondern auch mit dem Fortschreiten der Jahre und dem Abschmelzen des Gletschereises. Doch hat man über die steile Firn- oder Eisflanke auf dem meist vorhandenen Gletscherpfad den Nordostgrat erreicht, geht es rasch und problemlos zum nahen Cevedalegipfel.

Wer sich damit und mit der unvergleichlichen Aussicht nicht zufrieden geben will, dem bietet sich natürlich auch die Besteigung der Hinteren Zufallspitze an, doch hängt es sehr von den Verhältnissen ab, ob die Begehung des messerscharfen Verbindungsgrates, in dessen Mittelteil durch den Rückgang des Eises immer mehr Fels zutage tritt, gewagt werden darf oder unterlassen werden sollte.

Ich bin den Grat vor Jahren an einem strahlenden Frühsommertag gegangen, und jedesmal, wenn ich vom Martelltal hinaufschaue, freut es mich, nicht nur auf dem Cevedalegipfel, sondern auch auf der Hinteren Zufallspitze gewesen zu sein.

Andererseits ist der Hauptgipfel des Cevedale ein Ziel, das erreicht zu haben den meisten Bergsteigern genügt. Und das zu Recht. Denn ein Bergerlebnis wie dieses, bedarf nicht unbedingt einer Steigerung. Doch das muss jeder für sich selbst entscheiden.

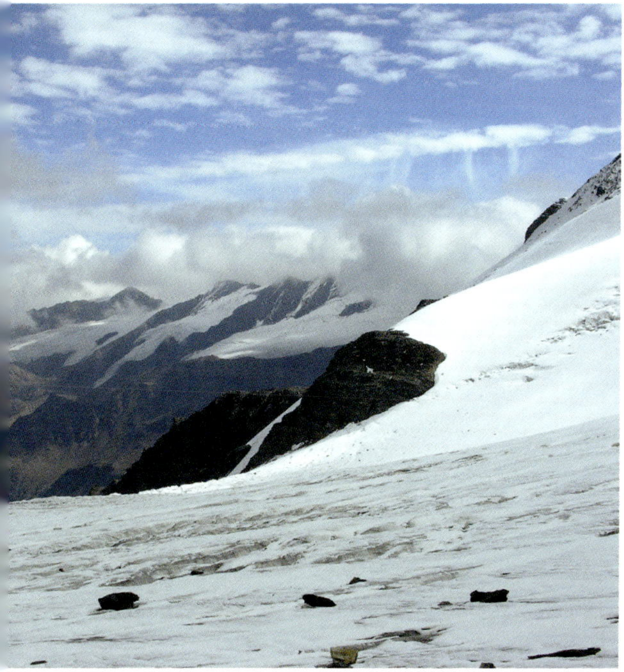

Auf dem Langenferner am Weg zur Casatihütte; im Hintergrund die Veneziaspitzen

ausholenden und eine große Querspalte an günstiger Stelle überquerenden Schleife empor zum Gipfelgrat und rechts über ihn zum Gipfel (3769 m); ab Hütte 2 Std.

Abstieg: zur Gänze über die Aufstiegsroute.

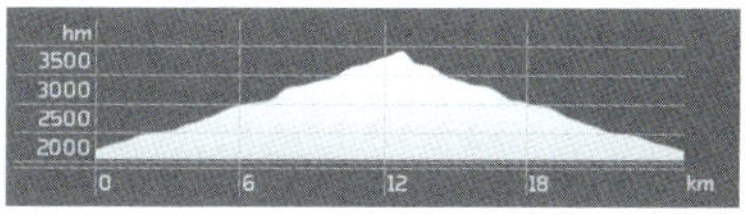

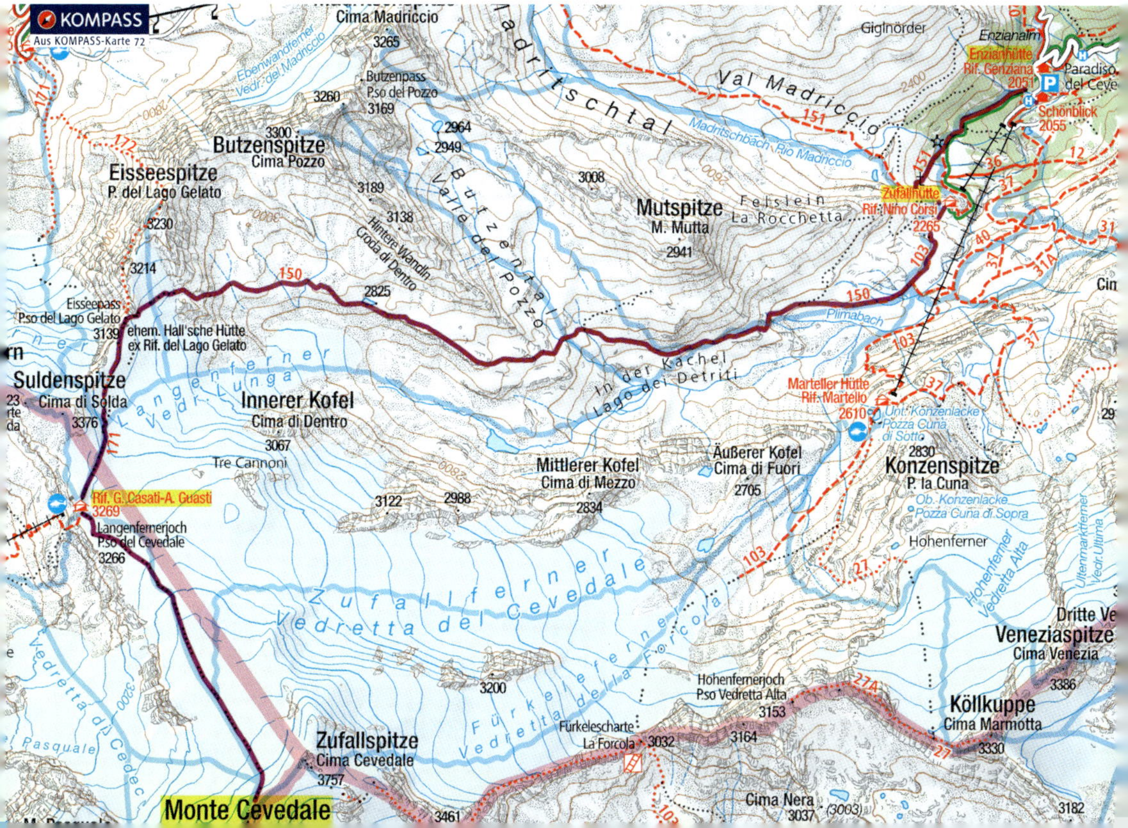

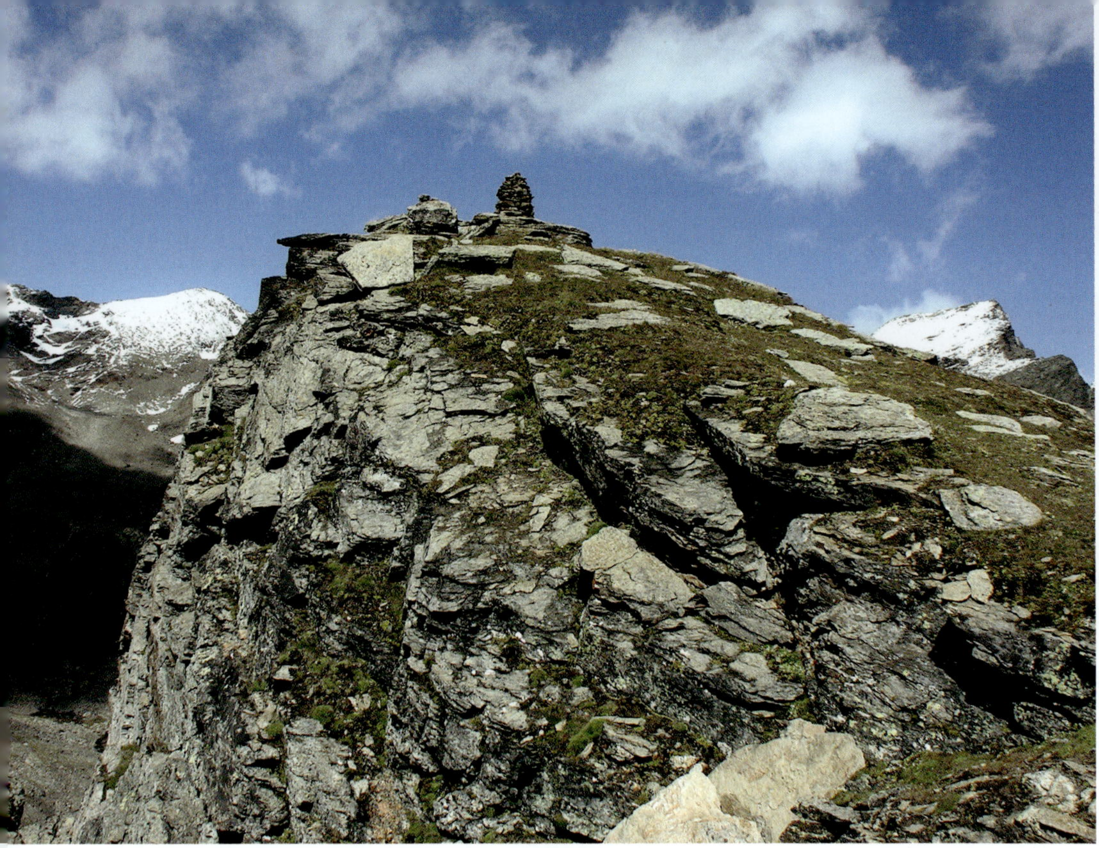

Der Gipfelbereich der Kalvenwand gegen die Laaser Berge

Kalvenwand 3061 m

Leichter Dreitausender für Naturfreunde

21

Die Tour im Überblick Marteller Talschluss – Peder-Stieralm – Kalvenwand – retour
Orientierung und Schwierigkeit Für berggewohnte Geher leicht und problemlos
Gehzeiten Aufstieg 3 Std., Abstieg 2 Std.
Ausrüstung Bergbekleidung, feste Bergschuhe
Besonderer Hinweis Felsklüfte und senkrechte Abbrüche mahnen am Gipfel zu erhöhter Vorsicht!
Karten 1:50.000: Kompass, Blatt 72 (Ortler – Cevedale); 1:25.000: Tabacco, Blatt 045 (Latsch – Martell – Schlanders)

5 Std. | 8,8 km | 1006 Hm

Die nordseitig über dem inneren Martelltal befindliche Kalvenwand – oder Kalfanwand – trägt den Wortbestandteil »Wand« zu Recht. Der aus ziemlich kompaktem Schiefergestein aufgebaute Berg bricht westseitig tatsächlich mit einer senkrechten Felswand ins Pedertal ab; und auch die Ostflanke ist steil und felsig. Demgegenüber zeigt sich die Südostseite mit ihren Gras- und Waldhängen jedoch weit weniger steil, und damit gehört der Berg doch zu jenen Dreitausendern Südtirols, die sich auch der nicht übermäßig gehtüchtige Hochalpinist zutrauen darf. Hinzu kommt, dass sich die Gehzeit mit rund drei Stunden in Grenzen hält und ein beschilderter und markierter Steig dafür sorgt, dass es bei etwas Achtsamkeit keinerlei Orientierungsprobleme gibt.

Wer sich demnach eine Veneziaspitze, einen Cevedale oder eine Zufrittspitze nicht zutraut, findet in der Kalvenwand einen leichten und zugleich in jeder Hinsicht lohnenden Hochgipfel, der aufgrund seiner gegen das Haupttal vorgeschobenen Lage

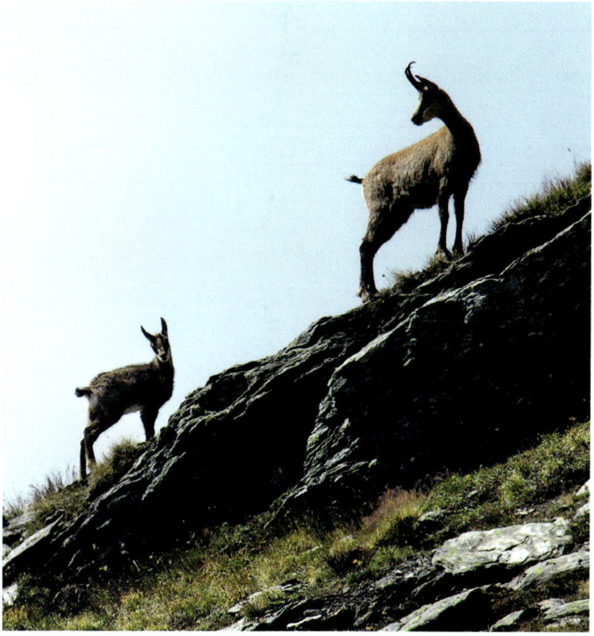

Gämsen am Aufstieg zur Kalvenwand

Wegverlauf: Von den Parkplätzen beim Gasthof Enzian im Marteller Talschluss (2055 m) auf der Talstraße ganz kurz talaus, dann links ab, stets der Markierung 39 und der Beschilderung »Kalvenwand« folgend auf breitem Fahrweg zum Pederbach, bald darauf links ab und auf Waldsteig hinauf zur Peder-Stieralm; nun weiterhin auf gutem Steig und der Markierung 39 folgend kurz durch Zirbenwald und dann durch Bergheide nordostwärts hinauf zur Weggabel, links die Grashänge querend zu einem Bergsturzgelände, dann hinauf zu weiterer Weggabel, rechts durch steinige Grashänge hinauf und zuletzt am etwas steilen, grasdurchsetzten Schrofenhang zum Gipfel (3061 m).
Abstieg: über die beschriebene Aufstiegsroute.

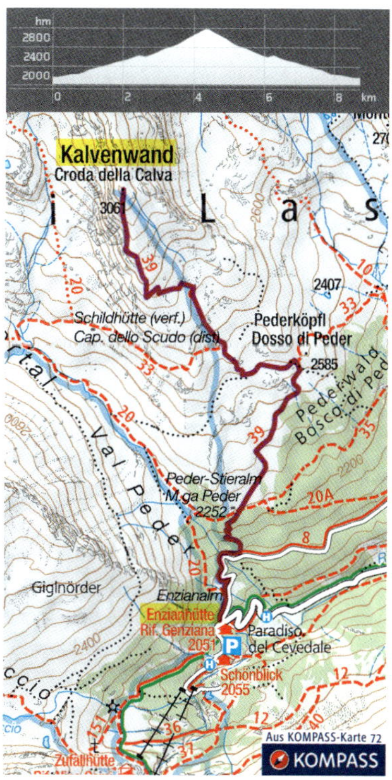

vielleicht die beste Aussichtswarte darstellt, um den einmaligen Hochgebirgskranz des Martelltals mit seinen gut und gern zwei Dutzend prächtigen, zum Teil stark vergletscherten Hochgipfeln zu überschauen.

Als besondere Zugabe bietet die Tour auf die Kalvenwand auch vielfältige Naturerlebnisse – angefangen von den prächtigen Zirbenwäldern und dem wilden Pederbach über auffallende Felsspalten und sonstige bizarre Felsformationen bis hin zur vielfältigen Alpenflora von den Almwiesen bis hinauf zu den Gipfelfelsen. Und wer sich aufs behutsame Gehen und aufmerksame Beobachten versteht, der kann vielleicht Reh und Hirsch, fast sicher aber Murmeltier und Gämse in ihrem natürlichen Lebensraum zu Gesicht bekommen.

So darf die Kalvenwand, deren Besteigung im unteren Teil mit einer Reihe von Varianten beliebig abgeändert oder ausgedehnt werden kann, naturverbundenen Bergwanderern ganz besonders empfohlen werden.

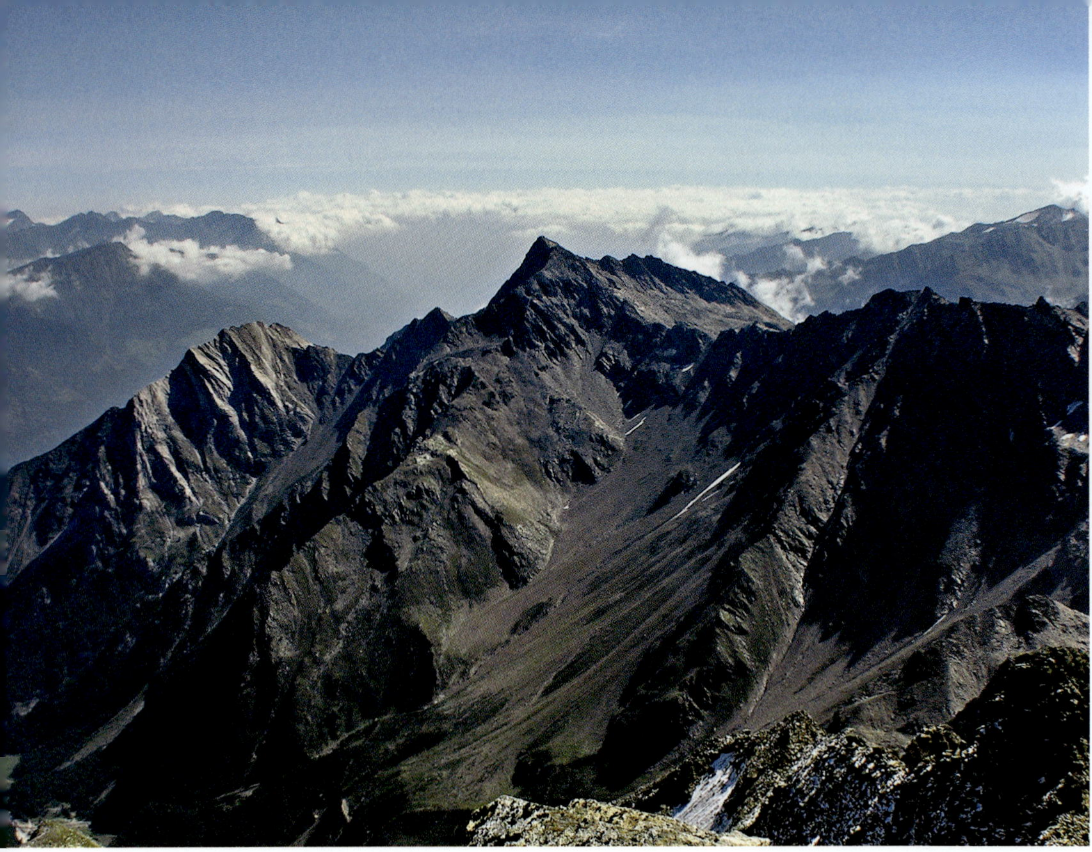

Die Laaser Spitze, einer der markantesten Dreitausender des Vinschgaus

Laaser oder Orgelspitze 3304 m

Von Martell auf den bekannten Dreitausender

20

Die Tour im Überblick Martell/Stallwieshof – Laaser oder Orgelspitze – retour
Orientierung und Schwierigkeit An sich nicht schwierig, aber lang, steil und anstrengend; daher nur ausdauernden und bergerfahrenen Gehern zu empfehlen
Gehzeiten Aufstieg 4 Std., Abstieg 3 Std.
Ausrüstung Bergbekleidung, gutes Schuhwerk
Karten 1:50.000: Kompass, Blatt 52 (Vinschgau); 1:25.000: Tabacco, Blatt 045 (Latsch – Martell – Schlanders)

7 Std. | 8,7 km | 1373 Hm

Ob man vom oberen Vinschgau talab fährt oder vom unteren talauf – die Laaser oder Orgelspitze ist unübersehbar. Ziemlich stark nach Norden geneigt ragt der gut 3300 Meter hohe Berg mit seinem spitzen Gipfelaufbau, einer hohen Mönchskapuze gleich, regelrecht in das 2500 Meter unter ihm liegende Vinschgauer Haupttal herein, ganz so, als wollte er über die ihm vorgelagerte Jennwand hinweg einmal schauen, was da unten im Tal so kreucht und fleucht.

Da ziemlich gerade unter dem kühnen Gipfelaufbau, der zusammen mit der marmordurchzogenen Jennwand und einem verzweigten System von Graten und Kämmen ein eigenes kleines Bergmassiv bildet, die bekannte Vinschgauer Ortschaft Laas liegt, hat der Berg den Namen Laaser Spitze bekommen.

Eine andere, hauptsächlich im südseitig angrenzenden Martelltal verwendete Bergbezeichnung lautet hingegen Orgelspitze, und da ist es schon weniger – oder eigentlich gar nicht – klar, woher der Name stammt. So dachte jemand einmal an

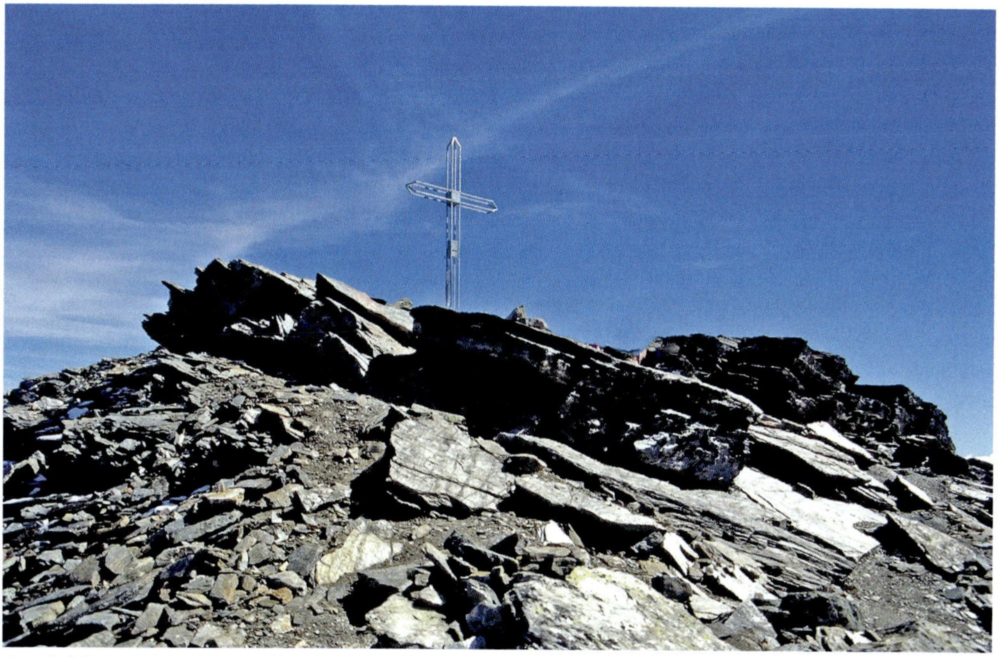

Das Gipfelkreuz auf der Laaser Spitze

eine »arge Spitze«, doch diese Deutung wurde natürlich rasch zugunsten jener fallen gelassen, wonach die Sagengestalt des Orgg oder Lorgg zum Bergnamen geführt habe; eine Lorchenwand und ein Lorggentalele im weiteren Umkreis des Berges sowie die von Norggensagen umwobene Orgelsalm im Planailtal scheinen diese Namensdeutung zu stützen. Schließlich aber könnte mit etwas Fantasie auch eine gewisse Formenähnlichkeit zwischen dem Berg und einer Kirchenorgel gesehen werden.

In diesem Zusammenhang ist nicht uninteressant zu erfahren, dass der Landvermesser J. Feuerstein bei seiner Besteigung des einzigartigen Aussichtsberges zum Zweck der trigonometrischen Aufnahme im Sommer 1855 am höchsten Punkt bereits einen riesigen, sehr alten Steinmann vorfand – wer mag ihn errichtet, wer den Berg als Erster bestiegen haben?

Wir werden es nie wissen. Finden wir uns also damit ab, dass auch dieser Berg seine letzten Geheimnisse noch nicht preisgegeben hat und dass sein Name in alten Schriften nur

Stängelloses Leimkraut auf der Laaser Spitze

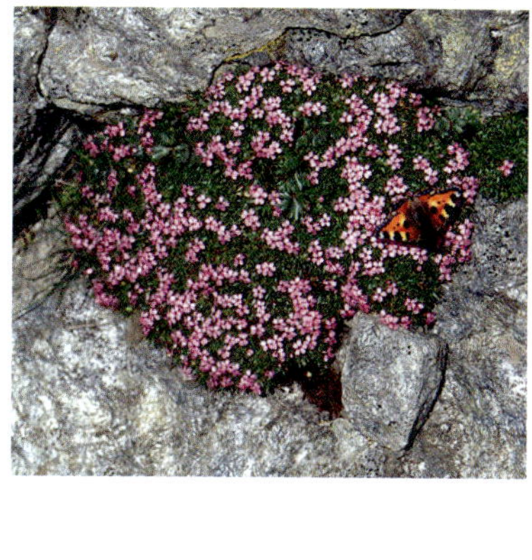

Rechte Seite: Die Gipfelflanke der Laaser Spitze

sehr selten genannt wird – so um 1770 als Laaser Spitze und um 1840 als Orgelspitze –, und wenden wir uns seiner Besteigung zu.

Wir beginnen sie – ähnlich wie bei der Tschenglser Hochwand – nicht auf der großen Schauseite, dem Vinschgauer Haupttal, sondern auf der Südseite. Und zwar beim Stallwieshof in Martell, der heute auch Gasthaus ist und, wie die nahe Mühle belegt, einst zu den höchsten Kornhöfen Tirols gehörte. Dieser Ausgangspunkt liegt zwar über 1900 Meter hoch, aber es bleiben dennoch fast 1400 Höhenmeter, die zu Fuß bewältigt werden müssen.

Zunächst geht es durch hochstämmigen Lärchenwald und dann über steile Grashänge, bis die Vegetation aufhört und von Blockwerk, Schneeresten und Schieferfels abgelöst wird. Die gesamte Route ist ausreichend markiert, großteils verläuft auch ein ausgeprägter Pfad, und schwierige oder gar gefährliche Stellen gibt es nicht.

Aber der Weg ist lang, der Höhenunterschied beträchtlich, und es gibt entlang der gesamten Route weder Almhütte noch Schutzhütte. Daher sollte man doch ein gewisses Maß an Ausdauer, Gehtüchtigkeit und hochalpine Erfahrung mitbringen und auf verlässliche Witterung achten. Aber all das gilt eigentlich für jede längere Bergtour.

Wegverlauf: Anfahrt über Martell-Dorf bis zum Stallwieshof (1931 m; Gasthaus; unweit davon Parkmöglichkeit). Von da stets der guten Markierung 5 folgend auf einem Fußpfad mittelsteil bis steil durch Wald hinauf zur Baumgrenze, dann über steinige und felsdurchsetzte Grashänge großteils ziemlich steil hinauf zu einer Geländekante, wo der Bergrasen endet und der Gipfelaufbau sichtbar wird. Nun weniger steil der guten Markierung und teilweise auch Steinmännchen folgend über Schieferblockwerk und oft auch über ein kleines Schneefeld hinauf und zuletzt über die felsige, aber gut zu begehende Gipfelflanke empor zum Gipfelkreuz (3304 m; ab Stallwies 4 Std.).
Abstieg: über die beschriebene Aufstiegsroute.

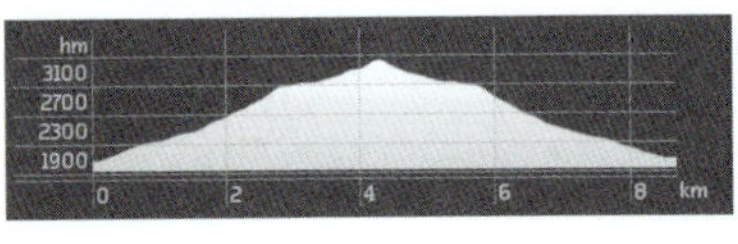

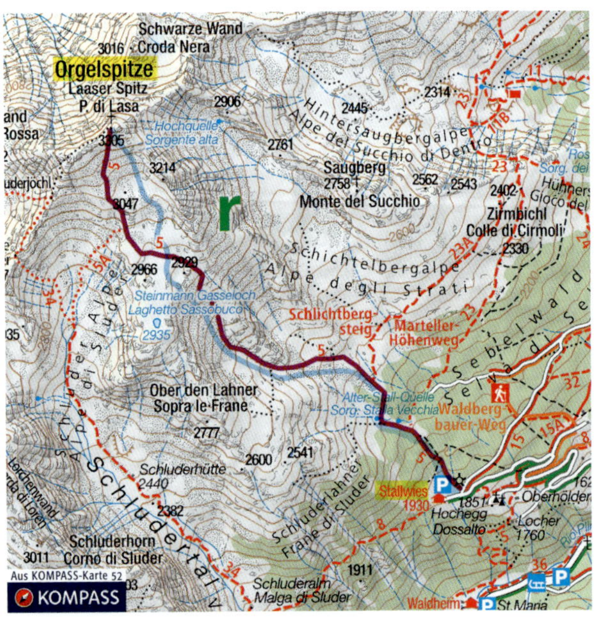

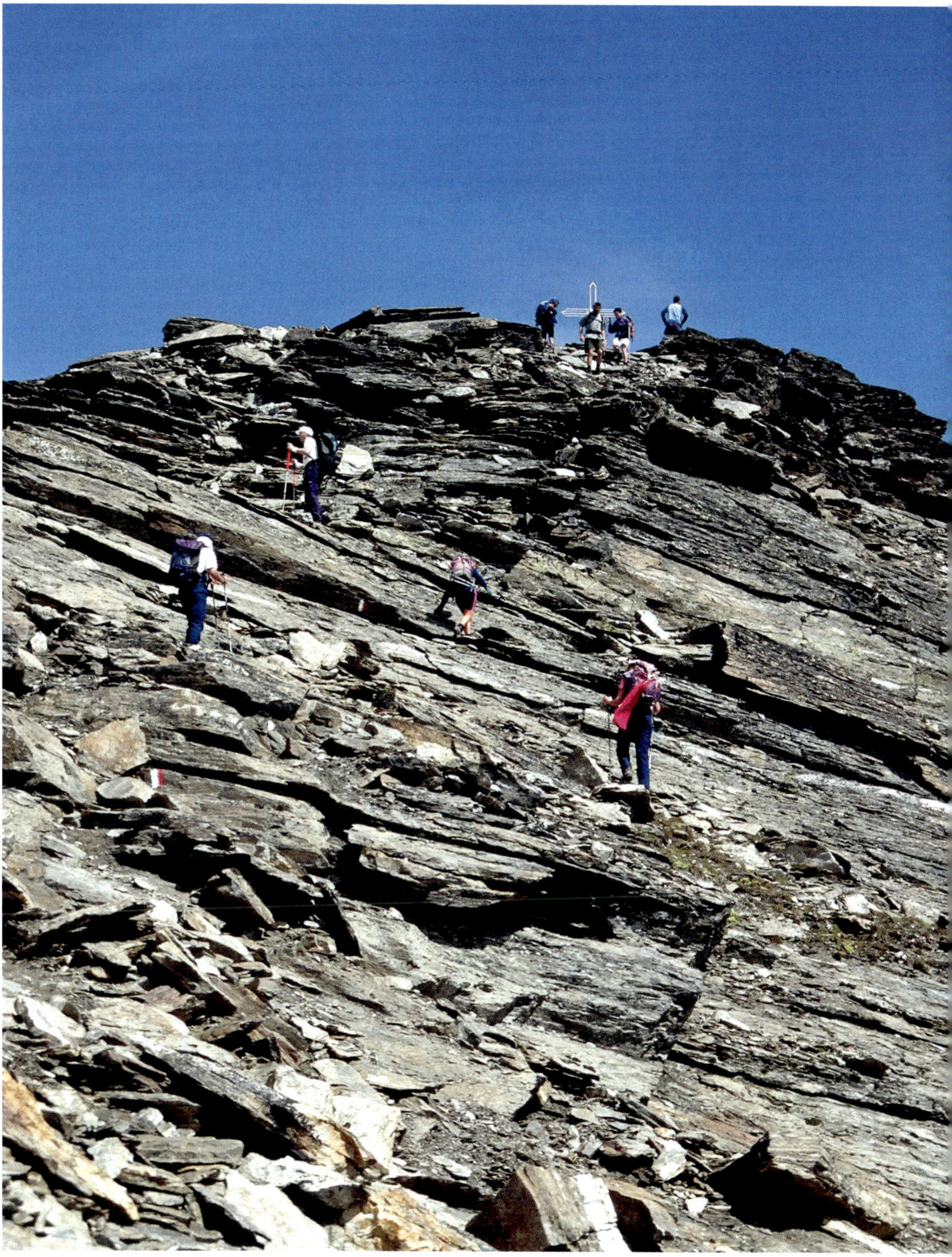

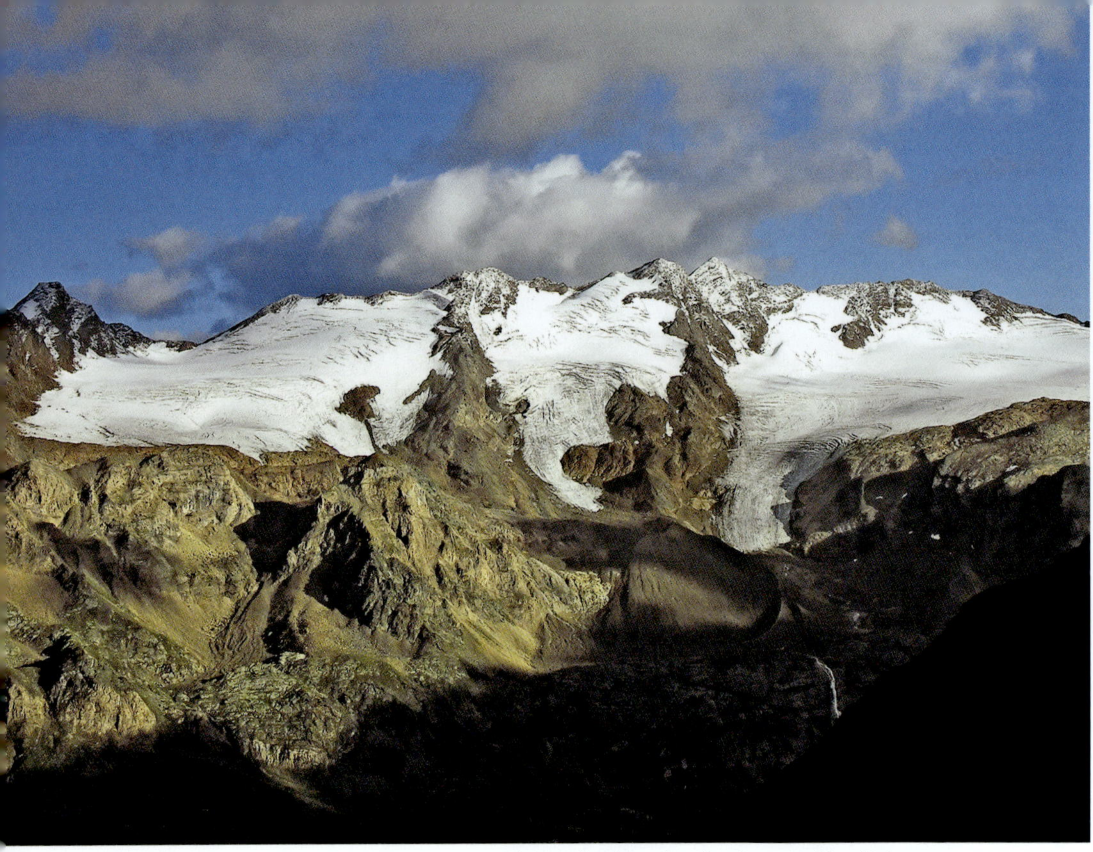

Die Veneziaspitzen über dem innersten Martelltal

Veneziaspitze 3386 m

Gletscherpracht über der Marteller Hütte

23

Die Tour im Überblick Marteller Talschluss – Zufallhütte – Marteller Hütte – Köllkuppe – Veneziaspitze – retour
Orientierung und Schwierigkeit Bis zur Köllkuppe für gletschererfahrene Geher nicht schwierig, danach bis zum Venezia-Hauptgipfel mehrere Kletterstellen (I-I+), daher Felserfahrung, Trittsicherheit und Schwindelfreiheit notwendig. Auf den Gletschern auf versteckte Spalten achten!
Höhenunterschiede Bis zur Marteller Hütte 561 m; von dort zum Venezia-Hauptgipfel 776 m
Gehzeiten Aufstieg zur Marteller Hütte 2 Std., weiter zum Venezia-Hauptgipfel 3 Std., Abstieg insgesamt 3 Std.
Ausrüstung Hochtourenbekleidung, Seil, Pickel, Steigeisen

8 Std. | 15 km | 1337 Hm

Im Jahre 1882, als es die heutige Straße im inneren Martelltal noch lange nicht gab, erbaute die Sektion Dresden des Deutschen und Österreichischen Alpenvereins knapp oberhalb der Waldgrenze die Zufallhütte als Stützpunkt für die Ersteigung der Marteller Gletscherwelt. Und 1981 kam eine gute Gehstunde höher am südseitigen Berghang nahe der Konzenlacke, einem kleinen Bergsee, die Marteller Hütte des Südtiroler Alpenvereins hinzu.

Diese Letztere ist für unsere Hochtour von besonderer Bedeutung. Zwar ist sie ein beliebtes Tagesziel für Wanderer, denen der knapp zweistündige Aufstieg bereits genügt, zumal die prächtig gelegene Hütte eine beeindruckende Aussicht über die vergletscherte Hochgebirgswelt des inneren Martelltales bietet.

Aber die Marteller Hütte ist auch ein wichtiger Stützpunkt für Touren auf die umliegenden Hochgipfel. So führt ein eisfreier Höhenweg hinüber gegen die Vordere Rotspitze, und für den anspruchsvolleren Hochalpinisten bieten sich die Venezia-

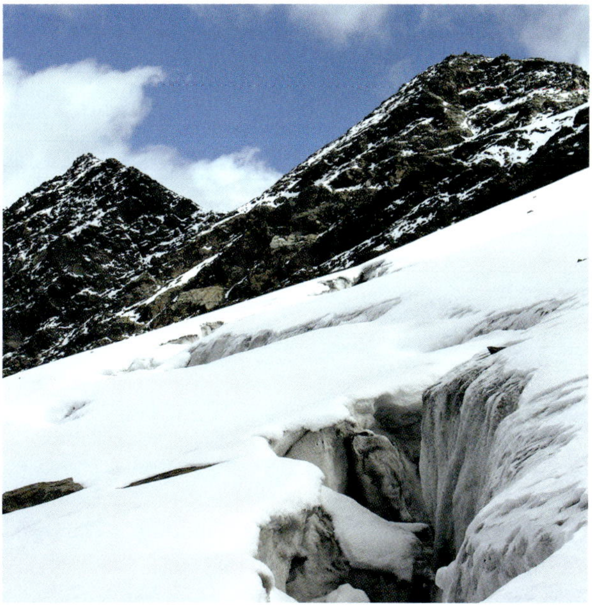

Am Gletscher, über den unser Aufstieg erfolgt

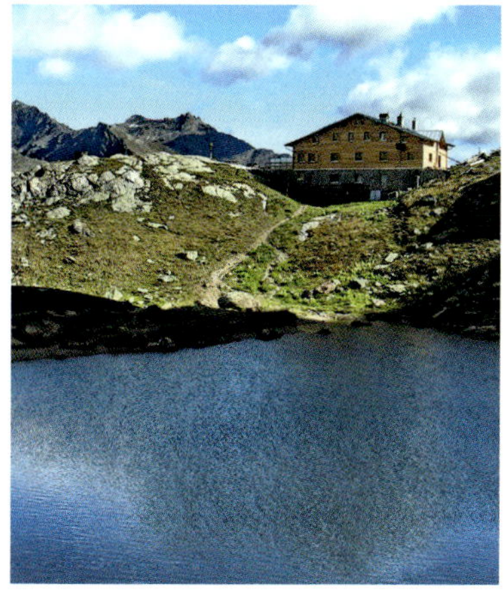

Marteller Hütte und Konzenlacke

spitzen als besonders lohnendes Zielgebiet an. Um diese Gipfel zu erreichen, gibt es im Wesentlichen zwei Möglichkeiten, nämlich den Westanstieg oder den Ostanstieg.

Wählen wir ersteren, erwartet uns ein relativ kurzer Gletscheraufstieg und wir können uns mit dem Erreichen der im Westen der Gruppe befindlichen, immerhin 3330 Meter hohen Köllkuppe begnügen. Lohnender, wenn auch etwas schwieriger ist es aber, von dieser aus auch noch den Venezia-Hauptgipfel zu besteigen; und von diesem kann man die Überschreitung der beiden östlichen Veneziaspitzen anfügen und über die Ostroute absteigen.

Aber wählt man die Ostroute, ist der Aufstieg über den Gletscher bedeutend länger, dafür folgt dann die unschwierige Besteigung gleich aller drei Veneziagipfel, einschließlich des genannten Hauptgipfels, worauf man für den Abstieg die etwas schwierigere Westroute wählen kann, aber natürlich nicht muss.

Ich schlage hier wegen der kürzeren Gletscherbegehung die erwähnte Westroute vor, bei der man dann mit der Köllkuppe auch schon gleich einen unschwierigen Dreitausender in der Tasche hat. Wer sich damit begnügt, muss es nicht bereuen. Denn was der Veneziakamm an prächtigen Landschaftsbildern zu bieten hat, das bietet bereits die nach Lois Köll, dem Erschließer der winterlichen Ortlergruppe, benannte Köllkuppe.

Besonderer Hinweis Der Übergang von der Köllkuppe zum Venezia-Hauptgipfel ist nur schwindelfreien und trittsicheren Gehern mit etwas Felsübung anzuraten; vom Venezia-Hauptgipfel ostwärts keine Kletterstellen mehr!
Karten 1:50.000: Kompass, Blatt 72 (Ortler – Cevedale); 1:25.000: Tabacco, Blatt 045 (Latsch – Martell – Schlanders)

Wegverlauf: Vom Gasthof Enzian (Enzianhütte) im Marteller Talschluss (2050 m) auf Weg 151 in gut ½ Std. hinauf zur Zufallhütte (2265 m; Sommerbewirtschaftung) und westwärts weiter zur alten Staumauer; hier links ab, den Wegweisern »Marteller Hütte« folgend über den Damm hinüber auf die andere Talseite und auf Weg 103 hinauf zur Marteller Hütte (2610 m; Schutzhaus mit Sommerbewirtschaftung; ab Ausgangspunkt 2 Std.). Nun auf Weg 103 zur nahen Konzenlacke und zu Wegteilung, links dem Wegweiser »Veneziaspitze«

Rechte Seite: Von der Köllkuppe aus: Venezia-Hauptgipfel (rechts) und sein östlicher Nachbar

Doch wem dieser Gipfel nicht ausgeprägt und selbstständig genug ist und wer sich eine Gratbegehung zutraut, bei der auch da und dort die Hände kräftig zum Einsatz kommen müssen und manche etwas ausgesetztere Stelle zu bewältigen ist, der wird natürlich den Venezia-Hauptgipfel besteigen, den höchsten der auch als Veneziaspitze I, II und III bezeichneten Gipfelreihe.

Und wer sich dann auch noch einen längeren, bei Schneelage hinsichtlich versteckter Spalten allerdings nicht ganz ungefährlichen, relativ langen Gletscherabstieg zutraut, dem empfiehlt sich die ganze Überschreitung aller drei Veneziagipfel – einschließlich der Köllkuppe sind es sogar deren vier.

Hoch über den vier Gletschern der Nordseite und über dem stattlichen Moosferner der Südseite von Hochgipfel zu Hochgipfel zu steigen – das ist eine bei guten Verhältnissen nicht besonders schwierige und zugleich eine der prächtigsten Hochtouren der Ostalpen. Und eine, deren Länge sich in Grenzen hält, insbesondere dann, wenn man bereits am Vortag zur Marteller Hütte aufgestiegen ist.

folgend auf gut markiertem Steig 27 über die Moräne und Geröllhänge mittelsteil hinauf und zuletzt Steinmännern folgend über Gletscherschliffe und Blockwerk empor zum Hohenferner. Meist vorhandenen Spuren folgend mit zunehmender Steilheit über den spaltenarmen, aber nicht spaltenlosen Gletscher hinauf zum Westgrat der Köllkuppe und links über den kurzen Grat zum Gipfel (3330 m; ab Marteller Hütte knapp 2 ½ Std.). Nun über den scharfen, mit ein paar luftigen Kletterstellen (I) gespickten Grat in kurzweiligem Auf und Ab hinüber zu einer Scharte (3300 m) und am steilen Gratrücken über Blockwerk und Fels (eine kurze Kletterstelle II) hinauf zum Venezia-Hauptgipfel (3386 m; ab Köllkuppe ½ Std.).
Abstieg: Ostseitig (ab nun keine Kletterstellen mehr) hinunter in eine Scharte und kurz hinauf auf die Zweite Veneziaspitze (3371 m), dann hinab in eine weitere Scharte und wieder kurz hinauf zur Dritten Veneziaspitze (3356 m); nun unschwierig am Blockgrat hinunter in eine Gratsenke (ca. 3300 m), von dieser nordseitig ein Stück steil hinab und auf dem ausgedehnten, nur mäßig steilen Schranferner (bei Schneelage auf versteckte Spalten achten) hinunter zum unteren Gletscherrand; nun Steinmännchen folgend teils weglos, teils auf leidlichem Steig über Gletscherschliffe und an einem erdigen Steilhang hinab zum querenden Steig 37 A, auf diesem links über eine Moräne hinunter zum Steig 37, nun stets dieser Markierung folgend bald ein Stück über steile Felsen (kurze Steighilfen) und dann über Bergheide und durch Wald problemlos hinunter zum Ausgangspunkt.

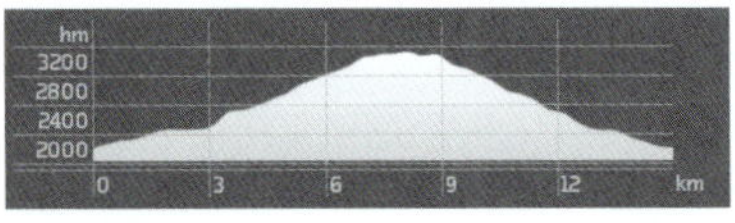

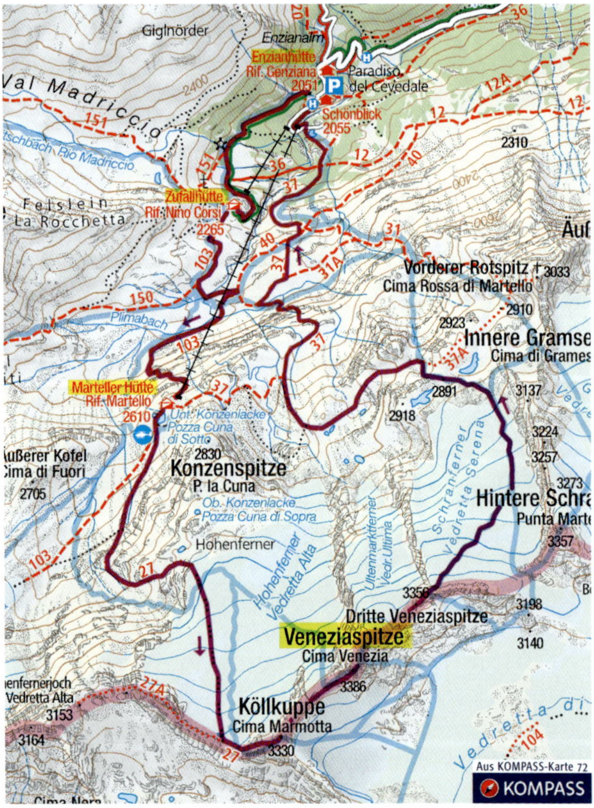

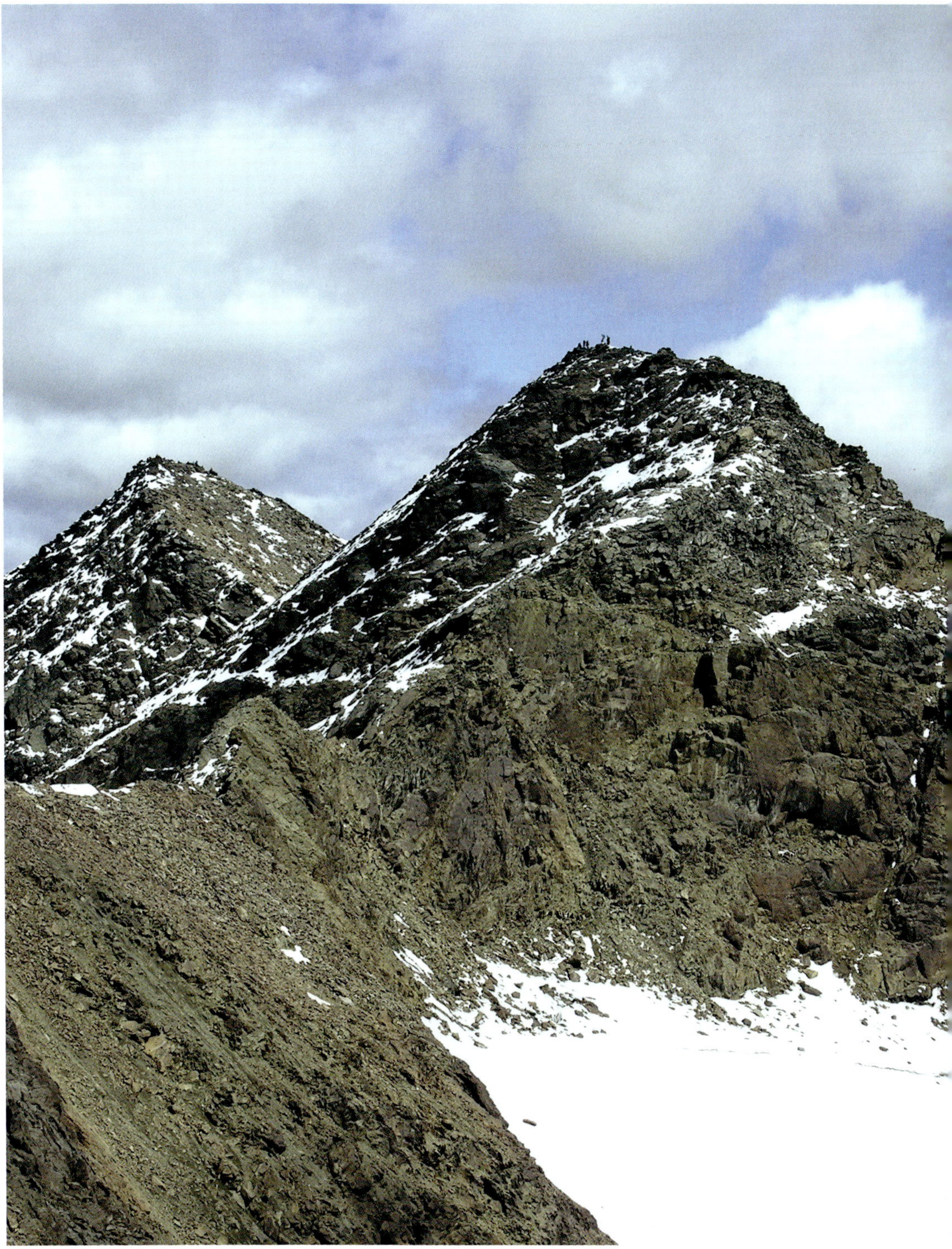

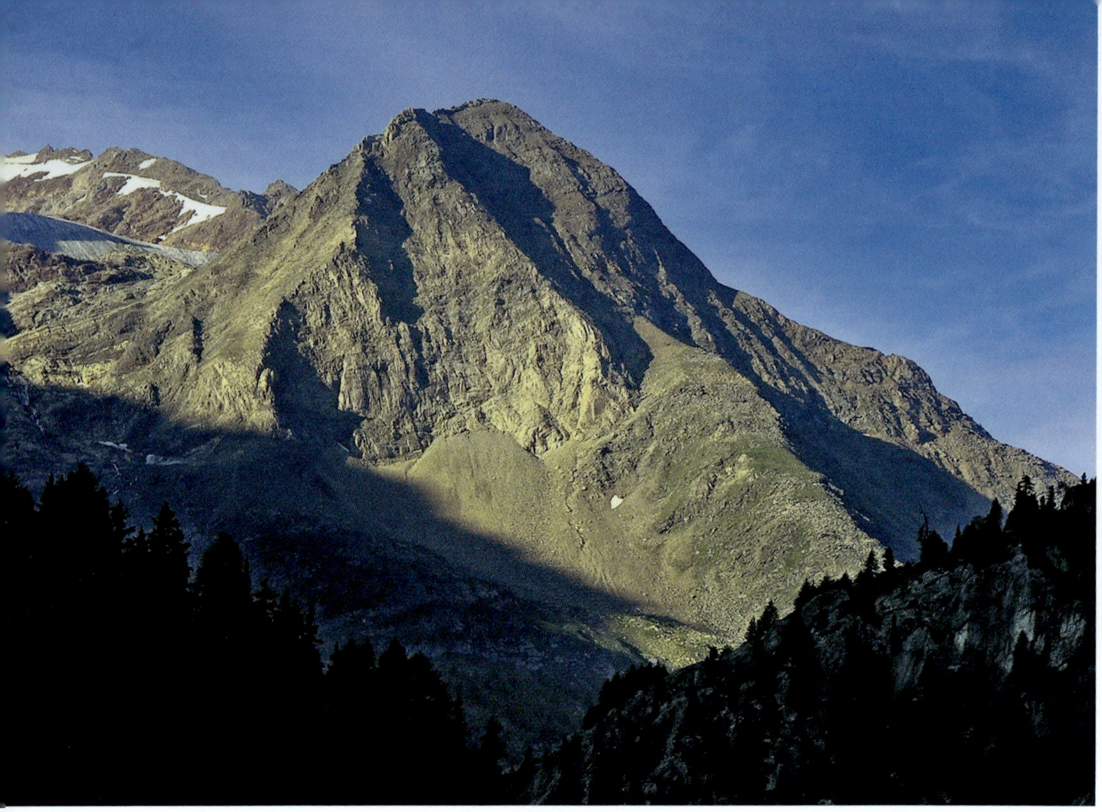

Die Vordere Rotspitze über dem inneren Martelltal

Vordere Rotspitze 3033 m

Marteller Felsberg mit kurzem Klettersteig

24

Die Tour im Überblick Marteller Talschluss – Vordere Rotspitze – retour
Orientierung und Schwierigkeit Für trittsichere und berggewohnte Geher nicht schwierig, aber teilweise mühsam und sehr steil (Fixseile, bei Schnee und Eis u.U. heikel bis schwierig). Bis zum Gipfel Steig und Markierung
Gehzeiten Aufstieg 3 ½ Std., Abstieg 2 ½ Std.
Ausrüstung Bergbekleidung, festes Schuhwerk; evtl. Eispickel

6 Std.	7,3 km	973 Hm

Schon während der Fahrt durch das innere Martelltal haben wir sie plötzlich groß und beherrschend vor uns, die Vordere Rotspitze. Und am Ende der Straße weisen gute Wegtafeln zum Steig, der zum Gipfel führt.

Zunächst geht es durch hochstämmigen Lärchenwald bergan zur Baumgrenze. Und dann säumen üppiger Graswuchs und Bergblumen in allen Formen und Farben den Steig, während im Hintergrund die Eisgipfel der Ortlergruppe immer majestätischer in den Himmel ragen.

Aber irgendwann hört der Graswuchs auf, es folgen Blockwerk und in einer felsgesäumten Rinne sehr steiles Geröll, manchmal auch Schnee und Eis. Doch wo es besonders steil und felsig wird, haben fleißige Hände starke Stahlseile verankert, sodass auch diese besonders abschüssigen Stellen von jedem einigermaßen berggewohnten Geher bei guten Verhältnissen ohne größere Schwierigkeiten zu bewältigen sind.

Und fast ehe man sich's versieht, steht man oben beim weithin sichtbaren Gipfelkreuz und auf der geradezu geräumi-

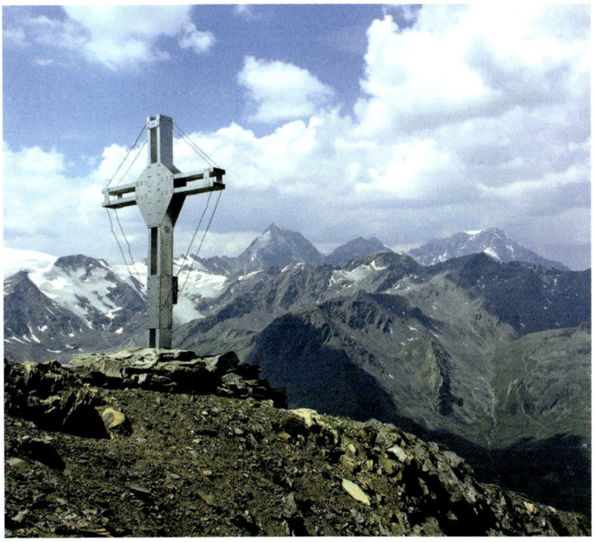

Besonderer Hinweis Die Vordere Rotspitze ist auf markiertem Steig in langer, teilweise auf und ab führender Querung auch von der Marteller Hütte her erreichbar.
Karten 1:50.000: Kompass, Blatt 72 (Ortler - Cevedale); 1:25.000: Tabacco, Blatt 045 (Latsch - Martell - Schlanders)

Das Kreuz auf der Vorderen Rotspitze mit Blick zur Ortlergruppe

gen Gipfelfläche, auf der sich trotz der beachtlichen Höhe eine hübsche Grasfläche voller hochalpiner Blumen ausbreitet.

Und das wieder vor dem Hintergrund schimmernder Gletscher; hier aber noch eindrucksvoller als vorhin beim Aufstieg, denn nun haben wir sie zum Greifen nahe vor uns. Vor allem der Gramsenferner zeigt sich in seiner ganzen Pracht als einer von jenen nach wie vor eindrucksvollen Eispanzern, die dem Veneziakamm seine besondere Charakteristik verleihen.

So ist es nicht erstaunlich, dass unser Berg, der natürlich auch eine grandiose Fernsicht bietet und, wie sein Name schon verrät, aus rötlichen Gesteinen aufgebaut ist, zu den besonders gern besuchten Südtiroler Dreitausendern gehört.

Wegverlauf: Vom Marteller Talschluss (2060 m; Ende der Landesstraße, Parkplätze, Gastbetriebe) stets der Beschilderung »Rotspitze« und der Markierung 37 folgend zuerst auf ebenem Fahrweg und dann auf mittelsteilem Fußweg durch Wald südwärts hinauf zu Weggabel, rechts auf Steig 31 über Grashänge weiter und schließlich durch eine steile Rinne über Blockwerk, Schutt und Schrofen (hier auf einer Strecke von etwa 50 Metern gute Seilgeländer) empor zum Gipfel der Vorderen Rotspitze (3033 m); ab Ausgangspunkt 3 ½ Std.
Abstieg: über die Aufstiegsroute.

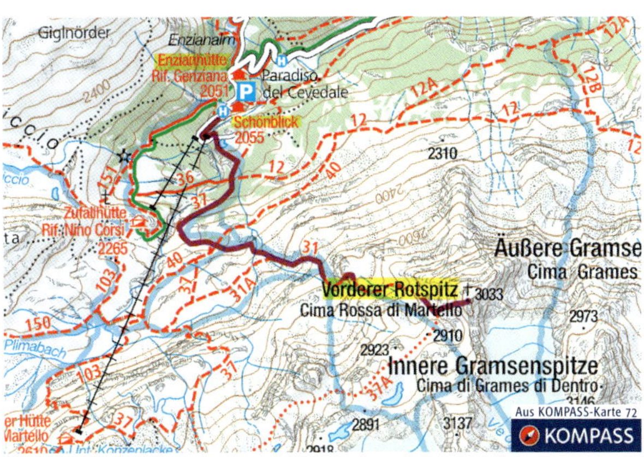

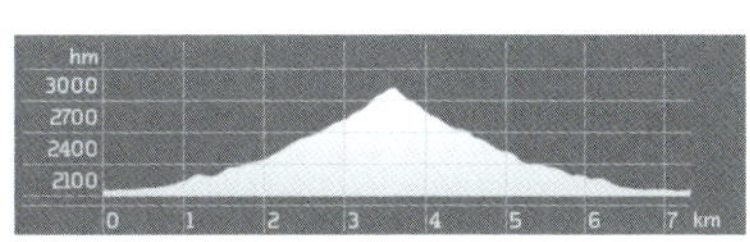

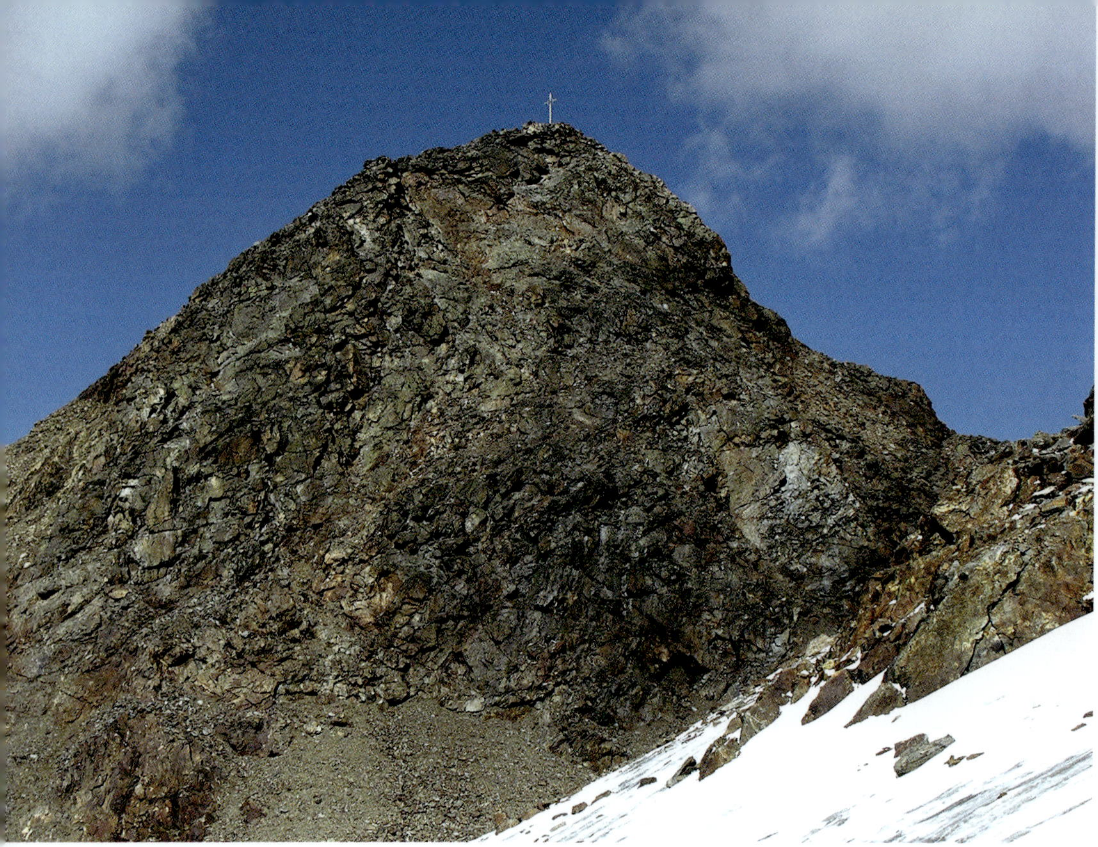

Die Zufrittspitze über dem gleichnamigen kleinen Gletscher

Zufrittspitze 3438 m

Von Martell über Gelb- und Grünsee zum Prachtberg

25

Die Tour im Überblick Gasthof Zum See – Gelbsee – Zufrittspitze – retour
Orientierung und Schwierigkeit Für ausdauernde, trittsichere und schwindelfreie Berggeher mit Hochgebirgserfahrung nicht schwierig. Bis zum Gipfel gute Markierung und Beschilderung, an zwei Stellen fixe Drahtseile
Gehzeiten Aufstieg 5 Std., Abstieg 3 ½ Std.
Ausrüstung Hochtourenbekleidung sowie Pickel und Steigeisen. Anseilen ist für sichere Geher nicht notwendig, wohl aber für Ungeübte!
Karten 1:50.000: Kompass, Blatt 72 (Ortler – Cevedale); 1:25.000: Tabacco, Blatt 08 (Ortlergebiet) und 042 (Ultental)

8 ½ Std. | 14,7 km | 1574 Hm

Häufig wird die am 9. August 1868 von Julius Payer zusammen mit Johann Pinggera und zwei Trägern erstmals bestiegene Zufrittspitze – die Betonung liegt auf der ersten Silbe! – vom Ultner Talschluss aus erstiegen: Anfahrt bis zum Stausee Weißbrunn, von dort in zwei Stunden zur Höchsterhütte am einst natürlichen, heute künstlich aufgestauten Grünsee, dann über viel Blockwerk und Geröll hinauf zum überfirnten Sattel unter dem Zufrittgipfel und über die Schlussfelsen zum Kreuz.

Dies ist eine empfehlenswerte Hochtour für gute Berggeher; und auch eine beliebte. Denn wenn die mehrere Meter hohe Firnkante am besagten Sattel nicht mit einer größeren Wechte den Weg versperrt – meist kann sie links gut umgangen werden –, ist der Gipfel sogar ohne Pickel und Steigeisen zu besteigen. Und dank der erwähnten Schutzhütte kann die Tour auf eineinhalb oder zwei Tage aufgeteilt werden.

Dennoch schlage ich an dieser Stelle den Aufstieg aus dem Martelltal durch das eindrucksvolle Zufritttal vor. Hier muss man

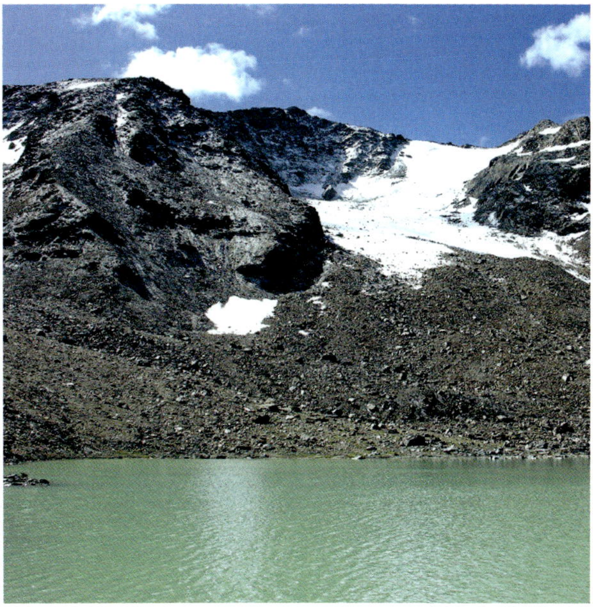

Der Gelbsee am Weg zur Zufrittspitze

ohne Schutzhütte auskommen, und was sich nach Süden hin am erwähnten Sattel nur als Firnkante zeigt, ist auf der Marteller Seite ein kleiner, aber sehr steiler Gletscher, der gequert werden muss und die Mitnahme der Steigeisen dringend angeraten sein lässt.

Dafür aber wartet die Marteller Route, die ebenso wie jene auf der Ultner Seite bestens markiert ist, mit einer großartigen, vom Menschen völlig unberührten Berglandschaft auf.

Nachdem man den Wald und die Baumgrenze verlassen hat, geht es durch Bergheide und grüne, im Hochsommer vielfältig blühende Grashänge im erwähnten Zufritt-Tal hinauf zu zwei ganz besonderen Natur-Bergseen, von denen der eine Gelbsee und der andere, etwas versteckt hinter einer Moräne liegende, Grünsee heißt. Das großteils unterirdisch zufließende Wasser, dem die Seen ihr Dasein verdanken, bringt unterschiedlich gefärbten Gesteinsstaub mit, und diesem ist es zuzuschreiben, dass der hintere See blaugrün erscheint, während der vordere mehr gelblich gefärbt ist.

Die beiden Bergseen und die umliegende Bergwelt hatten es vor hundert Jahren den Alpenvereinsleuten von der Sektion Dortmund so angetan, dass sie hier eine Schutzhütte errichten wollten. Doch der Ausbruch des Ersten Weltkrieges machte dem Vorhaben schon bald nach Arbeitsbeginn ein Ende, und so ist es hier oben so still und einsam geblieben wie eh und je.

Schnee erleichtert das Queren des Zufrittferners.

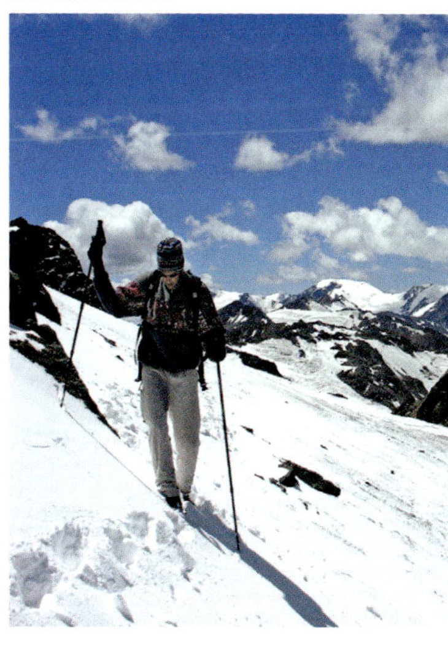

Wegverlauf: Anfahrt im Martelltal bis zum Gasthof Zum See (1864 m; Parkplätze). Nun stets der Markierung 17 folgend zuerst auf schmaler Teerstraße und dann auf Fußweg durch Wald ein gutes Stück nahezu eben talaus, dann kurz hinauf zu zwei Stegen über den Zufrittbach, danach hinauf zur Waldgrenze und über Bergheide und Geröll mäßig bis mittelsteil hinauf zum Gelbsee (2729 m; bis hierher knapp 3 Std.; der Grünsee liegt hinter einer Moräne). Nun der guten Markierung folgend über Blockwerk zuerst mäßig, dann stärker ansteigend im Linksbogen durch eine große Karmulde zu einem kurzen Felsgrat, über ihn unschwierig, aber steil empor (Fixseil) und auf Zickzacksteig über einen Geröllrücken und zuletzt über Blockwerk hinauf zum schmalen, aber steilen Gletscher; Querung desselben in seinem oberen, spaltenlosen Teil (bei Blankeis Steigeisen notwendig, allerdings kann das Eis auch über die darüber befindlichen Felsen umgangen werden) hinüber zum Fuß der Gipfelflanke, von dort der Markierung folgend zuerst auf Erdsteig und über unschwierige Felsen hinauf und zuletzt in sehr steilem Fels an einem Stahlseil empor zum Gipfelkreuz (3438 m; ab Gelbsee gut 2 Std.).
Abstieg: über die Aufstiegsroute.

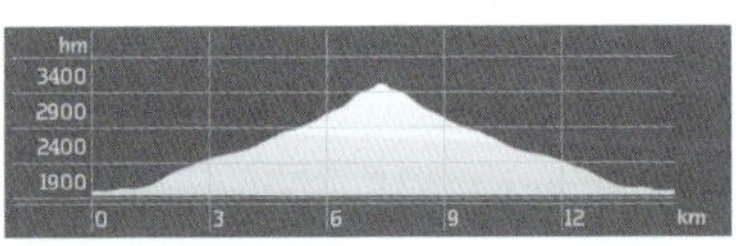

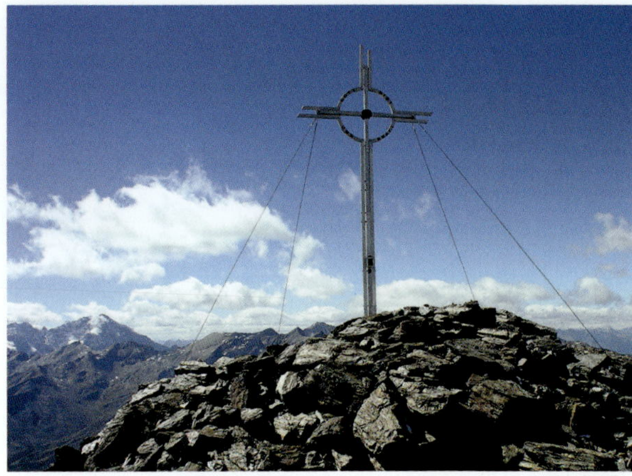

Das Gipfelkreuz auf der Zufrittspitze

Bald nach den Seen prägt teils bunt und bizarr strukturierter, teils vergletscherter Fels das Landschaftsbild, während Blockwerk, eine seilgesicherte Felspassage und viel Geröll unsere Route kennzeichnen, bis wir oben den kleinen, aber steilen Zufrittferner queren und damit zum eigentlichen Gipfelaufbau gelangen. Und den erklimmen wir über steilen, aber zum Teil auch hier wieder mit Fixseilen versehenen Fels.

Sehr hoch über dem Ultental auf der einen und dem Martelltal auf der anderen Seite stehen wir da beim Gipfelkreuz, aber noch beeindruckender als der Blick in die Tiefe ist die Schau hinüber zur Ortlergruppe und das geradezu grenzenlose Panorama, das sich dem faszinierten Auge darbietet.

Und natürlich fällt uns auch der Stausee mit der Höchsterhütte an der Ultner Route auf, über die wir vielleicht ein andermal die Zufrittspitze besteigen. Denn die Schönheit des Berges rechtfertigt ohne weiteres auch eine weitere Besteigung.

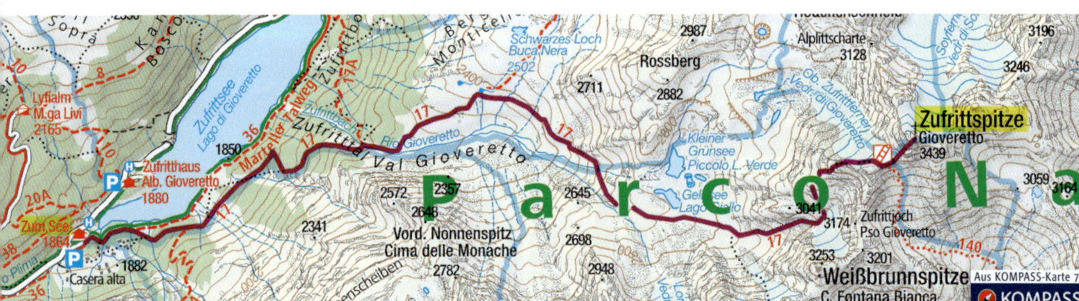

Der letzte Teil des Aufstiegs zur Zufrittspitze

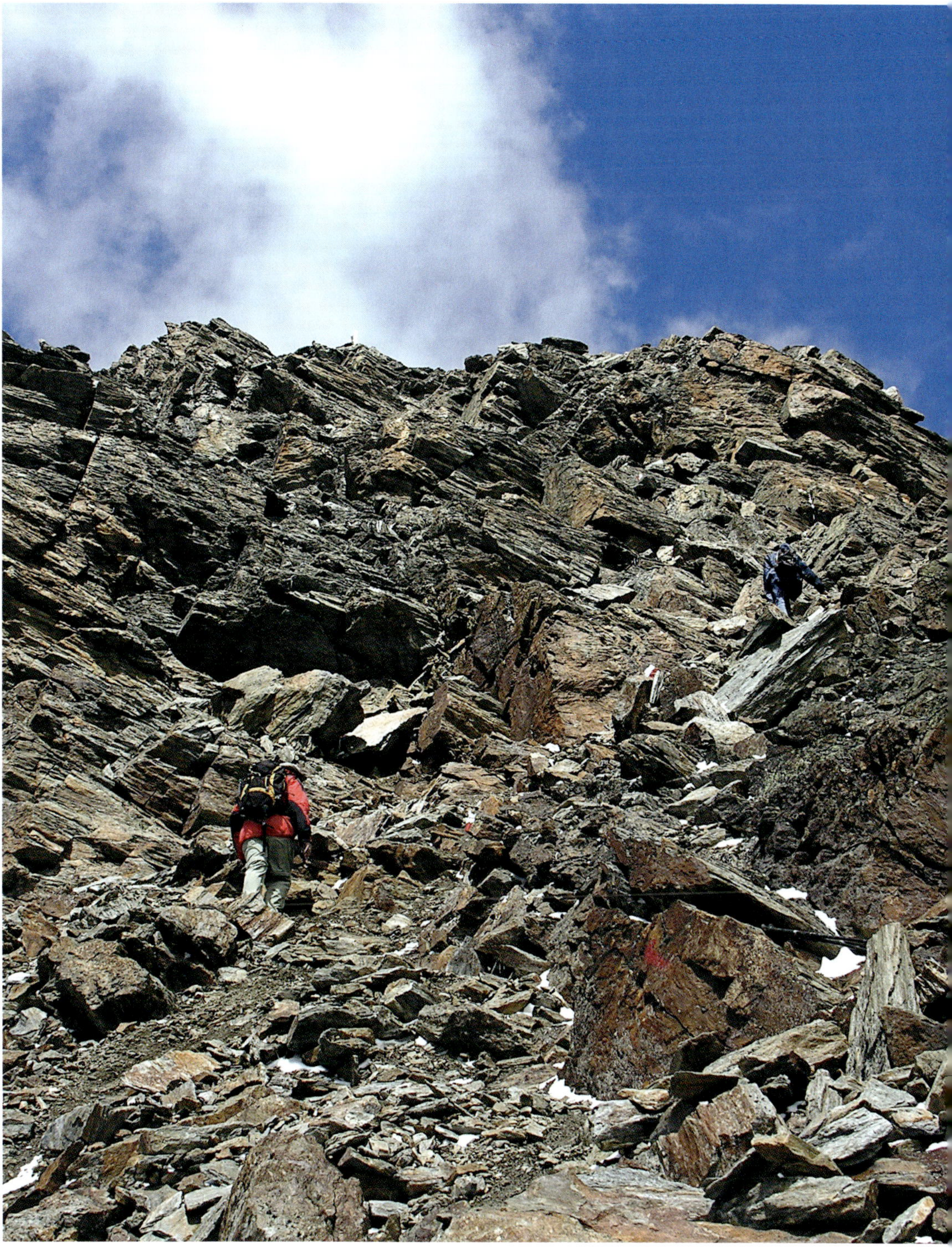

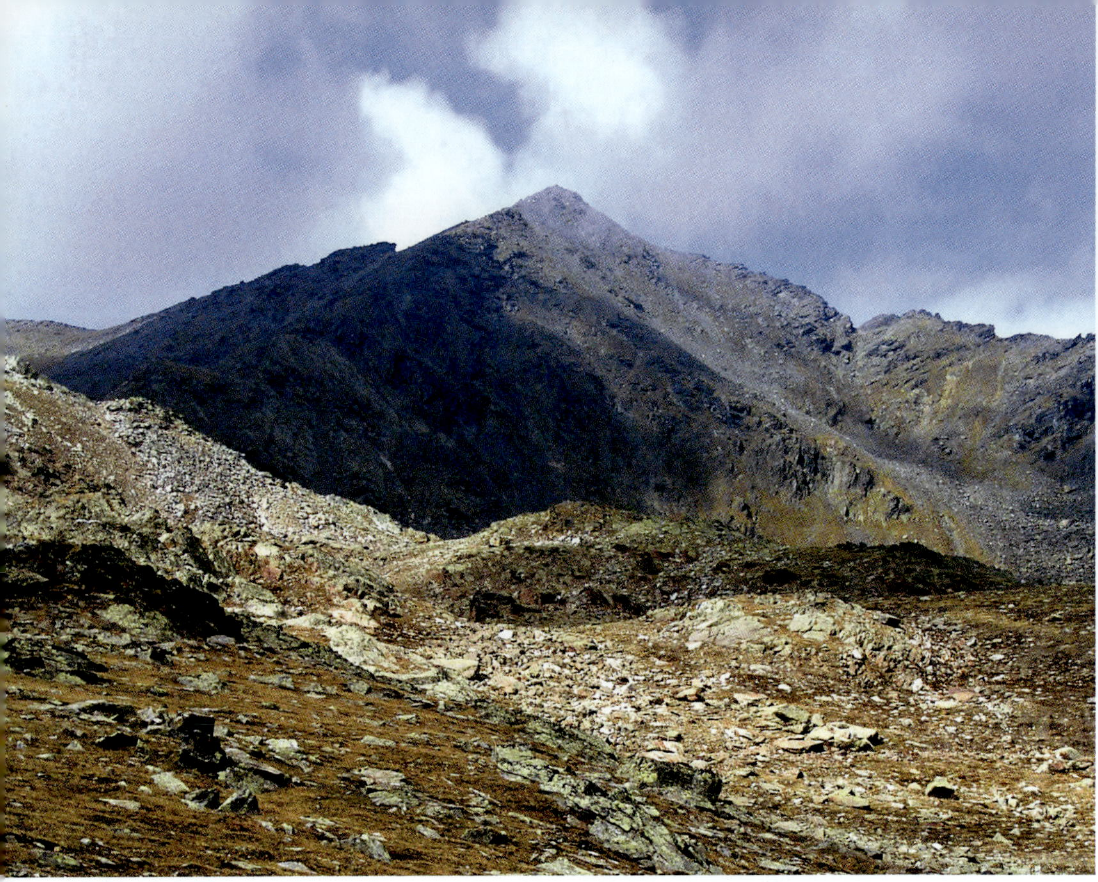

Die Zerminiger Spitze von unserem Zugang aus

Zerminiger Spitze 3109 m

Von Latsch über St. Martin zum zahmen Hochgipfel

26

Die Tour im Überblick Latsch – St. Martin im Kofel – Zerminiger Spitze – retour
Orientierung und Schwierigkeit Für ausdauernde und bergerfahrene Geher leicht und problemlos
Gehzeiten Aufstieg 4 ½ Std., Abstieg 3 ½ Std.
Ausrüstung Bergtourenbekleidung
Karten 1:50.000: Kompass, Blatt 52 (Vinschgau); 1:25.000: Tabacco, Blatt 04 (Schnalstal)

8 Std. | 17,7 km | 1373 Hm

Die aus Schiefergesteinen aufgebaute Zerminiger Spitze – oft auch nur kurz Zerminiger genannt – ist ein Dreitausender, der diesen Namen voll und ganz verdient. Sie ist immerhin gut 3100 Meter hoch und sie erhebt sich nordöstlich über Schlanders als stolze Berggestalt.

Benannt ist sie nach dem abgekommenen Hof Zerminig, der einst an der Westabdachung stand, und es ist gerade diese Seite des einstigen Hofes, auf der sich der Berg besonders ausgeprägt zeigt: Von zwei scharfen Graten begrenzt, steigt die Südwestflanke ungegliedert und mit gleichmäßiger Steilheit geradewegs zu einer Art Vorgipfel empor, wo das hohe Kreuz steht.

Wir wählen jedoch nicht diese Seite für den Aufstieg, sondern machen uns die Seilbahn zunutze, die uns von Latsch nach St. Martin im Kofel und damit bequem bis in eine Höhe von fast 1750 Metern bringt.

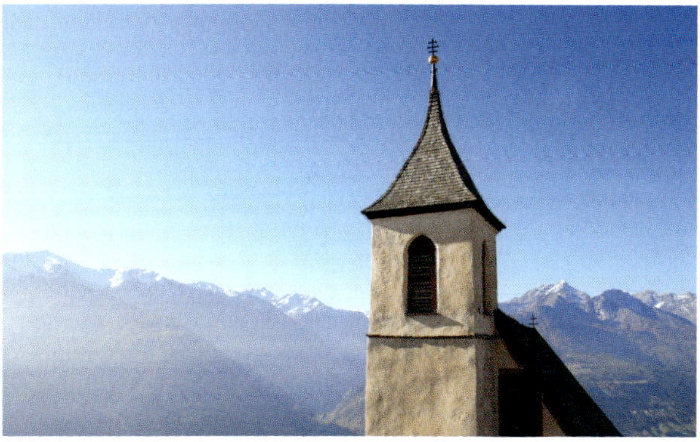

Das Höhenheiligtum St. Martin im Kofel, Ausgangspunkt für die Zerminiger Tour

Von dort steigen wir zuerst durch Lärchenwald und an einem umzäunten Weiher hinauf zur Baumgrenze und zu einer erneuerten Hirtenhütte, dann führt der gute, wenn auch leicht ausgesetzte Steig quer durch kahle Hänge hinauf zu einer weiteren, wie ein Adlerhorst am Steilhang klebenden Hirtenhütte, worauf unser Gipfel ins Blickfeld tritt und ein hohes, nach dem nahen Niederjöchl benanntes Kreuz steht.

Nun ist der ausgeprägte Steig zu Ende, aber die gute Markierung und Beschilderung weisen verlässlich weiter die Richtung. Wir überschreiten steiniges Gelände mit Resten alter Wasserkanäle, dann den fast 2900 Meter hohen Roßkopf, und nach einer steileren Strecke gelangen wir zum erwähnten Vorgipfel des Zerminigers, wo das Gipfelkreuz aufragt, weit über das Tal schauend und von weitherum sichtbar.

Hier stehen wir sage und schreibe 2400 Höhenmeter über der Vinschgauer Talsohle und schauen wirklich wie aus dem Flugzeug hinunter auf die winzigen Siedlungen und Häuser.

Spätestens beim Kreuz auf dem Vorgipfel merken wir, dass uns noch ein recht schroffer Grat vom Hauptgipfel trennt. Aber der Grat ist kürzer als er aussieht und auch problemlos begehbar; und so stehen wir auch schon bald auf dem Zerminiger Hauptgipfel.

Wegen der etwas zurückgesetzten Lage blicken wir von da aus zwar nicht mehr gerade auf den Vinschgau hinab, doch bietet der Gipfel schon allein aufgrund seiner Lage zwischen Ötztaler Hauptkamm und Ortlergruppe, aber auch aufgrund seiner Höhe eine großartige Aussicht. Und die soll sogar, wie bisweilen berichtet wird, bis zu den Lagunen von Venedig reichen – allerdings nur bei allerbesten Sichtbedingungen, versteht sich, die mir hier leider ebenso verwehrt blieben wie auf manch anderem Gipfel mit angeblichem Adriablick …

Rechte Seite: Der Hauptgipfel des Zerminigers

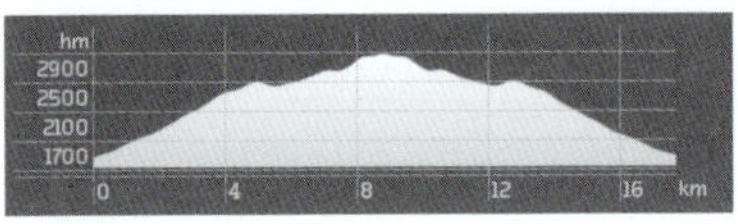

Wegverlauf: Von Latsch mit der Personenseilbahn hinauf zur Bergsiedlung St. Martin im Kofel (1736 m). Dann stets der Markierung 6 folgend auf dem breiten Weg großteils durch Lärchenwald hinauf zu einem umzäunten Wasserspeicher (1941 m), nun links abdrehend und weiterhin auf Weg 6 durch Wald mäßig ansteigend zu einer Hirtenhütte, dann in langer, meist mäßig ansteigender Querung felsiger Bergflanken zu einer zweiten Hirtenhütte (mit Notunterstand) und kurz weiter zum großen Niederjöchlkreuz (2731 m; ab St. Martin knapp 3 Std.). Nun westlich kurz hinab zum Niederjöchl (2662 m), dann auf Steig 6 am Kamm in mehrmaligem Auf und Ab, wobei der 2891 m hohe Roßkopf überschritten wird, westwärts zum Kreuz auf dem flachen Südwestgipfel des Zerminigers (3059 m) und rechts weiterhin der guten Markierung folgend über den teilweise scharfen, aber problemlos begehbaren Blockgrat eben bis leicht ansteigend zum Hauptgipfel (3109 m); ab Niederjöchl knapp 2 Std.
Abstieg: über den beschriebenen Aufstiegsweg.

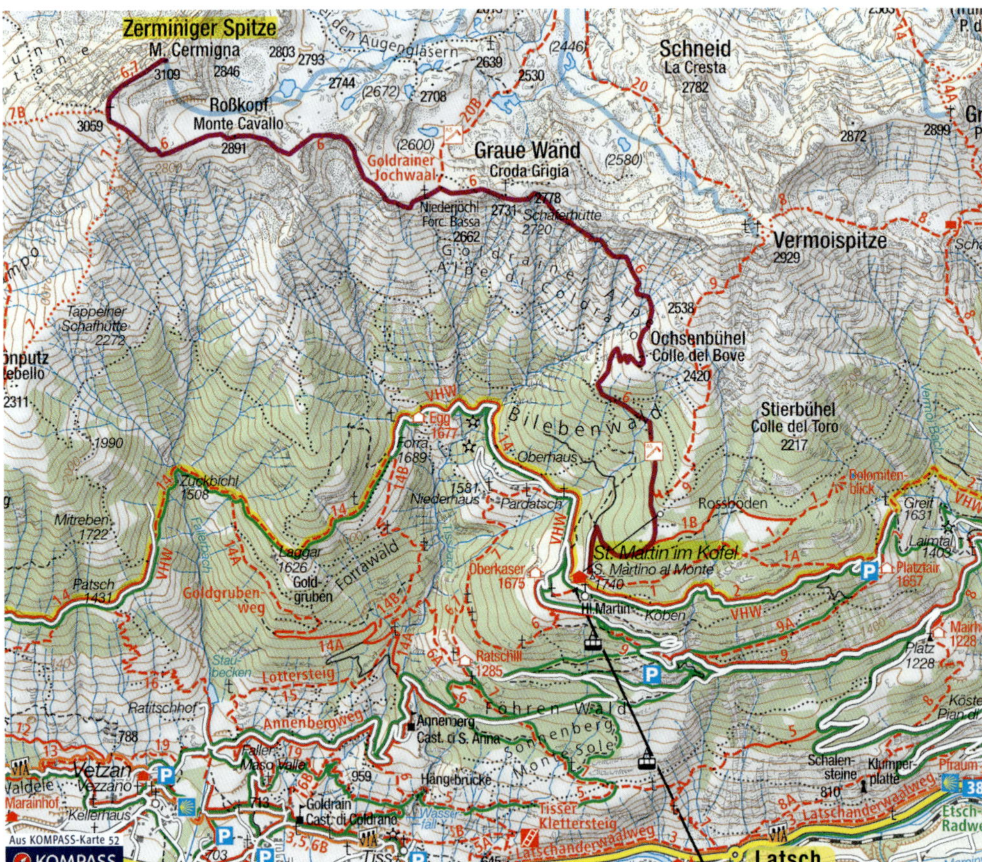

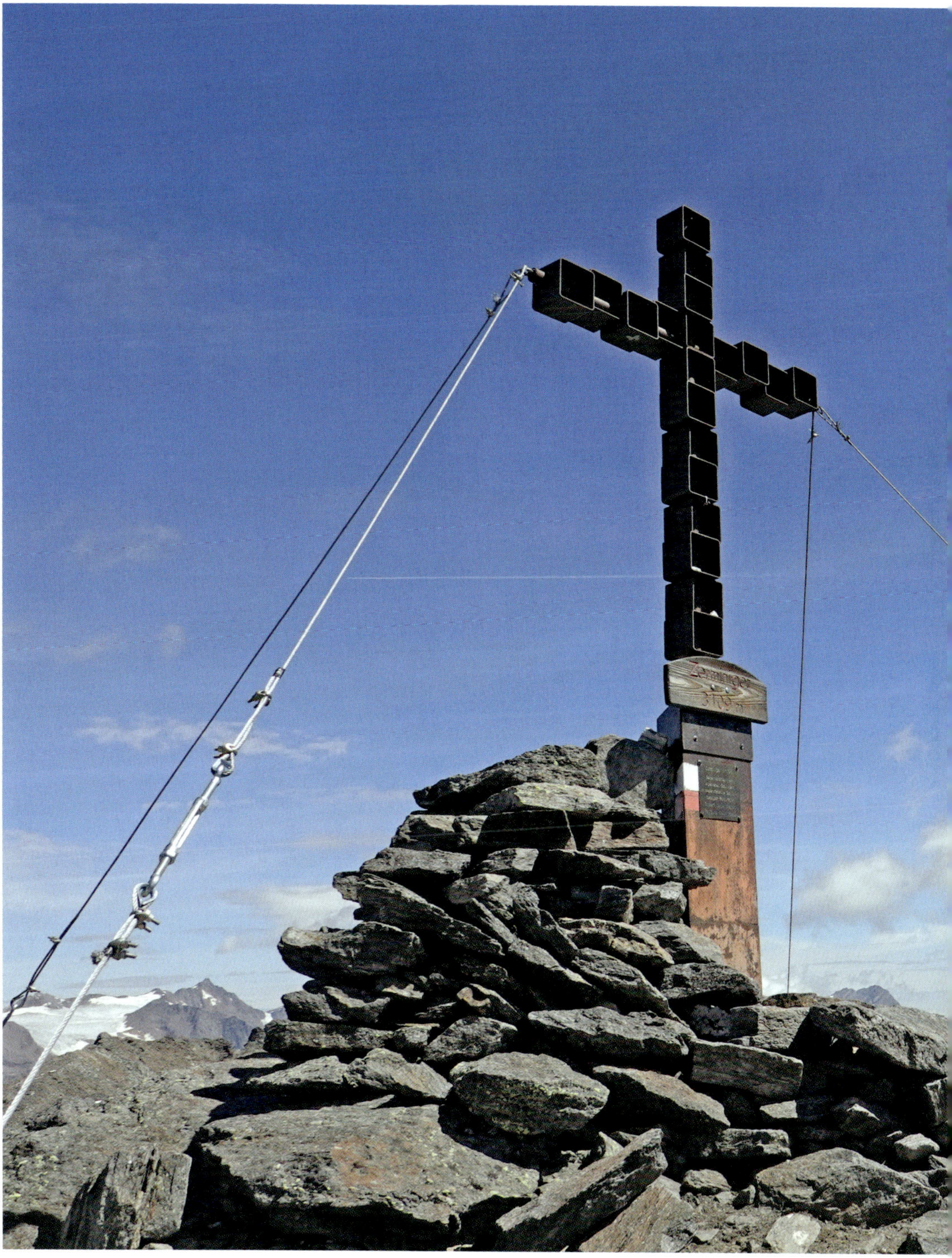

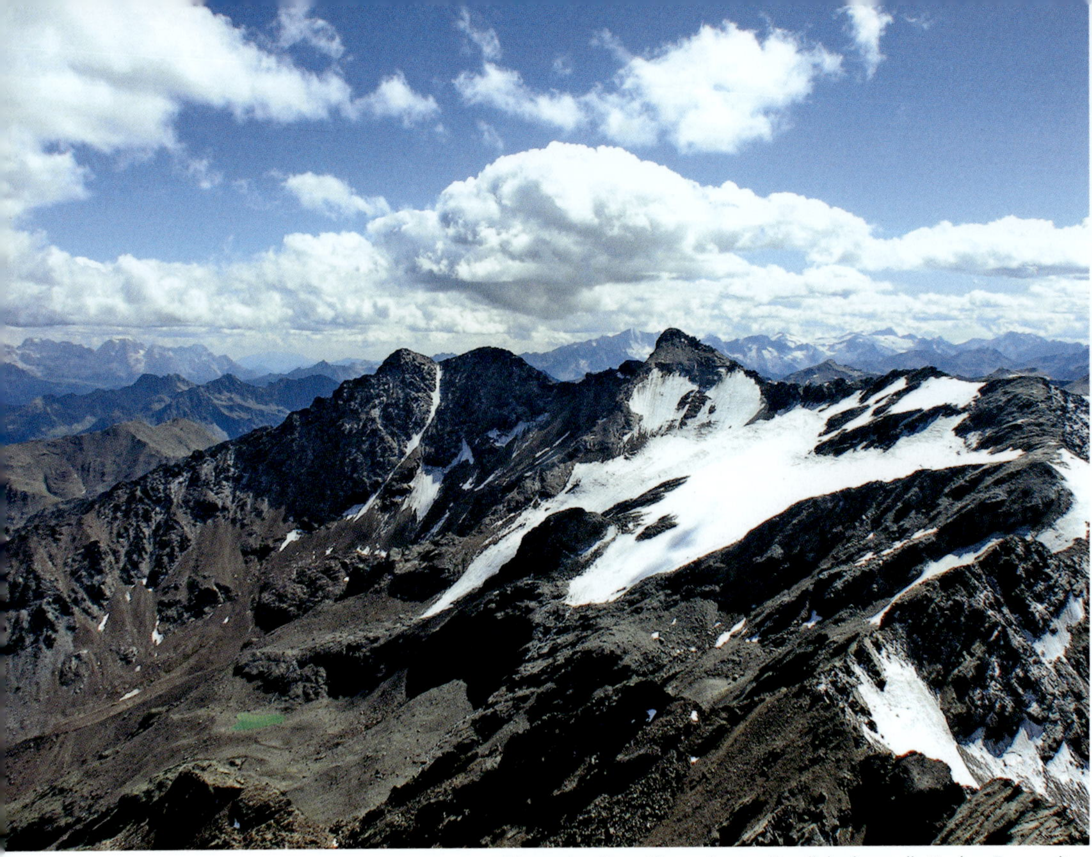

Die vergletscherte Hintere Eggenspitze, links davon die Vordere Eggenspitze

Hintere Eggenspitze 3443 m

Vergletscherter Hochgipfel im Ultental

27

Die Tour im Überblick Weißbrunner Stausee – Höchsterhütte – Hintere Eggenspitze – retour
Orientierung und Schwierigkeit Schwindelfreiheit, Trittsicherheit und alpine Erfahrung in schwierigem Gelände sind Voraussetzung für diese Gipfeltour, da es aufgrund der fehlenden Markierung teilweise schwierig ist, den ungefährlichsten Weg zum Gipfel zu finden.
Höhenunterschiede Bis zur Hütte 661 m, von dort zum Gipfel 942 m
Gehzeiten Aufstieg zur Hütte 2 Std., von dort zum Gipfel knapp 3 Std.; Abstieg insgesamt 3 ½ Std.

8 ½ Std. | 16 km | 1603 Hm

Der Weißbrunner Stausee, ein hoch gelegener, auf guter Straße erreichbarer Ausgangspunkt mit Einkehrmöglichkeit, ein guter und schöner Weg zur Höchsterhütte am Grünsee, ein markierter Weg bis zum Gletscher, die Umgehung des Gletschers über einen ausgesetzten Grat mit einigen Kletterpassagen – das alles macht die Besteigung der Hinteren Eggenspitze zu einer beliebten Tour für erfahrene Alpinisten.

Diese Hochtour, bei der man allein im Aufstieg rund 1603 Höhenmeter überwindet, erfordert einiges an Kondition, Schwindelfreiheit, Trittsicherheit und Erfahrung. Für den, der diese Erfahrung mitbringt und erhöhte Aufmerksamkeit walten lässt, ist der Berg, der mit der etwas niedrigeren Vorderen Eggenspitze ein wuchtiges, über dem hintersten Ultental aufragendes Massiv bildet, immer noch ein äußerst erstrebenswertes Ziel.

Lange Zeit führte der Weg über den Gletscher zum Gipfelgrat. Der Gletscherschwund in den letzten Jahrzehnten hat je-

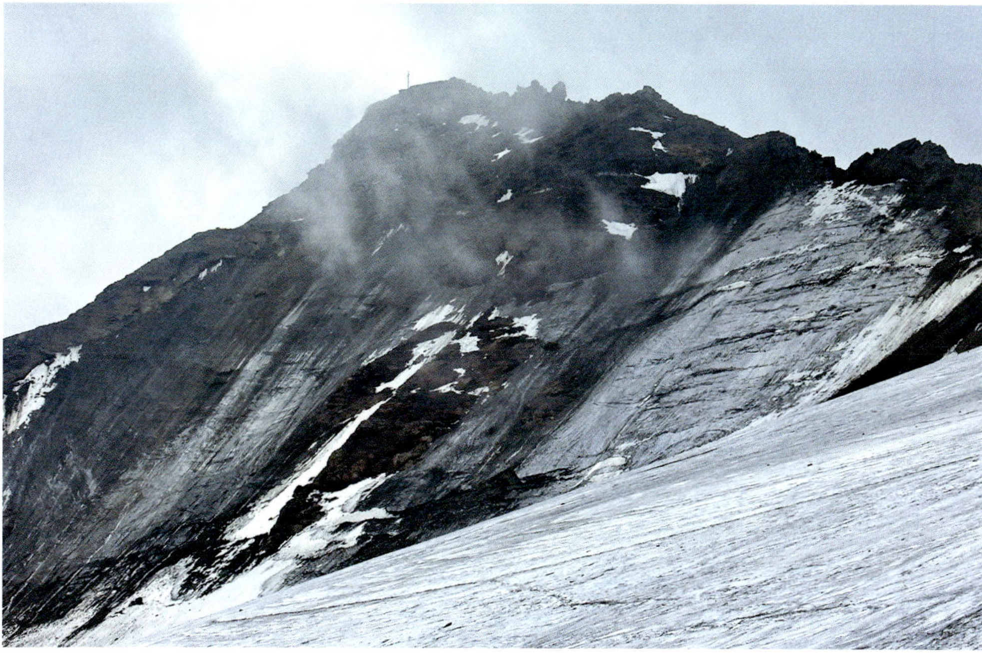

Die Hintere Eggenspitze, vom Weißbrunnferner aus

doch dazu geführt, dass sich immer wieder Steine aus dem Gelände lösen und der Weg über den Gletscher aufgrund dessen sehr gefährlich ist. Zudem ist der Aufstieg zum eigentlichen Gipfelgrat aufgrund des Gletscherrückgangs nur mehr an wenigen Stellen problemlos möglich, sodass die Umgehung des gesamten Gletschergeländes empfehlenswert ist.

Die Route rund um den Weißbrunnferner herum ist zwar nicht markiert, doch kleinere und größere Steinmänner helfen bei der groben Orientierung. An einigen Stellen sind auf diesem Wege leichte Kletterstellen zu bewältigen, die mit etwas umsichtigem Handeln jedoch problemlos machbar sind. Hat man diese überwunden, erreicht man den eigentlichen Gipfelkamm, an dessen südlichem Ende die beiden Eggenspitzen thronen. Nachdem man die Lorchenspitze passiert hat, geht es zunächst noch ein paar Meter abwärts, ehe man den tiefsten Punkt des Kamms erreicht. Ab hier wurden rote Punkte in den Fels aufgemalt. Diese helfen einem, auf dem richtigen, weil ungefährlichsten Pfad zu bleiben. An der einen oder anderen Stelle ist dieser trotzdem ausgesetzt. Mit der nötigen Konzentration und Aufmerksamkeit sind diese bei guten Verhältnissen jedoch problemlos überwindbar. Bei nassen und kalten

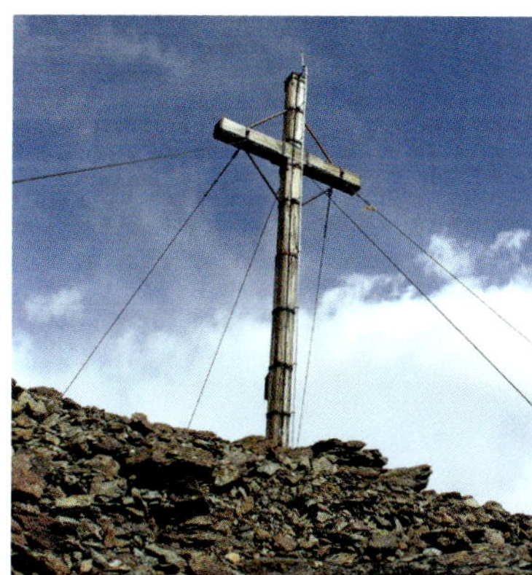

Das Gipfelkreuz auf der Hinteren Eggenspitze

Ausrüstung Hochtourenbekleidung, Seil, Pickel, Steigeisen
Einkehrmöglichkeit Höchsterhütte, T 0473 798120, s. S. 270
Karten 1:50.000: Kompass, Blatt 72 (Ortler – Cevedale); 1:25.000: Tabacco, Blatt 042 (Ultental)

Rechte Seite: Höchsterhütte, Grünsee und Eggenspitzen

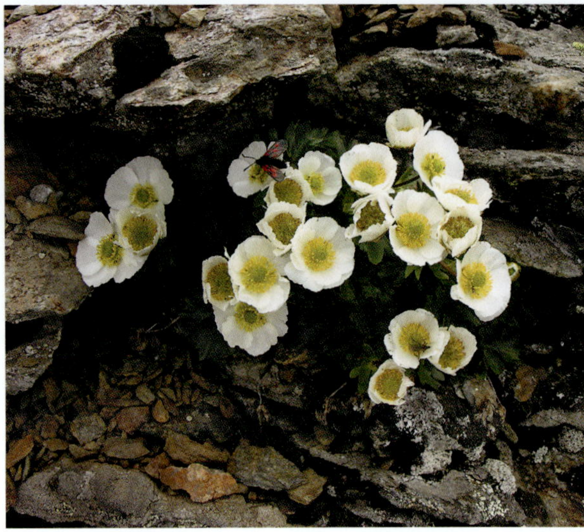

Gletscher-Hahnenfuß am Gipfel der Hinteren Eggenspitze

Wegverlauf: Vom Weißbrunner Stausee im innersten Ultental (1900 m, Gasthaus; hierher Straße von St. Gertraud herauf) auf Weg 140 durch schüttere Baumbestände und freie Hänge mäßig bis mittelsteil hinauf zur Höchsterhütte (2561 m, bewirtschaftetes Schutzhaus am aufgestauten Grünsee; 2 Std.). Nun auf dem zunächst fast ebenen Weg 140 bis zur Weggabelung. Hier links dem Wegweiser „Eggenspitze" folgend auf Steig 139 großteils über Blockwerk zunächst mäßig, dann stark ansteigend hinauf zum Beginn des Gletschers. Von hier aus folgt man stets dem Grat, der rechts um den Gletscher herumführt. Mitunter helfen einem kleine Steinmänner, die sich entlang des Grats auftürmen. Über flacheres und ungefährlicheres Gelände passiert man die Lorchenspitze (3347 m), eine eher unbedeutende Erhebung am Gipfelgrat. Rote Punkte erleichtern die Aufgabe, die unkomplizierteste Route über den mitunter stark ausgesetzten und teils mit Eisenketten gesicherten Grat zu finden. Über loses Geröll absolviert man die letzten Meter zum Dach des Ultentals (3443 m; ab Höchsterhütte knapp 3 Std.).
Abstieg: über die beschriebene Aufstiegsroute.

Verhältnissen gilt es, die Vereisung der Felsen zu beachten. Über Geröll erreicht man den höchsten Punkt des Ultentals. Auf dieser Höhe ist der Ausblick prächtig, sodass man die umliegenden Riesen fest im Blick hat. Dieser umfasst nicht nur die Südtiroler Bergwelt, sondern wegen der südlichen Lage des Gipfels auch die Berge des Trentino. Der Abstieg erfolgt über die Aufstiegsroute, wobei auch hier die nötige Aufmerksamkeit und Konzentration nie verloren gehen darf.

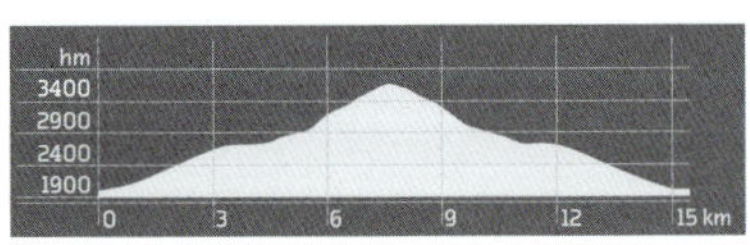

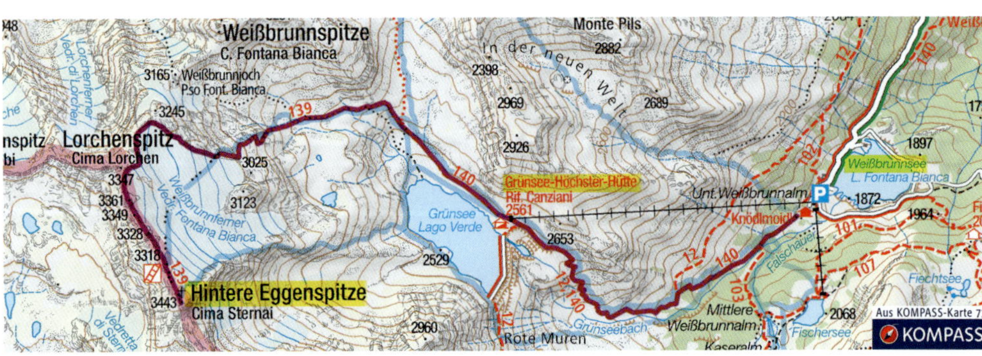

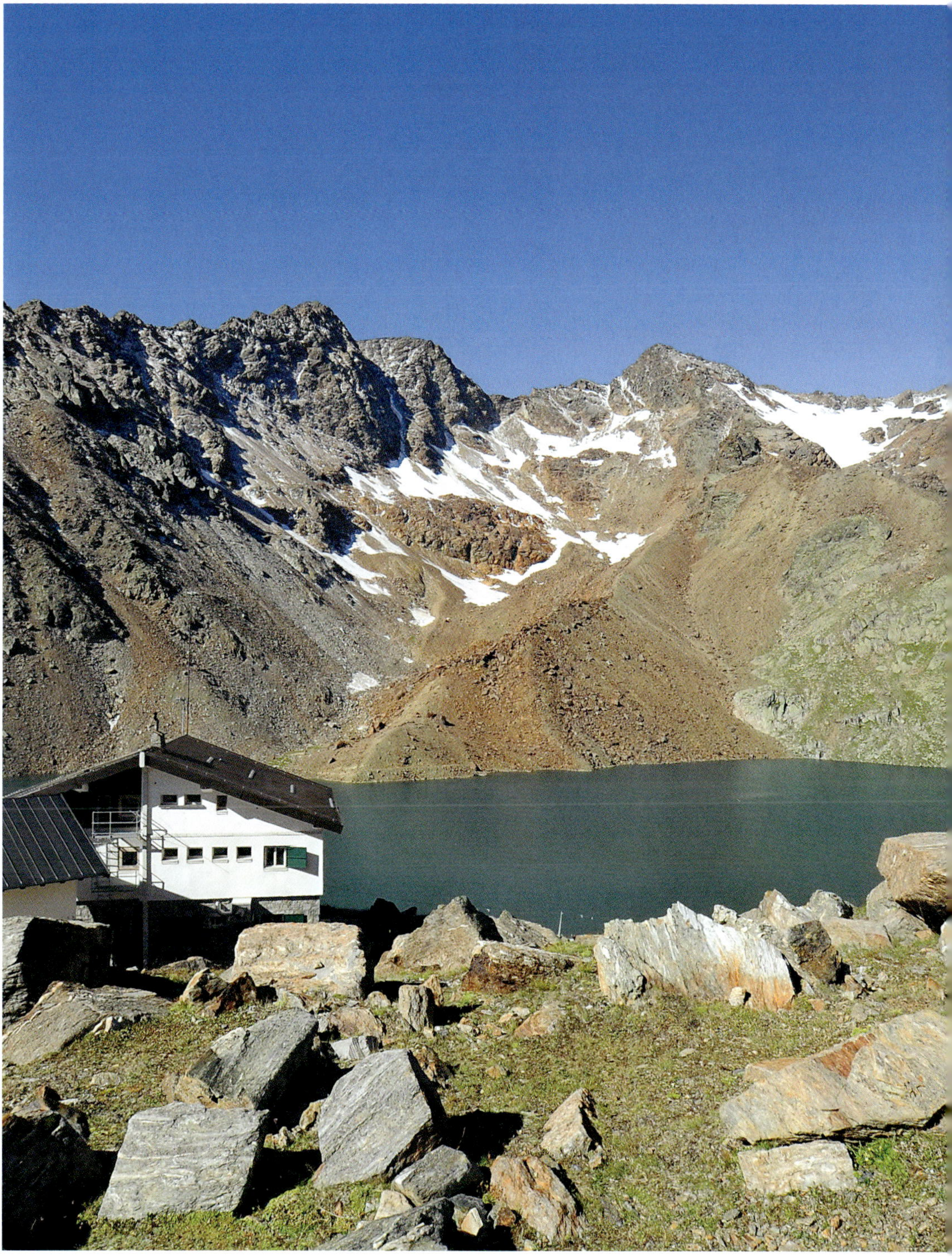

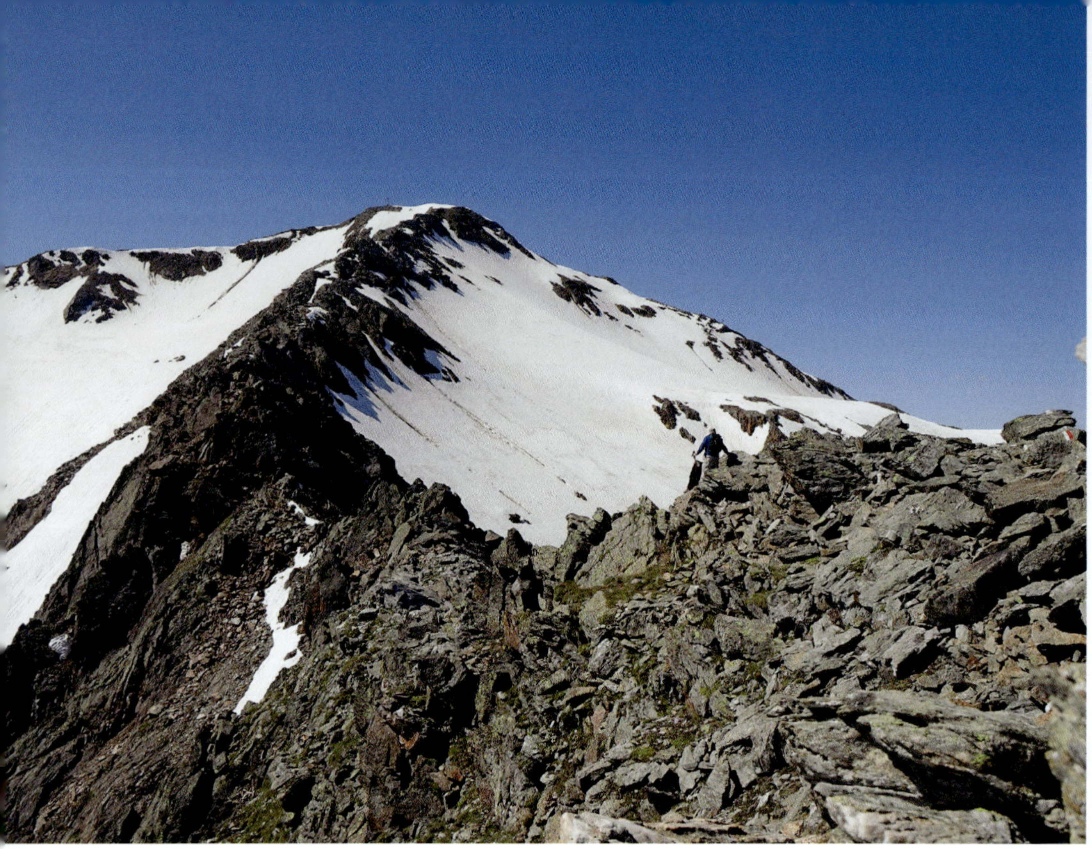

Der Gipfelaufbau des Hasenöhrls mit unserem Zugang

Hasenöhrl 3257 m

Unschwieriger Hochgipfel zwischen Ulten und Vinschgau

28

Die Tour im Überblick Kuppelwieser Alm – Latscher Joch – Hasenöhrl – retour
Orientierung und Schwierigkeit Für hochgebirgserfahrene und trittsichere Geher nicht schwierig; da und dort kurze leichte Kletterstellen (teilweise gesichert)
Gehzeiten Aufstieg 4 ½ Std., Abstieg 3 Std.
Karten 1:50.000: Kompass, Blatt 52 (Vinschgau); 1:25.000: Tabacco, Blatt 042 (Ultental)

7 ½ Std. | 11 km | 1315 Hm

Das zwischen dem Ultental und dem Vinschgau im Zufrittkamm aufragende Hasenöhrl (oder Hasenohr), ist der östlichste Gletscherberg der Ortler-Alpen. Die an den Flanken der Gipfelzone haftenden Schnee- und Eisflächen sind aber nicht groß, und da wir den Berg auf der klassischen Felsroute über den normalerweise schneefreien Nordostgrat besteigen wollen, müssen wir weder gletschertüchtig noch entsprechend ausgerüstet sein.
Als Ausgangspunkt für die Hochtour wählen wir die fast 2000 Meter hoch gelegene Kuppelwieser Alm, die auf der Ultner Seite des Kammes unterhalb des Arzkar-Stausees liegt, mit einer Gastschenke aufwartet und per fahrbaren Untersatz auf schmaler Asphaltstraße über die Almgaststätte »Steinrast« erreichbar ist.
Zu Fuß geht es dann die ersten anderthalb Stunden über mehr oder weniger steindurchsetztes Grasgelände hinauf zum Latscher Joch, wo sich die Steinpfeiler des einstigen Tarscher Jochwaales und eine einfache Wetterschutzhütte befinden.

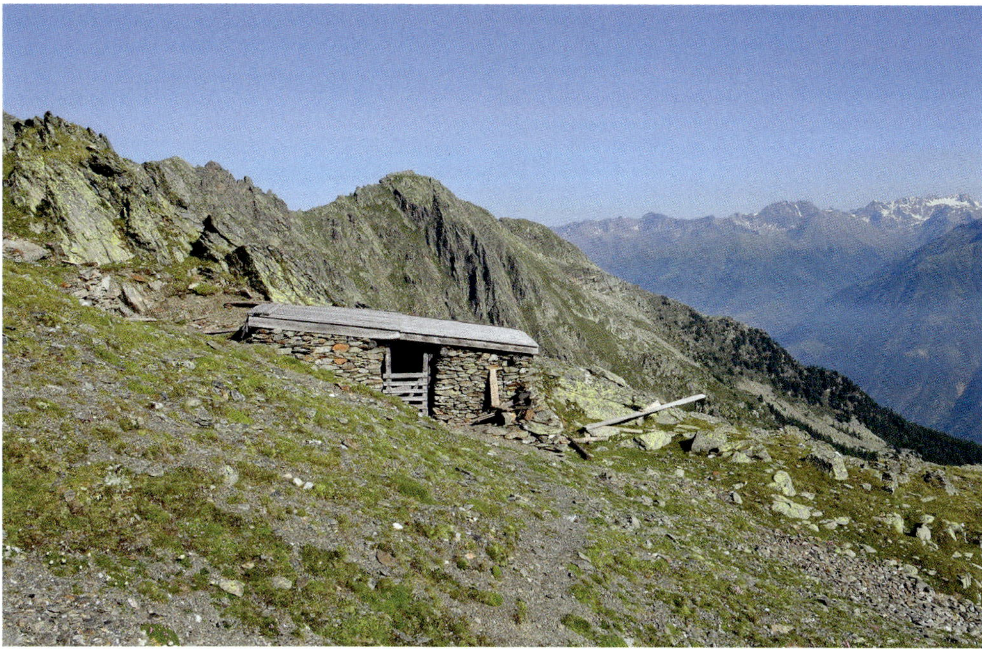

Notunterstand am Weg zum Hasenöhrl

Was folgt, ist der erwähnte, bald steile, bald flache, bald scharfe und gezackte, bald rundliche Nordostgrat des Berges, und das heißt steiniges und felsiges Hochgebirgsgelände. So besteht unser Auf- und Abstieg am langen Grat wiederholt in kurzweiliger Felsturnerei, aber streckenweise folgt man auch einem recht guten Pfad. Die gesamte Route ist markiert, und bald nach der Blauen Schneid sind ein paar etwas heiklere Stellen mit gut verankerten Stahlseilen versehen.
So kann die Besteigung des Hochgipfels für den hochgebirgserfahrenen Bergsteiger bei der nötigen Umsicht und Vorsicht und dem angemessenen Schuhwerk als unschwierig bezeichnet werden. Höhentauglichkeit, Gehtüchtigkeit, Trittsicherheit und Schwindelfreiheit sind bei einem langen, aus Gneisblöcken und Schieferfels bestehenden Grat und einem Gipfel dieser Höhe freilich unerlässlich.
Bezüglich des Ursprungs des seltsamen Namens sei erwähnt, dass man bei der Namensform »Hasenöhrl« an »Hasen-Erl« (also einen von Hasen bewohnten Erlenbestand), bei der Namensform »Hasenohr« hingegen an ein romanisches »asinara« (Eselweg) dachte. Doch mangels urkundlicher Belege gibt es kein gesichertes Wissen.

Gletscher-Mannsschild am Nordostgrat des Hasenöhrls

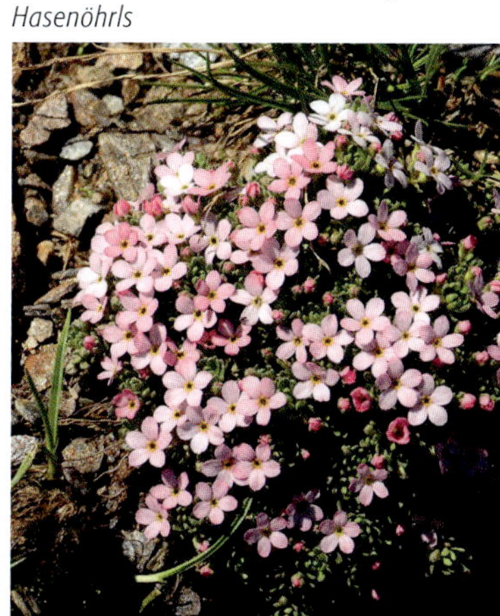

Eine Stelle am Hasenöhrl-Nordostgrat gegen den oberen Vinschgau

Rechte Seite: Der Gipfel des Hasenöhrls

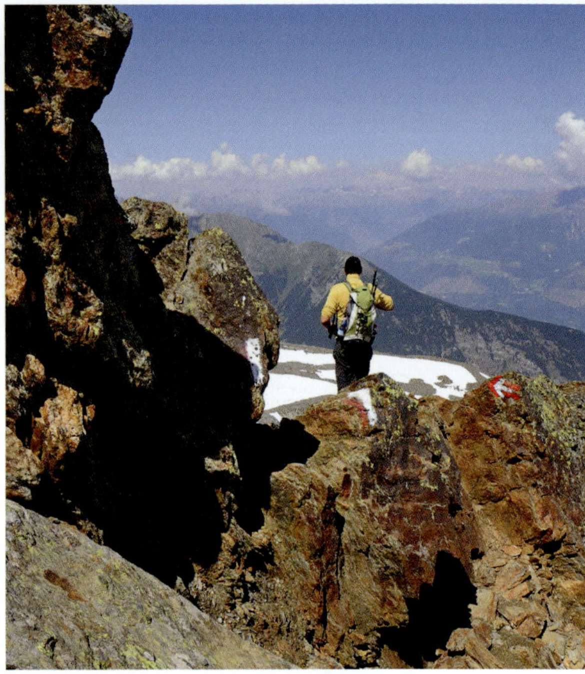

Wegverlauf: Anfahrt von der Ultner Talstraße (Abzweigung zwischen St. Walburg und Kuppelwies) auf schmaler Bergstraße bis hinauf zur Kuppelwieser Alm (1970 m; Einkehrmöglichkeit, Parkplatz). Von da stets der Beschilderung »Latscher Joch – Hasenohr« folgend (anfangs Markierung 11, später 11 A) teils auf der ungeteerten Werkstraße, größtenteils aber auf einfachem Fußpfad hinauf zum Latscher Joch (2507 m; Aquäduktreste, einfache Wetterschutzhütte). Dann stets der Markierung 2 folgend hinauf zu einer ersten Felskuppe (2915 m), kurz eben weiter und empor auf die Graterhebung Blaue Schneid (3026 m). Dann am fast waagrecht verlaufenden, aber teilweise scharf gezackten Grat bzw. in dessen Nordseite weiter (hier ein paar neue Stahlseile und Ketten) und zuletzt unschwierig zum Gipfelkreuz (3257 m); ab Latscher Joch knapp 3 Std., ab Kuppelwieser Alm 4 ½ Std. – *Abstieg:* über die beschriebene Aufstiegsroute (3 Std.).

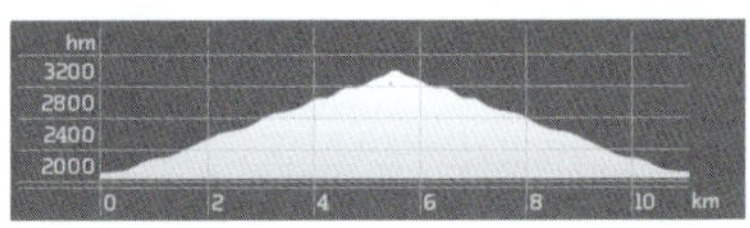

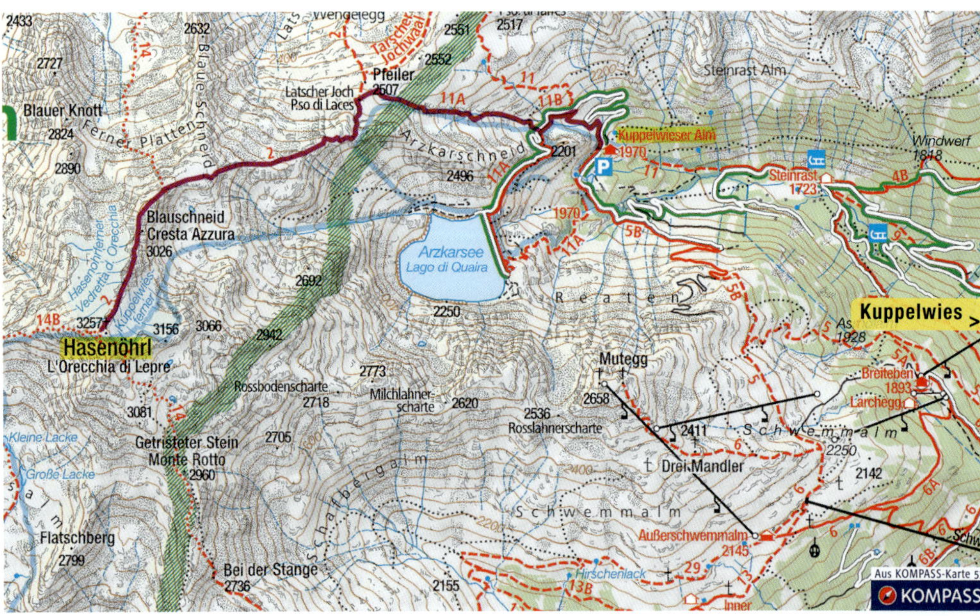

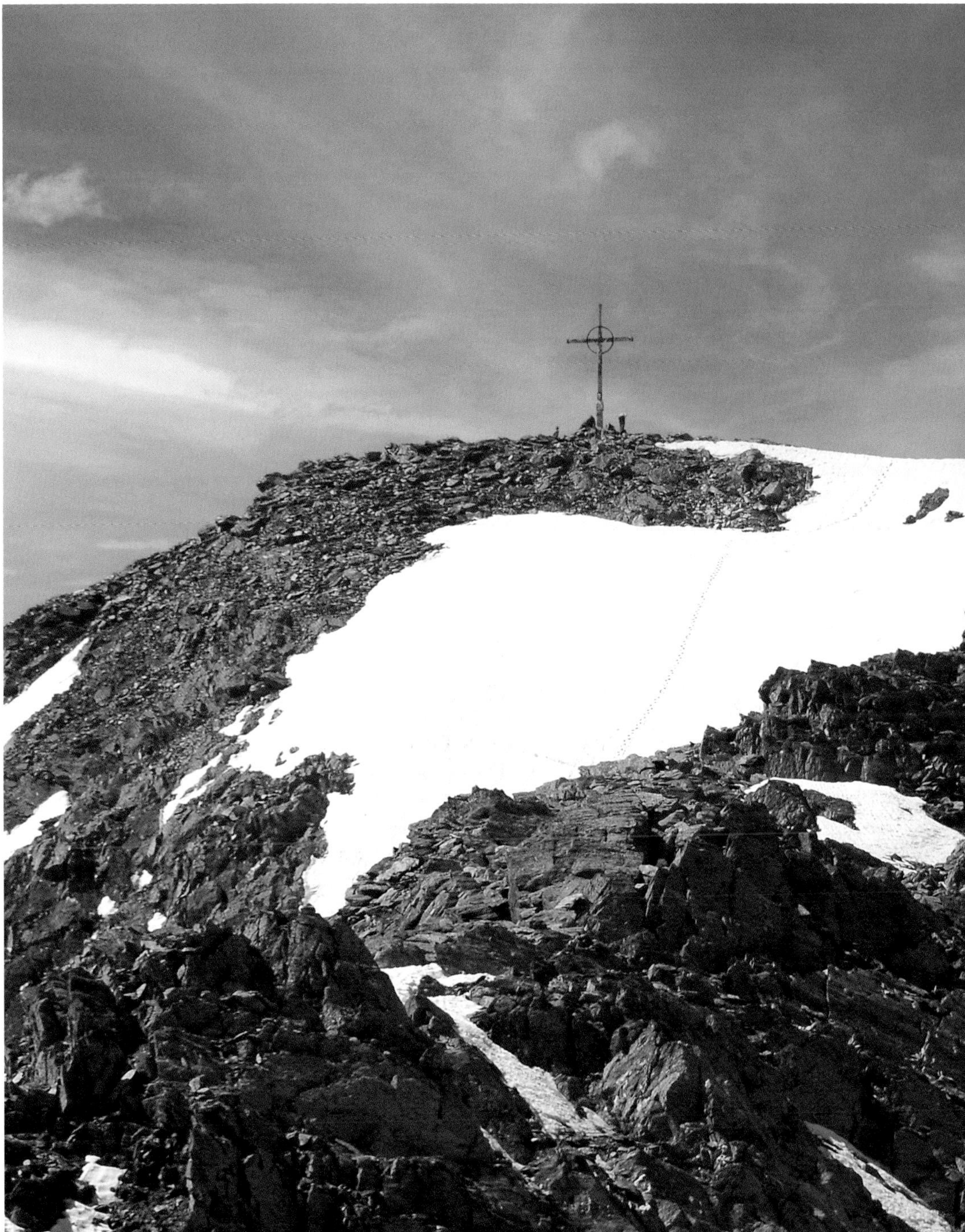

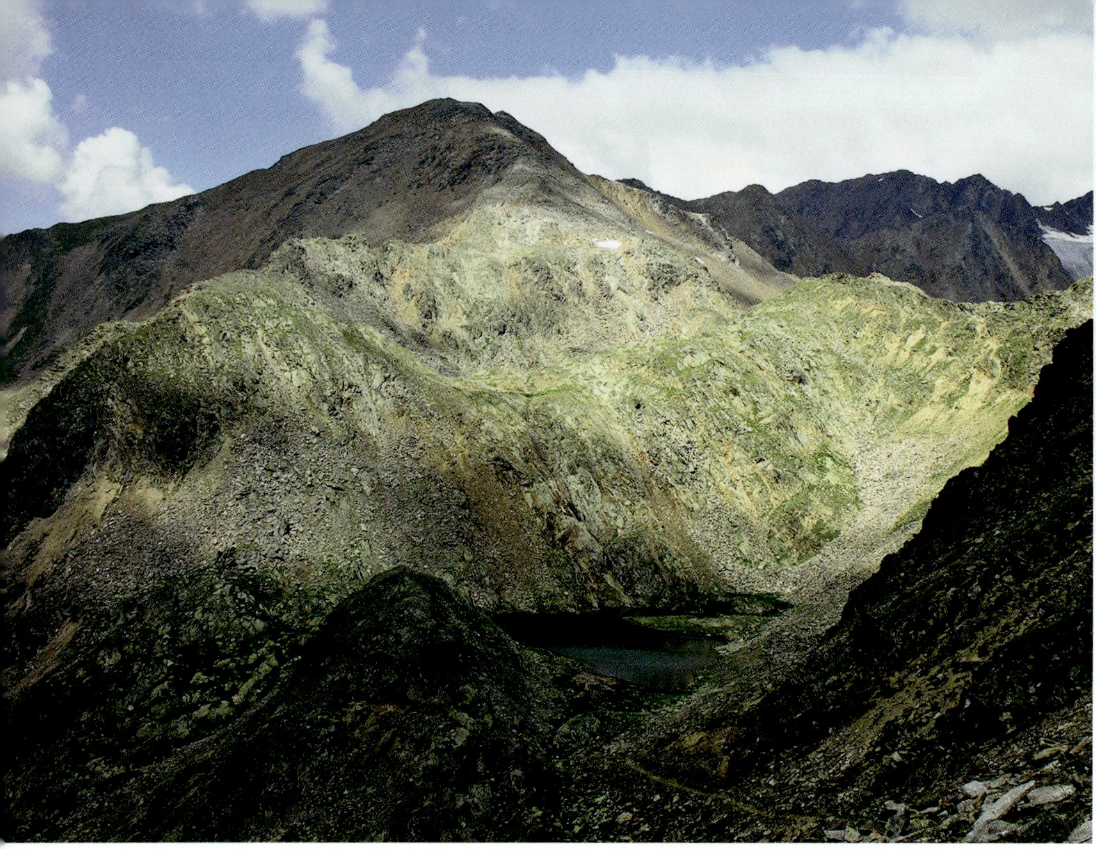

Der Kortscher Schafberg von unserem Zugang aus

Kortscher Schafberg 3115 m

Von Kurzras über die Hungerschartenseen zum Gipfel

29

Die Tour im Überblick Kurzras – Taschljöchl – Hungerschartensee – Kortscher Schafberg – retour
Orientierung und Schwierigkeit Für gehgewohnte und einigermaßen selbstständige Bergwanderer unschwierig; erhöhte Vorsicht bei der Querung vom Taschljöchl zu den Hungerschartenseen ratsam
Gehzeiten Aufstieg 4 ½ Std., Abstieg 3 Std.
Ausrüstung Bergbekleidung
Karten 1:50.000: Kompass, Blatt 52 (Vinschgau); 1:25.000: Tabacco, Blatt 04 (Schnalstal)

7 ½ Std. | 14,9 km | 1114 Hm

Diese Tour führt uns von Kurzras im innersten Schnalstal zunächst zum 2000 Meter hoch gelegenen Wieshof und dann fast gemütlich durch Bergwald hinein zu den grünen, von rauschenden Wassern durchzogenen Weideböden des von der markanten Lagaunspitze überragten Lagauntals, das schon vor Jahrtausenden die Menschen der Urzeit zur Rast einlud, wie entsprechende Funde belegen.

Im Lagauntal ist der bequeme Weg zu Ende und es beginnt der steile Aufstieg zum Taschljöchl, dem uralten Übergang ins Schlandrauntal und in den mittleren Vinschgau. Dort haben die Alpenvereinsleute von Schlanders erst unlängst eine massive Unterstandshütte aufgestellt, und unweit derselben erinnern Mauerreste an die einstige Heilbronner Hütte – früher einmal ein stattliches und viel gepriesenes Schutzhaus, das 1910 von der gleichnamigen Sektion des Deutschen und Österreichischen Alpenvereins errichtet worden war, doch 1933 durch ein Schadenfeuer zerstört wurde.

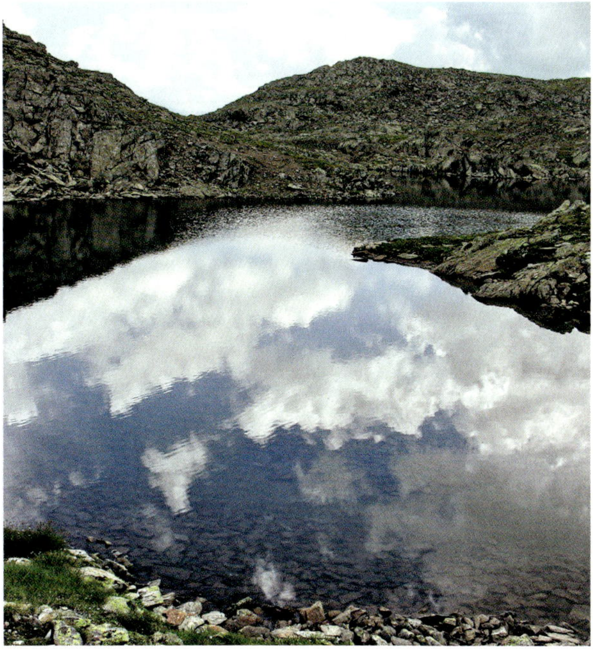

Der Obere Hungerschartensee

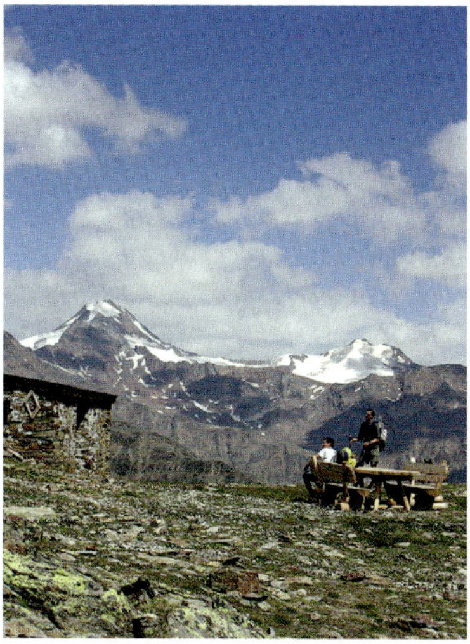

Rast am Taschljöchl; links im Hintergrund die Weißkugel

Vom Taschljöchl blicken wir hinunter zum Kortscher See und zur Schwarzen Lacke, doch wir peilen nicht diese beiden Bergseen an, sondern weiter im Westen die zwei einsamen Hungerschartenseen – zunächst jedenfalls. Daher folgen wir einem unübersehbaren, waagrecht die Hänge querenden Weg, der einem der bekannten Vinschgauer Waale ähnelt und tatsächlich auch einen ähnlichen Zweck erfüllte; über ihn wurde nämlich das Wasser des oberen Hungerschartensees der Heilbronner Hütte zugeleitet.

Dabei handelt es sich aber nur um den ersten Teil einer längeren, seinerzeit vom Heilbronner Alpenverein erbauten Weganlage, die uns nicht nur hinüber zu den Hungerschartenseen führt, sondern von dort weiter und hinauf zum Gipfel des Kortscher Schafberges, der im Atlas Tyrolensis von 1774 den Namen »Walchenstein Berg« trägt und dank dem aufwändig erbauten Alpenvereinsweg der Hausberg der Heilbronner Hütte war.

Ist dieser wuchtige, unvergletscherte Berg schon an und für sich unschwierig ersteigbar, so erleichterte die Weganlage seine Ersteigbarkeit natürlich noch mehr, und es mögen an schönen Sommertagen nicht wenige gewesen sein, die da oben das Dreitausenderglück genossen und sich an der

Rechte Seite: Gipfelbereich des Kortscher Schafberges gegen Lagaunferner und Lagaunspitze

Rundsicht erfreuten, die einerseits weit nach Süden reicht und anderseits in weniger großer Entfernung die Hochgipfel der Schlandrauner Gruppe und des Ötztaler Hauptkammes umfasst.

Mit dem Verfall der Schutzhütte hat das Gebiet des Taschljöchls natürlich an Zulauf verloren, auch als Verbindung zwischen den Tälern hat der hohe Sattel seine einstige Bedeutung eingebüßt, und an unserem so sorgsam erbauten Alpenvereinsweg nagt der Zahn der Zeit. Doch er ist bis auf ein paar abgebrochene oder abbrechende Stellen noch als recht gut begehbar zu bezeichnen, und er macht den Kortscher Schafberg nach wie vor zu einem der leichtesten Dreitausender Südtirols.

Wegverlauf: Von Kurzras (2011 m) auf Steig 4 am westlichen Talhang in rund 15 Minuten talaus zum Wieshof (2001 m, Buschenschank; die Tour kann auch hier begonnen werden), weiterhin auf dem Steig 4 durch Waldhänge in nur leichtem Anstieg hinein ins Lagauntal (2170 m) und in Serpentinen über steindurchsetzte Grashänge steil empor ins Taschljöchl (2772 m; hier ein massiver Notunterstand); ab Kurzras 3 Std. Nun auf dem unmarkierten, aber deutlich sichtbaren Hangweg in ebener, teilweise leicht ausgesetzter Querung der Steilflanken westwärts, dann kurz abwärts zum Unteren (2713 m) und in wenigen Minuten hinauf zum Oberen Hungerschartensee (2778 m). Ab Taschljöchl ½ Std. Nun vom Ostufer des Sees auf dem Fußpfad zuerst leicht ansteigend zu einer Kammsenke und dann westwärts über den breiten Bergrücken auf der hier mit Steinmännchen bezeichneten Weganlage problemlos hinauf zum Gipfelbereich und, bei einer Wegteilung links bleibend, problemlos zum höchsten Punkt (3115 m; ab oberem See 1 Std.).
Abstieg: über die beschriebene Aufstiegsroute.

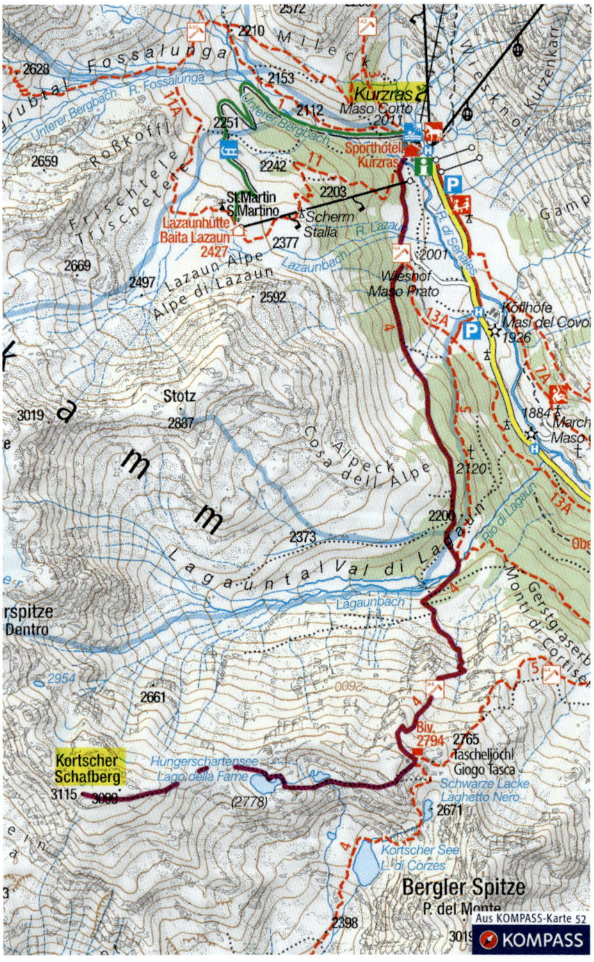

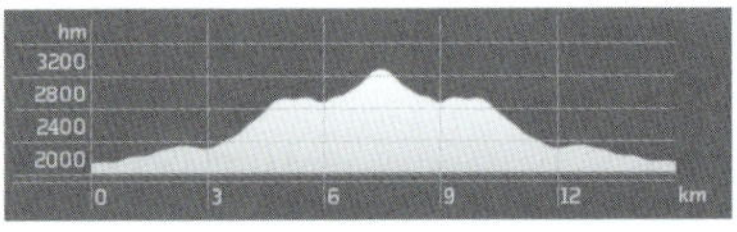

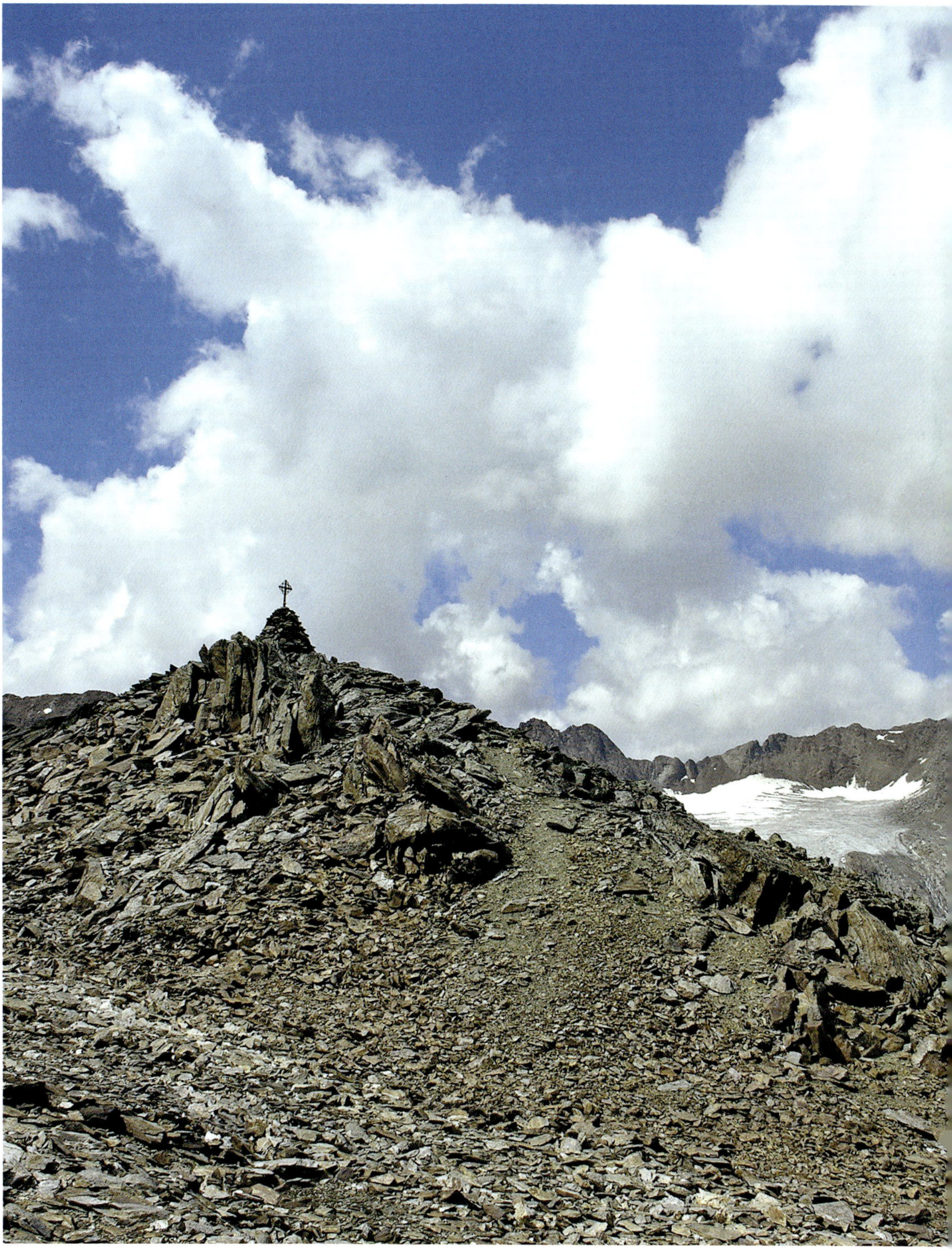

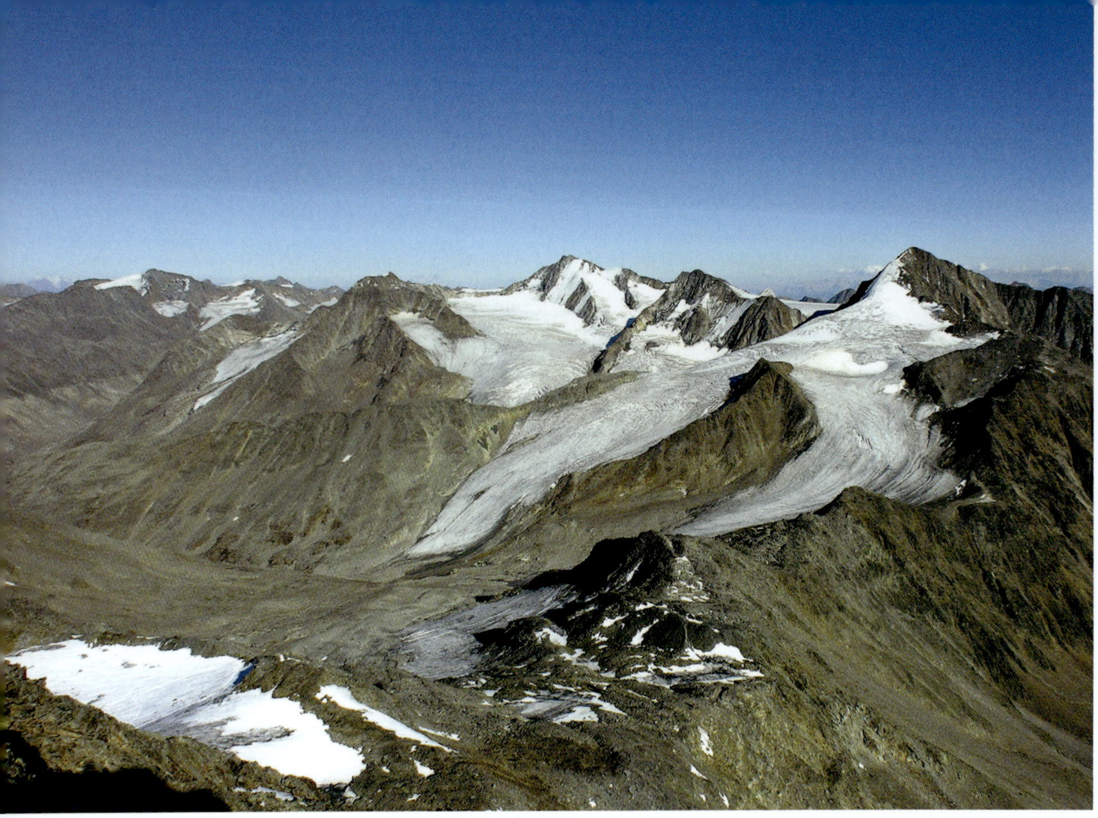

Panorama von der Fineilspitze aus (in Bildmitte die Hintere Schwärze, rechts der Similaun)

Fineilspitze 3516 m

Über Similaunhütte und Ötzi-Denkmal zum Gipfel

30

Die Tour im Überblick Vernagt – Similaunhütte – Fineilspitze – retour
Orientierung und Schwierigkeit Bei guten Verhältnissen für bergerfahrene, trittsichere und schwindelfreie Geher nicht schwierig
Höhenunterschiede Bis zur Hütte 1308 m, von dort zum Gipfel 497 m
Gehzeiten Aufstieg zur Hütte 4 Std., von dort zum Gipfel 2 Std., Abstieg insgesamt 4 Std.
Ausrüstung Hochtourenbekleidung. Die Mitnahme eines Eispickels kann nicht schaden; evtl. Sicherungsutensilien für Ungeübte

10 Std. | 15,9 km | 1805 Hm

Wer die Fineilspitze – der auch »Finail« geschriebene Name ist vom Fineilhof bis zum Gipfel »hinaufgestiegen« – als Gletscherberg erleben will und entsprechende Hochtourenerfahrung besitzt, wählt den Aufstieg, der von Kurzras über das Hochjoch mit der Schönen-Aussicht-Hütte und über den teilweise steilen und spaltenreichen Hochjochferner zum Gipfel führt. Ich bin jenen Weg vor vielen Jahren gegangen und habe ihn in bester Erinnerung. Ein Freund und ich überschritten damals zuerst die Grawand – die Gletscherseilbahn gab es noch nicht – und die Schwarze Wand, bevor wir schließlich auf dem Gipfel der Fineilspitze standen – um anderntags über den Similaun weiter zur Hinteren Schwärze zu pilgern.

Weitestgehend eisfrei und damit nicht ganz so hochalpin zeigt sich die Fineilspitze hingegen nach Süden hin, wo ein felsiger Rücken zwar steil, aber für etwas geübte Steiger nicht schwierig zum Tisenjoch abfällt.

Es ist dies jene ominöse, manchmal völlig falsch als Hauslabjoch bezeichnete Kammsenke, in deren Nähe die 5300 Jah-

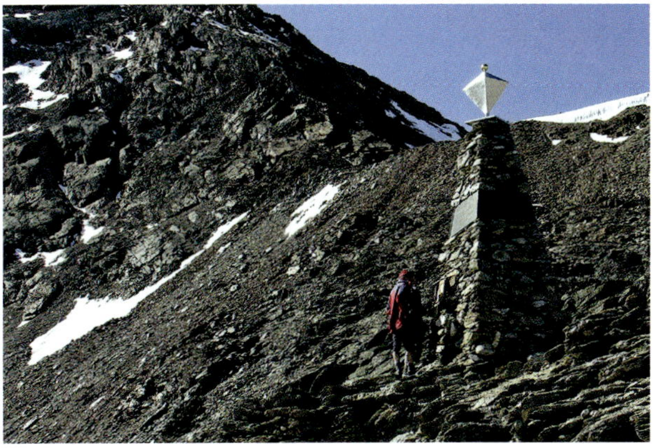

Das Ötzi-Denkmal am Weg zur Fineilspitze

re alte Gletschermumie gefunden wurde, die als »Ötzi« weltweite Berühmtheit erlangt hat und im Archäologiemuseum in Bozen besichtigt werden kann.

Doch der Reihe nach. Da wir diesen eisfreien Anstieg wählen, steigen wir zunächst von Vernagt am gleichnamigen Stausee durch das Tisental zur bekannten Similaunhütte auf, die auf jener 3000 Meter hohen Kammsenke steht, die den scheinbar wenig passenden, aber vom nordseitigen Niedertal abgeleiteten Namen Niederjoch trägt.

Was der Similaunhütte bis zum erwähnten Tisenjoch folgt, ist die Überschreitung eines im Ganzen gesehen waagrecht verlaufenden, recht scharfen und jedenfalls nicht absolut leicht begehbaren Felsgrates. Doch wurde über den Felskamm ein gut markierter, an ausgesetzten Stellen mit Halteseilen versehener Klettersteig angelegt, der zunächst zwar kurz steil ansteigt, doch auf dem größeren Teil eben und stellenweise sogar kurz abwärts verläuft. Insgesamt somit nicht schwierig, kann der gesicherte Pfad aber dort, wo er ein Stück in die sehr steile Nordseite absteigt, bei Vereisung oder Schneelage recht heikel sein.

Der Klettersteig endet am Tisenjoch, das wie erwähnt bisweilen auch Hauslabjoch genannt wird, obwohl dieser Gletschersattel ein gutes Stück entfernt und bedeutend höher zwischen der Fineilspitze und dem Hauslabkogel liegt.

Hier am heute unvergletscherten Tisenjoch steht eine hohe schlanke Steinpyramide, die an den genannten Sensationsfund von 1991 erinnert, und hier beginnt der ab nun über einen felsigen Rücken steil bergan führende letzte Teil des Aufstiegs zur Fineilspitze.

Keine Farbmarkierung, aber dafür Steinmännchen und teilweise auch Steigspuren weisen die Richtung. Und so steigt und

Das Gipfelkreuz auf der Fineilspitze

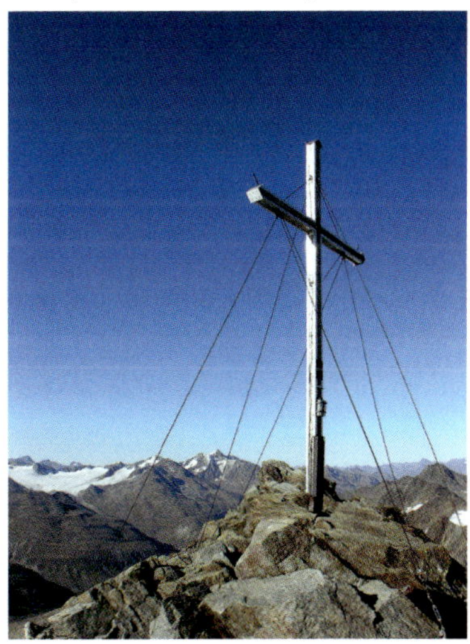

Besonderer Hinweis Im Bereich der Ötzi-Fundstelle steht zwar eine schlanke Steinpyramide mit Informationstafeln, aber sonst ist – entgegen den Erwartungen mancher Besucher – nichts Besonderes zu sehen.
Karten 1:50.000: Kompass, Blatt 52 (Vinschgau); 1:25.000: Tabacco, Blatt 04 (Schnalstal)

Rechte Seite: Die Fineilspitze über der Similaunhütte

kraxelt man zwar steil, aber kurzweilig und ohne größere Schwierigkeiten ziemlich gerade empor, und nachdem man ganz kurz auch ein paar scharfe Felszacken des Ostgrates überstiegen hat, steht man beim Kreuz auf dem schmalen, weit und breit von keinem anderen Berg überragten Gipfel.

Hier überblicken wir vor allem die einmalige Gletscherwelt der Ötztaler Alpen, die sich mit unzähligen Gipfeln und Tälern rundherum ausbreitet, aber wir schauen auch hinunter auf den mächtigen Hochjochferner, über den die eingangs erwähnte Gletscherroute zu unserem Gipfel heraufführt.

Und angesichts der Steilheit und der Spalten sind wir als Normalgeher froh, die eisfreie Südroute gewählt zu haben, die uns zudem auch zu einer der höchstgelegenen Tiroler Schutzhütten und zur Fundstelle des Ötzi geführt hat.

Wegverlauf: Von Vernagt am gleichnamigen Stausee im Schnalstal (1711 m) stets der Beschilderung »Similaunhütte« folgend zuerst in ca. 20 Minuten hinauf zum Tisenhof (1822 m, Jausenstation), dann stets auf dem mit Nr. 2 markierten Fußweg im einsamen Tisental in langem, großteils mittelsteilem Anstieg zuerst durch schütteren Lärchenwald, dann über freies Gelände und zuletzt durch eine Felsflanke auf dem gut angelegten Weg empor zur großen Similaunhütte am Niederjoch (3019 m; Sommerbewirtschaftung); ab Vernagt 4 Std.
Vom Schutzhaus dann auf markiertem, teilweise mit Fixseilen versehenem Felspfad am Grat in mehrmaligem Auf und Ab zum Tisenjoch, wo die Markierung endet (3208 m, schmale Steinpyramide mit Informationstafeln, die an die Auffindung des »Ötzi« erinnern; ab Similaunhütte 1 Std.). Nun Steinmännchen folgend großteils auf Erd- oder Geröllsteig durchwegs ziemlich steil und etliche leichte Kletterstellen überwindend (I-) am felsigen Gratrücken empor zum scharfen Ostgrat und über dessen Felsen kurz und problemlos zum Kreuz am höchsten Punkt (3516 m).
Abstieg: über die beschriebene Aufstiegsroute.

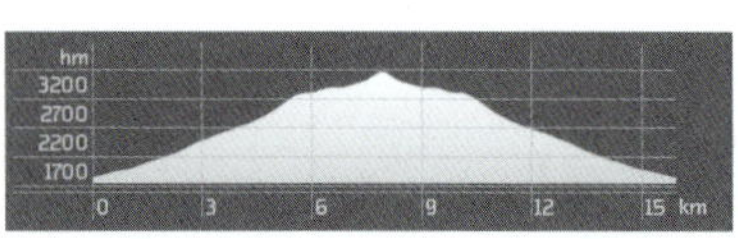

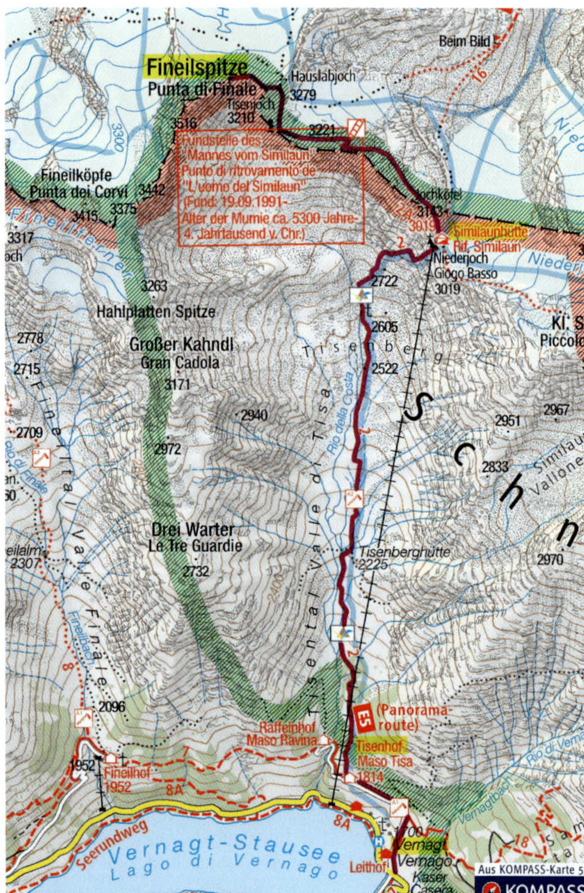

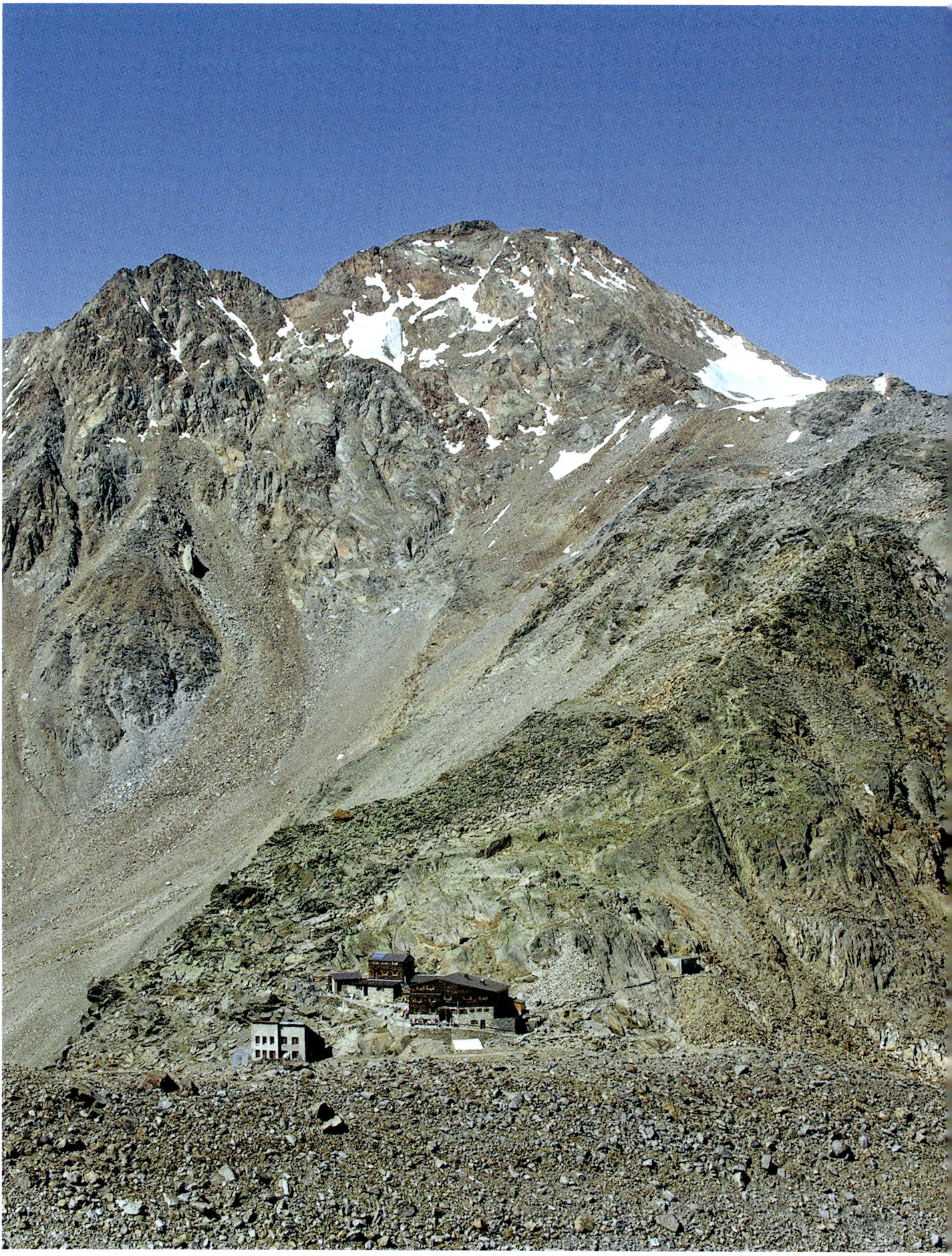

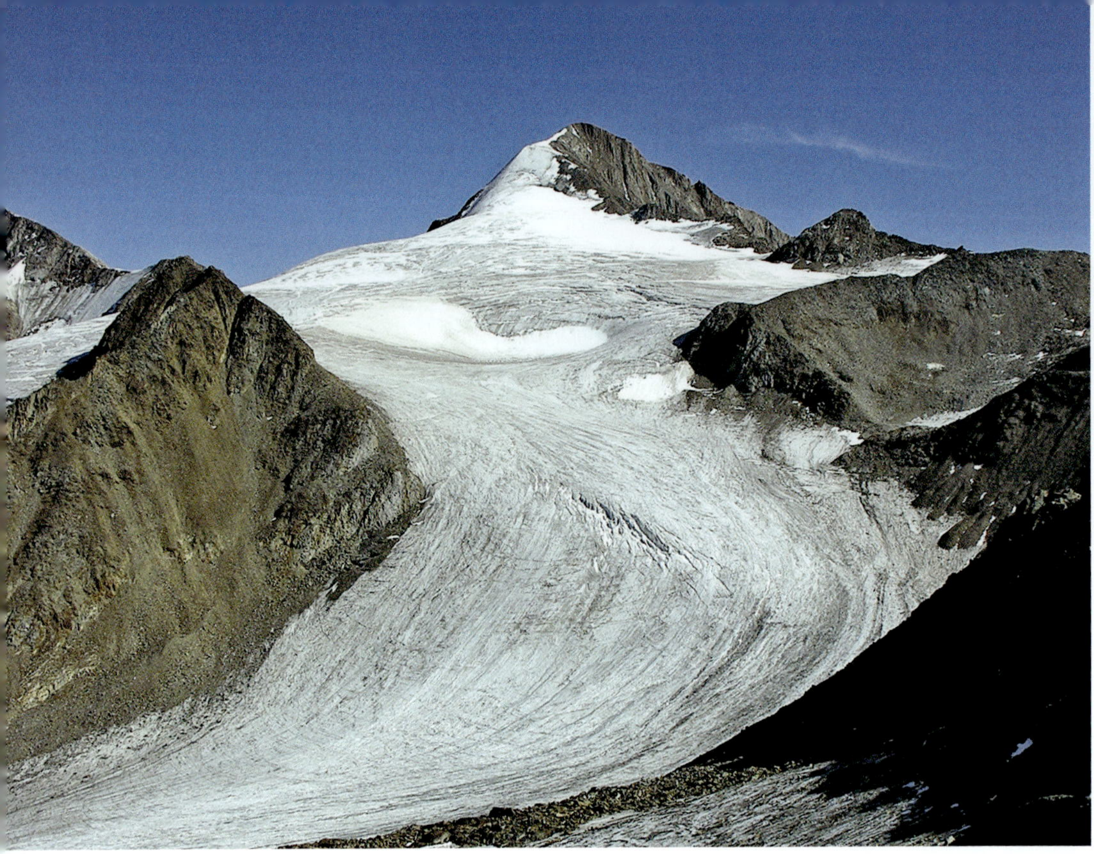

Der Similaun, vom gleichnamigen Schutzhaus aus

Similaun 3606 m

Beliebte Gletschertour von der Similaunhütte aus

31

Die Tour im Überblick Vernagt – Similaunhütte – Similaun – retour
Orientierung und Schwierigkeit Für gletschererfahrene Geher nicht schwierig
Höhenunterschiede Bis zur Hütte 1308 m, von dort zum Gipfel 587 m
Gehzeiten Aufstieg zur Hütte 3 ½ Std., weiter zum Gipfel 2 Std.; Abstieg ins Tal insgesamt 4 Std.
Ausrüstung Hochtourenbekleidung, Seil, Pickel, Steigeisen

9 ½ Std.	15,3 km	1895 Hm

Schon die Höhe des Similaun verrät, dass er kein Berg für »Halbschuhtouristen« ist. Und wenn man die Besteigung auch auf zwei Tage aufteilt, allein der Aufstieg zur Similaunhütte am Niederjoch beträgt schon 1300 Höhenmeter, und am Tag darauf sind weitere 600 Höhenmeter im Aufstieg und schließlich 1900 Meter im Abstieg zu bewältigen. Hinzu kommt, dass die Aufstiegsroute vergletschert ist und demnach meist Seil, Pickel und Steigeisen erforderlich sind.

Der Gletscher ist jedenfalls trotz seines harmlosen Aussehens nicht gerade spaltenarm zu nennen, weshalb man bei ungünstiger Schneebeschaffenheit besondere Vorsicht walten lassen oder auf den seitlichen Blockgrat ausweichen sollte. Darüber hinaus können die Steilaufschwünge und insbesondere der messerscharfe Schlussgrat bei Blankeis recht heikel sein und Erfahrung im Gehen mit Steigeisen erfordern.

Andererseits wird der Similaun zu den eher unschwierigen Südtiroler Dreitausendern gezählt. Denn der Anstieg ist im

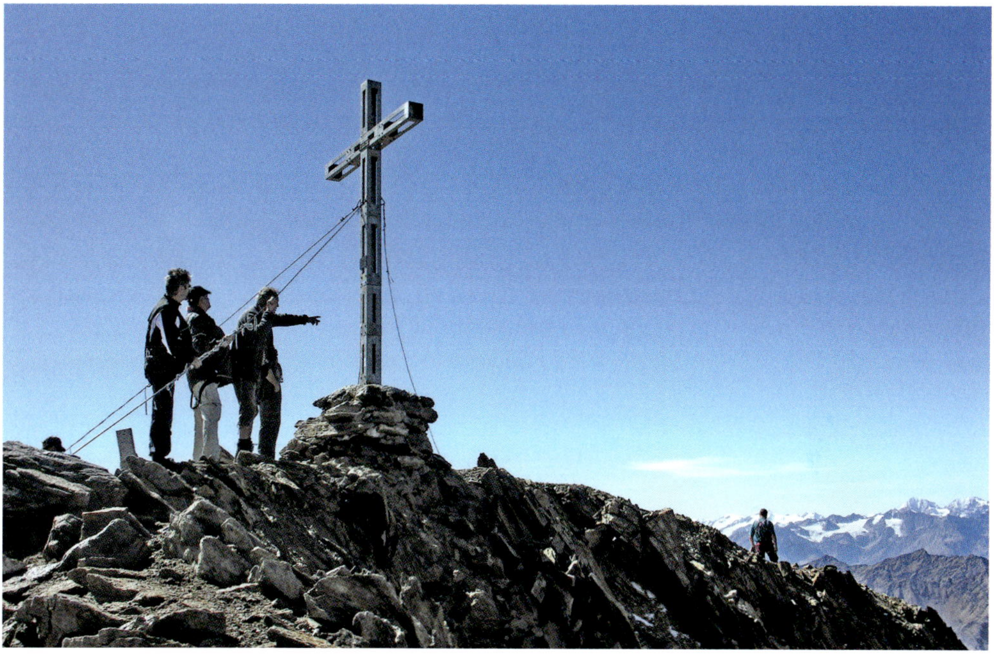

Am Gipfel des Similaun

Ganzen gesehen nicht übermäßig steil, und die Route ist ziemlich klar vorgezeichnet. Wer also über Bergerfahrung, gute Kondition und die nötige Gletscherausrüstung verfügt, darf sich den Similaun bei guten Verhältnissen ohne weiteres zutrauen, insbesondere wenn fester Schnee und gute Tritte ein zügiges und problemloses Gehen erlauben. Dass der berühmte »Ötzi« im Similaungebiet gefunden wurde, sei nur am Rande erwähnt, denn die Fundstelle liegt nicht hier bei unserem Berg, sondern weiter nördlich am Fuß der Fineilspitze.

In unserem Zusammenhang verdient jedoch die Ersteigungsgeschichte des Similaun ein gewisses Interesse. Abgesehen davon, dass über das Niederjoch seit Jahrhunderten die Schnalser Bauern alljährlich viele hundert Schafe auf die Ötztaler Seite hinüber und im Herbst wieder herüber treiben und bei einer solchen Gelegenheit der Similaun auch bereits schon früh bestiegen worden sein könnte, und auch abgesehen davon, dass Peter Carl Thurwieser 1833 den Berg besucht haben soll, worüber man allerdings nichts Konkretes weiß, stieg bereits 1834 nachweislich der Schnalser Pfarrer Thomas Kaserer zusammen mit Josef Raffeiner von Süden zum Gipfel auf.

Drei Jahre später wählten die Brüder Schlagintweit, drei junge Burschen aus München, denselben Weg, stiegen dann aber

Besonderer Hinweis Bei Schneelage auf versteckte Spalten achten; bei Blankeis ist am scharfen Gipfelgrat erhöhte Vorsicht geboten. Im Normalfall nicht ohne Steigeisen, Seil und Pickel den Aufstieg wagen!
Karten 1:50.000: Kompass, Blatt 52 (Vinschgau); 1:25.000: Tabacco, Blatt 04 (Schnalstal)

über den Westgrat ab und sind damit die ersten bezeugten Begeher der heutigen Normalroute.

Auch mit Skiern wurde der Similaun schon früh, nämlich 1905, bestiegen, und zwei Jahre später fand sogar die Nordwand ihre Bezwinger, eine mauerglatte Eiswand, die in jüngster Zeit leider dem allgemeinen Gletschersterben weitgehend zum Opfer gefallen ist.

Die verhältnismäßig leichte Ersteigbarkeit des Berges hat zu seiner frühen alpinistischen Erschließung beigetragen, aber genauso hat dies wohl auch die Schönheit des Berges getan. So frei und formvollendet er aufragt, hat er die Menschen sicher schon früh in seinen Bann gezogen. Und er hat bis auf den heutigen Tag nichts von seiner Anziehungskraft eingebüßt, auch wenn er nicht mehr ganz so eisgepanzert ist wie früher.

Wegverlauf: Von Vernagt am gleichnamigen Stausee in Schnals (1711 m) auf Weg 2 nordwärts hinauf zum Tisenhof (Jausenstation), durch das schöne, einsame Tisental lange nur mäßig ansteigend weiter (an einer Stelle ein winziger Hirtenunterstand mit dem sogenannten »rätischen Gang«) und zuletzt etwas steiler auf einem guten und leichten Felsenweg empor zur Similaunhütte am Niederjoch (3019 m; rund 80 Schlafplätze); ab Vernagt 3 ½ – 4 Std. Hier evtl. Nächtigung. Am nächsten Tag kurz über Blockwerk südwärts, dann über den anfangs ziemlich flachen, aber schon bald ziemlich stark ansteigenden und spaltenreichen Gletscher empor (meist entweder am Westrand oder am Ostrand ausgetretener Steig) und schließlich über den scharf ausgeprägten Firn- oder Eisgrat zum Gipfel. Ab Hütte knapp 2 Std. *Abstieg:* über den Aufstiegsweg.

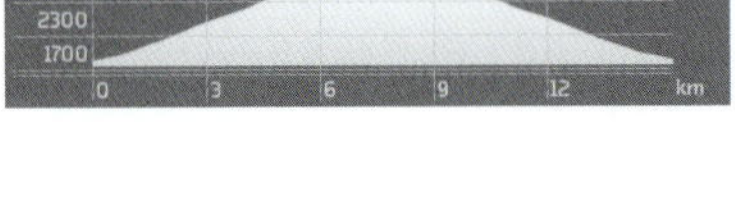

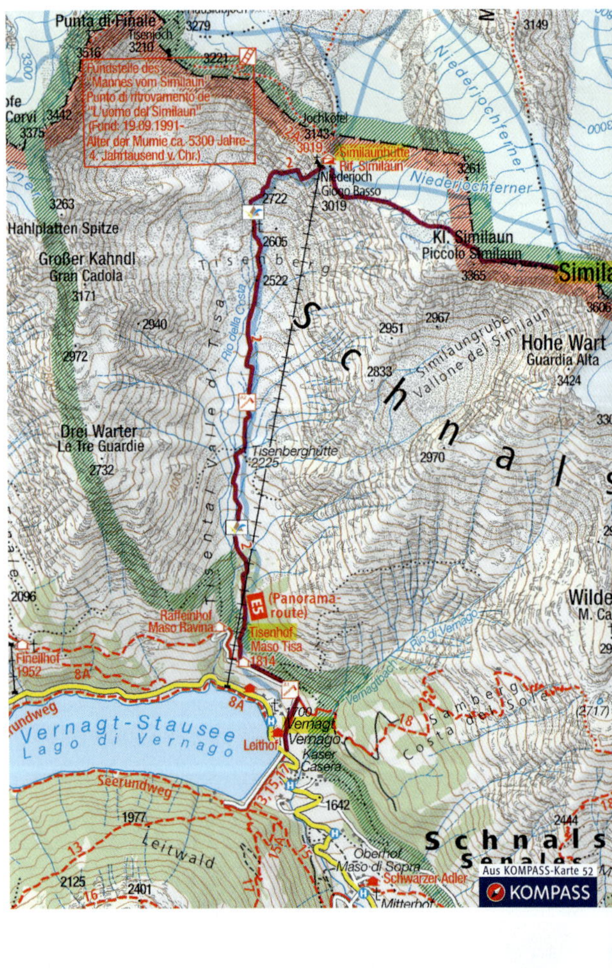

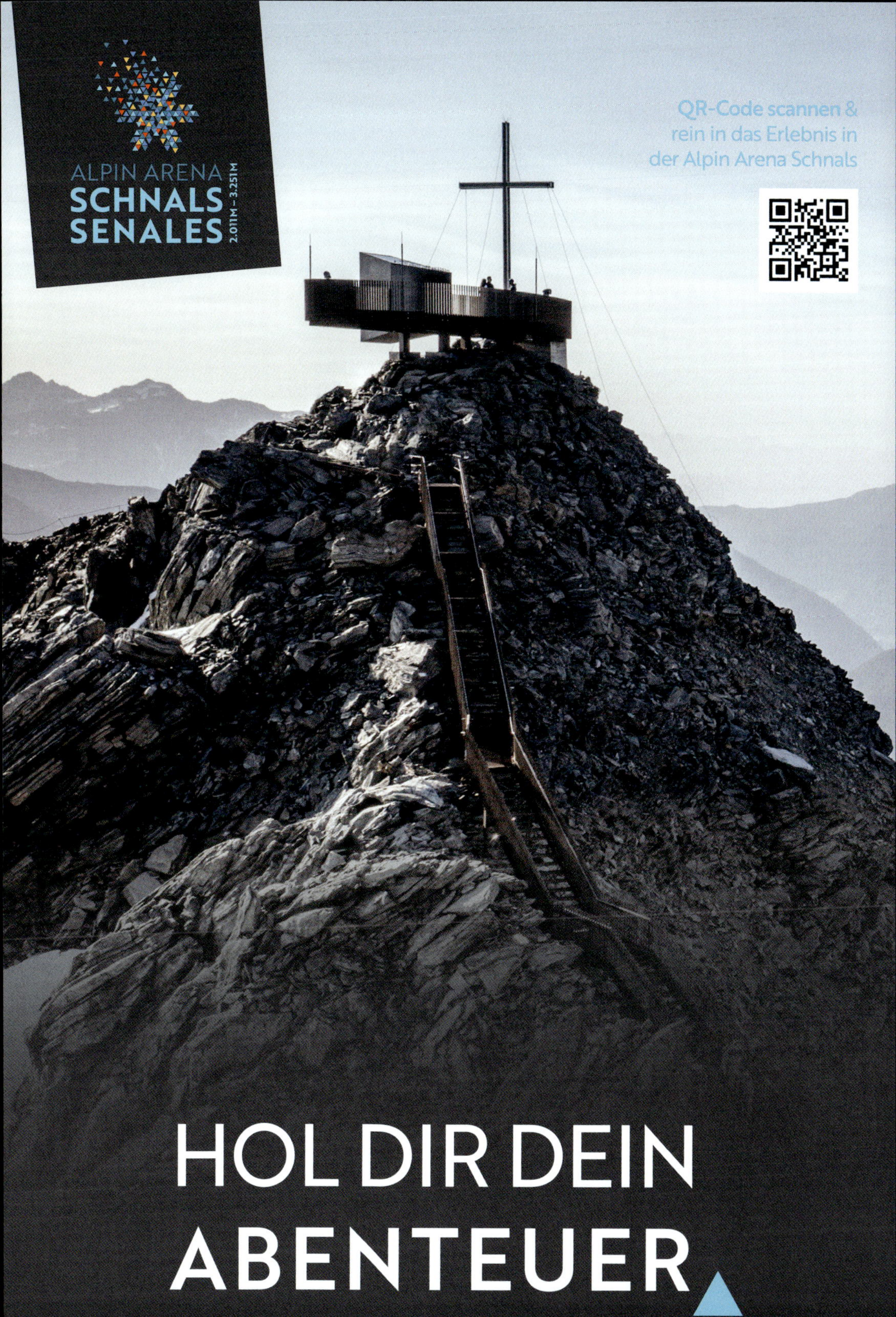
ALPIN ARENA
SCHNALS
SENALES
2.011M – 3.251M
QR-Code scannen &
rein in das Erlebnis in
der Alpin Arena Schnals
HOL DIR DEIN
ABENTEUER

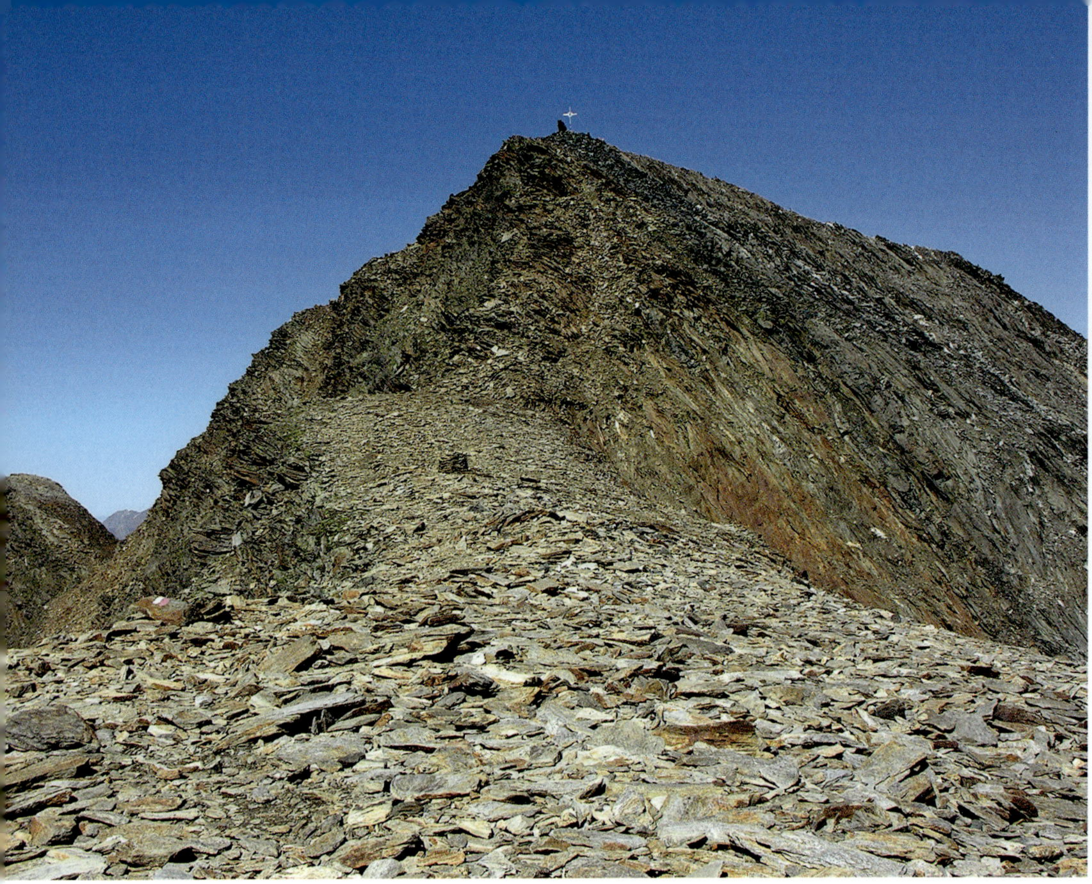

Der Gipfelaufbau des Roteck in der Texelgruppe

Roteck 3337 m

Von Partschins zum höchsten Berg der Texelgruppe

32

Die Tour im Überblick Partschins – Lodnerhütte – Roteck – retour
Orientierung und Schwierigkeit Bei besten Verhältnissen nicht schwierig, aber doch nur trittsicheren, schwindelfreien und ausdauernden Bergsteigern vorbehalten
Höhenunterschiede Bis zur Hütte 1312 m, weiter zum Gipfel 1075 m
Gehzeiten Aufstieg zur Hütte 4 Std., weiter zum Gipfel 3 ½ Std., Abstieg insgesamt 5 Std.
Besonderer Hinweis Bei Nächtigungsabsicht in der Lodnerhütte Voranmeldung ratsam!
Ausrüstung Bergbekleidung, Sicherungsutensilien für Ungeübte
Karten 1:50.000: Kompass, Blatt 53 (Meran)

12 ½ Std. | 21,7 km | 2387 Hm

Von den Dreitausendern, die sich in der Texelgruppe erheben und das Zieltal mit einem prachtvollen, teilweise vergletscherten Bergkranz umrahmen, sind es zwei, welche die 3300 Meter übersteigen: das Roteck – oder Rotegg – und die Texelspitze. Doch keiner der beiden Gipfel scheint alle Superlative auf sich allein vereinen zu wollen. So nimmt das Roteck nur für sich in Anspruch, der höchste Gipfel der Texelgruppe zu sein, während die Texelspitze mit dem zweiten Platz zufrieden ist, dafür aber der ganzen Berggruppe den Namen gegeben hat.

Bei dem auf der Nordseite noch teilweise vergletscherten Roteck, dessen Gestein im Gipfelbereich dem Namen alle Ehre macht, handelt es sich um einen stolzen, wenn auch etwas versteckt im oberen Zieltal liegenden Dreitausender und damit natürlich um eine hervorragende Aussichtswarte. Aber mehr noch: Die Besteigung des Berges gilt trotz seiner Höhe als nicht besonders schwierig.

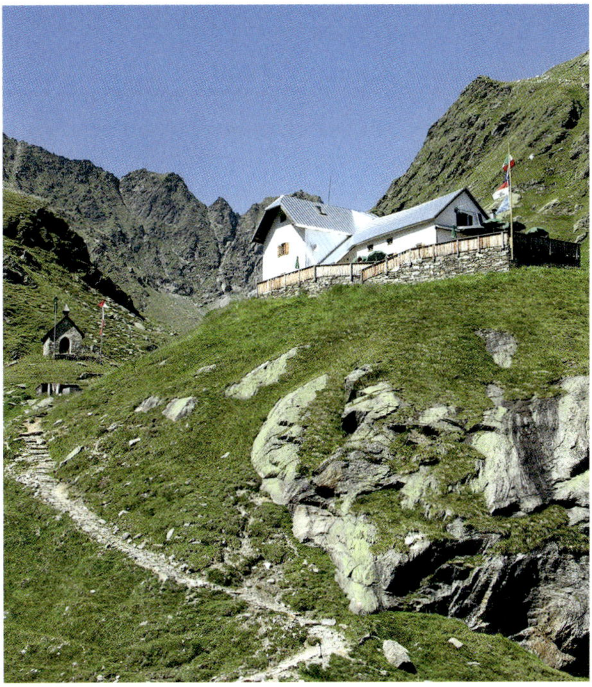

Die Lodnerhütte, Hauptstützpunkt für Gipfeltouren in der Texelgruppe

Vom unteren Zieltal bei Partschins führen gute, wenn auch teilweise steile Wege zuerst zur Nasereithütte hinauf, dann über die kleine Gingglalm weiter zur bewirtschafteten Zielalm und von da zur Lodnerhütte.

Wanderer ohne besondere Höhenambitionen könnten natürlich eine der Almen oder die genannte Schutzhütte als Ziel auswählen, wir aber, die wir zweckmäßigerweise bereits am Vortag die Lodnerhütte erreicht haben, steigen auf gut markiertem Steig zuerst über Grashänge und die »Schafbank« hinauf zu einem teils breiten, teils schmalen Grat und über Blockwerk und Fels weiter zum Kreuz auf dem Roteck, dessen Vorgipfel zur Lodnerhütte hinablugt.

Die Route ist bis zum Gipfel gut markiert und besteht zumindest zu einem großen Teil aus einem unschwierig zu begehenden Steig. Und auch dort, wo es oberhalb der Vegetationsgrenze über Blockwerk und Fels geht, stößt der berggewohnte Wanderer bis auf eine Stelle auf keine Probleme.

Diese eine Stelle hat es allerdings in sich. Zwar ist sie dort, wo der Fels im Bereich einer schmalen Scharte für den

Wegverlauf: Anfahrt von Partschins bei Meran (626 m) auf schmaler Straße zu den Parkplätzen beim Gasthaus Birkenwald (950 m; die Möglichkeit, auf einer schmalen und kurvenreichen Höfestraße eine Höhe von rund 1400 m fahrend zu erreichen, muss hier aus Rechts- und Sicherheitsgründen unberücksichtigt bleiben). Von Birkenwald nun stets der Markierung 8 folgend zuerst Überquerung des Zielbaches, dann durch Wald hinauf zur bewirtschafteten Nasereithütte (1523 m – die Hütte ist auch mit der Texelbahn zum Gasthaus Giggelberg, 1565 m, und weiter über Weg 24 in 1 Std. erreichbar), weiterhin auf Weg 8 über die Gingglalm hinauf zur Zielalm (2196 m) und weiter zur Lodnerhütte (2260 m; Sommerbewirtschaftung; hier evtl. Nächtigung); ab Birkenwald ca. 4 Std. – Weiter zum Gipfel: Vom Schutzhaus kurz hinauf zu Weggabel, links auf Steig 9 zu weiterer Wegteilung und rechts in Kehren durch Grashänge hinauf zur Grasmulde der »Schafbank«; nun am Roteck-Ostrücken über Blockwerk und Fels stets unschwierig und markiert (auch Steinmänner weisen die Richtung) bald stark, bald schwach ansteigend weiter, dann ausgesetzt an Halteseilen und Eisenstiften kurz hinab in eine schmale Felsscharte, jenseits an einer Eisenkette über eine kleine Felswand empor, am Blockgrat unschwierig hinauf zu einer weiteren Gratschulter und bald darauf am kurzen Schlussgrat problemlos zum Gipfelkreuz (3337 m); ab Hütte 3 ½ Std. *Abstieg:* über die beschriebene Aufstiegsroute oder von der Nasereithütte über Weg 24 zur Bergstation der Texelbahn.

Rechte Seite: Sehr steiler, aber mit Sicherungen versehener Felsaufschwung an der Roteck-Normalroute; im Hintergrund ist das Gipfelkreuz erkennbar.

Durchschnittsbergsteiger wirklich ein Problem darstellen würde, in dankenswerter Weise durch fix angebrachte Seile, Eisenstifte und Ketten wesentlich entschärft worden, aber sie ist trotzdem ziemlich ausgesetzt, und nach der Scharte muss eine beinahe senkrechte kleine Wand erklettert werden.

Dieser kurze Klettersteig bereitet dank guter Tritte und der erwähnten Sicherungen geübten Berggehern und insbesondere solchen, die etwas Fels- und Klettersteigerfahrung besitzen, bei trockenem Fels meist keine besonderen Schwierigkeiten, veranlasst so manchen Ungeübten aber gelegentlich doch auch zur Umkehr – so kurz unter dem Gipfel natürlich schweren Herzens.

Somit ist das Roteck trotz des größtenteils leichten Zugangs doch nur ein Gipfel für einigermaßen Geübte; und außerdem ein Gipfel, dessen Besteigung ein gerüttelt Maß an Gehtüchtigkeit verlangt. Denn wenn auch die Nasereithütte und die Zielalm Rastpunkte mit Einkehrmöglichkeit und die Lodnerhütte einen günstig und schön gelegenen Stützpunkt darstellen, so handelt es sich insgesamt doch um eine lange und anstrengende Hochtour – freilich auch um eine außerordentlich lohnende.

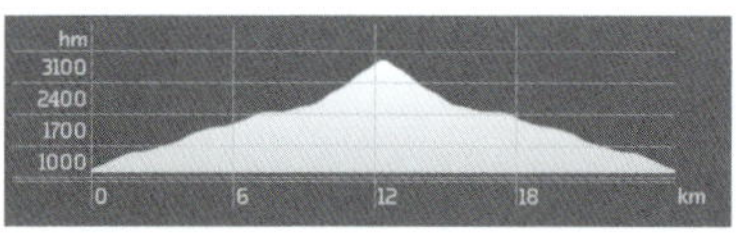

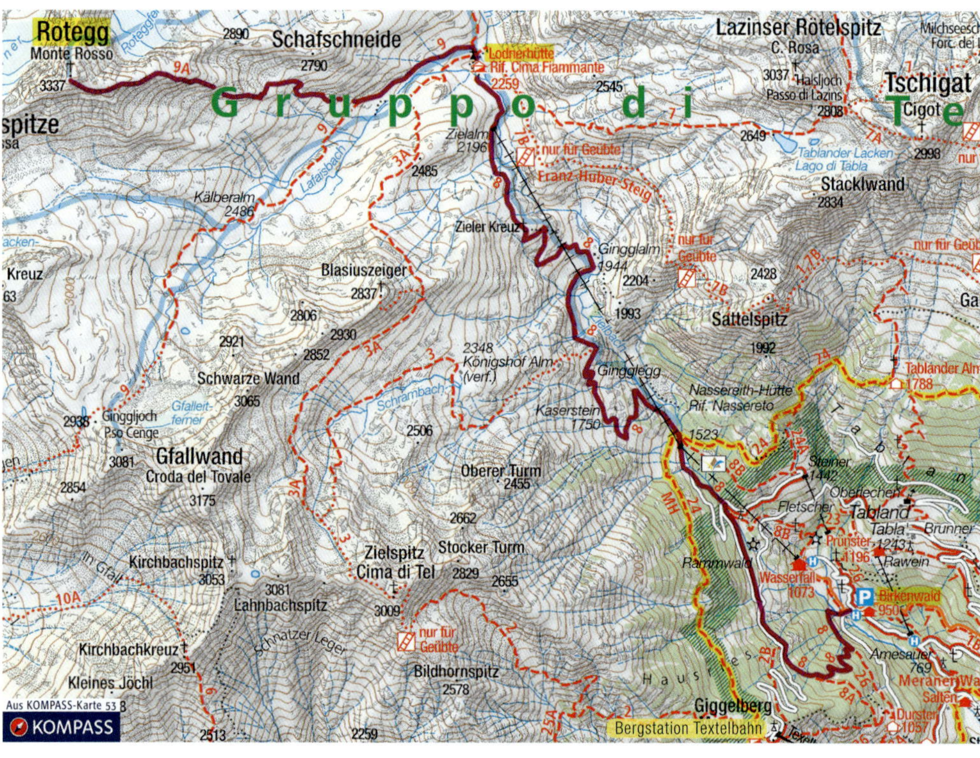

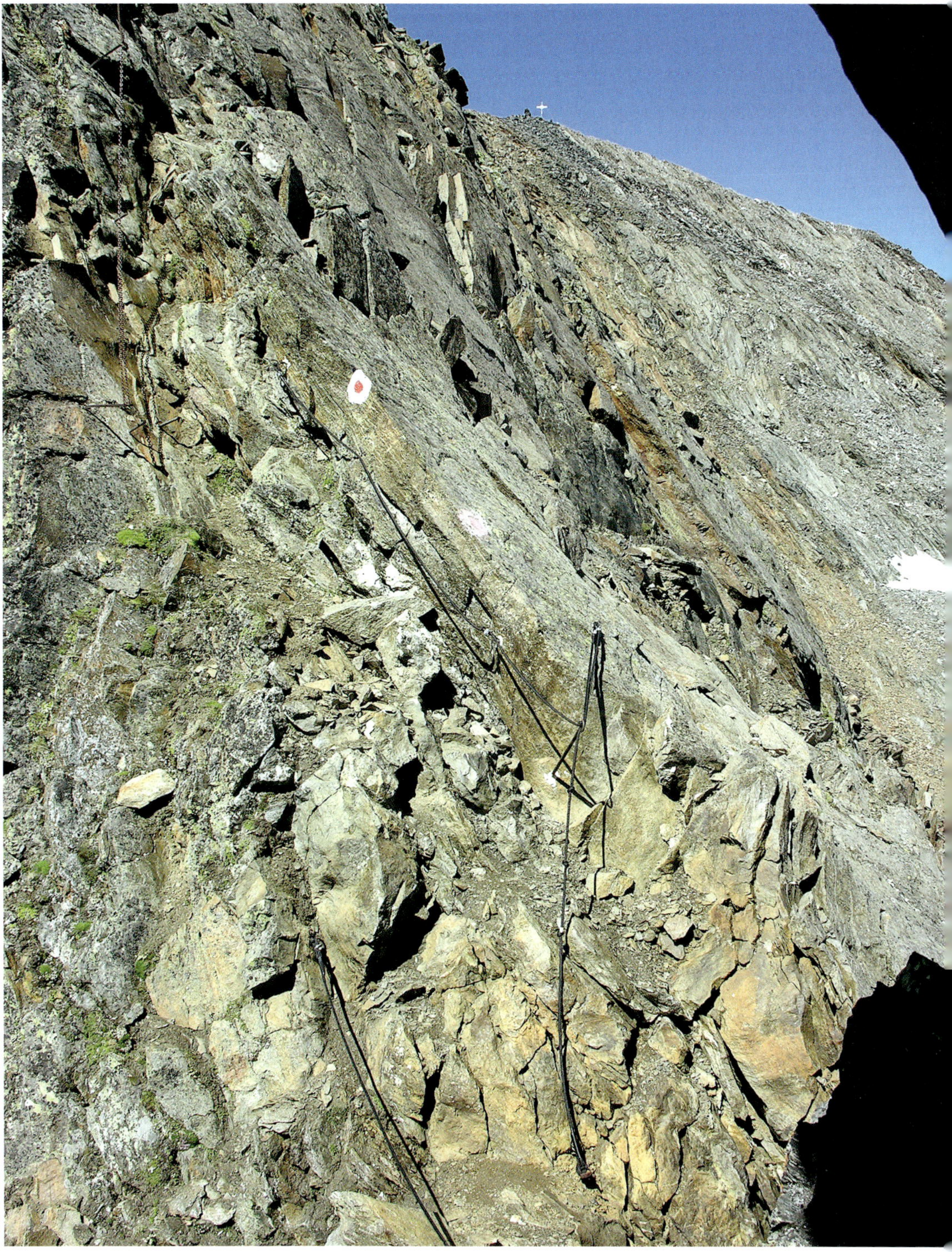

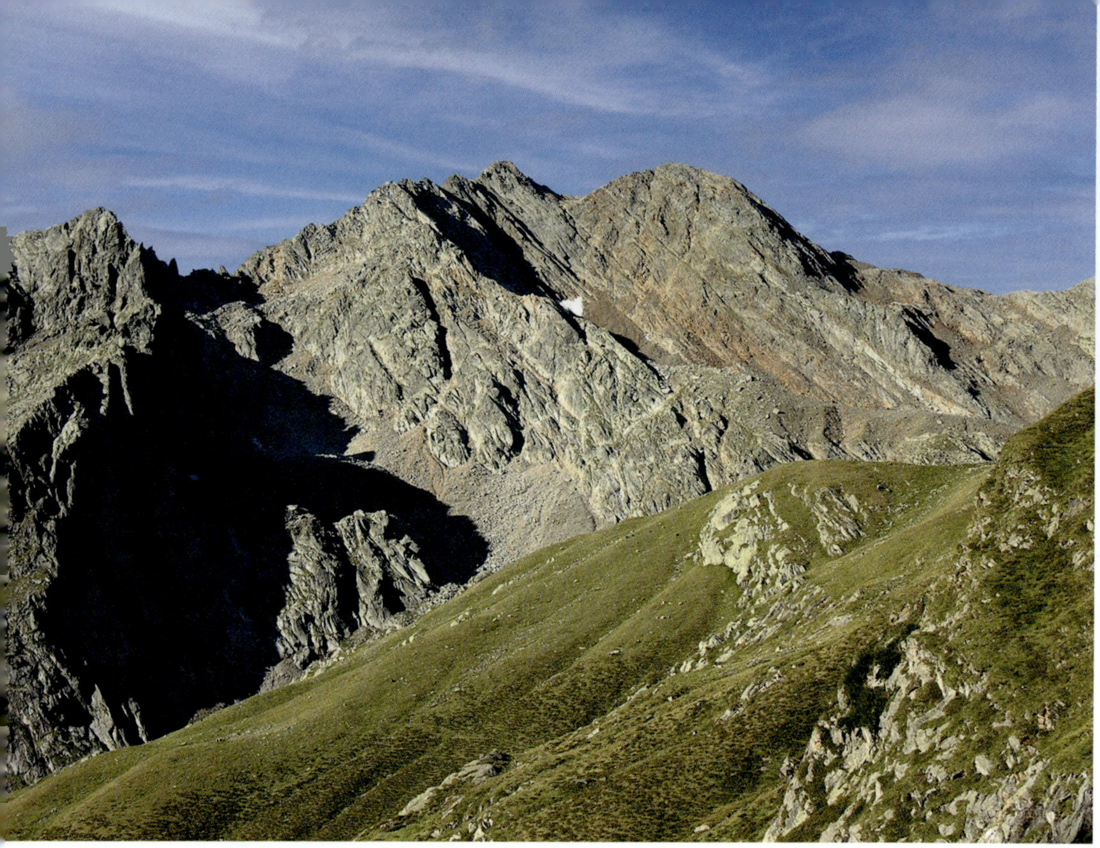

In Bildmitte die Zielspitze mit ihrem rundlichen Nordgipfel, vom hier beschriebenen Abstiegsweg aus

Zielspitze 3006 m

Das Felshorn hoch über Tabland

33

Die Tour im Überblick Rabland – Giggelberghof – Zielspitze – Nasereithütte – Rabland
Orientierung und Schwierigkeit Nur für trittsichere und schwindelfreie Berggeher; insgesamt lang und anstrengend, anspruchsvolle Überschreitung
Höhenunterschiede Aufstieg 1441 m, Abstieg ins Tal 2480 m
Gehzeiten Aufstieg 4 Std., Abstieg 4 Std.
Ausrüstung Hochtourenbekleidung und evtl. Sicherungsutensilien für Ungeübte
Besonderer Hinweis Wer sich den Aufstieg über die steile Südostflanke nicht zutraut, wähle die Route über die Nordseite
Karten 1:50.000: Kompass, Blatt 53 (Meran)

8 Std. | 12,6 km | 1441 Hm

Die Zielspitze gehört zu den besonders markanten Gipfeln der südlichen Texelgruppe, und da sie mit ihrer steilen Südostflanke, von der der hervorragende Bergsteiger Eugen Guido Lammer um 1900 schrieb, über sie würde man »wenn überhaupt, nur mit sehr gefahrvoller Kletterei heraufkommen«, direkt über Rabland hoch aufragt, ist sie auch vom Meraner Becken aus gut zu sehen.

Mit der Erwähnung von Rabland haben wir auch gleich den Talort für die Besteigung des Berges genannt; denn zwischen Rabland und Partschins liegt die Talstation der neuen Texelbahn, und mit dieser fahren wir zuerst hinauf zum Hof und Gasthaus Giggelberg, wo der eigentliche Aufstieg zur Zielspitze beginnt.

Der Pfad führt mit ein paar weit ausholenden Windungen steil bergan, er ist gut markiert und großteils gut ausgeprägt. Von einer »sehr gefahrvollen Kletterei« kann man heute demnach nicht mehr sprechen. Allerdings sind fast 1500 Höhen-

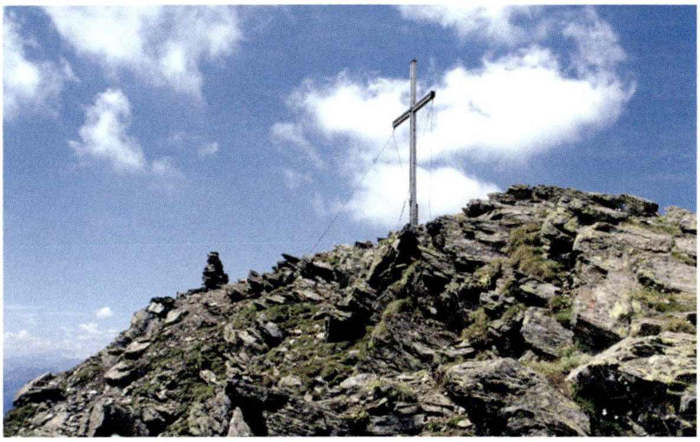

Das Gipfelkreuz auf der Zielspitze

meter sozusagen in einem Zug zu bewältigen, die genannte Flanke ist wirklich sehr steil, und manche Wegstellen sind nicht nur sehr ausgesetzt, sondern auch felsig genug, um als leichte Kletterpassagen mit Schwierigkeitsgrad I bezeichnet werden zu können.

Hat man als ausdauernder, trittsicherer und schwindelfreier Bergsteiger dann glücklich und mit der nötigen Achtsamkeit das Gipfelkreuz erreicht, steht man nicht weniger als 2500 Höhenmeter über der Talsohle des untersten Vinschgaus und genießt einen Tiefblick, der ebenso atemberaubend ist wie das Panorama umfassend und weitreichend.

Für den Abstieg wählen wir dann die markierte Route, die über die Nord- und Ostseite ins Zieltal hinab führt, wo die Nasereithütte willkommene Rast- und Einkehrmöglichkeit bietet, bevor schließlich wieder ins Tal zurückgekehrt wird.

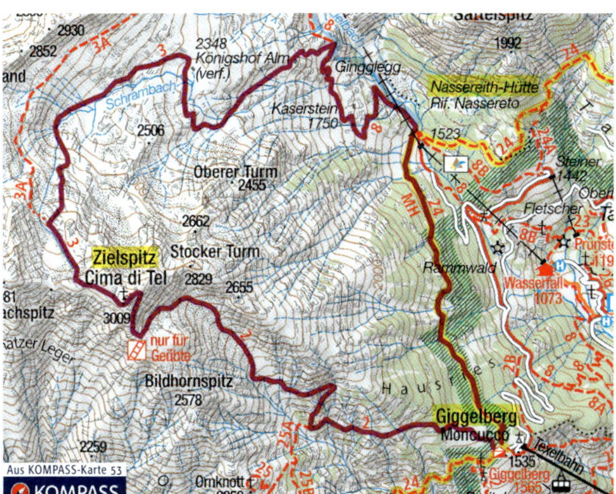

Wegverlauf: Von Rabland (526 m) zunächst mit der Texelbahn (neue Personenseilbahn, Talstation etwas oberhalb des Dorfes) hinauf zum Gasthaus Giggelberg (1565 m). Von dort dem Wegweiser »Zielspitze« folgend auf markiertem Fußweg durch Wiesen und Wald zuerst ziemlich gerade empor und später in langer Linksquerung hinein ins steile Schindelbachtal; nun durch dieses bergan, dann auf dem nun etwas ausgesetzten Steig nach links leicht ansteigend bis fast zum Südgrat, hier scharf rechts ab und in langer, teils ebener, teils ansteigender Querung durch die äußerst steile, aber teilweise grasbewachsene Gipfelflanke (meist Erdsteig, zwischendurch aber auch felsige Stellen, die erklettert werden müssen, I. Grad) zum scharfen Nordostgrat; und schließlich über diesen (teilweise Kletterei I. Grades in kompaktem Schieferfels) zum Gipfelkreuz (3006 m); ab Giggelberg 4 Std.

Abstieg: Auf markierter Route nordseitig über Schrofen und einen gut begehbaren Felsgrat hinab zu einer Scharte, rechts über Blockwerk weiter zu Weggabel, erneut rechts über Blockwerk und Schutt (oder Schnee) und später über begraste Hänge hinunter zur verfallenen Königshofalm; nun wieder rechts abdrehend hinab zu Viehpferch und zum Vorderrand eines ebenen Bodens, dann auf teilweise undeutlichem Steig der Markierung folgend lange durch steile, felsdurchsetzte Grashänge hinunter zum Zieltalweg und auf diesem hinab zur Nasereithütte (1523 m; Sommerbewirtschaftung; ab Gipfel 3 Std.). Nun auf Weg 24 in 1 Std. die Hänge querend zurück zum Gasthaus Giggelberg und mit der Seilbahn zurück zum Ausgangspunkt (oder ab Nasereithütte zu Fuß ins Tal auf Weg 8 in knapp 2 Std.).

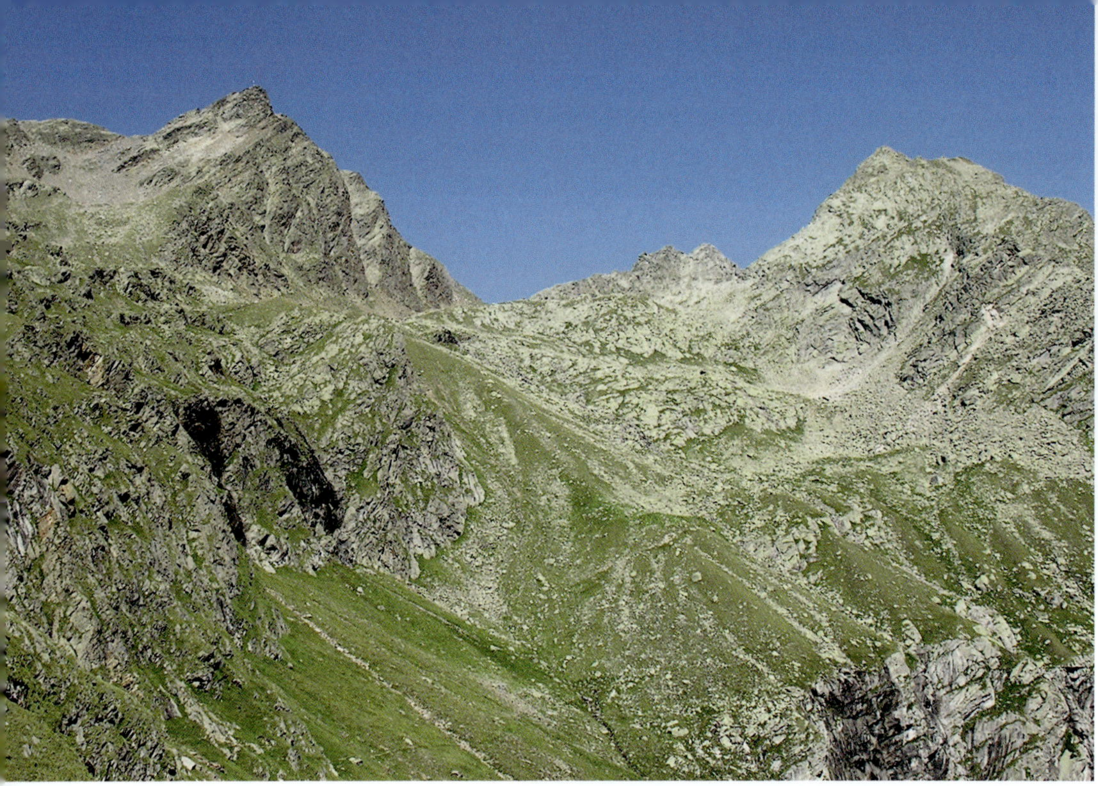

Lazinser Rötelspitze links und Tschigat rechts; darunter die Hänge, durch die der Aufstieg zum Halsljoch führt

Lazinser Rötelspitze 3037 m

Der zweite Hausberg der Lodnerhütte

34

Die Tour im Überblick Partschins – Lodnerhütte – Lazinser Rötelspitze – retour
Orientierung und Schwierigkeit Für trittsichere und schwindelfreie Berggeher mit Hochgebirgserfahrung nicht schwierig
Höhenunterschiede Bis zur Hütte 1312 m, weiter zum Gipfel 777 m
Gehzeiten Aufstieg zur Hütte 4 Std., weiter zum Gipfel 2 ½ Std., Abstieg insgesamt 4 Std.
Ausrüstung Bergbekleidung, Sicherungsutensilien für Ungeübte
Besonderer Hinweis Bei Nächtigungsabsicht in der Lodnerhütte Voranmeldung ratsam!
Karten 1:50.000: Kompass, Blatt 53 (Meran)

10 ½ Std. | 22 km | 2089 Hm

Ragt auf der Westseite des Zieltales das Roteck auf, so erhebt sich deren Namensvetter, die Lazinser Rötelspitze, auf der Ostseite. Vom Meraner Becken aus gesehen versteckt sie sich hinter dem Tschigat, doch von Westen gesehen, etwa vom Blasiuszeiger her, erkennt man, dass sich der Berg keineswegs zu verstecken braucht und es nach dieser Seite hin auch nicht tut.

Denn nördlich des Halsljoches, das unseren Berg mit dem Tschigat verbindet und zwischen beiden Hochgipfeln rund 200 Meter tief eingeschnitten ist, ragt die Rötelspitze – auch hier verrät der Name den Eisenoxidgehalt des Gesteins – als markanter Berg auf, wobei der Südostgrat besonders gleichmäßig und gerade zur Spitze mit dem großen Gipfelkreuz ansteigt.

Betrachtet man diesen Grat nicht im Profil, das die tatsächliche Steigung zeigt, sondern vom Halsljoch aus, mag man vielleicht eine Schrecksekunde erleben. Doch der gleich mit einem senkrechten Felsaufschwung beginnende Südostgrat ist weniger schwierig als es scheint, zumal die ganze Route markiert und an den ausgesetzten oder heikleren Stellen mit fixen Halteketten versehen ist. Und abgesehen von den kurzen Felsauf-

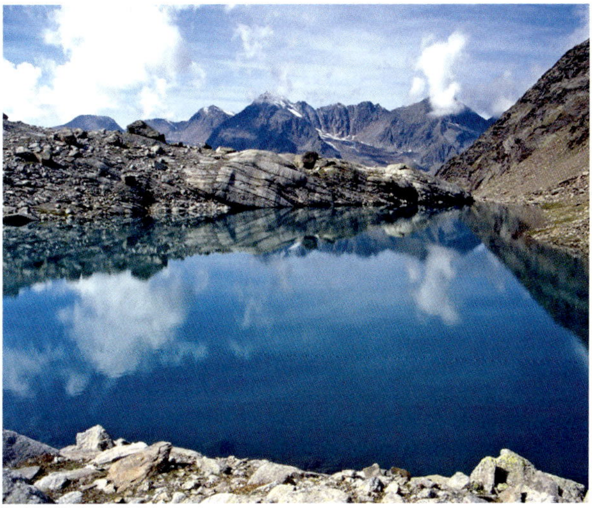

Eine der Tablander Lacken am Weg zum Halsljoch

schwüngen, verläuft großteils sogar ein schmaler Steig nach oben – alles zusammen für den schwindelfreien, umsichtigen und bergerfahrenen Geher bei guten Verhältnissen und gutem Wetter kein Problem.

Ungefähr in der Mitte des Naturparks Texelgruppe gelegen, der natürlich kein Park im üblichen Sinne, sondern eine unter strenge Naturschutzbestimmungen gestellte hochalpine Berggruppe ist, bietet die Lazinser Rötelspitze, die nach dem innersten Pfelderer Hof und dessen Almgebiet benannt ist, vor allem einen interessanten Einblick in die genannte Berggruppe, wobei ganz besonders die uns recht nahen, aus weißem Kalkmarmor aufgebauten Hochgipfel Lodner und Hochweiße auffallen.

Wissen wir nun über den Gipfel und das letzte Stück des Anstiegs Bescheid, bleibt noch etwas über den Zugang zum Südostgrat nachzutragen.

Stützpunkt für die Besteigung ist, wie beim Roteck und anderen Touren im Herzen der Texelgruppe, die im obersten Zieltal gelegene Lodnerhütte, die wir von Partschins über die Nasereithütte erreichen. Diese bekannte Ortschaft liegt an der Mündung des Zieltals und damit auch irgendwie unter der Rötelspitze. Daher findet sich bisweilen auch die Bezeichnung Partschinser Rötelspitze, doch dieser Name ist bei den Einheimischen kaum gebräuchlich.

Da der Aufstieg zur Lodnerhütte lang und anstrengend ist, und dasselbe auch für den Weiterweg zum Gipfel gilt, wird man die ganze Tour wohl auf zwei Tage aufteilen und in der Hütte übernachten.

Rechte Seite: Die Lazinser Rötelspitze; in Bildmitte der Grat mit unserem Aufstieg

Wegverlauf: Anfahrt von Partschins (626 m) auf schmaler Straße zu den Parkplätzen beim Gasthaus Birkenwald (950 m). Von da nun stets der Markierung 8 folgend auf durchgehend guten Wegen zuerst Überquerung des Zielbaches, dann durch Wald hinauf zur bewirtschafteten Nasereithütte (1523 m – die Hütte ist auch mit der Texelbahn zum Gasthaus Giggelberg, 1565 m, und weiter über Weg 24 in 1 Std. erreichbar), weiterhin auf Weg 8 über die Gingglalm hinauf zur Zielalm (2196 m) und weiter zur Lodnerhütte (2260 m; Sommerbewirtschaftung; ab Birkenwald ca. 4 Std.); hier evtl. Nächtigung. – Weiter zur Rötelspitze: Vom Schutzhaus auf Weg 7 zuerst einige Minuten südostwärts nahezu eben bis zu Weggabel, links auf dem guten Bergweg 7 über Grashänge mittelsteil hinauf zu den Tablander Lacken und über Geröll hinauf ins Halsljoch (2808 m; ab Hütte knapp 2 Std.). Von dort links, nordwestwärts, der bis zum Gipfel führenden Markierung folgend zunächst an Ketten über senkrechten Fels ein paar Meter empor und dann am Grat in grasdurchsetztem Schiefer und Schiefergneis großteils auf Erdsteig, an ein paar Stellen aber auch an Ketten über steilen bis senkrechten Fels, hinauf zum Gipfel (3037 m); ab Halsljoch knapp 1 Std.
Abstieg: über die beschriebene Aufstiegsroute oder von der Nasereithütte über Weg 24 zur Bergstation der Texelbahn.

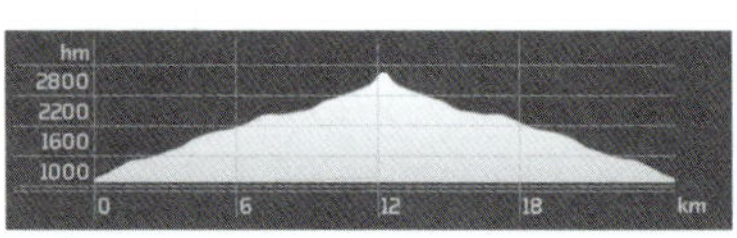

Der Weiterweg führt dann jedenfalls, nachdem man kurz dem Franz-Huber-Weg gefolgt ist, über steile Grashänge mit weitem Ausblick nach Süden hinauf zu einem hübschen, von Blöcken und Gletscherschliffen umschlossenen Bergsee. Etwas höher liegen noch zwei weitere, wenn auch wesentlich kleinere Seeaugen, und alle drei zusammen werden die Tablander Lacken genannt, nach dem am Südabhang oberhalb Partschins gelegenen Bergweiler Tabland.

Hier hat man die Grenze des mehr oder weniger geschlossenen grünen Bergrasens erreicht, der vor allem auch die Lage der Lodnerhütte kennzeichnet, aber bis zum Halsljoch ist es nicht mehr weit.

Wer früh dran und ein guter Geher ist, der »nichts anbrennen« lassen will, der mag vielleicht am Halsljoch gleich rechts die Granitfelsen des Tschigat anpacken und der Markierung folgend zuerst noch diesen 3000 Meter hohen Prachtberg besteigen, aber unbedingt sein muss das nicht. Die um immerhin fast 40 Meter höhere Rötelspitze bedarf jedenfalls keiner besonderen Zutaten, um als großartiges Bergerlebnis in Erinnerung zu bleiben.

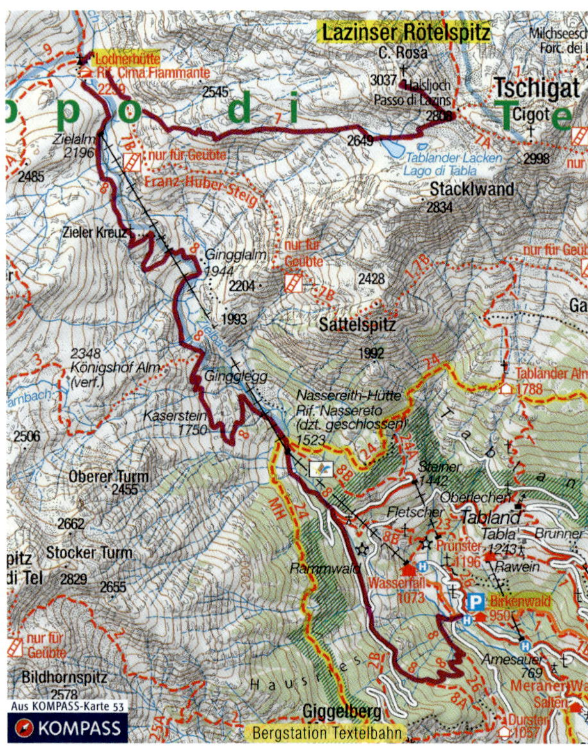

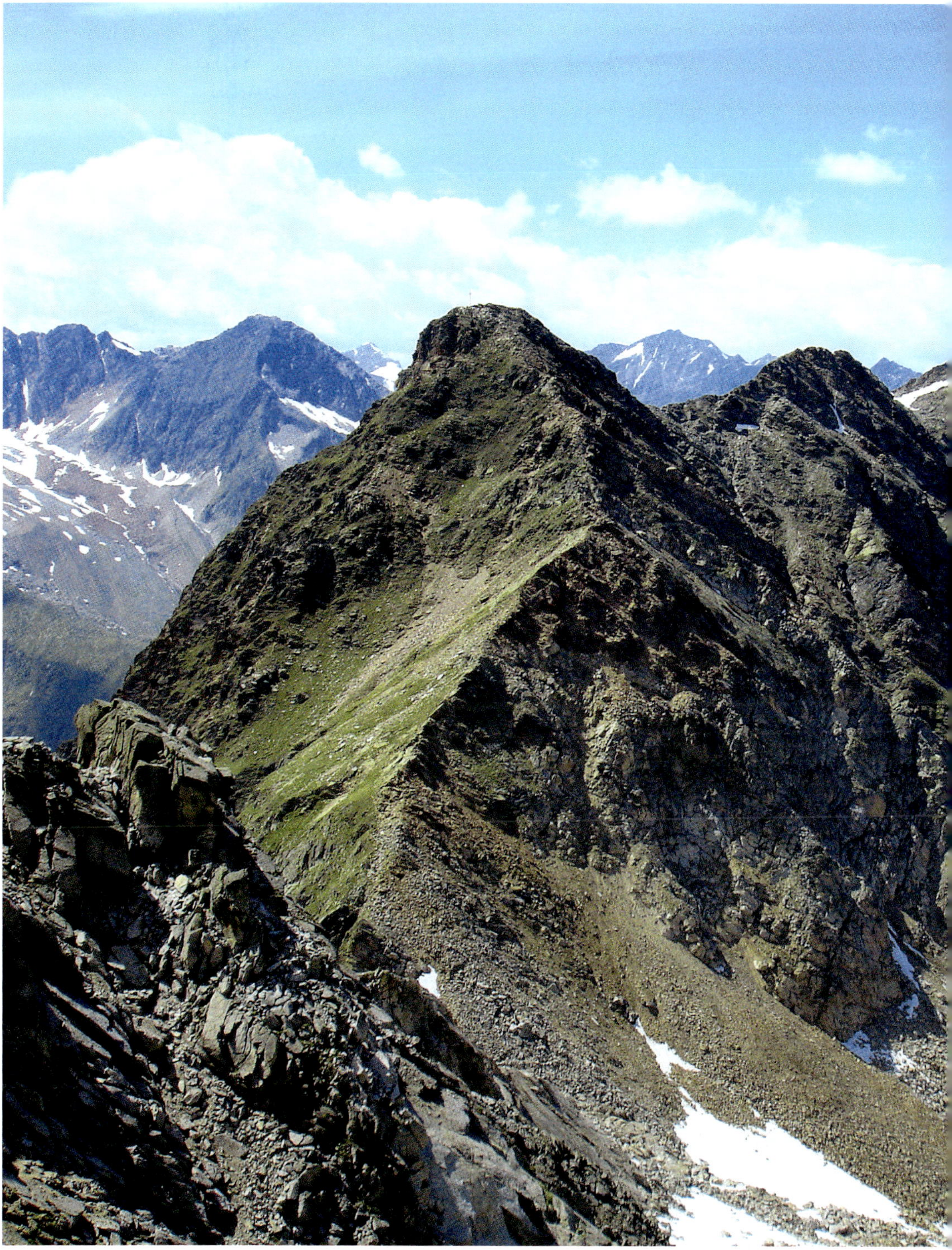

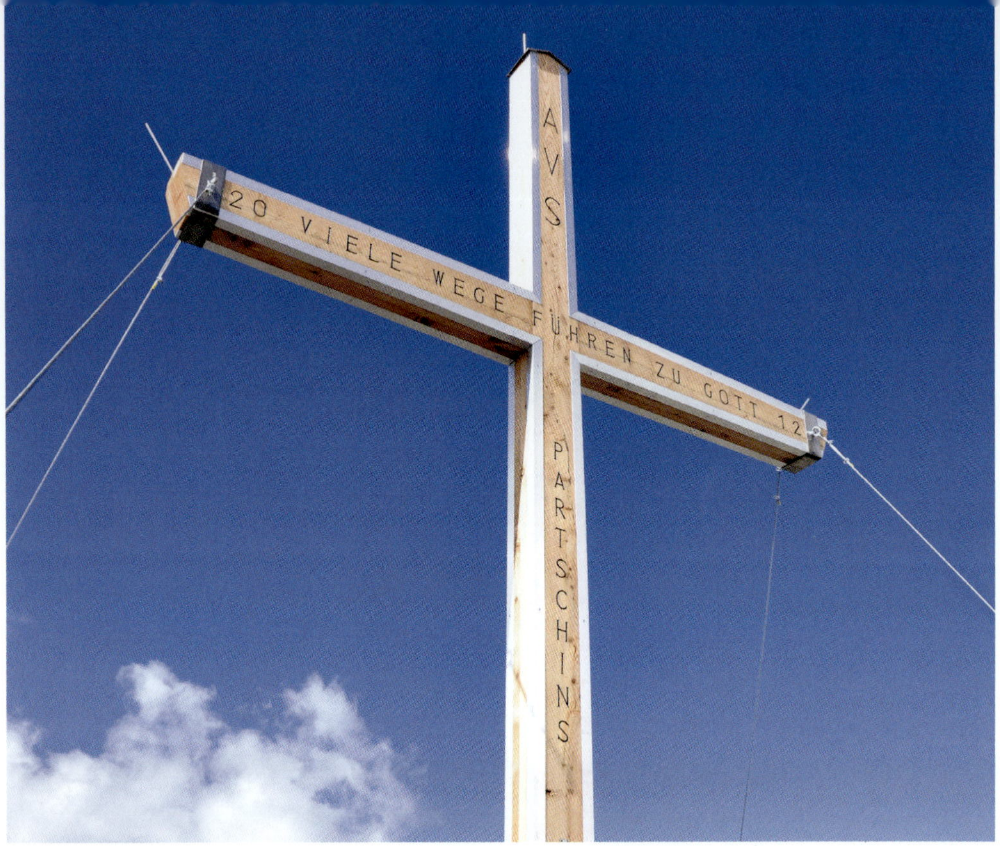

Das AVS-Gipfelkreuz am Tschigat

35

Die Tour im Überblick Mitterplars – Vellau – Leiteralm – Hochganghaus – Tschigat – retour
Orientierung und Schwierigkeit Für erfahrene und etwas felsgeübte Bergsteiger nicht schwierig
Gehzeiten Aufstieg 5 Std., Abstieg über Aufstiegsroute 3 ½ Std., über Halsljoch und Milchseescharte 5 Std., insgesamt 9 – 10 Std.
Ausrüstung Hochtourenbekleidung, Sicherungsutensilien für weniger Geübte; Eispickel je nach den Verhältnissen evtl. ratsam
Besonderer Hinweis Da die Route über den Nordwestgrat im Ganzen gesehen leichter ist als die Südroute, bietet sie sich gut für den Abstieg an – sofern die erwähnte Verschneidung nicht vereist ist!
Einkehrmöglichkeit Hochganghaus, T 0473 443310, s. S. 270
Karten 1 : 50.000: Kompass, Blatt 53 (Meran)

9 – 10 Std. | 16 km | 1478 Hm

Tschigat 3000 m

Der Pracht-Dreitausender über Meran

Der Tschigat – oder Tschigot – gehört zweifelsohne zu den bekanntesten Hochgipfeln Südtirols und zu den besonders markanten Felsgestalten, die rund um den Meraner Kessel in den Himmel ragen. Als helle Granitpyramide, die durch eine auffallende Rinne vom rundlichen Ostgipfel getrennt ist, erhebt sich die unverwechselbare Berggestalt frei, beherrschend und weithin sichtbar hoch über Algund.

Selbst Beda Weber, der in seiner Südtiroler Landesbeschreibung 1838 mit der Nennung von Berggipfeln eher sparsam umgeht, rühmt »die höchste Tschigatspitze über Partschins am Eingange ins Zielthal« und konstatiert ihr und ihren Nachbargipfeln – Weber hatte damals die weiter östlich befindliche Mutspitze bestiegen – »weitreichenden Ausblick auf die Berge von Pusterthal, Unteretschland und Ulten«. Daran hat sich bis heute nichts geändert. Anzufügen ist allerdings der Tiefblick auf die Spronser Seen, der Blick zu den nahen Hochgipfeln der Texelgruppe – und dass es schön ist, nach steilem Aufstieg

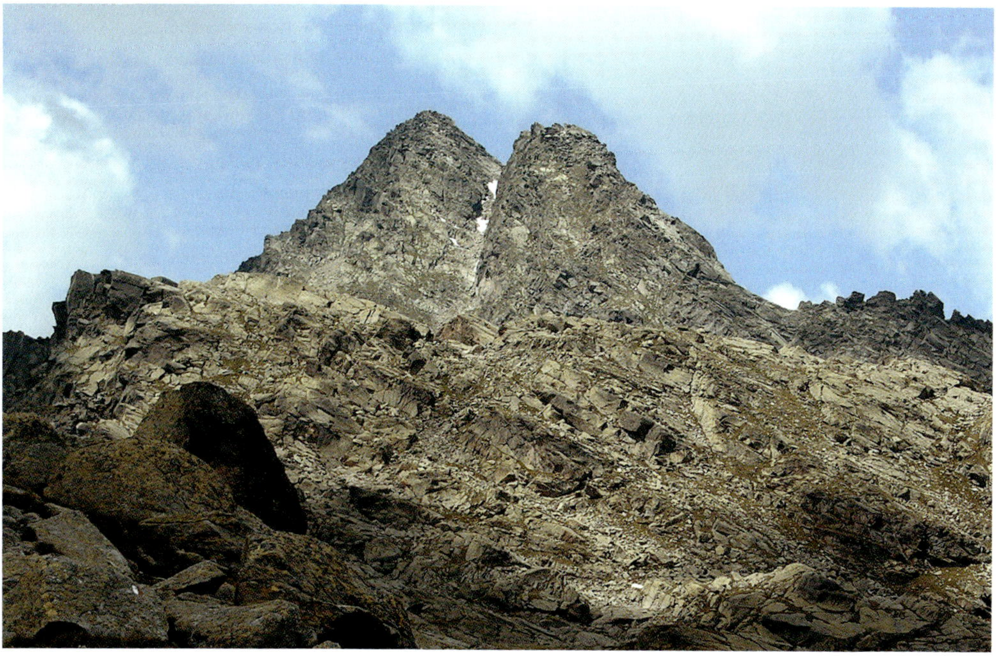

Der Tschigat mit der auffallenden Rinne, in deren Bereich der Aufstieg erfolgt

ganz einfach auf den mächtigen Granitblöcken, die den stolzen Gipfel aufbauen, zu sitzen und zu rasten.

Vor vielen Jahren habe ich den Tschigat einmal über den nordseitigen Gletscher erreicht und war dann auf der Südseite abgestiegen. Doch der erwähnte Gletscher ist heute verschwunden, an seiner Stelle machen sich abschüssige, unbegehbare Felsplatten breit, und wer heute den Berg von Norden her besteigen will, verfolgt den Nordwestgrat über die dortige markierte und an einer unguten Stelle gesicherte Felsroute.

Doch auch die südseitige Route ist nach wie vor interessant, ja sie kann sogar als der klassische Tschigatanstieg betrachtet werden. Denn auch sie ist gut markiert, und wenn sie auch die eine und andere etwas anspruchsvollere Kletterstelle aufweist, so darf sie für den bergerfahrenen und etwas felsgeübten Bergsteiger doch als nicht besonders schwierig eingestuft werden.

Ausgangspunkt für diese Tour ist die rund 1500 Meter hoch gelegene Leiteralm, die man von Plars oder Vellau mit einer Liftanlage erreichen kann. Von dort führt zunächst ein guter Weg zum bekannten Hochganghaus, dann erklimmen wir auf steilem, aber gesichertem Bergsteig jene Felsscharte, die man Hochgang nennt, bald darauf blickt man auf den Langsee

Wegverlauf: Von Mitterplars bei Algund (464 m) mit dem Sessellift oder Auto hinauf nach Vellau und mit dem Korblift weiter zur Leiteralm (1522 m; Gaststätte). Von da auf Weg 24 rund 20 Minuten durch Wald hinauf zu Weggabel, links auf dem Weg 24 bleibend nahezu eben durch die Waldhänge zur Hängebrücke über den Töllgraben und weiter zum Hochganghaus (1839 m; Schutzhaus mit Sommerbewirtschaftung); ab Leiteralm 1 ½ Std. – Nun auf Steig 7 kurz durch Wald, dann über steile Grashänge und schließlich in steilem Fels (ausgesetzt, aber mit Ketten gesichert) gerade empor zur Hochgangscharte (2441 m; ab Hütte gut 1 ½ Std.), jenseits auf dem Steig 7 eben und leicht ansteigend nordwärts zu Weggabel (ca. 2460 m) und links auf Pfad 7 weiter zu den Milchseen (2540 m). Dort links ab, der Punktmarkierung folgend am westlichen See vorbei und über Blockwerk mit zunehmender Steilheit hinauf zu den Felsen (etwa 2800 m); nun über sie teilweise in leichter bis mäßig schwieriger Kletterei (I – II) zuerst links der Rinne und später in derselben empor und zuletzt entweder der Markierung folgend in der Rinne weiter zur Gipfelscharte und links am Grat kurz und leicht zum Gipfel – oder aber bei Unbegehbarkeit der Rinne (wegen Schnee oder Eis) weiter links (Steigspuren und Steinmännchen) über große Granitblöcke empor zum Gipfelkreuz (3000 m; ab Hochganghaus 3 ½ Std.).
Empfohlener Abstieg (für ausdauernde Geher): Vom Gipfel der Markierung folgend zuerst kurz ostwärts hinunter, dann scharf links abdrehend und die steile Nordflanke querend hinunter zu einer abschüssigen Felsverschneidung, an der dort verankerten Kette etwa 20 Meter steil hinab (Ungeübte ans Seil!), in unschwieriger Kraxelei etwa 30 Meter gerade hinauf in eine schmale Scharte, von da zunächst auf leicht ausgesetztem Steig und dann über griffigen Granitfels am Nordwestgrat der Markierung folgend unschwierig hinunter ins Halsljoch (2808 m; ab Gipfel knapp 1 Std.).

hinab, den größten der zehn Spronser Seen, und nachdem man die beiden Milchseen passiert und viele Granittrümmer überstiegen hat, ist man oben am Beginn der erwähnten Rinne, die man auch als »Kamin« bezeichnet.

Hier hat man bereits eine beachtliche Höhe erreicht, und nun geht es in anregender Felsturnerei empor. Da und dort erfordert eine etwas heiklere Stelle kräftigeres Zupacken, aber die Schwierigkeiten erreichen nur gelegentlich den II. Grad, und die Stellen sind nie wirklich exponiert. Falls sich im oberen Teil Schnee in der Rinne befinden sollte, weicht man nach links aus und klettert weiterhin über die Granitblöcke und -felsen ohne größere Probleme zum Gipfel auf. Sind die Verhältnisse aber günstig, geht es in der Rinne zu der zwischen Ost- und Hauptgipfel eingelagerten Scharte und von ihr über die Gipfelfelsen problemlos empor zum Kreuz.

Der andere erwähnte Zugang über den ebenfalls markierten Nordwestgrat beginnt am Halsljoch, das von Partschins über die Lodnerhütte, vom Hochganghaus über die Milchseescharte oder von Pfelders über die Andelsalm herauf erreicht werden kann. Dieser Anstieg ist großteils etwas leichter als die Südroute, aber in einer sehr steilen Felsverschneidung kann Vereisung zu einem schwierigen Hindernis werden und das Gelingen der Tour kurz unter dem Gipfel infrage stellen – trotz der dort angebrachten Kette.

Wer diese Route für den Aufstieg wählen möchte, kann sich über die Verhältnisse bei den Wirtsleuten der Lodnerhütte fernmündlich erkundigen, aber vom Tal aus einsehen kann man diese Seite des Berges nicht. Und dies im Gegensatz zur Südroute, die schon aus diesem Grunde beliebter ist und hier für den Aufstieg empfohlen wird.

Erfahrene und ausdauernde Geher können freilich über die Südroute aufsteigen und über den Nordwestgrat absteigen, um dann in langer Querung zur Milchseescharte zu gelangen, wo eine Biwakschachtel steht, und von dort steil zum Aufstiegsweg und über ihn zum Ausgangspunkt zurückzukehren. Das ist dann eine sehr lange, aber großartige und dank der Markierungen – der Tschigat ist einer der wenigen Südtiroler Hochgipfel mit zwei markierten Anstiegen – zumindest orientierungsmäßig problemlose Überschreitung.

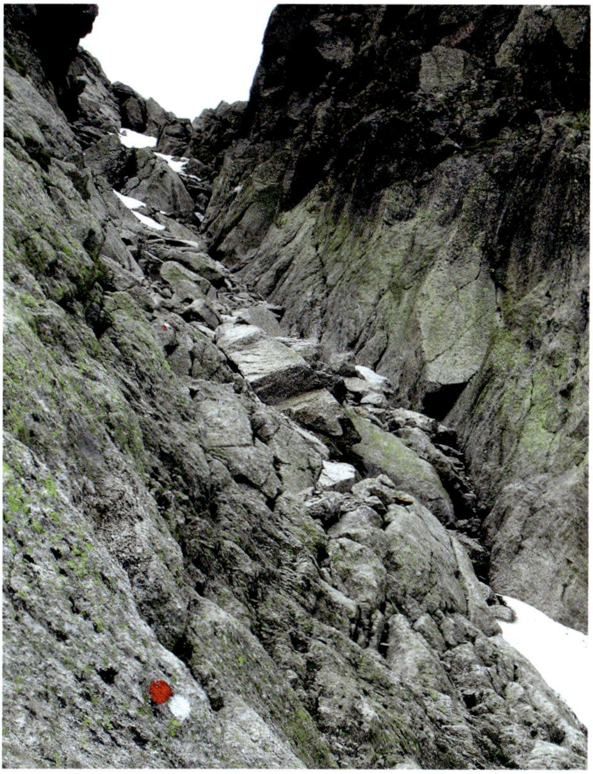

Felsstelle mit Markierung an unserer Aufstiegsroute

Nun rechts dem Wegweiser »Biwakschachtel« und der Markierung folgend anfangs auf gutem Steig, später meist weglos über Granitblöcke (oft auch Schneereste) die Hänge querend hinüber zur Milchseescharte (2707 m, hier Biwakschachtel; ab Halsljoch 1 Std.), zuerst an Sicherungsketten über steilen Fels und dann auf Erdsteig südseitig hinab zu den Milchseen und wie im Aufstieg über das Hochganghaus zurück zur Leiteralm; ab Milchseescharte 3 Std.

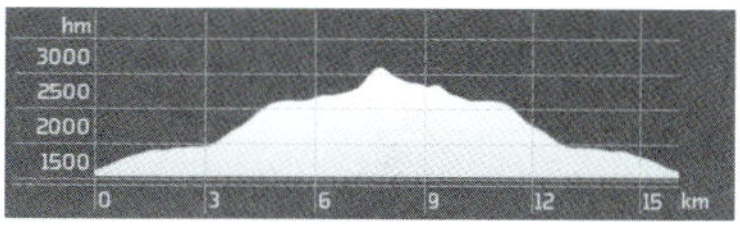

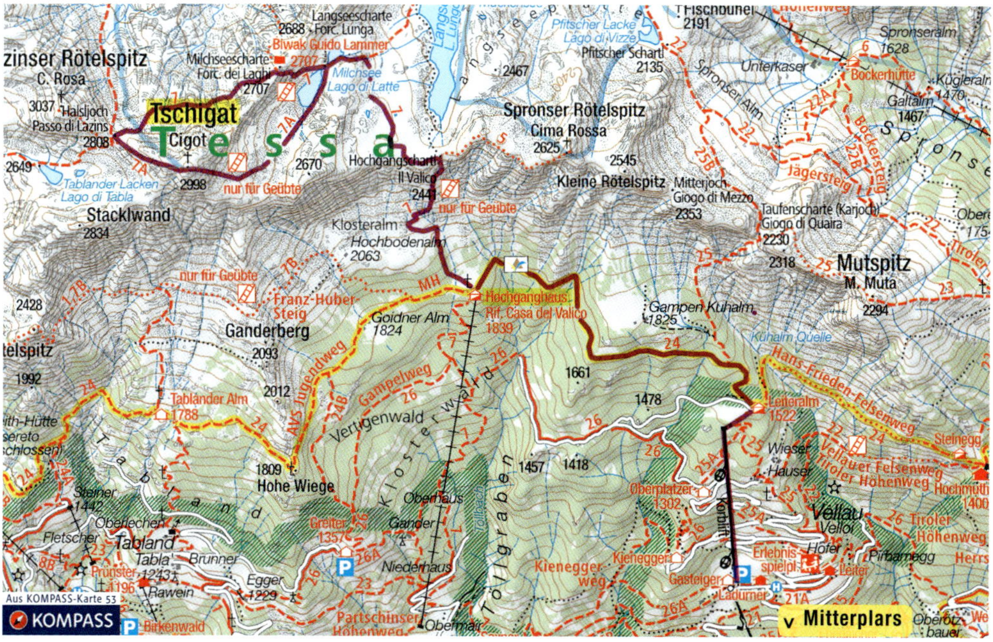

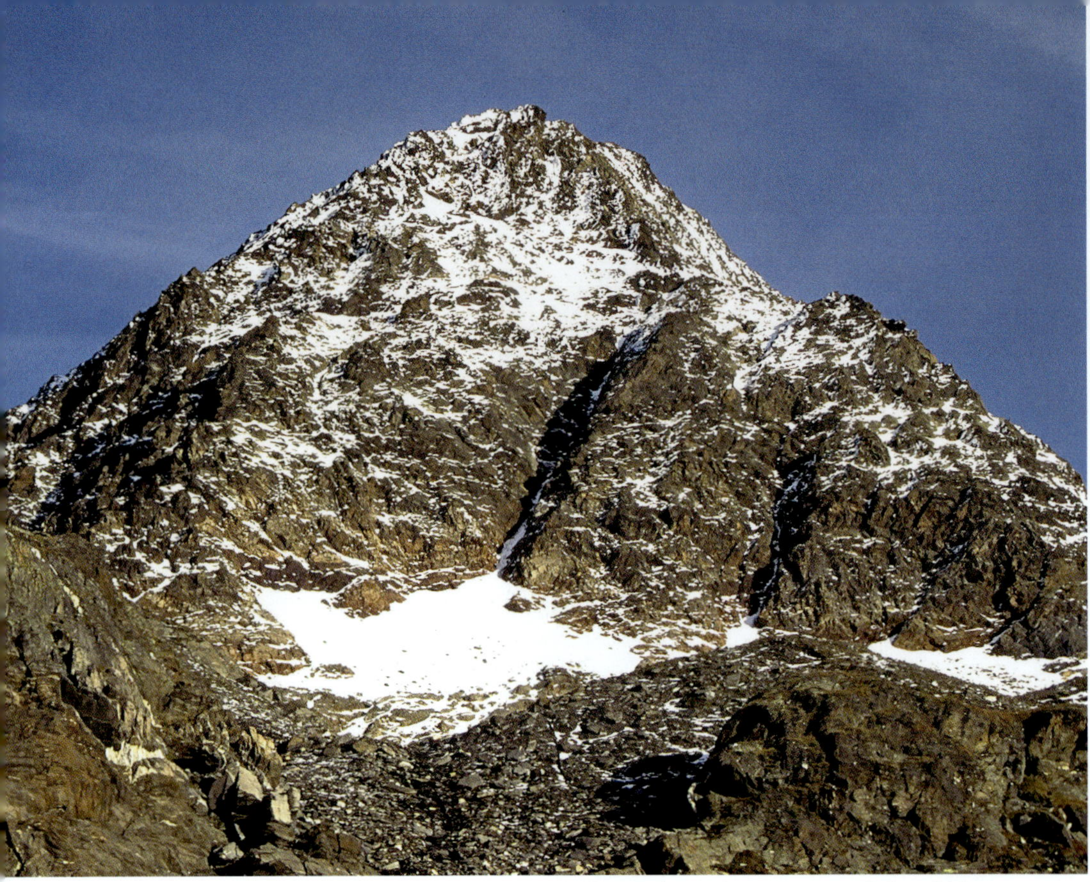

Die Hochwilde von der Stettiner Hütte aus nach einem leichten sommerlichen Schneefall

Hochwilde 3482 m

Mächtiger Berg über der Stettiner Hütte

36

Die Tour im Überblick Pfelders – Stettiner Hütte – Hochwilde – retour
Orientierung und Schwierigkeit Bei guten Verhältnissen für bergerfahrene und tüchtige Geher nicht schwierig
Höhenunterschiede Bis zur Hütte 1253 m, von dort zum Gipfel 607 m
Gehzeiten Aufstieg zur Hütte 4 Std., von dort zum Gipfel 2 Std.; Abstieg insgesamt 4 Std.
Ausrüstung Hochtourenbekleidung; Eispickel normalerweise entbehrlich

10 Std. | 22,7 km | 1860 Hm

Wo immer man in Südtirol einen Gipfel besteigen und in die Runde schauen mag – die Hochwilde fällt immer wieder als mächtige Felsgestalt mit breiten Felsflanken und scharfen Graten auf. Und ähnlich beeindruckend zeigt sie sich sowohl ostseitig nach Pfelders wie westseitig ins Pfossental hinunter. Was den Namen betrifft, so lautet die im Volksmund übliche und früher auch im Schrifttum oft verwendete Form Hochwilde – wie übrigens auch Hochweiße –, während aufgrund mancher Karten jahrzehntelang die Schreibung »Hohe Wilde« üblich war. Neuerdings setzt sich jedoch mehr und mehr die Form Hochwilde durch.

Früher noch leicht vergletschert, sind heute die südseitigen Felsflanken eisfrei, während nordseitig der gewaltige Gurgler Ferner und der kleinere Langtaler Ferner gegen das hinterste Ötztal absinken – zwei Gletscher, die man von Südtiroler Seite aus freilich erst zu Gesicht bekommt, wenn man den Gipfel erreicht hat – oder genauer gesagt, den Haupt- oder Südgipfel; denn der Berg hat auch einen markanten, allerdings nicht leicht erreichbaren und touristisch relativ unbedeutenden, 3461 Meter hohen Nordgipfel.

Dass die Besteigung des Berges über die Südseite weniger schwierig ist, als es die Felsflanken erahnen lassen, ersieht man schon aus dem Umstand, dass die Hochwilde bereits um die Mitte des 19. Jahrhunderts im Zuge der allgemeinen Landvermessung bestiegen wurde.

Zwar geistern in der frühen Alpinliteratur als Zeitpunkt der Erstbesteigung das Jahr 1851 und auch 1852 herum, es war aber im Sommer 1858, dass der 1817 in Cremona geborene und 1879 in Mödling in Niederösterreich verstorbene Geodät und Bergsteiger Johann von Ganahl den Berg zum Zwecke der kartografischen Vermessung bestieg.

Der 41-jährige Hauptmann und spätere Oberst, Präsident der Österreichischen Gradmessungskommission und Kommandant des Militärgeografischen Instituts in Wien kam durch das Schnalstal und das Pfossental zum Eishof, und anderntags stieg er zusammen mit mehreren Bauern aus Pfelders und einigen Hirten aus dem Schnalstal gegen das Eisjöchl und von dort über die Südseite des Berges zum Gipfel. Während er dort mit seinen Geräten hantierte und die Lage und Höhe des Berges bestimmte, errichteten seine Helfer und Führer einen nicht weniger als acht Fuß hohen Steinmann.

Vier Jahre darauf erstieg über ungefähr dieselbe Route der berühmte Schweizer Alpinist Johann Jakob Weilenmann im Alleingang den Gipfel, wobei er, wie er später berichtete, so manche Stelle in gefährlicher und schwieriger Kletterei zu meistern hatte.

Nachdem die Sektion Moravia des Deutschen und Österreichischen Alpenvereins bereits 1886 den Bau einer Schutzhütte am Eisjöchl, dem Übergang zwischen Schnalstal und Passeiertal, ins Auge gefasst, aber nicht durchgeführt hatte, war es die Sektion Stettin, die 1865 zuerst einen Reitweg von Lazins zum Hüttenbauplatz anlegte und dann die Stettiner Hütte erbaute, die 1897 feierlich eröffnet wurde. Und zwei Jahre später legte die Sektion den Grützmacherweg von der Hütte zum Gipfel der Hochwilde an, benannt nach dem Stettiner Rechtsanwalt, der den Bau durch die großzügige Spende von 2000 Mark ermöglicht hatte.

Die Hütte erlebte in dem darauffolgenden ersten Jahrhundert ihres Bestehens ein wechselvolles Schicksal; doch sie

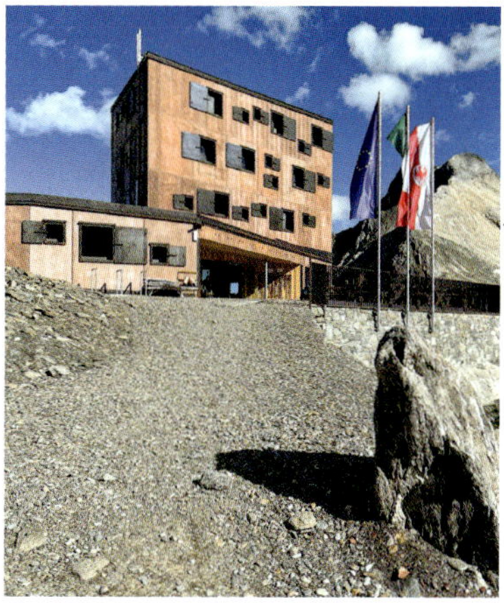

Die um 1990 erbaute Stettiner Hütte wurde 2014 durch eine Lawine zerstört. Nach langen Bauarbeiten wurde die neue Hütte im Juli 2022 neu eröffnet.

Besondere Hinweise Die Stettiner Hütte kann auch vom Schnalstal durch das Pfossental erreicht werden.
Karten 1:50.000: Kompass, Blatt 53 (Meran)

Wegverlauf: Von Pfelders (1622 m; Straße von Moos in Passeier herein) auf breitem Weg am schattseitigen Hang (auch sonnseitig über die Häusergruppen Zeppichl und Lazins möglich) in 1 Std. eben bis leicht ansteigend talein zur Lazinser Alm im Talschluss (1858 m; Ausschank), auf dem in Serpentinen ansteigenden Weg 8 (teilweise Abkürzung möglich) hinauf zu einem steinigen Tälchen und in mäßiger Steigung weiter zur Stettiner Hütte (2875 m – hierher in ca. 4 Std. auch von Vorderkaser im Pfossental möglich); ab Lazinser Alm 3 Std.

Vom Schutzhaus dann auf dem Grützmacherweg hinauf zu Wegteilung (3150 m), nun links auf der neuen, teilweise versicherten Route steil empor zu einer Gratschulter, links die Bergflanke querend zum Südgrat und diesem folgend hinauf zu einem großen Steinmann (3380 m). Nun ostwärts zu einer letzten Steilstrecke (Sicherungen), empor zum schmalen Gipfelgrat und über ihn zum Kreuz (3480 m); ab Hütte 2 Std.
Abstieg: wie Aufstieg.

verlor nichts von ihrer alpintouristischen Bedeutung. Um 1990 erfolgte dann der Bau eines sehr stattlichen Schutzhauses. Dieses wurde Anfang 2014 durch eine Lawine zerstört und erstrahlt seit 2022 in neuem Glanz.

Und beliebt ist auch nach wie vor der darüber aufragende Berg, einer der prächtigsten Hochgipfel des Ötztaler Hauptkammes. Der Anstieg erfolgt im ersten Teil über den genannten Grützmacherweg, später aber über eine neue, an mehreren Stellen mit Seilsicherungen und Trittbügeln versehene Route.

Allerdings muss abschließend aber doch davor gewarnt werden, die Hochwilde zu unterschätzen. Denn wenn sie nach alpinen Begriffen auch als »nicht schwierig« eingestuft werden darf, so gilt dies natürlich nur für den bergerfahrenen und trittsicheren Geher bei guten Verhältnissen. Die Felshänge, durch die der Grützmacherweg ansteigt und in denen seit vielen Jahren das Steinwild wieder seine Heimat gefunden hat, sind sehr steil, und der Gipfel ist immerhin fast 3500 Meter hoch.

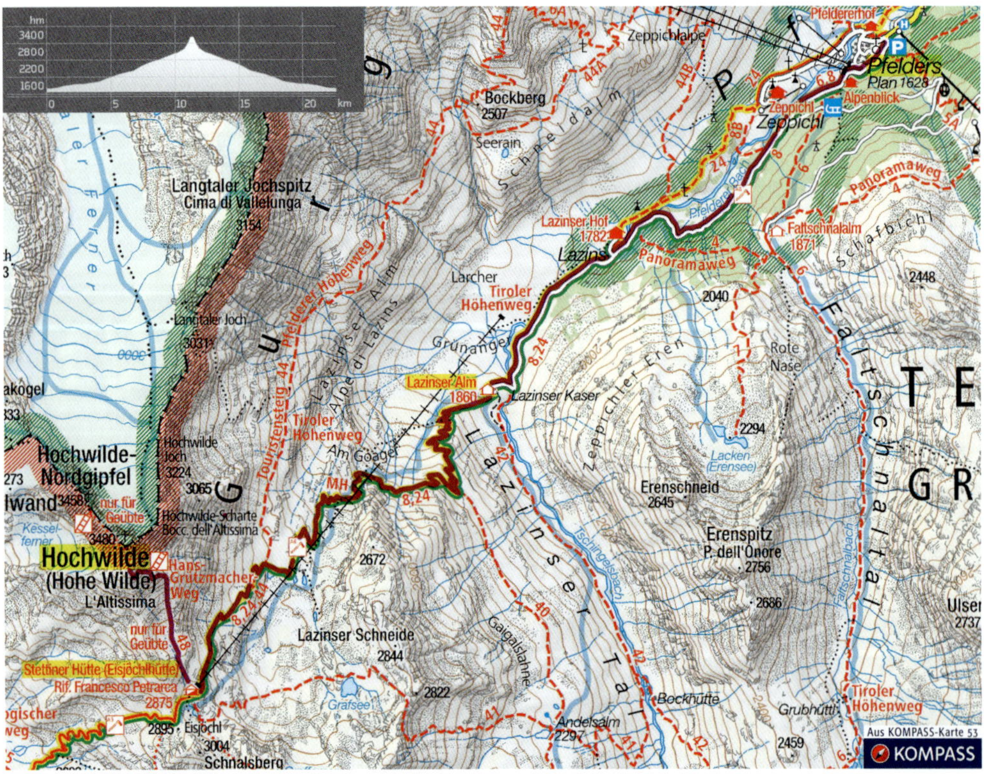

Nebelmeer über dem Passeiertal, vom Hochwilde-Anstieg aus

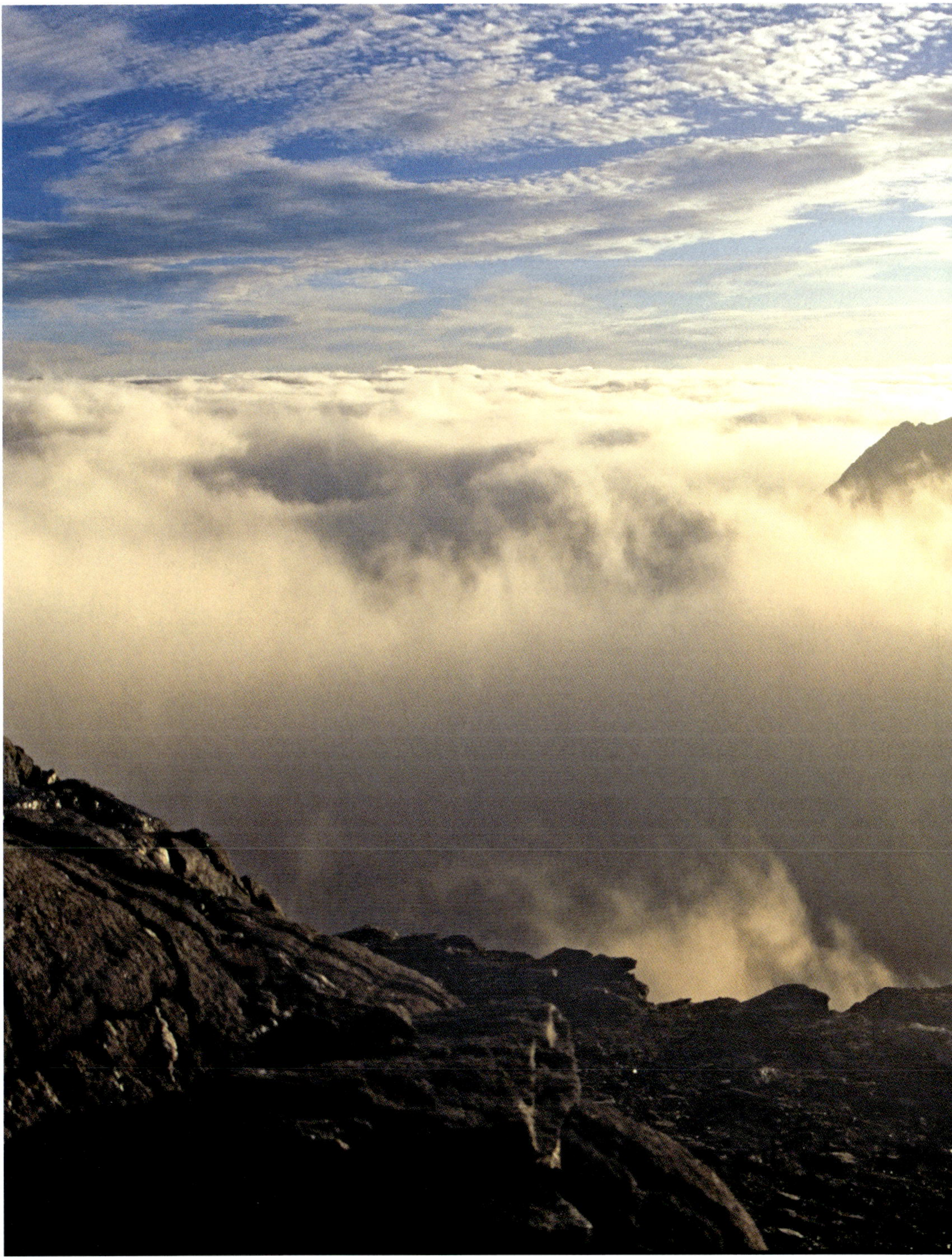

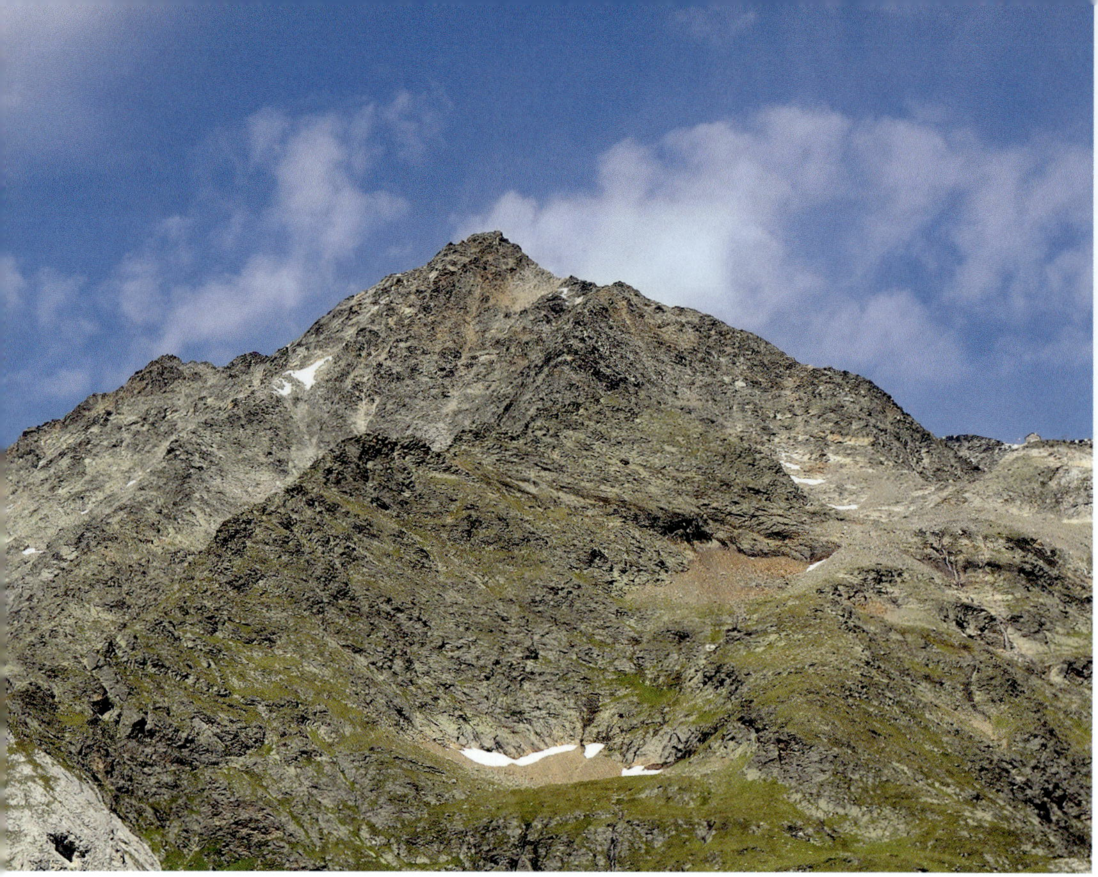

Der Seelenkogel mit seiner Südflanke; rechts der Grat, über den der Aufstieg führt

Hinterer Seelenkogel 3470 m

Über die Zwickauer Hütte zum Gipfel

37

Die Tour im Überblick Pfelders – Zwickauer Hütte – Hinterer Seelenkogel – retour
Orientierung und Schwierigkeit Lange und anstrengende Tour; der Gipfelanstieg ist für trittsichere Berggeher nicht schwierig, weist aber ausgesetzte, wenn auch teilweise gesicherte Stellen auf
Höhenunterschiede Bis zur Hütte 1358 m, von dort zum Gipfel 490 m
Gehzeiten Aufstieg zur Hütte 4 Std., von da zum Gipfel 1½ Std., Abstieg insgesamt 4 Std.
Ausrüstung Hochtourenbekleidung und evtl. Sicherungsutensilien für Ungeübte.

9 ½ Std. | 12,7 km | 1848 Hm

Der Hintere Seelenkogel – auf Südtiroler Seite meist einfach nur Seelenkogel genannt – ist der höchste Punkt eines nordseitig gegen das innerste Ötztal absinkenden, stark vergletscherten Kammes mit drei Gipfeln: dem Vorderen, dem Mittleren und unserem Hinteren Seelenkogel, dem höchsten.

Südseitig brechen hingegen steile Felsfluchten zum inneren Pfelderer Tal hinab, während in einer großen Hochmulde auf der Ostseite des Hauptkammes und damit dem äußeren Pfelderer Tal zugewandt der Planferner liegt und somit auch auf dieser Seite dem prächtigen Berg seinen hochalpinen Charakter verleiht.

Im Atlas Tyrolensis von 1774 wird der Berg als der »Wilde Spiz« bezeichnet, während er 1871 im Gurgler Fremdenbuch als »Sellenkogel« aufscheint. Die in der Folge als Seelenkogel üblich gewordene Namensform bezieht sich jedenfalls nicht etwa auf die Seelen Verstorbener, sondern offenbar auf kleine

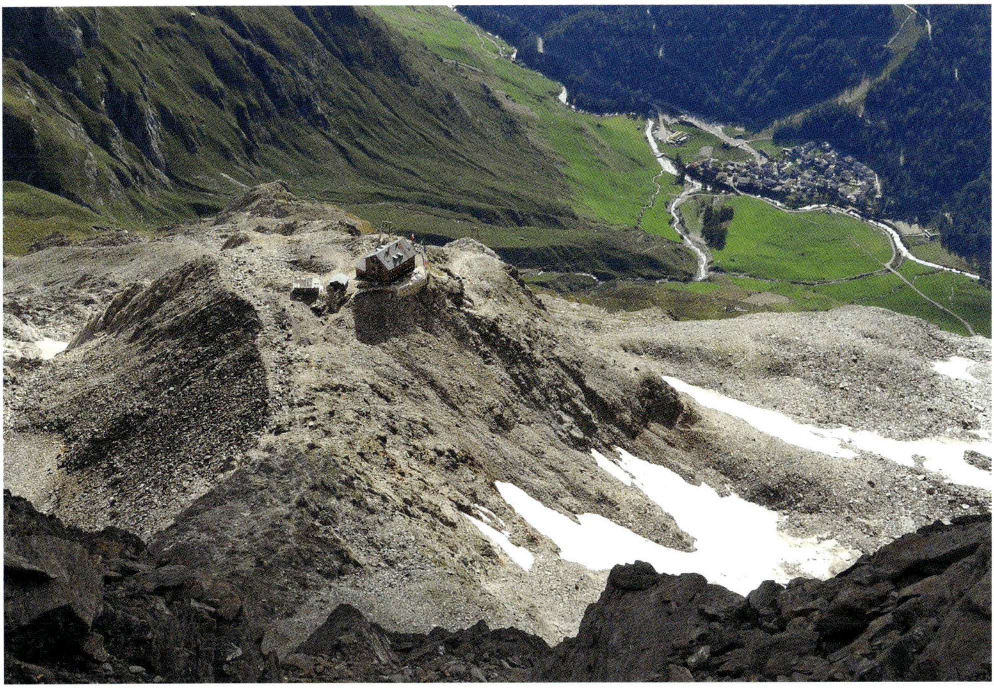

Tiefblick vom Seelenkogel auf Zwickauer Hütte und Pfelders

Seeaugen (»Seelen«) im Bereich des einstigen Gurgler Eissees im innersten Ötztal.

Vom Pfelderer Tal steigen die Berghänge nahezu 1900 Höhenmeter steil und jäh in die Höhe bis hinauf zum Gipfelkreuz. Allein dieser große Höhenunterschied macht deutlich, dass der Seelenkogel nur ein Ziel für ausdauernde, tüchtige Geher ist, auch wenn die Zwickauer Hütte die Möglichkeit bietet, die Tour auf zwei Tage aufzuteilen. Dieses Schutzhaus liegt in fast 3000 Meter Höhe unweit des Planferners auf dem sogenannten Weißen Knott, der teilweise aus jenem weißen Marmor besteht, der in der Texelgruppe zu Gipfelformation aufsteigt und hier an der Nordseite des Pfelderer Tales die Hänge durchzieht.

Wie viele andere hochalpine Schutzhütten blickt auch die Zwickauer Hütte bereits auf eine über hundertjährige Geschichte zurück. Im Sommer 1899 wurde sie durch die Sektion Zwickau des Deutschen und Österreichischen Alpenvereins eröffnet, später zweimal zerstört, doch stets wiederaufgebaut und erst vor wenigen Jahren grundlegend renoviert.

Besonderer Hinweis Im Abstieg vom Gipfel zur Hütte bei einem Steinmännchen darauf achten, dass der Steig vom Grat plötzlich scharf rechts in die Flanke abbiegt (sich die Stelle schon beim Aufstieg einprägen!)
Karten 1:50.000: Kompass, Blatt 53 (Meran)

Rechte Seite: Die letzten Meter zum Gipfelkreuz des Seelenkogels

Wegverlauf: Von Pfelders (1628 m; hierher Straße von Moos in Passeier) auf Weg 6 A durch steile Grashänge hinauf zur Schneidalm (2159m) und weiter über Grashänge, Blockwerk und Felsschrofen empor zur Zwickauer Hütte (2979 m; ab Pfelders 4–4 ½ Std.). Hier Nächtigung, falls die Tour auf zwei Tage unterteilt wird, was zu empfehlen ist. Vom Schutzhaus dann teils auf erdigem Steig (an einer Querung ein Drahtseil, andere ausgesetzte Stellen sind jedoch nicht gesichert) über Felsschrofen und Blöcke steil empor auf einen Felskopf, jenseits über gesetzte große Felsstufen kurz hinab in eine Scharte und dann am scharfen Blockgrat teils mäßig, teils stark ansteigend empor zum Gipfel (3470 m); ab Hütte knapp 2 Std. *Abstieg:* über die beschriebene Aufstiegsroute.

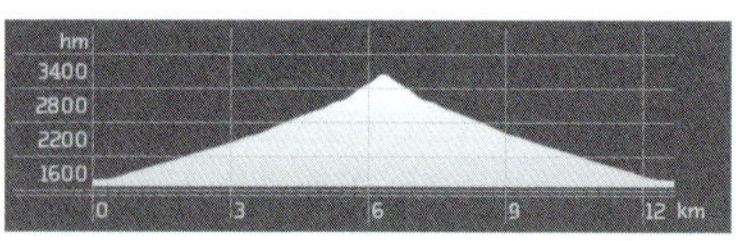

Am langen und anstrengenden Weg zu dieser höchstgelegenen alpinen Unterkunft des ganzen Passeiertales liegt inmitten blühender Grashänge die Schneidalm, nicht nur eine beliebte Rast- und Einkehrstätte, sondern auch ein wichtiger Zufluchtsort, falls man gerade von einem plötzlich hereinbrechenden Unwetter überrascht werden sollte.

Man tut gut daran, die Tour zum Hinteren Seelenkogel auf zwei Tage aufzuteilen und in der Zwickauer Hütte zu übernachten. Von da zum Gipfel beträgt dann die Höhenleistung nur noch knapp 500 Meter.

Die Route weist einige ausgesetzte Stellen auf, hinter einem Felskopf geht es recht luftig über Steinstufen in eine schmale Scharte hinab, und auch manche leichte Kletterstelle ist zu überwinden. So ist der anderthalb- bis zweistündige Aufstieg bei normalen Verhältnissen zwar nicht schwierig, erfordert aber doch Trittsicherheit und hochalpine Erfahrung. Oben beim großen Gipfelkreuz angelangt, werden wir für die Mühen des Aufstieg durch die Freude am Erreichten belohnt und von der Schau auf die jenseits des Kammes liegende Gletscherwelt der Ötztaler Alpen überrascht, aber auch beeindruckt vom schwindelerregenden Blick auf das sehr tief unter uns liegende Pfelderer Tal.

Und spätestens jetzt, beim Gedanken an den langen Abstieg, sind wir ganz besonders froh, bereits am Vortag zur Hütte aufgestiegen zu sein.

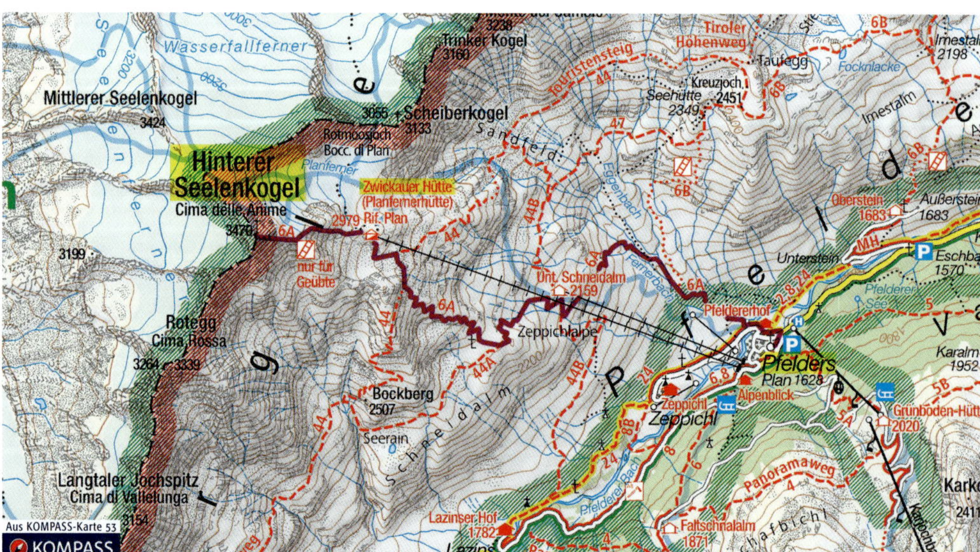

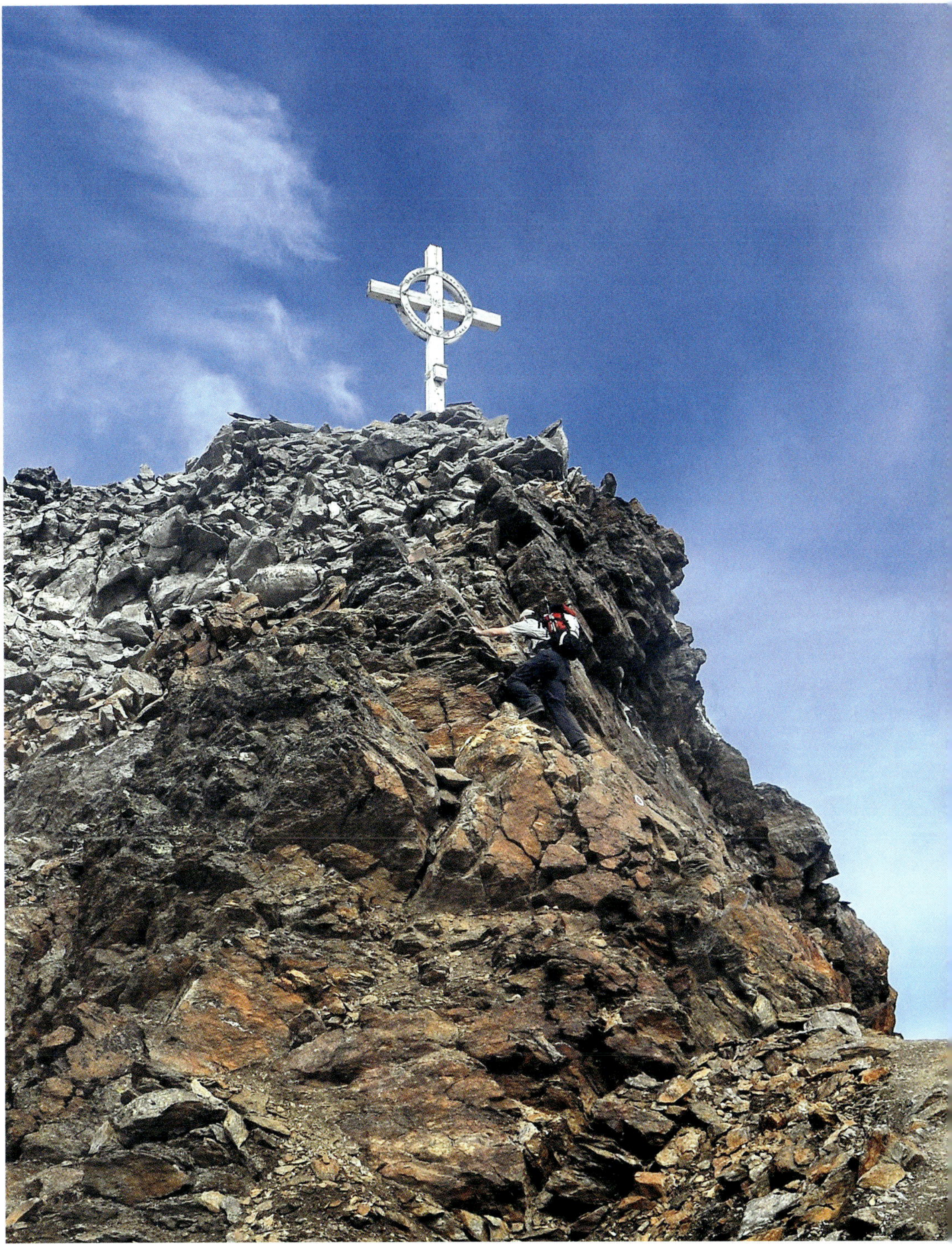

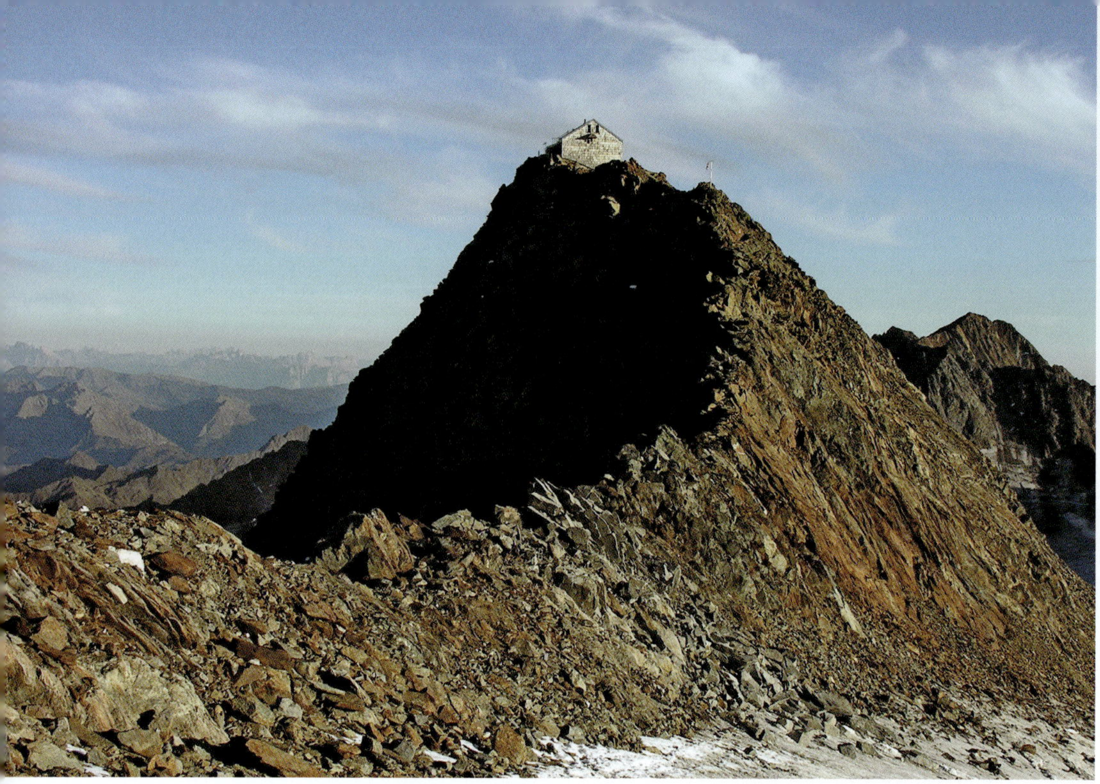

Der Becher mit seinem Schutzhaus

Becher 3195 Wilder Freiger 3418 m

Die beiden meistbesuchten Ridnauner Hochgipfel

38

Die Tour im Überblick Ridnauner Talschluss – Teplitzer Hütte – Becher und Wilder Freiger – retour
Orientierung und Schwierigkeit Bei guten Verhältnissen für hochgebirgserfahrene und ausdauernde Geher nicht schwierig, die kurzen Gletscherbegehungen bereiten normalerweise keine Probleme
Höhenunterschiede Bis zur Teplitzer Hütte 1169 m, von dort zum Gipfel 832 m
Gehzeiten Aufstieg bis zur Teplitzer Hütte gut 3 ½ Std., von dort zum Freiger-Gipfel 4 Std. – Abstieg insgesamt 6 Std.
Ausrüstung Hochtourenbekleidung, die Mitnahme eines Eispickels ist zu empfehlen, evtl. auch Grödeln

13 ½ Std. | 23,4 km | 2001 Hm

Der Becher ist einer der nicht gerade wenigen Hochgipfel, die sich über dem Ridnauner Talschluss in den zentralen Stubaier Alpen erheben. Zwar kommt er höhenmäßig an seine benachbarten Gipfel nicht heran, aber er ist immerhin fast 3200 Meter hoch und dazu ein beeindruckender Felsberg, der beherrschend über dem ausgedehnten Übeltalferner aufragt.

Statt eines Gipfelkreuzes steht auf der Becherspitze allerdings ein Schutzhaus, und zwar ein ganz besonderes. Denn dieses 1894 von der Sektion Hannover des Deutschen und Österreichischen Alpenvereins mit großem Aufwand erbaute Becherhaus – damals »Kaiserin-Elisabeth-Haus« getauft – ist das höchstgelegene bewirtschaftete Schutzhaus Südtirols, und die in das Haus integrierte Maria-Schnee-Kapelle aus dem Jahr 1911 zählt zu den höchstgelegenen Bergkirchen der ganzen Alpen. Der Aufstieg zum Becher ist für einigermaßen trainierte und bergerfahrene Geher nicht schwierig, an den etwas ausgesetzten Stellen sind gute Halteseile angebracht. Auch die relativ

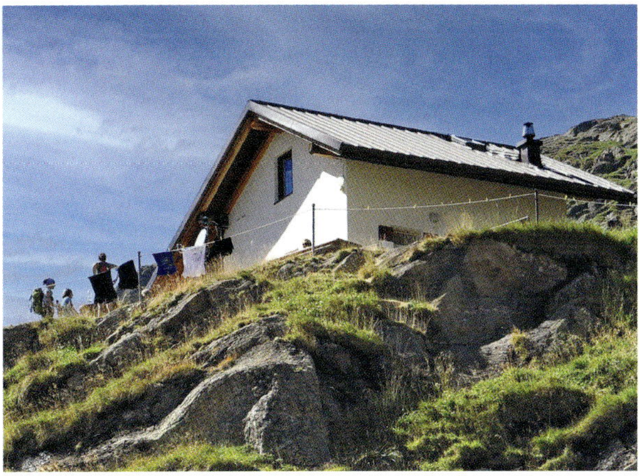

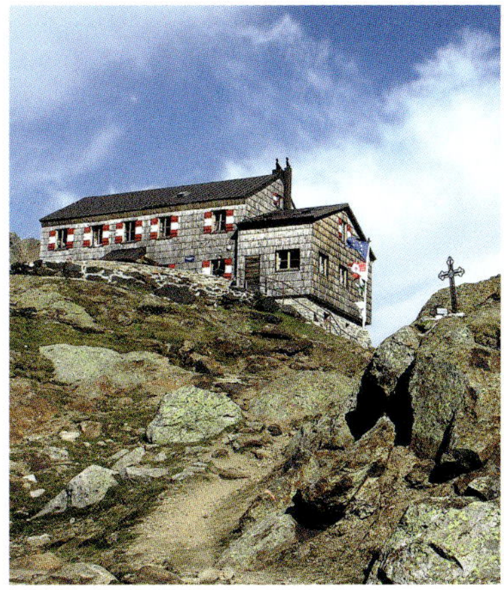

Links: Die kleine Grohmannhütte, der erste alpine Stützpunkt an unserem Weg

Rechts: Die Teplitzer Hütte am Weg zum Becher

kurze Überquerung eines kleinen Gletschers erfolgt normalerweise ohne Probleme.

So ist der Becher für den einigermaßen tüchtigen Normalbergsteiger ein überaus lohnender Dreitausender; doch zugleich betrachten ihn viele Hochalpinisten nicht ganz zu Unrecht mehr als Zwischenstütztpunkt denn als eigenständiges Gipfelziel, zumal sich mit dem gut 3400 m hohen, noch stark vergletscherten Wilden Freiger ein ganz besonders lohnender Hochgipfel anbietet, der vom Becherhaus aus in rund einstündigem, nicht schwierigem Anstieg bestiegen werden kann.

Zwar ist auch er nicht der höchste unter den Hochgipfeln des Ridnauntales, doch bestimmt kein zweiter das Gesamtbild so wie er. Als wirklich »freiger« (das heißt freier), breiter, ebenmäßig geformter und stark vergletscherter Bergaufbau erhebt er sich genau in der Mitte über dem Ridnauner Talschluss.

Sein Normalanstieg führt über den Grat, der den Becher mit dem Freiger verbindet. Anfangs kann man dem scharfen Felsgrat auf dem mittelsteilen Gletscher über Schnee oder Eis ausweichen, und dann führt ein markierter und teilweise mit Fixseilen versehener Pfad über den Felsgrat hinauf zum Signalgipfel und damit zum flachen kurzen Gipfelgrat. Der genannte Signalgipfel ist also kein eigentlicher Gipfel, sondern einer jener markanten Punkte, auf die im Zuge der Landesvermessung im 19. Jahrhundert »trigonometrische Signale« – eine Holzstange oder ein hoher Steinmann – errichtet wurden.

Bei der Weganlage handelt es sich um den oberen Teil des Karl-Vogl-Weges, über den wir im »Boten für Tirol und Vorarlberg« vom 16. Februar 1895 Folgendes erfahren: »Die Sektion

Besonderer Hinweis Diese Tour ist insgesamt nicht nur kürzer, sondern auch leichter als die nachfolgend beschriebene Tour auf Pfaff und Zuckerhütl.
Karten 1:50.000: Kompass, Blatt 44 (Sterzing)

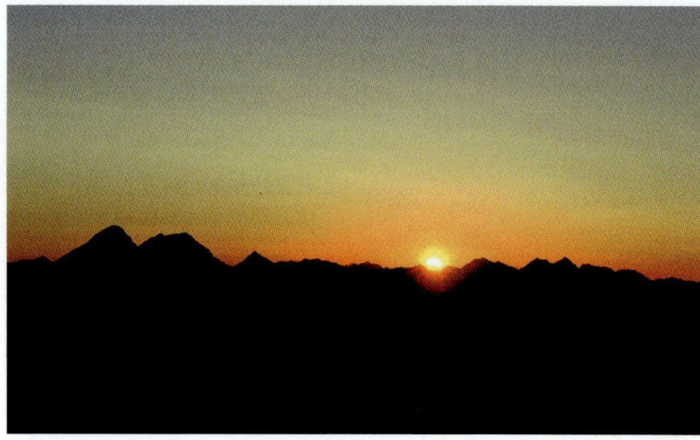

Sonnenaufgang vom Becher aus; im Blickfeld Stubaier und Zillertaler Alpen

Rechte Seite: Der Wilde Freiger, vom Signalgipfel aus

Wegverlauf: Vom Ridnauner Talschluss (1417 m, Bergbaumuseum, Parkplätze) auf Weg 9 zum Aglsboden, hinauf zur kleinen Grohmannhütte (2254 m, Sommerbewirtschaftung, 2 ½ Std. ab Ausgangspunkt) und weiter empor zur Teplitzer Hütte (2586 m, bewirtschaftetes Schutzhaus; ab Grohmannhütte 1 Std.); hier eventuell Nächtigung. – Dann weiterhin auf Weg bzw. Steig 9 über Blockwerk und Felsschliffe (an glatten Platten Fixseile) nahezu eben hinüber zum Moränengelände des Übeltalferners, über dieses ansteigend und eben zu einem Gletscherrest, über ihn hinüber zum Fuß der Becher-Südflanke und auf teilweise seilgesichertem Felsenweg steil empor zum großen Becherhaus auf dem gleichnamigen Gipfel (3195 m; Sommerbewirtschaftung); ab Teplitzer Hütte 2 ½ Std. – Weiterweg zum Wilden Freiger: Vom Becherhaus auf kurzer Weganlage am Nordgrat hinunter in die Becherscharte (3156 m), nun entweder am Gletscherrand oder weglos über den scharfen Felsgrat ein Stück hinan, dann auf guter, teilweise seilgesicherter Steiganlage über den Blockgrat etwas steil, aber unschwierig empor zum Signalgipfel (3393 m) und problemlos über den Blockgrat anfangs nahezu eben und zuletzt kurz ansteigend zum Gipfelkreuz (3418 m; ab Becherhaus 1 Std.)
Abstieg: über die beschriebene Aufstiegsroute.

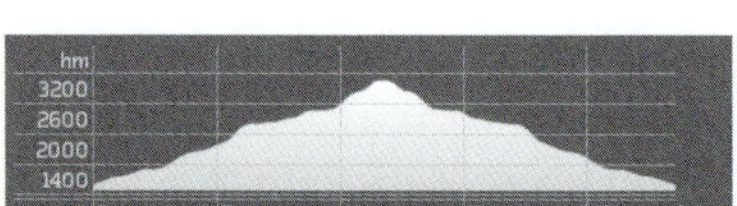

Hannover hat im vergangenen Sommer den nach dem Baudirector und Förderer des Becherhauses, Karl Vogl, benannten Weg vom Fuße des Becher auf dessen Gipfel und weiter zum Gipfel des Wilden Freyger (3428 m) fertiggestellt, eine Weganlage, welche zugleich den besten Uebergang zur Nürnbergerhütte vermittelt«. Die feierliche Einweihung dieses Weges erfolgte dann am 7. August 1896.

Dass es am Aufstieg zum Freiger nicht nur das erwähnte Becherhaus, sondern mit der Grohmannhütte und der Teplitzer Hütte – Letztere ungefähr auf Halbweg und damit als Zwischenstützpunkt besonders günstig gelegen – auch noch weitere Einkehr- und Nächtigungsmöglichkeiten gibt und der Aufstieg vom Becher zum Gipfel vergleichsweise kurz und leicht ist, macht den Wilden Freiger zu einem besonders beliebten Tourenziel.

Doch nicht nur von Südtiroler Seite herauf wird er gern besucht, sondern auch vom nordseitigen Stubaital herauf, wo denn auch bereits an einem Julitag des Jahres 1865 einem gewissen Franz Leis, seines Zeichens Senner auf der Grawa-Alm, zusammen mit zwei Begleitern die Erstbesteigung gelungen sein soll.

Hat man das Gipfelkreuz erreicht, belohnt die großartige Aussicht und hier wiederum ganz besonders die Schau auf die rundherum ausgebreitete Gletscherwelt der zentralen Stubaier Alpen die Mühen, die mit dem insgesamt doch sehr langen Anstieg verbunden sind, mehr als reichlich. Und wenn man nicht bereits in der Teplitzer Hütte, sondern erst im Becherhaus übernachtet hat und früh genug aus den Federn gekommen ist, kann man auf dem Freiger in über 3400 Meter Höhe sogar den Sonnenaufgang erleben.

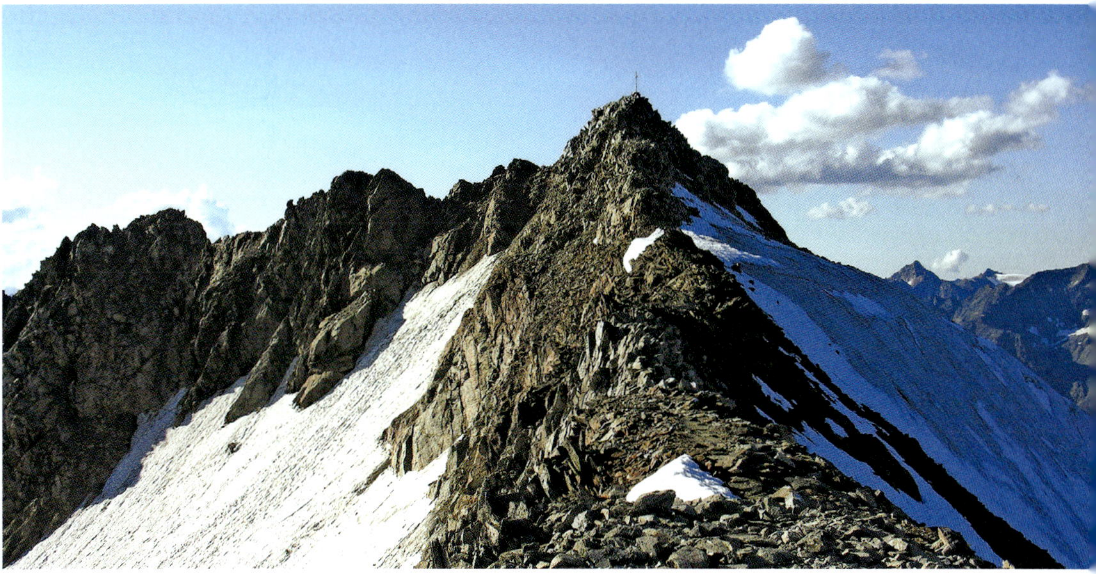

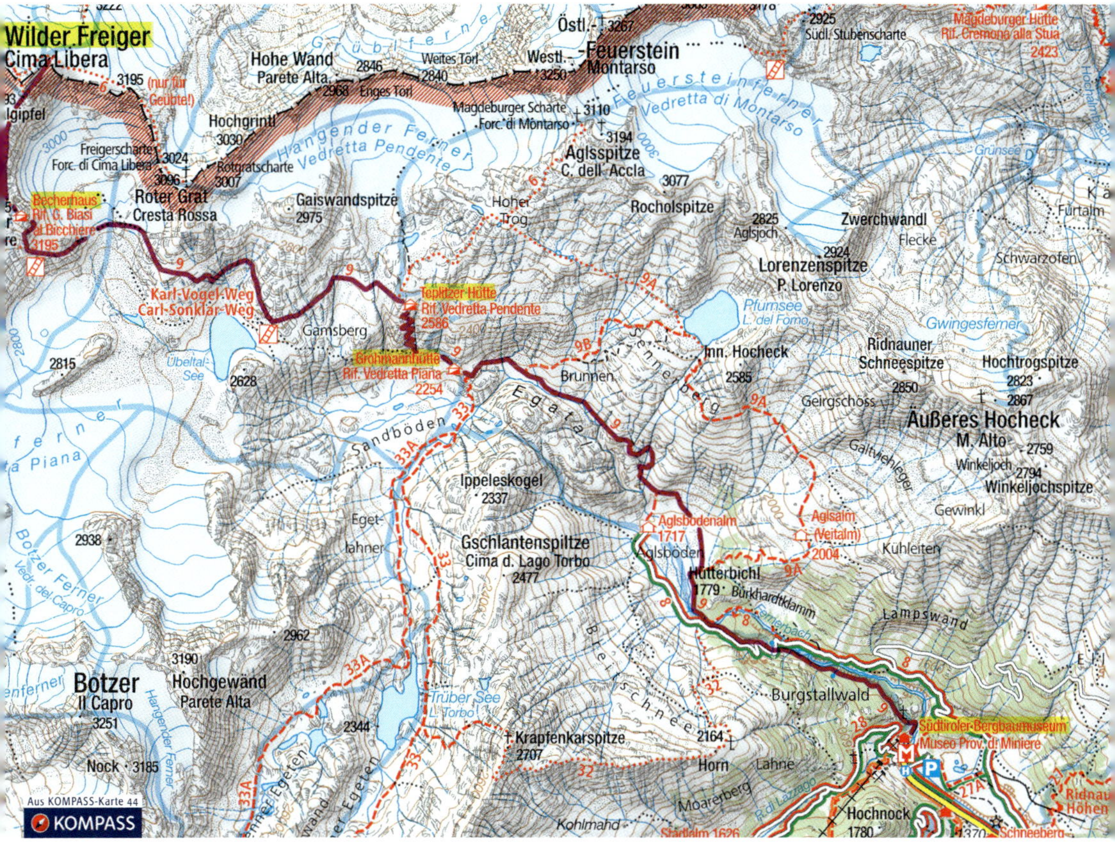
Wilder Freiger
Cima Libera
3195 (nur für Geübte!)
Hohe Wand
Parete Alta
2846
Weites Törl
2840
Enges Törl
2968
Östl.
3267
Westl.
3250
Feuerstein
Montarso
Südl. Stubenscharte
2925
Magdeburger Hütte
Rif. Cremona alla Stua
2423
Magdeburger Scharte
Forc. di Montarso
3110
3194
Feuersteinferner
Vedretta di Montarso
Hochgrintl
3030
Freigerscharte
Forc. di Cima Libera
3024
3096
Rotgratscharte
3007
Hangender Ferner
Vedretta Pendente
Aglsspitze
C. dell' Accla
3077
Becherhaus
Rif. G. Biasi al Bicchiere
3195
Roter Grat
Cresta Rossa
Gaiswandspitze
2975
Hoher Trog
Rocholspitze
2825
Aglsjoch
Zwerchwandl
Flecke
Schwarzofen
Fürtalm
Grünsee
2924
Lorenzenspitze
P. Lorenzo
Karl-Vogel-Weg
Carl-Sonklar-Weg
Teplitzer Hütte
Rif. Vedretta Pendente
2586
Gamsberg
Pfurnsee
L. del Forno
Gwingesferner
Grohmannhütte
Rif. Vedretta Piana
2254
Übeltal-See
2815
2628
Brunnen
Inn. Hocheck
2585
Ridnauner Schneespitze
2850
Hochtrogspitze
2823
2867
Geirgschöss
Äußeres Hocheck
M. Alto
2759
Winkeljoch
2794
Winkeljochspitze
Sandböden
Egetal
Ippeleskogel
2337
Gewinkl
Eget-lahner
Aglsbodenalm
1717
Aglsalm (Veitalm)
2004
Aglsböden
Kühleiten
2938
Gschlantenspitze
Cima d. Lago Torbo
2477
Hutterbichl
1779
Burkhardtdamm
Lampswand
Botzer Ferner
Vedr. del Capro
2962
3190
Hochgewänd
Parete Alta
Botzer
Il Capro
3251
Trüber See
L. Torbo
Burgstallwald
2344
Krapfenkarspitze
2707
2164
Südtiroler Bergbaumuseum
Museo Prov. di Miniere
Nock
3185
Horn
Lahne
Moarerberg
Hochnock
1780
Kohlmahd
Stadlalm 1626
1370
Schneeberg
Aus KOMPASS-Karte 44
KOMPASS

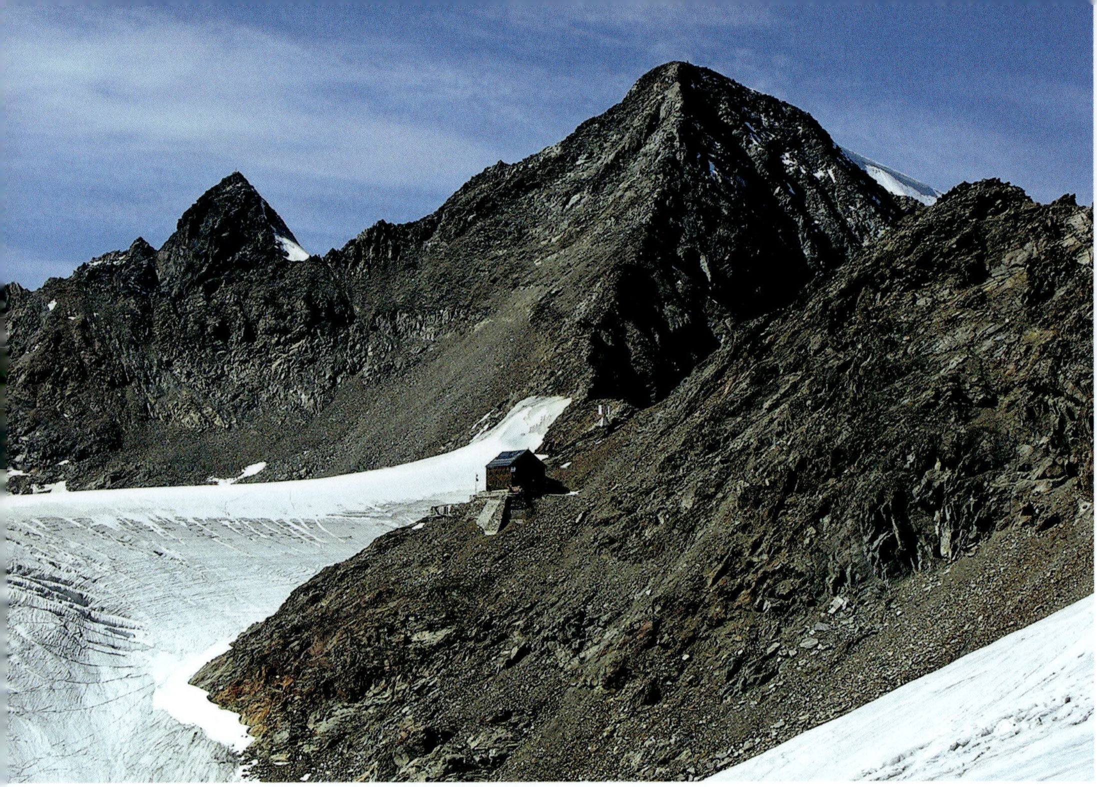

Die Müllerhütte, darüber der Wilde Pfaff, links das Zuckerhütl

Wilder Pfaff 3458 Zuckerhütl 3507 m

Zum höchsten Gipfel der Stubaier Alpen

39

Die Tour im Überblick Ridnauner Talschluss – Teplitzer Hütte – Müllerhütte – Wilder Pfaff und Zuckerhütl – retour
Orientierung und Schwierigkeit Bei guten Verhältnissen für hochgebirgserfahrene und ausdauernde Geher an sich nicht schwierig, die Tour ist aber lang, anstrengend und teilweise sehr steil (sowohl im Fels wie im Firn oder Eis)
Höhenunterschiede Bis zur Müllerhütte 1728 m, von dort zum Gipfel des Zuckerhütls 362 m
Gehzeiten Aufstieg bis zur Müllerhütte 6 Std., von dort zum Zuckerhütl 2 Std. – Abstieg ins Tal insgesamt 7 Std.
Ausrüstung Hochtourenbekleidung, Gletscherausrüstung mit Seil, Pickel und Steigeisen, evtl. auch Eisschrauben

15 Std. | 26,3 km | 2090 Hm

Der wuchtige Wilde Pfaff und das zierliche, aber etwas höhere Zuckerhütl – ja dieses ist sogar der höchste Gipfel der gesamten Stubaier Alpen! – bilden ein ebenso ungleiches wie unverwechselbares Gipfelpaar im Kranz der zahlreichen Ridnauner Hochgipfel. Und weil der Übergang vom einen zum anderen relativ kurz und unschwierig ist, werden oft beide in einem Zuge bestiegen, weshalb sie auch hier gemeinsam behandelt werden.

Für die Tour auf den Wilden Pfaff und weiter auf das Zuckerhütl bildet die Müllerhütte den am nächsten gelegenen Stützpunkt, ein stattliches Schutzhaus, dessen Name an jenen Professor Carl Müller aus Teplitz erinnert, der 1891 hier in rund 3150 Meter Höhe eine erste hochalpine Unterkunft erbaute.

Zwar muss man, um die Hütte zu erreichen, den Übeltalferner überqueren, doch wer den hier vorgeschlagenen Zugang von Ridnaun herauf wählt, den erwartet nur eine halbstündige Gletscherbegehung in einer flachen und spaltenarmen Zone.

Entlang des Weges vom Tal herauf bieten bereits die Grohmannhütte und die Teplitzer Hütte Einkehr- und Nächtigungsmöglichkeit, doch wer auf den Pfaff und das Zuckerhütl will, wird am Vortag wohl bis zur Müllerhütte aufsteigen und hier nächtigen.

Der Wilde Pfaff ragt unweit des Schutzhauses als mächtige Felsgestalt mit steilen Graten und Flanken frei in den Himmel. Seine Überschreitung vermittelt den Zugang zum Zuckerhütl, aber er bildet auch ein prächtiges selbstständiges Tourenziel. Der Anstieg ist allerdings kein reiner Spazierweg, sondern eine stellenweise recht luftige, wenn auch kurzweilige Kletterroute im Silikatgestein des Ostgrates. Hat man diesen Grat unmittelbar vor sich, sieht er fast beängstigend steil aus, und tatsächlich muss man dann nicht nur wiederholt die Hände zu Hilfe nehmen, sondern im oberen Gratabschnitt auch einen zwar mit Eisenbügeln, Seilgeländer und künstlichen Felstritten versehenen, aber doch glatten Plattenschuss bewältigen, an dem mancher weniger Geübte froh ist, wenn ihn der Kamerad oder Bergführer verlässlich nachsichert. Für den einigermaßen felsgeübten Berggeher freilich ist diese Route, die bereits 1894 von der Alpenvereinssektion Hannover etwas entschärft wurde, bei trockenem Fels und gutem Wetter eine echte Genusstour.

Der seltsame Bergname ist, wie auch sonst so oft, von tieferer Lage bis zum Gipfel heraufgewandert und begegnet uns unten im Stubai am Pfaffenknollen und am Pfaffenlehner. Der jagdfreudige Kaiser Maximilian spricht bereits um 1500 in seinem »Gejaidbuch« (Jagdbuch) vom »Ferner am Pfaffen« und vom »Gejayt am Pfaffen«, von dem die Namenforschung annimmt, es habe sich um »ein ursprünglich einer geistlichen Grundherrschaft gehöriges Gejaide« (Finsterwalder) gehandelt.

Hinsichtlich der Erstbesteigung des Berges ist nachzulesen, sie sei 1870 einem gewissen Richard Gutberlet zusammen mit zwei Führern gelungen. Das erscheint jedoch spät für so einen Prachtberg, und man kann sich nur schwer vorstellen, dass der hervorragende Bergsteiger Josef Anton Specht bei der Erstbesteigung des Zuckerhütls im Sommer 1863 den kurzen Abstecher zum Wilden Pfaff nicht unternommen haben sollte. Doch Specht hinterließ – wie auch sonst meist – nichts Schriftliches, und so wird diese Frage wohl nie mehr beantwortet werden.

Am Gipfel des Wilden Pfaffen stehen wir dem Zuckerhütl gerade gegenüber. Der Pfaff wäre hoch, bedeutend und mächtig genug, um als eigenständiges Tourenziel gelten zu können, doch wenn man schon einmal auf seinem Gipfel steht und wenn die

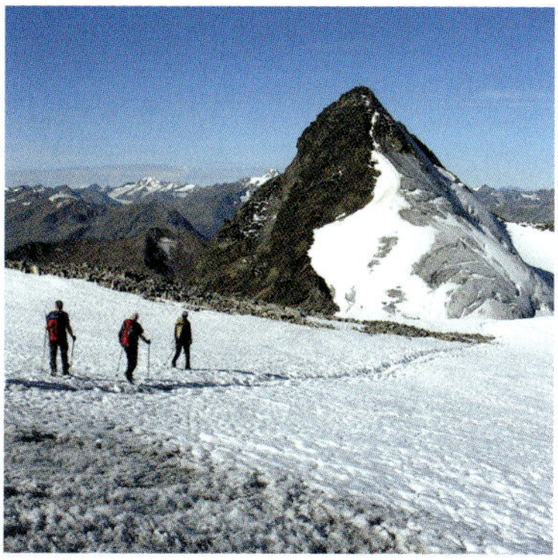

Vom Wilden Pfaff dem Zuckerhütl entgegen; im Hintergrund die Ötztaler Alpen

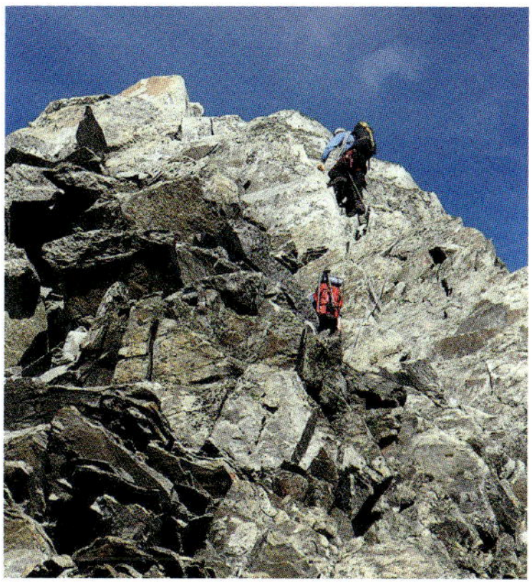

Aufstieg zum Wilden Pfaff

Besonderer Hinweis Da nach der Ersteigung des Wilden Pfaffen ein Höhenverlust von rund 115 Metern erfolgt, beträgt die zu bewältigende Höhenleistung ab Müllerhütte im Aufstieg 476 m.
Karten 1:50.000: Kompass, Blatt 44 (Sterzing)

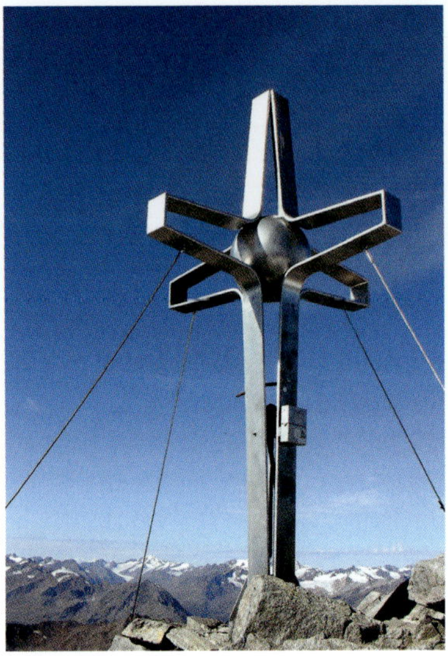

Das Gipfelkreuz auf dem Zuckerhütl

Verhältnisse günstig sind, wird man sich die Besteigung des höchsten Gipfels der Stubaier Alpen wohl kaum entgehen lassen; und da spielt es auch keine Rolle, dass sich das »Hütl« bereits etwas außerhalb der Südtiroler Landesgrenze befindet. Über Blockwerk steigt man auf der Pfaffen-Westseite kurz zum breiten vergletscherten Joch ab, das man Pfaffensattel nennt, und schon beginnt der Aufstieg aufs Zuckerhütl. Lang ist dieser Aufstieg zwar nicht, aber steil. Denn so spitz und keck das Zuckerhütl nach Ridnaun hinunterschaut, so spitz und keck zeigt es sich auch zum besagten Pfaffensattel hin. Allerdings kann man wählen zwischen dem Aufstieg über Firn und Eis oder aber über die Felsblöcke, wo eine besonders steile Stelle mit einem kurzen Drahtseil versehen ist. Beide Möglichkeiten sind für den erfahrenen Hochalpinisten kein Problem.

Vom Gipfel blickt man nach allen Himmelsrichtungen über unzählige Gipfel, Täler und Kämme; und wenn wir einen Blick auf die Karte tun, erhalten wir Aufschluss über Namen und Höhen. Als es aber noch keine Gebirgskarten gab und sich auch kaum jemand auf die vergletscherten Hochgipfel wagte, ersetzten Mutmaßungen das gesicherte Wissen – auch manch eine, die heute leises Schmunzeln hervorruft. So vertrat um 1500 der erwähnte Kaiser Maximilian die Meinung, die Stubaier Alpen seien das »höchste gepirg in Europia«. Und als höchsten Gipfel in diesem »gepirg« betrachteten die einen den knapp

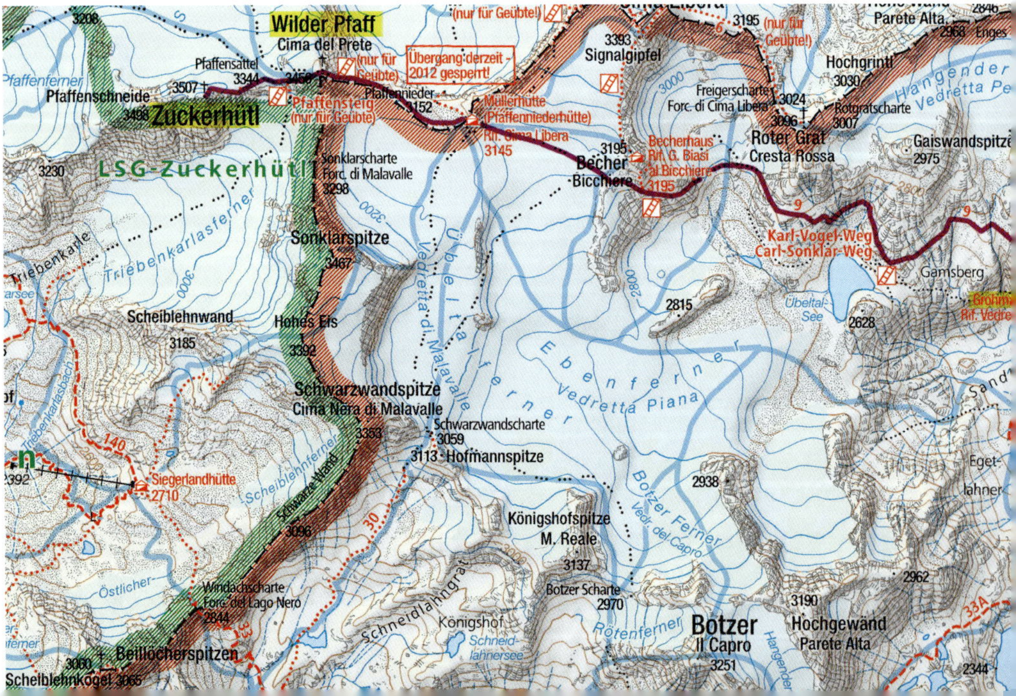

3280 Meter hohen Habicht, die anderen die 3333 Meter hohe Schaufelspitze und wieder andere den Wilden Pfaff.

Erst die beiden Innsbrucker Forscher und Bergsteiger Leopold Pfaundler und Ludwig von Barth erkannten 1863 auf der Pfaffenschneide, dem westlichen Nachbargipfel des Zuckerhütls, dass kein anderer Stubaier Gipfel höher war als eben dieses »Hütl«, dessen Erstbesteigung den beiden allerdings durch plötzlich einfallenden Nebel verwehrt blieb. Und die Ironie des Schicksals wollte es, dass ausgerechnet ihr Führer Alois Tanzer wenig später den Wiener Josef Anton Specht auf den jungfräulichen Gipfel führte. An welchem Tag das war, wissen wir leider nicht; denn der genannte Specht war wohl ein bedeutender Bergsteiger, aber er hielt – wie schon oben angedeutet – offenbar nichts davon, der wissbegierigen Nachwelt genauere Einzelheiten über seine Besteigungen zu hinterlassen.

Bewahrt in dieser Hinsicht das Zuckerhütl wohl für immer sein Geheimnis, so ist die Frage nach der Bedeutung des Bergnamens, der zumindest manchem jüngeren Erdenbürger recht seltsam erscheinen mag, nicht schwierig zu beantworten. Ältere Semester wissen jedenfalls noch – oder haben es von ihren Vorfahren gehört –, dass der Haushaltszucker einst in Form eines gepressten spitzen Kegels im Handel war, den man eben »Zuckerhut« nannte. Und die zierliche Form des Berges macht verständlich, warum man ihn nur ein »Hütl« nannte.

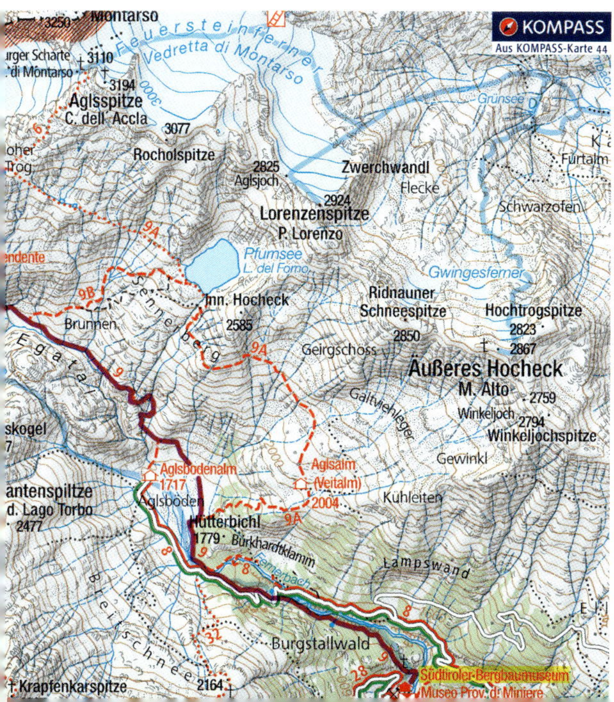

Wegverlauf: Vom Ridnauner Talschluss (1417 m, Bergbaumuseum, Parkplätze) auf Weg 9 über den Aglsboden hinauf zur Grohmannhütte (2254 m, Sommerbewirtschaftung) und weiter empor zur Teplitzer Hütte (2586 m, ab Ausgangspunkt 3 ½ Std.). Von da weiterhin auf Weg bzw. Steig 9 über Blockwerk und Felsschliffe (an glatten Platten Fixseile) zuerst längere Zeit eben, dann mäßig ansteigend und einen Gletscherrest problemlos überquerend zum Fuß der Becher-Südflanke und auf dem teilweise seilgesicherten Felsenweg empor bis zur Weggabel (etwa 3000 m); nun links abzweigend und dem Wegweiser »Müllerhütte« folgend auf markierten Steigspuren über Blockwerk hinüber zum Übeltalferner, über diesen nahezu eben westwärts bis unter die Müllerhütte und kurz am Hang hinauf zum Schutzhaus (3145 m; Sommerbewirtschaftung, nahezu 100 Schlafplätze); ab Teplitzer Hütte 3 Std.
Von der Hütte dann auf markiertem Steig hinüber zur Scharte Pfaffennieder (3136 m), über den Blockgrat weiter zum Fuß des Wilden Pfaffen und über guten Fels (eine steile Felsplatte gesichert) teilweise in leichter Kletterei (I – II) empor zum Gipfel mit dem Kreuz (3458 m; ab Müllerhütte 1 Std.).
Nun an dessen Westseite über steiles Blockwerk linkshaltend kurz hinab auf den vergletscherten Pfaffensattel (3344 m), mäßig ansteigend zum Ostfuß des Zuckerhütls und je nach den Verhältnissen über Fels oder Firn bzw. Eis mit zunehmender Steilheit (im Fels Blockkletterei, eine ausgesetzte Stelle ist mit einem Fixseil versehen) empor zum Gipfel (3507 m; ab Wildem Pfaff knapp 1 Std.).
Abstieg: über die beschriebene Aufstiegsroute.

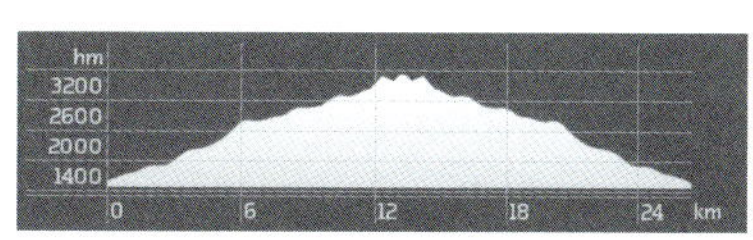

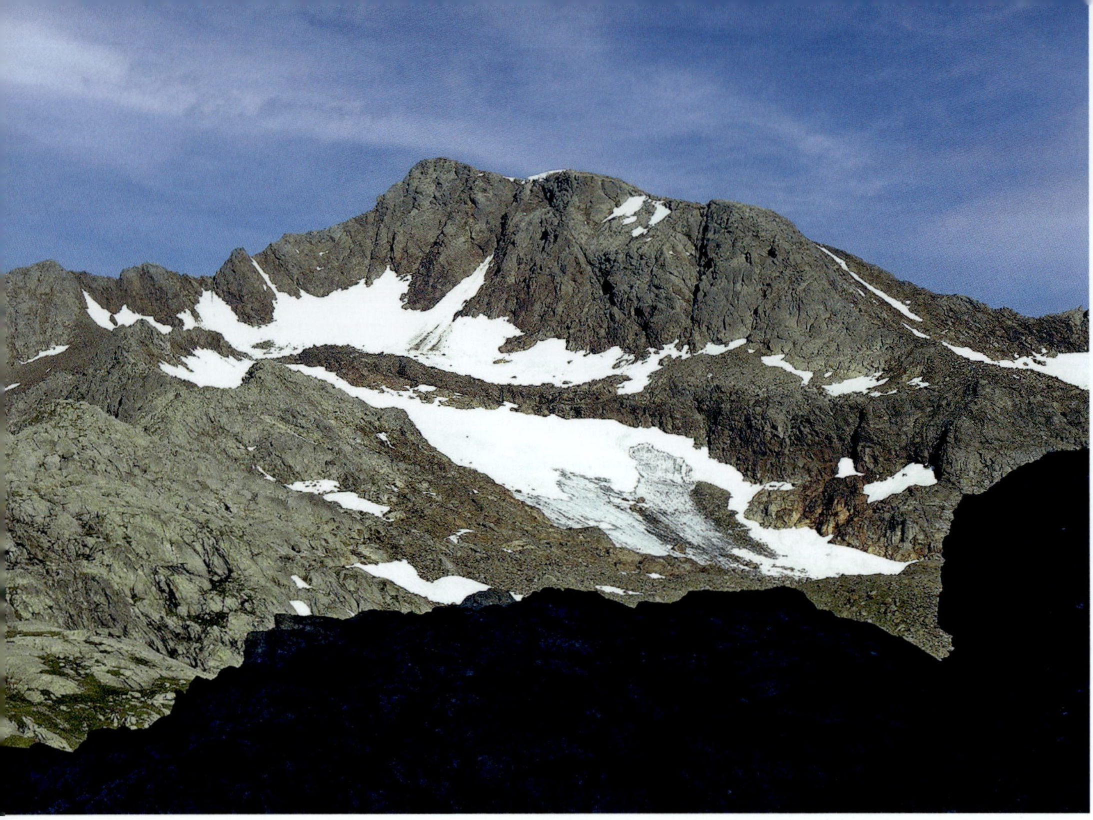

Die Schneespitze vom Bereich der Magdeburger Hütte aus; rechts der Rücken, über den der Aufstieg erfolgt

Schneespitze 3172 m

Urgesteinsgipfel über dem Pflerscher Talschluss

40

Die Tour im Überblick St. Anton in Pflersch – Magdeburger Hütte – Schneespitze – retour
Orientierung und Schwierigkeit Bei normalen Verhältnissen für geübte und bergerfahrene Geher nicht schwierig, wenn auch teilweise ausgesetzt
Höhenunterschiede Bis zur Hütte 960 m, von dort zum Gipfel 749 m
Gehzeiten Aufstieg zur Hütte gut 2 ½ Std., von dort zum Gipfel 2 ½ Std.; Abstieg insgesamt 4 Std.
Ausrüstung Hochtourenbekleidung; Eispickel ratsam

9 Std. | 14,8 km | 1709 Hm

Unter zu viel Gleichförmigkeit leiden die Hochgipfel des Pflerschtales ganz gewiss nicht, und geradezu Musterbeispiele einzigartiger Charakteristik sind der Pflerscher und der Gschnitzer Tribulaun, der Hohe Zahn und die Weißwandspitze.

Zwar nicht ganz so auffallend wie ihre aus Dolomit aufgebauten Nachbarn, aber mit ihrem steilen Südgrat, dem relativ flachen Nordgrat, dem markanten Gipfel und der Vergletscherung zeigt sich auch unsere Schneespitze als unverwechselbarer Dreitausender, der über tief eingesenkten Gratscharten aufragt und zusammen mit dem Feuersteinferner, der Aglsspitze und den Feuersteinen die Gletscherwelt des Pflerschtales und der östlichen Stubaier Alpen bildet.

Obwohl auch die erwähnte Aglsspitze und die beiden Feuersteine für tüchtige Hochalpinisten nicht schwierig zu besteigen sind, gilt doch die Schneespitze als leichtester Urgesteinsgipfel der Pflerscher Dreitausender – wobei die Wertung »leicht« auch hier wieder in Relation zu setzen ist zur Höhe des Berges.

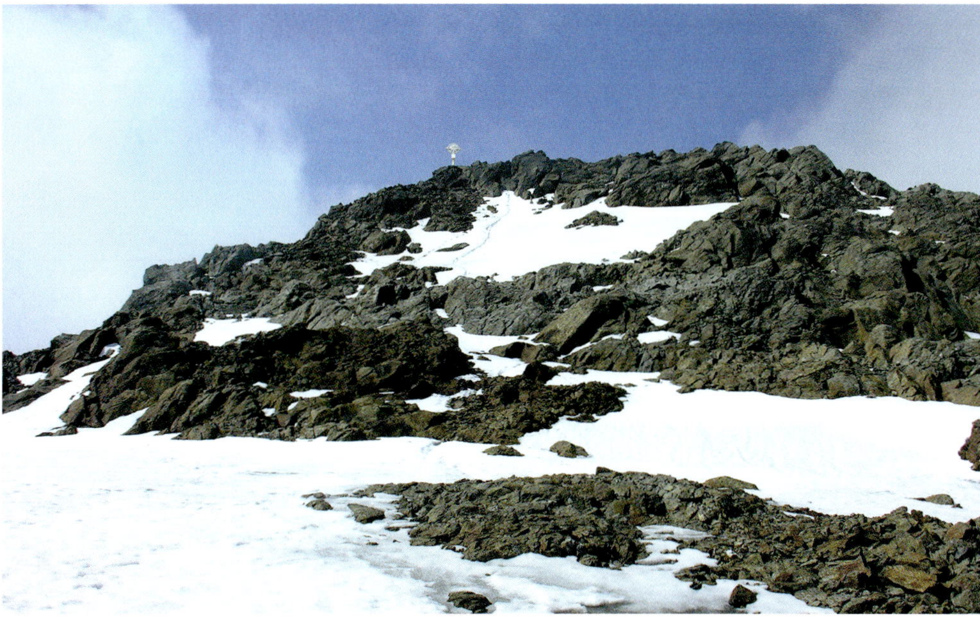

Der Gipfel der Schneespitze

Der Aufstieg beginnt im Bereich von Stein, dem innersten Pflerscher Weiler, und damit auch im Bereich der sogenannten Hölle, einer Schlucht des Talbaches mit einem stäubenden Wasserfall. Eine Zeitlang führt uns der Weg durch Fichtenwald talein ins Gebiet der bewirtschafteten Ochsenalm, dann geht es durch felsdurchsetzte Grashänge hinauf.

Eine alte Grenzbeschreibung erwähnt in dieser Gegend »Knappenstuben«, und das weist einerseits auf das einstige Silberbergwerk von Pflersch hin und zum anderen liefert es die Erklärung für den Namen Stubenferner, jenes Gletschers oben an unserer Schneespitze, dessen nördlicher Arm früher bis zum Gipfel reichte und dadurch dem Berg zu seinem Namen verhalf.

Desselben Namensursprungs wie der Gletscher ist übrigens auch der hübsche, wenn auch teilweise verlandete Stubensee, in dessen Nähe sich die Magdeburger Hütte befindet. Das prächtig gelegene, 1887 von der Sektion Magdeburg des Deutschen und Österreichischen Alpenvereins erbaute Schutzhaus ist ein beliebtes Ausflugsziel, aber auch ein wichtiger Stützpunkt für verschiedene Touren; und zu diesen zählt ganz besonders die Besteigung der Schneespitze, die sich über der Hütte sozusagen als deren Hausberg erhebt.

Besonderer Hinweis Grundsätzlich kann auch über die Gletscherreste rechts des genannten Ostgrates aufgestiegen werden, doch ist dies wegen steiler Stellen und vor allem wegen der Steinschlaggefahr nur bei besten Verhältnissen und nur mit Pickel und Steigeisen zu empfehlen!
Karten 1:50.000: Kompass, Blatt 44 (Sterzing)

Wegverlauf: Anfahrt von Gossensaß nach St. Anton in Pflersch, schattseitig auf schmaler Straße bis fast zur Brücke von Stein und links weiter bis zu einem Parkplatz in der Nähe des Wasserfalls »in der Hölle« (ca. 1465 m). Von da den Wegweisern »Magdeburger Hütte« folgend zuerst auf Brücke über den Talbach und bald darauf auf dem Hüttenweg der Markierung 6 folgend durch großteils freies, von Grashängen und Felspartien bestimmtes Gelände anfangs leicht und später stärker ansteigend hinauf zur Magdeburger Hütte (2423 m; Sommerbewirtschaftung); ab Parkplatz gut 2 ½ Std. – Weiterweg zur Schneespitze: Von der Schutzhütte auf dem guten Weg 6 hinauf zu Wegteilung, rechts (Wegweiser »Schneespitze«) teils auf Steig, teils weglos über Blockwerk in nahezu ebener Hangquerung zu einem Gletschersee und rechts über eine Moräne (stets gut markiert) hinauf zum Fuß des felsigen Ostrückens. Nun an diesem Felsrücken der Markierung und Steinmännchen folgend teils auf abschüssigem Pfad, großteils aber weglos über Blockwerk steil hinauf zu Verebnungen und schließlich über Blockwerk und oft auch Schneereste unschwierig empor zum Gipfelkreuz (3172 m); ab Hütte 2 ½ Std.
Abstieg: über die beschriebene Aufstiegsroute.

Stieg man früher gern über den Südgrat oder über den Nordarm des Stubenferners zum Gipfel, so hat es der Gletscherschwund mit sich gebracht, dass diese Routen schwieriger und zum Teil auch gefährlicher und durch einen neuen Routenverlauf ersetzt worden sind.

Dieser heute zur Gänze markierte Aufstieg führt vom Schutzhaus zunächst auf der alten Weganlage über nur mäßig steile, von den Eiszeitgletschern gerundete und mit Blütenpolstern geschmückte Felsen ein Stück hinauf, dann über Moränengelände zu einem erst in neuerer Zeit entstandenen Gletschersee unter der Zunge des Stubenferners, und schließlich geht es etwas mühsam, aber nicht schwierig über den felsigen Ostrücken des Berges empor zum Gipfel, der erst unlängst ein schönes Kreuz erhalten hat.

Wem der vor allem im unteren Teil des Felsrückens recht steile Anstieg zu mühsam erscheint, kann natürlich auch rechts davon über die Reste des erwähnten Gletscherarmes aufsteigen, was bei guter Schneelage durchaus empfehlenswert sein kann, aber bei Blankeis und bei drohender Steinschlaggefahr nicht ratsam ist.

In ihrer Gesamtheit führt uns die landschaftlich schöne und abwechslungsreiche Tour von Hinterpflersch zur Schneespitze in ein naturbelassenes Gebiet, das von blühenden Bergwiesen, rauschenden Wassern, steilen Felsen, schimmernden Gletschern und einsamen Bergseen bestimmt wird. Und mit etwas Glück, Geduld und Beobachtungsgabe kann man vielleicht auch dem schon seit langem wieder hier beheimateten Steinwild begegnen.

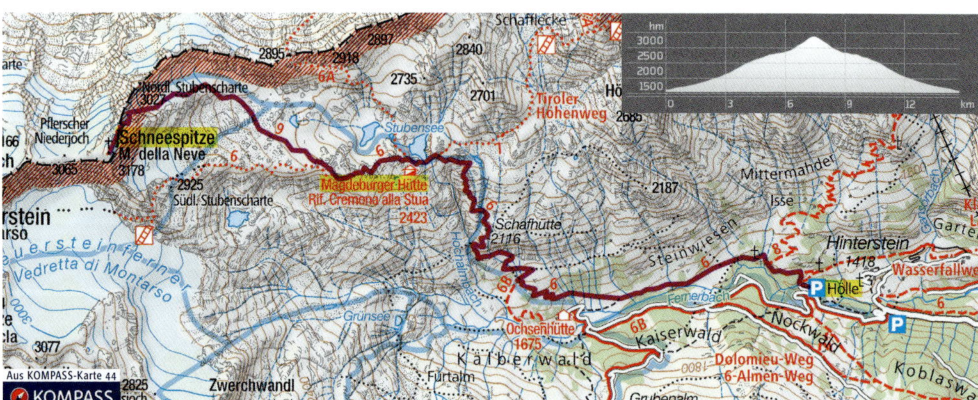

Der kleine Stuben- oder Rochollsee nahe der Magdeburger Hütte

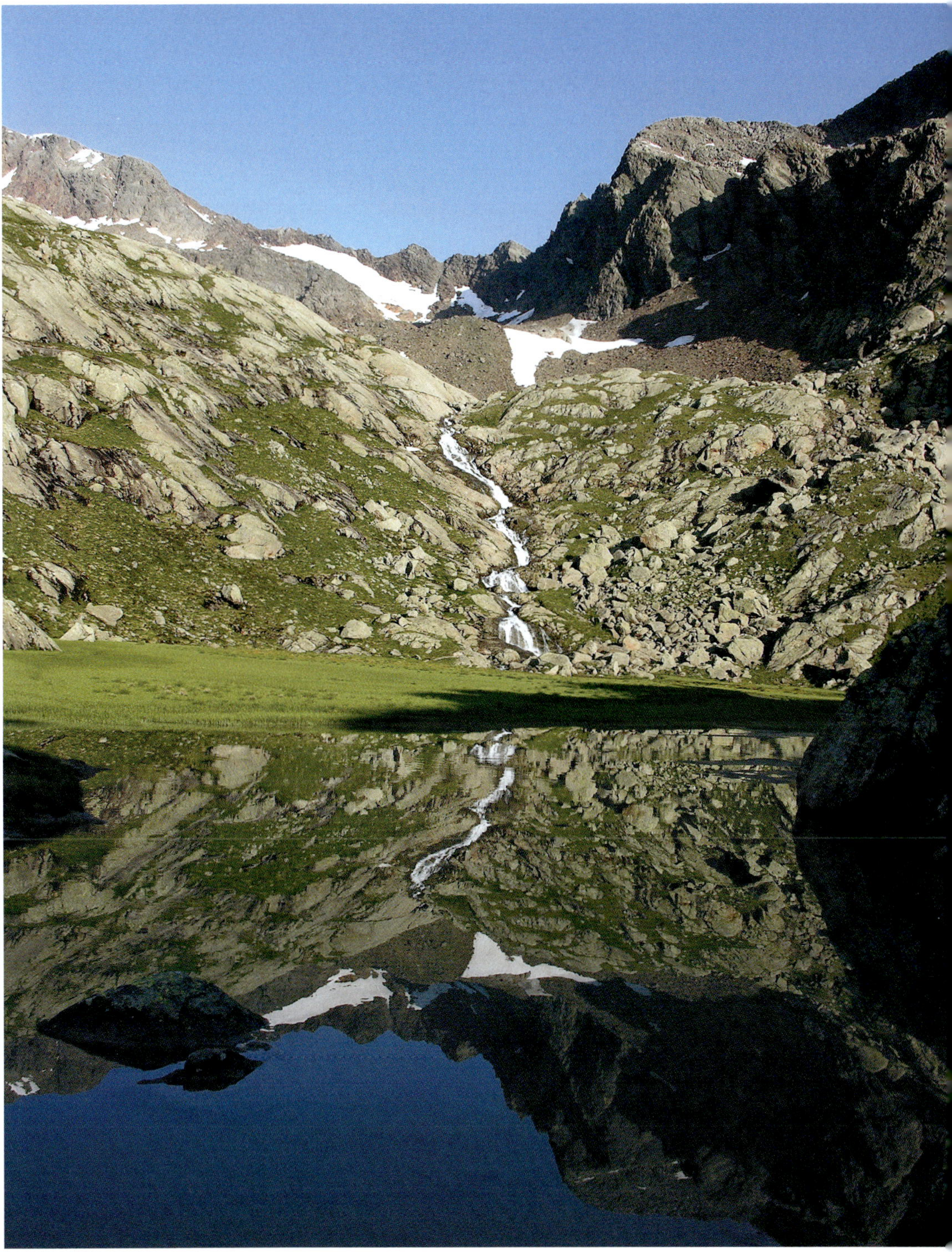

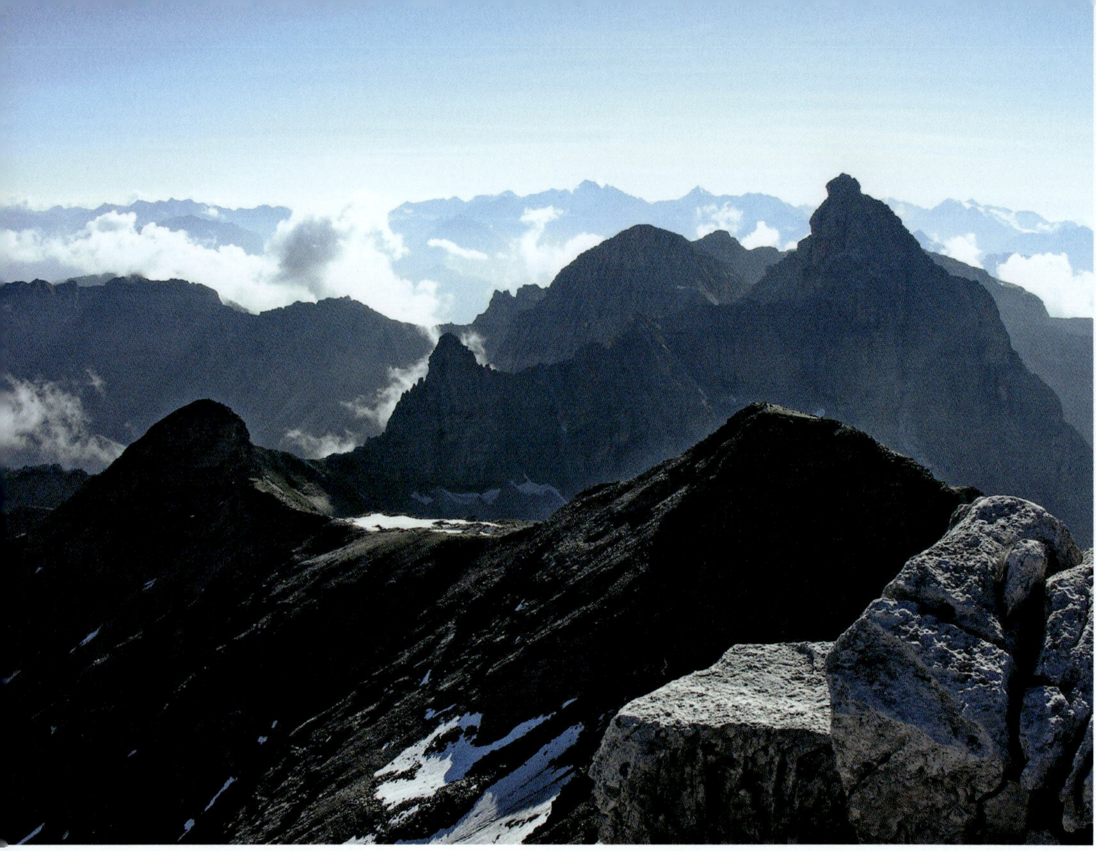

Panorama von der Weißwandspitze aus; rechts der Pflerscher Tribulaun

Weißwandspitze 3016 m

Über die Magdeburger Hütte zum eigenwilligen Dolomitgipfel

41

Die Tour im Überblick St. Anton – Magdeburger Hütte – Weißwandspitze – retour
Orientierung und Schwierigkeit Für einigermaßen bergtüchtige Geher unschwierig
Höhenunterschiede Bis zur Hütte ca. 980 m, ab Hütte 593 m
Gehzeiten Aufstieg zur Hütte gut 2 ½ Std., weiter zum Gipfel 2 Std., Abstieg insgesamt 3 Std.
Ausrüstung Bergbekleidung

7 ½ Std. | 13,4 km | 1573 Hm

Blickt man von der Gossensasser Weitung ins Pflerschtal, besticht vor allem der Bergkranz, der sich über den letzten Höfen erhebt. Es handelt sich dabei um eine Reihe von Prachtgipfeln, angefangen von der Lorenzenspitze ganz links über Aglsspitze, Feuersteine, Schneespitze und Weißwandspitze bis zum Tribulaun und seinen Trabanten – dunkel, aber vergletschert die einen, als helle Dolomitgestalten die anderen.

Und mittendrin prangt die kecke Weißwandspitze, zum Teil hierhin, zum Teil dorthin gehörend und so eigenwillig und unverwechselbar wie kaum ein anderer Dreitausender Südtirols.

In einem Grenzbericht des Gerichtes Sterzing aus dem Jahre 1667 wird sie »Hochweiß« genannt, während Anich sie um 1770 als »Weis Spiz« bezeichnet. Staffler erwähnt den Berg um 1840 als »Weißspitze« und zählt ihn zu »den vorzüglichen Höhen« dieses Gebietes.

Das »Vorzügliche« der Weißwandspitze ist nun, dass sie aus zwei Gesteinsarten aufgebaut ist, und zwar aus dunklem,

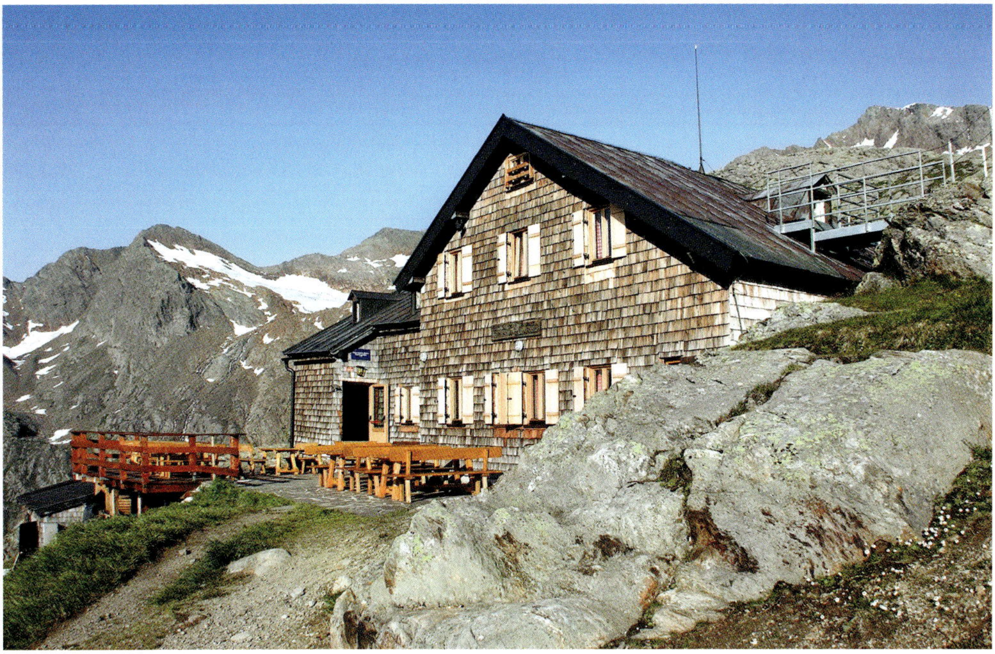

Die Magdeburger Hütte, Stützpunkt am Weg zur Weißwandspitze (und Schneespitze)

sogenanntem Urgestein, das den Unterbau bildet, und aus hellem, in der einstigen Tethys entstandenen Trias-Dolomit, aus dem der eigentliche Gipfelaufbau besteht. Dabei fällt einmal die unverkennbare Form der Gipfelpyramide besonders auf, aber zum anderen auch die waagrechte, wie mit dem Lineal gezogene Kontaktlinie zwischen den beiden Gesteinsarten.

Auf der Vorderseite bricht der helle Gipfelaufbau mit senkrechter Wand ab – die ihm denn auch den Namen gegeben hat –, und Ähnliches gilt für die rechte, gegen das Gschnitztal abbrechende Seite; doch die linke Flanke ist weniger steil und damit unschwer ersteigbar. So führt von der erwähnten Kontaktlinie denn auch ein zwar nur mäßig ausgeprägter, aber markierter Pfad über die Dolomitfelsen zum Gipfelkreuz.

Man kann diesen letzten Teil des Gipfelpfades über die Tribulaunhütte erreichen. Allerdings muss man dabei vorher den Hohen Zahn, mit 2924 Meter Höhe ein Fast-Dreitausender, überschreiten und dann an der erwähnten Kontaktzone die

Besonderer Hinweis Die Besteigung der Weißwandspitze über die Tribulaunhütte ist nur bedingt zu empfehlen. Es muss dabei nämlich der Hohe Zahn (2924 m) überschritten und das heikle, manchmal unbegehbare Querband unter der Weißwandspitze begangen werden!
Karten 1:50.000: Kompass, Blatt 44 (Sterzing)

Rechte Seite: Die Weißwandspitze über dem innersten Pflerschtal

Wegverlauf: Anfahrt von Gossensaß nach St. Anton in Pflersch (1245 m), schattseitig auf schmaler Straße bis fast zur Brücke von Stein und links weiter bis zu einem Parkplatz in der Nähe des Wasserfalls »in der Hölle« (ca. 1465 m). Von da den Wegweisern »Magdeburger Hütte« folgend zuerst auf Brücke über den Talbach und bald darauf auf dem Hüttenweg der Markierung 6 folgend durch großteils freies, von Grashängen und Felspartien bestimmtes Gelände anfangs leicht und später stärker ansteigend hinauf zur Magdeburger Hütte (2423 m; Sommerbewirtschaftung); ab Parkplatz gut 2 ½ Std. – Weiterweg zur Weißwandspitze: Von der Hütte auf dem Zugangsweg wenige Schritte zurück, auf dem links abzweigenden Steig 7 zuerst nahezu eben die felsdurchsetzten Grashänge in leichtem Auf und Ab querend (an felsigen Stellen da und dort eine Steighilfe) ostwärts zu einem Bergkessel, dann in steilen Kehren am fels- und steindurchsetzten Grashang (auch hier Stellen mit Sicherungen und Steighilfen) stark ansteigend hinauf zum Ansatz der aus Dolomit aufgebauten Gipfelzone (2870 m) und bei einem zum Gipfel weisenden Pfeil den Steig 7 verlassend über Blockwerk und Felsschrofen auf mit Steinmännchen bezeichneter Route (teilweise Steig, ab und zu eine unschwierige, kaum ausgesetzte Kletterstelle) in 20 Min. empor zum Gipfelkreuz (3016 m); ab Magdeburger Hütte 2 Std. *Abstieg:* wie Aufstieg.

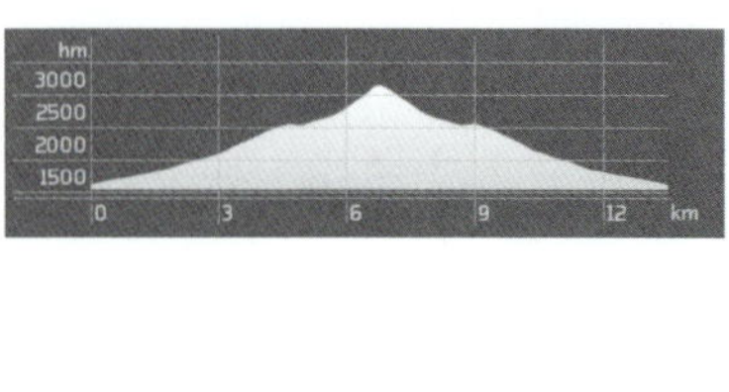

nach Pflersch abbrechende Flanke des Berges queren. Beides bei guten Verhältnissen für gute Geher kein Problem, aber vielleicht doch nicht jedermanns Sache, und manchmal kann Schnee oder Eis die genannte Querung sogar unmöglich oder zumindest sehr gefährlich machen.

Daher schlage ich hier den sichereren, direkteren und damit auch kürzeren Weg über die auch im Zusammenhang mit der Schneespitze kennengelernte Magdeburger Hütte vor. Zwar gibt es auch dort die eine oder andere etwas ausgesetzte Stelle, aber diese Passagen sind nur kurz und außerdem mit guten Stahlseilen entschärft. Damit darf die Weißwandspitze als leichtester Dreitausender der Pflerscher Hochgipfel gelten.

So geht es von der Hütte nach einer längeren anfänglichen Querung begrünter, wenn auch felsdurchsetzter Steilhänge recht zügig hinauf zum Fuß des weithin leuchtenden Gipfelaufbaus, und dann über den erwähnten Dolomitpfad zum Kreuz am höchsten Punkt, wo man sozusagen in Augenhöhe mit den benachbarten Hochgipfeln und vor allem mit dem berühmten Pflerscher Tribulaun steht, der von da aus gesehen fast umzufallen scheint, so sehr neigt er sich gegen das Gschnitztal hin.

Der Tribulaun ist zwar der eindrucksvollste Berg in der Runde, aber er ist nur einer von geradezu unzähligen Gipfeln, die das Panorama der Weißwandspitze umfasst, dieses merkwürdigen Brückenpfeilers zwischen südlichen und nördlichen Kalkalpen.

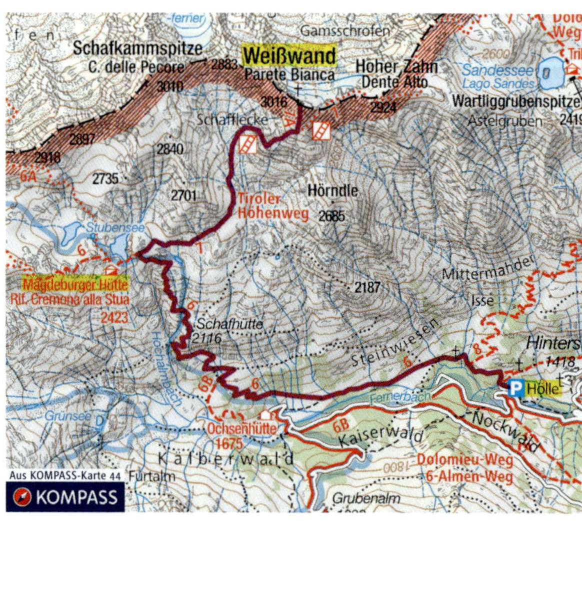

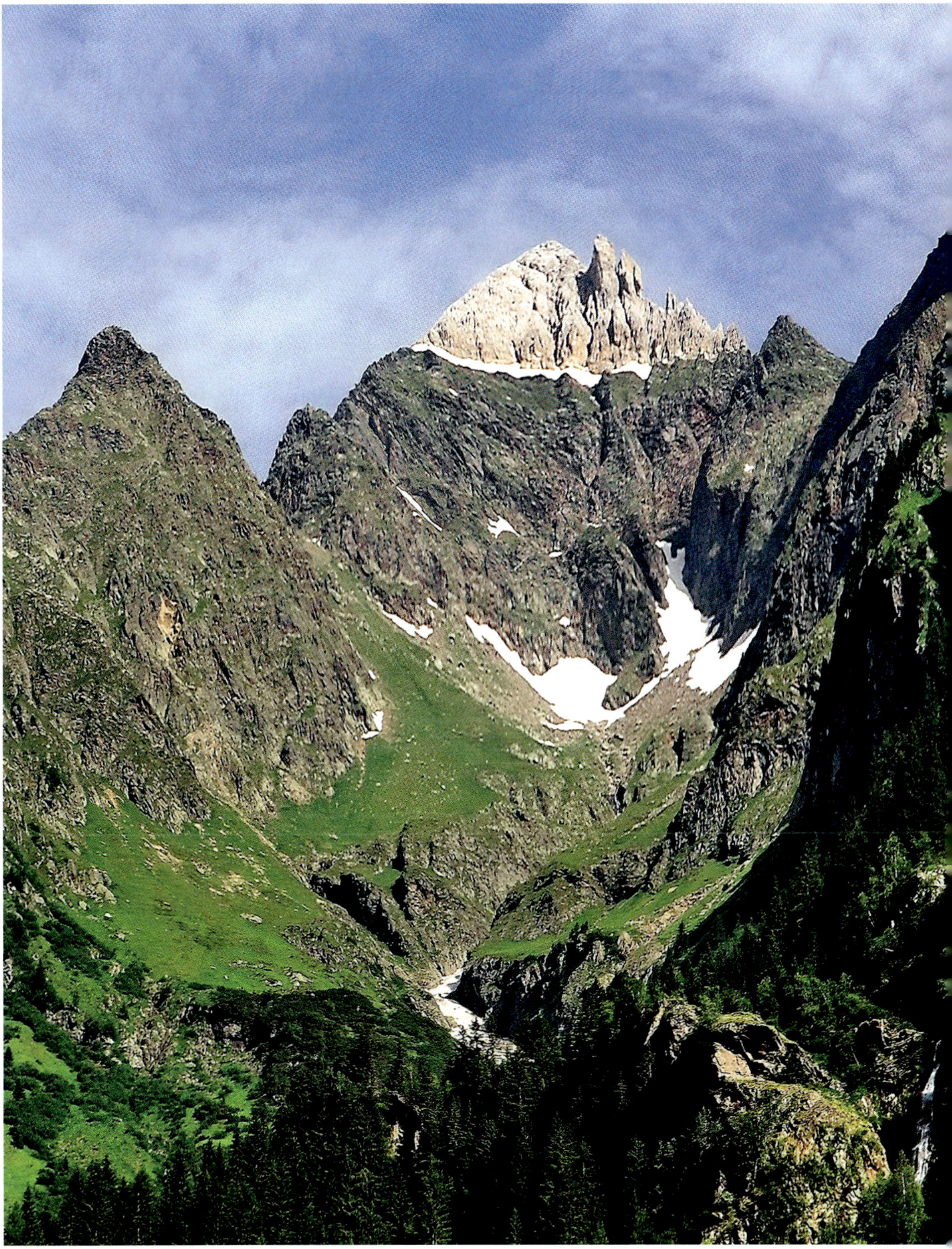

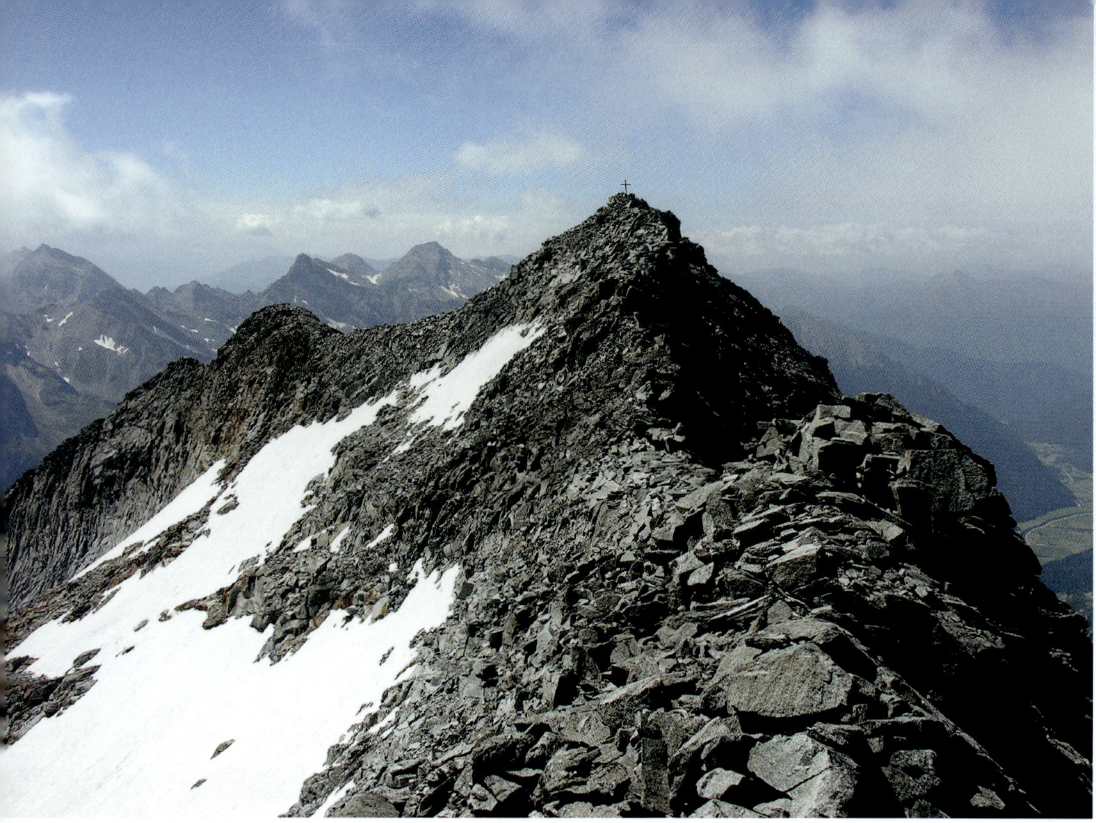

Der Gipfel der Hohen Wand

Hohe Wand 3289 m

Beherrschender Gipfel über dem Pfitscher Talschluss

42

Die Tour im Überblick Pfitscher Talschluss – Pfitscher Joch – Hohe Wand – retour
Orientierung und Schwierigkeit Für tüchtige, erfahrene Hochalpinisten nicht schwierig, teilweise aber steil
Höhenunterschiede Bis zum Pfitscher Joch 469 m, von dort zum Gipfel 1039 m
Gehzeiten Aufstieg zum Pfitscher Joch 1 ½ Std., von dort 3 ½ Std; Abstieg insgesamt 3 ½ Std.
Ausrüstung Hochtourenbekleidung, feste Bergschuhe, Eispickel; Steigeisen sind im Normalfall entbehrlich
Einkehrmöglichkeit Pfitscherjochhaus, T 333 8404587 s. S. 271
Karten 1:50.000: Kompass, Blatt 44 (Sterzing)

8 ½ Std. | 12,8 km | 1508 Hm

Die Hohe Wand ist um einiges niedriger als ihr östlicher Nachbar, der Schrammacher, und sie steht deshalb hinsichtlich des alpintouristischen Interesses auch in dessen Schatten. Doch während der Gipfel des Schrammachers weder vom Pfitschtal noch vom Pfitscher Joch aus zu sehen ist, zeigt sich die Hohe Wand ins Pfitschtal herab als einer der mächtigsten und prächtigsten Berge im dortigen Gipfelkranz; und zum Pfitscher Joch grüßt vom Gipfel herunter das stattliche Kreuz als verheißungsvolles Tourenziel.

In einem Grenzbericht von 1765 heißt es, vom Riffler ziehe »ein Grad biß an die sogenannte Grabandt, so abermals die Gränzen scheide«. Anich verzeichnet den Berg um 1770 als »Grob Wand«, Staffler sagt um 1840, die »Linie der Central-Kette« ziehe sich vom Wolfendorn »nordöstlich gegen die Grabwand (graue Wand)«, und Josef Daimer nennt den Berg 1882 »Growand«.

Diese frühen Quellen zeigen, dass ursprünglich nicht nur der Südsporn, sondern der ganze Berg Grawand (graue Wand)

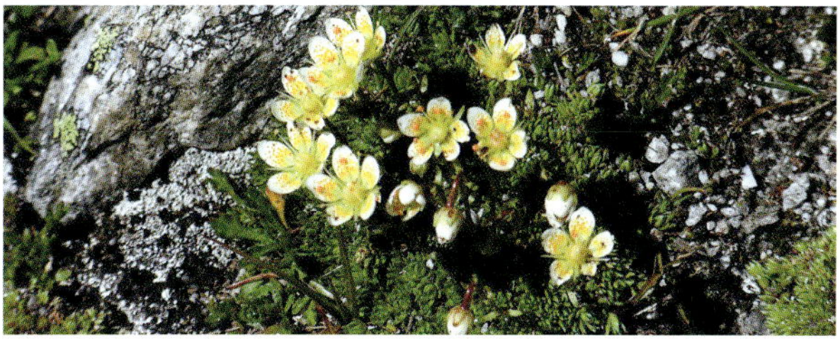

Moos-Steinbrech am Weg zur Hohen Wand

hieß und den Namen Hochwand offenbar erst später – wohl durch die Kartografen des 19. Jahrhunderts – nach der mächtigen, gegen das Valser Tal abbrechenden Nordwestwand erhalten hat. Der bedeutende Geologe und Landeskundler Raimund von Klebelsberg bestätigt dies, wenn er noch 1948 schreibt: »Dem Kraxentrager folgt die Hohe oder Graue Wand, benannt nach dem grauen Granitgneis«.

Für den Bergsteiger wichtiger als namenkundliche Fragen ist freilich der Umstand, dass der Aufstieg bedeutend kürzer ist als der auf den Schrammacher, und dass er das Stampflkees, den zwischen beiden Bergen eingelagerten Gletscher, nicht überquert, sondern nur kurz in einem flachen Randbereich berührt. Und das heißt, dass man sich bei der Besteigung der Hochwand keiner Spaltengefahr aussetzt und auch keine Gletscherausrüstung benötigt, während am Schrammacher die Randspalte manchmal ernste Probleme bereitet.

Bis hinauf zum Westrand des Gletschers haben beide Gipfel jedoch ein und denselben Zugang. Es ist dies jener Fußsteig, der vom Pfitscher Joch über den Felsrücken mit seinen grünen und blumengeschmückten »Zillerflecken« hinauf zum oberen Ende der auffallenden Westmoräne führt und sich dann, mit Steinmännchen versehen, über viel Blockwerk fortsetzt.

Kleiner See am Aufstieg zur Hohen Wand

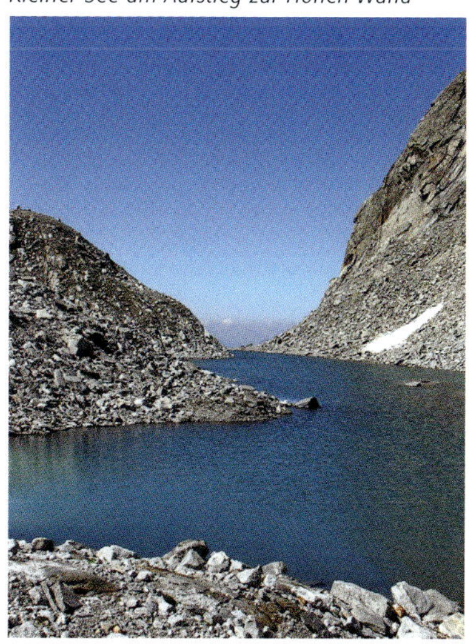

Nahe der Schneescharte liegt ein hübscher kleiner See, und dahinter steigt der scharfe Südgrat zum Gipfel der Hohen Wand an. Doch wir steigen nicht dort hinauf, sondern gehen rechts über das Blockwerk zum Gletscher. Während dann der Zugang zum Schrammacher nach rechts das erwähnte Stampflkees überquert, bleiben wir kurz nur am linken Rand des Gletschers und betreten dann an geeigneter Stelle die Ostflanke der Hohen Wand.

Ab da ist hochalpine Erfahrung, Pfadfindergabe und etwas Übung im Begehen kombinierten Steilgeländes gefragt. Aber der teilweise gerundete Granitgneis lässt sich meist gut »auf Reibung« begehen und sieht schwieriger aus als er ist, auch die

Rechte Seite: Das Pfitscherjochhaus mit der Hohen Wand im Hintergrund

kurzen Kletterstellen überschreiten kaum den I. Grad, und die meist in der Flanke klebenden Schneefelder können großteils umgangen werden, sofern nicht guter Firn erlaubt, einfach gerade über ihn aufzusteigen.

Ich traf unlängst am frühen Morgen hart gefrorene Schneefelder an, konnte ihnen beim Aufstieg aber fast zur Gänze ausweichen, während sie dann beim Abstieg gerade so weit aufgeweicht waren, dass sie ein gutes und rasches Absteigen ermöglichten, wobei natürlich der Eispickel das Seine zur nötigen Sicherheit beitrug.

Jedenfalls erklomm ich die Flanke in ihrem rechten Bereich, erreichte über gewachsenen Fels, Felstrümmer und steilen Firn den Nordostgrat und turnte über Felsblöcke zu dem von hier aus gesehen ganz besonders elegant in den Himmel ragenden Gipfel mit seinem Kreuz, das vor nicht allzu langer Zeit ebenfalls über die Ostflanke den Weg zur Spitze genommen hat.

Am Gipfel zogen Nebelschwaden auf, und ich erinnerte mich mit leiser Sorge an die »Waschküche« bei einer früheren Besteigung, aber diesmal gab es doch freie Sicht, und mir wurde angesichts des einmaligen Panoramas wieder in aller Deutlichkeit bewusst, welch großartiges Tourenziel die Hohe Wand doch ist.

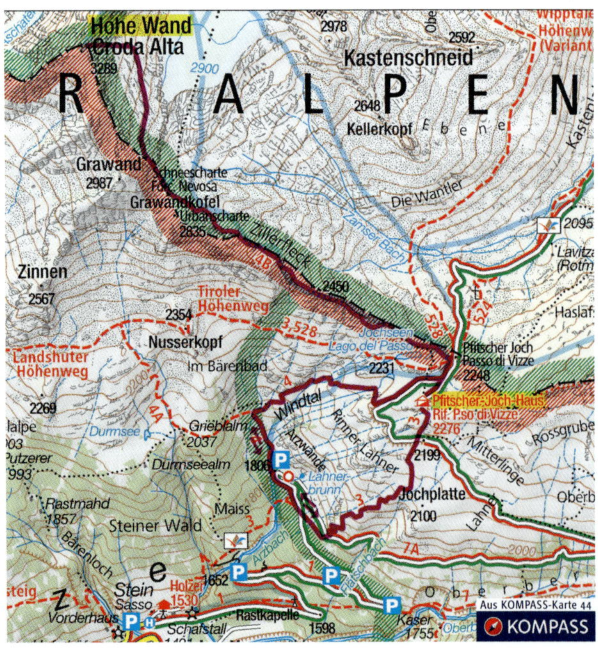

Wegverlauf: Anfahrt von Sterzing ins innerste Pfitschtal und auf der Pfitscher-Joch-Straße hinauf bis zu deren vierter Kehre (1806 m; ab da Fahrverbot). Von da nun entweder nordwärts zur Weggabel und der Beschilderung »Pfitscher Joch« folgend rechts auf markiertem Steig hinauf zum Joch (2250 m), oder aber kurz auf der Jochstraße zum Weg 3, auf diesem hinauf zu einem kleinen See unterm Pfitscherjochhaus (2275 m; Sommerbewirtschaftung; hier evtl. Nächtigung) und auf breitem Weg kurz hinüber zum Pfitscher Joch (2250 m); ab vierter Kehre knapp 1 ½ Std.

Nun dem Wegweiser »Hohe Wand« folgend auf relativ gutem Steig zuerst länger im Grasgelände hinauf, später rechts haltend und Steinmännchen folgend über Blockwerk hinauf zu dem hier spaltenarmen Gletscher (Stampflkees) und an dessen linkem Rand nordwärts leicht ansteigend weiter, bis unschwieriges Felsgelände den Übertritt in die große steile Ostflanke ermöglicht; nun über gerundete griffige Felsen, Blockwerk und meist mehr oder weniger große Schneefelder die bestmögliche Route wählend empor zum Nordostgrat (man kann auch mehr links bleibend zum obersten Teil des dort unschwierigen Südgrates aufsteigen) und über Blockwerk problemlos zum Gipfelkreuz gelangen. (3289 m; ab Pfitscher Joch 3 ½ Std.)

Abstieg: über die Aufstiegsroute.

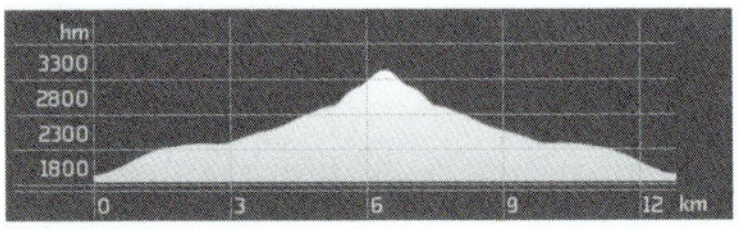

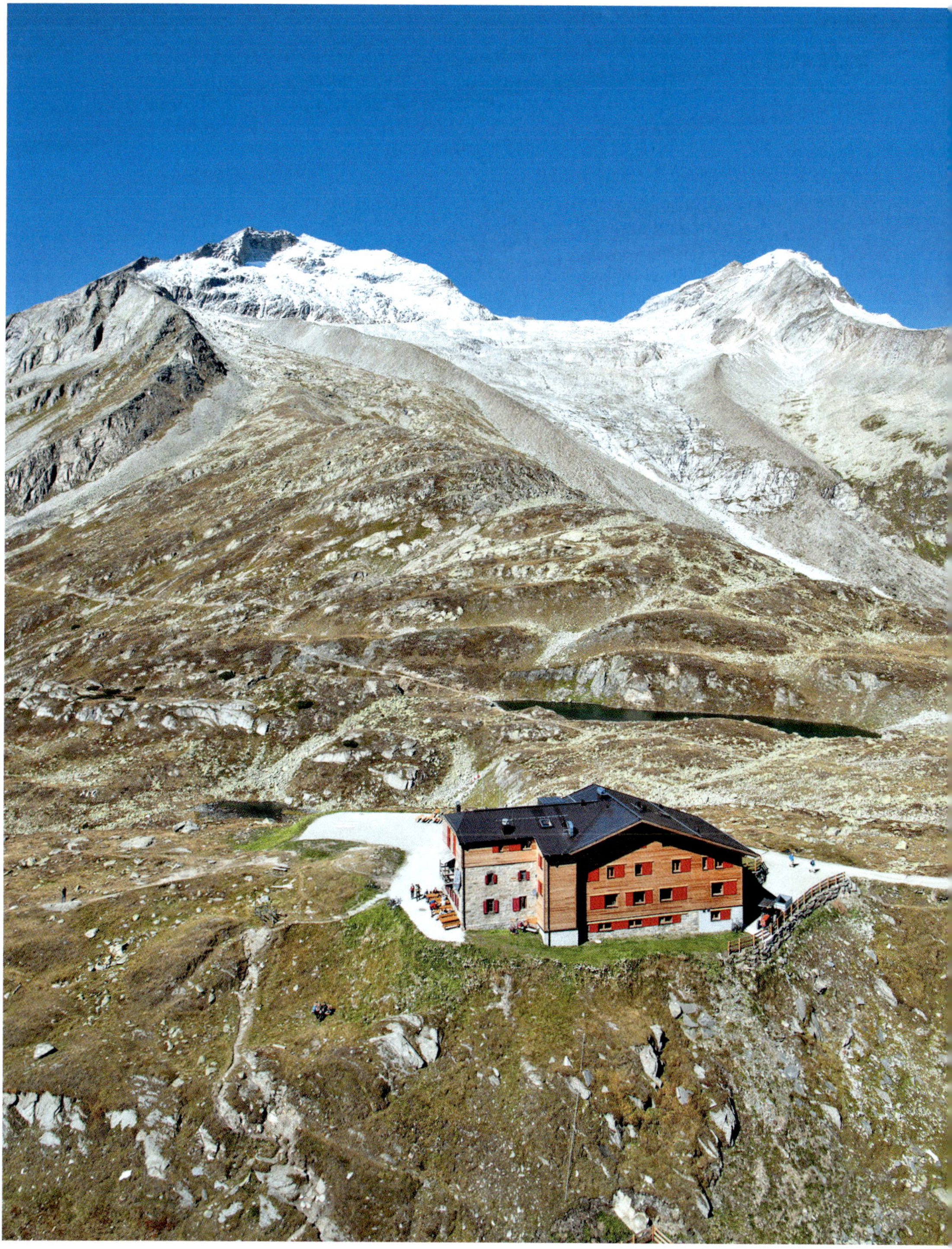

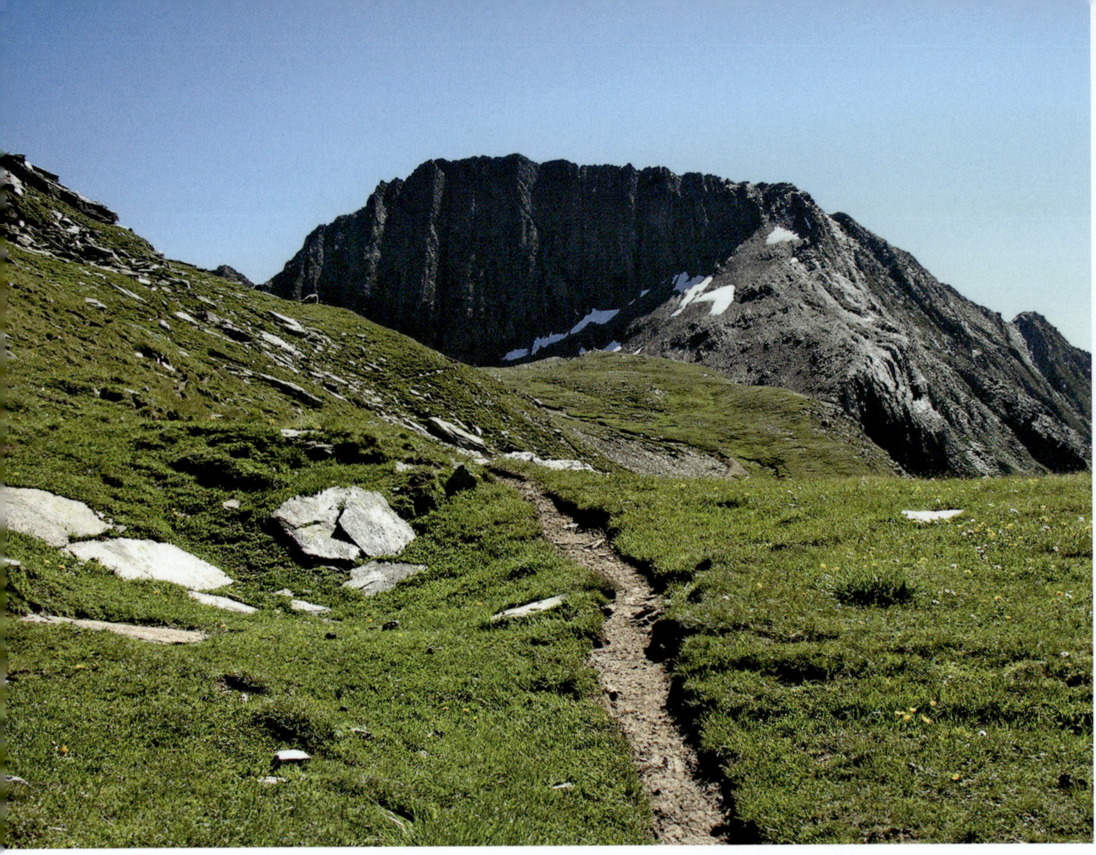

Der Hochsteller im morgendlichen Gegenlicht

Hochsteller 3097 m

Das dunkle Trapez hinterm Pfitscher Joch

43

Die Tour im Überblick Pfitscher Talschluss – Pfitscherjochhaus – Hochsteller – retour
Orientierung und Schwierigkeit Für erfahrene Berggeher nicht schwierig, aber Trittsicherheit, Schwindelfreiheit und Orientierungssinn notwendig
Höhenunterschiede Bis zum Pfitscher Joch 469 m, von dort zum Gipfel 822 m
Gehzeiten Aufstieg zum Pfitscherjochhaus 1 ½ Std., weiter zum Gipfel 3 Std.; Abstieg insgesamt 3 ½ Std.
Besonderer Hinweis Bei Nebel ist von der Tour abzuraten, da die Route ab dem Rotbachlergrat nicht markiert ist
Ausrüstung Bergbekleidung, feste Bergschuhe; evtl. Sicherungsutensilien für Ungeübte
Karten 1:50.000: Kompass, Blatt 44 (Sterzing)

8 Std. | 14,2 km | 1291 Hm

Blickt man von der Pfitscher Talsohle zu den Bergen rechts des Pfitscher Jochs hinauf, fallen zwei besonders auf: der rostrote, zweihöckerige Rotbachler und dahinter das dunkle, wie von Titanenhand zugehackte Trapez des Hochstellers mit seiner langen Gipfelschneide – der erste knapp 2900, der zweite, unser Tourenziel, aber fast 3100 Meter hoch.

Bekanntlich können nach einem Wettersturz oben in 3000 Meter Höhe durchaus auch im Hochsommer winterliche Verhältnisse herrschen, aber normalerweise ist der Aufstieg zum Hochsteller schnee- und eisfrei, und damit kann der Berg auch Bergsteigern empfohlen werden, die keine versierten Gletschergeher sind; und wenn auch der Gipfelgrat recht luftig ist, schwierig ist die Tour für erfahrene Berggeher nicht.

So sagt denn auch der »Hochtourist« um 1900 herum: »… über die Oberberg-Scharte leicht zu ersteigen«, wobei mit der Oberbergscharte die heute »Haupentalscharte« genannte Senke zwischen Rotbachler und Hochsteller gemeint ist.

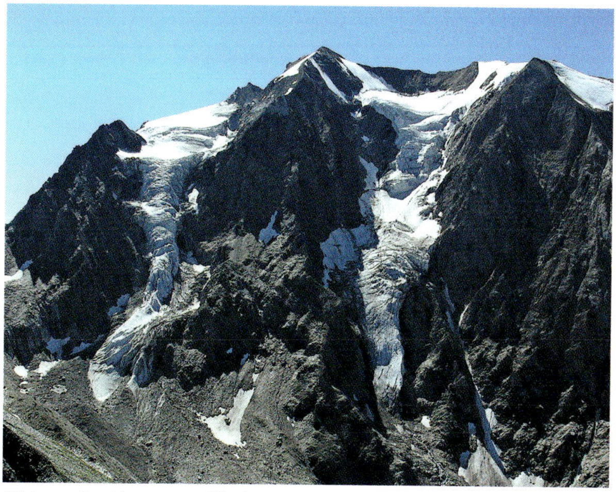

Blick zur Hochferner-Nordflanke

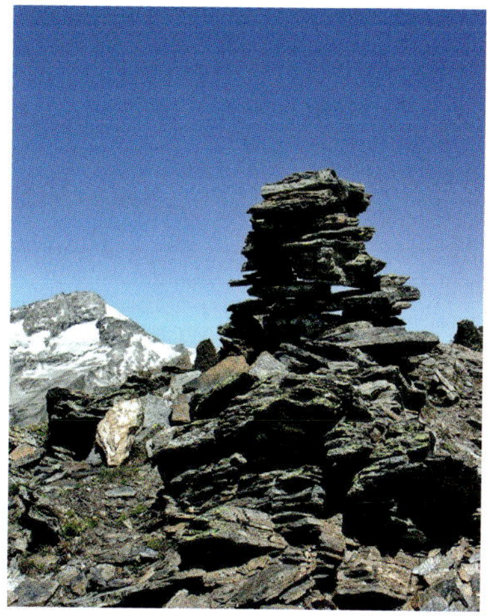

Gipfelsteinmann auf dem Hochsteller gegen den Schrammacher

Ein unschwierig zu besteigender, durch seine Form besonders markanter Dreitausender – das also ist der Hochsteller, dessen Südgipfel, die Haupenhöhe, genau auf der Südtiroler Landesgrenze liegt, während der Hauptgipfel, die nördliche Spitze des Trapezes, schon ein wenig nach Nordtirol hinein lugt.

Alpiner Stützpunkt für die Besteigung des Hochstellers ist, wie für die anderen Touren in diesem Bereich, das Pfitscherjochhaus, das man von der vierten Kehre der Jochstraße – ab hier ist diese seit einiger Zeit für den allgemeinen Autoverkehr gesperrt – in rund anderthalbstündigem Aufstieg erreicht.

Hier bietet sich bereits ein prächtiger Rundblick auf eine ganze Reihe von Dreitausendern der Zillertaler Alpen, nur den Hochsteller, dem unsere Besteigungsabsicht gilt, den sieht man nicht. Denn so gut er noch vom Tal herauf sichtbar war, jetzt versteckt er sich hinter der Rotbachspitze, die im Volksmund den eingangs erwähnten Namen »Rotbachler« trägt.

Erst nachdem wir die Südhänge dieses Berges gequert haben, hin zu den Böden, die man »hohe Öfen« nennt und eine schöne Schafweide vor den Eiskatarakten des Hochfernermassivs bilden, haben wir auch den Hochsteller plötzlich wieder vor uns. Dunkel, ernst, eckig, mit seinen parallel aufsteigenden Felsrippen und der Trapezform so einzigartig und unverwechselbar wie wenige andere Berge, erhebt sich vor uns die aus dunklem Graphit- und Biotitschiefer aufgebaute Gestalt fast abweisend und dennoch auf eine besondere Weise faszinierend.

Hinsichtlich des Namens gibt es eine Parallele zur Hochwand auf der anderen Seite des Pfitscher Jochs. Auch hier

Wegverlauf: Anfahrt von Sterzing in das innerste Pfitschtal und auf der Pfitscher-Joch-Straße hinauf bis zu deren vierter Kehre (1806 m; ab da Fahrverbot). Von da nun entweder nordwärts zur Weggabel und der Beschilderung »Pfitscher Joch« folgend rechts hinauf, oder aber kurz auf der Jochstraße zum Weg 3 und auf diesem hinauf zum Pfitscherjochhaus (2275 m; Sommerbewirtschaftung; hier Nächtigung, falls die Tour auf zwei Tage aufgeteilt wird); ab vierter Kehre knapp 1 ½ Std.

Rechte Seite: Der Hochsteller im freundlichen Nachmittagslicht

Von da bzw. etwas tiefer vom Zufahrtsweg aus am südseitigen Grashang hinauf zum Grat und auf dem zur Rotbachspitze führenden markierten Steig über den Kamm ostwärts hinauf bis zu einer Anhöhe (ca. 2600), wo südseitig bei einem kleinen Steinmann ein schwacher Steig abzweigt; auf diesem nun kurz hangabwärts und dann steile Gras- und Geröllhänge querend unter dem Rotbachler durch zu einer markanten Grasterrasse (»Hohe Öfen«, ca. 2730 m) und ostwärts kurz hinunter in die Haupentalscharte (2684 m); von dort geht der Steig teils über den felsigen Rücken, großteils aber links davon über Blockwerk und Schutt steil empor zum südlichen Vorgipfel des Hochstellers (Haupenhöhe, 3040) und über den scharfen, nahezu waagrechten Felsgrat, einige kleinere Kletterstellen (bis I+) überwindend, nordwärts zum höchsten Punkt (3097 m; ab Haupentalscharte 1 ½ Std.).
Abstieg: über die beschriebene Aufstiegsroute.

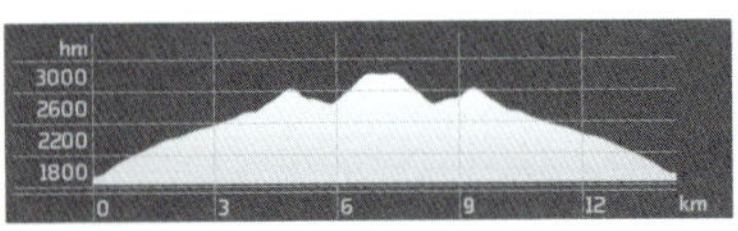

scheint der Name, den heute nur noch der Südsporn trägt, einst für den ganzen Berg gebräuchlich gewesen zu sein. Denn der bekannte und auch in diesem Buch immer wieder zu zitierende Peter Anich nennt ihn im Atlas Tyrolensis 1774 »Haupenthal Berg«, und Staffler spricht um 1840 ebenfalls nicht vom Hochsteller, sondern vom »treppenförmigen Haupen«. Heute freilich hat sich die Bezeichnung »Hochsteller« längst durchgesetzt.

Der Berg weist trotz seines relativ unschwierigen Anstieges erst 1893 seine erste schriftlich belegte Besteigung auf, doch besteht wohl kein Zweifel daran, dass Gämsjäger bereits viel früher ihren Fuß auf seinen Gipfel gesetzt und die einmalige Aussicht auf die Gletscherwelt der zentralen Zillertaler Alpen genossen haben.

Jedenfalls erhebt er sich nicht nur zwischen dem Pfitscher Tal und dem Zillertal, sondern auch zwischen dem Tuxer Kamm und dem Zillertaler Hauptkamm, und das heißt, zwischen zwei der gewaltigsten Hochgebirgskämme der Ostalpen, die mit so berühmten Berggrößen wie Hohe Wand, Schrammacher, Riffler, Olperer, Gefrorene Wand, Hochferner, Hochfeiler und Möseler aufwarten, um nur die wichtigsten zu nennen.

Hinzu kommt der atemberaubende Einblick in die wilden Eiskatarakte des Hochferners, während unmittelbar vor unseren Augen aus dem dunklen Gestein so mancher farbenprächtige Vertreter der so ungemein lebenstüchtigen Hochalpenflora leuchtet – zwar ein paar Wochen nur, aber dafür in geradezu verschwenderischer Farbenpracht und just zu der Zeit, die auch für unsere Hochstellerbesteigung die beste ist.

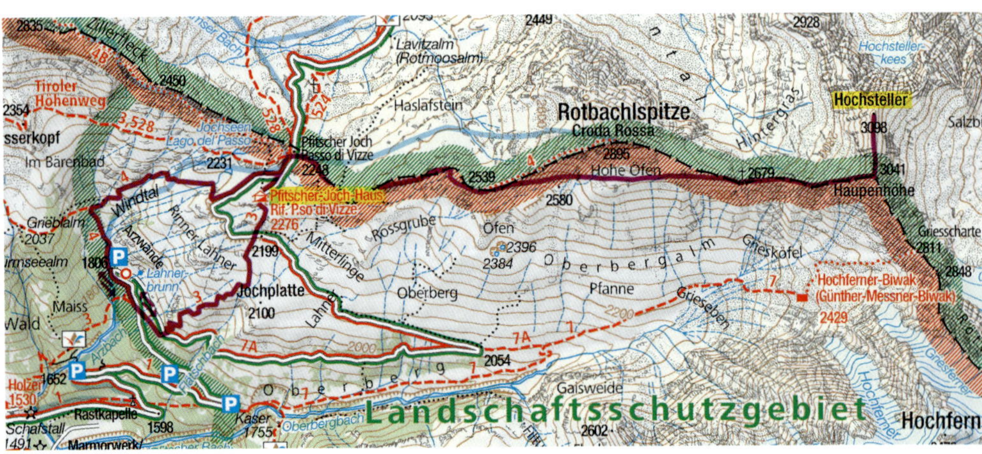

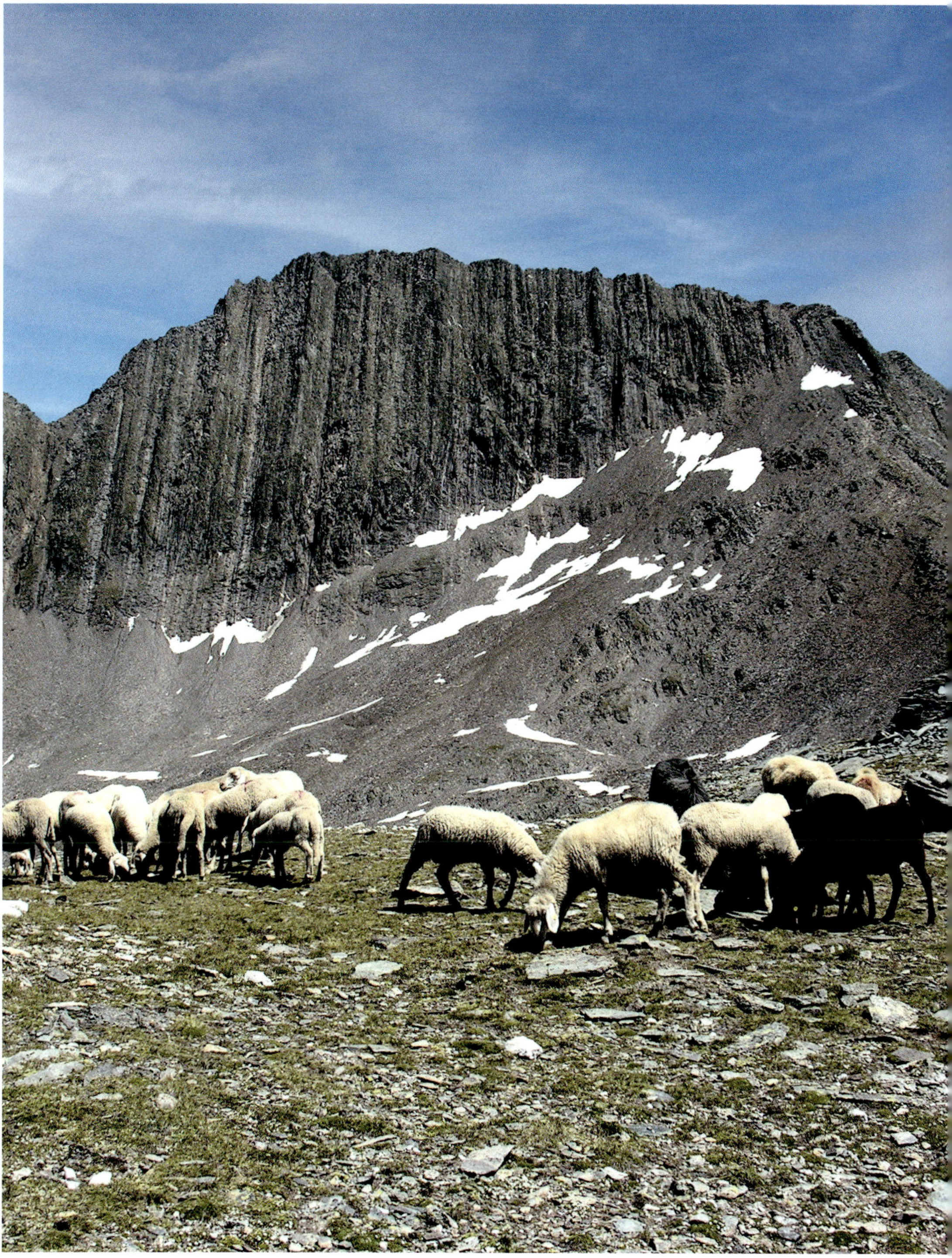

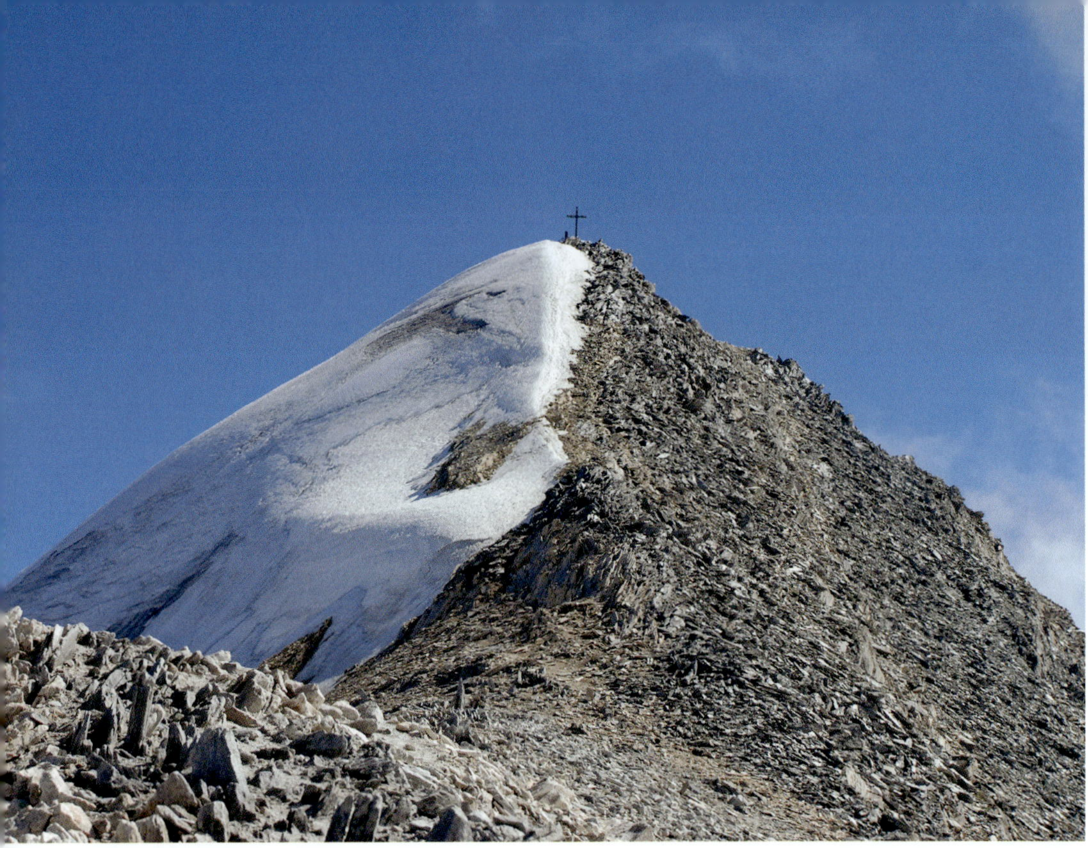

Die Gipfelpyramide des Hochfeilers, vom Aufstiegsweg aus

Hochfeiler 3510 m

Der höchste Gipfel der Zillertaler Alpen

44

Die Tour im Überblick Pfitscher Talschluss – Hochfeilerhütte – Hochfeiler – retour
Orientierung und Schwierigkeit Bei optimalen Verhältnissen für tüchtige und berggewohnte Geher unschwierige Gipfeltour
Höhenunterschiede Bis zur Hütte 992 m, von da zum Gipfel 800 m
Gehzeiten Aufstieg zur Hütte 3 Std., weiter zum Gipfel 2 ½ Std., Abstieg insgesamt 4 Std.
Ausrüstung Hochtourenbekleidung, evtl. auch Eispickel und Grödeln
Karten 1:50.000: Kompass, Blatt 44 (Sterzing) und Blatt 82 (Taufers – Ahrntal)

9 ½ Std. | 15,4 km | 1792 Hm

So großartig die Bergumrahmung des Pfitscher Tales ist, deren schönsten und höchsten Gipfel sieht man nur von einer einzigen Stelle unweit von Kematen aus. Und auch da ragt nur die Spitze etwas über den vorgelagerten Graten empor. Aber schon diese weiße Firnpyramide lässt erahnen, welch außerordentlicher Berg der Hochfeiler sein muss.

Mit 3510 Metern ist er der höchste Gipfel der gesamten Zillertaler Alpen, ja es gibt sogar entlang des Alpenhauptkammes zwischen dem Schalfkogel in den Ötztaler Alpen und dem Großvenediger in den Hohen Tauern und damit auf einer Strecke von 130 Kilometern keinen höheren.

Und wer ihn von erhöhter Warte oder dann vom Aufstiegsweg aus über Weißkarferner und Gliederferner aufragen sieht, für den ist er vielleicht sogar einer der schönsten Gipfel der Ostalpen; und kaum weniger beeindruckend ist die dem Zillertal zugewandte, bei Bergsteigern schärferer Richtung berühmte Nordwand.

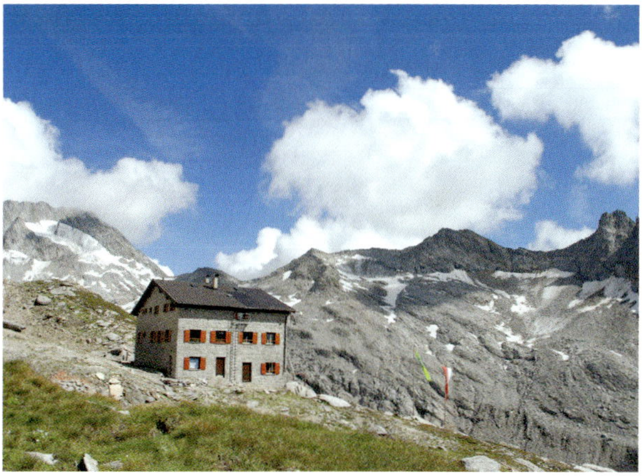

Die Hochfeilerhütte; im Hintergrund Niederer Weißzint sowie Östliche und Westliche Hochwart

So verwundert es nicht, dass der Berg bereits früh in Schriftquellen fassbar wird: um 1610 als »Hochfeil«, um 1770 als »Hoch Feilsp.« sowie um 1840 als »Hochfeilspitze« und »Feilspitze«.

Um jene Zeit war er allerdings offenbar noch nicht als höchster Gipfel weitum erkannt; der bedeutende Bergsteiger Peter Carl Thurwieser meinte jedenfalls, dass der Löffler »vielleicht der höchste im Zillertal …« sei. Und die aus England angereisten Bergsteiger Tuckett, Freshfield und Fox peilten am 16. Juni 1865 nicht den Hochfeiler an, sondern den Möseler.

Doch schon wenige Wochen später sollte auch der Hochfeiler den ihm gebührenden Platz in der Erschließungsgeschichte der Zillertaler Alpen erhalten. Denn am 24. Juli 1865 kam kein Geringerer als der Wiener Alpinist Paul Grohmann, der um jene Zeit auch die höchsten Gipfel der Dolomiten eroberte, und führte die Erstbesteigung durch, begleitet von Georg Samer, dem »Steinklauber-Josele« aus Finkenberg im Zillertal, und Peter Fuchs aus St. Jakob in Pfitsch.

Diese Erstbesteigung und die relativ leichte Aufstiegsroute sprachen sich wohl rasch herum, und wir wissen, dass schon bald nach Grohmann auch der bergbegeisterte Brixner Johann Goldiner den Berg bestieg. 1874 stand dann der spätere Kaukasusforscher Moriz von Déchy aus Budapest mit dem berühmten Suldner Führer Hans Pinggera auf dem Gipfel und 1875 steigen Dr. Viktor Hecht und J. Mayrhofer vom Hochfeiler sogar nach Norden ab.

Nach dem Bau einer heute längst verschwundenen Wetterschutzhütte unterm Gipfelgrat errichtet dann der Österreichische Alpenklub im Jahre 1881 die Wiener Hütte als Stützpunkt

Blütenpracht in 3200 Meter Höhe am Hochfeiler (Stängelloses Leimkraut)

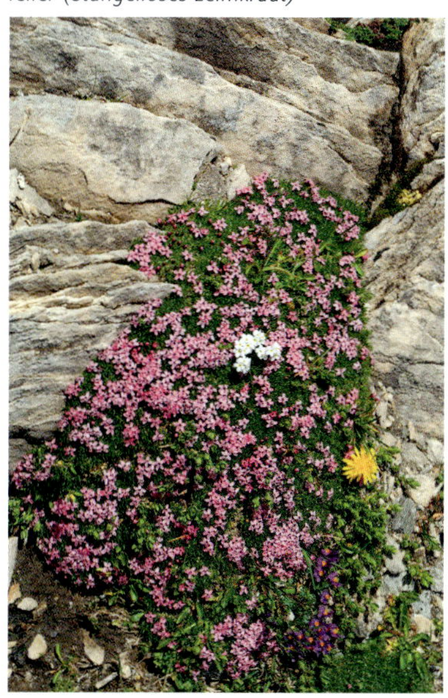

Rechte Seite: Die letzten Meter zum Hochfeilergipfel

Wegverlauf: Anfahrt von Sterzing durch das Pfitscher Tal bis zur dritten Kehre der Pfitscher-Joch-Straße (1718 m; Parkmöglichkeit). Von da stets auf Weg 1 hinauf zu den Unterberghütten (die sogenannte »Wienerneustadt«) und dann in langer, großteils nur mäßig ansteigender, teilweise sogar ebener Querung schrofendurchsetzter Steilhänge hoch über dem Gliedergang talein zum Abfluss des Weißkarferners und weiter zur Hochfeilerhütte (2710 m; ab Ausgangspunkt 3 Std.); hier evtl. Nächtigung. Von der Hütte zunächst auf seilgesichertem Steig kurz westwärts hinauf zu einer Gratrippe, dann auf dem markierten Steig mäßig steil hinauf zum Gipfelgrat, über ihn mittelsteil zum eigentlichen Gipfelaufschwung und zuletzt sehr steil je nach den Verhältnissen über Schieferblockwerk oder Firn empor zum Gipfelkreuz (3510 m).
Abstieg: über die beschriebene Aufstiegsroute.

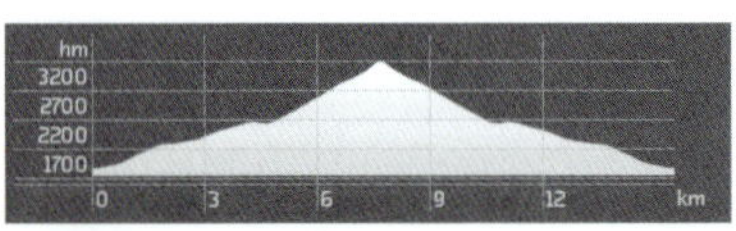

für die Ersteigung des Berges, 1882 erfolgt die erste Winterbesteigung durch eine fünfköpfige Gruppe und bereits 1887 die Erstdurchsteigung der bis zu 60 Grad steilen Nordwand durch Dr. Franz Dyck mit dem Zillertaler Bergführer Hans Hörhager.

Die erwähnte Wiener Hütte wurde 1967 offenbar durch eine Lawine zerstört und der Berg blieb zwei Jahrzehnte lang ohne alpinen Stützpunkt. Doch nachdem er 1980 das erste Gipfelkreuz erhalten hatte, eröffnete 1986 die Sektion Sterzing des Südtiroler Alpenvereins die heutige Hochfeilerhütte, einen wichtigen Stützpunkt am Weg zum Hochfeiler.

Dessen Besteigung wird nicht nur wegen der zu bewältigenden großen Höhendifferenz zweckmäßigerweise meist auf zwei Tage aufgeteilt, sondern auch wegen der Schönheit des Hüttenzugangs, an dem man nicht weiß, was mehr begeistert, der Türkenbund und die vielen anderen Bergblumen oder die vielen possierlichen Murmeltiere.

Die Besteigung des Hochfeilers darf bei guten sommerlichen Verhältnissen als unschwierig bezeichnet werden. Der Normalanstieg ist markiert und an einem ausgesetzteren Stück mit Seilgeländer versehen. Und da die frühere Gletscherkante am Gipfel, die manchmal den Einsatz von Pickel und Steigeisen erforderte, weitgehend weggeschmolzen ist, verläuft der gesamte Anstieg meist über aperes Gelände.

Jedoch sollte man sich für die Tour gute Bedingungen und stabiles Schönwetter aussuchen, schon auch um die einmalige Aussicht voll genießen zu können, die der Hochfeiler einmal mit der Schau über die nordseitige Gletscherwelt des Zillertaler Hauptkammes, zum anderen aber mit der geradezu unendlichen Fernsicht in reichstem Maße bietet.

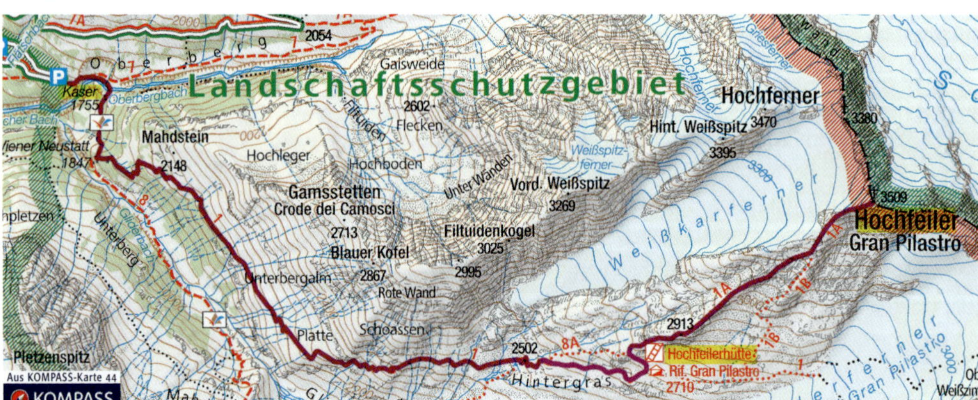

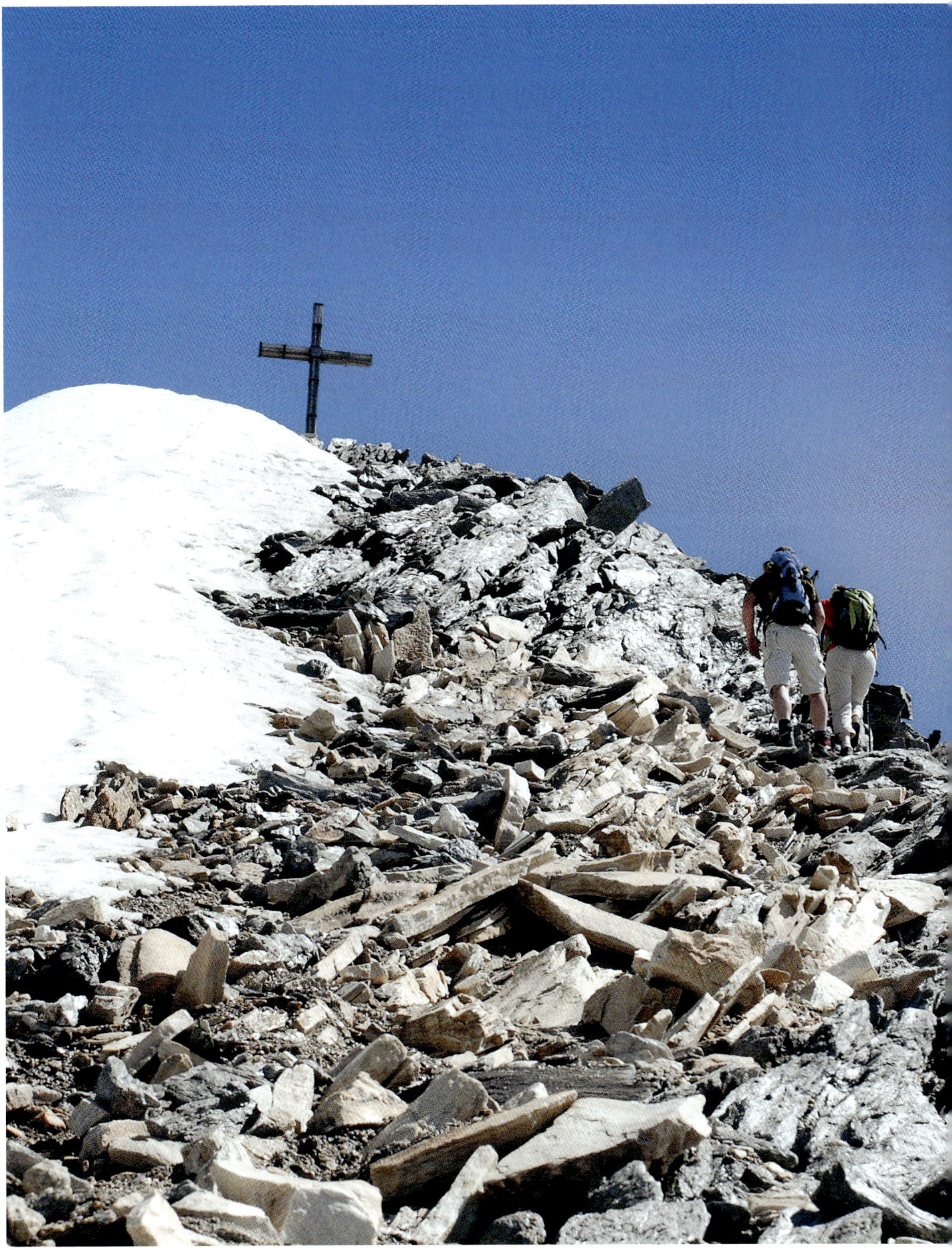

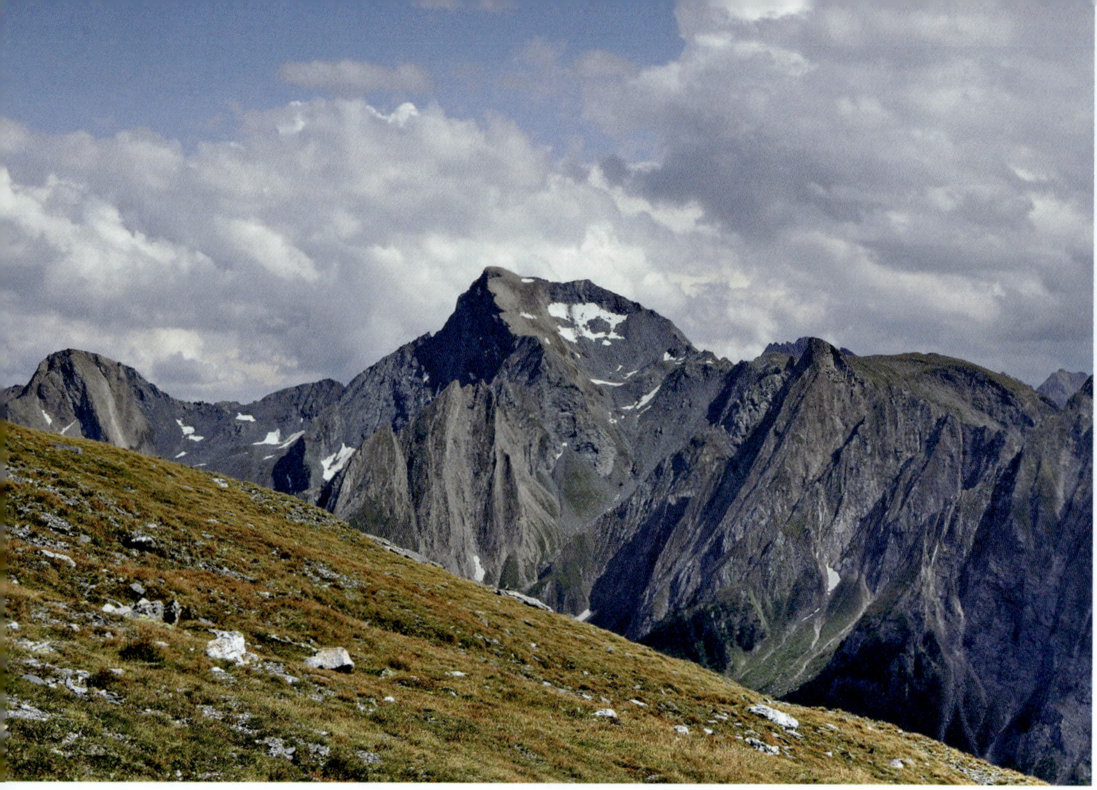

Die Grabspitze auf der Pfitscher Südseite

Grabspitze 3058 m

Mächtiger Berg zwischen Pfitsch und Pfunders

45

Die Tour im Überblick Platz in Pfitsch – Grabspitze – retour
Orientierung und Schwierigkeit Lange, aber für tüchtige Geher mit Bergerfahrung bei guten Verhältnissen nicht schwierige Bergtour
Gehzeiten Aufstieg 5 Std., Abstieg 3 ½ Std.
Besonderer Hinweis Vom Versuch, westseitig in das Draß- oder Großbergtal abzusteigen, ist wegen der Steilheit des Geländes abzuraten
Ausrüstung Bergbekleidung, gutes Schuhwerk
Karten 1:50.000: Kompass, Blatt 44 (Sterzing)

8 ½ Std. | 10,3 km | 1623 Hm

Ähnlich frei und ausgeprägt wie die ihr westseitig gegenüber aufragende Wilde Kreuzspitze, erhebt sich die Grabspitze südseitig über dem mittleren Pfitscher Tal, wobei gesagt werden muss, dass sich der Berg von der Talsohle aus betrachtet nicht ganz so eindrucksvoll zeigt wie von höherer Warte aus.

Vom langen Gipfelgrat streichen zwei große, mehrere Spitzen tragende Zweiggrate nach Nordwesten, nach Norden fällt die eingebuchtete Flanke 1600 Höhenmeter steil gegen St. Jakob ab, und mehrere hundert Meter tief sind die Scharten eingeschnitten, die den Berg vom übrigen Kammverlauf absetzen, wobei das südlich eingelagerte Pfunderer Joch einen sicher uralten Übergang zwischen Pfitsch und Pfunders bildet, der vor allem eine Rolle spielte, als auf der Pfunderer Seite nach Erzen geschürft wurde.

Der Berg gilt seit Menschengedenken als unvergletschert. Aber eine Karte von 1610 verzeichnet auf seiner Südseite eine »Hochferner Giß«, und auch Anich verzeichnet um 1770 den Namen »Hochferner« mit dem erwähnten Bergbau. Dieser besonders auf der Pfunderer Seite gebräuchliche Name

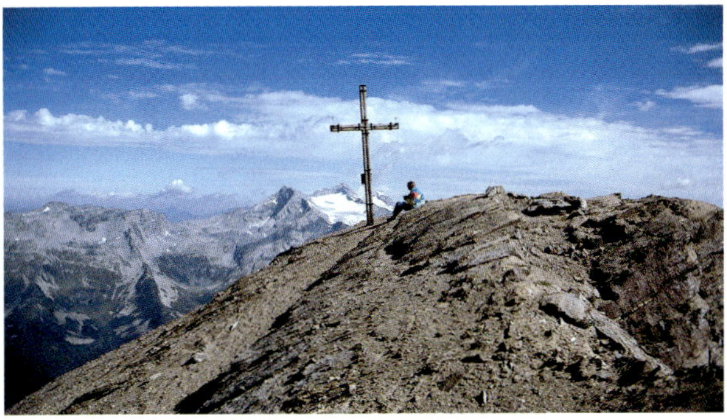

Am Gipfel der Grabspitze; im Hintergrund Hohe Wand und Schrammacher

»Hochferner« weist darauf hin, dass der Berg einst sehr wohl vergletschert war, und im großen nordseitigen Gebirgskessel ist immerhin noch um 1900 ein Gletscher schriftlich belegt.

In Pfitsch ist dagegen die Namensform »Grabe« oder »Grawe« üblich, die sich in einem Sterzinger Gerichtsurbar von 1592 als »Grabwänndtl« und auf der erwähnten Karte von 1610 als »Grobwandl« präsentiert und soviel wie »graue Wand« bedeutet.

Nun weist der Berg tatsächlich so manche graue Wandflucht auf, der Aufstieg weist aber im Großen und Ganzen dennoch keine nennenswerten Gefahren oder Schwierigkeiten auf, ja die »Grawe« kann sogar zu den leichtesten Dreitausendern Südtirols gezählt werden, ist die Aufstiegsroute auf der Pfitscher Seite doch bis zum Gipfel hinauf markiert und bei etwas Achtsamkeit kaum zu verfehlen.

Allerdings sind über 1600 Höhenmeter in großteils steilem Gelände zu bewältigen, und da es entlang des Weges keine Schutzhütte oder sonstige Einkehrmöglichkeit gibt, verlangt die Tour doch eine gute Portion Gehtüchtigkeit. Ganz besonders zu achten ist natürlich auch auf absolut verlässliche Witterung!

Für den Abstieg schlage ich hier sicherheitshalber die im Aufstieg benützte markierte Route vor; ein Abstieg ins westseitige Draßbergtal ist zwar grundsätzlich möglich, aber weglos, unmarkiert, sehr abschüssig und nicht leicht zu finden. Und dasselbe gilt für einen eventuellen Abstieg zum Pfunderer Joch.

Dass die Grabspitze schon aufgrund ihrer Höhe, aber noch mehr aufgrund ihrer freien und zentralen Lage zwischen den Dolomiten und dem Alpenhauptkamm eine Aussichtswarte ersten Ranges ist, versteht sich von selbst; aber auch die Tiefblicke auf das Pfitscher Tal sowie auf das innerste Pfunderer Tal und auf die ausgedehnten Grasmatten der Weitenbergalm unter der jäh abbrechenden Südwand sind sehr eindrucksvoll.

Wegverlauf: Vom Weiler Platz im Pfitschtal (1435 m, Gasthaus Pfitscherhof) der Beschilderung »Grabspitze« und der Markierung 11 folgend auf Höfezufahrt südwärts zum kleinen Weiler Überwasser und dann auf altem Fußweg großteils steil durch die Waldhänge empor (stets Markierung 11). Nach der Baumgrenze über steinige Grashänge weiter, dann in einer erdigen Rinne und über steinige Hänge zwischen Viedspitze und Rübespitze steil hinauf zum Rand einer großen Mulde (erst hier wird der Gipfel mit dem Kreuz sichtbar), rechts auf schwachem Steig über Schieferschutt hinauf zum ziemlich scharfen Westgrat (ca. 2780 m), über diesen auf teilweise abschüssigem Felssteiglein zum Vorgipfel, wieder auf teilweise schwachem Steig zu einer seichten Gratsenke und mit wenigen Schritten zum Gipfelkreuz (3058 m); ab Platz 4–5 Std. – *Abstieg:* über die Aufstiegsroute.

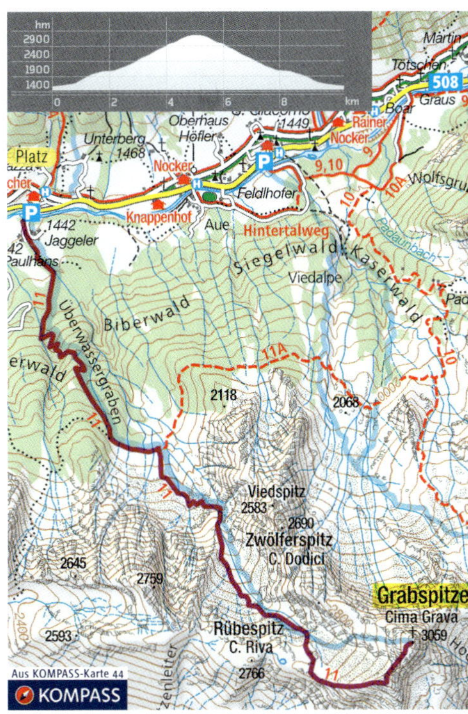

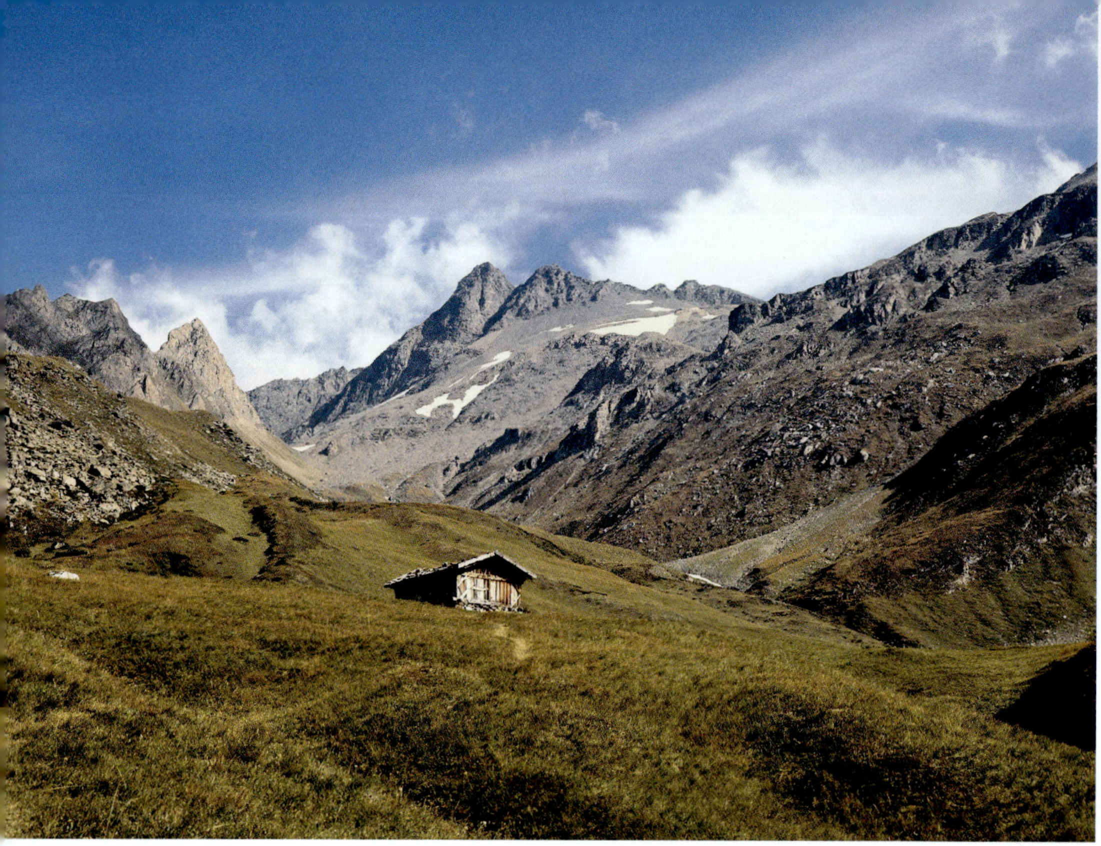

Die zweigipfelige Wilde Kreuzspitze über den Bergwiesen der Burgumer Alm, durch die unser Aufstieg erfolgt

Wilde Kreuzspitze 3135 m

Über die Sterzinger Hütte zum Gipfel

46

Die Tour im Überblick Burgum im Pfitschtal – Sterzinger Hütte – Wilde Kreuzspitze – retour
Orientierung und Schwierigkeit Für gute Geher mit hochalpiner Erfahrung unschwierig, die Route ist markiert und beschildert
Höhenunterschiede Bis zur Hütte 972 m, von dort zum Gipfel 791 m
Gehzeiten Aufstieg zur Hütte knapp 3 Std., von dort zum Gipfel gut 2 ½ Std.; Abstieg insgesamt 4 Std.
Ausrüstung Hochtourenbekleidung; Eispickel ratsam
Karten 1:50.000: Kompass, Blatt 44 (Sterzing)

9 ½ Std. | 13,8 km | 1763 Hm

Einerseits zwischen dem Wipptal im Westen und dem Tauferer-Ahrntal im Osten und andererseits zwischen dem Inntal im Norden und dem unteren Pustertal im Süden erhebt sich das weitläufige Gebirge der Zillertaler Alpen.

In dessen südlichem Abschnitt bilden nun die sogenannten Pfunderer Berge eine eigene, aus mehreren Kämmen bestehende Untergruppe, die im Gegensatz zu den zentralen Kämmen der Zillertaler Alpen zwar nicht vergletschert ist, aber immerhin ein halbes Dutzend Dreitausender aufweist.

Der höchste von ihnen ist die Wilde Kreuzspitze, ein zweigipfeliger, aus Schiefergesteinen aufgebauter Berg, der frei und mächtig zwischen dem Pfitschtal im Norden, dem Eisacktal im Westen und dem Valser Tal im Südosten aufragt.

Aber die drei genannten Talfurchen begrenzen den Berg nicht nur, sondern bieten sich auch für dessen Besteigung an, führen doch auf allen drei Seiten markierte und relativ unschwierige Pfade zum Gipfel, der schon vor Jahrhunderten ein

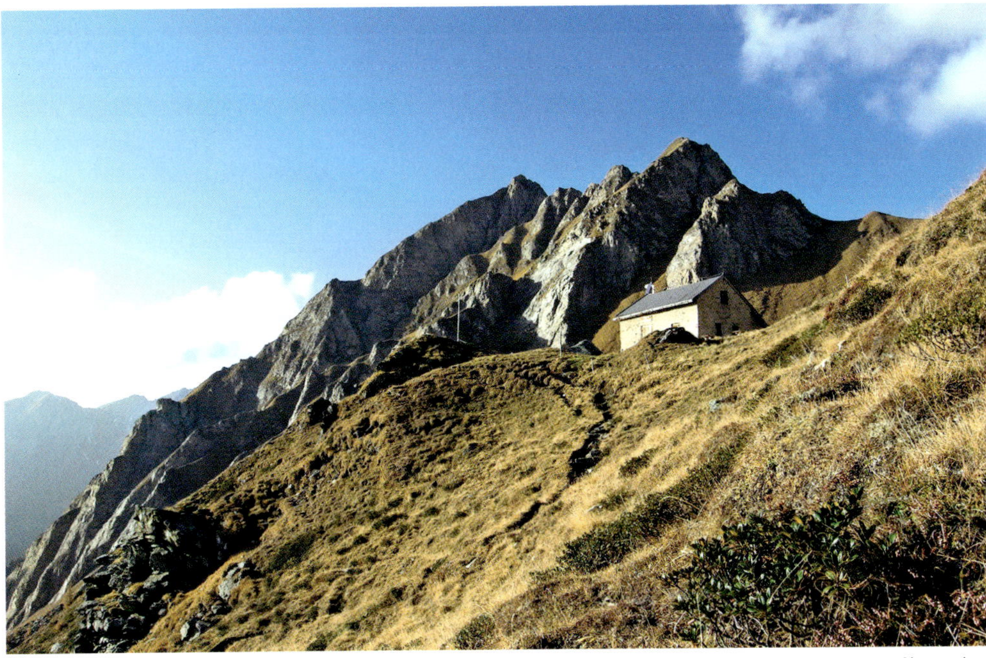

Die Sterzinger Hütte unter der Großbergspitze

Kreuz trug, wie der bereits um 1770 schriftlich überlieferte Name beweist.

Lang und anstrengend, aber landschaftlich schön sind sie alle, die genannten Pfade, und besonders beliebt ist der Aufstieg von Vals über die Brixner Hütte, die wir an anderer Stelle im Zusammenhang mit der Wurmaulspitze näher kennenlernen. Landschaftlich sehr lohnend sind auch die Routen über den sagenumwobenen Wilden See, den man sowohl von Vals wie von Trens oder Mauls herauf anpeilen kann.

Alle diese Routen vereinigen sich oberhalb des genannten Sees an der Rautalscharte, und von dort führt der eigentliche Gipfelsteig hinauf zum Kreuz – und es sind an schönen Sommertagen nicht wenige, die da unterwegs sind.

Wohl nie überlaufen ist dagegen die klassische Nordroute, die ich als Alternative zu den erwähnten anderen Anstiegen hier vorschlage. Sie beginnt im Pfitschtal und führt durch das im unteren Teil dicht bewaldete und im oberen durch schöne Bergwiesen gekennzeichnete Burgumer Tal hinauf zur gleichnamigen Alm, wo wir eine erste ausgiebige Rast einlegen.

Rechte Seite: Die letzten Meter zur Wilden Kreuzspitze

Wegverlauf: Vom Weiler Burgum im Pfitschtal (1372 m) stets der Markierung 2 folgend in langem, meist mittelsteilem Waldanstieg durch das Burgumer Tal hinauf zu den Bergwiesen bzw. zur Burgumer Alm (1996 m) und links durch die ostseitigen Grashänge empor zur Sterzinger Hütte (2344 m; Selbstversorgerhütte der AVS-Sektion Sterzing, wo der Schlüssel und weitere Auskünfte erhältlich sind); ab Burgum 2 ½–3 Std. – Von da auf Steig 2 zuerst über Grasgelände hinauf ins Karjoch (2625 m), dann rechts an der Nordwestflanke der Wilden Kreuzspitze über loses Schiefergestein und meist ein paar Schneezungen hinauf ins Karjöchl (2917 m) und links am Grat (stets Markierung 2) empor zum Gipfelkreuz (3135 m); ab Sterzinger Hütte 2 ½ Std.
Abstieg: Über die beschriebene Aufstiegsroute (insgesamt ca. 4 Std.).

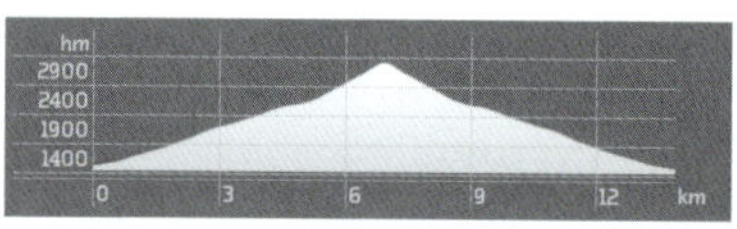

Ein Stück oberhalb der Almhütten steht am östlichen Hang unweit einer prähistorischen Fundstelle die kleine, 1889 von der Sektion Sterzing des Österreichischen Touristenklubs erbaute Sterzinger Hütte. Sie gehört heute der gleichnamigen Sektion des Südtiroler Alpenvereins und wird als Selbstversorgerhütte geführt.

Von dort steigt der markierte Steig über Schieferschutt zum kleinen Karjoch am Fuß der bizarren »Fackenzähne« an, dann geht es weiterhin über viel Gesteinsschutt und oft auch über steile Schneereste an der breiten Nordwestflanke des Berges hinauf zum Westgrat und über ihn kurz zum Gipfel.

Wo sich heute höchstens noch Schneereste bis in den Sommer hinein halten, befand sich vor rund hundert Jahren noch der Burgumer Ferner, ein kleiner, aber offensichtlich nicht ungefährlicher Gletscher. Jedenfalls verloren dort – wie wir einem zeitgenössischen Bericht entnehmen – ein »aus der Großstadt herausgeeilter« Mann namens Niemetz sowie sein nicht namentlich genannter Führer das Leben; über den genauen Unglückshergang sind wir nicht unterrichtet, wohl aber darüber, dass sich die Tragödie zu Weihnachten des Jahres 1902 ereignete.

Der nordseitige Anstieg ist im Hochsommer aufgrund der Nordexposition weniger schweißtreibend als die südseitigen, stärker der Sonne ausgesetzten Routen. Und er ist auch etwas alpiner, was man bei der Besteigung eines Dreitausenders allerdings wohl auch gern in Kauf nimmt.

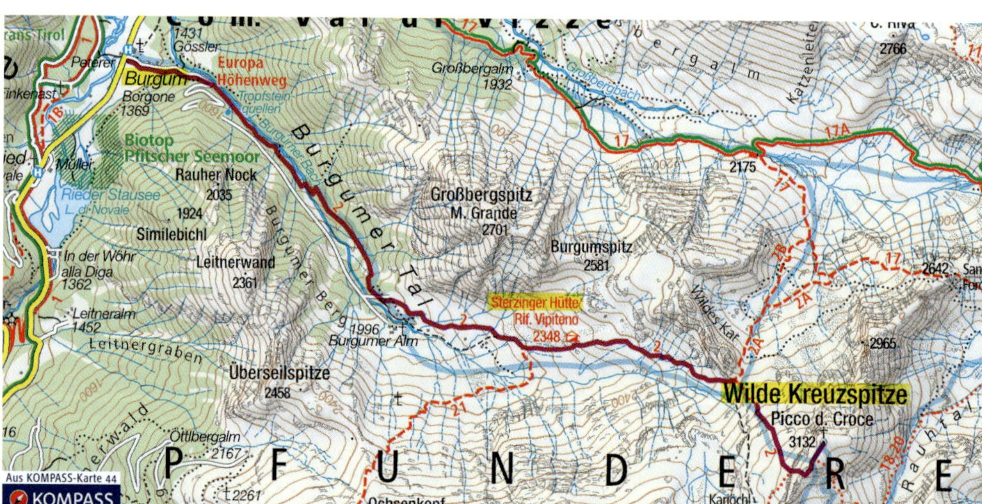

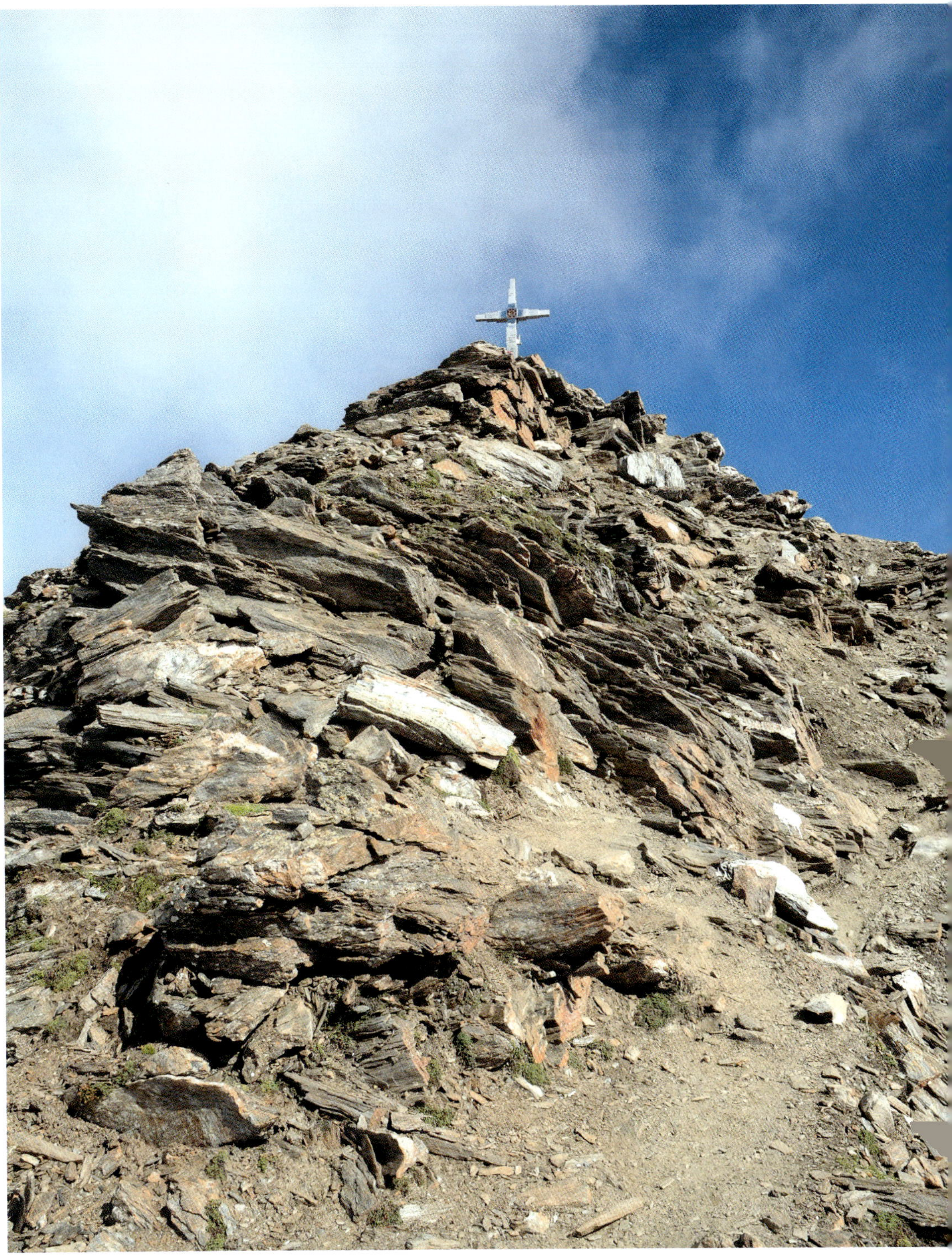

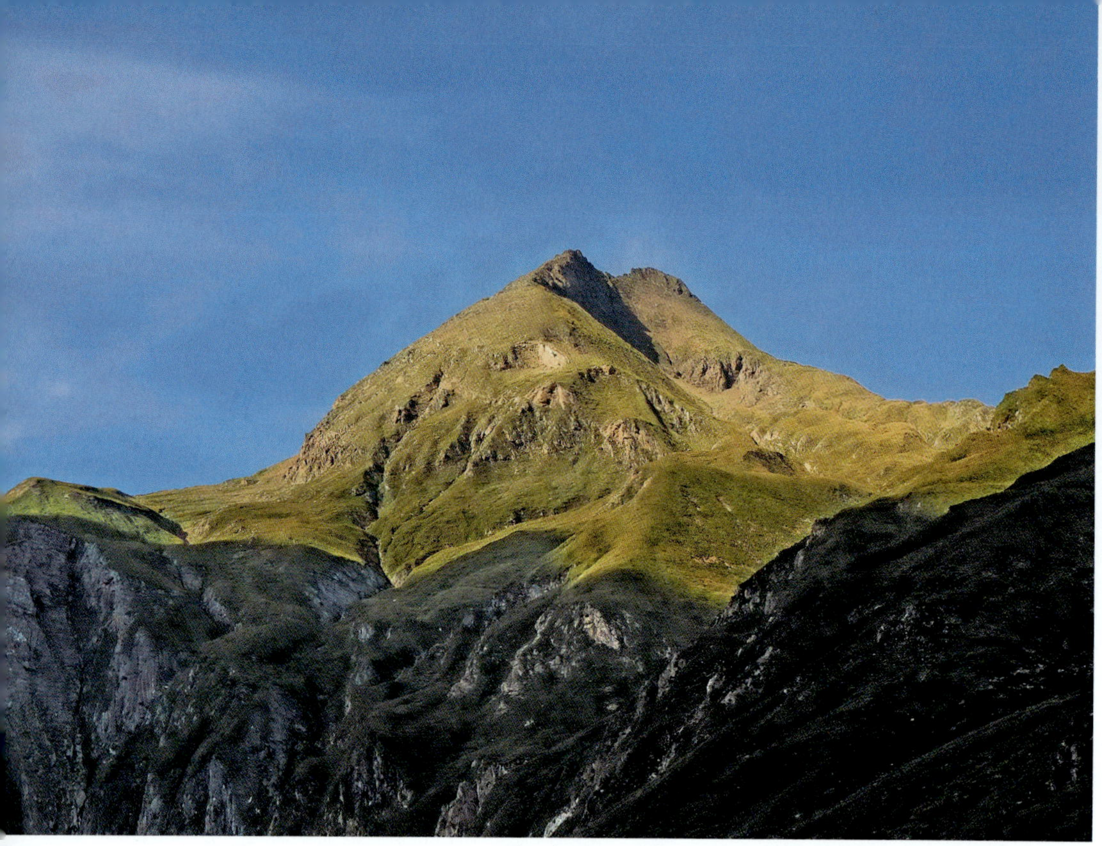

Die schöne Pyramide der Wurmaulspitze

Wurmaulspitze 3022 m

Der Hausberg der Brixner Hütte in Vals

47

Die Tour im Überblick Fane-Alm – Brixner Hütte – Wurmaulspitze – retour
Orientierung und Schwierigkeit Für bergerfahrene und ausdauernde Geher unschwierig
Gehzeiten Aufstieg 4 ½ Std., Abstieg 3 Std.
Ausrüstung Bergbekleidung, feste Bergschuhe

7 ½ Std.	13,7 km	1283 Hm

Über dem Hintergrund des Valser Tales erheben sich gleich zwei stolze Dreitausender, die zu den sogenannten Pfunderer Bergen gehören, jener unvergletscherten Gebirgsgruppe, die den südlichsten Abschnitt der Zillertaler Alpen bildet.

Einer der beiden Dreitausender ist die Wilde Kreuzspitze, die wir auf den Vorderseiten näher kennenlernten, die andere ist die hier vorgestellte Wurmaulspitze, die in dieser Schreibform schon um 1610 aufscheint, während Anich um 1770 und Staffler um 1840 Wurmmaul schreiben.

Doch zeigt schon die Aussprache »Wurmaul« mit Zweitsilbenbetonung, dass die Bergbezeichnung nichts mit dem Maul eines Wurmes zu tun hat. Die Ortsnamenforscher sind sich denn auch ziemlich einig, dass dem Namen entweder ein keltisches *vernula* (kleine Erle) oder das lateinische *verna* (Erle) mit dem Kollektivsuffix *ule* stecken könnte, wonach der Name von einem Erlenbestand auf den ganzen Berg übergegangen wäre.

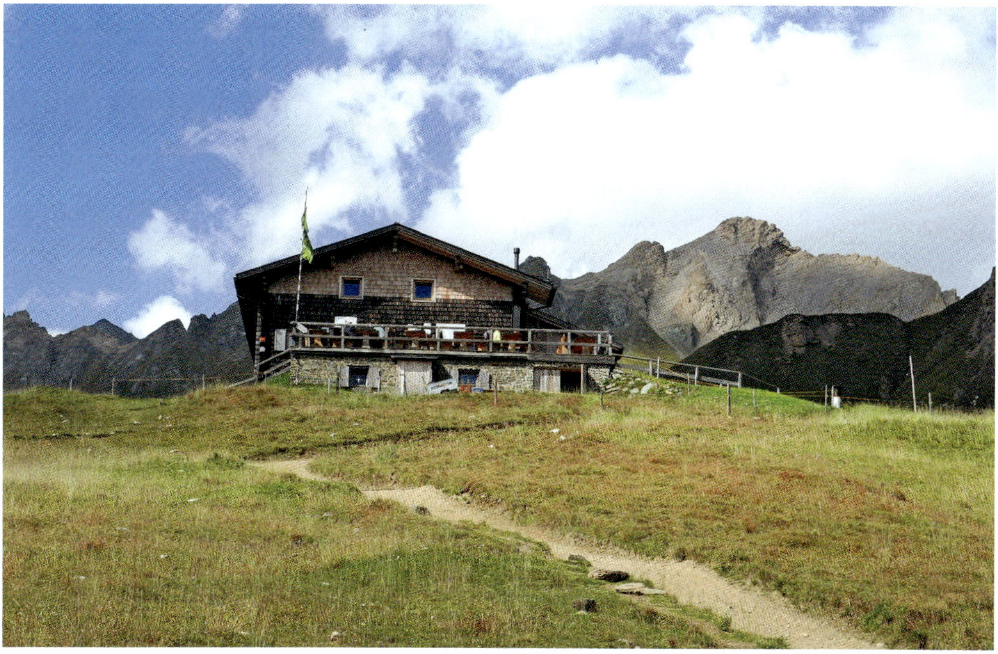

Die Brixner Hütte am Weg zur Wurmaulspitze

Ob es auf der Ostseite des Berges Erlenbestände gibt, ist mir unbekannt, auf der Seite, über die wir zum Gipfel steigen, prägen jedenfalls nur Grashänge und Schieferschrofen das Bild.

Dieses Gelände ist zwar teilweise sehr steil, aber es führt dennoch ein ziemlich guter und markierter Steig bis zum Gipfel, und wenn es auch wenige Meter vor dem Erreichen des Gipfelkreuzes eine kleine ausgesetzte Stelle gibt, so ist diese durch ein Halteseil entschärft worden und der ganze übrige Anstieg ist als unschwierig einzustufen.

Hat man den Gipfel erreicht, zeigt sich erst so recht, wie frei und zentral er aufragt, und so bietet er denn auch eine Aussicht, die von der Bernina bis zum Glockner und vom Karwendel bis zu den Trentiner Bergen reicht, aber natürlich auch durch den Blick auf die wesentlich nähere Gletscherwelt der Stubaier und Zillertaler Alpen besticht. Und da spielt es dann auch gar keine so große Rolle mehr, ob man von seinem Gipfel aus, wie manche behaupten, die blaue Adria sehen kann oder nicht.

Bei einer Gehzeit von vier bis fünf Stunden allein für den Aufstieg, den man bei einem rund 1700 Meter hoch gelegenen Parkplatz unweit des berühmten Almdorfes Fane beginnt,

Besonderer Hinweis Vom Abstieg durch die Stilonrinne ist wegen der großen Steilheit und Unwegsamkeit abzuraten!
Karten 1:50.000: Kompass, Blatt 56 (Brixen)

Murmeltier am Weg zur Brixner Hütte

Rechte Seite: Das Gipfelkreuz der Wurmaulspitze

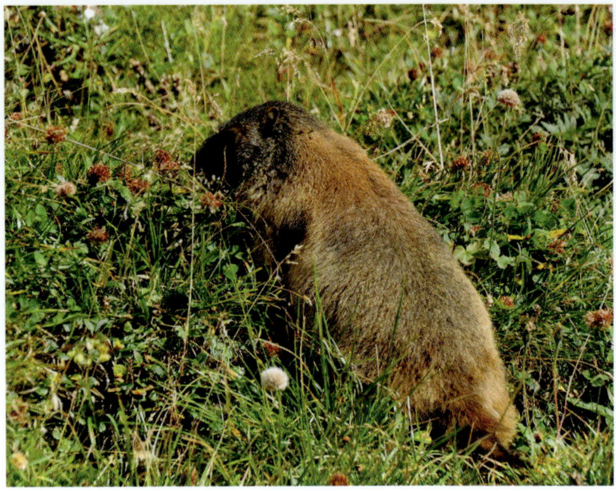

verlangt die Tour doch eine gute Portion Gehtüchtigkeit. Denn bevor der eigentliche Gipfelpfad betreten wird, müssen wir durch das schluchtartige Tälchen der sogenannten Schrame und dann über ausgedehnte Grashänge zur Brixner Hütte ansteigen, einer prächtig gelegenen Schutzhütte des Alpenvereins.

Wer allerdings einigermaßen gehgewohnt ist, für den ist die anderthalbstündige Wanderung durch die im Sommer herrlich blühende Landschaft bis zur Hütte eigentlich fast ein Spaziergang, und der weitere Aufstieg hat auch dank der hoch hinauf reichenden Grasnarbe und oft ebenso hoch anzutreffenden Schafe wenig von jenem rauen Charakter an sich, der so manch andere hochalpine Route prägt.

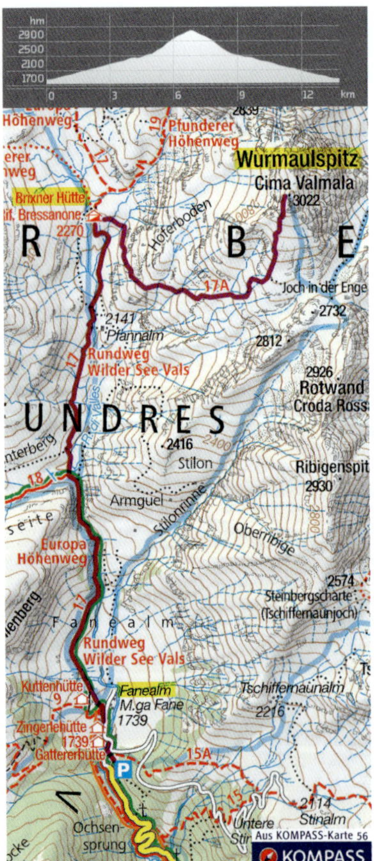

Wegverlauf: Anfahrt von Vals auf schmaler Straße hinauf zum Parkplatz nahe der Fane-Alm (1739 m; Fahrerlaubnis im Sommer nur morgens und spätnachmittags!). Nun den Wegweisern »Brixner Hütte« folgend zum nahen Almdorf Fane, auf breitem Weg durch die Westflanke der schluchtartigen »Schrame« talauf zur Wegteilung (links geht es zur Labisebenalm und zum Wilden See), geradeaus auf dem guten Weg durch Almgelände weiter talein und zuletzt an einem steileren Grashang hinauf zur Brixner Hütte (2300 m; ab Fane knapp 2 Std., Sommerbewirtschaftung). Nun dem Wegweiser »Wurmaul« folgend auf gutem, rot-weiß markiertem Steig ostwärts unschwierig durch steile Grashänge allmählich stärker ansteigend durch die große Südwestflanke des Berges hinauf zum Fuß der breiten Südflanke des Gipfelaufbaues (ca. 2730 m), auf dem Steig über Schieferschutt und Schrofen empor zu kurzer Felspassage mit Halteseil und mit wenigen Schritten zum Gipfelkreuz (3022 m); ab Brixner Hütte 2 ½ Std.
Abstieg: über die beschriebene Aufstiegsroute.

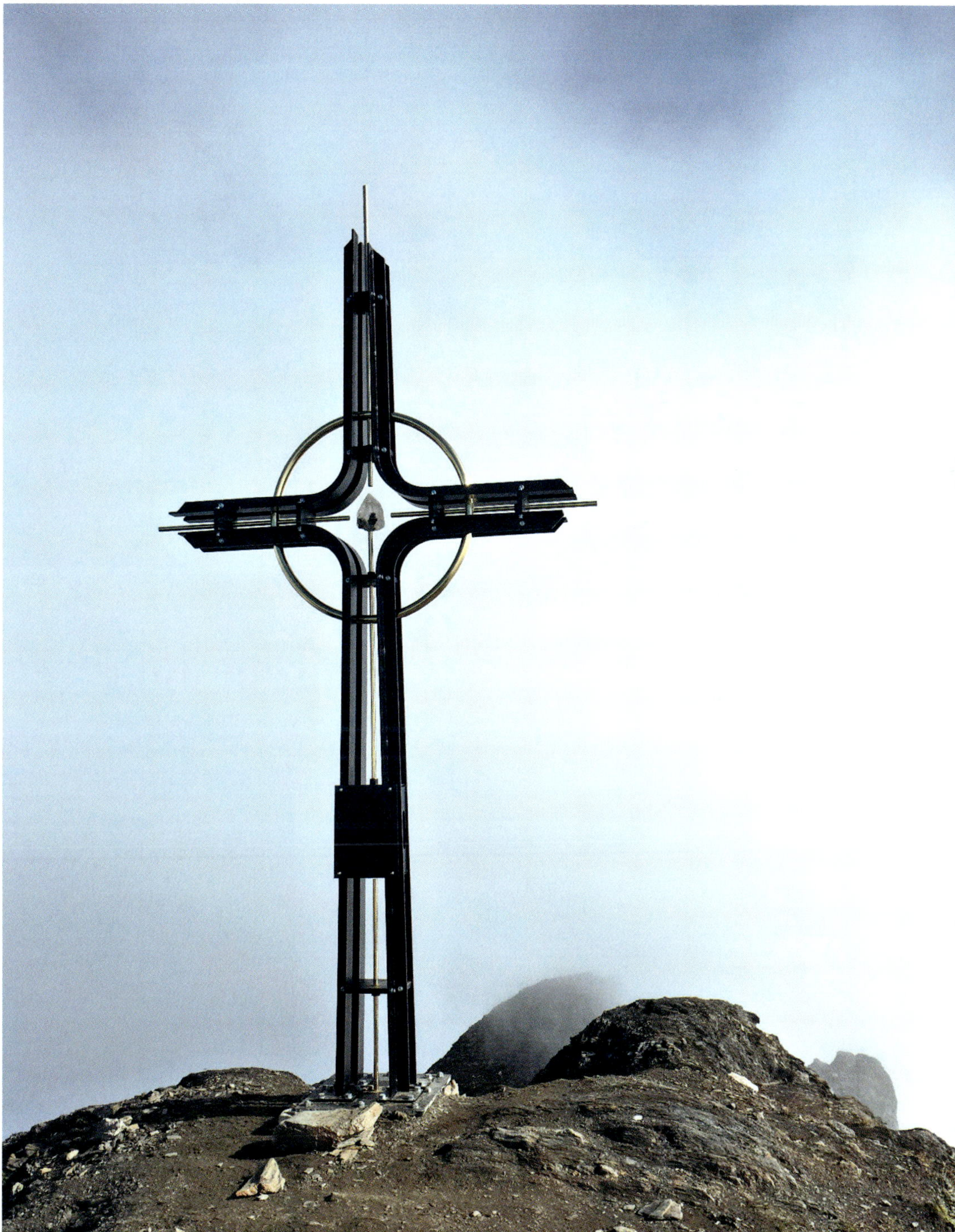

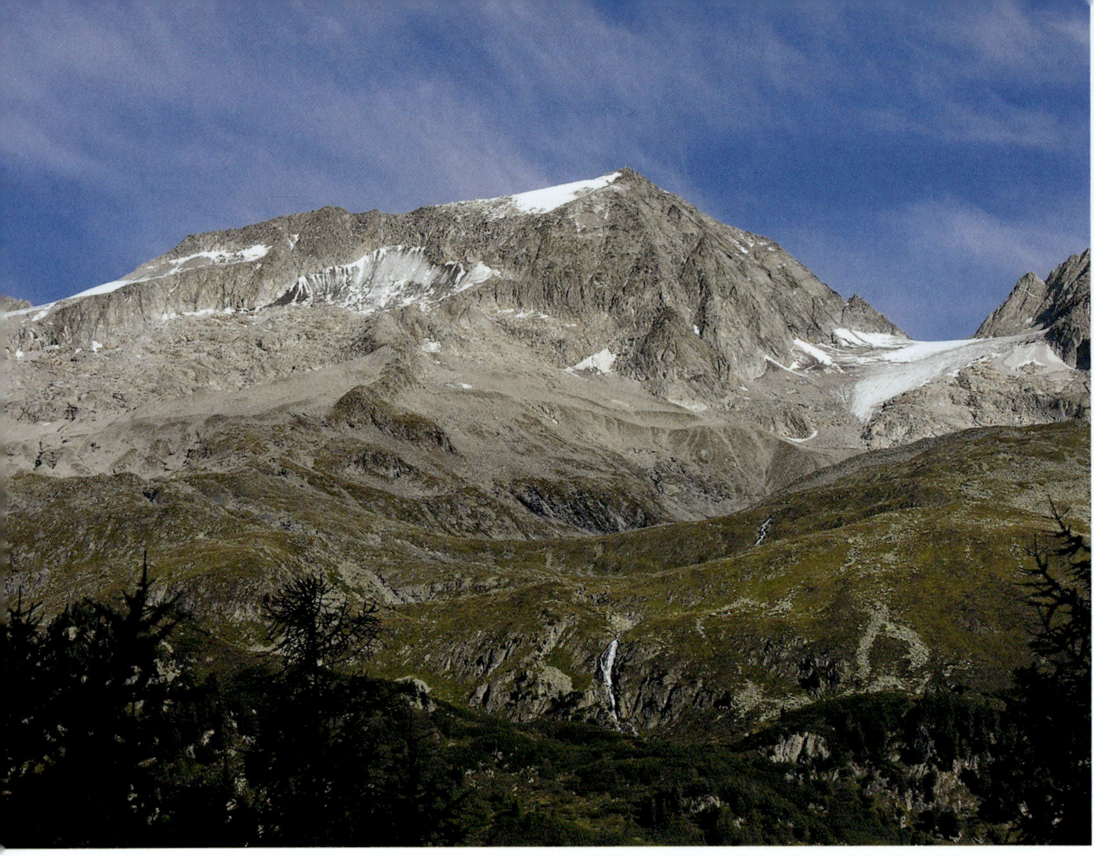

Der Hohe Weißzint; über den linken Grat erfolgt der Aufstieg.

Hoher Weißzint 3371 m

Der »große« Hausberg der Edelrauthütte

48

Die Tour im Überblick Neves-Stausee – Edelrauthütte – Hoher Weißzint – retour
Orientierung und Schwierigkeit Für tüchtige und erfahrene Hochalpinisten bei optimalen Verhältnissen nicht schwierig; der lange Gipfelgrat allerdings teilweise ausgesetzt mit leichten Kletterstellen (I)
Höhenunterschiede Bis zur Hütte 685 m, von dort zum Gipfel 835 m
Gehzeiten Aufstieg zur Hütte gut 2 Std., weiter zum Gipfel 3 ½ Std., Abstieg insgesamt 4 Std.
Ausrüstung Hochtourenbekleidung, sicherheitshalber auch Eispickel und Steigeisen
Besonderer Hinweis Die Edelrauthütte ist auch vom Weiler Dun im Pfunderer Tal auf längerem (ca. 3 Std.), aber landschaftlich besonders schönem Weg zu erreichen.
Karten 1:50.000: Kompass, Blatt 82 (Tauferer-Ahrntal)

9 ½ Std. | 17,1 km | 1520 Hm

Der Niedere und der Hohe Weißzint bilden zusammen einen langgezogenen Bergaufbau zwischen der Pfitscher Seite im Westen und der Lappacher Seite im Osten. Der Erstgenannte erhebt sich zwar als schöne Felspyramide über dem Eisbruggsee, aber sein »großer Bruder« ist nicht nur der höhere, sondern auch der ganz allgemein bedeutendere Berg. Als irgendwie gebeugt wirkender und dennoch mächtiger, zwischen Hochfeiler und Möseler frei aufragender Fels- und Eiskoloss gehört er zu den Großen im Reigen der wichtigsten Dreitausender des Zillertaler Hauptkammes. So ist er neben Hochfeiler, Möseler und Rauchkofel auch einer der insgesamt nur vier Hochgipfel im besagten Kamm, die bereits im bekannten Atlas Tyrolensis von 1774 namentlich genannt werden.

Die erste Besteigung des Berges erfolgte dann allerdings erst ein Jahrhundert später, nämlich 1871 durch Erich Graf Künigl mit einem Bauern aus Lappach. Und wieder ein Jahr-

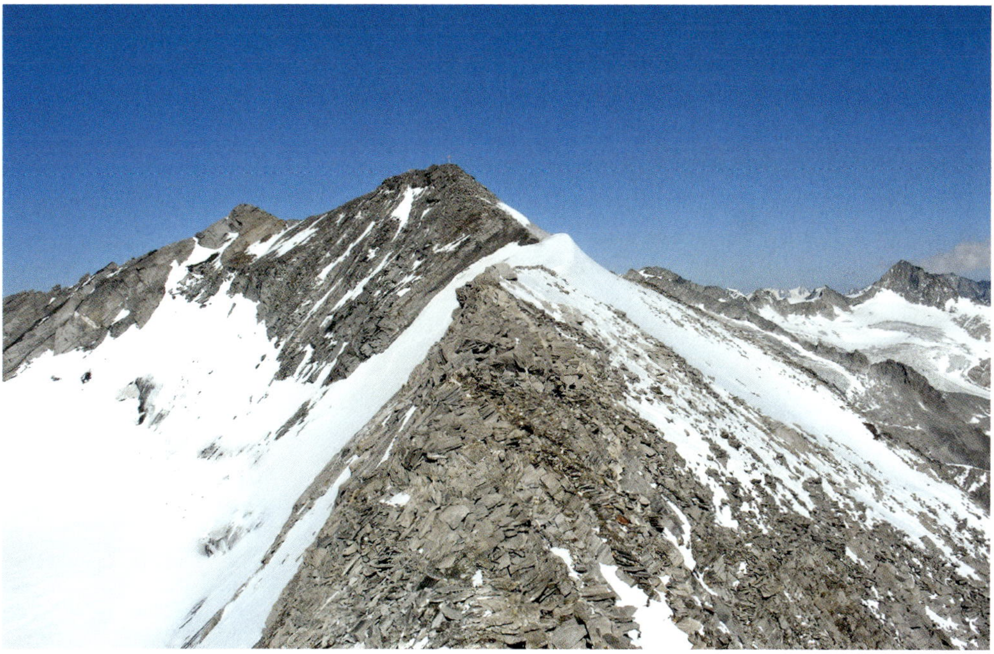

Der Gipfelaufbau des Hohen Weißzint mit dem Schlussgrat, von unserem Aufstieg aus; im Hintergrund der Turnerkamp

hundert später erhielt der Berg ein Gipfelkreuz, aufgestellt von der Alpenvereinsjugend von Brixen am 14. August 1977.

Von seinem höheren Nachbarn, dem Hochfeiler her, ist er mir mit seinem langen Südwestgrat, dem nordseitig keck vorspringenden Zacken und der blanken Westwand schon als Bub besonders aufgefallen, und später war es mir vergönnt, im Zuge einer herrlichen Bergtour von der Pfitscher Seite kommend über den Gliederferner zum Südwestgrat zu queren und über diesen den Gipfel zu erklimmen. Abgestiegen sind wir schließlich mit den Frontzacken unserer Steigeisen über die westseitige Eiswand.

Man kann den Gipfelgrat, der an der Oberen Weißzintscharte beginnt, zwar auch von Pfitsch über die Hochfeilerhütte und den Gliederferner erreichen, doch kürzer ist der Zugang von der Lappacher und damit von der Seite des Tauferer-Ahrntales herauf. Dort kann man mit dem fahrbaren Untersatz bequem bis zum Neves-Stausee und damit bis in eine Höhe von 1860 Metern kutschieren, und dann sind es nur knapp 700 Höhenmeter bis zur Edelrauthütte, die gleich zwei Hausberge hat: die südlich aufragende, knapp 2900 Meter hohe Napfspitze und unseren wesentlich höheren Weißzint auf der Nordseite.

Gletscher-Mannsschild am Aufstieg zum Hohen Weißzint

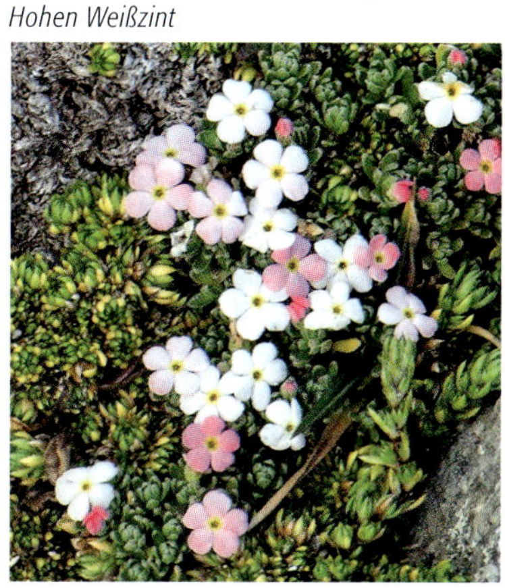

Rechte Seite: Das Gipfelkreuz auf dem Hohen Weißzint gegen die Pfunderer Berge und Dolomiten

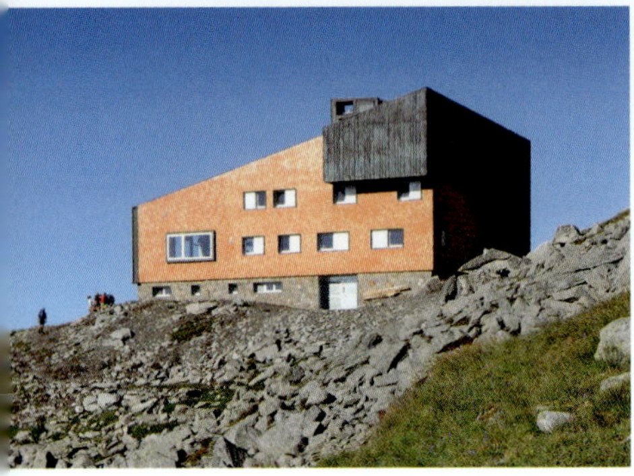

Die Edelrauthütte, der Stützpunkt am Weg zum Weißzint

Wegverlauf: Vom Neves-Stausee (1860 m; hierher mautpflichtige Straße von Lappach herauf; im Sommer Einkehrmöglichkeiten) auf breitem Weg um das Nordufer herum zur Neves- oder Gemeindealm auf der Westseite des Sees und von dort stets auf Weg 26 im Pfeifholdertal durch Wald, über Grasgelände und zuletzt über Blockwerk hinauf zur Edelrauthütte (2545 m; Sommerbewirtschaftung). Von da zuerst auf Serpentinensteig und dann Steinmännchen folgend über Geröll und Blockwerk hinauf zum Weißzintferner, in dessen Randbereich kurz weiter und dann über steiles Blockwerk empor zum Südwestgrat des Hohen Weißzint (ca. 3300 m; 2 ½ Std.); nun am scharfen, nahezu waagrecht verlaufenden Felsgrat teilweise sehr ausgesetzt über meist große Gneisblöcke zu einem kurzen vergletscherten Gratstück, über dieses zum Gipfelaufbau und über Blöcke kurz empor zum Kreuz (3380 m; ab Hütte 3 ½ Std.).
Abstieg: über die beschriebene Aufstiegsroute.

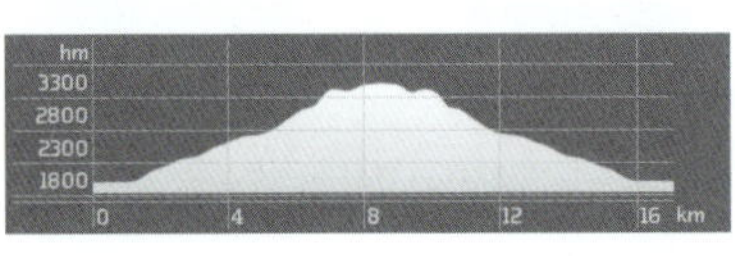

Der Name der Edelrauthütte rührt übrigens daher, dass die Vorgängerin des heutigen, 2015 eröffneten Hauses, im Jahr 1908 von der Wiener Bergsteigergruppe »Alpine Gesellschaft Edelraute« erbaut worden ist.

Zwar steht die Hütte rund 150 Meter tiefer als die Hochfeilerhütte drüben auf der Pfitscher Seite, doch wer sie wählt, muss nicht erst den Gliederferner überqueren, sondern steigt von der Hütte gleich gipfelwärts, und das über heute bei normalen sommerlichen Verhältnissen großteils aperes Gelände.

Freilich zeigt sich auch hier, dass der Weißzint ein echter Hochgipfel ist. Der Aufstieg über die mächtige Moräne des arg zusammengeschmolzenen Weißzintferners ist anfangs steil und mühsam, kurz vor dem Betreten des eigentlichen Bergaufbaus und dann auch am Gipfelgrat kann Schnee das Gehen erschweren. Die Felsen und Blöcke aus Granitgneis warten zwar nicht mit wirklich schwierigen, aber doch sehr ausgesetzten Stellen auf, und verschiedentlich ist auch der Einsatz der Hände notwendig.

Der letzte Schritt zum Gipfelkreuz bringt aber dann das jedem Bergsteiger so bekannte Erlebnis mit dem befreienden Gefühl, alle Mühen hinter sich zu haben. Und mag der Berg höhenmäßig auch etwas im Schatten der oben genannten Nachbarn Hochfeiler und Möseler stehen, so handelt es sich doch um einen der prächtigsten Hochgipfel der Ostalpen.

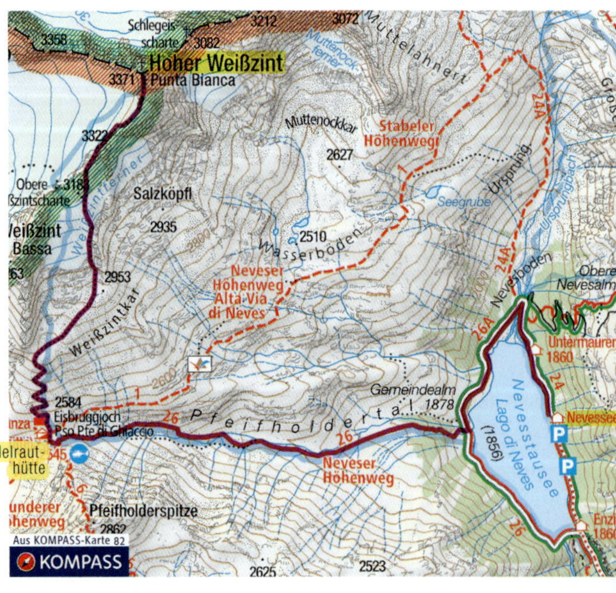

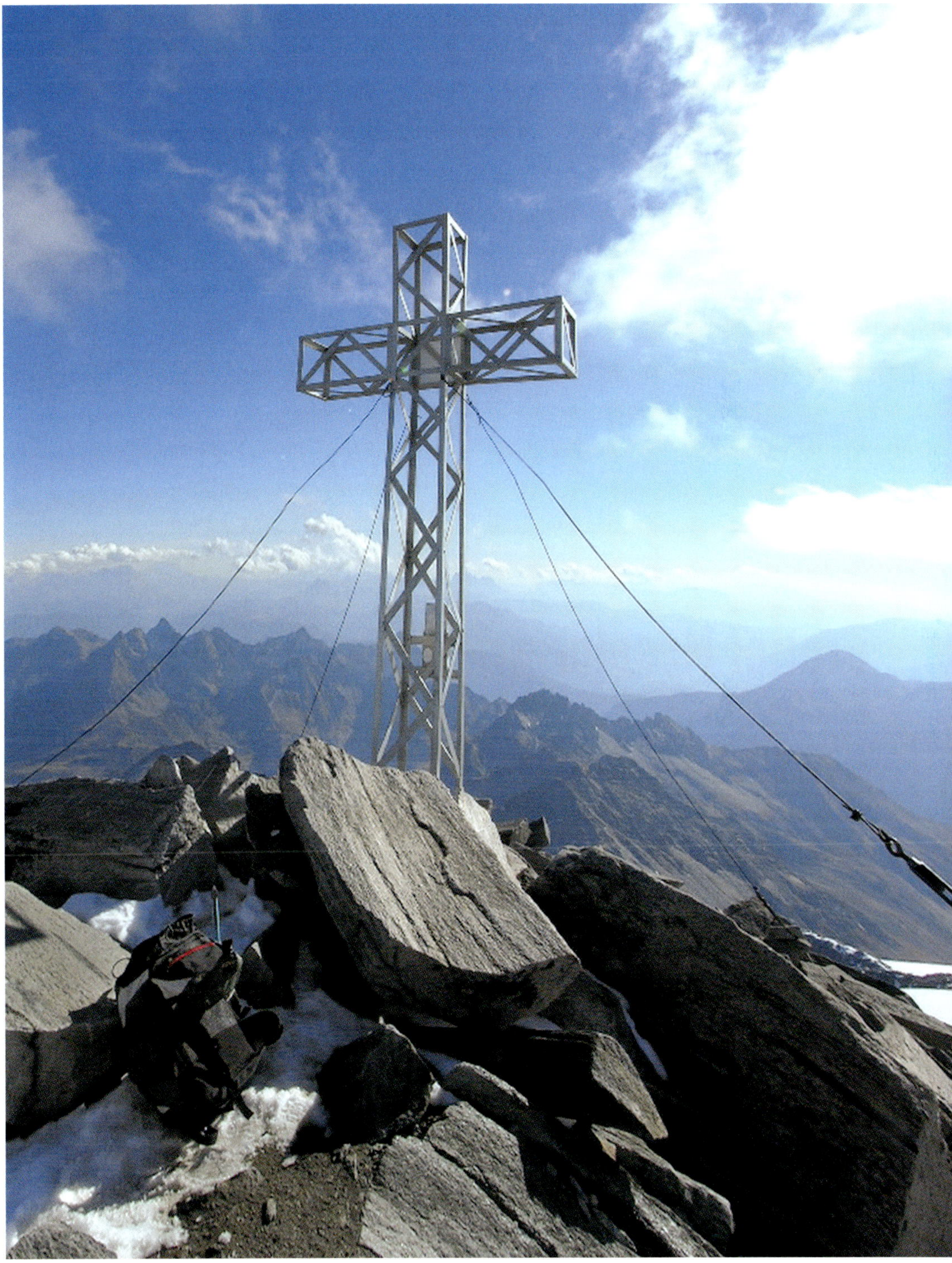

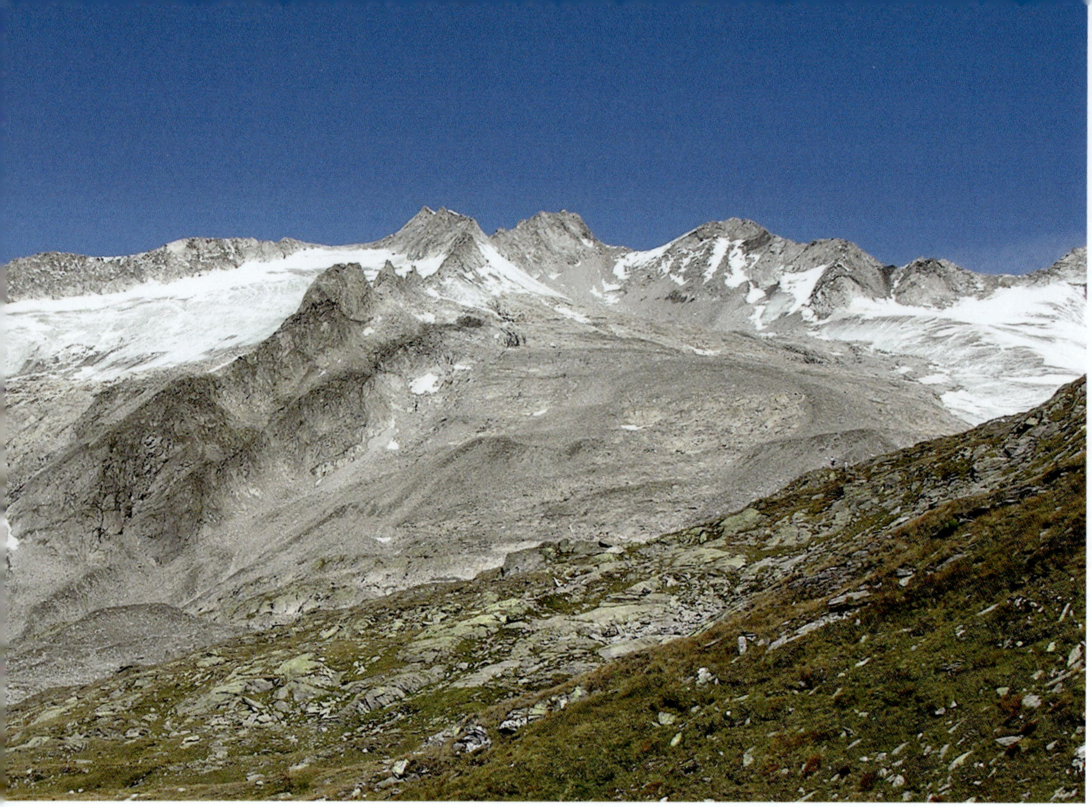

Das mehrgipfelige Möseler-Massiv vom Zugangsweg aus

Großer Möseler 3479 m

Über die Chemnitzer Hütte zum Gipfel

49

Die Tour im Überblick Neves-Stausee – Chemnitzer Hütte – Großer Möseler – retour
Orientierung und Schwierigkeit Nicht schwierige, aber teilweise steinschlaggefährdete und mühsame Hochtour; insgesamt nur für tüchtige und erfahrene Hochalpinisten.
Höhenunterschiede Bis zur Hütte 559 m, von dort zum Gipfel 1062 m
Gehzeiten Aufstieg zur Hütte 1 ½ Std., weiter zum Gipfel 4 Std., Abstieg insgesamt 4 Std.
Ausrüstung Hochtourenbekleidung – Seil und Steigeisen im Normalfall nicht mehr notwendig, Eispickel evtl. nützlich.

9 ½ Std. | 17,1 km | 1621 Hm

Bevor man den fast 3480 Meter hohen Möseler von der Chemnitzer Hütte aus besteigt, sollte man ihn eigentlich von der Zillertaler Seite her gesehen haben, um so recht zu wissen, welch prächtiger Bergriese er ist und über welch gewaltigen Gletschern er aufragt – er, der sich rühmen darf, nach dem Hochfeiler der zweithöchste Gipfel der gesamten Zillertaler Alpen zu sein und den man den »Großen« nennt. Völlig anders als zur Nordseite zeigt er sich zur Südseite hin. Da tritt der Hauptgipfel bescheiden – etwas zu bescheiden – in den Hintergrund und bildet zusammen mit seinen Trabanten und Namensvettern, dem Kleinen Möseler, dem Möselekopf und den beiden Möselenocken, einen mehrgipfeligen Gebirgsstock.

Aber schon Anich verzeichnet den »Mösele« in seinem Atlas Tyrolensis von 1774, und Staffler preist um 1840 den »Hohen Mösele« vor allem im Zusammenhang mit dem »auf das schauerlichste zerklüfteten und zerrissenen Neveserferner«.

So war denn schon den frühen alpinen Pionieren die Bedeutung des Berges bewusst, und es waren die aus England

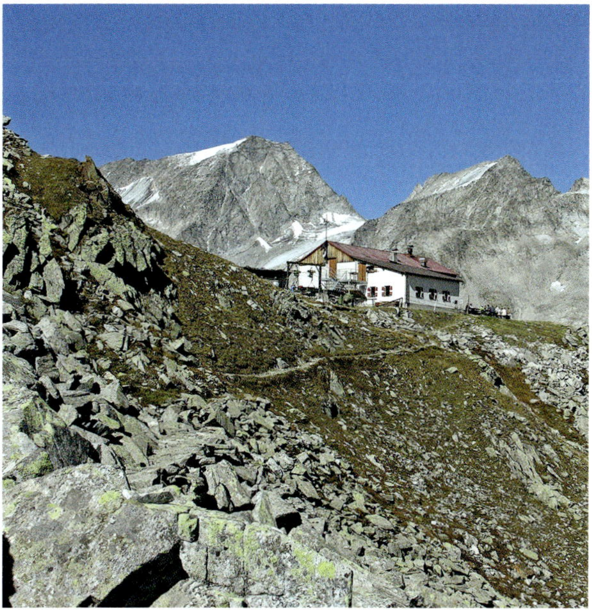

Die Chemnitzer Hütte, Stützpunkt am Weg zum Großen Möseler

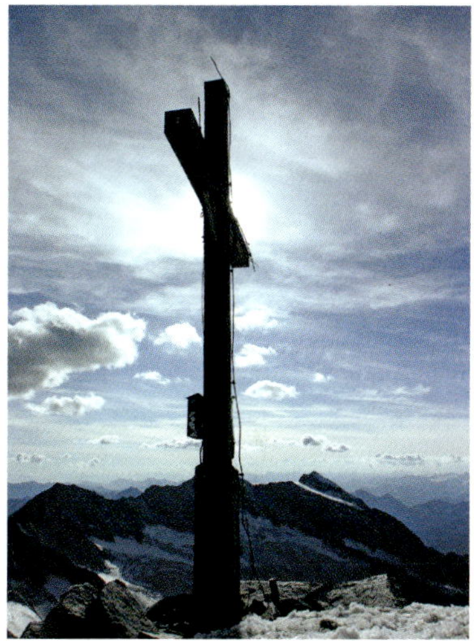

Das Gipfelkreuz auf dem Großen Möseler

angereisten ebenso wagemutigen wie hervorragenden Bergsteiger Francis Fox Tuckett, Douglas William Freshfield und G.H. Fox, die den Berg mit dem berühmten savojardischen Führer Francois Devouassoud aus Chamonix und dem erfahrenen Schweizer Führer Peter Michel bereits am 16. Juni 1865 erstmals erstiegen – wenige Wochen bevor Grohmann auf den Hochfeiler stieg (am 24. Juli 1865), den die Engländer wohl für weniger hoch als den Möseler gehalten hatten.

Im Jahre 1880 erbaute dann die Sektion Taufers des Deutschen und Österreichischen Alpenvereins am Nevesjoch, dem Übergang von Lappach nach Weißenbach, die erste bescheidene Nevesjochhütte, und 1895 eröffnete die Sektion Chemnitz des selben Vereins die um einiges größere Chemnitzer Hütte.

Heute, geraume Zeit später, ist der Nevesferner zwar immer noch da und besonders unter dem Turnerkamp recht stattlich, aber gerade an unserem Weg unter dem Möseler ist er so gut wie verschwunden. So erfolgt auch die Querung der obersten Gletschermulde hauptsächlich über aperes Blockwerk, oft auch über Schnee oder Eismatsch, und die Scharte zwischen Großem und Kleinem Möseler muss meist mühsam über viel steiles und lockeres Geröll erklommen werden.

Der ganze Rest des Aufstiegs ist für geübte Berggeher hingegen als problemlos zu bezeichnen: der Zugang von der Chemnitzer Hütte über den Neves-Höhenweg bis zu der mit

Besonderer Hinweis Die Chemnitzer Hütte ist auf längerem, aber durchaus empfehlenswertem Almenweg auch von Weißenbach herauf zu erreichen!
Karten 1:50.000: Kompass, Blatt 82 (Taufers – Ahrntal); 1:25.000: Tabacco, Blatt 036 (Sand in Taufers)

Rechte Seite: Der Hauptgipfel des Großen Möseler; der Aufstieg erfolgt im rechten Randbereich der Flanke.

Wegverlauf: Vom Nordufer des Neves-Stausees (1860 m; hierher mautpflichtige Straße von Lappach herauf; im Sommer Einkehrmöglichkeit) entweder zur Gänze auf dem anfangs steilen Fußweg 24 oder teilweise auf dem bequemeren Güterweg ostseitig durch Wald hinauf zur Baumgrenze und über die Nevesalm zur Chemnitzer Hütte am Nevesjoch (2419 m; Sommerbewirtschaftung); ab Stausee ca. 1 ½ Std. – Weiter zum Gipfel: Von der Hütte der Markierung 1 folgend auf dem Neveser Höhenweg zunächst nordwestwärts mäßig ansteigend und dann kurz absteigend zum Abfluss des östlichen Nevesferners (Steg) und kurz weiter bis zu rechts abzweigendem schwachem Fußpfad mit Steinmännchen; nun stets den Steinmännchen folgend großteils pfadlos über Blockwerk und rundliche Felsen hinauf zur weithin sichtbaren Moräne, auf ausgeprägtem Steig über sie empor und dann wieder über Blöcke und gletschergeschliffene Felsen zur Mulde des fast verschwundenen Gletschers. Nun über Blockwerk und evtl. Eismatsch oder Schnee hinüber (auf Steinschlag achten!) auf die andere Seite der Mulde, über Blöcke und sehr steiles, lockeres Geröll (manchmal Schnee) mühsam empor zur Scharte zwischen Kleinem und Großem Möseler (ca. 3400 m) und links über Felsen und Blöcke am steilen Ostgrat des Gipfelaufbaus teilweise in leichter Kletterei zum Gipfel (3479 m). Ab Chemnitzer Hütte 4 Std.
Abstieg: Über die beschriebene Aufstiegsroute (insgesamt ca. 4 Std.).

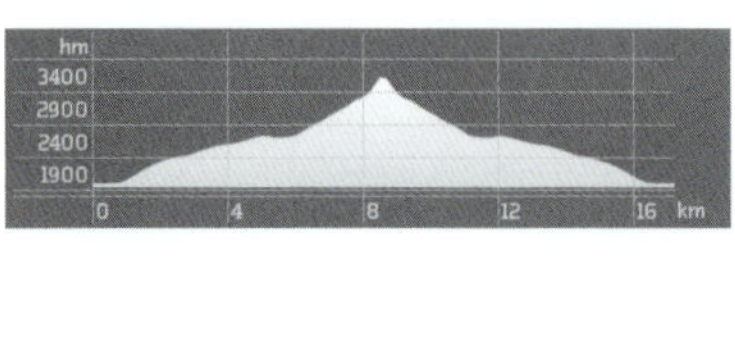

Steinmännchen bezeichneten Gipfelroute, der anregende Gang über ausgedehnte, vom einstigen Gletscher gerundete und dennoch griffige Granitbuckel, der Aufstieg über eine besonders ausgeprägte Seitenmoräne und zuletzt die unschwierige Kraxelei über die Felsen des steilen, aber kurzen Ostgrates. Und wenn man das Glück hat, dass gut begehbarer Schnee bis hinauf zur Scharte reicht, dann ist auch dieses Stück nicht allzu beschwerlich.

Oben am schmalen höchsten Punkt, wo 1986 zwei Dutzend junge Männer aus Mühlwald bei Kälte und Nebel erstmals ein Gipfelkreuz errichtet haben, erwartet den tüchtigen Hochalpinisten – und nur er sollte sich an den Möseler wagen! – ein Anblick des Zillertaler Hauptkammes und seiner Gletscher, der ohne Übertreibung als überwältigend bezeichnet werden darf. Und nun werden auch seine Trabanten und Namensvettern, die sich von unten gesehen so ungebührlich in den Vordergrund gedrängt haben, auf die ihnen zustehenden niedrigeren Ränge verwiesen, denn der Große Möseler ist halt eben doch – der Große!

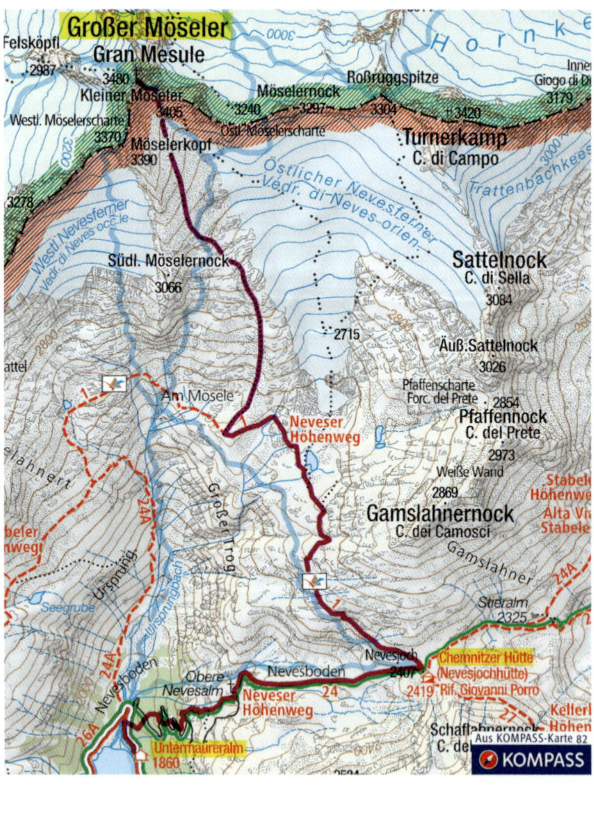

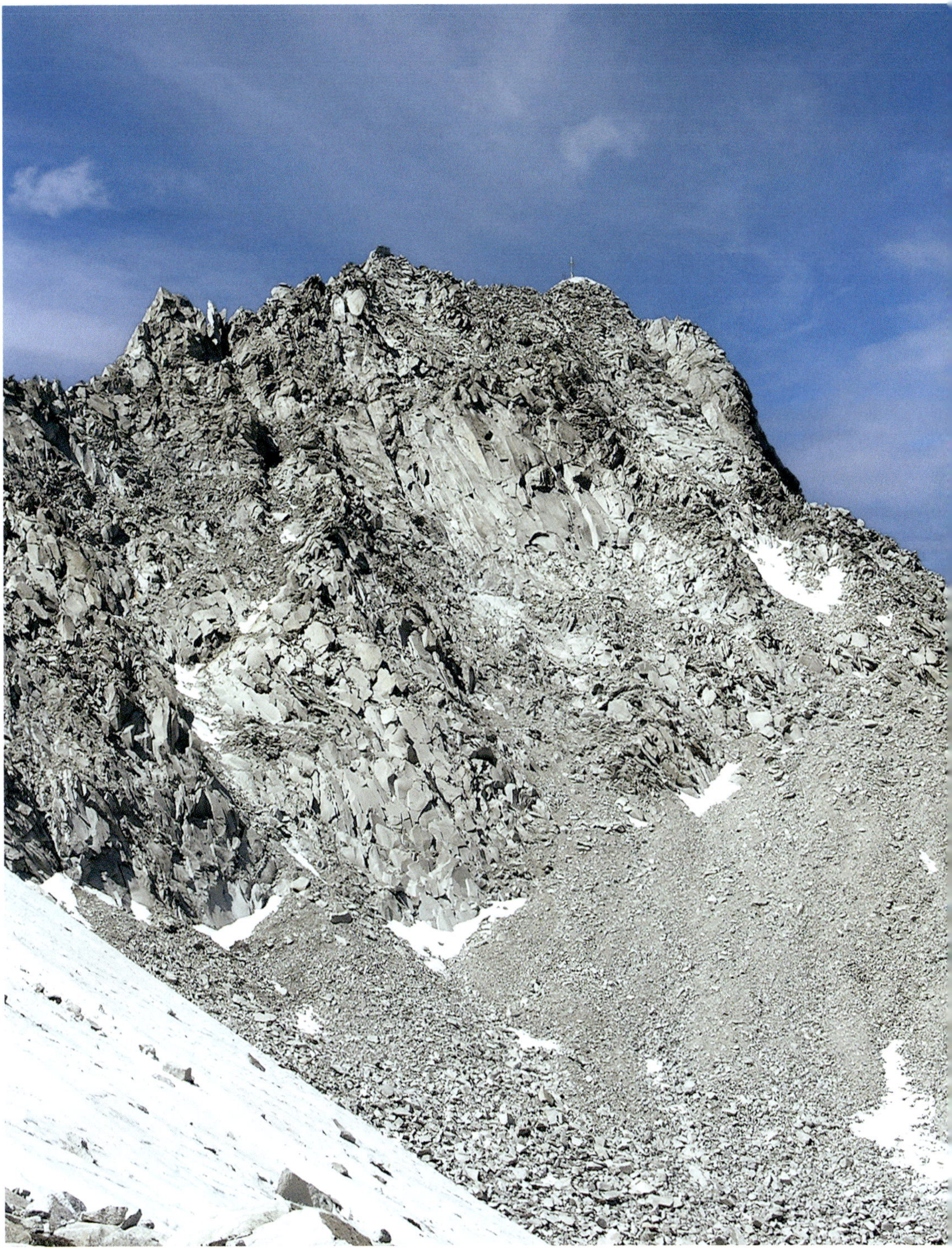

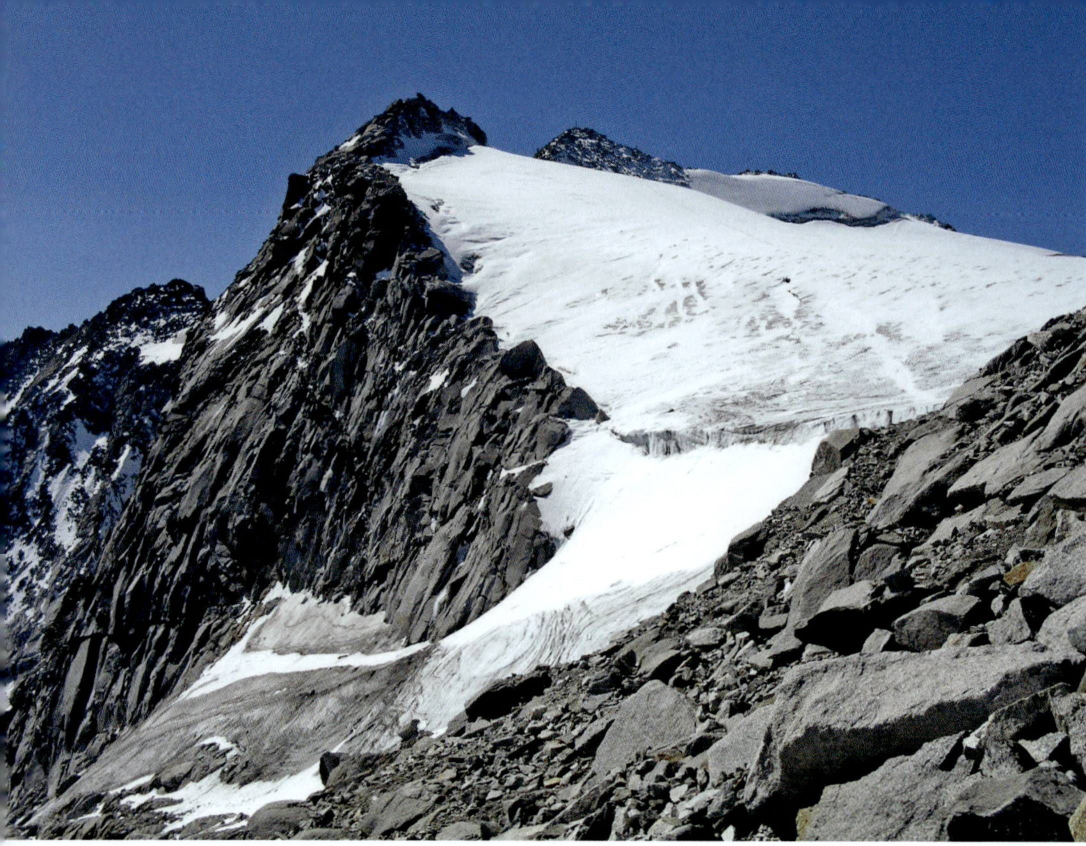

Der Schwarzenstein von Osten – teils steil und eisfrei, teils flach und vergletschert

Schwarzenstein 3368 m

... und die höchstgelegene Hütte des Ahrntales

50

Die Tour im Überblick St. Johann im Ahrntal – Gasthaus Stallila – Schwarzensteinhütte – Schwarzenstein – retour
Höhenunterschiede Bis zur Hütte ca. 1560 m, von dort zum Gipfel ca. 340 m
Gehzeiten Aufstieg zur Hütte 4 ½ Std., von dort zum Gipfel gut 1 Std., Abstieg insgesamt 4 Std.
Orientierung und Schwierigkeit Die Tour erfordert Gehtüchtigkeit, hochalpine Erfahrung und Trittsicherheit. Auf dem Gletscher muss mit Randspalten gerechnet werden; jedenfalls Seilbenützung ratsam.
Ausrüstung Hochtourenbekleidung, Seil, Pickel, Sicherungsutensilien für Ungeübte; Steigeisen meist entbehrlich.

9 ½ Std. | 14,5 km | 1896 Hm

Blickt man von der weiten Talsohle südlich von Sand in Taufers nordwärts, bildet ein mächtiger Berg die bekannte Hintergrundkulisse für das prächtige Schloss Taufers. Es ist dies der Schwarzenstein, der nicht nur zu den höchsten, sondern auch zu den bekanntesten und meistbesuchten Bergen des Ahrntales und des Zillertaler Hauptkammes gehört. Mit seiner breiten, aus teilweise dunkel anwitternden Gesteinen aufgebauten Ostflanke, wirkt der Berg allerdings nicht nur sehr beeindruckend, sondern auch sehr unnahbar, um nicht zu sagen abweisend.

Dennoch gilt er, zumindest ab der auf einem hohen Seitengrat stehenden Schwarzensteinhütte und bei guten Verhältnissen, als relativ leicht ersteigbarer Hochgipfel. Und was der Anblick von Süden nicht verrät – der vergleichsweise kurze Gipfelanstieg führt zu einem guten Teil über einen ziemlich flachen Gletscher. Das aber heißt nun wiederum, dass die Besteigung doch nicht ganz so harmlos ist, und wenn der Gletscher, das oberste Floitenkees, bisweilen auch ein spaltenloses, sicher zu

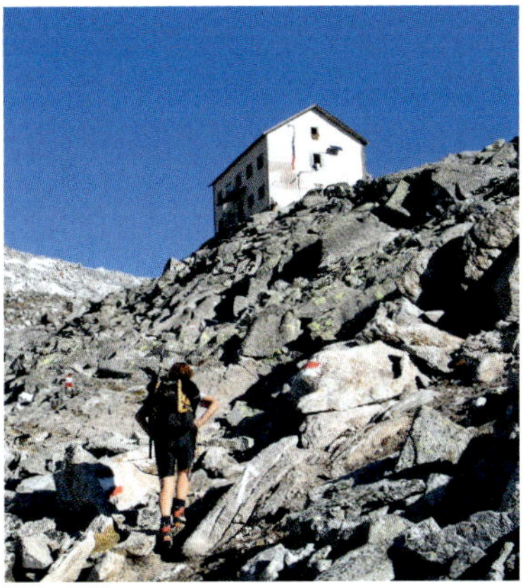

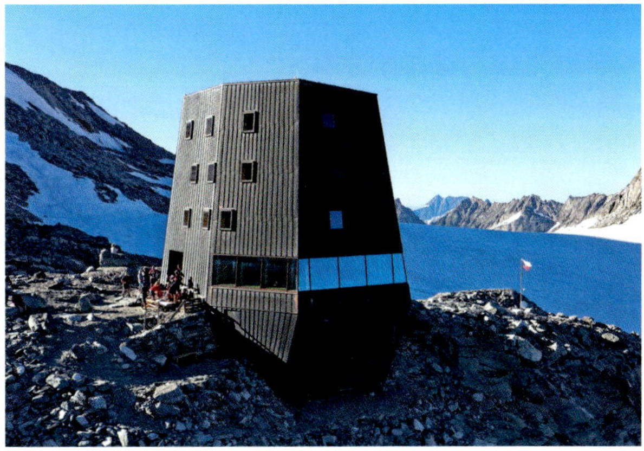

Links: Die alte, 1894 erbaute und 2017 abgetragene Schwarzensteinhütte

Rechts: Die 2018 eröffnete Schwarzensteinhütte

begehendes Schneefeld zu sein scheint, bedingungslos verlassen sollte man sich darauf nicht. Angeseiltes Gehen ist jedenfalls keine übertriebene Vorsichtsmaßnahme.

Die vom Land Südtirol errichtete neue Schwarzensteinhütte steht in 3026 m Höhe nahe dem Trippachsattel. Sie ersetzt seit ihrer Eröffnung am 28. Juli 2018 die etwas tiefer (2922 m) gelegene frühere, im Herbst 2017 abgetragene Schutzhütte gleichen Namens, die von der Sektion Leipzig des Deutschen und Österreichischen Alpenvereins erbaut und 1895 feierlich eröffnet worden war. So ist der eigentliche Gipfelanstieg nun etwas kürzer geworden, der Weg zur Hütte aber entsprechend länger.

Der ursprüngliche Hüttenweg beginnt in Oberluttach und die Gehzeit beträgt an die sechs Stunden. Diese Gehzeit kann man jedoch erheblich abkürzen, wenn man von St. Johann mit dem fahrbaren Untersatz bis zum Stallila fährt, einer fast 1500 Meter hoch gelegenen Hofschenke, und erst dort den Aufstieg beginnt. An diesem bietet dann die Daimeralm (ursprünglich Innere Rotbachalm, dann Josef-Daimer-Hütte) Rast- und Einkehrmöglichkeit, und der breite Güterweg hierher bietet eine weniger steile Alternative zum alten Fußweg.

Ab dort ist der Weg dann steiler und führt hinauf zu einer großen, einst vom heute stark zurückgegangenen Rotbachkees ausgefüllten Mulde mit zwei kleinen Moränenseen. An einem gletschergeschliffenen, mit Steighilfen und Seilgeländer versehenen Felshang geht es schließlich hinauf zum Höhenrücken der sogenannten Trippachschneide und zur Schwarzensteinhütte.

Dieser Neubau – und das galt auch für die alte Hütte – ist das höchstgelegene Schutzhaus der Ahrntaler Bergwelt ebenso wie der gesamten Zillertaler Alpen. In 3026 Meter Höhe steht es unweit des Trippachsattels auf einer gletschernahen,

Einkehrmöglichkeit Schwarzensteinhütte, T 342 8038586, s. S. 271
Wanderkarten 1:50.000: Kompass, Blatt 82 (Ahrntal); – 1:25.000: Tabacco, Blatt 036 (Sand in Taufers)

Rechte Seite: Der Schwarzenstein mit dem nordseitigen Gletscher; links unsere Zugangsroute

Wegverlauf: Anfahrt von St. Johann im Ahrntal auf beschilderter Höfestraße hinauf zum Gasthaus Stallila (1472 m, Parkplatz). Von da immer den Wegweisern »Schwarzensteinhütte« folgend teils auf dem Forstweg, teils auf dem abkürzenden Fußweg durch das Rotbachtal hinauf zur Daimeralm (1862 m; Ausschank) und auf dem Fußweg 23 über steinige Grashänge steil empor zu einer auffallenden Gletschermoräne (Rastbank, Wegweiser und Wegteilung). Nun auf dem weiterhin markierten Weg mit leichtem Ab- und Gegenanstieg durch die Mulde mit zwei kleinen Moränenseen über Blockwerk und oft Schnee hinein in den Hintergrund der großen Mulde, rechts über seilgesicherte Felsen (auch hier oft Schnee) unschwierig empor zum Standort der ehemaligen alten Schwarzensteinhütte auf der sogenannten Trippachschneide (2922 m) und links auf dem gut angelegten Weg über den Rücken hinauf zur neuen Schwarzensteinhütte (3026 m; Sommerbewirtschaftung; ab Stallila 4 Std.). – Weiter zum Gipfel: über Blockwerk und Firn hinauf zum Felsköpfl, links über den flachen Gletscher (Seilbenutzung ratsam!) leicht ansteigend zum Fuß des Gipfelaufbaues (Achtung Randspalte!) und am Ostgrat über Felsblöcke problemlos empor zum Kreuz (3368 m, ab Hütte 1½ Std.).
Abstieg: Über die beschriebene Aufstiegsroute (insgesamt ca. 4 Std.).

moränenüberlagerten Felskuppe, gut hundert Meter höher als die frühere Hütte.

Doch hat man beim langen Aufstieg zur Hochregion und dort über Blockwerk, versicherten Fels und meist auch Schnee die eigene Bergtüchtigkeit unter Beweis gestellt und endlich das Schutzhaus erreicht, steht der Besteigung des Schwarzensteins nichts mehr im Wege. Zuerst geht es hinauf zum »Firn und Eis« der auf der Nordseite noch sehr ausgedehnten Gletscher, und hat man auch dieses hinter sich, führt der Pfad wieder über Blockwerk bergan – diesmal zum weithin sichtbaren Gipfelkreuz.

Dass die Fernsicht von einer Warte dieser Höhe nach allen Seiten hin geradezu grenzenlos ist, braucht kaum erwähnt zu werden. Sehr wohl eine Erwähnung verdienen aber der atemberaubende Tiefblick hinunter ins fast 2000 Meter unter uns liegende Ahrntal auf der Südseite und der Blick über die erwähnten Gletscher der Nordseite, die sich im Bereich unseres Gipfels Floitenkees und Schwarzensteinkees nennen. Und diese immer noch gewaltigen Wüsten aus Schnee und Eis sind es vielleicht, die später einmal in unserer Erinnerung den »schwarzen Stein« zu einem hellen Bergkristall verklären.

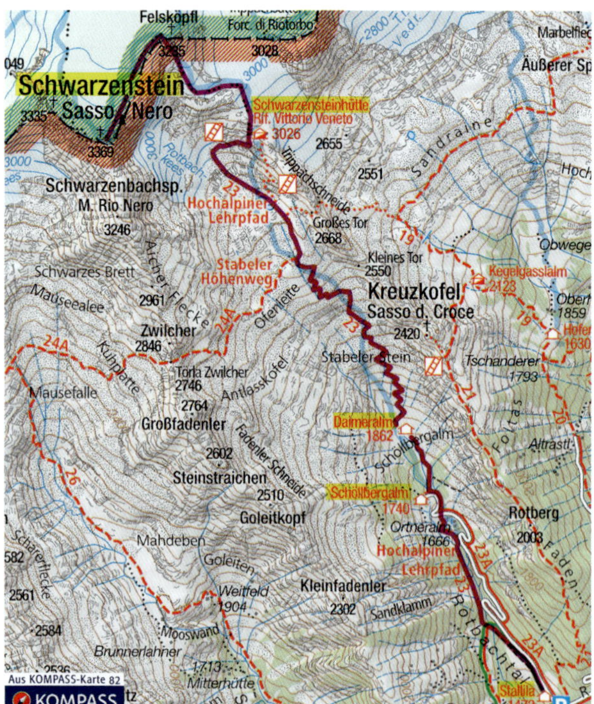

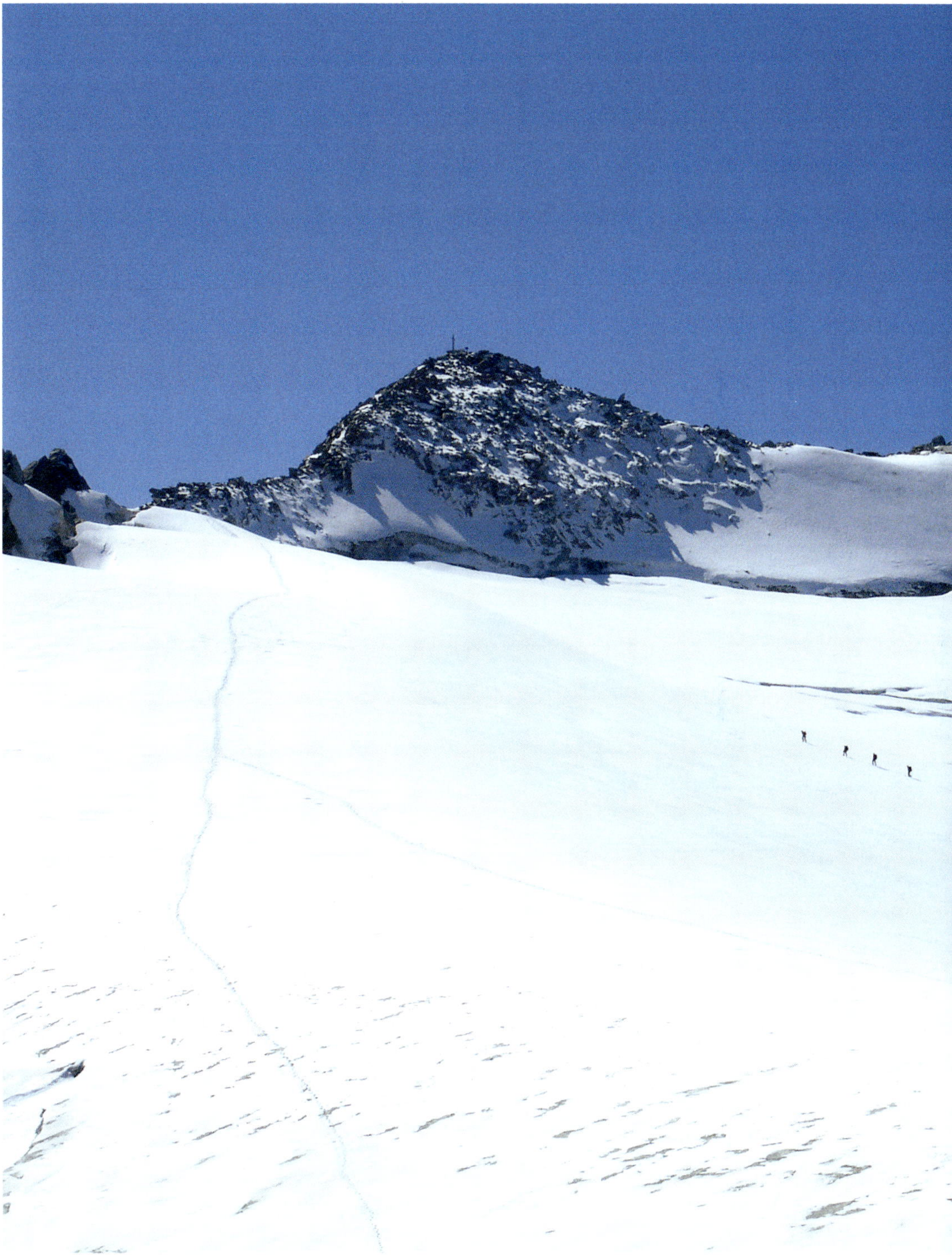

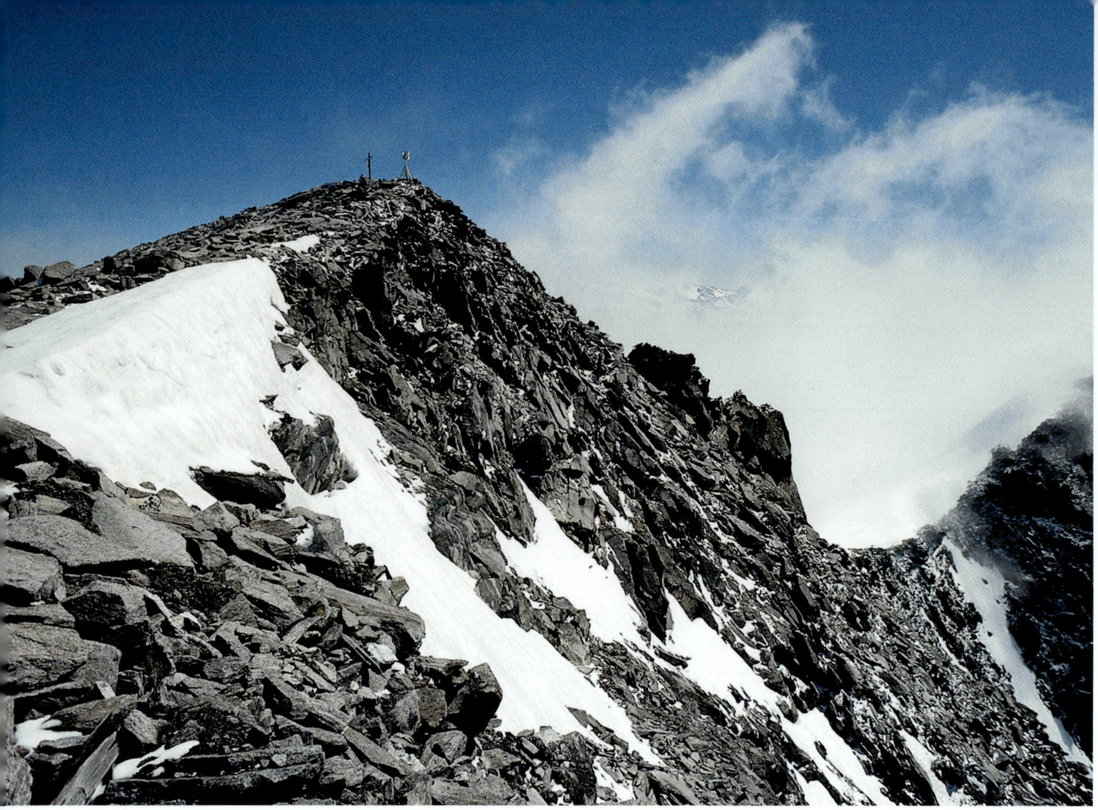

Der Gipfelaufbau der Wollbachspitze, links unsere Aufstiegsroute

Wollbachspitze 3210 m

Einer der leichtesten Ahrntaler Dreitausender

51

Die Tour im Überblick St. Jakob im Ahrntal – Wollbachalm – Wollbachspitze – retour
Orientierung und Schwierigkeit Lange und teilweise etwas mühsame, aber für ausdauernde Geher mit Hochgebirgserfahrung nicht schwierige Tour; bis zur Moränenmulde markierter Steig
Höhenunterschiede Bis zur Wollbachalm 427 m, von dort zum Gipfel 1603 m
Gehzeiten: Aufstieg zur Alm 1 ½ Std., von dort zum Gipfel 4 ½ Std.; Abstieg insgesamt 4 Std.
Ausrüstung Hochtourenbekleidung, feste Bergschuhe; Pickel und Steigeisen meist entbehrlich

10 Std. | 12,8 km | 2030 Hm

Ziemlich genau nördlich von Steinhaus befindet sich die Wollbachspitze im Zillertaler Hauptkamm, aber unser Aufstieg beginnt etwas weiter taleinwärts in St. Jakob. Von dort nämlich führt der markierte Weg hinauf zur Wollbachalm, die schon seit Jahren Einkehrmöglichkeit bietet und mit ihrem kleinen Hüttendorf und den flachen, von markanten Felsbergen überragten Grasböden außerordentlich schön im Wollbachtal liegt.

Über den Namen des Wollbachs hat es so manche gelehrte Auseinandersetzung gegeben, und während eine Seite den Namen von einer einstigen Anlage zur Wollverarbeitung ableiten wollte, machte Karl Finsterwalder, der Altmeister der Tiroler Ortsnamenkunde, auf die vielen frühen Urkundenbelege aufmerksam, in denen stets von einem Waldbach die Rede ist. Die seit dem 17. Jahrhundert eingeführte, vermeintlich der Mundartform besser entsprechende Schreibung Wollbach führte dann jedoch zur Aussprache mit geschlossenem -o-, sodass heute die ursprüngliche Bedeutung des Namens nicht mehr erkennbar ist und zu falschen Schlüssen führt.

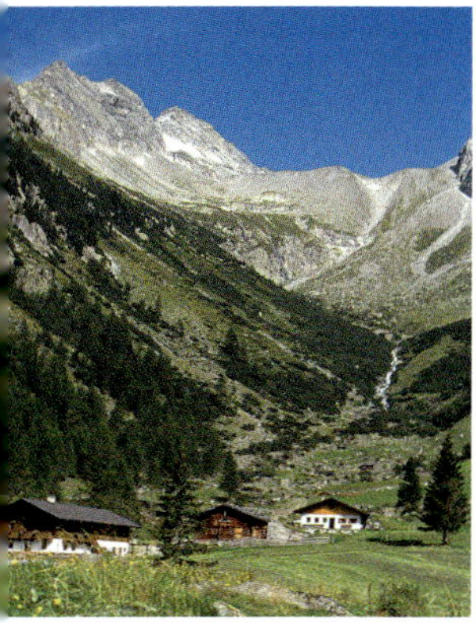

Die Wollbachalm am Weg zur Wollbachspitze

Unseren Berg, den die Autoren Beikircher und Hellweger zu Recht »einen leicht zu ersteigenden Aussichtsberg« nennen, sieht man von der Alm aus leider nicht. Er versteckt sich hinter dem Sandrain, der auffallenden Gletschermoräne des heute nur noch sehr kleinen Wollbachkeeses, und hinter dem rund 3000 Meter hohen Felsaufbau von Rotwand und Speiker.

Erst oben, wenn man den Aufstieg zur großen Moränenmulde hinter sich hat, ist der Blick frei auf die felsige Südflanke unseres Gipfels, von dem uns allerdings noch der rund zweistündige Aufstieg zum Wollbachjoch und über den Südwestgrat trennt – ein Aufstieg, der für den erfahrenen Alpinisten jedoch, wie schon erwähnt, mit keinen größeren Schwierigkeiten verbunden ist.

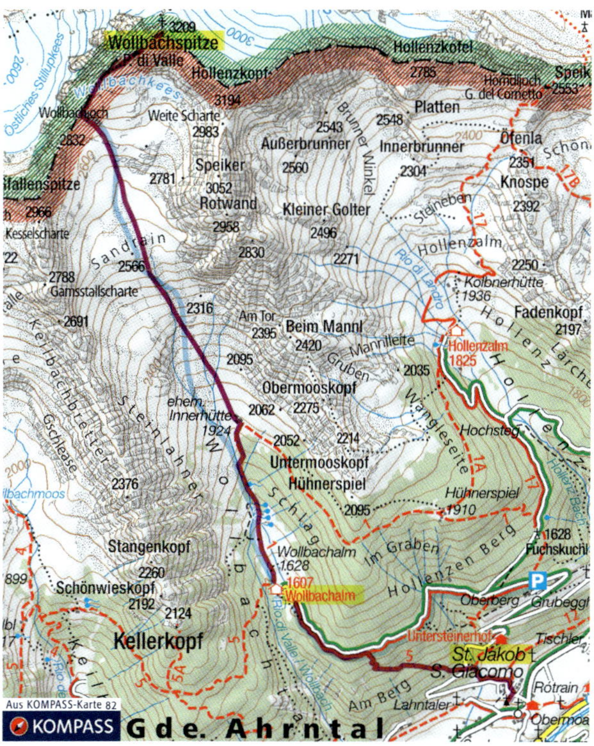

Wegverlauf: Von der Kirche St. Jakob im Ahrntal (1180 m) der Beschilderung »Wollbachalm« und der Markierung 5 folgend zuerst teils auf Höfezufahrt, teils abseits davon durch Wiesen hinauf zum Wald, durch diesen steil weiter zu einer querenden Forststraße und auf dieser nahezu eben links hinein zur Wollbachalm (1607 m, Ausschank); ab St. Jakob knapp 1 ½ Std. – Weiter zum Gipfel: Von der Alm dem Wegweiser »Wollbachspitze« folgend auf markiertem Steig orografisch links durch Latschenhänge talein und hinauf zu den sogenannten Innerhütten (verfallene Viehställe, 1924 m); von dort kurz talein, dann nach links über den Bach und über Gras und steiles Moränengeröll in langem Aufstieg empor zum westlichen Rand der schon von weitem auffallenden Stirnmoräne (Sandrain genannt, ca. 2600 m; ab Alm knapp 3 Std.). Nun, oft über Schneereste, in der großen Moränenmulde hinein und hinauf ins Wollbachjoch (2830 m), hier rechts ab und über den Blockgrat unschwierig hinauf zum Gipfel (3210 m; ab Sandrain ca. 2 Std., ab Wollbachjoch gut 1 Std.).
Abstieg: über die beschriebene Aufstiegsroute.

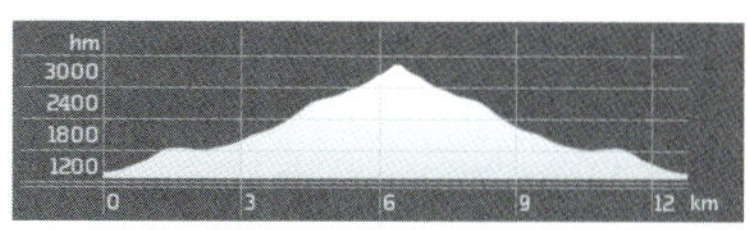

Besonderer Hinweis Wenn sich an der Flanke des Sandrains mehrere Personen befinden, achte man auf Steinschlag und trete möglichst auch selbst keine Steine los!
Karten 1:50.000: Kompass, Blatt 82 (Taufers – Ahrntal); 1:25.000: Tabacco, Blatt 035 (Ahrntal – Rieserfernergruppe)

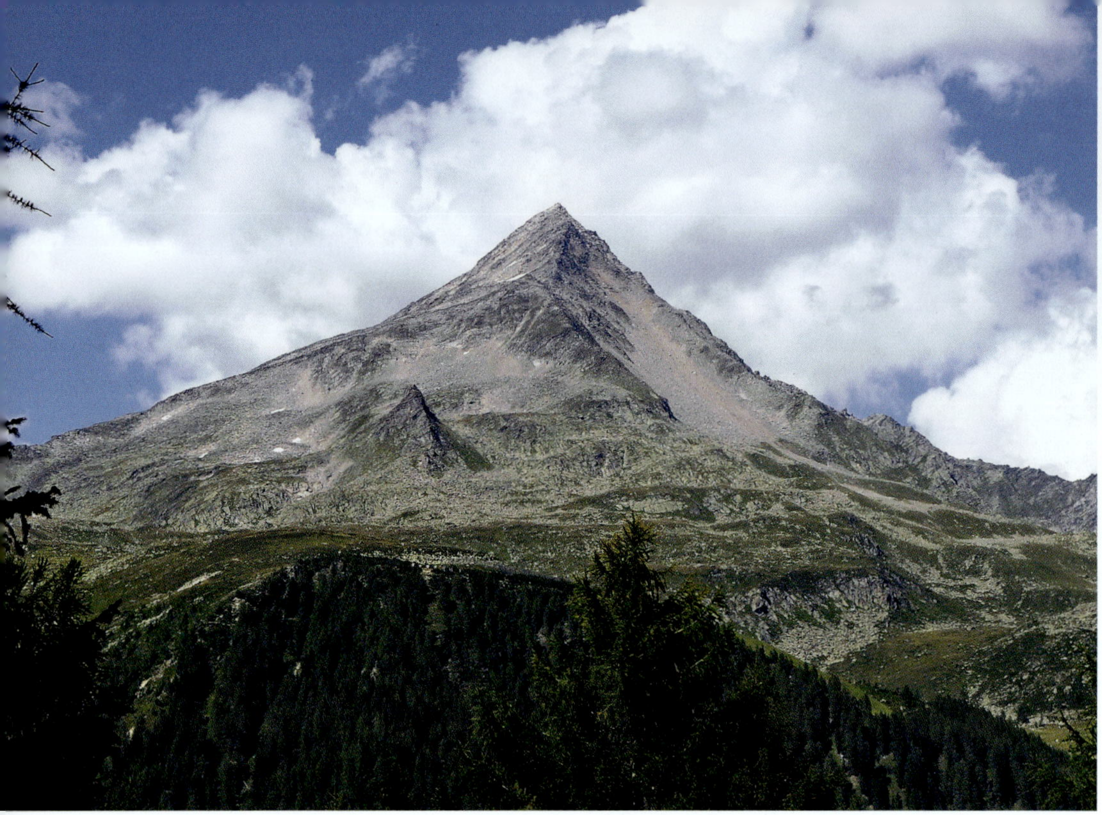

Die prächtige Pyramide des Rauchkofels hoch über Prettau

Rauchkofel 3252 m

Prachtberg über Prettau im Ahrntal

52

Die Tour im Überblick Prettau – Waldneralm – Rauchkofel – retour
Orientierung und Schwierigkeit Für erfahrene und ausdauernde Bergsteiger nicht schwierig, aber lang, anstrengend und im obersten Teil nicht ganz problemlos
Gehzeiten Aufstieg 5 ½ Std., Abstieg 4 Std.
Ausrüstung Hochtourenbekleidung, Eispickel ratsam
Besonderer Hinweis Als Ausgangspunkt für die Tour kann auch Kasern gewählt werden!
Karten 1:50.000: Kompass, Blatt 82 (Taufers – Ahrntal); 1:25.000: Tabacco, Blatt 035 (Ahrntal – Rieserfernergruppe)

9 ½ Std. | 14,8 km | 1777 Hm

Im langen Hochgebirgskamm, der das Ahrntal auf seiner Nordseite begrenzt, bildet der Rauchkofel – oder Rauhkofel – einen der markantesten Berge und im Ostteil des genannten Kammes auch den höchsten. Was Wunder, dass auch schon Peter Anich 1774 den »Rauch Kofel« in seinem Atlas Tyrolensis verzeichnet.

Geschrieben wurde vor allem früher meist »Rauhkofel«, gesprochen wird aber »Rauchkofel«; und weil mundartlich »rauch« gleichbedeutend mit schriftsprachlich »rau« ist, stammt der Name des Berges eben vom rauen Aussehen, das ihm das Granitblockwerk verleiht.

Aus etwas größerer Entfernung ist er aber gar nicht so »rauch«, sondern ragt nordwestlich der Ortschaft Prettau über ausgedehnten Almhängen und dem tiefblauen Waldnersee mit geradlinigen Graten als formschöne Felspyramide in den Himmel.

Aber er ist nicht nur eine Felspyramide, sondern auch ein Gletscherberg. Denn zumindest nordseitig liegt mit dem Rauch-

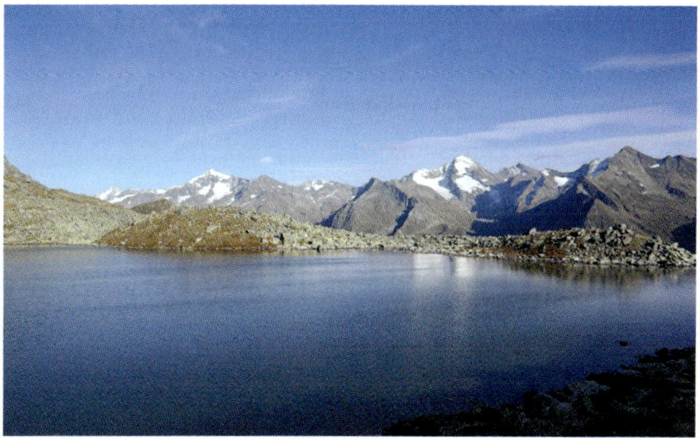

Der Waldnersee am Weg zum Rauchkofel

kofelkees noch ein echter Gletscher, eben ein Kees, wie man derlei Eisgebilde hier nennt. Und im Übrigen hält sich auch in einem Bergkessel südwestlich unter dem Gipfel meist den ganzen Sommer über ein größeres Schneefeld als Rest eines einst richtigen Gletschers.

Früher erleichterte dieses Kees den letzten Teil des Anstiegs, und da auch das Gelände unterhalb des Gletschers nicht schwierig begehbar war, wurde der Rauchkofel bereits 1853 von zwei Einheimischen aus Prettau erstmals nachweislich bestiegen.

In der Folge errang der Berg sogar solche Bedeutung, dass die Sektion Lausitz des Deutschen und Österreichischen Alpenvereins, die sich um die Erschließung dieses Gebietes bemühte und den berühmten Lausitzer Höhenweg anlegte, 1912 auch über den Südgrat des Rauchkofels eine richtige Weganlage bauen ließ.

Außerdem errichtete die baufreudige Sektion am erwähnten Höhenweg und gerade südseitig unter dem Berg eine kleine einfache Wetterhütte und plante sogar den Bau eines ordentlichen Schutzhauses. Doch der Erste Weltkrieg machte die Pläne zunichte, und das Gebiet am Rauchkofel blieb in seiner Ursprünglichkeit erhalten, zumal auch der vor einiger Zeit geplante Straßenbau über das nahe Hundskehljoch am Widerstand der Umweltschützer gescheitert ist.

Doch die alten Weganlagen wurden von den einheimischen Alpenvereinsleuten weiterhin oder wieder markiert und an schadhaften Stellen erneuert. Das gilt für den Lausitzer Höhenweg, und es gilt für den Weg, der auf den Rauchkofel führt oder besser gesagt, bis zum Südsporn des Berges und damit bis in rund 3000 Meter Höhe, wo vor gut hundert Jahren der Gletscher betreten wurde.

Alte Weganlage im unteren Teil des Rauchkofel-Anstiegs gegen die Dreiherrenspitze

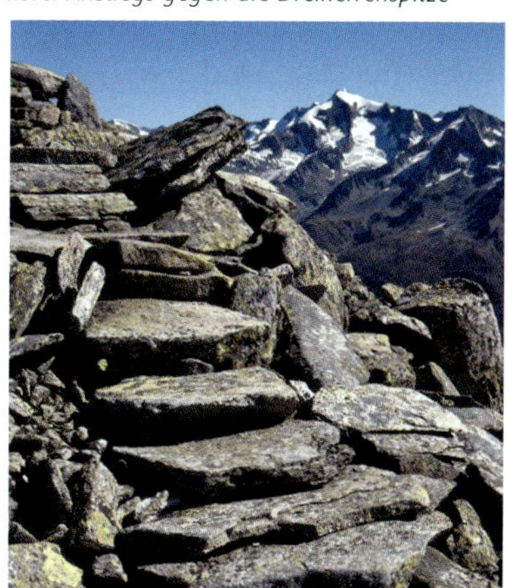

Rechte Seite: Die steile Gipfelflanke des Rauchkofels, über die der Aufstieg erfolgt

Heute nun ist dieser Gletscher nur noch in Form dünner Schnee- oder Eisreste erhalten, und das bedeutet, dass die letzten 250 Höhenmeter recht beschwerlich, manchmal sogar heikel geworden sind. So hat das geradezu bequeme Bergansteigen über die Weganlage rund eine Gehstunde unter dem Gipfel ein Ende, und was folgt, ist zwar eine nach wie vor markierte, aber sonst weitgehend weglose Route an steiler, teilweise brüchiger, mit Schnee- und Eisresten gespickter Granitflanke, die große Vorsicht und auch ein gewisses bergsteigerisches Können erfordert.

Ich habe da schon Leute umkehren gesehen und andere, die mit einem klugerweise mitgeführten Eispickel Stufen in das Gemisch aus Eis und Schnee schlugen, um weiterzukommen.

Deshalb, aber auch wegen der Länge des Anstiegs, bleibt der Rauchkofel trotz der schönen Weganlage nur tüchtigen und hochgebirgserfahrenen Gehern vorbehalten.

Für jene kann die Tour aber zu einem großen Bergerlebnis werden, und sollte man in der besagten Gipfelflanke reichlich Altschnee und optimale Verhältnisse antreffen, dann ist die Besteigung möglicherweise sogar fast so, wie sie vor hundert Jahren gewesen sein dürfte.

Wegverlauf: In Prettau (1475 m) der Markierung 16 B folgend durch Wiesen hinauf zum Wald, östlich des Wieserbaches bei Wegweiser »Waldneralm« den Forstweg verlassend auf dem alten Fußweg gerade empor zur Baumgrenze und links auf dem breiten Forstweg hinauf zur Waldneralm (2068 m; Ausschank; ab Prettau knapp 2 Std.). Von da weiter auf Weg 16 B über einen Bergrücken hinauf zu Weggabel, rechts auf Steig 15 A zum Waldnersee (2338 m), auf dem Steig 15 A noch ein Stück ostwärts, dann über steilen Bergrasen hinauf zum querenden Lausitzer Höhenweg und links kurz zum Jöchl hinter dem Sauwipfel (2643 m). Nun dem Wegweiser »Rauchkofel« folgend am Steilrücken auf teilweise mit Steinplatten ausgelegtem Serpentinensteig empor zum markanten Südsporn (2976 m), hier links (Pfeil und Markierung beachten!) kurz hinunter zu einem großen Kessel und an der steilen Südwestflanke des Berges teils auf Steigspuren, teils weglos über Granitschutt und Felsblöcke (oft auch Schnee) mühsam empor zum Gipfelkreuz (3252 m; ab Waldneralm 3 ½ Std.). *Abstieg:* über die beschriebene Aufstiegsroute.

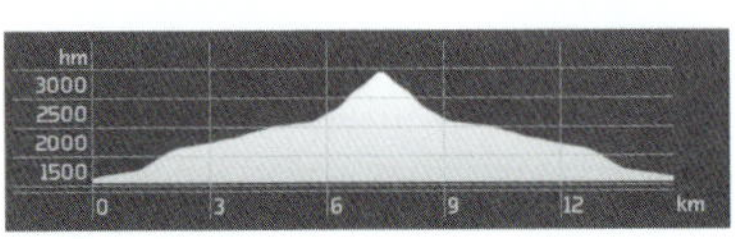

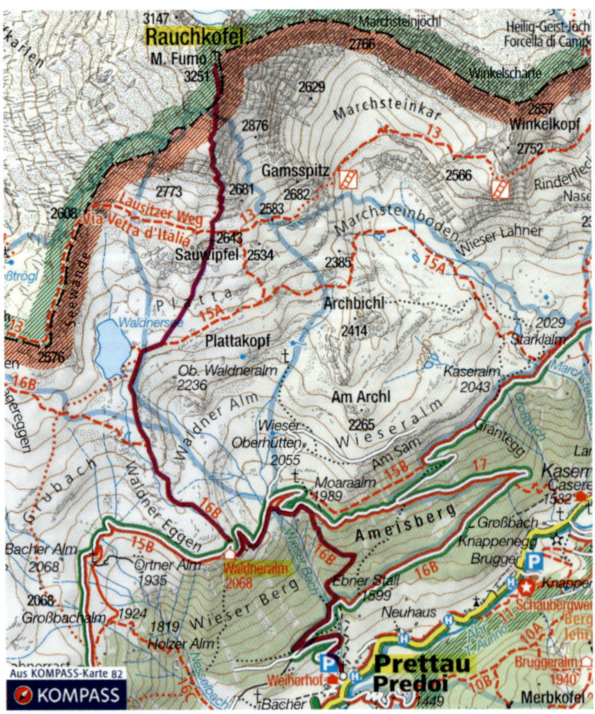

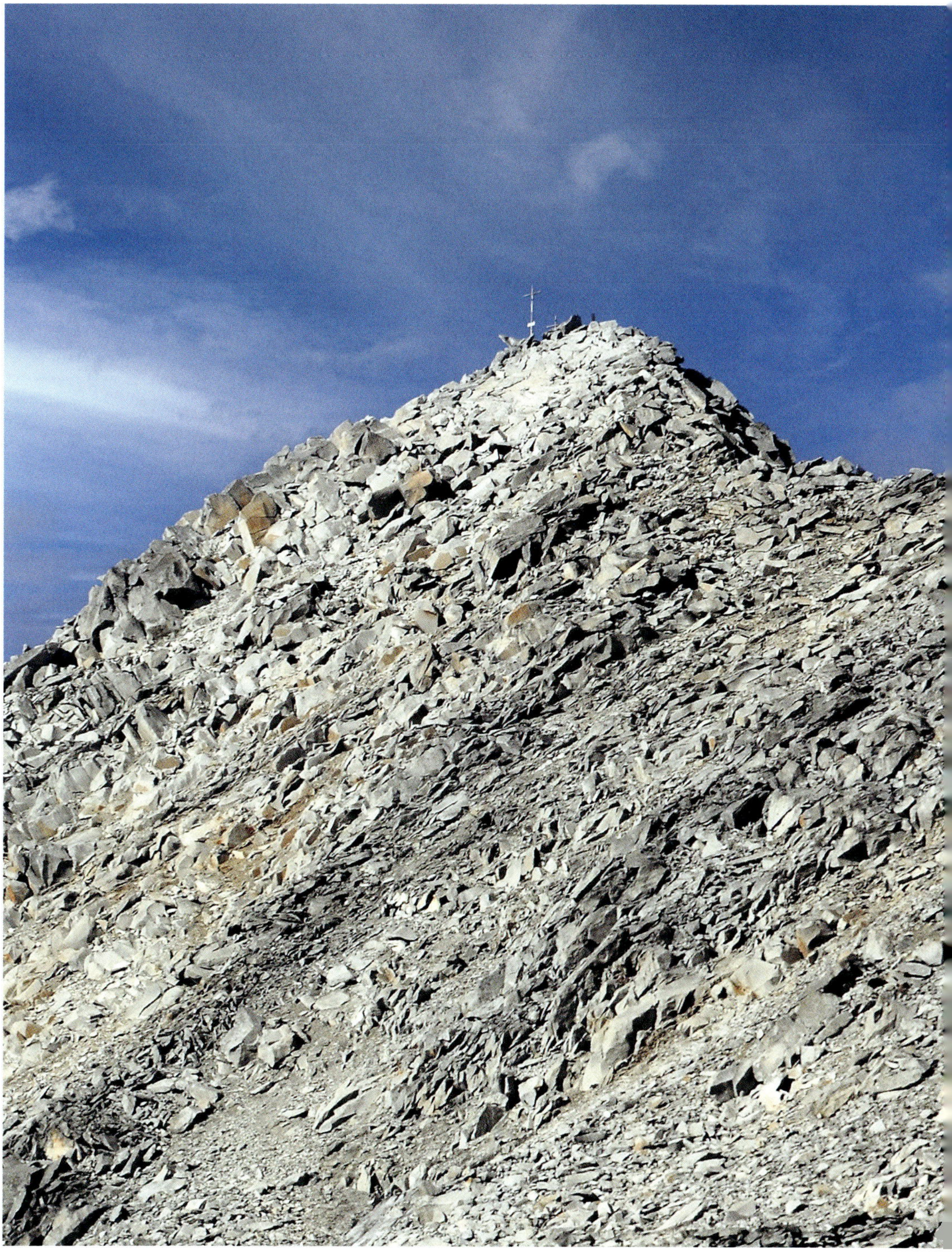

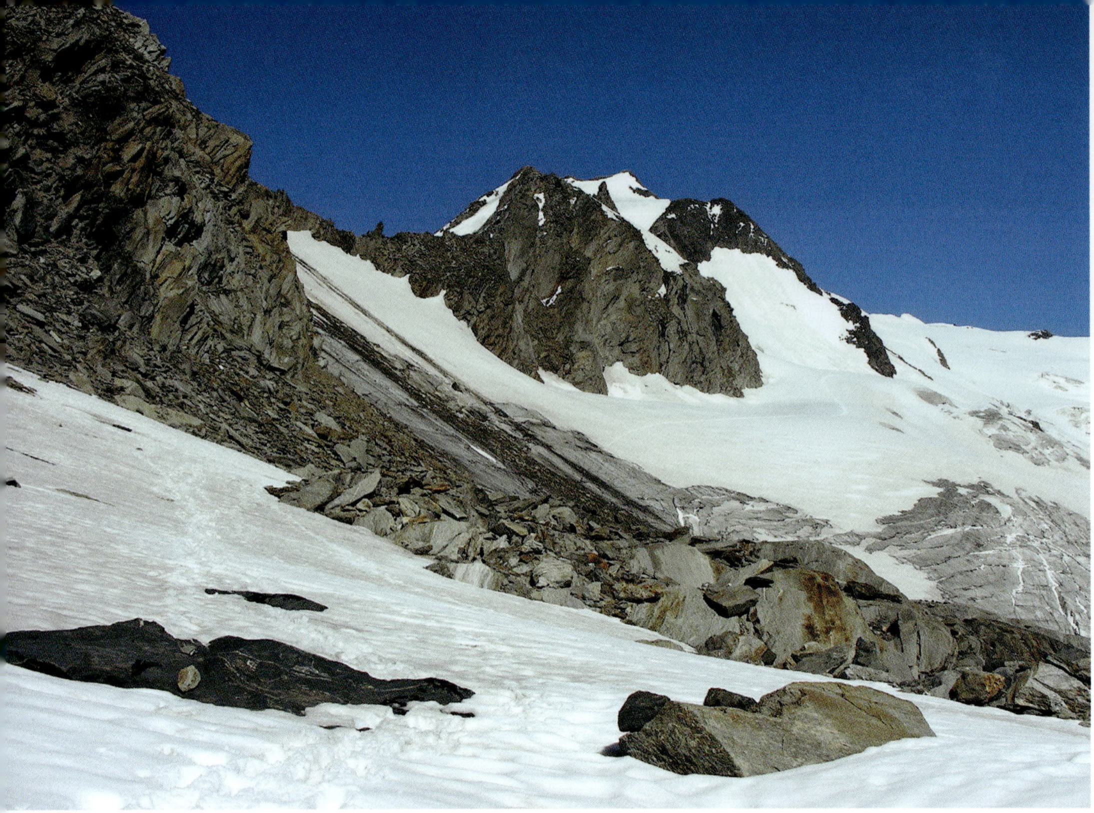

Die Dreiherrenspitze von unserem Zugang aus

Dreiherrenspitze 3499 m

Der höchste Gipfel des Ahrntales

53

Die Tour im Überblick Kasern – Rötalm – Lenkjöchlhütte – Dreiherrenspitze – retour
Orientierung und Schwierigkeit Die Tour ist auch bei besten Verhältnissen nur sehr gletschererfahrenen und tüchtigen Hochalpinisten vorbehalten!
Höhenunterschiede Bis zur Lenkjöchlhütte 1000 m, von dort zum Gipfel 900 m
Gehzeiten Aufstieg zur Hütte 3 Std.; von dort zum Gipfel 4 ½ Std., Abstieg insgesamt 5 Std.
Ausrüstung Seil, Pickel, Steigeisen, bei Blankeis auch Eisschrauben

12 ½ Std. | 25,2 km | 1900 Hm

Auf der Ostseite des inneren Ahrntales überragen zwei vergletscherte Hochgipfel alle anderen: die Rötspitze und die Dreiherrenspitze. Verhältnismäßig schlank die eine, breit und mächtig die andere. Und diese andere, die Dreiherrenspitze, ist höher als die erste, wenn auch nur um wenige Meter.

Aber die Dreiherrenspitze unterscheidet sich nicht nur durch Form und Höhe von ihrer Rivalin, sondern auch durch wesentlich stärkere Vergletscherung. Steile Eiskatarakte halten sich noch auf der Ahrntaler Seite, gegen die Birnlückenhütte hin, und noch weit ausgedehnter ist das Umbalkees (im Ahrntal und Zillertal werden die Gletscher »Kees« genannt, so wie anderwärts »Ferner«), das sich mit seinen Seitenarmen vom Gipfel bis weit hinunter ins Umbaltal zieht.

Über diesen Gletscher erfolgt denn auch der Normalanstieg. Dabei wandern wir zuerst von Kasern zur Lenkjöchlhütte hinauf, queren dann über viel Blockwerk hinüber zum Hinteren Umbaltörl und haben dort den Grenzpunkt zwischen Ahrntal und Virgental erreicht.

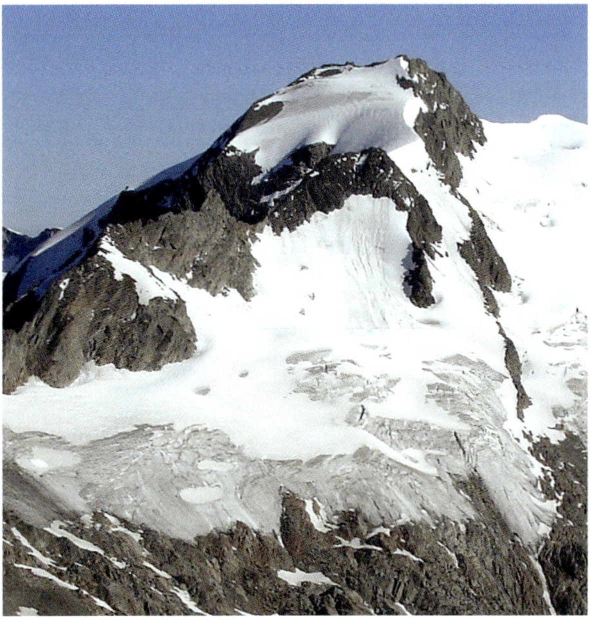

Die Dreiherrenspitze mit der Flanke, über die der Aufstieg erfolgt

Nun wechseln wir auf die Ostseite über und betreten bald den erwähnten Gletscher. Nur leicht ansteigend queren wir ihn längere Zeit, aber dann geht es zunehmend steiler bergan, und es hängt von den Verhältnissen ab, wie dieser Steilanstieg vonstatten geht. Bei idealen Schneeverhältnissen ist er kein Problem, wohl aber bei weichem Tiefschnee oder Blankeis, wie erst vor nicht allzu langer Zeit ein Absturz vor Augen geführt hat. Außerdem können am oberen Ende der Flanke Schneewechten das Durchkommen erschweren oder gar vereiteln. Wenn aber alles gut geht, führt der genannte Steilaufschwung auf eine Verflachung des Gletschers, der hier eine dem Gipfel vorgelagerte Schulter bildet, und von da bringt ein letztes steiles Stück Firn oder Eis schließlich zu dem aus großen Felsblöcken bestehenden höchsten Punkt, auf dem ein modernes Gipfelzeichen steht.

Dass unser Berg zur Venedigergruppe gehört, sieht man von seinem Gipfel aus ganz besonders gut; denn hier ist der über 3600 Meter hohe Großvenediger schon sehr nahe. Dass an unserem Gipfel die Länder dreier »Herren« zusammenstoßen (heute Südtirol, Tirol und Salzburg), das fällt einem vom Gipfel aus zwar nicht so ohne weiteres auf, aber das wussten schon die Alten. Denn bereits in einer Grenzbeschreibung von 1583 und damit wesentlich früher als die meisten anderen Alpengipfel wird die Dreiherrenspitze urkundlich erwähnt, und

Wegverlauf: Von Kasern (1595 m) stets der Markierung 11 folgend zuerst kurz hinunter zum Talbach, dann durch Wald mittelsteil hinauf zur Rötalm (2116 m), nun in ebener Wanderung durch das Röttal hinein und schließlich mäßig steil hinauf zur Lenkjöchlhütte nahe dem gleichnamigen Übergang ins Windtal (2590 m; ab Kasern 3 Std.); hier Nächtigung. – Weiter zur Dreiherrenspitze: Von der Hütte auf dem ins Windtal absteigenden Weg kurz hinab zum rechts abzweigenden Steig 12 A, auf diesem die Gras- und Blockhänge querend und dann ein Stück aufsteigend zur nächsten Wegteilung (der rechts zum Vorderen Umbaltörl führende Steig bleibt unberücksichtigt) und links auf Steig 12 B weiter die Geröll- und manchmal auch Schneehänge sowie eine kleine seilgesicherte Felspassage querend zum Hinteren Umbaltörl (2849 m). Nun teils weglos, teils auf Pfadspuren links den zunächst sehr

Besonderer Hinweis Auf dem Althauskees nicht – wie manche Karte verzeichnet – zu früh links über eine verführerische Firnflanke hinauf, sondern erst hinter dem nächsten Felspfeiler empor! Auf Steinschlag achten!
Karten 1:50.000: Kompass, Blatt 82 (Taufers – Ahrntal); 1:25.000: Tabacco, Blatt 035 (Ahrntal – Rieserfernergruppe)

steilen Fels- und Blockhang in mäßigem bis steilem Anstieg querend (Steinmännchen) zum Gletscher (Althauskees), auf diesem in leicht ansteigender, relativ langer Querung (meist gespurte Route, auf Steinschlag achten!) bis unter den hintersten, schon ab dem Hinteren Umbaltörl sichtbaren großen Felspfeiler, hinter diesem (nicht schon vorher!) an einem großen und sehr steilen, oft überwechteten Firn- oder Eishang (teilweise ist auch Aufstieg über steiles Blockwerk möglich) empor zu einem relativ flachen Gletscherrücken und rechts erneut steil über Firn oder Eis empor zum Gipfel (3499 m; ab Hütte 4–5 Std.).

Abstieg: über die beschriebene Aufstiegsroute; ab der Weggabel unter der Lenkjöchlhütte kann man auch gleich rechts durch das Windtal nach Heiliggeist absteigen und nach Kasern talaus wandern.

zwar als Schnittpunkt der einstigen Herrschaften Tirol, Salzburg und Görz.

Unser Abstieg erfolgt über die Aufstiegsroute. Hatte man frühmorgens aber das Glück, über festen Firn aufsteigen zu können, so ist der Schnee mittlerweile vielleicht schon aufgeweicht. Daher lasse man an den Steilflanken besondere Vorsicht walten und achte auch ganz besonders auf versteckte Spalten, auch wenn die Route, die man wahrscheinlich bereits vorgezeichnet angetroffen hat, nicht über einen besonders spaltenreichen Teil des Gletschers verläuft. Und wo immer steile Felsfluchten über uns aufragen, achte man auch auf den hier wie anderswo aufgrund des Gletscherrückgangs und verringerten Dauerfrostes verstärkten Steinschlag.

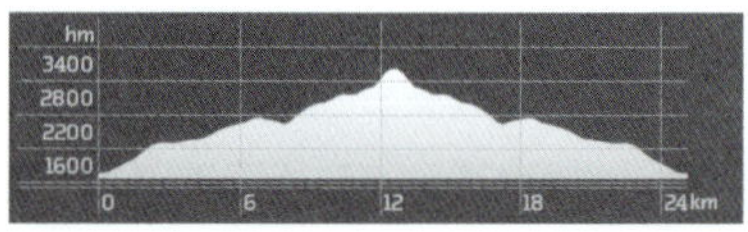

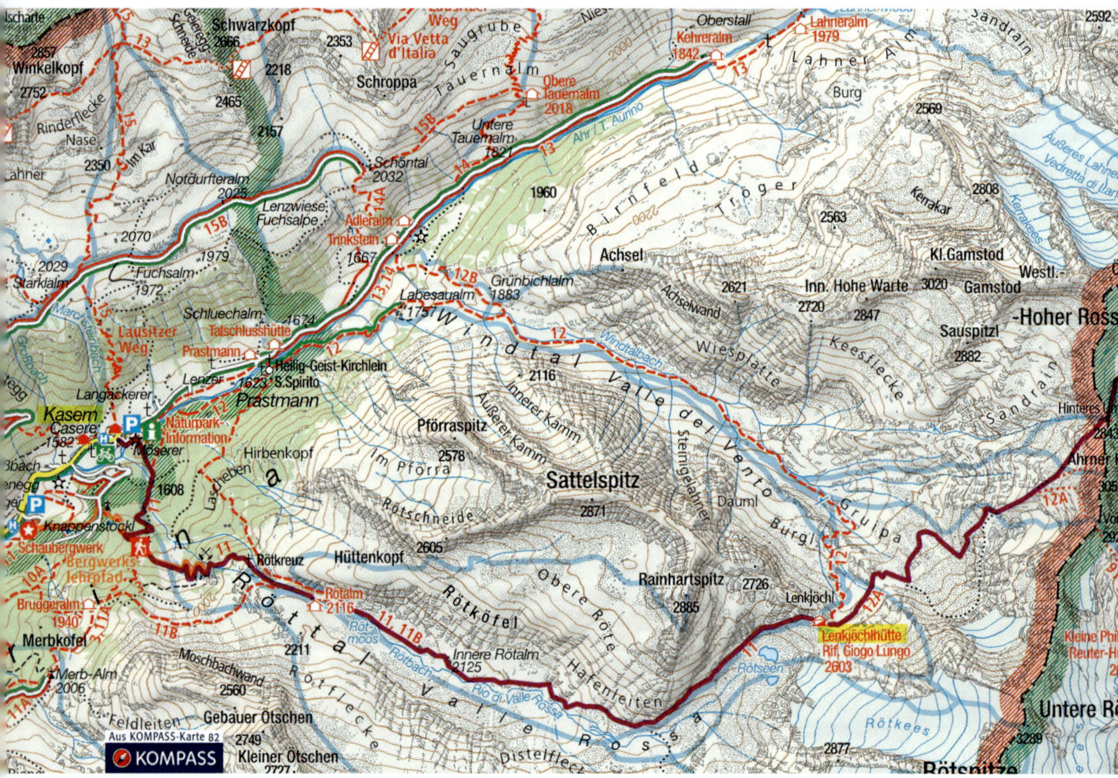

Die letzten Meter zum Gipfel der Dreiherrenspitze

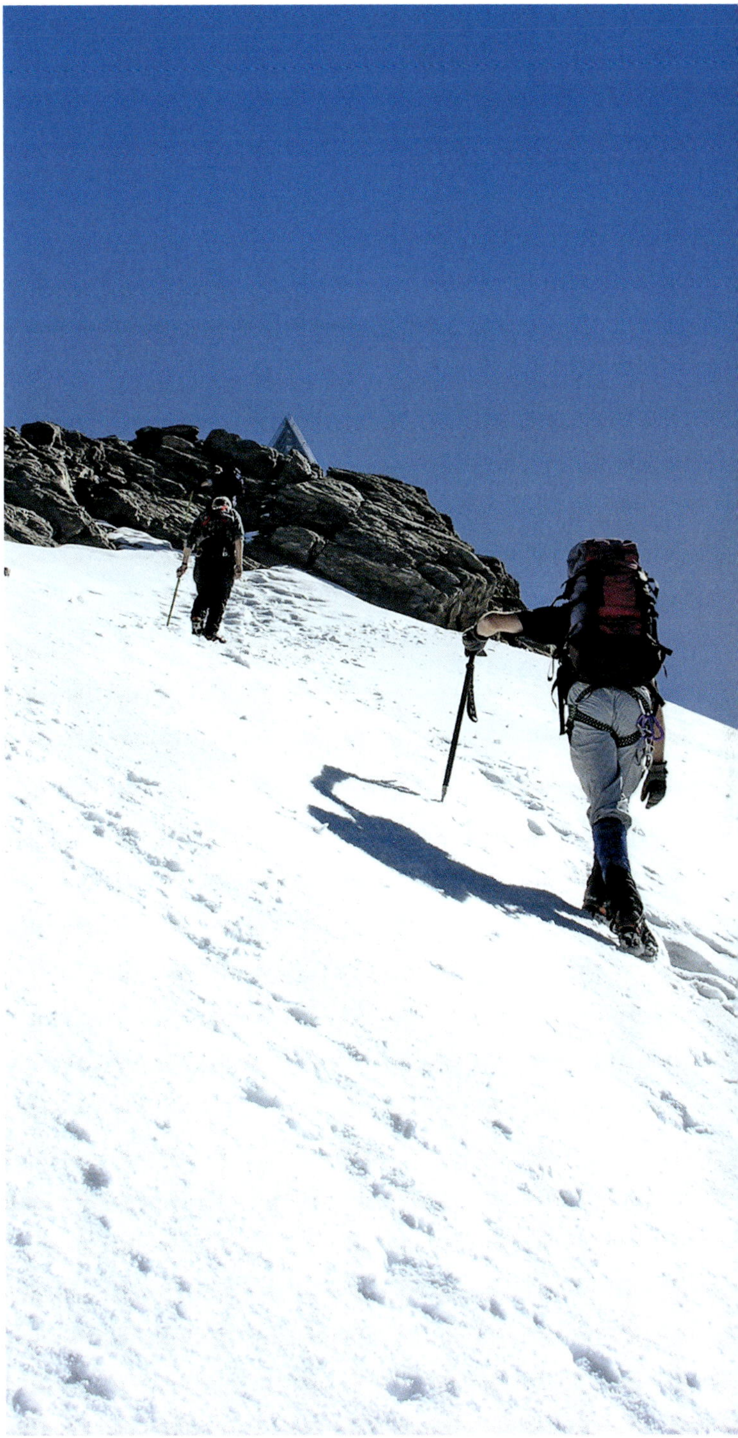

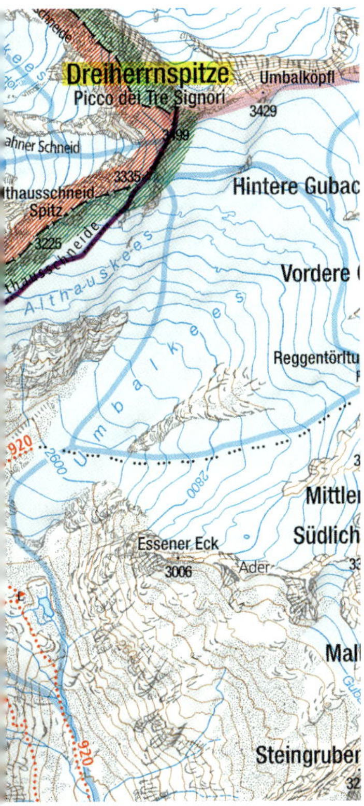

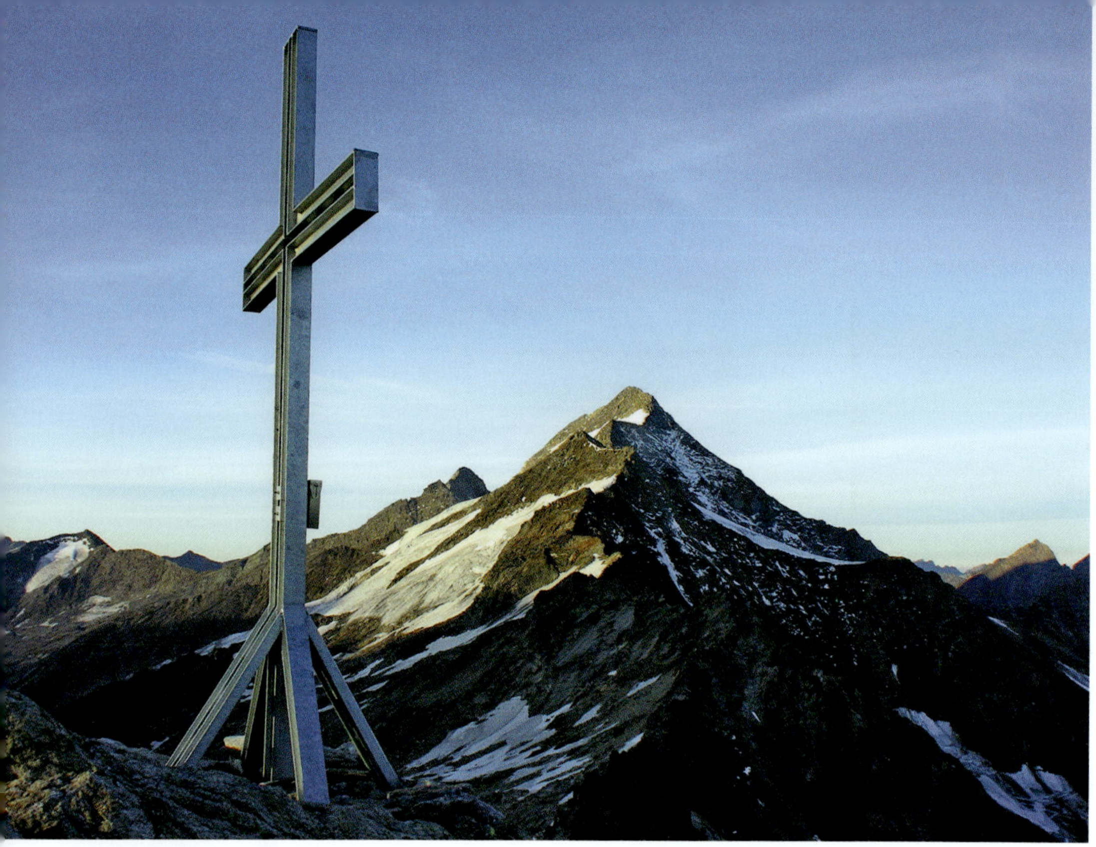

Das Gipfelkreuz des Ahrnerkopfes gegen die Rötspitze

Ahrnerkopf 3050 m

Hausberg der Lenkjöchlhütte

54

Die Tour im Überblick Kasern – Rötalm – Lenkjöchlhütte – Ahrnerkopf – retour
Orientierung und Schwierigkeit Für bergerfahrene Geher unschwierig; markierte und beschilderte Wege
Höhenunterschiede Bis zur Hütte 1000 m; von dort zum Gipfel 460 m
Gehzeiten Aufstieg zur Hütte 3 Std.; von dort zum Gipfel 2 Std., Abstieg insgesamt 3 ½ Std.
Ausrüstung Hochtourenbekleidung
Besonderer Hinweis Kaum schwieriger als der markierte Steig über die Westflanke ist der Aufstieg vom Vorderen Umbaltörl über den (unmarkierten) Südgrat!
Karten 1:50.000: Kompass, Blatt 82 (Taufers – Ahrntal); 1:25.000: Tabacco, Blatt 035 (Ahrntal – Rieserfernergruppe)

8 ½ Std. | 19,4 km | 1460 Hm

Der Ahrnerkopf befindet sich im Kamm zwischen der Rötspitze und der Dreiherrenspitze, und verglichen mit diesen Bergriesen mag er wirklich nur ein »Kopf« sein. Aber für sich allein betrachtet und so, wie er sich mit seinem Gipfelkreuz zur Lenkjöchlhütte hin zeigt, ist er ein schöner Dreitausender.

Denn er bildet einen frei aufragenden, selbstständigen Berg, dem die etwas herablassende Bezeichnung »Kopf«, die eher einen rundlichen Hügel als einen prächtigen Dreitausender meint, keineswegs gerecht wird. Durch die tief eingeschnittenen Scharten des Vorderen und Hinteren Umbaltörls setzt er sich sehr deutlich vom übrigen Kammverlauf ab, und mit seinem steilen Nordgrat, dem ebenfalls steilen Südgrat sowie den beiden Steilflanken im Osten und Westen baut sich der Berg als formschöne Pyramide auf, die, etwa von Norden gesehen, an Eleganz der Rötspitze kaum nachsteht.

Trotz alledem ist der Berg nicht schwierig zu besteigen. Am Südgrat, der am Vorderen Umbaltörl betreten wird, weisen

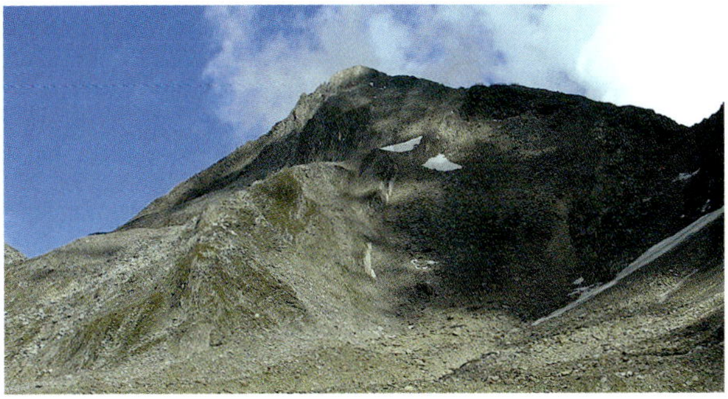

Der Ahrnerkopf mit der Westflanke, über die der Aufstieg erfolgt

Steinmännchen die Richtung, und über die Westflanke führt sogar ein markierter Pfad bis zum höchsten Punkt.

Natürlich besticht der Ahrnerkopf – der vom Auerhof abgeleitete Name scheint bereits in einer Grenzbeschreibung von 1583 als »Auer Kopf« auf, wandelte sich dann aber zum heutigen Ahrnerkopf – auch durch seine herrliche Aussicht, die nicht nur die beiden genannten Nachbarn, sondern auch die Gipfel und Gletscher des obersten Virgentales auf der einen und die westseitigen Ahrntaler Hochgipfel auf der anderen Seite umfasst, wobei wohl das Umbalkees mit seinen auch heute noch gewaltigen Eismassen den stärksten Eindruck hinterlässt.

All dies, aber auch der Umstand, dass der Berg vor einigen Jahren ein Gipfelkreuz erhalten und so auch verstärkte Beachtung erlangt hat, haben ihn zu einem der beliebtesten und lohnendsten Dreitausender des Ahrntales und zum Hausberg der Lenkjöchlhütte werden lassen.

Wegverlauf: Von Kasern im inneren Ahrntal (1595 m) stets der Markierung 11 folgend zuerst auf Fahrweg kurz hinunter zum Talbach, dann durch Wald und vorbei an Resten des Bergwerks mittelsteil hinauf zur Rötalm (2116 m, Ausschank), nun durch das Röttal hinein und schließlich mäßig steil hinauf zur Lenkjöchlhütte nahe dem gleichnamigen Übergang ins Windtal (2590 m; ab Kasern 3 Std.). Von der Hütte dann auf dem ins Windtal absteigenden Zugang kurz hinab zum rechts abzweigenden Steig 12 B, auf diesem die Gras- und Blockhänge querend und ein gutes Stück aufsteigend zur nächsten Wegteilung (rechts geht der Steig zum Umbaltörl), auf Weg 12 B kurz weiter und auf dem rechts abzweigenden, nummernlos markierten Gipfelsteig an der Westflanke über Blockwerk und Geröll steil, aber unschwierig hinauf zum Gipfel (3050 m; ab Hütte 2 Std.).

Abstieg: Entweder zur Gänze über den beschriebenen Aufstiegsweg, oder aber von der Weggabel unterhalb der Hütte auf folgender, empfehlenswerter Route: Auf Weg 12 hinunter in das innere Windtal, durch dieses talaus zur Labesau-Alm (1757 m), auf breitem Weg durch Almhänge hinab nach Heiliggeist und auf dem alten Talweg (Kreuzweg) hinaus nach Kasern; ab Hütte 2 ½ – 3 Std.

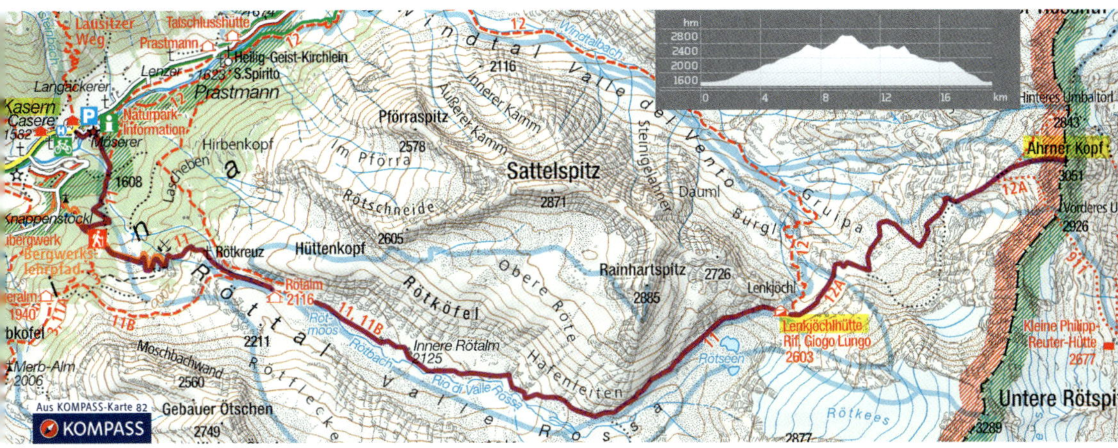

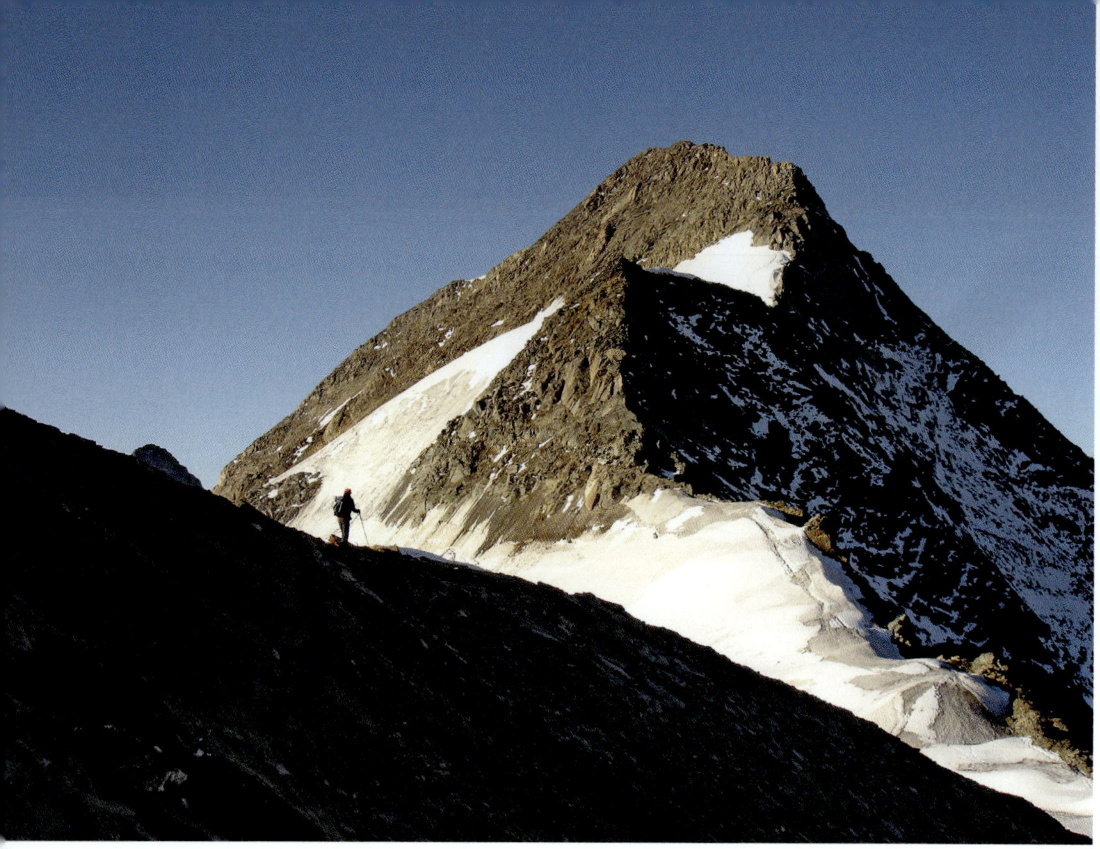

Die Rötspitze vom Aufstieg aus

55

Die Tour im Überblick Kasern – Rötalm – Lenkjöchlhütte – Rötspitze – retour
Orientierung und Schwierigkeit Für trittsichere und schwindelfreie Berggeher mit Hochgebirgserfahrung und Felsübung nicht schwierig, aber steil; am Gipfelgrat leichte Kletterei (I-II) und ausgesetzte Stellen
Höhenunterschiede Bis zur Hütte 1000 m; von dort zum Gipfel 900 m
Gehzeiten Aufstieg zur Hütte 3–3 ½ Std.; weiter zum Gipfel 3 Std., Abstieg insgesamt 4 Std.
Ausrüstung Hochtourenbekleidung, Seil, Pickel, Steigeisen
Besonderer Hinweis Bei Neuschnee, Nässe oder Vereisung ist die Tour dringend abzuraten; am flachen Grat zwischen Kleiner Rötspitze und Hauptgipfel manchmal Wechten!
Karten 1:50.000: Kompass, Blatt 82 (Taufers – Ahrntal); 1:25.000: Tabacco, Blatt 035 (Ahrntal – Rieserfernergruppe)

10 ½ Std. | 18,7 km | 1900 Hm

Rötspitze 3495 m

Einer der schönsten Ahrntaler Hochgipfel

Von Kasern führt ein Weg unweit eines vom stürmischen Rötbach gebildeten Wasserfalls und vorbei an Stollen und sonstigen Resten des einstigen Kupferbergbaus durch einen Waldhang hinauf zur Äußeren Rötalm; und hier ist es wie ein Paukenschlag: Vor uns zieht sich das weitgehend ebene Röttal, in dessen grünem Boden Pferde und Rinder weiden, hinein und hinauf gegen die vergletscherte Rötspitze, die sich mit ihrer ebenmäßigen Glockenform beherrschend über dem Talschluss erhebt.

Es ist dies einer der schönsten und bekanntesten Hochgipfel des Ahrntales. Und dank seines nicht besonders schwierigen Anstiegs zählt er im Kreise tüchtiger Hochalpinisten auch zu den beliebtesten.

Daran, dass der Berg im Osttiroler Virgental einst den auch in der älteren Alpinliteratur angeführten Namen »Welitz« führte, erinnern noch das Welitzkees und die Welitzscharte. In einer Grenzbeschreibung der Gerichte Virgen und Defereggen von

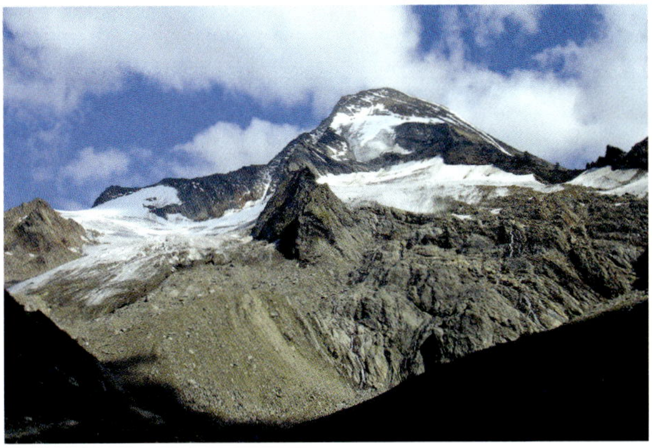

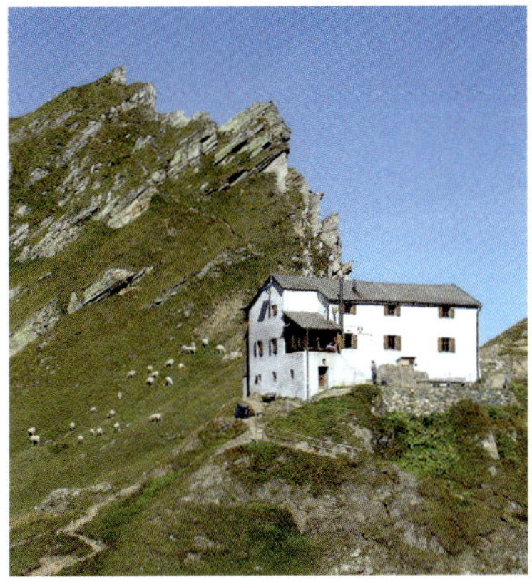

Links: Die Rötspitze; links der Gletscher und der Grat, über die der Aufstieg führt

Rechts: Die Lenkjöchlhütte, Stützpunkt für die Rötspitze und andere Hochgipfel

1583 wird der Berg hingegen wiederholt als »schnebiger Spitz« bezeichnet, während ihn Peter Anich im Atlas Tyrolensis 1774 bereits als »Röthe B.« eingetragen hat – was ja angesichts des gleichen Almnamens am Fuß des Berges und des auffallend rötlichen Gesteins, das seinen oberen Teil aufbaut, nicht nur treffend erscheint, sondern wohl auch der im Ahrntal schon in alter Zeit meistverwendeten Namensform entsprechen dürfte.

Von der erwähnten Rötalm geht es durch die Böden des Röttals hinein zu der von einer Lawine schwer beschädigten und seither aufgelassenen Inneren Rötalm und dann hinauf zur stattlichen Lenkjöchlhütte, einem bewirtschafteten, 1887 von der Sektion Leipzig des Deutschen und Österreichischen Alpenvereins erbauten Schutzhaus.

Hat man nun durch das Röttal – oder auch durch das parallel verlaufende Windtal – diesen wichtigen alpinen Stützpunkt erreicht, führt ein nicht zu verfehlender Steig über einen felsdurchsetzten Grashang hinauf, dann geht es über Blockwerk zum steilen Gletscher und über diesen gerade hinauf. Dieser Gletscher, das Rötkees, ist zwar steil, aber wenn er aper ist, weist der relativ kurze Aufstieg mit Pickel, Seil und Steigeisen keine Probleme auf. Trägt er aber eine trügerische Schneedecke, ist auf versteckte Spalten zu achten – der letzte tödliche Spaltensturz ist gar nicht so lange her.

Dieser Aufstieg führt uns zum flachen Grat, der die schulterartige, alpintouristisch bedeutungslose Kleine Rötspitze mit dem Gipfelaufbau der eigentlichen Rötspitze verbindet.

Anfangs ist die Begehung dieses teils aperen, teils noch überfirnten Grates ein reines Vergnügen, doch plötzlich schwingt er sich auf, und wenn er auch nicht mit ernsthaften Schwierigkeiten aufwartet, so ist doch die eine und andere

Wegverlauf: Von Kasern im inneren Ahrntal (1595 m) der Markierung 11 folgend zuerst kurz hinunter zum Talbach, dann durch Wald ansteigend zur Brücke über den Rötbach, weiterhin auf Weg 11 und vorbei an verschiedenen Resten des Bergwerks mittelsteil hinauf zur Äußeren Rötalm (2116 m, Ausschank), nun nahezu eben durch das Röttal hinein und schließlich mäßig steil hinauf zur Lenkjöchlhütte nahe dem gleichnamigen Übergang ins Windtal (2590 m; ab Kasern 3–3 ½ Std.); hier Nächtigung. – Von der Hütte dann wenige Schritte hinunter zum Lenkjöchl, auf unmarkiertem, aber gutem Steig am südseitigen begrasten Hang und anschließend über Schrofen und Blockwerk problemlos

hinauf zum Gletscher und über ihn steil empor zur schulterartigen Kleinen Rötspitze (3290 m); nun über den nahezu waagrechten Grat problemlos südwestwärts zum Fuß der Rötspitze, am felsigen, zunächst breiten, nach oben sich zusehends verengenden Felsgrat teilweise auf Pfadspuren, teilweise über Blöcke und festen Fels (manche Stelle ziemlich ausgesetzt, andere Stellen erfordern Felsklettern im Schwierigkeitsgrad I–II; im oberen Teil »morscher«, aber gut begehbarer Fels) orientierungsmäßig weitgehend problemlos empor zum Gipfel (3495 m); ab Hütte 3 Std.
Abstieg: Über die beschriebene Aufstiegsroute (insgesamt ca. 4 Std.); von der Hütte kann auch ostseitig durch das Windtal nach Heiliggeist abgestiegen und auf dem alten Talweg nach Kasern zurückgekehrt werden.

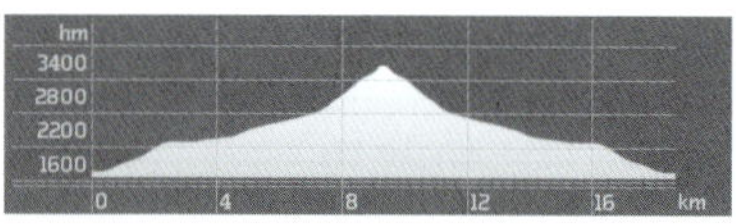

leichte bis mäßig schwierige Kletterstelle zu erklimmen; und einmal muss man mit Hilfe von ein paar in den Fels gesetzten Eisenstiften über eine mehrere Meter hohe, allerdings nicht besonders ausgesetzte senkrechte Wand hinauf. Sie konnte unlängst zwar auf einem unschwierigen Erd- und Geröllsteig umgangen werden, doch der schien mir nicht von unbegrenzter Haltbarkeit zu sein.

Der obere Abschnitt des Gipfelgrates besteht aus dem namengebenden rötlichen, gerundeten und irgendwie morsch anmutenden Fels, in den von Menschenhand recht brauchbare Tritte eingehackt wurden, sodass die Begehung auch hier – abgesehen von ein paar ausgesetzteren Stellen – für geübte, trittsichere und schwindelfreie Geher keine Schwierigkeiten aufweist.

Für erfahrene und umsichtige Hochalpinisten ist die Rötspitze somit kein schwieriger Gipfel. Aber tödliche Unfälle – sowohl wie erwähnt durch Spaltensturz als auch durch Absturz am Felsgrat – beweisen, dass auch dieser immerhin fast 3500 Meter hohe Berg nicht unterschätzt werden darf. Und vor allem ist auf allgemein gute Verhältnisse zu achten. Nasse, verschneite oder gar vereiste Felsen können ebenso zur tödlichen Gefahr werden wie eine dünne Schneeschicht auf dem Gletscher.

Jedoch wenn alles stimmt, die Kondition, die Bergtüchtigkeit, die Vorsicht und die Verhältnisse, dann ist dem Bergsteiger ein großartiges Erlebnis gewiss – auf einem der schönsten und aussichtsreichsten Gipfel der Hohen Tauern und auf dem zweithöchsten Berg des Ahrntales.

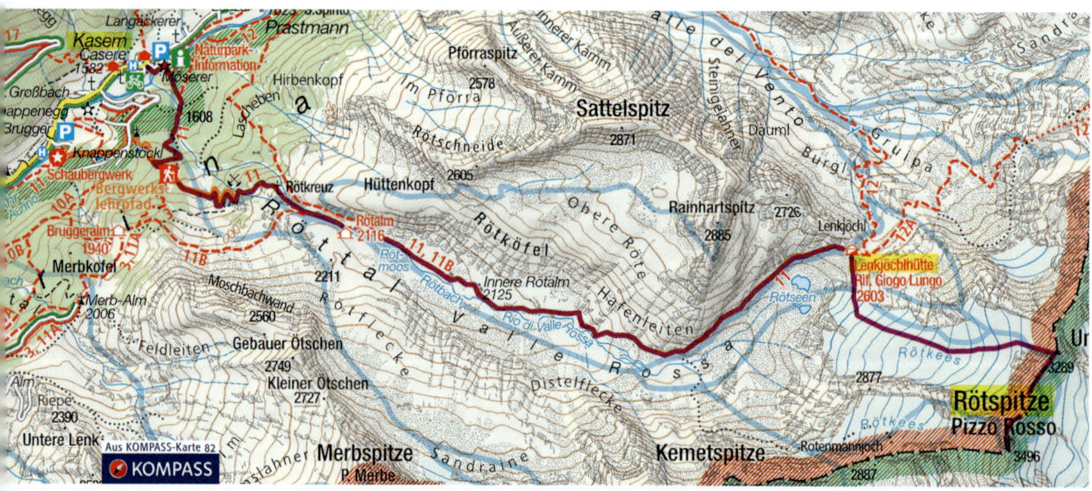

Das Gipfelkreuz auf der Rötspitze; im Hintergrund Dreiherrenspitze und Großvenediger

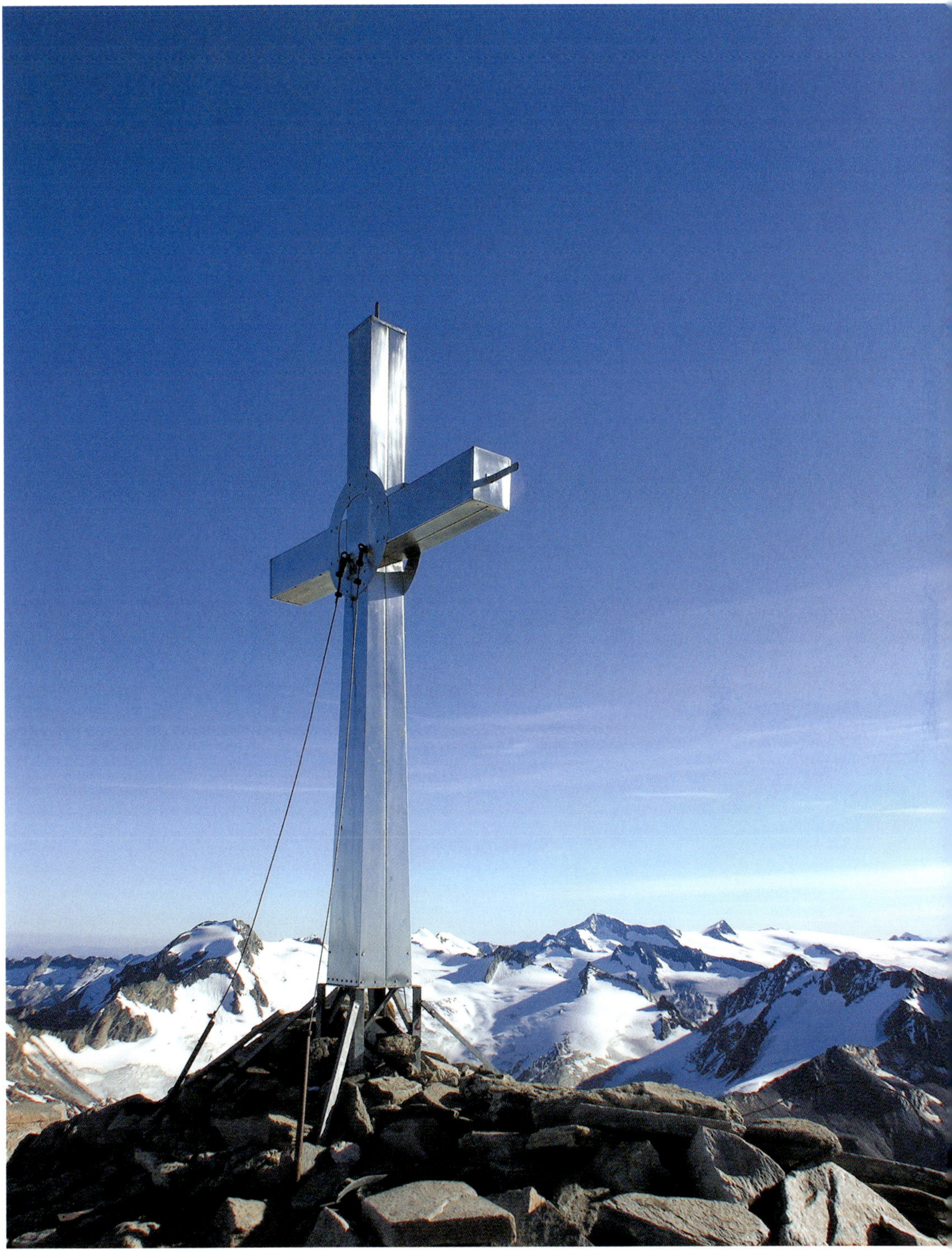

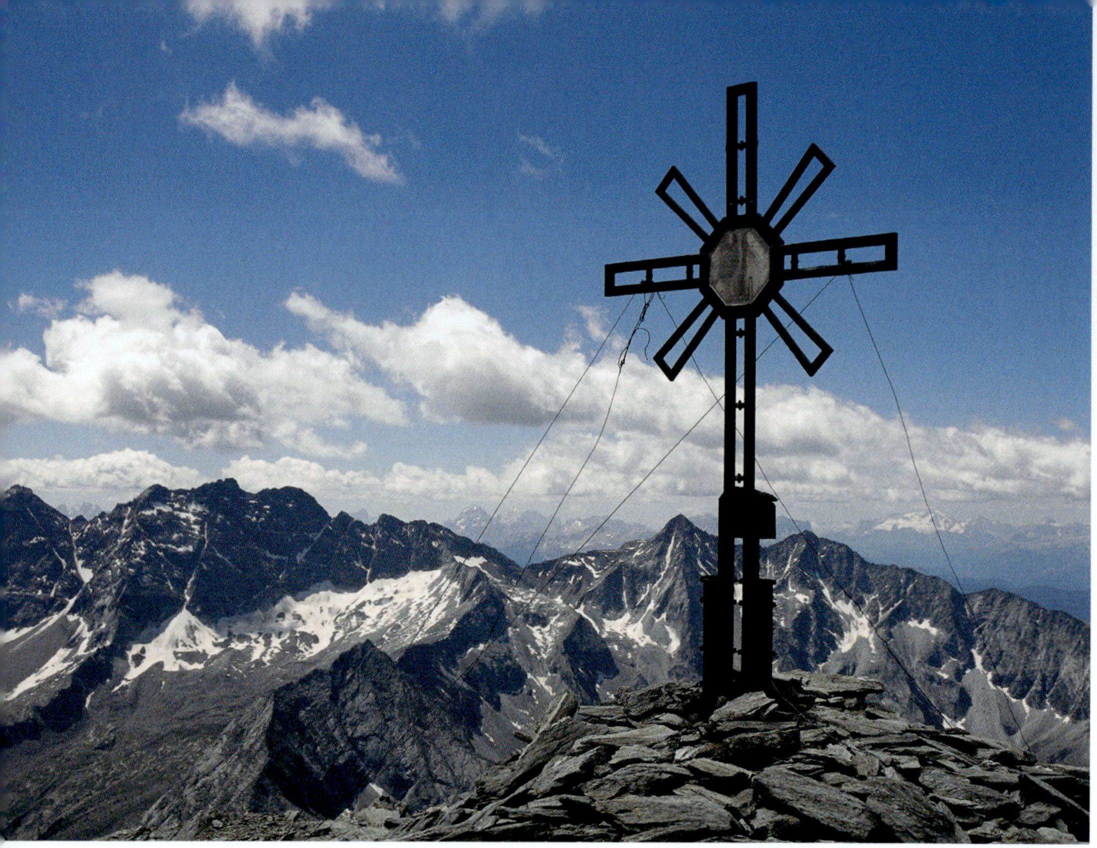

Das Gipfelkreuz auf dem Moosstock gegen die südliche Rieserfernergruppe

Großer Moosstock 3059 m

Der »Hausberg« von Sand in Taufers

56

Die Tour im Überblick Ahornach – Moosstock – retour
Orientierung und Schwierigkeit Orientierungsmäßig dank der Markierung und der vielen Steinmänner problemlos, insgesamt aber anstrengend und nur trittsicheren, etwas felsgeübten Gehern vorbehalten
Gehzeiten Aufstieg 5 Std., Abstieg 3 ½ Std.
Ausrüstung Bergbekleidung, feste Bergschuhe

8 ½ Std.	8,9 km	1725 Hm

Der Moosstock, auch Mostnock geschrieben, gehört zwar nicht zu den höchsten Gipfeln des Tauferer-Ahrntals, aber er ist immerhin ein stolzer Dreitausender. Außerdem kann er durch seine zentrale und freie Lage aussichtsmäßig mit den höchsten ohne weiteres mithalten; und da er mit seiner pyramidenförmigen Gestalt, die sich kühn und mit scharfer Spitze über dem Bergdorf Ahornach erhebt, das ganze Tauferer Tal beherrscht, ist er einer der bekanntesten.

So erstaunt es nicht, dass der Moosstock auch einer der meistbesuchten Hochgipfel des Pustertaler Raumes ist, wobei der Umstand, dass bis zum Gipfel eine gut markierte und nicht gerade schwierige Route führt, zur Beliebtheit des Berges natürlich viel beiträgt.

Dieser Weg ist zwar lang und durchwegs steil, aber er bietet insofern viel Abwechslung, als er nach dem Verlassen der Berghöfe von Ahornach durch hochstämmige Nadelwälder und durch prächtige Zirbenbestände führt, die blumenreiche Wie-

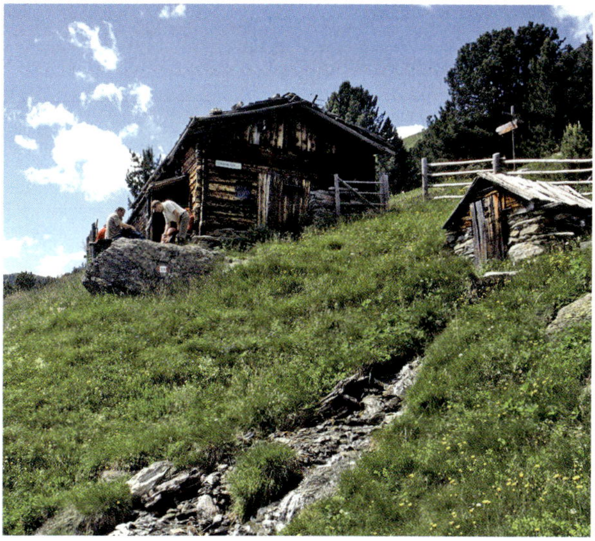

Mahdhütte (»Schlafhaus«) am Weg zum Moosstock

senrodung mit den sogenannten Schlafhäusern – ein paar einfachen verstreuten Hütten, die während der Heumahd als Unterkünfte dienen oder dienten – durchquert und dann durch Grashänge in die Region der Felsen und des Blockwerks überleitet.

Wer nicht blindlings dahinstürmt, wird merken, wie sich während des Höhersteigens die Flora und Fauna verändert, wie der Graswuchs immer spärlicher wird, bis nur noch die genügsamsten und widerstandsfähigsten Hochgebirgsblumen übrig bleiben. Die freilich begleiten uns bis ganz hinauf zum Gipfel.

Aber noch sind wir lange nicht oben. Da sind die Felsen der Südwestflanke zu erklimmen, was an einer Stelle durch ein Fixseil erleichtert wird, und es gilt eine ausgeprägte Bergschulter zu erreichen, auf der man vielleicht eine erste ausgiebige Rast einlegt beim Blick auf den in ein Felsbecken aus hellem Lagengneis gebetteten Moosstocksee, den höchstgelegenen der bekannten Pojenseen. Groß ist er nicht, aber hier oben in der Einöde, wo es fast nur noch Fels, Gestein und Schneereste gibt, ist er doch ein kleines landschaftliches Juwel.

Dieser Meinung waren übrigens um 1910 offenbar auch die Leute der Alpenvereinssektion Taufers, denn sie planten im Bereich des kleinen Bergsees den Bau einer Schutzhütte. Das wäre ein schön gelegener Stützpunkt am Weg zum Moosstock gewesen, doch es wurde nichts daraus, und so haben der See und das nahe Jöchl bis auf den heutigen Tag ihre Unversehrtheit bewahrt.

Der frei aufragende Moosstock

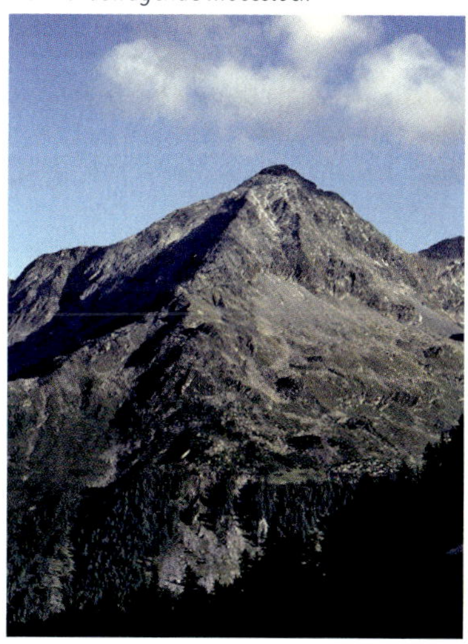

Besonderer Hinweis Man beachte, dass der Berg keinen alpinen Stützpunkt hat (das »Schlafhaus« ist kein solcher).
Karten 1:50.000: Kompass, Blatt 82 (Taufers – Ahrntal); 1:25.000: Tabacco, Blatt 036 (Sand in Taufers)

Rechte Seite: Der Gipfelaufbau des Moosstocks mit dem Aufstiegsgrat

Nach der Rast queren wir über Gletscherschliffe hinüber zum Fuß des eigentlichen Gipfelaufbaus und damit zum Blockgrat, der uns endlich ans angestrebte Ziel bringt – mindestens fünf zügige Gehstunden nachdem wir, vielleicht noch im Morgengrauen, unten in Ahornach aufgebrochen sind.

Und nun nehmen wir uns auf der geräumigen Gipfelfläche ausgiebig Zeit, den Lohn für die Mühen einzustreichen – einen Lohn, der in Form des Erfolgserlebnisses und der prächtigen Aussicht auf uns wartet.

Die Zillertaler Alpen auf der einen Seite, die Rieserferner auf der anderen, in der Mitte die kühne Felsgestalt des Durrecks als höchster Gipfel der gleichnamigen Gruppe, die ihrerseits wiederum den südlichsten Teil der eisgepanzerten Venedigergruppe bildet, und dann natürlich im Süden die Dolomiten – sie alle liegen im Blickfeld.

Nur das eine, von dem gesagt wird, dass man es sehen könne, das erspähte ich nicht: das Adriatische Meer. Aber vielleicht beim nächsten Mal, an einem ganz besonders klaren Herbsttag …

Wegverlauf: Anfahrt von Sand in Taufers ein Stück über die nach Rein führende und dann von dieser abzweigende Straße hinauf nach Ahornach (1334 m). Nun zu Fuß stets der Markierung 10 B folgend zuerst durch Wiesen und an Höfen vorbei hinauf (bis zu Straßengabel in ca. 1570 m unweit des Gasteigerhofes auch mit Pkw möglich), dann durch Wald auf dem alten Fußweg empor zur Wiesenrodung mit den »Schlafhäusern« und zur obersten Hütte (2010 m; ab Ahornach knapp 2 Std.); von da dem Wegweiser »Moosstock« folgend auf dem stets gut markierten Steig 10 B durch Zirbenwald hinauf zur Baumgrenze, dann in freiem Gelände teils steil, teils weniger steil zu den Felsen der Südwestflanke und in teilweise etwas heikler Kletterei (eine Stelle mit fixem Stahlseil) hinauf zu einer Geländeschulter (ca. 2800 m; nordseitig darunter der Moosstocksee); nun rechts über Felshänge hinüber zum Fuß des ausgeprägten Gipfelgrates und der Markierung folgend teils auf Pfadspuren, teils über Schiefer- und Gneisfels (vereinzelte leichte Kletterstellen bis I. Grad) empor zum Gipfelkreuz (3059 m). Ab Schlafhäuser 3. Std.
Abstieg: über die beschriebene Aufstiegsroute.

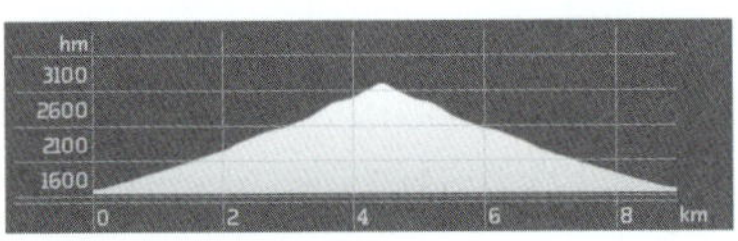

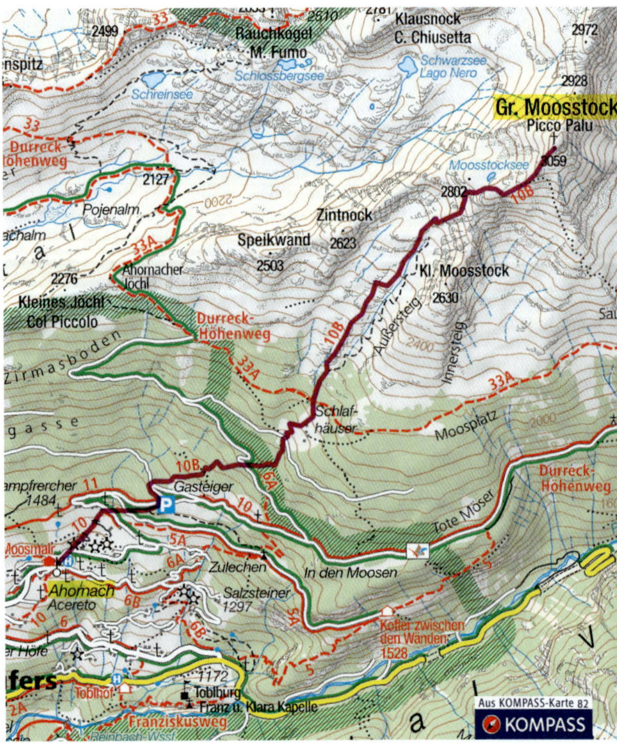

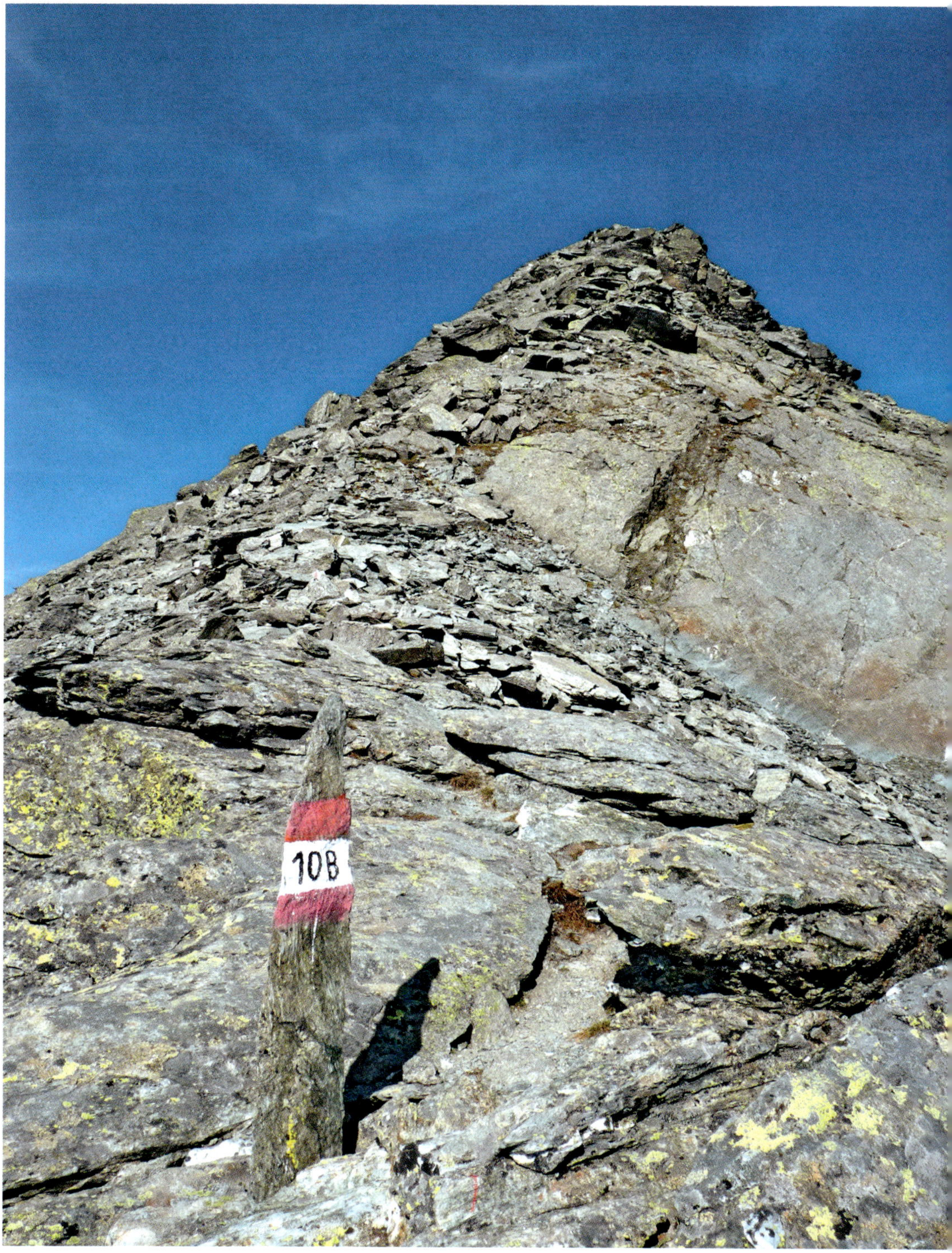
10B

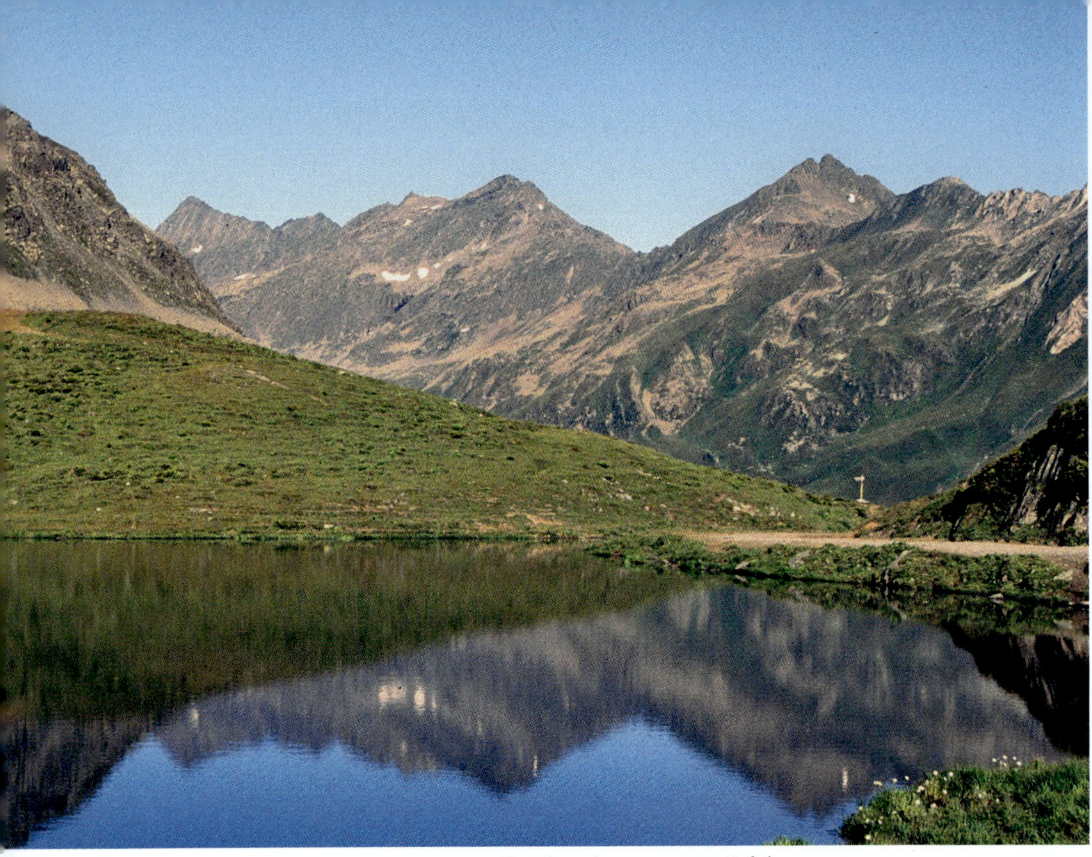

Der Klammlsee an unserem Aufstiegsweg

Dreieckspitze 3031 m

Unschwieriger Dreitausender überm Klammljoch

57

Die Tour im Überblick Rein – Knuttenalm – Dreieckspitze – Koflerseen – Rein
Orientierung und Schwierigkeit Für ausdauernde und einigermaßen hochgebirgserfahrene Geher nicht schwierig
Gehzeiten Aufstieg 5 ½ Std., Abstieg 3 ½ Std.
Ausrüstung Bergbekleidung, feste Bergschuhe.

9 Std. | 17,2 km | 1350 Hm

Man muss sie schon auf der Landkarte suchen, die immerhin gut 3000 Meter hohe Dreieckspitze, denn vom Tal aus lässt sie sich nicht blicken – nicht vom Reiner Talboden aus und erst recht nicht vom Ahrntal aus.

Dennoch handelt es sich um einen schönen, frei und zentral aufragenden und dementsprechend aussichtsreichen Hochgipfel im nördlichen Teil der Rieserfernergruppe. Von nur wenig anderen unschwierig zu ersteigenden Gipfeln lässt sich die Bergwelt, die sich östlich des Tauferer-Ahrntals befindet, so prächtig überschauen, wobei neben den gewohnten Bildern auch ganz besonders die Osttiroler Berge sowie das mächtige Fleischbachkees ins Auge stechen; und beeindruckend ist auch der Blick hinüber zur Durreckgruppe und zur langen Gipfel- und Gletscherreihe des Zillertaler Hauptkammes.

Ich empfehle hier die Überschreitung des ganzen Massivs, in dem sich die Dreieckspitze als höchster Gipfel erhebt, wobei ich für den Aufstieg den längeren, aber bequemeren Weg von

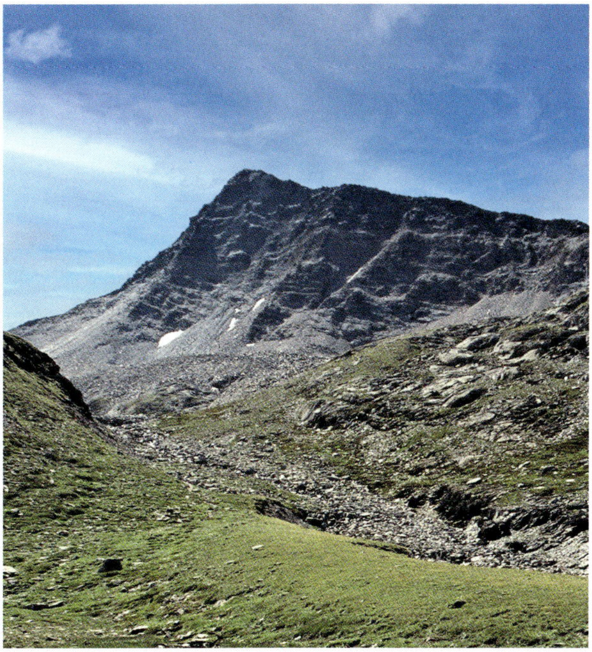

Die Dreieckspitze von Norden gesehen

Rein durch das bachdurchrauschte Knuttental zur gleichnamigen Alm und zum Klammlsee vorschlage, von wo dann grasbewachsene und von Murmeltieren bewohnte Steilhänge zu einem kleinen Hochgebirgssee führen, der gerade unter der Gipfelflanke der Dreieckspitze in einen großen Gesteinskessel gebettet ist.

Bis hierher ist der Aufstieg markiert, und über das steile, aber unschwierig zu ersteigende Blockwerk des Gipfelaufbaus weisen Steigspuren und Steinmänner die Richtung, sodass es normalerweise auch dort keine Orientierungsprobleme gibt. Letzteres gilt übrigens auch, wenn man den scharfen, aber nur wenig schwierigeren Westgrat begeht, der allerdings keine Routenbezeichnung trägt.

Für den Abstieg und die Rückkehr nach Rein wählen wir dann den markierten Steig hinunter zu den Koflerseen und vorbei an den beiden Kofleralmen, von denen die erstere oberhalb der Baumgrenze liegt und die zweite von prächtigen Zirbenwäldern umrahmt wird.

So schließt sich dann in Rein eine großzügige Überschreitung, bei der natürlich der bestiegene Dreitausender das besondere Erfolgserlebnis beschert, aber auch die übrige Landschaft mit ihren Wäldern, Bächen, Almen und Seen viel zum Gesamterlebnis beiträgt.

Murmeltier am Aufstieg zur Dreieckspitze

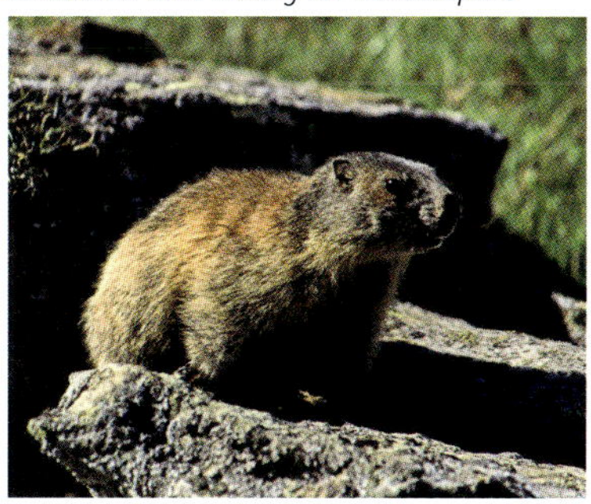

Besonderer Hinweis Abgesehen von den genannten Almen gibt es entlang der ganzen Überschreitung keine Schutzhütte.
Karten 1:50.000: Kompass, Blatt 82 (Taufers – Ahrntal); 1:25.000: Tabacco, Blatt 035 (Ahrntal – Rieserfernergruppe)

Rechte Seite: Der Gipfelaufbau der Dreieckspitze vom Westgrat aus

Wegverlauf: Vom großen Parkplatz hinter Rein im äußersten Knuttental (ca. 1690 m) auf dem breiten Talweg hinein zur Knuttenalm (1869 m, Ausschank, gut 1 Std.) und in Kehren bzw. auf dem Abkürzungssteig hinauf zum Klammlsee (2243 m; ab Ausgangspunkt 2 Std.). Nahe dem Seeausfluss der Markierung 9 A folgend mit zunehmender Steilheit über Grasgelände und Blockwerk empor zu den kleinen Napfenseen (ca. 2500 m), über Blockwerk und Felsen weiter hinauf zu einem Bergkessel mit einem kleinem Karsee (Schwindelfreie können schon von da über den Westgrat der Dreieckspitze zu ihrem Gipfel aufsteigen) und der Markierung folgend weiter hinauf zur Bärenluegscharte (2848 m; ab Klammlsee 2 ½ Std.). Hier vom markierten Steig links ab, Steinmännchen folgend auf Steigspuren quer durch die Nordflanke der Bärenluegspitze zu einem Jöchl und links am Südrücken der Dreieckspitze auf Steigspuren und über Schieferblöcke (auch hier Steinmännchen) ziemlich gerade hinauf zum Gipfelkreuz (3031 m; ab Klammlsee knapp 3 Std.). – *Abstieg:* Vom Gipfel zurück zur Bärenluegscharte, weiterhin der Markierung 9 A folgend südseitig über steiles Blockwerk und felsdurchsetztes Grasgelände hinunter zu Weggabel nahe den Koflerseen (ca. 2470 m), über Grashänge weiter hinab zur Oberen Kofleralm (2190 m), nun auf Weg 8 A durch Wald und vorbei an der Unteren Kofleralm hinunter zu einer Höfestraße und auf dieser zurück zum Ausgangspunkt.

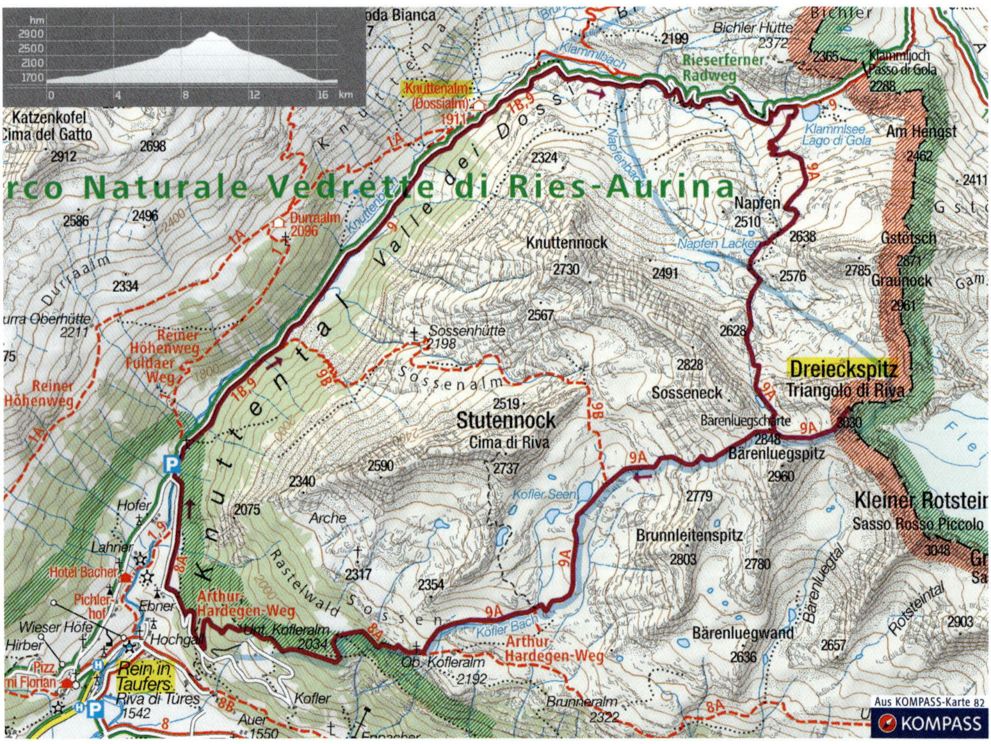

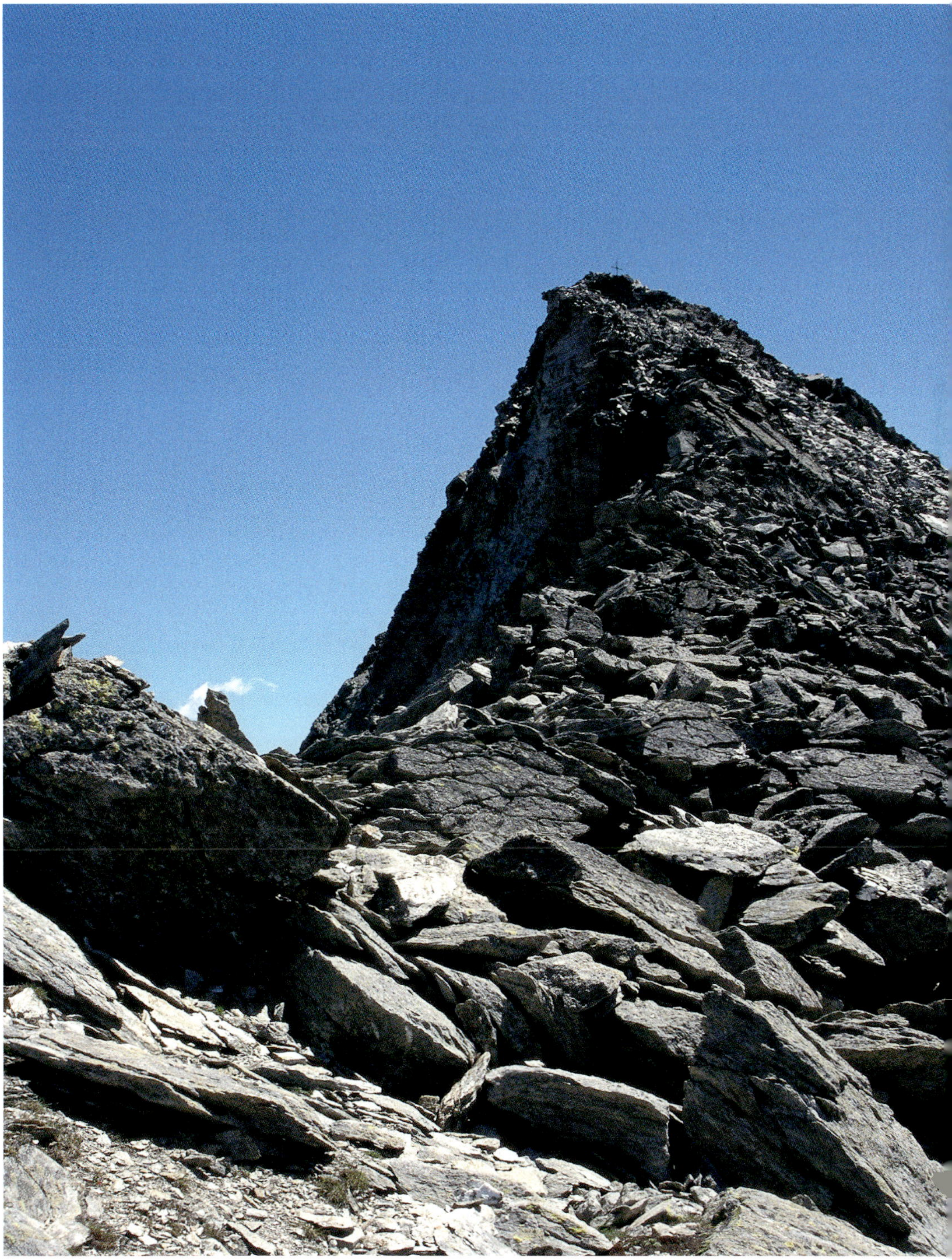

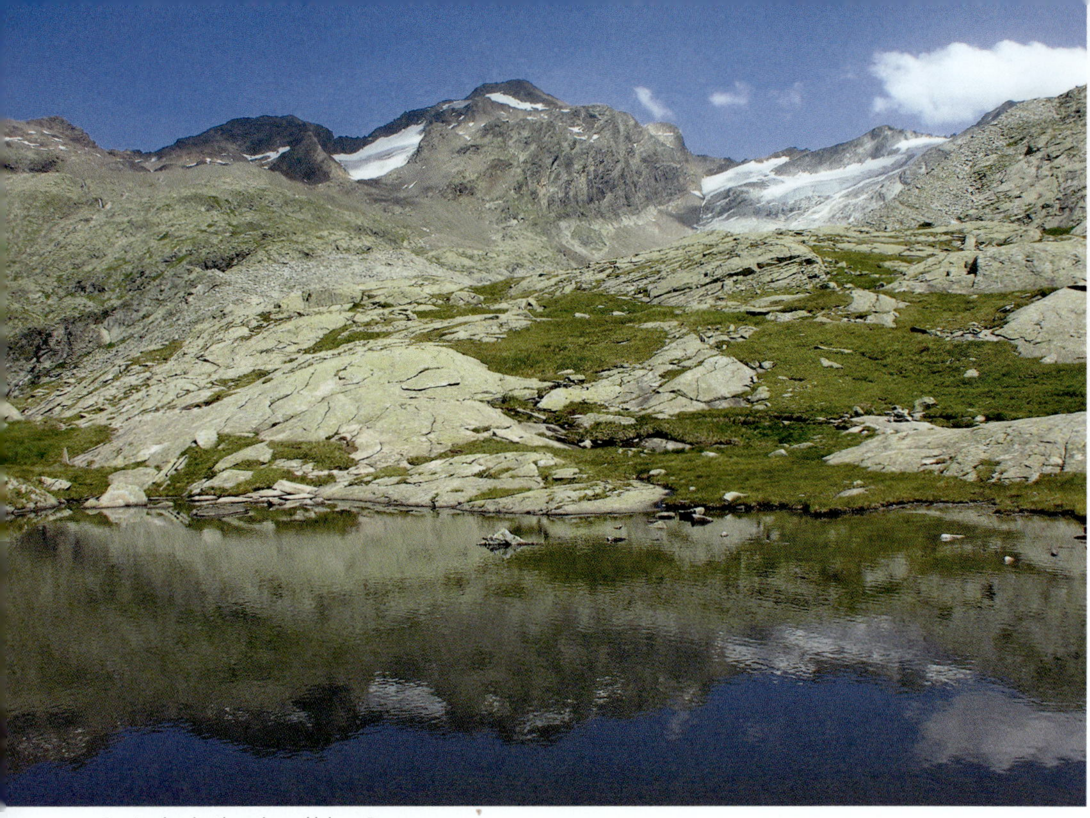

Der Lenkstein über einem kleinen Bergsee

Lenkstein 3237 m

Hochgipfel im Osten der Rieserfernergruppe

58

Die Tour im Überblick Rein – Kasseler Hütte – Lenkstein – Furtalm – Rein
Orientierung und Schwierigkeit Für ausdauernde und bergerfahrene Geher nicht schwierig; im letzten Teil etwas mühsam; keine Gletscherbegehung
Höhenunterschiede Bis zur Hütte 696 m; von dort zum Gipfel 962 m
Gehzeiten Aufstieg zur Hütte gut 2 Std.; von dort zum Gipfel 4 Std.; Abstieg insgesamt 4 Std.
Ausrüstung Hochtourenbekleidung, feste Bergschuhe
Besonderer Hinweis Am Gipfelaufbau nicht Pfadspuren folgen, die nach rechts in die Steilflanke hinein queren, sondern gerade emporsteigen!
Karten 1:50.000: Kompass, Blatt 82 (Tauferer-Ahrntal); 1:25.000: Tabacco, Blatt 035 (Ahrntal – Rieserfernergruppe)

10 Std. | 23,3 km | 1658 Hm

Hinsichtlich der Höhe des Ziels handelt es sich hier ohne jeden Zweifel um eine Hochtour. Aber aufgrund der Tatsache, dass der Anstieg bis weit hinauf markiert ist und keine Gletscherbegehung erfordert, ist der Berg durchaus noch ein Ziel für den sogenannten Normalbergsteiger.

Als breiter, nur noch auf der Defereggler Seite erwähnenswert vergletscherter Bergaufbau, erhebt sich der Lenkstein über dem von Rein ostwärts streichenden Bachertal zwischen der zentralen und der nördlichen Rieserfernergruppe.

Trotz der nicht besonders hervorstechenden Form zählt er doch zu den alpintouristisch bedeutendsten Hochgipfeln der gesamten Rieserfernergruppe. Und durch seine weit nach Osten vorgeschobene Lage in jenem Grenzkamm, der das Tauferer-Ahrntal vom Defereggental trennt, bietet der Lenkstein auch eine außergewöhnliche Aussicht sowohl auf die Berge der Südtiroler wie auf jene der Osttiroler Seite.

Wer den Lenkstein in möglichst kurzer Zeit und ohne jeden Umweg besteigen möchte, kann den Anstieg vom erwähnten

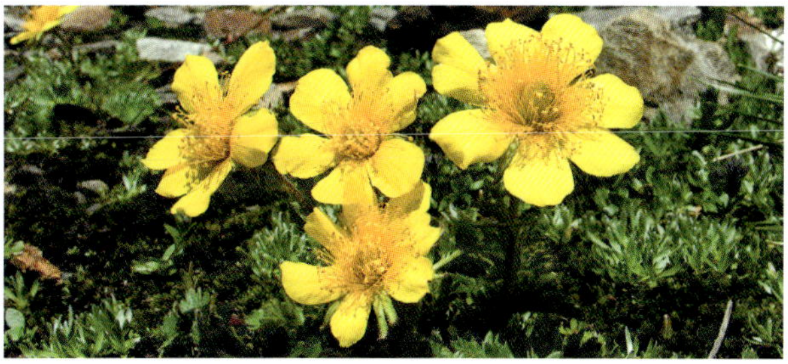

Gletscher-Petersbart am Lenkstein

Bachertal durch das wildromantische Ursprungtal wählen, doch da beträgt der im einem Zug zu bewältigende Höhenunterschied immerhin über 1500 Meter. Insgesamt zwar länger, aber auf zwei Tage aufteilbar und vor allem landschaftlich noch bedeutend eindrucksvoller ist es, am Vortag zur Kasseler Hütte aufzusteigen und erst am nächsten Tag die eigentliche Gipfelbesteigung in Angriff zu nehmen.

Der Anstieg zur Kasseler Hütte führt zunächst durch steilen Bergwald hinauf zu einer Alm, und da tut sich nun der Blick auf zum angepeilten, nun nicht mehr fernen Schutzhaus und zum berühmten Hochgall, der vielleicht gerade im letzten Abendlicht seine ganze Schönheit entfaltet.

Schon wenige Jahre nachdem die noch jungen alpinen Vereine sich an den Bau der ersten hochalpinen Unterkünfte gewagt hatten, war es schon die kleine, aber überaus rührige Sektion Taufers des Deutschen und Österreichischen Alpenvereins, die 1878 oben an einem der schönsten Plätze der Rieserferner ihre erste Schutzhütte eröffnete und diese Rieserfernerhütte taufte.

Doch schon bald wurde das Hüttchen zu klein, und als der Bau einer größeren unabwendbar wurde, übernahm die starke Sektion Kassel diese Aufgabe und errichtete 1895 die Kasseler Hütte.

Diese Hütte sollte nicht nur der Besteigung der umliegenden Gipfel dienen, sondern auch der Überschreitung der Kämme und Jöcher vom einen Tal ins andere. So legte die Sektion Kassel 1910 jenen großartigen, nach dem verdienstvollen Sektionsvorsitzenden Arthur Hartdegen benannten Weg an, der von der Kasseler Hütte ausgehend zuerst die Gletscherschliffe und Moränen der Rieserferner und dann die Felswände des Riesernocks durchquert, um von den Weideböden der Ursprungalm hinauf zum über 3000 Meter hohen Lenksteinjoch nahe dem gleichnamigen Gipfel und jenseits hinunter zur Barmer Hütte zu führen.

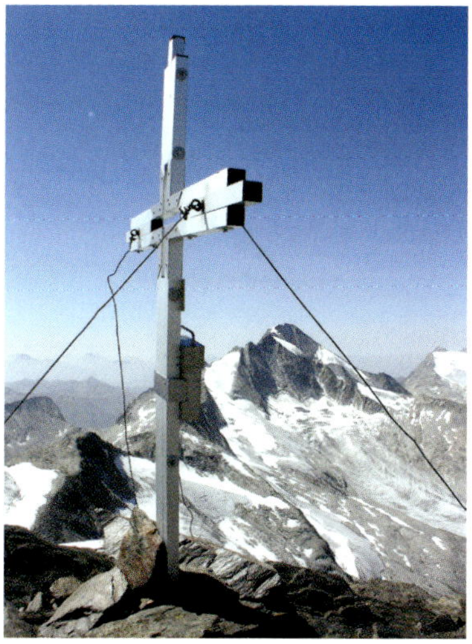

Das Gipfelkreuz auf dem Lenkstein; im Hintergrund der Hochgall

Wegverlauf: Anfahrt von Sand in Taufers zum Talboden von Rein und rechts durch das Bachertal hinein zur Jausenstation Säge (1580 m, Parkplatz). Von da der Beschilderung »Kasseler Hütte« und der Markierung 8 folgend auf Brücke über den Talbach, auf steilem Waldsteig hinauf zum breiten Weg 1 und auf diesem über freie Hänge hinauf zur Kasseler Hütte (2276 m; Sommerbewirtschaftung; ab Ausgangspunkt gut 2 Std.); hier Nächtigung. – Vom Schutzhaus mit Nr. 8 auf dem Arthur-Hartdegen-Weg unter Rieserferner und Hochgall nahezu eben über Moränengelände und Gletscherschliffe zu den Felsen des Riesernocks (teilweise gesichert) und weiter bis zur Wegteilung nahe einem Seelein gegenüber der Ursprungalm (2350 m; ab Hütte gut 1½ Std.). Nun rechts (weiterhin Markierung 8) auf großteils guter

Weganlage durch felsdurchsetzte Grashänge und über Blockwerk lange hinauf, kurz vor dem Erreichen einer markanten Geländeschulter der links abzweigenden Markierung folgend über Blockwerk hinauf zum Fuß des Gipfelaufbaues und am felsigen Südrücken auf unmarkierten Steigspuren über Blockwerk und Fels zwar steil und etwas mühsam, aber nicht schwierig ziemlich gerade empor zum Gipfelkreuz (3237 m; ab Kasseler Hütte 4 Std.).

Empfohlener Abstieg: Wie im Aufstieg wieder hinunter zur Weggabel beim Seelein, rechts auf dem Weg 8 A zur nächsten Wegteilung, hier links ab, auf Weg 8 B durch das Ursprungtal teilweise über Holzstufen hinunter, bei einer weiteren Weggabel erneut links auf Weg 7 durch Wald hinunter zur Furtalm (1787 m) und durch Wald talaus zum Ausgangspunkt.

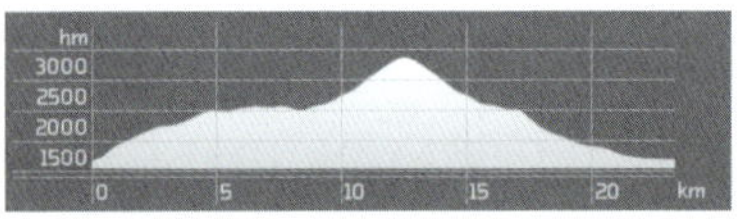

Damit dient diese Weganlage aber nicht nur als Übergang zur besagten Barmer Hütte, sondern auch der Besteigung des Lenksteins. Zwar heißt es am Riesernock eine senkrechte Felswand queren, doch ist diese Strecke gut gesichert, und der ganze Rest des Weges ist unschwierig begehbar und darüber hinaus auch gut markiert. Und dort, wo er die wilden Gletscherbäche quert, haben die Betreuer des Naturparks Rieserferner – in diesem Schongebiet befindet sich nämlich auch unser Tourenbereich – massive Stege verankert.

Nach der im Großen und Ganzen ebenen Querung führt uns der Weg dann ziemlich lange bergan bis unter den eigentlichen Gipfelaufbau des Lenksteins, wo er sich allerdings vom Berg abwendet und zum Lenksteinjoch quert. Doch wer der Tour bis hier herauf gewachsen war, wird auch jenen kurzen Teil des Anstiegs bewältigen, der ohne eigentlichen Weg etwas beschwerlich über sehr steiles Blockwerk den Gipfel erklimmt.

Hier haben wir eine großartige Aussichtswarte erreicht und einen nicht weniger großartigen Höhenweg kennengelernt. Aber wenn wir uns in der Kasseler Hütte nicht für längere Zeit eingenistet haben, wählen wir für den Abstieg ab der Ursprungalm nicht mehr den Weg zurück zur Hütte, sondern steigen durch das wilde, von tosenden Wassern und steilen Felsen, aber auch von reichster Blüte und herrlichem Bergwald geprägte Ursprungtal ab – ein unvergesslicher Abstieg auf gutem Weg und die abschließende Krönung der prächtigen Tour auf den Lenkstein.

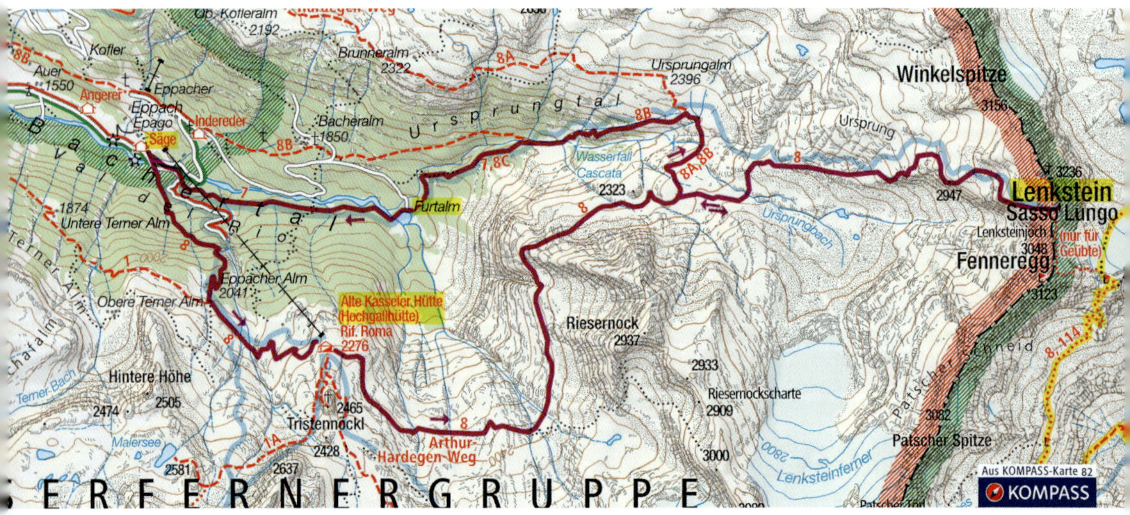

Der Gipfelaufbau des Lenksteins; der Aufstieg erfolgt über den linken Bergrücken.

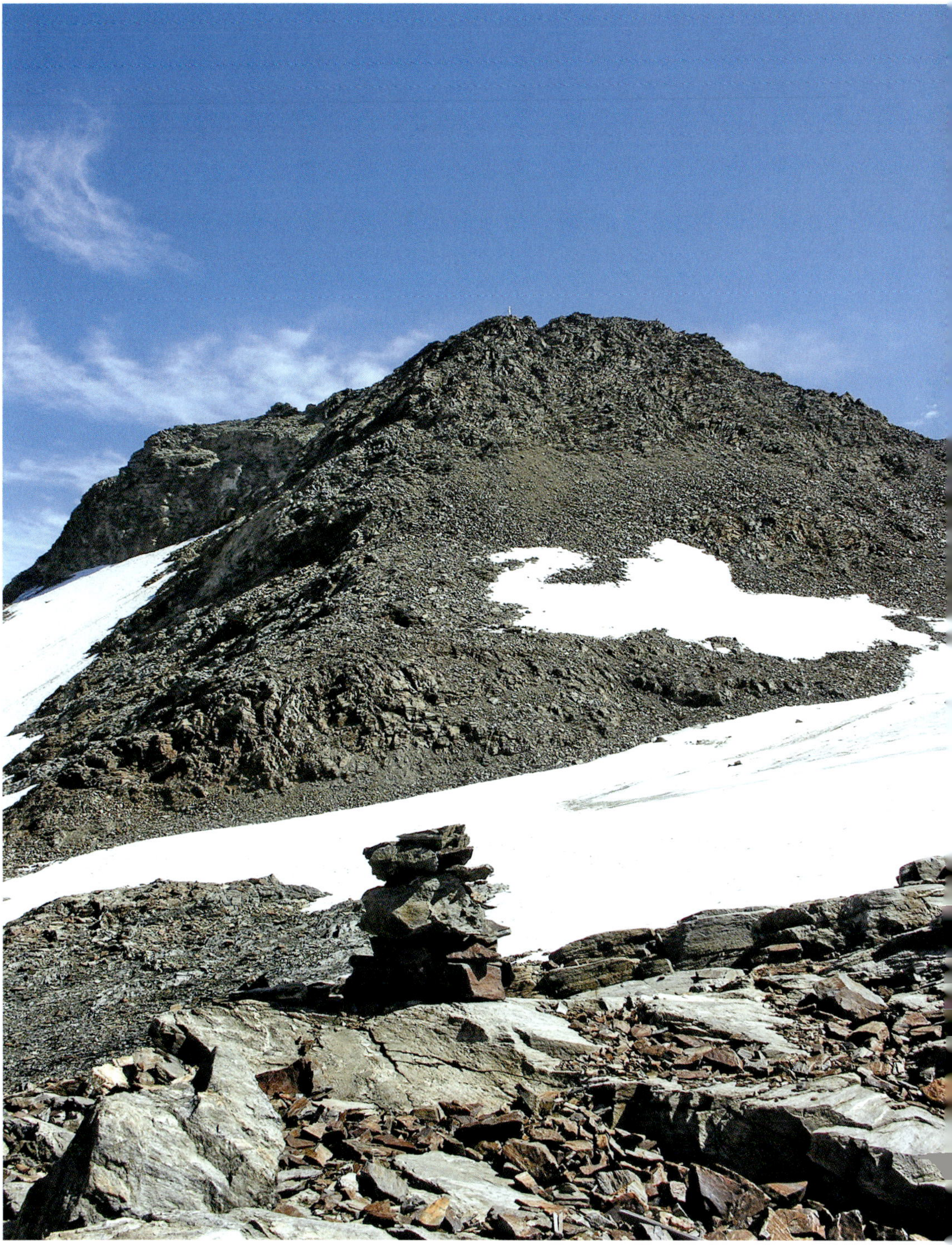

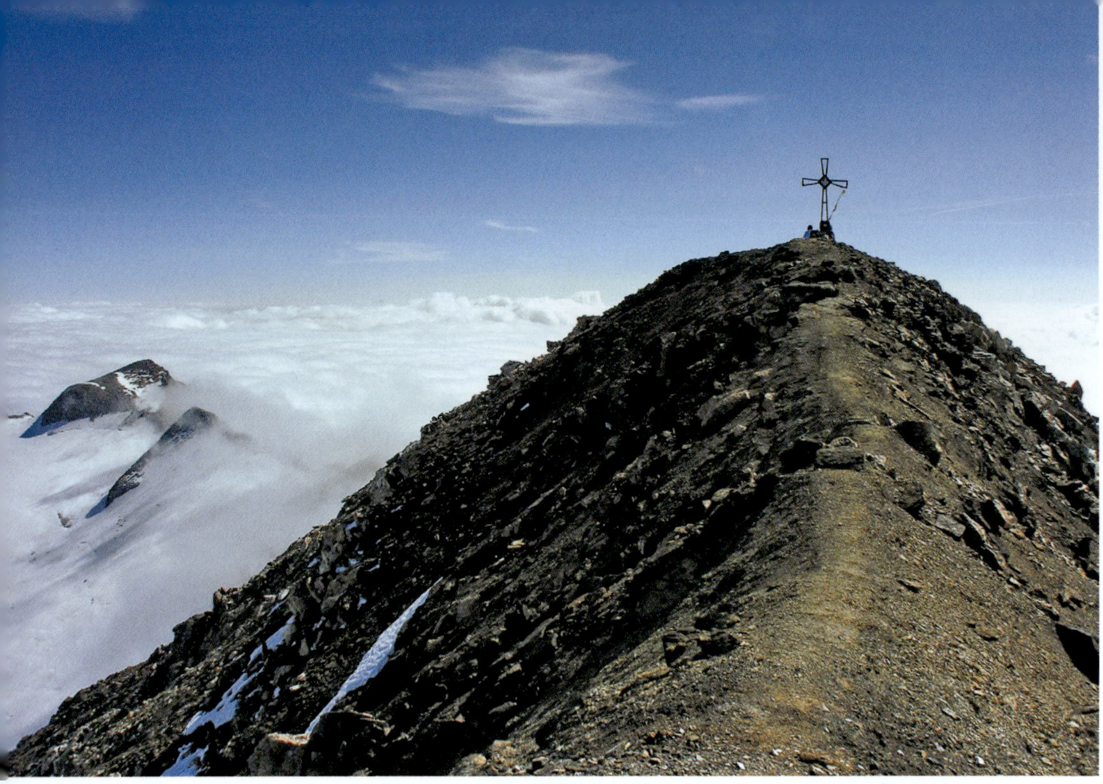

Der Gipfel des Schneebigen Nock gegen den Magerstein

Schneebiger Nock 3358 m

Über die Kasseler Hütte aufs »Ruthnerhorn«

59

Die Tour im Überblick Rein – Kasseler Hütte – Schneebiger Nock – retour
Orientierung und Schwierigkeit Für trittsichere und schwindelfreie Berggeher mit Hochgebirgserfahrung nicht schwierig
Höhenunterschiede Bis zur Hütte 736 m, von dort zum Gipfel 1082 m
Gehzeiten Aufstieg zur Hütte 2 ½ Std., von dort zum Gipfel 3 ½ Std.; Abstieg insgesamt 4 Std.
Ausrüstung Hochtourenbekleidung; ratsam auch Pickel und Steigeisen sowie Sicherungsutensilien für Ungeübte

10 Std. | 15,4 km | 1818 Hm

Der Schneebige Nock erhebt sich südöstlich hoch über Rein als besonders formschöner, sehr ausgeprägter, teilweise vergletscherter Hochgipfel. Er ist der zweithöchste und damit einer der aussichtsreichsten Berge der Rieserfernergruppe, zugleich aber auch einer der leichteren, zumindest über den Normalweg. Diese Route führt, ausgehend von der Kasseler Hütte, zunächst hinauf zum Nordgrat des Berges und über diesen empor zum höchsten Punkt.

Im unteren Teil folgen wir einem markierten und guten Steig, der uns über Bergheide und Blockwerk ins eigentliche hochalpine Gelände bringt. Hier geht es einmal auf neuer Holzbrücke über eine tiefe Bachschlucht und später über das Moränengelände des Schneebigen-Nock-Ferners.

Aber oben am Nordgrat erwartet uns auch die eine und andere felsige Stelle, die den Einsatz der Hände, aber nie schwierige oder gefährliche Kletterei erfordert; und einmal hilft ein Drahtseil über eine doch etwas heiklere Felspassage hinauf.

Bevor dann der Schlussgrat erklommen wird, zeigt sich der Nordgrat noch als relativ steiler Gletscherrücken. Er weist bei idealen Schneeverhältnissen keinerlei Probleme auf, bei Blankeis aber kann seine Begehung den Einsatz der Steigeisen unabdingbar machen. Daher sollten diese grundsätzlich mitgenommen werden. Besser man hat sie mit und benötigt sie nicht als umgekehrt.

Nach dem Eis- oder Firnhang bäumt sich der Felsgrat zwar noch einmal auf, aber er ist nicht schwierig, und von dem Punkt, der als Vorgipfel bezeichnet wird und an dem der ziemlich flache Schlussgrat ansetzt, sind es nur noch wenige Schritte bis zum Gipfelkreuz.

Diesen Gipfel findet man auch als Ruthnerhorn (irrtümlich oft Ruthner Horn geschrieben) in Karten und Alpinliteratur, ein Name, der sich im Volk nie festsetzen konnte, auch wenn er der schönen Bergform besser entspräche als das wenig erhebende »Nock«, das eher an einen nichtssagenden Hügel als an einen prachtvollen Hochgipfel denken lässt.

Es war der als Gletscherforscher und Bergsteiger in verschiedenen Gebieten der Ostalpen tätige Carl von Sonklar, der den Berg, auf dem Stuttennock stehend, am 13. September des Jahres 1861 feierlich nach dem Wiener Rechtsanwalt Anton von Ruthner mit dem neuen Namen »Ruthnerhorn« versah. Ruthner war ein hervorragender Alpentopograf und Bergsteiger, der bereits um die Mitte des 19. Jahrhunderts eine ganze Reihe von Gipfelbesteigungen – darunter auch so manche Erstbesteigung – durchführte, wie zum Beispiel auf den Großvenediger, den Ortler, den Schwarzenstein oder auf die Ötztaler Wildspitze. So gesehen wäre der Name Ruthnerhorn sicher genauso gerechtfertigt wie die nach anderen Bergsteigern, Bergführern oder Alpinforschern gewählten Namen: Grohmannspitze, Thurwieserspitze, Liebenerspitze, Scheiberkogel, Trinkerkogel oder Tuckettspitze.

Aber der Berg trug einst auch noch einen anderen Namen. Die Karte von Anich nennt ihn 1774 »Mannthal Kopf«, während Staffler um 1840 vom »Hinteren Mannthal Kopf« spricht und hinzufügt, er sei »noch unerstiegen und mit ewigem Schnee bedeckt«. Doch in der Folge verschwindet dieser Name aus Karten und Literatur, und es bereitete mir einige Mühe herauszufinden, was es damit auf sich hat.

Der Name Mannthalkopf stammt von der heutigen Terneralm, die 1792 im Pfarrurbar von Rein noch als Mandl-Alm schriftlich belegt ist – ein Name, der sicher auf die auch im benachbarten Antholz und anderwärts vorkommende Bezeichnung Montal zurückgeht und dem wohl auch der hübsche

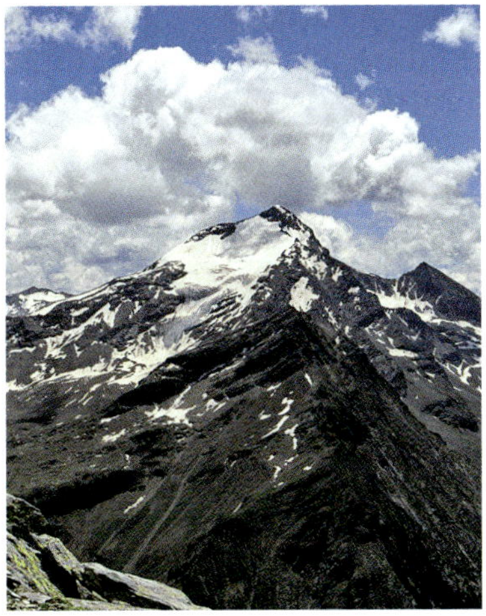

Der Schneebige Nock von Nordwesten gesehen; links der Nordgrat, dem der Aufstieg folgt

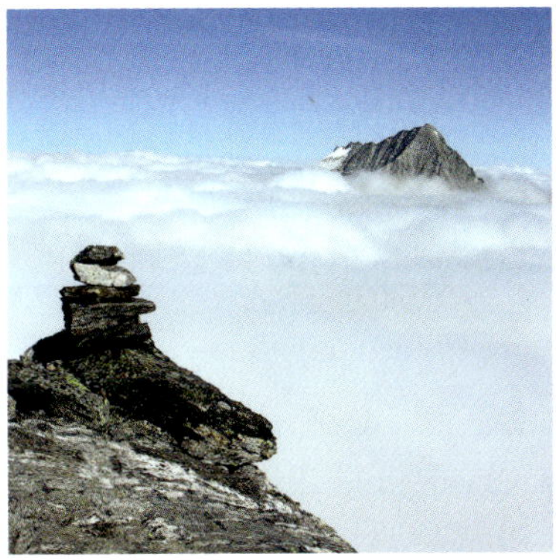

Steinmann am Aufstieg zum Schneebigen Nock; im Hintergrund ragt der Hochgall aus dem Nebelmeer.

Besonderer Hinweis Wer den Abstieg über den Ostgrat in Erwägung zieht, sollte darauf gefasst sein, dass dieser trotz der Sicherungen schwieriger als der Normalweg ist!
Karten 1:50.000: Kompass, Blatt 82 (Tauferer Ahrntal); 1:25.000: Tabacco, Blatt 035 (Ahrntal – Rieserferner)

Rechte Seite: Der Nordgrat des Schneebigen Nock, über den unser Aufstieg erfolgt

Malersee seinen heutigen Namen verdankt; das würde jedenfalls verständlich machen, warum Anich nicht Mandl, sondern Mannthal in seine Karte schrieb.

Oben auf unserem Gipfel werden wir freilich wohl kaum namenkundlichen Problemen nachgehen, sondern uns vor allem der einmaligen Aussicht erfreuen – die bei meinem letzten Besuch allerdings vorwiegend aus einem unendlichen Wolkenmeer bestand, wenn auch einem sehr eindrucksvollen.

Und wir werden überlegen, ob wir für den Abstieg den Aufstiegsweg wählen oder über den steilen, nicht ganz leichten, wenn auch durch Ketten entschärften Ostgrat absteigen, was dann eine weitere Entscheidung nach sich zieht, nämlich, ob man zur Kasseler Hütte oder zur Rieserfernerhütte absteigt.

Doch dies bleibe jedem selbst überlassen, und weil der Ostgrat doch an vereinzelten Stellen wesentlich heikler ist als der Normalweg, empfehle ich diesen sicherheitshalber auch für den Abstieg. Die Tour ist auch so schon lang genug und jedenfalls eine großartige Dreitausenderbesteigung.

Wegverlauf: Von den untersten Häusern von Rein (»Unterstadt« genannt, 1540 m; hierher Straße von Sand in Taufers) stets der Markierung 1 folgend zuerst auf schmaler Straße südwärts über den breiten Talboden zum Bergfuß und dann auf gutem Fußweg teilweise in Serpentinen großteils durch die Waldhänge und an einzelnen Almen vorbei mäßig bis mittelsteil südostwärts hinauf zur weithin sichtbaren Kasseler Hütte (2276 m; ab Rein 2 ½ Std.); hier evtl. Nächtigung.
Vom Schutzhaus dann auf Steig 1 die Hänge und die Schlucht des Tristenbachs (Brücke) querend hinan zur Wegteilung (rechts geht Nr. 1 A zum Malersee), dann links über viel Blockwerk hinauf zum felsigen Nordgrat, über ihn teils auf Geröllsteig, teils über Felstrümmer und stellenweise in leichter Kletterei (an einer Stelle ein Fixseil) hinauf zum steilen Eis- oder Firnhang, über ihn und den anschließenden Felsgrat empor zum Vorgipfel und kurz nur leicht ansteigend zum Hauptgipfel mit dem Gipfelkreuz (3358 m; ab Kasseler Hütte 3 ½ Std.).
Abstieg: am sichersten wieder über die beschriebene Aufstiegsroute.

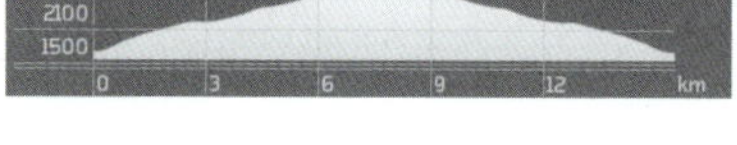

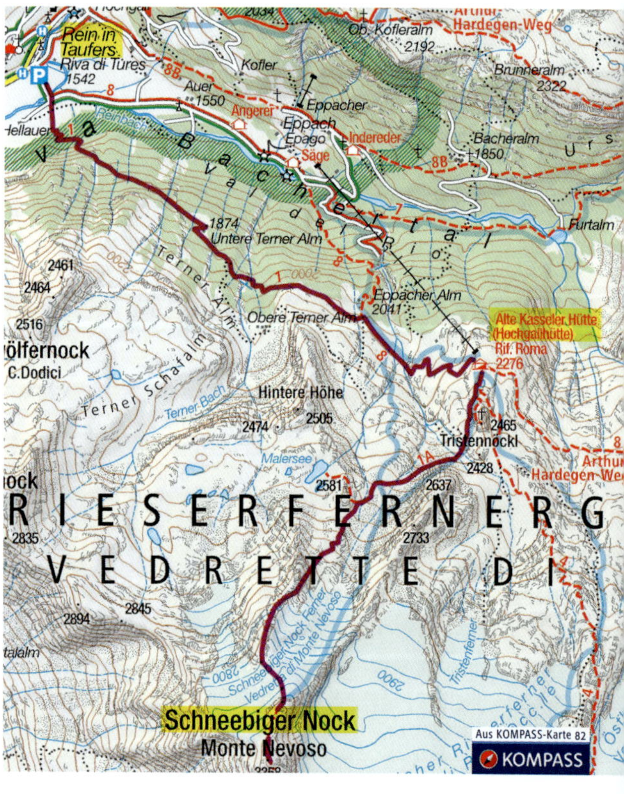

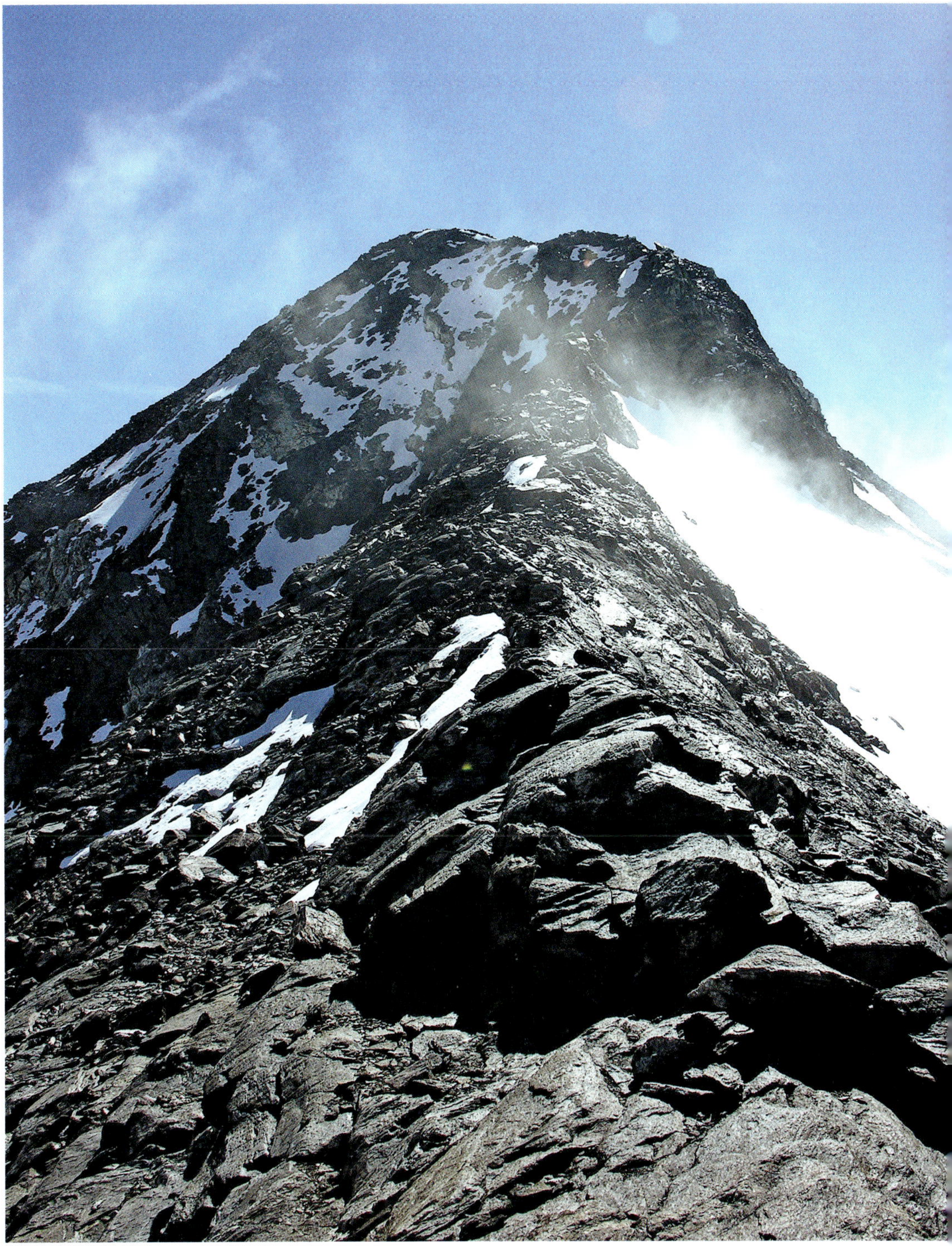

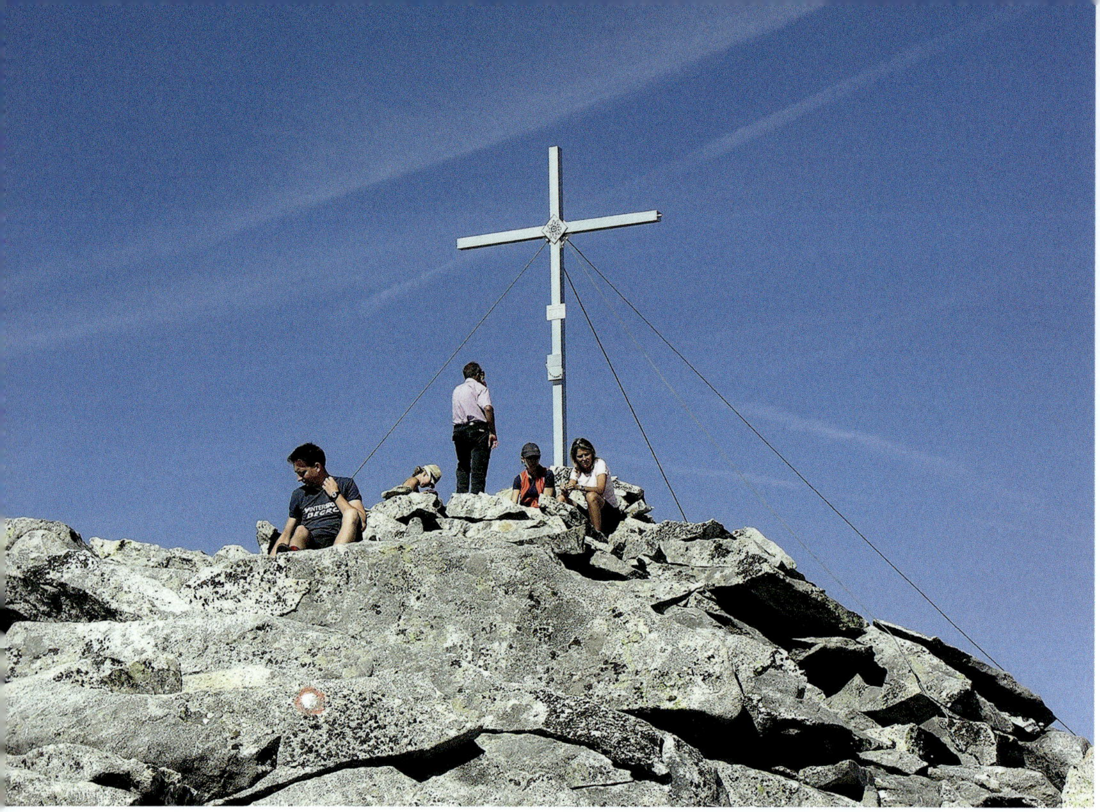

Das Gipfelkreuz auf dem Fernerköpfl

Fernerköpfl 3251 m

Der Hausberg der Rieserfernerhütte

60

Die Tour im Überblick Rein – Rieserfernerhütte – Fernerköpfl – retour
Orientierung und Schwierigkeit Für gehtüchtige Bergwanderer bei guten sommerlichen Verhältnissen unschwierige Hochtour
Höhenunterschiede Bis zur Hütte 1275 m, von da zum Gipfel 451 m
Gehzeiten Aufstieg zur Hütte 3 ½ Std., von dort zum Gipfel 1 ½, Abstieg 3 ½ Std.
Ausrüstung Hochtourenbekleidung
Besonderer Hinweis Die Besteigung des Fernerköpfls lässt sich auch gut mit der Tour auf den Magerstein verbinden.
Karten 1:50.000: Kompass, Blatt 82 (Tauferer Ahrntal); 1:25.000: Tabacco, Blatt 035 (Ahrntal – Rieserferner)

8 ½ Std. | 17,7 km | 1726 Hm

Im Reintal nahe der sogenannten Putzeralm, die früher einmal ein ganzjährig bewohntes Bauernhöfl war, beginnt ein prächtiger Plattenweg, den die Karten korrekt als Erlanger Weg verzeichnen. Allerdings stammt dieser Name nicht von einem Ingenieur Erlanger, wie ich irgendwo gelesen habe, sondern erinnert an die Sektion Erlangen des einstigen Deutschen und Österreichischen Alpenvereins, die ihn um 1902 mit großem Aufwand anlegen ließ als Zugang zur damals neuen Fürther Hütte der gleichnamigen Sektion des genannten Vereins.

Dieser abwechslungsreiche Weg führt zunächst durch felsige Waldhänge hinauf ins Gelttal (auch Gel- und Gelltal geschrieben), dann durch dieses von Alm zu Alm talein und zuletzt über viel Blockwerk hinauf zu der 1980 vom Südtiroler Alpenverein an der Stelle der abgekommenen Fürther Hütte erbauten Rieserfernerhütte.

Während im Gelttal noch die freundlicheren Bilder grüner Wald- und Almlandschaft die Haupteindrücke vermitteln, tun dies höher oben die Kare und Felsen, die schimmernden

Gletscher, der kleine Gänsebichlsee und die rundherum aufragenden Dreitausender der Rieserfernergruppe, von denen der Schneebige Nock mit seinem gesicherten Ostgrat sowie der Magerstein und die Schwarze Wand – beide nur über Gletscher zugänglich – besonders hervorgehoben seien.

Doch da gibt es mit dem Fernerköpfl noch einen weiteren erwähnenswerten Dreitausender. Dessen Gipfel, auf dem ein stattliches Kreuz steht, ist von der Rieserfernerhütte aus über einen eisfreien und leichten Pfad zu erreichen und damit ein lohnender Hochgipfel auch für den sogenannten Normalberggeher. Und mag er sich nach Norden und Süden hin auch wirklich nur als rundlicher Kopf zeigen, von West oder Ost gesehen handelt es sich um eine sehr ausgeprägte, kühn in den Himmel ragende Spitze.

Der relativ kurze und leichte Aufstieg, die Höhe von immerhin rund 3250 Metern, die herrliche Aussicht und nicht zuletzt das Gipfelkreuz – all das hat das Fernerköpfl zum Hausberg der Rieserfernerhütte gemacht; darüber hinaus darf es aber auch zu den beliebtesten Dreitausendern ganz Südtirols gezählt werden.

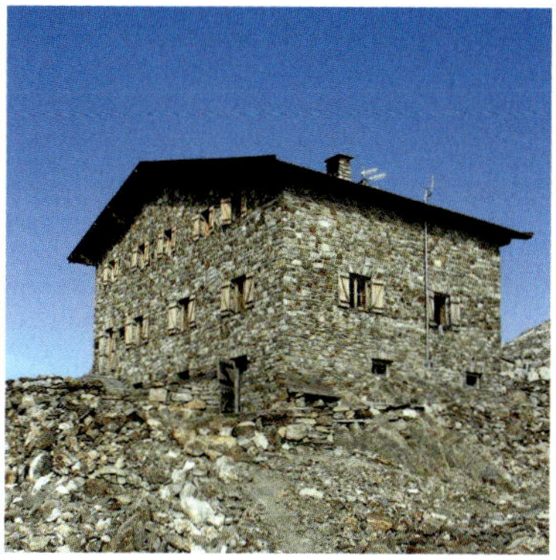

Die Rieserfernerhütte am Weg zum Fernerköpfl

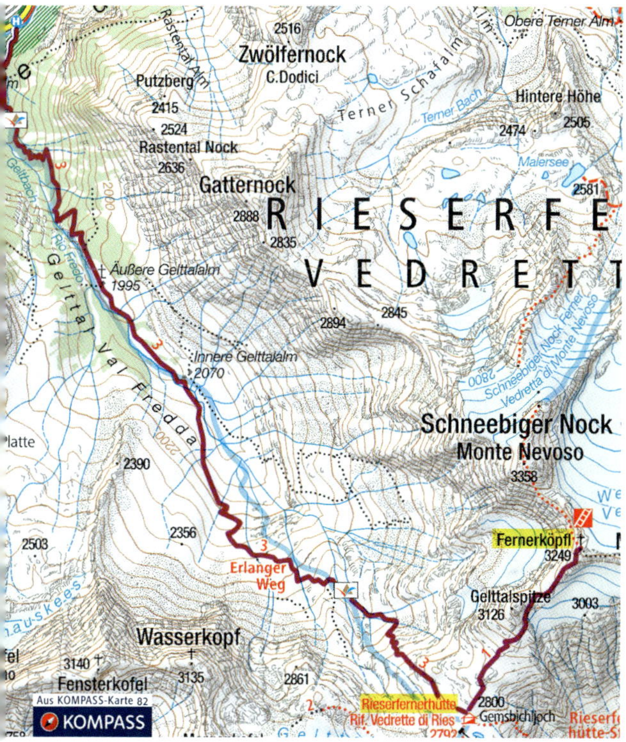

Wegverlauf: Von der Reintalstraße kurz vor dem Talboden von Rein (1525 m; Parkplatz) dem Wegweiser »Rieserfernerhütte« und der Markierung 3 folgend auf dem Erlanger Weg durch Wald hinauf zur Äußeren Gelttal-Alm, kurz weiter zur gleichnamigen Inneren Alm (2070 m) und auf dem allmählich wieder steiler werdenden Weg großteils über Blockwerk hinauf zur Rieserfernerhütte (2800 m; Sommerbewirtschaftung; ab Reintalstraße 3 ½ Std.). Vom Schutzhaus dann der Rot-Weiß-Markierung und Steinmännern folgend nordseitig großteils auf Wegspuren über Blockwerk hinauf, unter der Gelttalspitze nahezu eben (bei Gabelung der markierten Routen nicht links empor, sondern rechts bleiben) hinein in eine manchmal schneegefüllte Mulde und schließlich auf der weiterhin markierten Route am Südhang des Fernerköpfls über Blockwerk unschwierig empor zum Gipfel (3251 m; ab Hütte 1 ½ Std.).
Abstieg: über die beschriebene Aufstiegsroute.

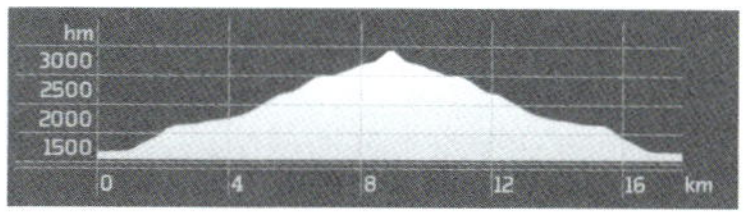

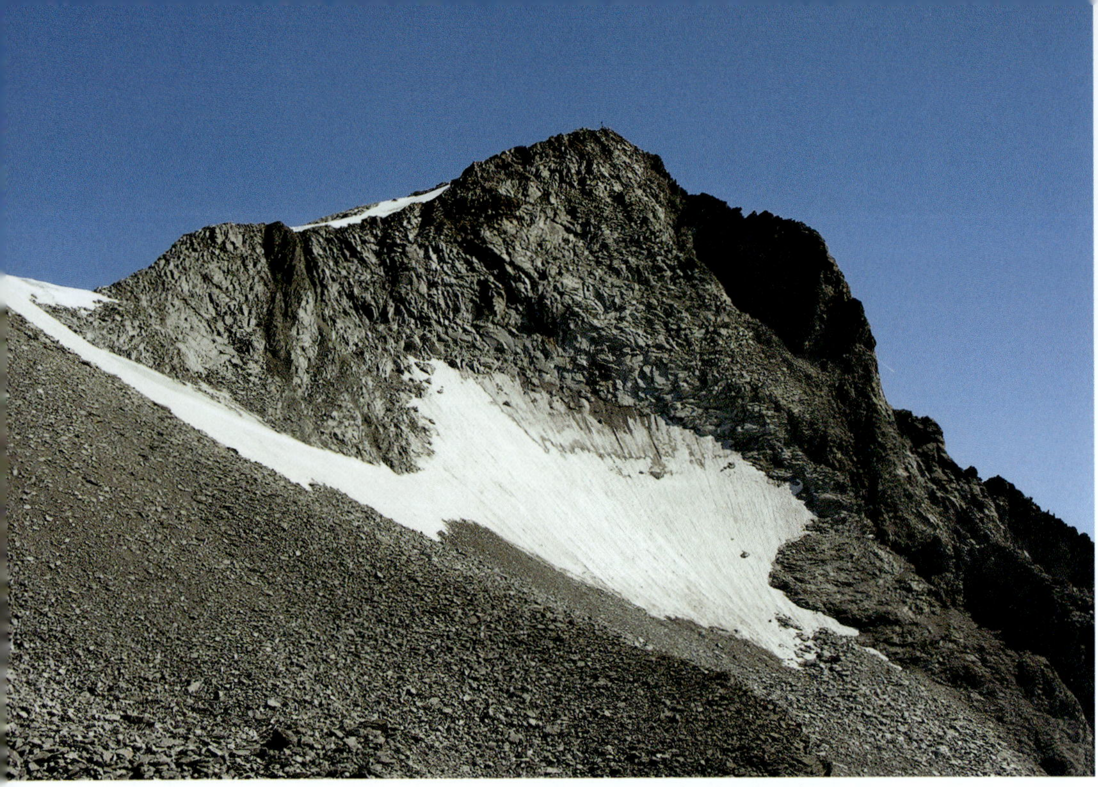

Der Magerstein, von der Rieserfernerhütte aus

Magerstein 3273 m

Dritthöchster Gipfel der Rieserferner

61

Die Tour im Überblick Rein – Rieserfernerhütte – Magerstein – retour
Orientierung und Schwierigkeit Für berg- und gletschererfahrene Alpinisten bei guten Verhältnissen unschwierig
Höhenunterschiede Bis zur Hütte 1275 m, weiter zum Gipfel 473 m
Gehzeiten Aufstieg zur Hütte 3 ½ Std., weiter zum Gipfel 2 Std., Abstieg insgesamt 4 Std.
Ausrüstung Hochtourenbekleidung, Seil, Pickel, Steigeisen
Karten 1:50.000: Kompass, Blatt 82 (Taufers – Ahrntal); 1:25.000: Tabacco, Blatt 035 (Ahrntal – Rieserferner)

9 ½ Std. | 18,2 km | 1748 Hm

Der Magerstein, nach Hochgall und Schneebigem Nock immerhin der dritthöchste Gipfel der gesamten Rieserfernergruppe, ist ein seltsamer Berg. Blickt man von der Reiner Seite zu ihm hinauf, hebt sich der Gipfel wenig von der Umgebung ab und es ist vor allem der Westliche Rieserferner, der größte Gletscher der Rieserfernergruppe, der im Bereich des Magersteins das Bild beherrscht.

Ganz anders auf der Antholzer Seite. Hier zeigt sich der Berg mit seinen eisfreien, extrem steilen Felsabstürzen und seiner markanten Spitze als mächtige, von scharf geschnittenen Graten begrenzte Felsgestalt, deren heller Granitfels frei und beherrschend in den Himmel ragt.

Doch wir wählen weder den Aufstieg von Rein über die Kasseler Hütte und den Rieserferner, und schon gar nicht käme der Versuch in Frage, von Antholz über die Felswände aufzusteigen.

Vielmehr wandern wir, so wie bei der Besteigung des Fernerköpfls, zuerst durch das schöne einsame Gelttal hinauf zur Rieserfernerhütte. Dort sind wir unserem Berg schon recht nahe, und er zeigt sich von einer besonders schönen Seite. Links haftet in der Flanke unter dem mäßig ansteigenden Gipfelgrat noch ein kleines Gletscherfeld, rechts davon brechen die steilen Felsfluchten ab. Und dieses Bild spiegelt sich auch im kleinen Gänsebichlsee (die Einheimischen sprechen so und nicht Gamsbichl!) nahe der Rieserfernerhütte wider, auch wenn sich dessen Wasserspiegel in letzter Zeit ziemlich stark gesenkt hat.

Dass dieses Absinken des Seespiegels durch das Auftauen des Permafrostes verursacht worden ist, wie vermutet wird, ist nicht auszuschließen, soll hier aber nicht weiter erörtert werden. Hingegen sei erwähnt, dass der Hüttenwirt Gottfried Leitgeb am Rand des zurückweichenden Gletschers wenn auch keinen zweiten »Ötzi«, so doch eisenzeitliche, rund 2700 Jahre alte Kleidungsstücke gefunden hat, die beweisen, dass der prähistorische Mensch auch hier in den Rieserfernern bis in beachtliche Höhen vorgedrungen ist.

Ob er auch den Magerstein bestiegen hat, wissen wir nicht, ja wir wissen nicht einmal, seit wann der Berg seinen Namen trägt. In schriftlichen Quellen taucht er jedenfalls erstmals in Anichs Karte von 1774 auf, und zwar in der heutigen Form, während ihn Staffler um 1840 »Meierstein« nennt. Und die erste schriftlich nachweisbare Besteigung führte der uns von der Windschar her bekannte Stuttgarter Professor Reinhold Seyerlen am 10. Juli 1878 durch, zusammen mit seinem bewährten Führer Stefan Kirchler und einem gewissen Reuschle.

Doch nun zu unserer Tour. Der Anstieg von der Rieserfernerhütte auf den Magerstein ist zunächst identisch mit dem auf das Fernerköpfl, und das heißt, dass ein gut markierter Pfad über Blockwerk problemlos bergan führt.

Doch ein Stück unter dem Gipfel des Fernerköpfls biegen wir scharf rechts ab, und nun zeigt sich hinsichtlich des Anstiegs der grundlegende Unterschied zwischen den beiden Gipfeln. Das genannte Köpfl ist mühelos über aperes Blockwerk zu erreichen, der Anstieg zum Magerstein führt hingegen ab jetzt über den obersten Teil des Westlichen Rieserferners.

Dabei müssen wir das Frauenköpfl mit geringem Höhenverlust nordseitig umrunden und nach einer kleinen Gletschersenke geht es in kurzem Anstieg über Firn und über Blockwerk hinauf zum unverwechselbaren Gipfelkreuz, das die Spitze schon seit Jahrzehnten ziert.

Hier stehen wir, wie eingangs gesagt, auf dem dritthöchsten Gipfel der ganzen Rieserfernergruppe, und er schenkt aufgrund seiner zentralen Lage besonders eindrucksvolle Nahblicke auf die umliegenden Gletscher und Berge dieses Massivs, aber

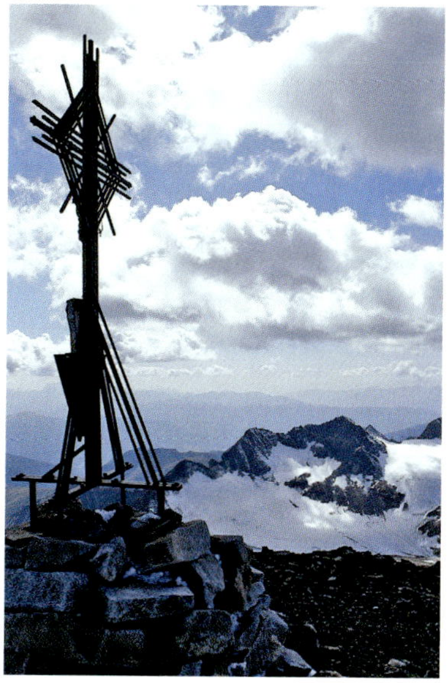

Das Gipfelkreuz auf dem Magerstein

Wegverlauf: Von der Reintalstraße kurz vor dem Talboden von Rein (1525 m; Parkplatz, Wegweiser »Rieserfernerhütte«) auf dem Erlanger Weg stets der Markierung 3 folgend durch Wald hinauf zu den Gelttal-Almen und dann teils leicht, teils stärker ansteigend über Blockwerk empor zur Rieserfernerhütte (2800 m; Sommerbewirtschaftung; ab Reintalstraße 3 ½ Std.); hier evtl. Nächtigung.
Vom Schutzhaus dann der Markierung folgend nordseitig großteils auf Wegspuren über Blockwerk hinauf, unter der Gelttalspitze durch und weiter auf der markierten Route über Blockwerk empor zu Wegweisern am Ostgrat des Fernerköpfls (ca. 3230 m); nun rechts

Rechte Seite: Der Magerstein mit dem vorgelagerten Frauenköpfl

Übertritt auf den Gletscher und über diesen (meist vorgespurter Schneepfad, auf Spalten achten!) in leichtem Abstieg den Nordfuß des Frauenköpfls umgehend ostwärts zu einem Firnsattel, über den Gletscher ostwärts hinauf und zuletzt über Blockwerk hinauf zum Gipfel des Magersteins (3273 m; ab Hütte 2 Std.). *Abstieg:* am sichersten wieder über die Aufstiegsroute.

unvergesslich bleibt auch der Tiefblick auf das nicht weniger als 2000 Höhenmeter unter uns liegende Antholzer Tal.

Das Gesagte heißt, dass man Fernerköpfl und Magerstein miteinander verbinden kann und damit gleich zwei Dreitausender ersteigt, es heißt, dass die Gletscherquerung nur mit der entsprechenden Ausrüstung gewagt werden sollte, aber es heißt auch, dass diese kombinierte Hochtour von der Rieserfernerhütte auf den Magerstein mit einer Gehzeit von etwa zwei Stunden kein Gewaltmarsch ist.

Und wer am Vortag zur Hütte aufgestiegen und am nächsten Tag früh genug losmarschiert ist, kann von dieser Warte aus sogar den Sonnenaufgang erleben – wie jeder Bergsteiger weiß, in solcher Höhe ein immer aufs Neue bewegendes Naturschauspiel.

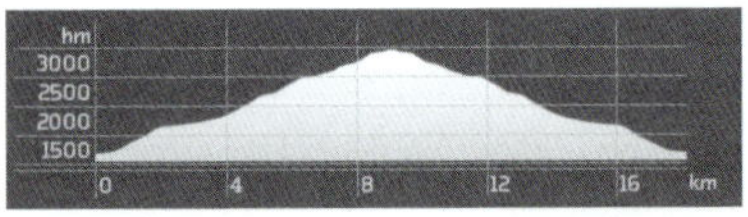

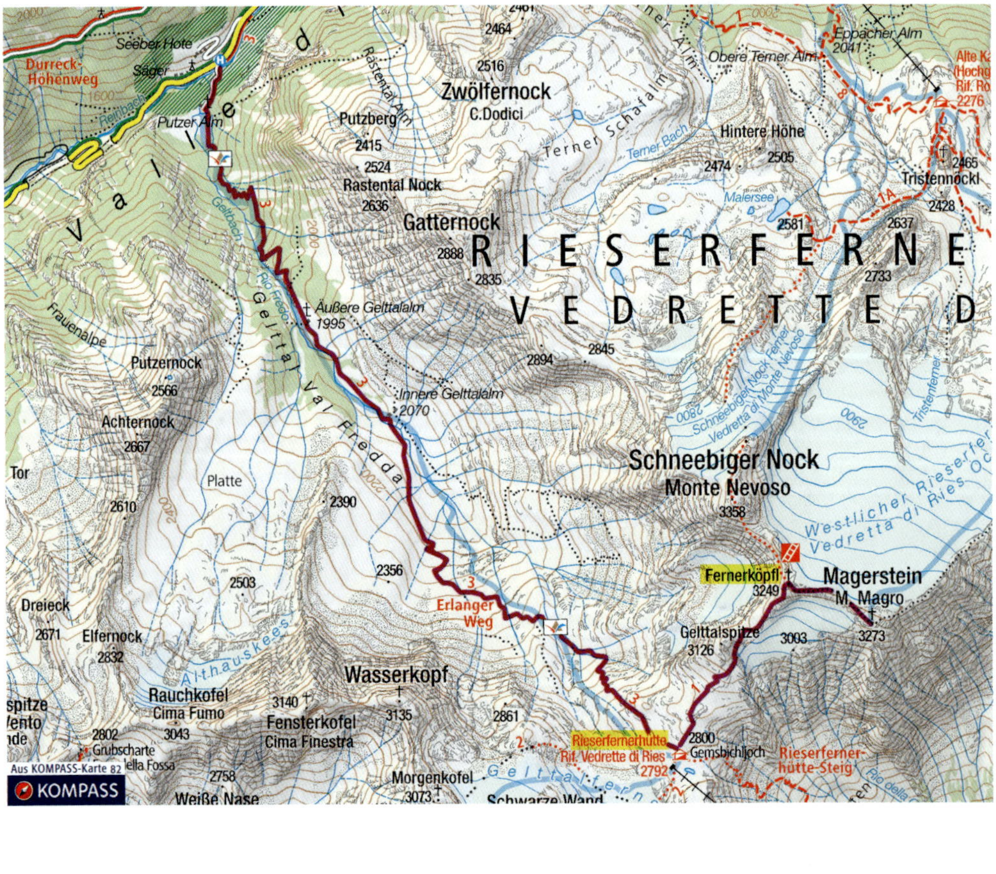

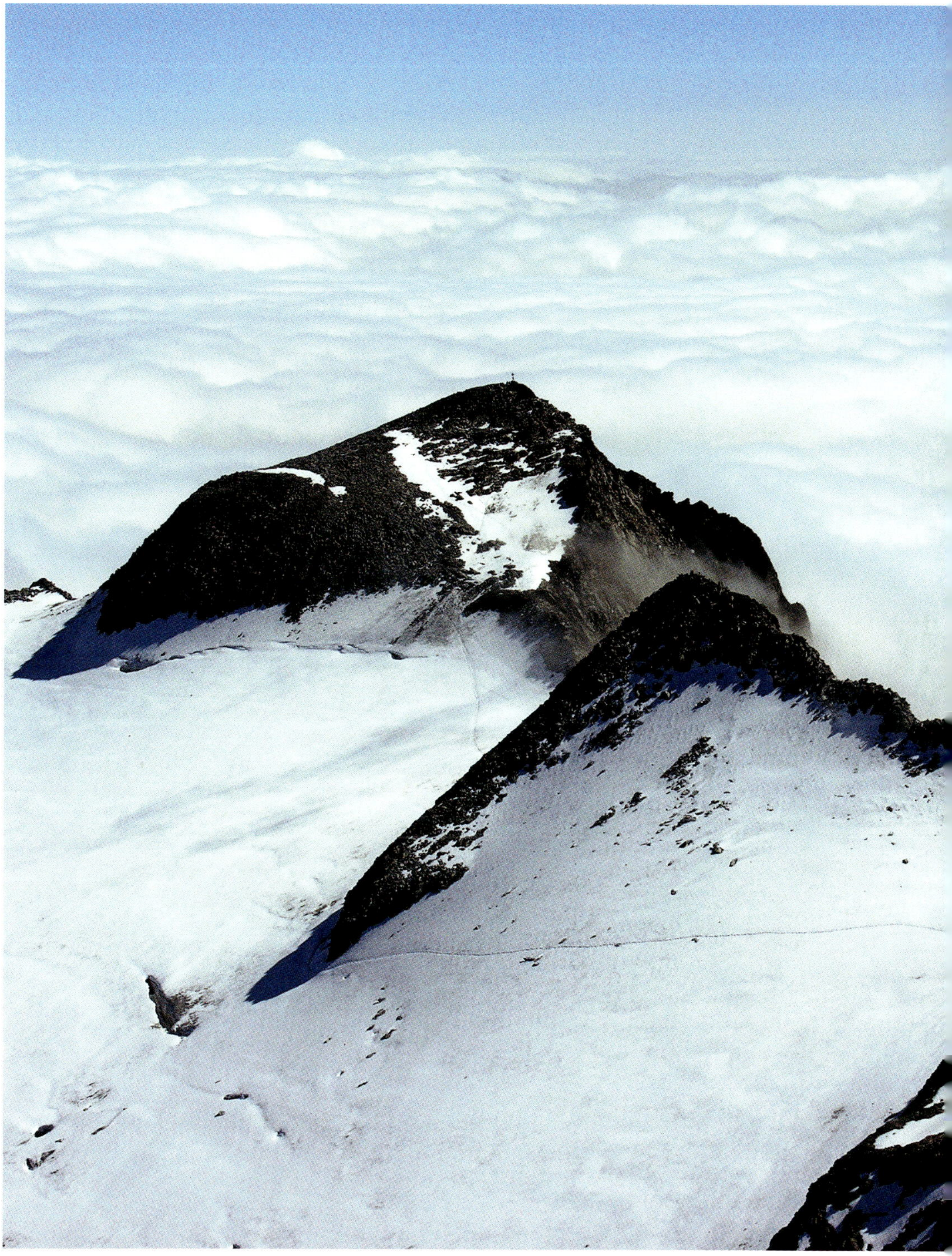

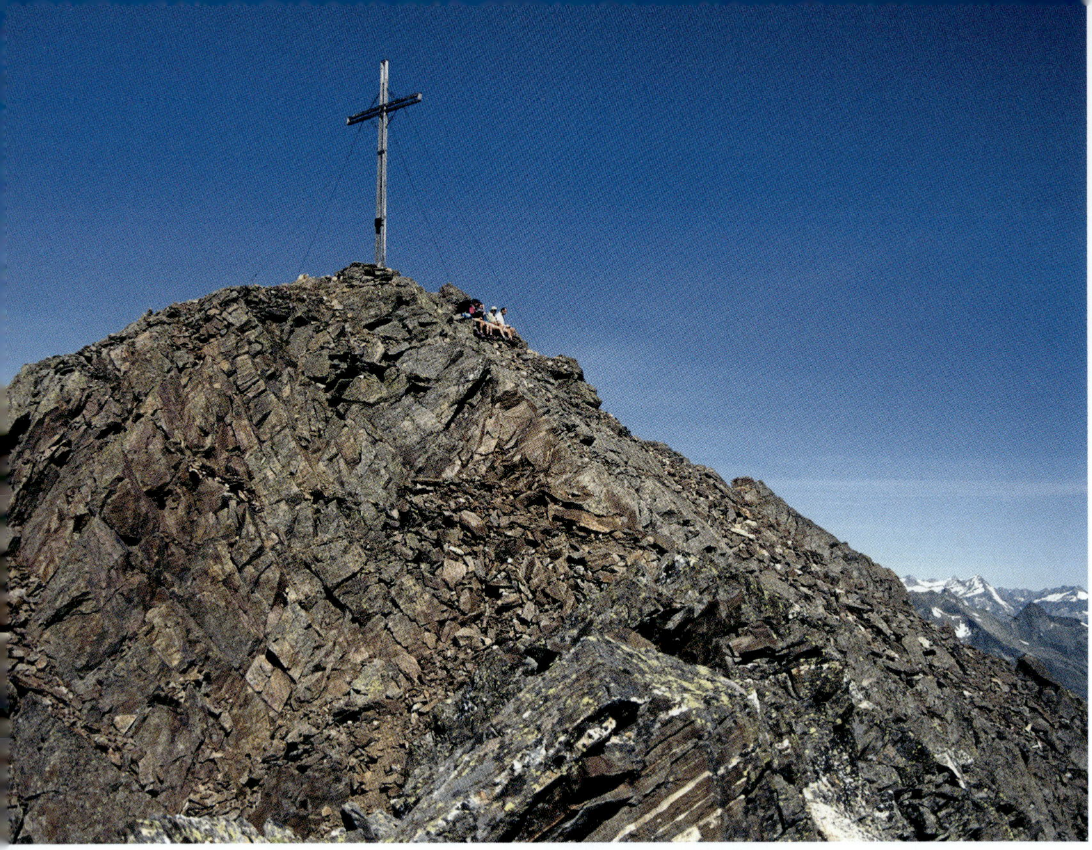

Der Gipfel der Großen Windschar

Große Windschar 3041 m

Felspyramide im Westen der Rieserfernergruppe

62

Die Tour im Überblick Mühlbach bei Gais – Huberalm – Große Windschar – retour
Orientierung und Schwierigkeit Die Tour ist für bergerfahrene Geher nicht schwierig, erfordert aber Ausdauer und Trittsicherheit
Gehzeiten Aufstieg 4 ½ Std., Abstieg 3 Std.
Ausrüstung Bergbekleidung, feste Bergschuhe

7 ½ Std. | 13,4 km | 1440 Hm

Der westlichste Teil der Rieserfernergruppe, der im Südosten über Sand in Taufers mit steilen Waldhängen und scharfen Felsgraten aufragt, trägt unter anderen Gipfeln die 2981 Meter hohe Kleine Windschar und die 3041 Meter hohe Große Windschar. Nordseitig brechen die Felsen der Windschar geradezu senkrecht in das untere Reintal ab und ermöglichten dem Achttausendermann Hans Kammerlander aus Ahornach 1974 die Durchführung einer seiner frühen Erstbegehungen.

Doch die Südseite des Berges ist auch für den Durchschnittsgeher ersteigbar und ein Tourenziel, das der bergtüchtige Professor Reinhold Seyerlen aus Stuttgart, der zusammen mit seinem bewährten Führer Stefan Kirchler aus Luttach so manche Erstbesteigung durchführte, in der »Zeitschrift« des Alpenvereins 1878 folgendermaßen charakterisiert: »Im Hintergrunde des Lanebachs erhebt sich als stolze, in regelmäßigem Aufbau und prächtigem Schwung der Contouren emporstrebende Felspyramide mit auffallend röthlicher Farbe der prallen

Wände und als Culminationspunkt der Lanebachumrandung die Große Windschar …«

Als westlichster Dreitausender der Rieserfernergruppe und als besonders frei aufragender, aber dennoch nicht besonders schwierig ersteigbarer Berg weist die Windschar schon 1854 ihre erste nachweisbare Besteigung auf. Es waren österreichische Landvermesser, die in Begleitung einheimischer Helfer den Berg bestiegen und einen weithin sichtbaren Holzpfahl als sogenannte Signalstange für die trigonometrische Vermessung aufstellten.

Diese Besteigung erfolgte von Süden, so wie auch der heutige Normalanstieg durch das Mühlbachtal und über die Südseite. Diese Route machten der genannte Seyerlen und der Tauferer Arzt und Alpenvereinsvorstand Josef Daimer bereits um 1880 in ausführlichen Beschreibungen einer breiten Öffentlichkeit bekannt; und die rührige Alpenvereinssektion Taufers legte sogar einen Pfad von den letzten Almen hinauf zur Großen Windschar an, sodass wir in einem damals sehr verbreiteten Führerwerk lesen können, dieser »ungemein lohnende Aussichtsberg ist durch eine bezeichnete Weganlage auch für minder Geübte zugänglich«.

Und der Wiener Bergsteiger Fritz Benesch, dem in den Dolomiten bereits so manche Erstlingstour gelungen war, sagt 1900 in der Alpenvereinszeitschrift über die Strecke oberhalb der letzten Alm: »Das Zickzacksteiglein, das uns hierher gebracht, zieht eingesprengt durch die Wände empor. Diese sind mäßig geböscht, auch nicht mehr sehr hoch, aber furchtbar zersplittert. So erreichen wir leicht und sicher die Höhe des Grates und hierauf nach links ganz unschwierig den Gipfel«.

Daran hat sich im Wesentlichen nicht viel geändert und wir können die Tour auf die Große Windschar in der beruhigenden Gewissheit antreten, dass uns die Markierung ohne Orientierungsprobleme bis zum Gipfel führen wird.

Vom Bereich des sonnigen Bergdörfchens Mühlbach wandern wir zu dem als Gasthaus wiederbelebten Mühlbacher Badl und dann geht es durch das Waldtal dem rauschenden Bergbach entlang hinein zu den Almen, wo es eine weitere Einkehrmöglichkeit gibt. Und nach der letzten Hütte folgen wir schließlich dem Bergpfad, der uns zuerst steil und anstrengend emporführt zu einem flachen Rücken und zuletzt durch die Ostflanke des eigentlichen Gipfelaufbaus zum höchsten Punkt, den schon seit vielen Jahrzehnten ein stattliches Gipfelkreuz schmückt.

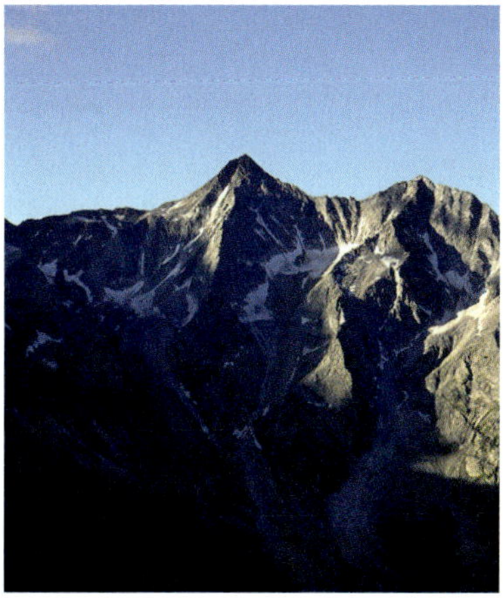

Große und Kleine Windschar, von Norden

Besonderer Hinweis Im Steilgelände auf Steinschlag achten und möglichst keine Steine lostreten!
Karten 1:50.000: Kompass, Blatt 82 (Taufers – Ahrntal)

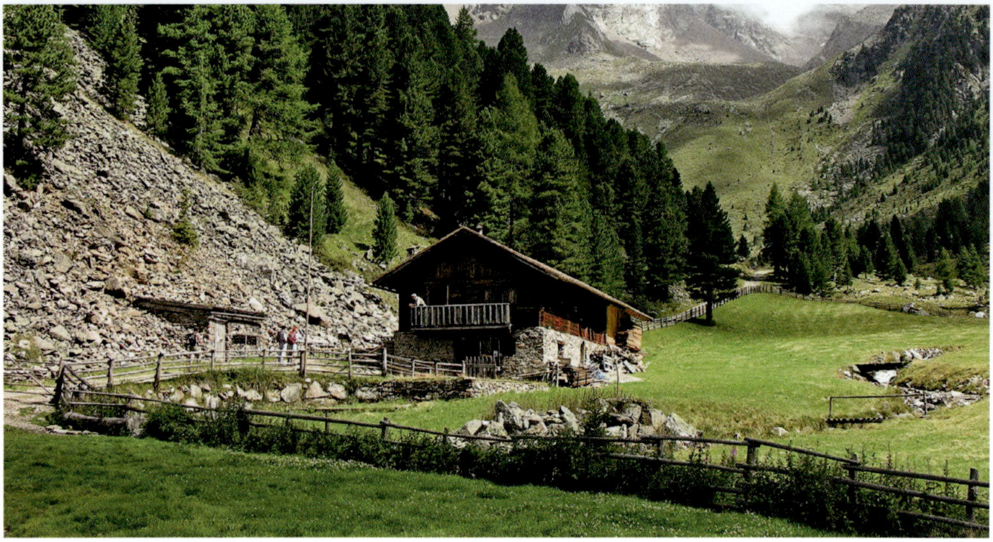

Die Huberalm am Weg zur Windscharspitze

So ist die Große Windschar kein schwieriger Hochgipfel. Aber eben doch ein Hochgipfel und ein sehr ausgeprägter dazu. Wer ihn also zu besteigen gedenkt, sollte sich darauf gefasst machen, dass der Aufstieg lang und auf längere Strecken auch sehr steil ist und durch felsiges Gelände führt.

Da sich der Berg zwischen Zillertaler Alpen und Venedigergruppe im Westen und Norden, Rieserferner-Zentralstock im Osten und Dolomiten im Süden befindet, bietet er eine entsprechend vielgestaltige und umfassende Aussicht; aber auch die Tiefblicke in die Täler und hinaus nach Bruneck sind eindrucksvoll, und ganz besonders kühn ragt in fast unmittelbarer Nähe die einzigartige Felsgestalt des Fensterlekofels in den Himmel.

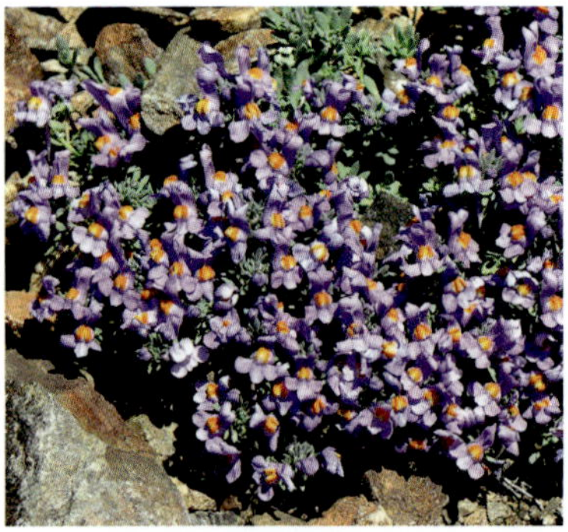

Alpen-Leinkraut auf der Windschar

Abschließend noch ein Wort zum Namen des Berges. Wurde im Volksmund früher die männliche Form gebraucht und »der Windschar« gesagt, was bei älteren Leuten teilweise immer noch zu hören ist, so hat sich heute allgemein die weibliche Form durchgesetzt. Und die Vermutungen über die Herkunft und Bedeutung des Namens gehen von einer Umbildung des Almnamens Winterstaller über die Ableitung vom althochdeutschen scara (Teil, Anteil) bis zu der am häufigsten anzutreffenden, im Alpinführer Tauferer-Ahrntal von Werner Beikircher und Karl Hellweger sehr anschaulich dargelegten Deutung, die im Berg eine überdimensionale Schere sieht (mundartlich »Schar«), die eben den Wind und die Wolken teilt.

Wegverlauf: Anfahrt von Percha über Tesselberg in Richtung Mühlbach, kurz vor dem gleichnamigen Talbach rechts ab und auf einem Sträßchen durch das Mühlbachtal ein Stück hinein bis zu großem Parkplatz (ca. 1600 m). Von da nun zu Fuß der Markierung 2 folgend talein zum Gasthof Mühlbacher Badl (1694 m), auf dem breiten Weg weiter hinein zur Oberbacheralm, zur Huberalm (1852 m, Ausschank) und über die Unterwangeralm hinauf zur Oberwangeralm (2027 m; auch Heißalm genannt); nun links auf Steig 5 der Beschilderung »Windschar« folgend über Grashänge und Schrofen teilweise sehr steil empor zu einem langgezogenen, von der Grubscharte (2802 m) in Richtung Gipfelaufbau ziehenden, schulterartigen Gratrücken, über diesen westwärts zum Fuß der steilen Ostflanke des Berges und durch diese auf dem markierten Felspfad nicht schwierig empor zum Gipfel (3041 m; ab Oberwangeralm ca. 3 Std.).
Abstieg: über die beschriebene Aufstiegsroute.

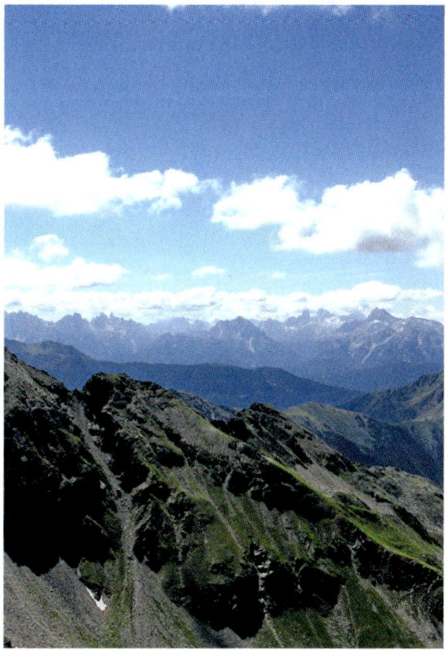

Blick vom Windscharaufstieg zu den Östlichen Dolomiten

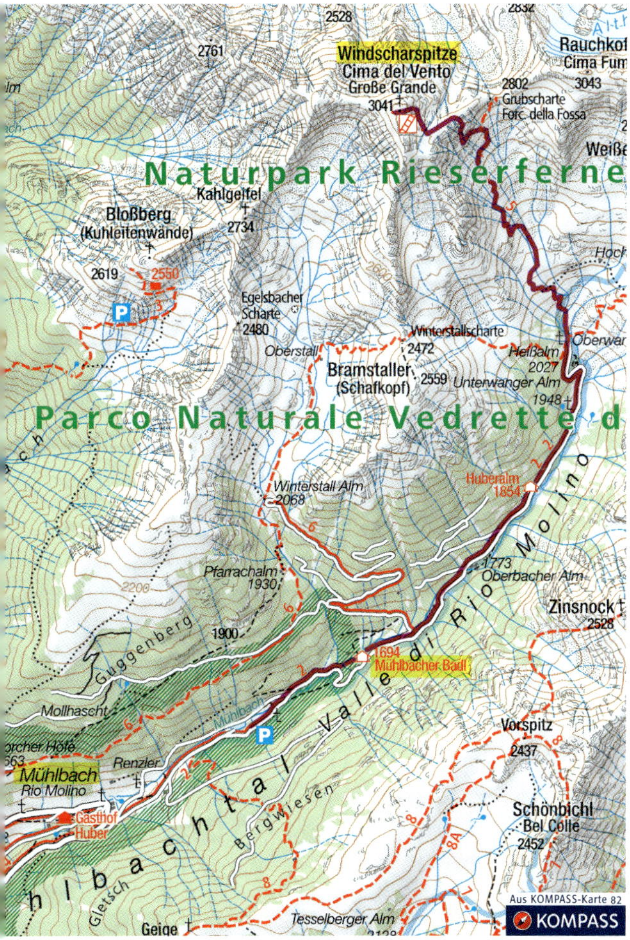

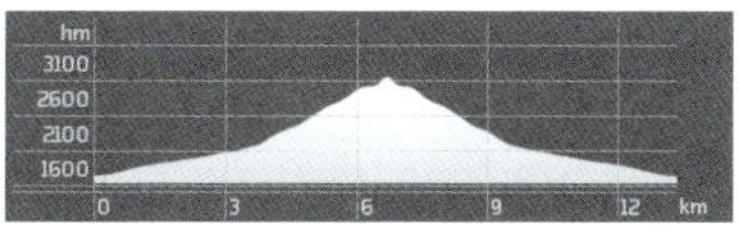

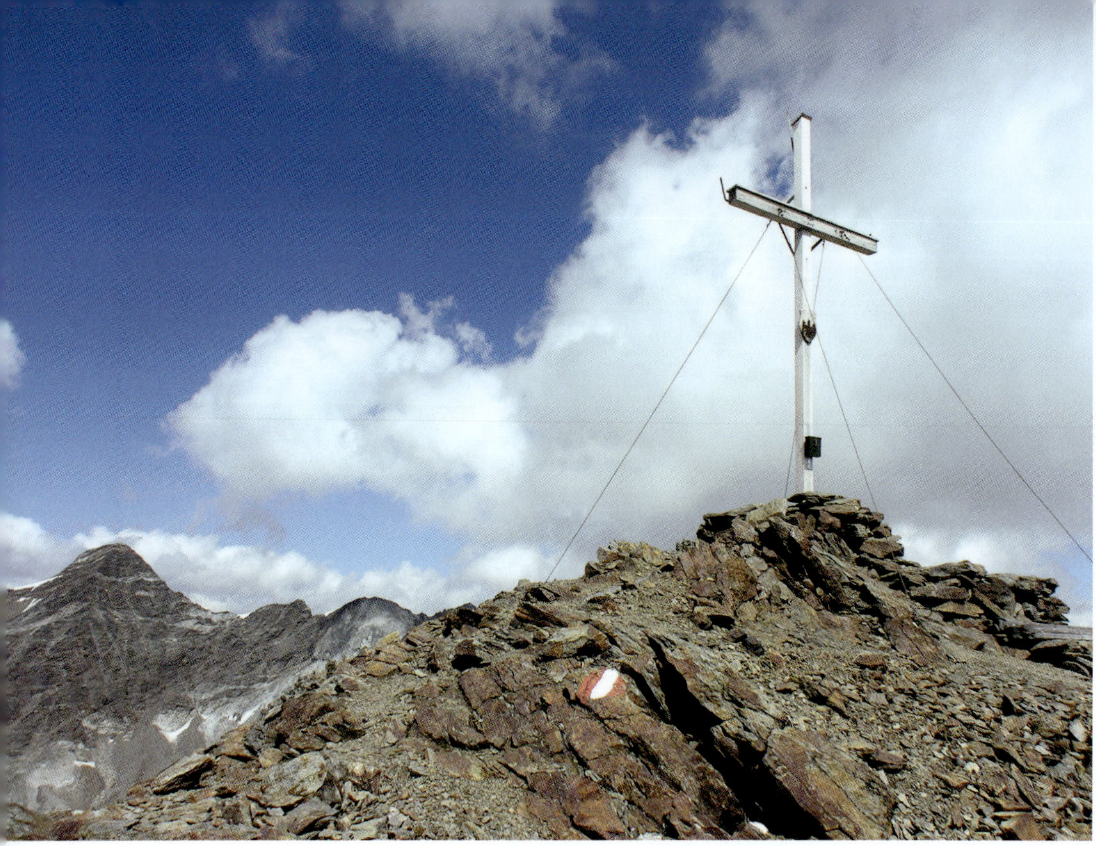

Das Gipfelkreuz auf der Schwarzen Wand; links im Hintergrund der Schneebige Nock

Schwarze Wand 3105 m

Südlichster Hochgipfel der Rieserferner

63

Die Tour im Überblick Mühlbach bei Gais – Mühlbacher Jöchl – Schwarze Wand – retour
Orientierung und Schwierigkeit Für trittsichere und schwindelfreie Geher mit Bergerfahrung nicht schwierig
Gehzeiten Aufstieg 4 ½ Std., Abstieg 3 ½ Std.
Ausrüstung Bergbekleidung, feste Bergschuhe

8 Std. | 14,2 km | 1505 Hm

Sieht man von ein paar unbedeutenden Erhebungen ab, ist die Schwarze Wand der südlichste Dreitausender der Rieserfernergruppe. Der bereits in einer Grenzbeschreibung des Antholzer Gerichts aus dem 15. Jahrhundert erstmals schriftlich erwähnte Berg, dem dunkler Biotitgneis seinen Namen gegeben hat, erhebt sich südwestlich über der im Zusammenhang mit Fernerköpfl und Magerstein näher beschriebenen Rieserfernerhütte.

Von dort aus wird er gern bestiegen, wobei der Gelttalferner überschritten wird und dann ab dem fast 3000 Meter hohen Mühlbacher Jöchl der markierte Steig zum Gipfel führt.

Das Mühlwalder Jöchl ist aber auch auf einem etwas kürzeren und vor allem eisfreien Weg zugänglich, und diesen wählen wir für unsere Besteigung der Schwarzen Wand.

Dabei handelt es sich um eine landschaftlich schöne und in jeder Hinsicht unschwierige Route, die bis hoch hinauf durch blühende, von markanten Graten und Gipfeln überragte Grashänge führt.

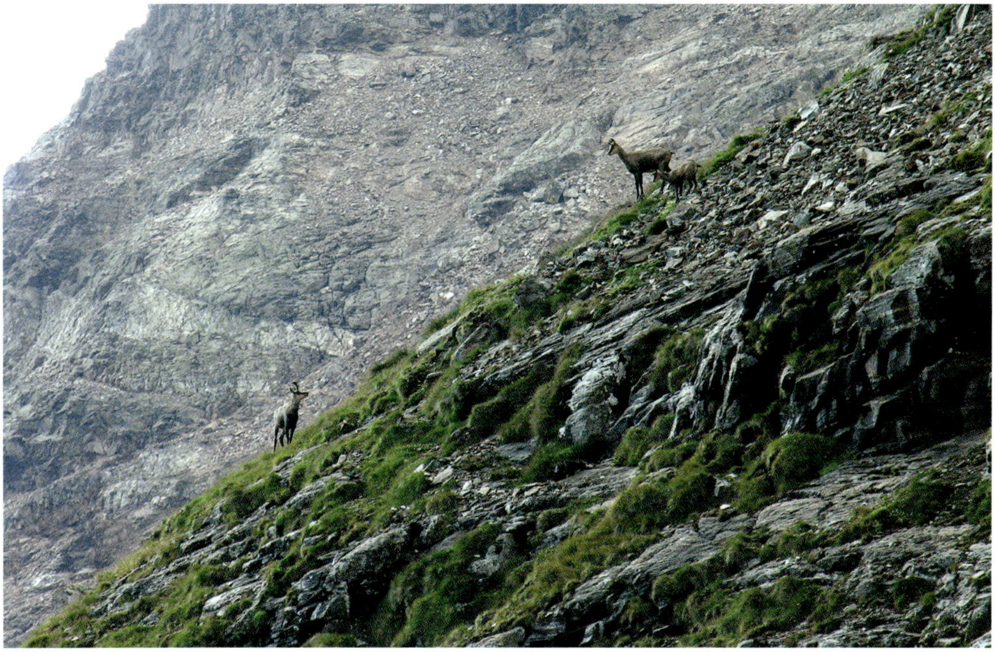

Gamswild, vom Anstieg zur Schwarzen Wand aus

Bis zur Oberwangeralm ist unser Weg identisch mit dem an anderer Stelle beschriebenen Anstieg zur Großen Windschar. Von besagter Alm geht es dann aber nicht links, sondern rechts hinauf zu einer obersten grünen Talmulde mit einer letzten verfallenen Hütte – ein Gebiet, das sich Weidetiere, Murmeltiere und Gämsen teilen und das ab und zu vom König der Lüfte, dem Steinadler, überflogen wird. Schließlich leitet der Steig im Zickzack über einen großen Geröllhang empor zum Mühlbacher Jöchl.

Hier trifft man vielleicht auf Bergsteiger, die mit Pickel und Steigeisen von der Rieserfernerhütte herauf kommen, jedenfalls liegt nordseitig vor uns der Gelttalferner, der von dorther den erwähnten Zugang zu unserem Jöchl vermittelt.

Nun wechseln wir von der Südseite auf die Nordseite des Bergmassivs und queren auf dem ebenfalls schon genannten markierten Block- und Felssteig jenen westlichen Vorgipfel der Schwarzen Wand, der bisher den Blick zu unserem Ziel verwehrt hat. Doch jetzt haben wir die schöne, gewiss schon früh von einheimischen Gämsjägern oder Hirten erstiegene Gipfelpyramide mit dem Kreuz fast zum Greifen nahe vor uns. Und

Besonderer Hinweis Der Anstieg auf die Schwarze Wand ist leichter als der auf die Große Windschar.
Karten 1:50.000: Kompass, Blatt 82 (Taufers – Ahrntal)

Wegverlauf: Anfahrt am besten von Percha über Tesselberg in Richtung Mühlbach, kurz vor dem gleichnamigen Talbach rechts ab und auf einem Sträßchen durch das Mühlbachtal ein Stück hinein zum großen Parkplatz (ca. 1600 m). Von da zu Fuß (stets Mark. 5/2) talein zum Gasthof Mühlbacher Bad (1694 m), auf dem Fahrweg weiter zur Oberbacheralm, weiter zur Huberalm (1852 m, Ausschank), zur Unterwangeralm (1948 m) und zur Oberwanger- oder Heißalm (2027 m; ab Ausgangspunkt gut 1 ½ Std.); nun rechts auf Steig 2 über einen Hang hinauf zu einem flachen Almtälchen, durch dieses zunächst eben, dann allmählich stärker ansteigend weiter und zuletzt über steiles Geröll empor ins Mühlbacher Jöchl (2983 m); nun rechts auf markiertem Pfad die felsige Nordflanke in mäßigem Anstieg querend (eine Stelle etwas ausgesetzt, leichte Kletterei) hinauf und zuletzt über den Grat zum Gipfel (3105 m; ab Oberwangeralm 3 Std.).
Abstieg: über die beschriebene Aufstiegsroute.

die noch fehlenden hundert Höhenmeter sind dank des Pfades, der nur einmal eine kleine leichte Kletterstelle aufweist, denn auch bald bewältigt.

Müßig darüber zu rechten, ob der Blick hinüber zu den nahen, ernsten Hauptgipfeln der Rieserfernergruppe, die von da aus ganz anders aussehen als etwa von Rein hinauf, oder aber ob die weite Schau über die grünen Südausläufer der Gruppe hinweg zu den ungezählten Zinnen der Dolomiten schöner und eindrucksvoller ist.

Besser ist es, man freut sich ganz einfach über die Pracht, die der Gipfel der Schwarzen Wand unserem Auge zu bieten vermag und die noch unbeschreiblich mehr umfasst als man nur mit ein paar dürren Worten auszudrücken vermag.

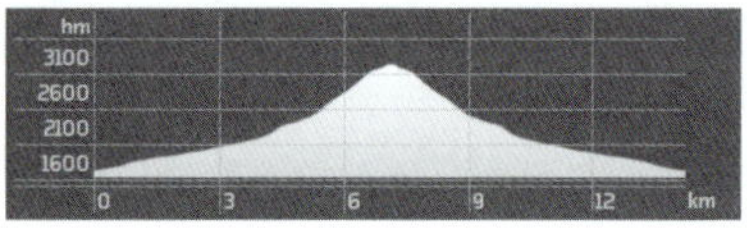

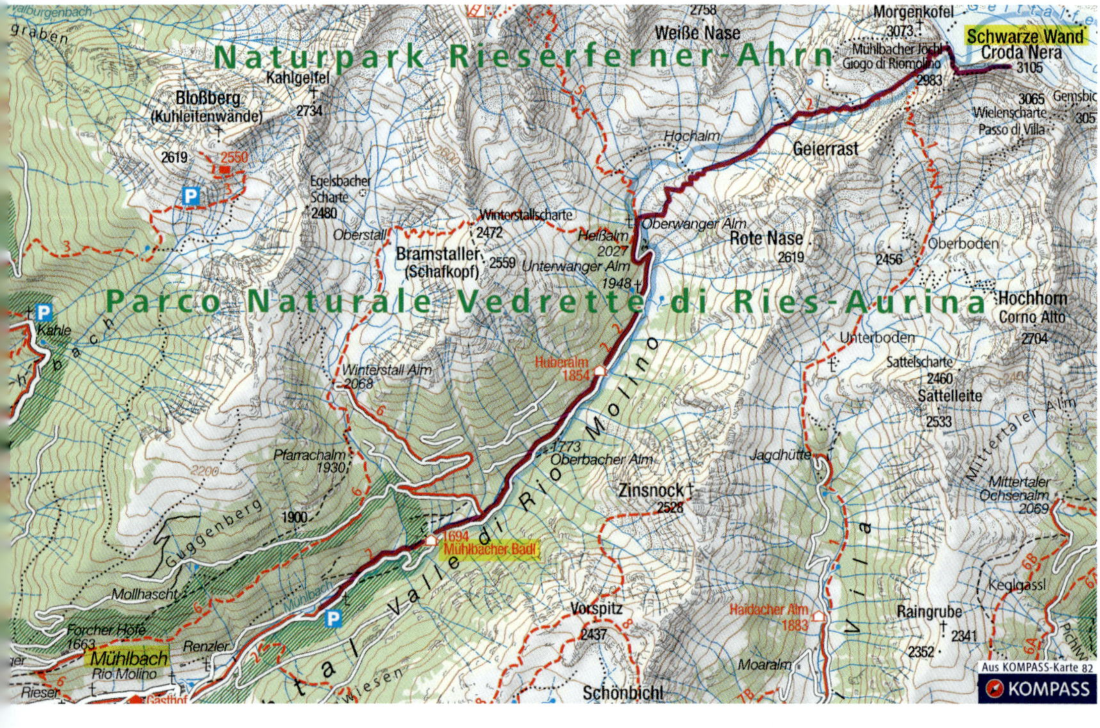

Der Gipfelaufbau der Schwarzen Wand mit unserer Aufstiegsroute

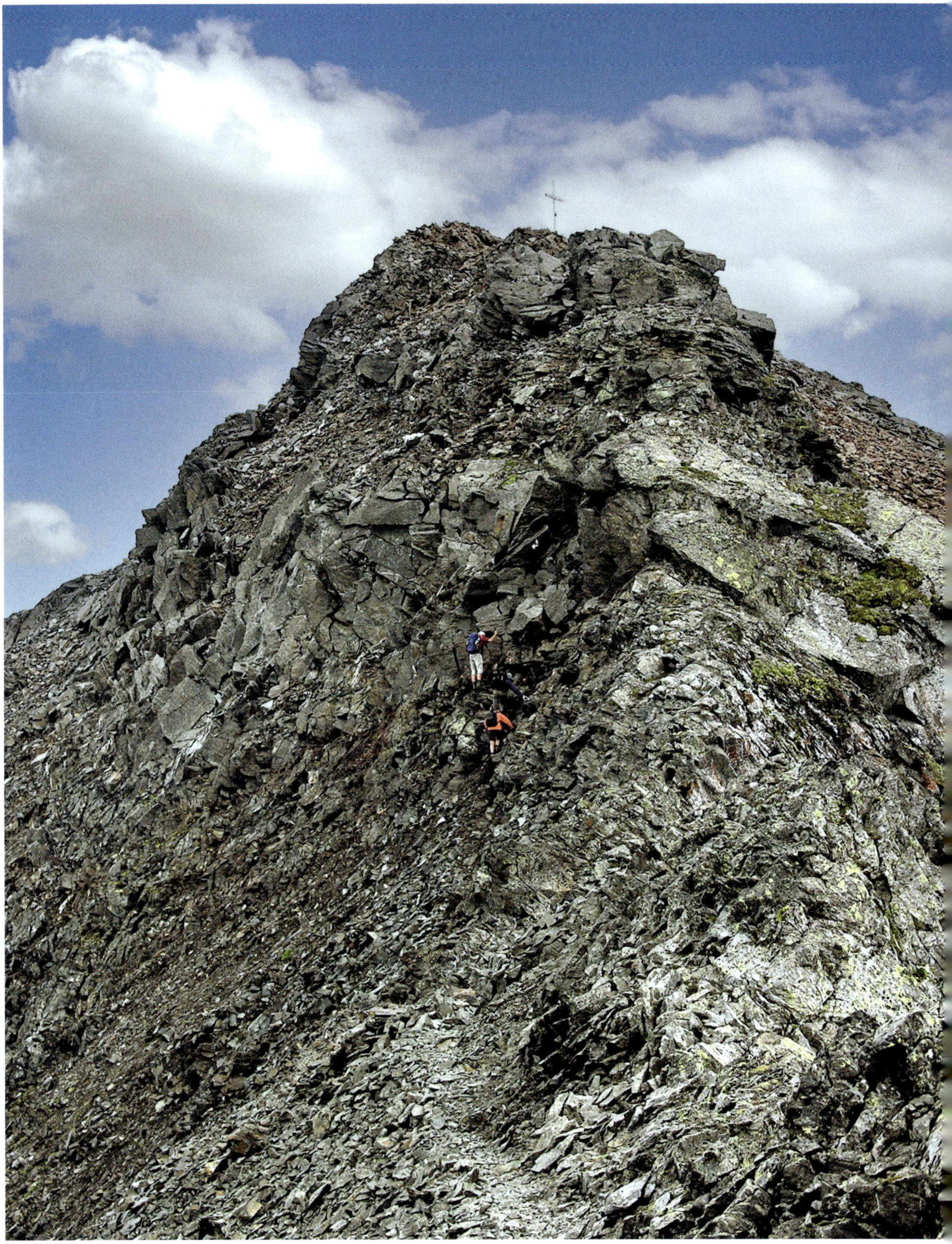

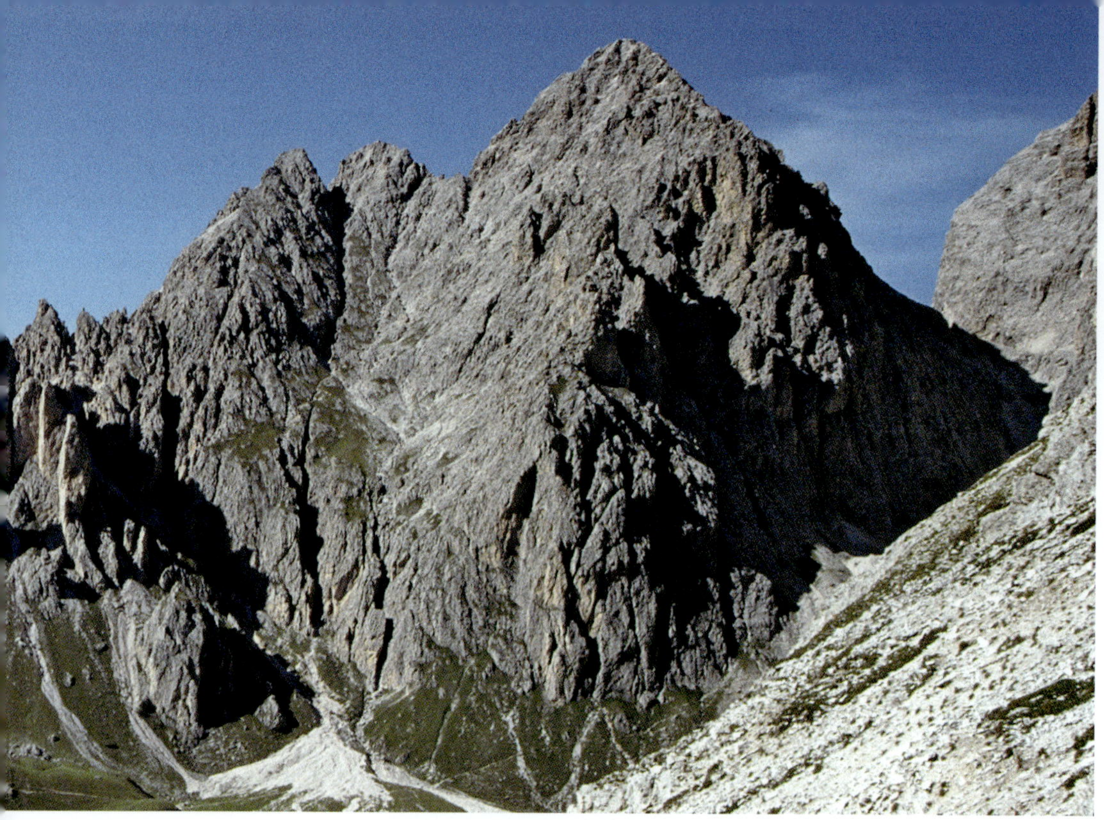

Der Sas Rigais mit seiner Südseite

Sas Rigais 3025 m

Prächtige Klettersteigtour in Gröden

64

Die Tour im Überblick St. Christina – Col Raiser – Sas Rigais – retour
Orientierung und Schwierigkeit Nur geübten, trittsicheren und schwindelfreien Berggehern mit Fels- und Klettersteigerfahrung vorbehalten
Gehzeiten Aufstieg 3 ½ Std., Abstieg 2 ½ Std.
Ausrüstung Bergbekleidung, feste Bergschuhe, Klettersteigausrüstung

6 Std.	9,7 km	988 Hm

Der Sas Rigais, den der Topograf Staffler um 1840 als »Saßriga« bezeichnet und den der berühmte Johann Santner 1890 sogar mitten im Winter bestieg, befindet sich als mächtiger Berg in der Gruppe der Geislerspitzen, die sich bekanntlich zwischen dem Grödner Tal und dem Villnößtal erheben. So gehören diese Berge beiden Tälern an, und mithin gilt das auch für den Sas Rigais. Auf der Villnösser Seite ragt er als wuchtiger Nachbar der schlanken, gleich hohen Furchetta mit seiner senkrechten Nordwestwand auf, die bereits 1901 von den bekannten Felsgehern Viktor Wolf von Glanwell und Günther von Saar erstmals durchstiegen wurde und an der 1973 auch Reinhold Messner eine seiner zahllosen Neurouten eröffnete, während der Berg auf der Grödner Seite mit dem 1916 von Gunther Langes durchstiegenen Südwandkamin zwar auch eine sehr schwierige Kletterroute aufweist, aber auch über weniger schwierige Routen erreichbar ist.

Was den Ursprung des Namens betrifft, der mundartlich auch als »Sas Regais« zu hören ist (immer mit Zweitsilbenbetonung), so gibt es keine endgültige Klarheit, wohl aber verschiedene Vermutungen, wobei auch das deutsche Wort »Rehgeiß« in Erwägung gezogen wird; doch Edgar Moroder, einer der besten Kenner Grödens und seiner Berge, machte mich auf das altladinische »reguz« aufmerksam, das soviel wie ‚senkrechte Geländefalte' bedeutet. Tatsächlich durchzieht eine große Falte die Nordwand des Berges, und die könnte, so wie die Gabelform bei der erwähnten Furchetta, eben namenprägend gewesen sein.

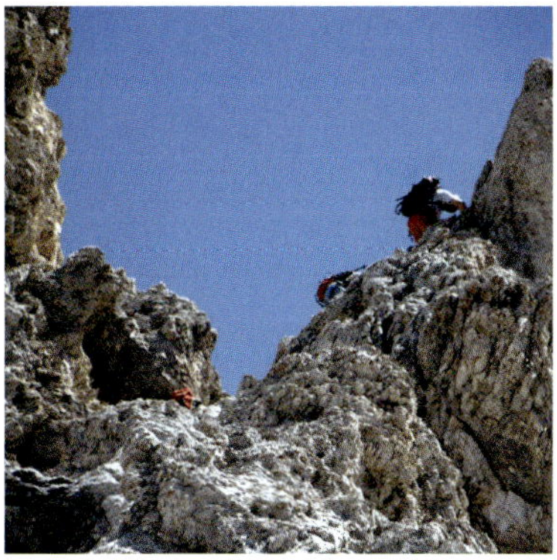

Aufstieg am Südwest-Klettersteig des Sas Rigais

Doch wir verlassen das gerade bei den nicht auf Anhieb leicht erklärbaren Bergbezeichnungen so heikle Feld der Namenkunde und wenden uns wieder dem rein alpinistischen Aspekt zu, nämlich unserer eigenen Besteigung, die von St. Christina aus erfolgt.

Dort kann man mit der Umlaufbahn bis zum Col Raiser schweben, dann geht es gemütlich durch schöne Zirbenbestände, von deren Wipfeln die »Zirmgratschen« (Tannenhäher) mit staunend-fragendem Blick auf die seltsamen Wesen herabäugen, die sich Wanderer nennen, hinüber zur traditionsreichen Regensburger Hütte und über blumenübersäte Almböden bis zu jener steilen Schlucht, die über die Mittagsscharte einen Übergang zur Villnösser Seite vermittelt. Und durch diese Schneise steigen wir empor zum Einstieg in die Felsen.

Was nun folgt, ist ein in seinen Ursprüngen noch in das frühe vergangene Jahrhundert zurückreichender Klettersteig, der mit abwechselnder Steilheit über die große Südwestflanke des Sas Rigais zum Gipfel führt. Diese beliebte und an schönen Sommertagen sehr stark begangene Route wird im Vergleich zu anderen Klettersteigen zu Recht als nicht besonders schwierig eingestuft. Der Fels ist angenehm begehbar, die Fixseile verlässlich verankert, der Wegverlauf gut markiert.

Allerdings sollte die Tour nicht unterschätzt werden. Denn es gibt auch ungesicherte, wenn auch nicht wirklich schwierige Wegstrecken, die Route ist lang und der Gipfel immerhin gut 3000 Meter hoch. Dass sie Gehtüchtigkeit, absolute Schwindelfreiheit, Trittsicherheit und Übung im Begehen von Klettersteigen erfordert, ist demnach selbstverständlich.

Wer zu all dem auch noch etwas für die Natur und die Schönheiten am Wegesrand übrig hat, wird den Sas Rigais nicht nur als eine Art Sportgerüst sehen, sondern als prächtigen Teil jener ungeheuren marinen Kalkriffe, die vor über zweihundert Millionen Jahren entstanden sind. Und mag sich unser Berg auch nicht mit üppigem Leben umgeben, so schmückt er sich

Besonderer Hinweis Wem schon der Aufstieg schwierig genug erscheint, sollte auf den Abstieg über die Ostseite verzichten!
Karten 1:50.000: Kompass, Blatt 59 (Sellagruppe – Marmolata)

Rechte Seite: Der Gipfel des Sas Rigais

Wegverlauf: Von St. Christina mit der Umlaufbahn hinauf zum Col Raiser (2107 m) und ostwärts in 20 Minuten zur Regensburger Hütte, 2037 m); nun stets der Beschilderung Sas Rigais folgend auf Steig 13 über die Almhänge hinauf zum Weideboden Plan Ciautier (ca. 2250 m), die Markierung 13 verlassend bergwärts zur weiteren Wegteilung und auf markiertem Steig durch in der breiten, nordwestwärts ansteigenden Schlucht über Geröll ziemlich lange empor zum Beginn des Klettersteiges (Hinweis an einem Felsen); hier rechts ab, Querung einer Schuttrinne und dann stets der Klettersteigmarkierung (rote Punkte) und bald auch Seilsicherungen folgend hinauf zu einem teilweise grasbewachsenen Hang; über diesen auf dem Steig hinauf zu den Felsen, über sie zunächst ohne, dann mit Seilsicherungen rechts haltend empor zum Gipfelgrat und über ihn zum Kreuz (3025 m, ab Col Raiser 3 – 3 ½ Std.).
Empfohlener Abstieg: Über die Ostroute (etwas schwieriger als die obige Südwestroute): Vom Gipfel der Punktmarkierung folgend auf der Ostseite teils auf Steig, teils weglos längere Zeit über steile Schrofen hinunter zum gut gesicherten Klettersteig, über ihn steil und teilweise auch senkrecht hinab zu einem schmalen Felseinschnitt, weiter zur Salieresscharte zwischen Sas Rigais und Furchetta, nun auf Zickzackweg über Geröll im Wasserrinnental (Val dla Salieres) hinunter zu den Grashängen, zum Plan Ciautier und wie im Anstieg zurück zum Ausgangspunkt.

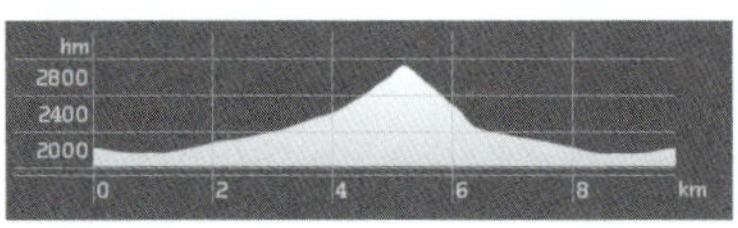

doch da und dort mit den farbenfrohen Vertretern der berühmten Dolomitenflora und bietet den leichtfüßigen Gämsen eine Heimstatt.

Hat man das stattliche Gipfelkreuz auf der pausenlos von zutraulichen Alpendohlen umflogenen hohen Dolomitenwarte erreicht, ausgiebig gerastet und sich genügend an der prächtigen Fernsicht und an den atemberaubenden Nahbildern erfreut, sollte man überlegen, ob man über den Aufstiegsweg absteigt oder die hier empfohlene, allerdings etwas schwierigere Ostseite wählt.

Dort geht es – der Furchetta gerade gegenüber – längere Zeit über ungesicherten Fels und dann über den teilweise senkrechten Klettersteig hinab in das von Wolffs Dolomitensagen her bekannte Wasserrinnental, durch das über viel Geröll wieder die grünen Almmatten erreicht werden.

Wer den Aufstieg über die Südwestseite als schwierig empfunden hat, sollte ihn auch wieder für den Abstieg wählen. Wer ihn aber mit Leichtigkeit bewältigt hat, darf sich auch die Ostroute zutrauen. Sie ist, wie gesagt, zwar etwas schwieriger als der Normalanstieg, und sie verlängert die Gesamtgehzeit etwas, aber dafür ermöglicht sie nichts weniger als die Überschreitung eines der höchsten und prächtigsten Berge der Südtiroler Dolomiten.

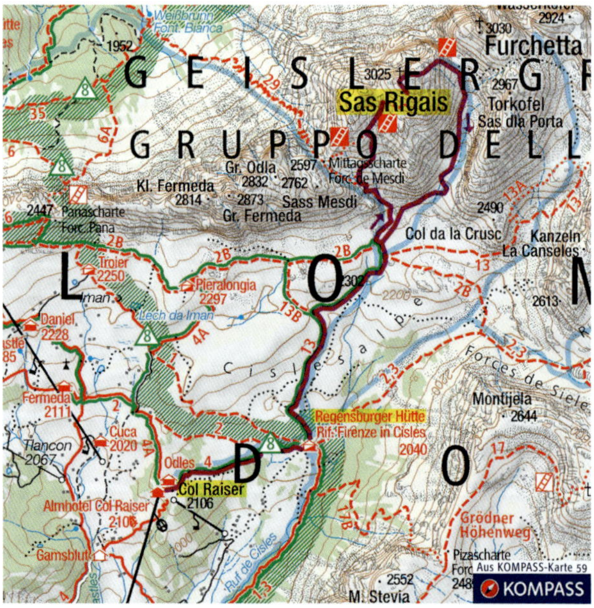

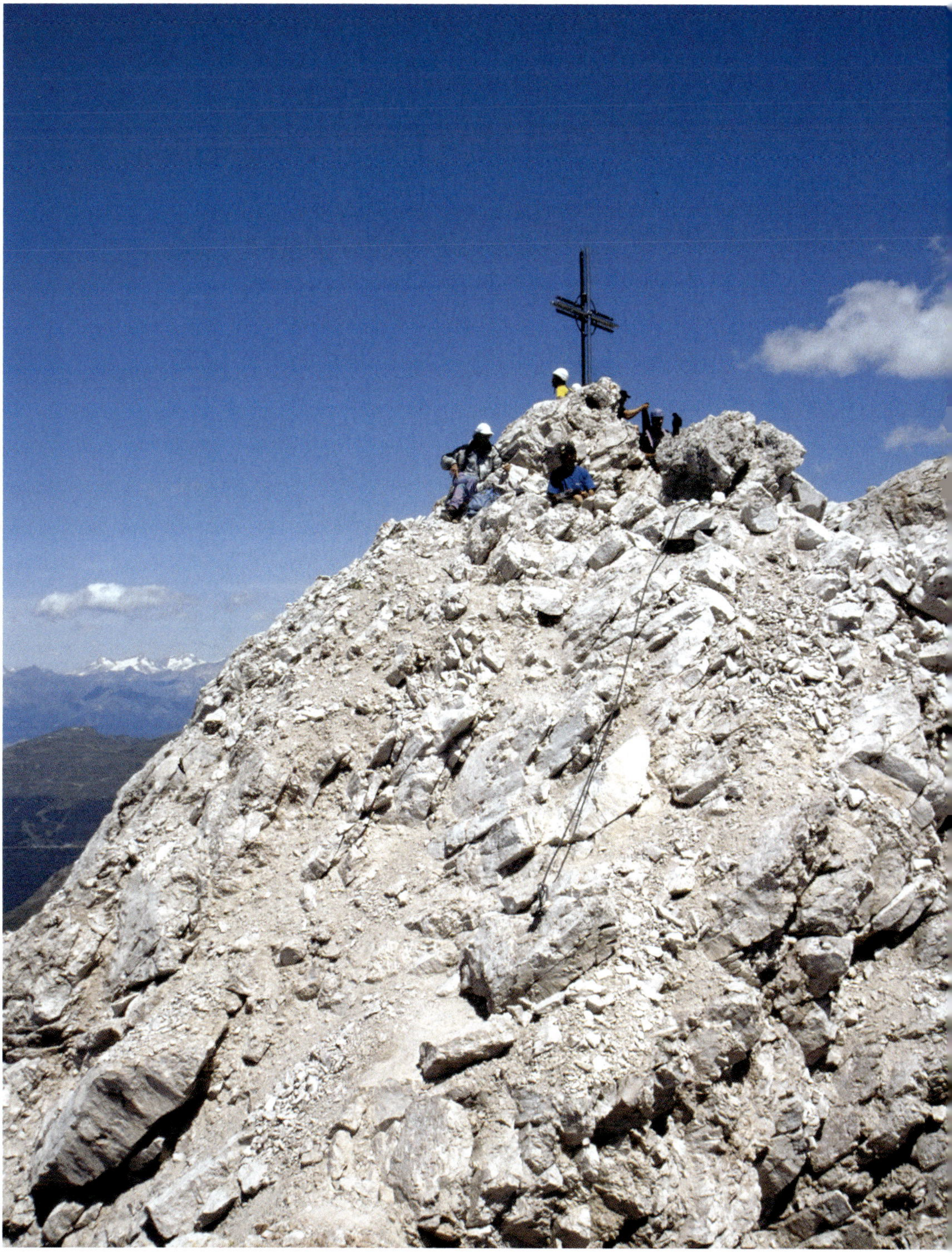

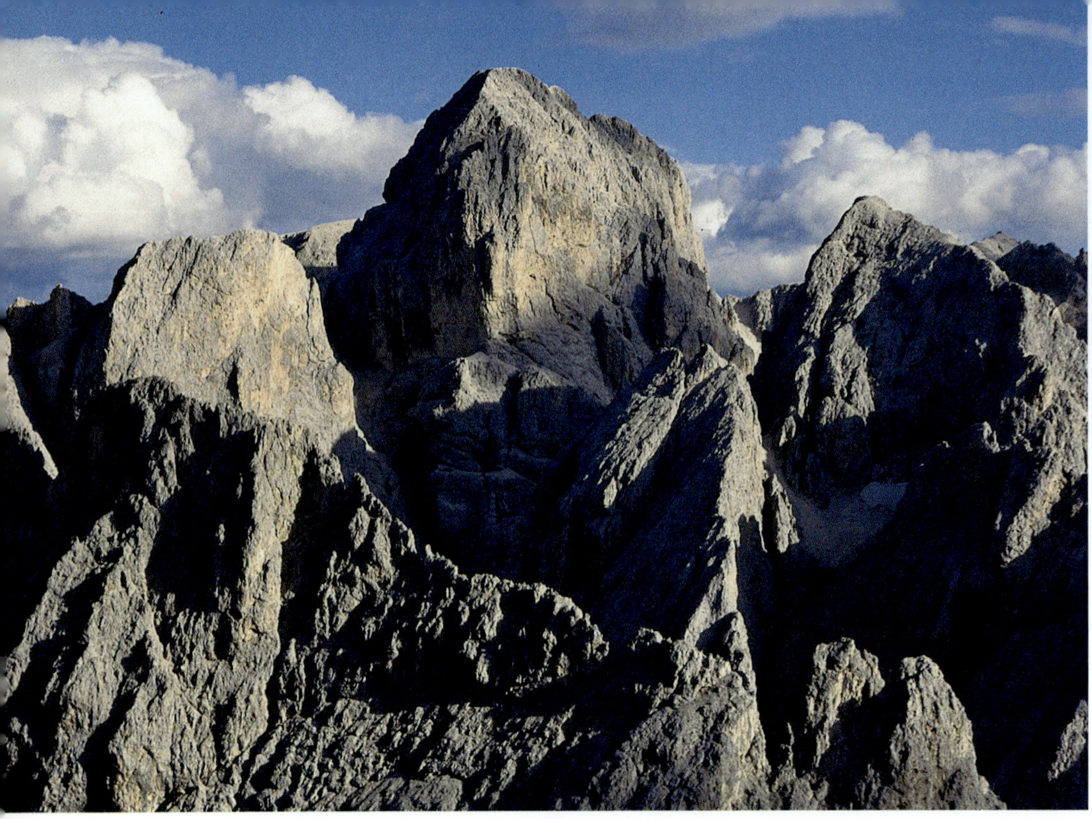

Der Kesselkogel in der Rosengartengruppe

65

Die Tour im Überblick Tierser Talschluss – Grasleitenhütte – Grasleitenpasshütte – Kesselkogel – retour
Orientierung und Schwierigkeit Für berg- und klettersteigerfahrene, absolut trittsichere und schwindelfreie Geher nicht schwierig
Höhenunterschiede Bis zur Grasleitenhütte 979 m, von dort zum Gipfel 875 m
Gehzeiten Aufstieg zur Grasleitenhütte 3 Std., von dort zum Gipfel 3 ½ Std., Abstieg insgesamt 5 Std.
Ausrüstung Bergbekleidung, Klettersteigausrüstung oder zumindest Sicherungsutensilien
Besonderer Hinweis Guten Klettersteiggehern bietet sich zwar die Möglichkeit, vom Gipfel über die ebenfalls gesicherte Ostseite abzusteigen, doch muss man dann etwas mühsam den Antermoiapass überschreiten, um zum Grasleitenpass zurückzukehren.
Karten 1:50.000: Kompass, Blatt 54 (Bozen)

11 ½ Std. | 17,7 km | 1854 Hm

Kesselkogel 3004 m

Der höchste Gipfel der Rosengartengruppe

Der 1872 von den Engländern Charles Comyns Tucker und Thomas Henry Carson mit dem Führer Antonio Bernard aus Campitello erstmals bestiegene Kesselkogel ist ein Dolomitengipfel, der dank seines mit Steighilfen versehenen Anstieges als relativ leicht ersteigbar gilt und das für absolut schwindelfreie und einigermaßen klettersteigerfahrene Geher auch ist.

Er befindet sich in der Rosengartengruppe und ist der einzige Dreitausender dieses Gebirges. Damit überragt er zwar alle Nachbargipfel, doch liegt er etwas versteckt im Hintergrund; und obwohl sein Gipfelaufbau durchaus als mächtig bezeichnet werden darf, kann er es hinsichtlich seiner Gestalt natürlich nicht mit der berühmten, aus Rosengartenspitze und Vajolettürmen bestehenden Hauptformation aufnehmen.

Umso eindrucksvoller aber sind die Bilder, die sich dem Auge von seinem Gipfel aus bieten, und kaum weniger beeindruckend ist auch der zwar lange, aber dank des abwechslungsreichen Geländes und zweier Schutzhütten keineswegs langweilige Aufstieg.

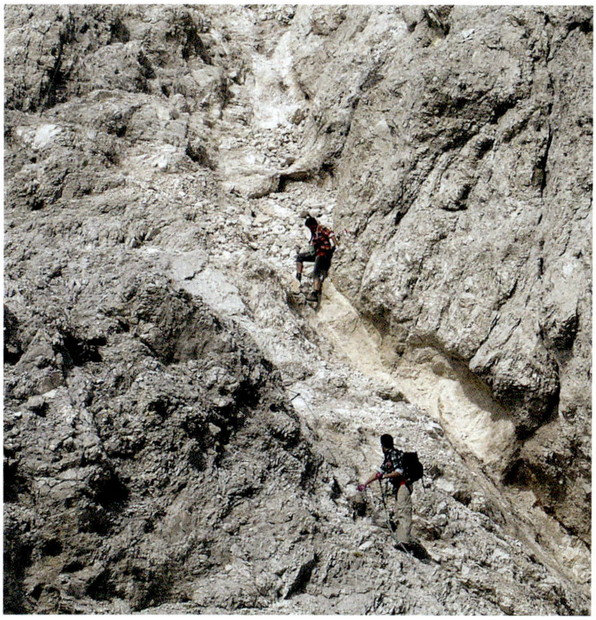

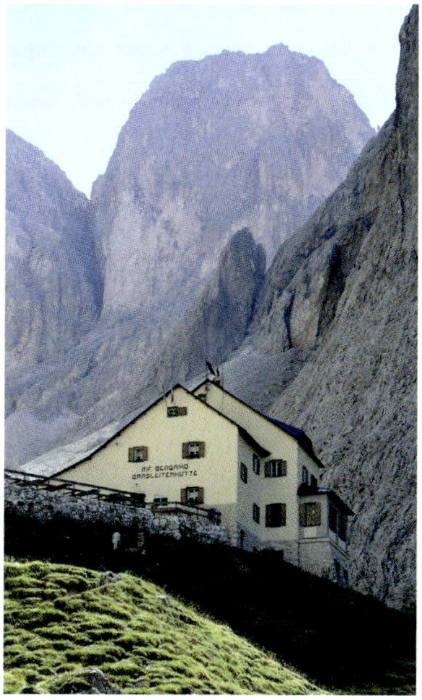

Links: Am Klettersteig in der Westflanke des Kesselkogels

Rechts: Die Grasleitenhütte am Weg zum Kesselkogel

Vom innersten Tierser Tal wandern wir zunächst durch das unbewohnte, im Talboden von Waldbeständen und kleinen Almrodungen bestimmte und von hohen Felsgestalten umschlossene Tschamintal hinein und hinauf zur stattlichen, 1887 von der damaligen Alpenvereinssektion Leipzig erbauten Grasleitenhütte.

Wer die Tour auf den Kesselkogel nicht in einem Tag durchführen will, was wegen der beachtlichen Länge und des großen Höhenunterschieds auch nicht jedermanns Sache ist, wird im genannten Schutzhaus übernachten, und am nächsten Tag den Aufstieg fortsetzen.

Dies ist zunächst noch eine unschwierige Wanderung durch den geröllreichen, von senkrechten Felsbastionen umschlossenen Grasleitenkessel hinauf zum Grasleitenpass, den die Italiener Passo Principe nennen, weil ihn einmal einer der Brixner Fürstbischöfe überschritten haben soll.

Hier, wo eine kleine Bergschenke tagsüber Einkehrmöglichkeit bietet, endet das gemütliche Bergwandern. Denn nun stehen wir vor der riesigen Westflanke des Kesselkogels, und durch diese müssen wir hinauf, wenn wir den Gipfel erreichen wollen.

Zuerst längere Zeit nach rechts, dann wieder längere Zeit nach links und zuletzt wieder nach rechts – das ist mit wenigen

Wegverlauf: Anfahrt von Blumau nach Tiers und weiter bis zum Parkplatz im Talschluss (ca. 1150 m; Naturparkhaus). Von da nun zum nahen Gasthaus Tschaminschwaige, dann stets der Markierung 3 folgend durch das Tschamintal hinein bis in den Talhintergrund und rechts auf Weg 3 A hinauf zur Grasleitenhütte (2129 m; 3 Std.); hier evtl. Nächtigung.
Von der Hütte dann auf markiertem Steig hinauf in das große Kar des Grasleitenkessels und rechts über Dolomitgeröll weiter zum Grasleitenpass mit der kleinen bewirtschafteten

Grasleitenpasshütte (Rifugio Passo Principe, 2599 m; ab Grasleitenhütte knapp 1 ½ Std.), wo der eigentliche Gipfelanstieg beginnt. Zunächst auf einem Zickzacksteig ostseitig kurz hinauf zu den Felsen, nun Ringstiften und der Markierung folgend ein Stück links hinauf, dann scharf rechts wieder an Ringhaken hinauf zu schmaler Scharte hinter einem Felszahn, jenseits über eine drei Meter hohe Eisenleiter hinab und an Stahlseilen durch die Felsflanke südwärts hinauf zur großen, links aufwärts führenden Rampe; nun über diese teilweise an Seilen in abwechslungsreichem Felsgelände hinauf, dann, zunächst über senkrechte Felsen, wieder teilweise an Seilen empor und zuletzt über den sehr scharfen, fast waagrecht verlaufenden Nordgrat ziemlich ausgesetzt (keine Sicherungen, eine leichte Kletterstelle) südwärts zum Gipfelkreuz (3004 m, ab Grasleitenpass knapp 2 Std.). *Abstieg:* über die beschriebene Aufstiegsroute.

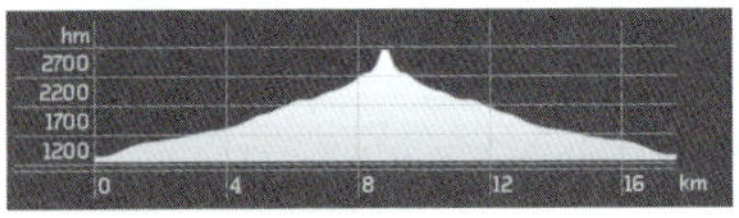

Worten unser Routenverlauf, den der Kenner schon an der Struktur der Felsen erahnen kann und dem Josef Rampold die schönen Worte gewidmet hat: »Der Gang durch diese Mondlandschaft aus bleichen Felsen wird jedem unvergessen bleiben, und jeder wird das uralte Märchen im Ohr haben, laut dem hier einst alles voll von blühenden Rosen war …«

Hatten die erwähnten Erstbesteiger die Ostseite des Berges durchklettert, so wurde die Westroute am 16. Oktober 1878 vom berühmten, aus dem osttirolischen Defereggen stammenden Wahlbozner Johann Santner, nach dem der von ihm erstbestiegene große Schlernzacken benannt ist, erstmals begangen – eine sehr »logische« Route, die in der Folge nicht nur zum beliebtesten Kesselkogelanstieg werden sollte, sondern durch Steighilfen und Seilsicherungen auch für den »Normalbergsteiger« begehbar gemacht wurde.

Dieser Weg wird zwar zu den leichteren Dolomiten-Klettersteigen gezählt, aber er ist eben ein Klettersteig und kein Wanderweg. Nicht nur absolute Schwindelfreiheit und Trittsicherheit, sondern auch ein gewisses Maß an Fels- und Klettersteigerfahrung sollte man schon mitbringen, um diese lange, stellenweise doch sehr ausgesetzte und auf manchen Strecken auch ungesicherte Route sicher zu bewältigen.

Aber auch auf aperen und trockenen Fels und auf verlässliches Wetter sollte geachtet werden – was an sich nicht nur für den Kesselkogel gilt, aber für ihn ganz besonders. Denn in solcher Höhe und dazu noch auch auf einem versicherten Klettersteig von einem Gewitter überrascht zu werden, könnte ein verhängnisvolles Ende nehmen.

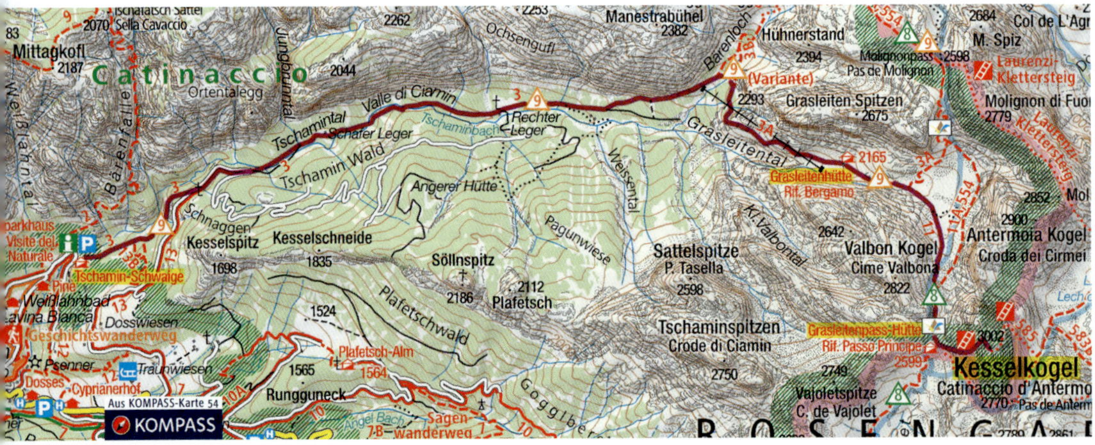

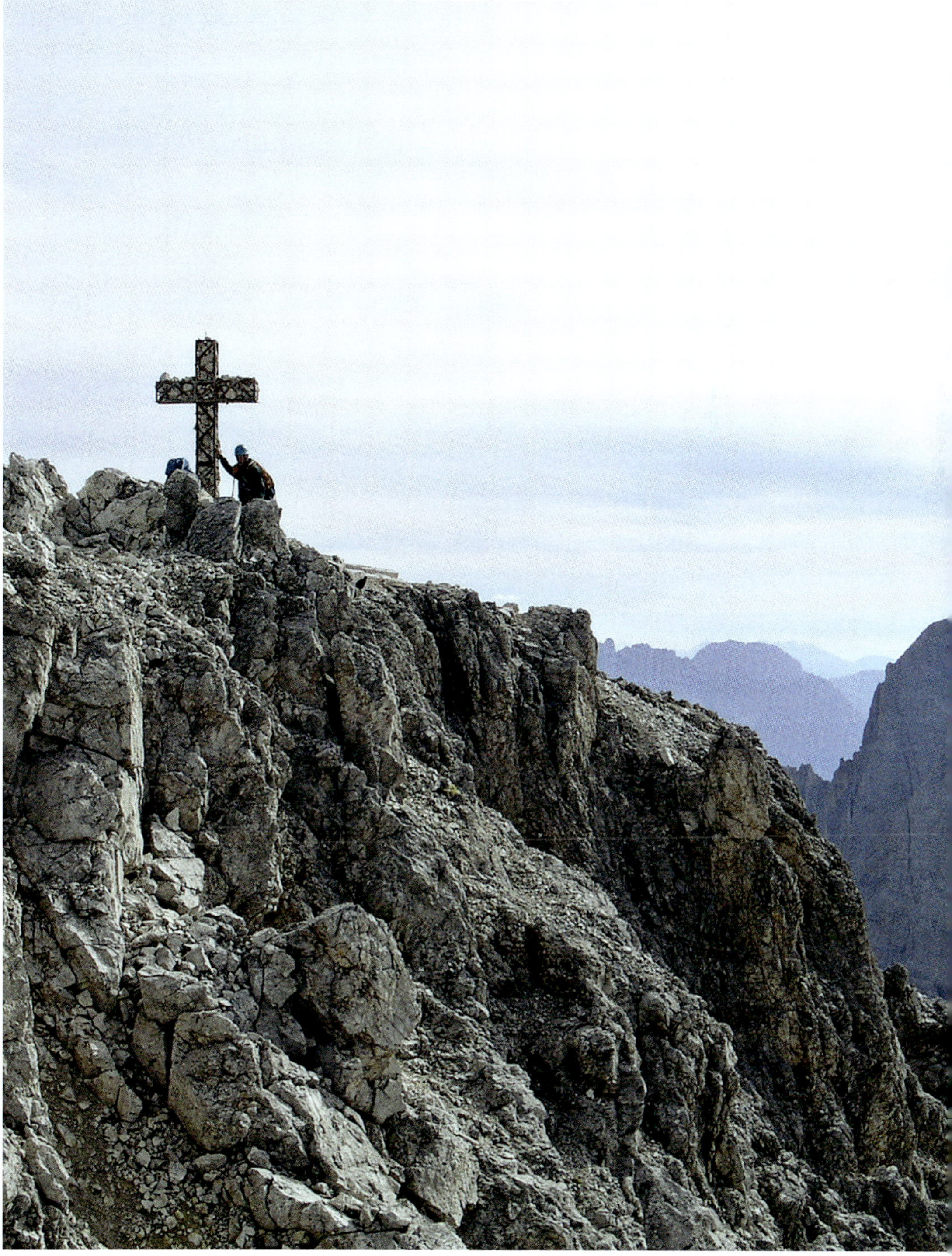

Am Gipfel des Kesselkogels

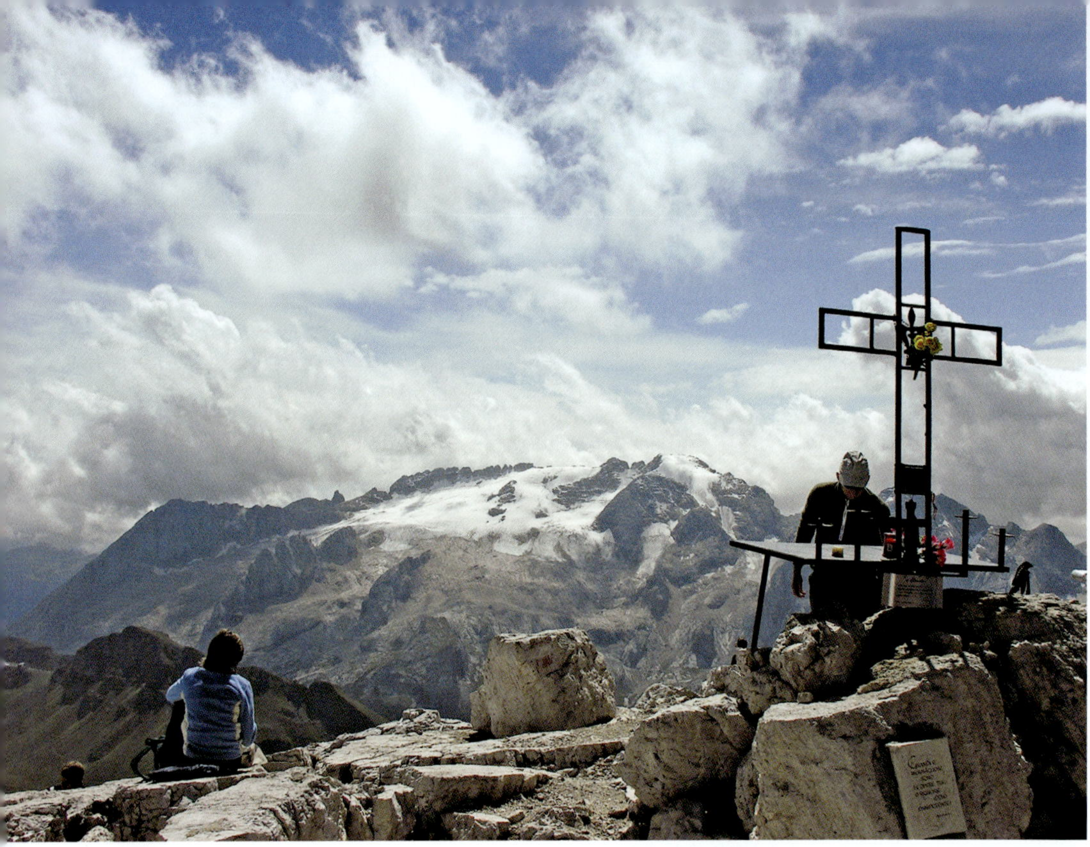

Blick vom Piz Boè zur Marmolata

66

Die Tour im Überblick Corvara – Franz-Kostner-Hütte – Piz Boè – Boèhütte – Pisciadùhütte – Corvara
Orientierung und Schwierigkeit Für gehtüchtige, trittsichere und schwindelfreie Berggeher mit Hochgebirgserfahrung nicht schwierig
Höhenunterschiede Aufstieg 632 m; Abstieg 1597 m
Gehzeiten Aufstieg 2 ½ Std., Abstieg 4 Std.
Ausrüstung Bergbekleidung, feste Bergschuhe, Sicherungsutensilien für Ungeübte. Sollte auf den Bergen noch Altschnee liegen, leistet ein Eispickel gute Dienste. – Klettersteigausrüstung nicht unbedingt notwendig
Besonderer Hinweis Der hier vorgeschlagene Abstieg empfiehlt sich nur bei besten hochsommerlichen Verhältnissen; wegen der nordseitigen Lage muss mit Schneeresten gerechnet werden!
Einkehrmöglichkeit Fassahütte, T 336 452523, s. S. 271
Karten 1:50.000: Kompass, Blatt 55 (Cortina d'Ampezzo)

6 ½ Std. | 12,9 km | 632 Hm | 1597 Hm

Piz Boè 3152 m

Große Rundtour von Corvara aus

Mit dem geradezu riesigen Telefonreflektor am höchsten Punkt, der stattlichen Schutzhütte und dem relativ kurzen und leichten Zugang von der Bergstation der Pordoi-Seilbahnen her gehört der Piz Boè nicht zu den stillen und unberührten Hochgipfeln der Alpen. Manchmal geht es da oben auf dem schmalen Gipfelgrat zu wie auf dem Jahrmarkt.

Aber der Berg ist einer der höchsten und bekanntesten Gipfel der Dolomiten; und er ist nicht schwierig zu besteigen. Daher darf er in diesem Buch nicht fehlen.

Der Piz Boè hebt sich vom mächtigen Sellastock als ebenmäßig geformte, alle anderen umliegenden Gipfel überragende Pyramide ab; er bietet eine Aussicht wie wenige andere Gipfel, und er ist nach wie vor nur zu Fuß zu erreichen. So ist der Berg, dessen erste schriftlich belegte Besteigung 1864 durch den berühmten Wiener Dolomitenerschließer Paul Grohmann erfolgte, trotz der Baulichkeiten auf dem Gipfel ein begehrtes Ziel geblieben.

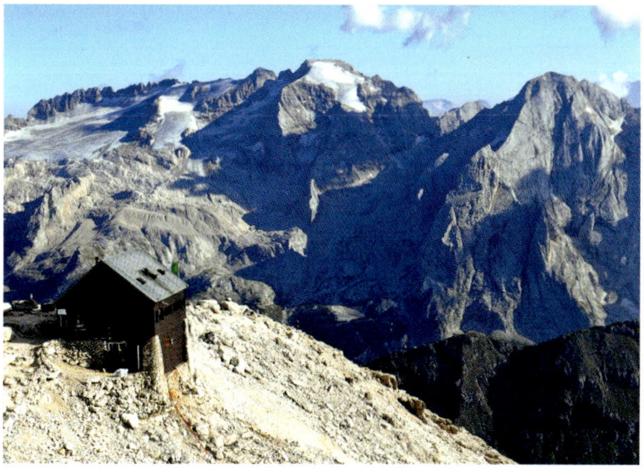

Die Fassahütte oder auch Capanna Fassa auf dem Piz Boè mit der Marmolata im Hintergrund

Die erwähnte Hütte, genannt Capanna Fassa, gehört zu jener kleinen Gruppe von Schutzhütten, die im Laufe der Zeit nicht am Weg zu einem Gipfel, sondern ganz oben auf der Spitze errichtet wurden. Südtiroler Beispiele sind das Becherhaus im Ridnauntal, das Rittner-Horn-Haus bei Bozen und die Helmhütte im Hochpustertal.

Die Idee zu einem Hüttenbau auf dem Piz Boè reicht weit zurück. Bereits um 1890 regte der Gadertaler Johann Alton, damals Vorstand der Sektion Ladinia des Deutschen und Österreichischen Alpenvereins, einen Hüttenbau auf dem Gipfel unseres Berges an, die Sektion Bamberg baute ihre Bamberger Hütte im Jahre 1894 dann allerdings am Fuß des Gipfelaufbaus. Erst viel später errichtete dann der Tischler und Gastwirt Luigi Bernard aus Pozza di Fassa zusammen mit seinen zwei Söhnen die Capanna Fassa, damals noch ein sehr bescheidenes Hüttchen aus Holz, das 1969 eröffnet wurde.

Später wurde die Hütte vergrößert und in unmittelbarer Nähe der großflächige, weithin sichtbare Telefonreflektor errichtet – für einen Berggipfel und ganz besonders für den Gipfel eines Dreitausenders ein nicht gerade ästhetisches »Wahrzeichen«.

Wer die Boèspitze trotzdem besteigt, wird es schon wegen der einmaligen Aussicht nicht bereuen. Hinzu kommt, dass der Berg gleich mehrere auch für den geübten Normalgeher lohnende, teilweise gesicherte Anstiegsmöglichkeiten besitzt. So auf der Seite der Provinz Trient den Zugang vom Pordoijoch herauf und auf Südtiroler Seite die Anstiege über die Pisciadùhütte, durch das Mittagstal und über die Franz-Kostner-Hütte.

Ich schlage hier den bei der letztgenannten Hütte beginnenden Lichtenfelser Weg vor, der als einer der schönsten Anstiege auf den Piz Boè gilt. Dabei handelt es sich in Teilen um einen Klettersteig im unteren Schwierigkeitsgrad, großteils aber um einen gewöhnlichen, problemlosen Bergsteig.

Nachdem wir von Corvara aus mit Seil- und Sesselbahn das Gebiet des »Valun« und dann in kurzer Querung die erwähnte Schutzhütte erreicht haben, geht es schon bald über den gesicherten Klettersteig durch die Felsen eines schaurig-schönen Felskessels hinauf in leichteres Gelände. Dann überschreiten

Wegverlauf: Von Corvara (1555 m) mit der Umlaufbahn hinauf zum Crep de Mont (2152 m) und mit dem Sessellift weiter zum Valun (2520 m). Von dort kurz auf beschildertem Weg zu Weggabel nahe der Franz-Kostner-Hütte (2500 m, Sommerbewirtschaftung), auf Weg 638 kurz hinan zur Abzweigung des Lichtenfelser Weges (Wegweiser) und auf diesem mit Markierung 672 über Geröll und steile Felsen (gute Sicherungen) in langem Anstieg hinauf zur Eisseespitze (Piz Lech Dlace, 3009 m); dann am Grat kurz hinab in eine Gratsenke (ca. 2975 m), über Blockwerk hinauf zur Graterhebung der Cresta Strenta (Hahnenkamm; ca. 3120 m), nun zuerst südseitig (kurze Querung mit Stahlseil) und dann nordseitig zur wenig eingesenkten Jägerscharte (Forc. dai Ciamorces, 3110 m) und am Grat kurz weiter zum Gipfel des Piz Boè (3152 m; hier die Capanna Fassa oder Fassahütte mit Sommerbewirtschaftung; ab Ausgangspunkt 2 ½ Std.).

Rechte Seite: Der Piz Boè (links) mit unserem Aufstiegsweg

Empfohlener Abstieg: Zurück zur Jägerscharte, links auf Steig hinab zur Wegteilung, nun entweder rechts (leichter) über Stufen durch eine kleine Schlucht oder links über kurzen Klettersteig hinunter zur Bamberger oder Boèhütte (2871 m, Sommerbewirtschaftung). Von da auf Weg 647 zur Weggabel am Südfuß des Zwischenkofels und entweder diesen auf leichter Route überschreitend (Höchstpunkt 2907 m) oder dessen Westflanke links auf dem gesicherten Koburger Weg ausgesetzt querend zu einer Geländesenke; dann auf Weg 666 hinauf zum querenden Kamm (ca. 2970 m), jenseits teilweise über steile aber unschwierige Felsen – stets Weg 666 – im Val de Tita hinunter zu einer Mulde (ca. 2800) am Südfuß der Pisciadùspitze, über Blockwerk hinab zur Weggabel, nun entweder rechts auf Geröllsteig oder links über gesicherten Klettersteig hinab und zuletzt wieder auf Geröllweg zur Pisciadùhütte (2585 m, Sommerbewirtschaftung; ab Gipfel ca. 2 Std.). Dann auf Weg 676 anfangs nahezu eben, später steil und teilweise über gesicherte Felsen hinab ins Mittagstal, durch dieses auf Weg 651 mit zunehmender Steilheit hinab zum Bergfuß und rechts auf breitem Weg in längerer Waldquerung zurück nach Corvara; ab Pisciadùhütte 2 Std.

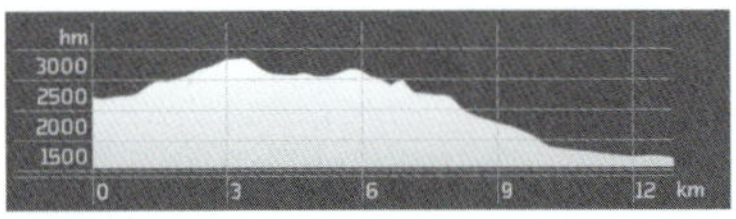

wir die 3009 Meter hohe Eisseespitze (Piz Lech Dlace), die man als Vorgipfel des Piz Boè, aber auch als eigenständigen Dreitausender gelten lassen kann.

Jedenfalls ist es von dort nicht mehr weit zum höchsten Punkt des Piz Boè. Dort wird man sich ausgiebig den schier unendlichen Panoramablick zu Gemüte führen und sich vielleicht auch in der Hütte stärken – sofern einem der manchmal allzu starke Rummel nicht beides verleidet –, und schließlich auch an den Abstieg denken.

Diesbezüglich gibt es die Möglichkeit, auf Nummer sicher zu gehen und über die Aufstiegsroute abzusteigen, oder aber, als gehfreudiger und selbstständiger Hochtourist, den hier empfohlenen, landschaftlich großartigen Abstieg über die Bamberger oder Boèhütte und die Pisciadùhütte einzuschlagen.

Dieser stellenweise gesicherte Abstieg, der uns wieder nach Corvara zurückbringt, ist wohl wesentlich länger, aber nicht nennenswert schwieriger als der Aufstieg. Und mit seiner Begehung wird unsere Tour zu einer der eindrucksvollsten Überschreitungen, die der Dolomitenraum zu bieten hat.

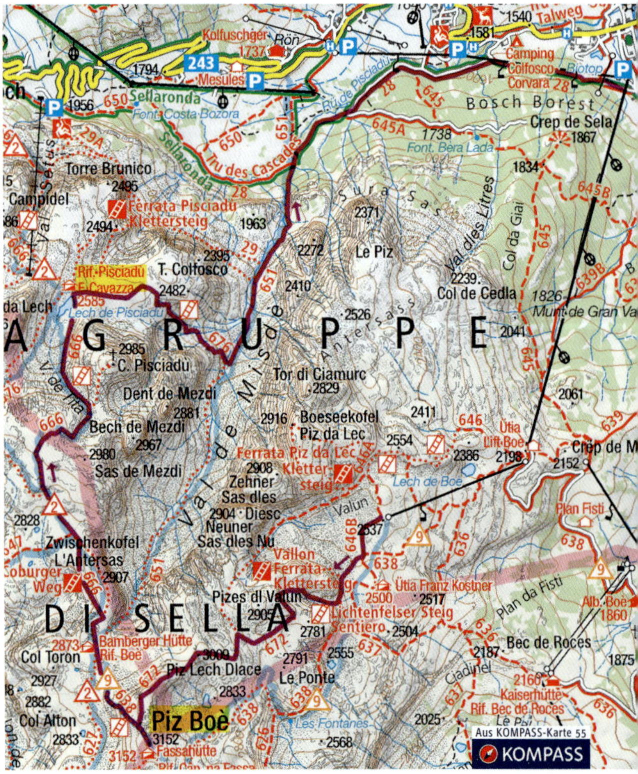

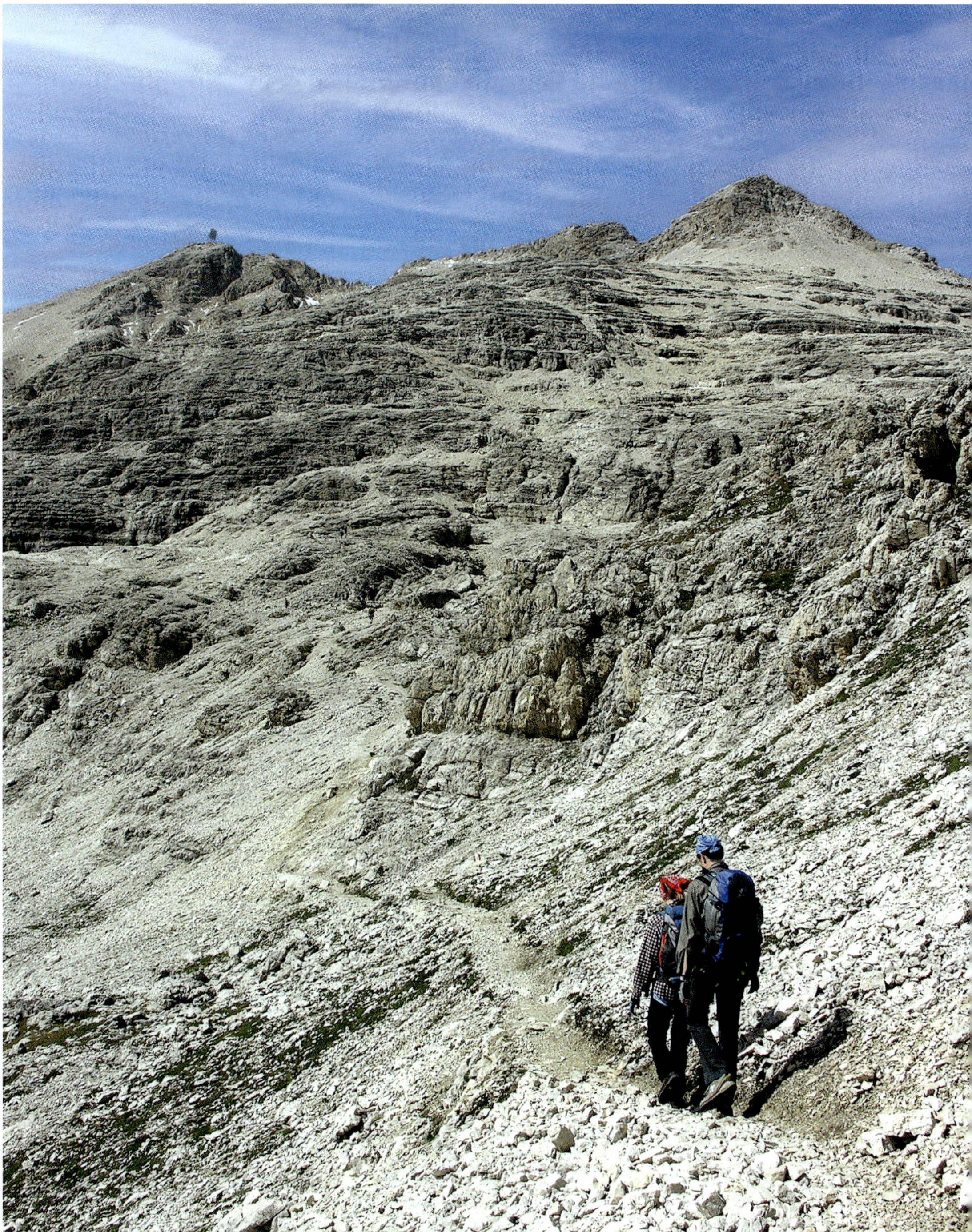

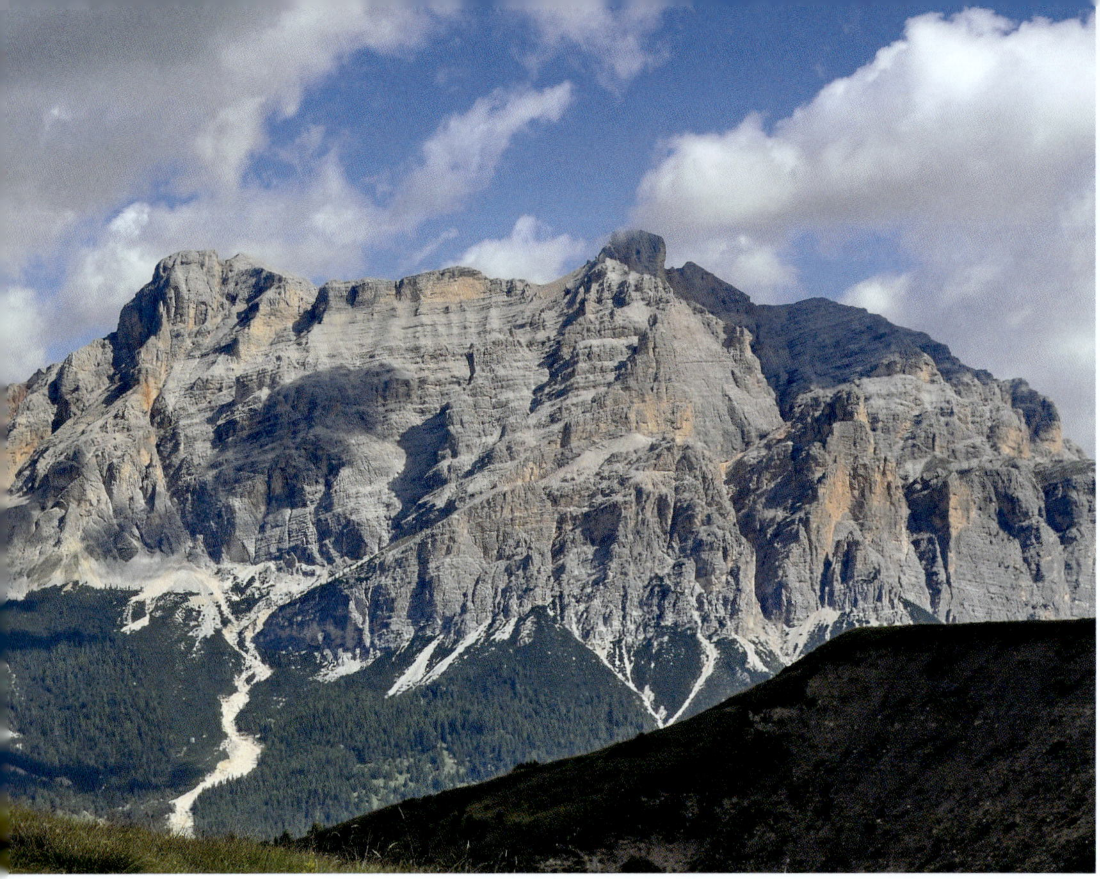

Das Lavarela-Conturines-Massiv von Westen gesehen; rechts der Piz Conturines

Piz Conturines 3064 m

Höchster Gipfel im Tal von St. Kassian

67

Die Tour im Überblick St. Kassian/Capanna Alpina – Tadegajoch – Piz dles Conturines – retour
Orientierung und Schwierigkeit Lange Hochtour nur für tüchtige und schwindelfreie Geher mit etwas Klettersteigerfahrung!
Gehzeiten Aufstieg 4 ½ Std., Abstieg gut 3 Std.
Ausrüstung Bergbekleidung, feste Bergschuhe; evtl. Sicherungsutensilien für Ungeübte

7 ½ Std. | 16,2 km | 1338 Hm

Der Piz Conturines (auch Conturinesspitze, Piz dles Conturines oder Cunturines) hängt zwar durch einen nur mäßig eingesenkten Verbindungsgrat mit der Lavarela zusammen und bildet mit dieser von Westen gesehen einen mächtigen Bergstock, aber zugleich bildet die Conturines mit ihrem frei aufragenden Gipfelstock, den von diesem ausgehenden Graten und vor allem mit den südseitig vorgelagerten Felsbastionen sehr wohl auch einen eigenständigen Berg.

Hinzu kommt, dass der Gipfel der höchste in der ganzen Fanesgruppe ist und es schon deshalb verdient, für sich allein behandelt zu werden.

Nach Westen und Süden hin, und das heißt auf der Seite des innersten Tales von St. Kassian, ist der Berg für den Nicht-Kletterer unbesteiglich. Aber es gibt von Nordosten her einen guten Steig, der bis zum Gipfelaufbau führt, und von dort leitet eine Art Klettersteig bis zum höchsten Punkt.

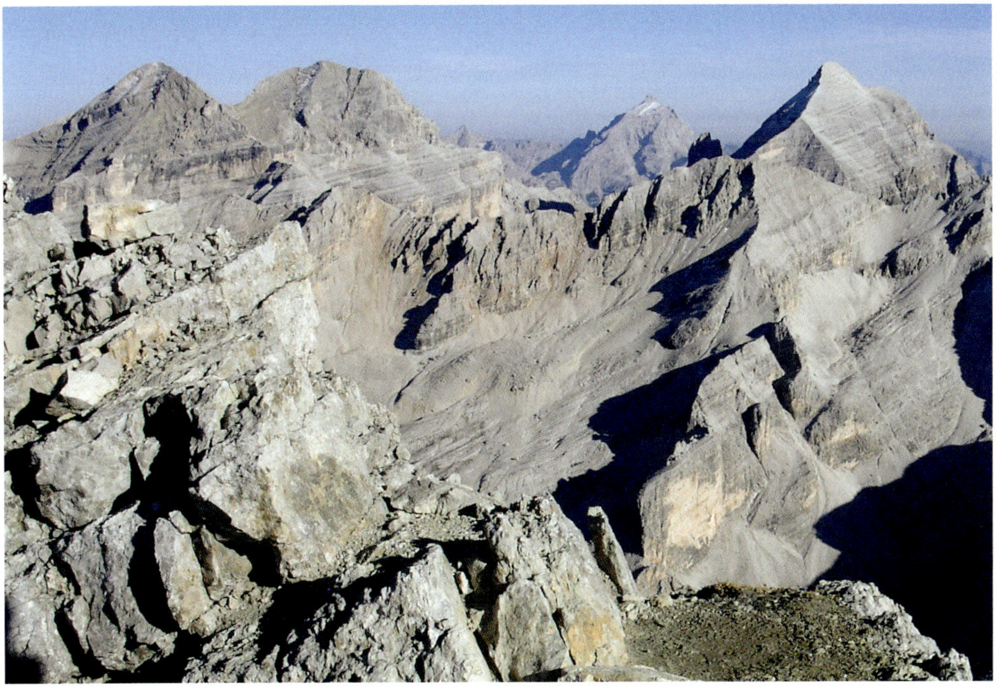

Blick vom Piz Conturines zu den südöstlichen Dolomiten (links und rechts die drei Tofanen)

Man könnte den genannten Steig von der Alm Klein-Fanes über das Limojoch und die Alm Groß-Fanes erreichen, aber das setzt voraus, dass man zunächst einmal bis nach Klein-Fanes aufsteigt, und dann muss man nach dem Limojoch einen empfindlichen Höhenverlust zusammen mit einer langen Flachstrecke in Kauf nehmen – alles in allem ein sehr langer, obgleich landschaftlich sehr schöner Zugang.

Kürzer ist der Zugang hingegen just von jener genannten Südseite aus, auf welcher der Berg so unbezwinglich aussieht. Von der bekannten Capanna Alpina, von der man auch zur Scotonihütte und zum Lagazuoisee aufsteigt, führt der Weg auch hinauf ins Almtal von Groß-Fanes, wo der Gipfelsteig abzweigt und, vorbei an dem leider oft ausgetrockneten Conturinessee, gipfelwärts führt.

Was die Schreibung des Bergnamens betrifft, der seinen Ursprung in einem im Kataster eingetragenen Flur- oder Hofnamen Contring haben dürfte, findet man in der Alpinliteratur und in den Karten sowohl die Form »Conturines« als auch »Conturines«.

Besonderer Hinweis Man erkundige sich vor Antritt der Tour nach dem Zustand der Steighilfen am Gipfelaufbau.
Karten 1:50.000: Kompass, Blatt 55 (Cortina d'Ampezzo)

Rechte Seite: Der unverkennbare Gipfelaufbau des Piz Conturines mit der Aufstiegsroute

Wegverlauf: Rund 3 km innerhalb St. Kassian zweigt ostseitig ein Sträßchen ab und führt zur Gaststätte Capanna Alpina, einem günstigen Ausgangspunkt für verschiedene Touren (1726 m; Parkplatz). Von da nun auf Weg 11 ostwärts teilweise steil empor zum Col Lodgia (2096 m) und dann weniger steil zum Tadegajoch (2153 m, auch Ju da l'Ega; ab Ausgangspunkt 1 ½ Std.); nun auf dem Talweg noch kurz weiter, dann links ab, auf markiertem Steiglein durch das hochalpine Lavares- oder Conturinestal zur Mulde des kleinen Conturinessees (oft wasserlos), hier links den markierten Hauptsteig verlassend auf unmarkiertem Steig teilweise über steile Schutthänge hinauf zur südlichen von zwei Kammsenken zwischen Conturines und Lavarela (ca. 2900 m), erneut links auf gutem Steiglein kurz hinan zum felsigen Gipfelaufbau und auf gesicherter Route (Fixseile, Leitern) teilweise ziemlich ausgesetzt empor zum Gipfel (3064 m; ab Tadegajoch 3 Std.).
Abstieg: über die beschriebene Aufstiegsroute.

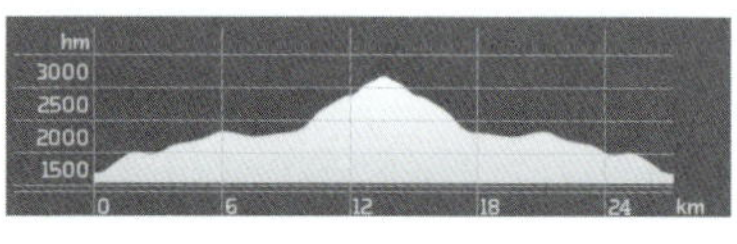

Was die Erstbesteigung des Berges betrifft, so wird vermutet, dass wagemutige Gämsjäger den Gipfel schon früh erklettert haben, und das kann durchaus zutreffen; schriftlich belegt ist hingegen erst jene Besteigung, die ein gewisser Albrecht Grünwald mit dem legendären Führer Santo Siorpaes am 4. August 1880 durchführte.

Hat der Piz Conturines mit dieser Besteigung 1881 erstmals Eingang in die Alpinliteratur gefunden, so kennen wir ihn aus dem wenig später erschienenen Sagenwerk von Karl Felix Wolff als den Berg, in dessen Bereich das legendäre Königsschloss der Fanes gestanden haben soll. Und irgendwie dazu passend vertrat Ludwig Purtscheller die Meinung, dass sich sogar der ganze Berg »wie ein riesiges Felskastell präsentiert«.

Richtig berühmt wurde die Conturines hingegen im Jahr 1987 durch eine wissenschaftliche Sensation. Damals entdeckte nämlich Willy Costamoling aus Corvara am Südhang des Berges in 2800 Meter Höhe eine Bärenhöhle mit zahllosen, rund 50.000 Jahre alten Knochen des damaligen Höhlenbären und anderer Tiere.

Diese Höhle befindet sich allerdings von unserem Weg weit entfernt, außerdem ist sie heute leer und nicht mehr allgemein zugänglich.

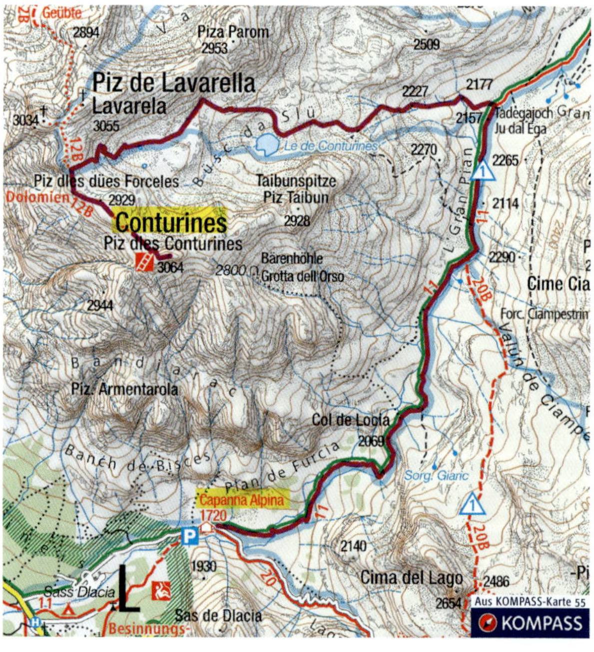

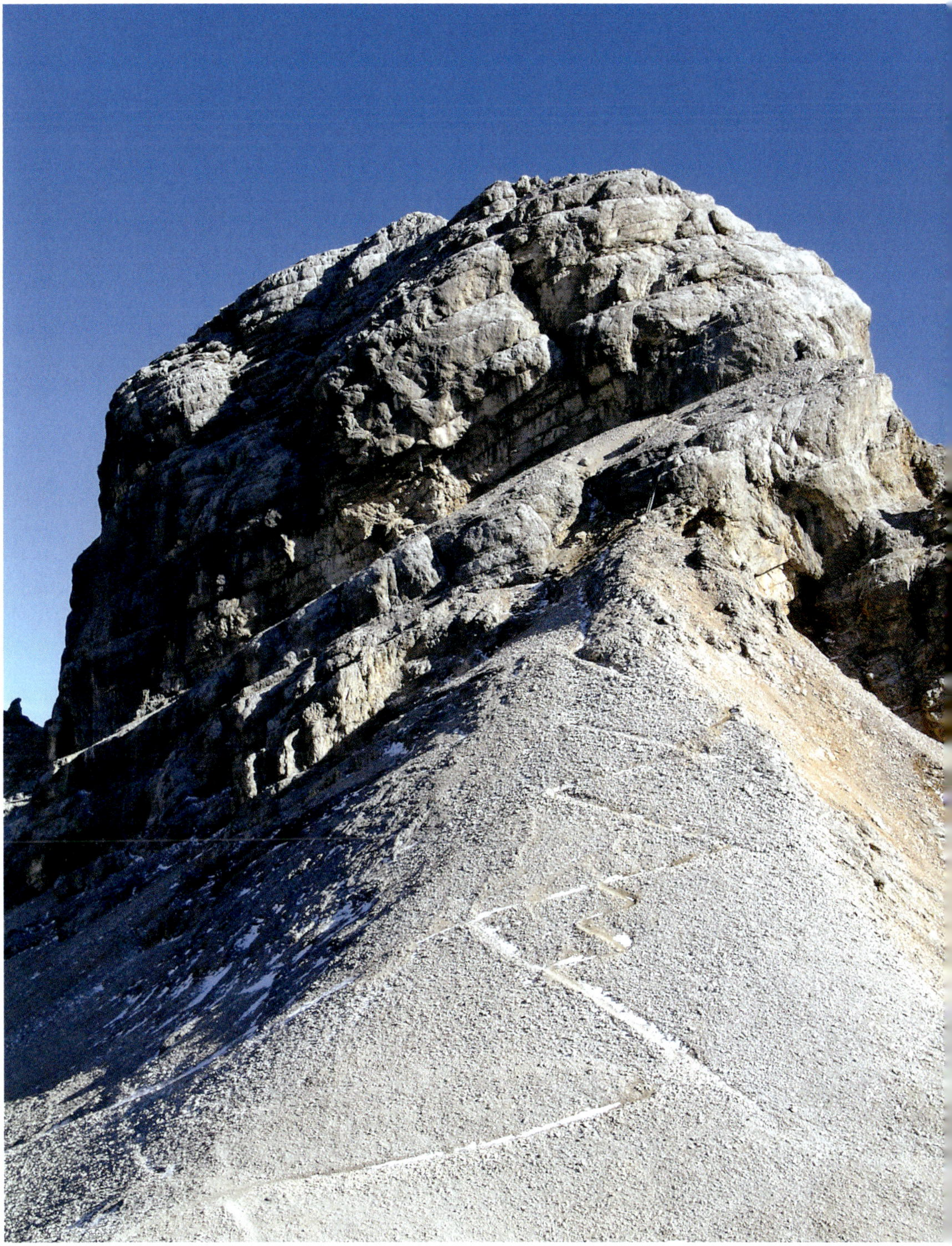

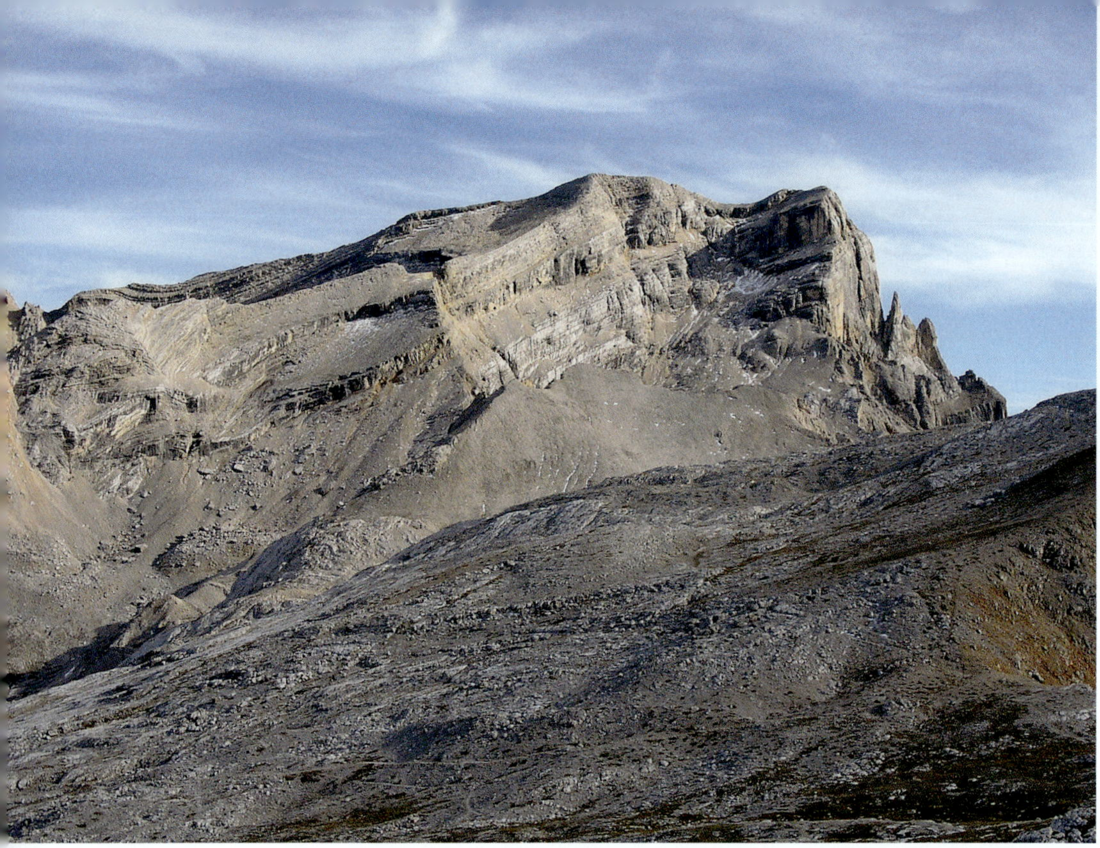

Die Lavarela von Norden

Piz Lavarela 3055 m

Große Überschreitung von Fanes aus

68

Die Tour im Überblick Pederü – Klein-Fanes – Medesc-Joch – Piz de Lavarela – Groß-Fanes – Klein-Fanes – Pederü
Orientierung und Schwierigkeit Der nicht ganz leichte Aufstieg über die Nordseite verlangt Trittsicherheit, Schwindelfreiheit und etwas Kletterübung; der südseitige Abstieg ist etwas leichter
Höhenunterschiede Bis Klein-Fanes 500 m, von dort zum Gipfel 1000 m
Gehzeiten Aufstieg zur Klein-Fanes 2 Std., weiter zum Gipfel 3 ½ Std. – Abstieg insgesamt 4 ½ Std.
Ausrüstung Bergbekleidung, feste Bergschuhe; evtl. Sicherungsutensilien für Ungeübte

10 Std. | 25,6 km | 1500 Hm

Im Atlas Tyrolensis von 1774 ist der Piz Lavarela – auch Lavarelaspitze oder einfach Lavarela genannt – noch als »Tamers Kofel« verzeichnet, benannt nach dem gerade unter seinen Westabstürzen liegenden gleichnamigen Hof, während Staffler um 1840 bereits »die große und kleine Varella« erwähnt.

Damit tritt der heutige Bergname, der von dem im Abteital wiederholt und in verschiedenen Varianten vorkommenden Flurnamen Lavara stammen dürfte, um 1840 also sozusagen in das Licht der geschriebenen Geschichte, der von Anich verzeichnete Name hingegen gehört der Vergangenheit an. Das gilt übrigens auch im Großen und Ganzen für die bis vor kurzem noch übliche Schreibform La Varella, die nun großteils der ladinischen Form Lavarela gewichen ist.

Unbeeindruckt von all dem zeigt sich der große Berg selbst, dem die Liaskalke, die ihn aufbauen, seine so eigenwillige Gestalt verleihen, an welcher von unten gesehen vor allem der turmähnliche Westgipfel das Bild beherrscht. Was kümmert es ihn, wie die Menschlein da unten seinen Namen schreiben. Sich seiner Schönheit bewusst, blickt er stolz wie seit eh und je über das Land und hinunter auf das Tal von St. Kassian und hinaus nach Stern und Pedraces, auch wenn ihm dort der Heiligkreuzkofel den Rang streitig zu machen versucht.

Doch so kühn und scheinbar unbezwingbar sich der pfeilerförmige Westgipfel in den Himmel reckt – dieser Felspfeiler ist nur ein Teil des gesamten Berges. Denn ihm schließt sich ostwärts ein mächtiger Bergkörper an, der den Hauptgipfel trägt, sowohl auf der Südseite wie auch auf der Nordseite relativ unschwierig zu ersteigen ist und auch den Zugang zum kühnen Westgipfel vermittelt.

Ich schlage hier aus Gründen der landschaftlichen Schönheit vor, über die berühmte Alm Klein-Fanes anzusteigen und dann über den Nordanstieg den Gipfel zu erreichen.

Bis zu den Schutzhäusern auf der genannten Alm, wo man nächtigen kann, wenn man die lange Tour nicht in einem Tag bewältigen will, und dann weiter zum Medesc-Joch ist der Anstieg eine gemütliche Wanderung in der herrlichen, sagenumwobenen Landschaft von Fanes; am genannten Joch ist es mit dem gemütlichen Wandern dann allerdings vorbei, und wir steigen durch die steile, breite, von großen rampenartigen Schuttbändern durchzogene Nordwestflanke hinauf. Anfangs führt zwar noch ein recht guter Steig, doch später fehlt ein solcher teilweise, und da und dort muss auch eine leichte Kletterstelle bewältigt werden.

Doch ernsthafte Schwierigkeiten gibt es für den trittsicheren und bergerfahrenen Geher bei guten Verhältnissen nicht – insbesondere dann, wenn die vor einiger Zeit recht mangelhafte Markierung in der Zwischenzeit erneuert worden sein sollte. Wenn nicht, kann das Auffinden des Routenverlaufs gewisse Schwierigkeiten bereiten. Jedenfalls lasse man sich nicht bereits im unteren Teil der Flanke zur Begehung der ersten größeren Querrampe verleiten, und man suche die Route schon gar nicht im Westteil der Flanke, wo sie manche Karte verzeichnet.

Haben wir dann glücklich das Kreuz am Hauptgipfel erreicht und vielleicht auch noch einen Abstecher zum Kreuz am etwas weniger hohen Westgipfel unternommen, steigen wir über die leichtere Südroute ab. Sie führt uns auf gut markierten Wegen zur schmucken neuen Almschenke von Groß-Fanes, dann kurz hinauf zum Limojoch mit seinem See, und schließlich geht es über Klein-Fanes wieder hinab ins Tal.

Wegverlauf: Vom Gasthof Pederü im Rautal (1545 m; hierher Straße von St. Vigil in Enneberg) entweder auf dem breiten Fahrweg oder auf dem markierten Fußweg hinauf zu einer Hangverflachung und dann großteils nur leicht ansteigend weiter zur Almmulde Klein-Fanes mit der Faneshütte und der (ca. 2040 m; private Schutzhütten mit Sommerbewirtschaftung; ab Pederü 2 Std.); hier evtl. Nächtigung. Dann stets auf Steig 12 durch Wald und freie Böden großteils nur mäßig ansteigend schwach südwestwärts hinan zum Medesc-Joch (auch Lavarela-Joch genannt; 2533 m; ab Klein-Fanes gut 1 ½ Std.). Nun links dem Wegweiser »Lavarela« und Markierungspunkten folgend auf gutem Steig an einem kleinen Geröllhang ostwärts hinauf zu einem flachen Hügel, kurz über Geröll in Spitzkehren hinauf zu einem steilen Felsgrat, an diesem stellenweise in nicht schwieriger Kletterei (I) gerade hinauf, dann rechts auf der oberen, breiten Geröllrampe die nordwestexponierten Steilflanken in leichtem Anstieg querend zu einer kaminartigen Felsrinne, durch diese in leichter bis mäßig schwieriger Kletterei (I+) empor zu einer Scharte im Gipfelgrat und über ihn links kurz problemlos zum Gipfelkreuz auf dem Hauptgipfel (3055 m); ab Medesc-Joch knapp 2 Std. *Empfohlener Abstieg:* Zurück zur erwähnten kleinen Scharte, weiterhin am Grat in leichter Kletterei hinab in eine größere Gratsenke (etwa

Besonderer Hinweis Wer sich den Nordanstieg nicht zutraut, wähle die leichtere Südroute auch für den Aufstieg; und man erkundige sich vor Antritt der Tour nach dem Zustand der Markierungen. – Lavarela und Conturines lassen sich miteinander verbinden.
Einkehrmöglichkeit Lavarellahütte, T 0474 501094, s. S. 272
Karten 1:50.000: Kompass, Blatt 55 (Cortina d'Ampezzo)

Rechte Seite: Der Piz Lavarela von Süden, mit West- und Hauptgipfel

3000 m; von da der Abstecher zum Kreuz am 3034 m hohen Westgipfel lohnend, aber eine Stelle ziemlich ausgesetzt), von der genannten Senke auf gut markiertem Steig südseitig zwar steil, aber problemlos über Geröll und Schrofen hinab in eine weitere Senke (2885 m), hier links ab, auf dem weiterhin gut markierten Steig hinab zum breiten Weg11 im Groß-Fanes-Tal (2150 m) und auf diesem links nahezu eben zur Alm Groß-Fanes (2104 m, Ausschank; ab Gipfel ca. 1 ½ Std.); nun auf dem breiten Weg mäßig steil hinauf zum Limojoch (2170 m), jenseits hinab zu den Hütten auf Klein-Fanes und wie im Aufstieg zurück nach Pederü.

Das Ganze ist eine lange Tour, die ein gerüttelt Maß an Gehtüchtigkeit und in der Lavarela-Nordwestflanke auch Übung im selbstständigen Bergsteigen erfordert, aber es ist auch die großzügige Überschreitung eines mächtigen Dreitausenders und eine der schönsten Rundtouren, die das Felsenreich der Dolomiten zu bieten hat.

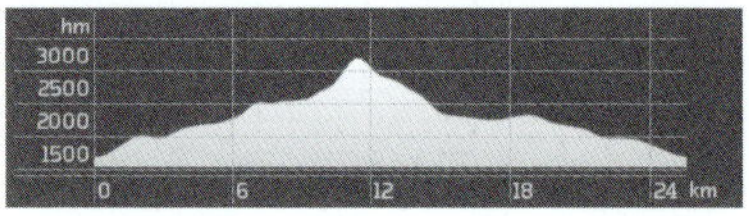

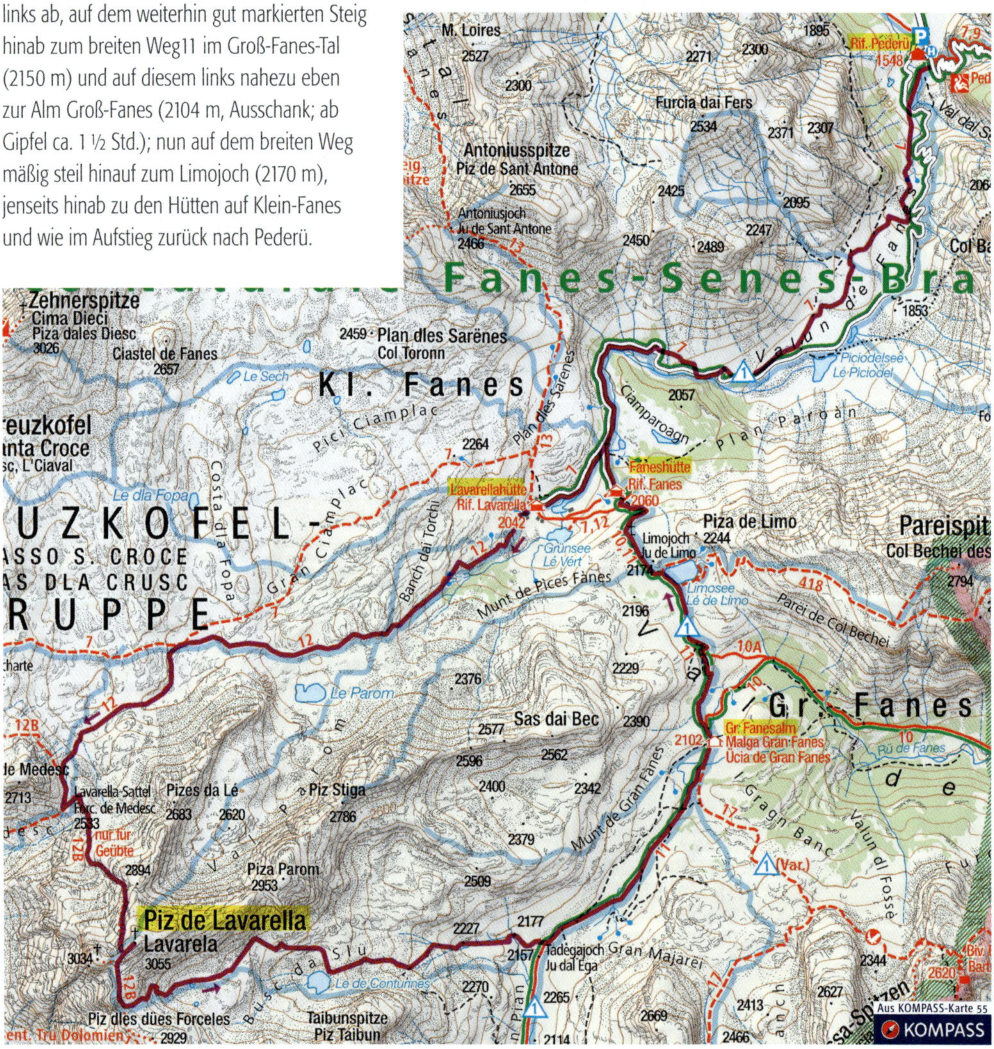

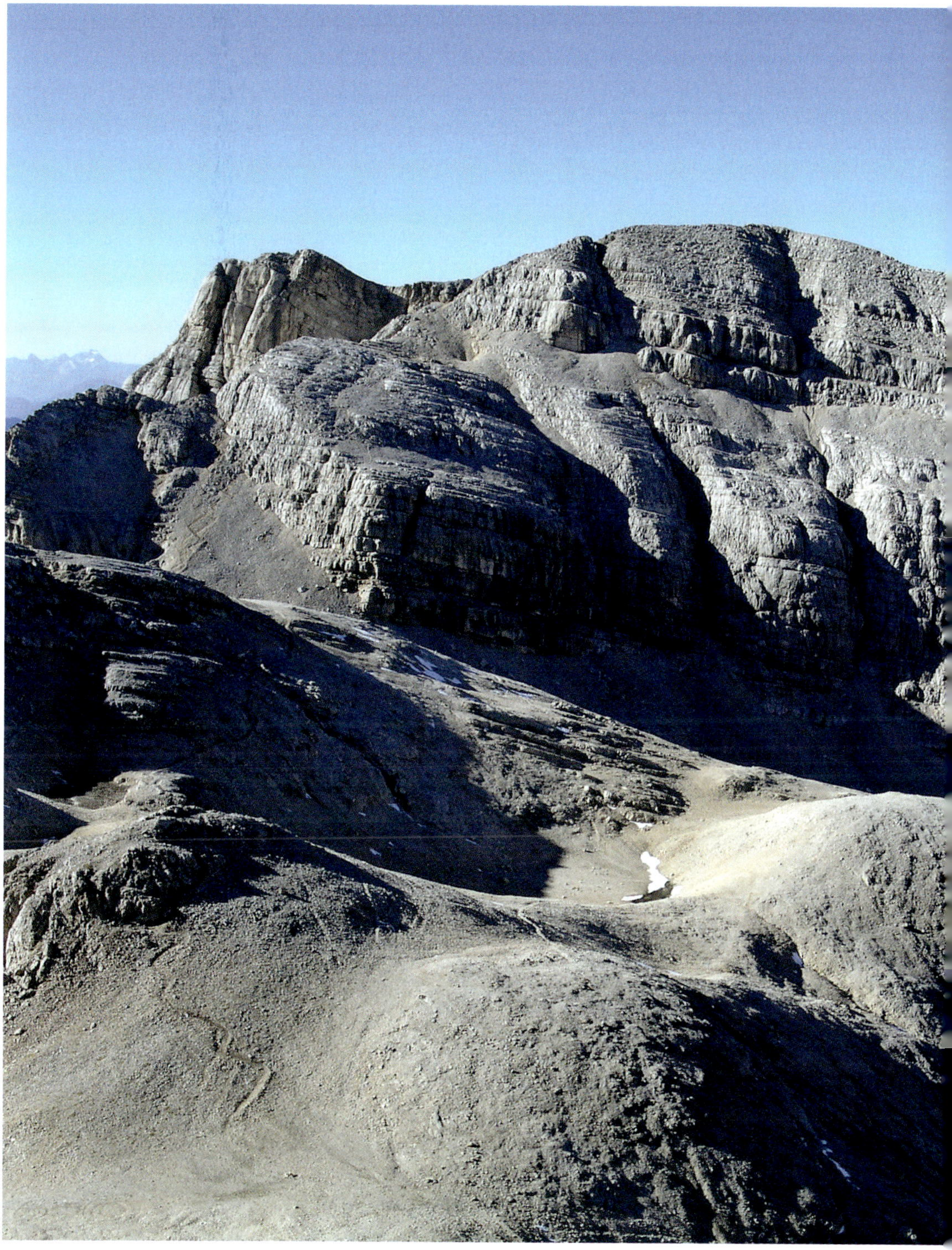

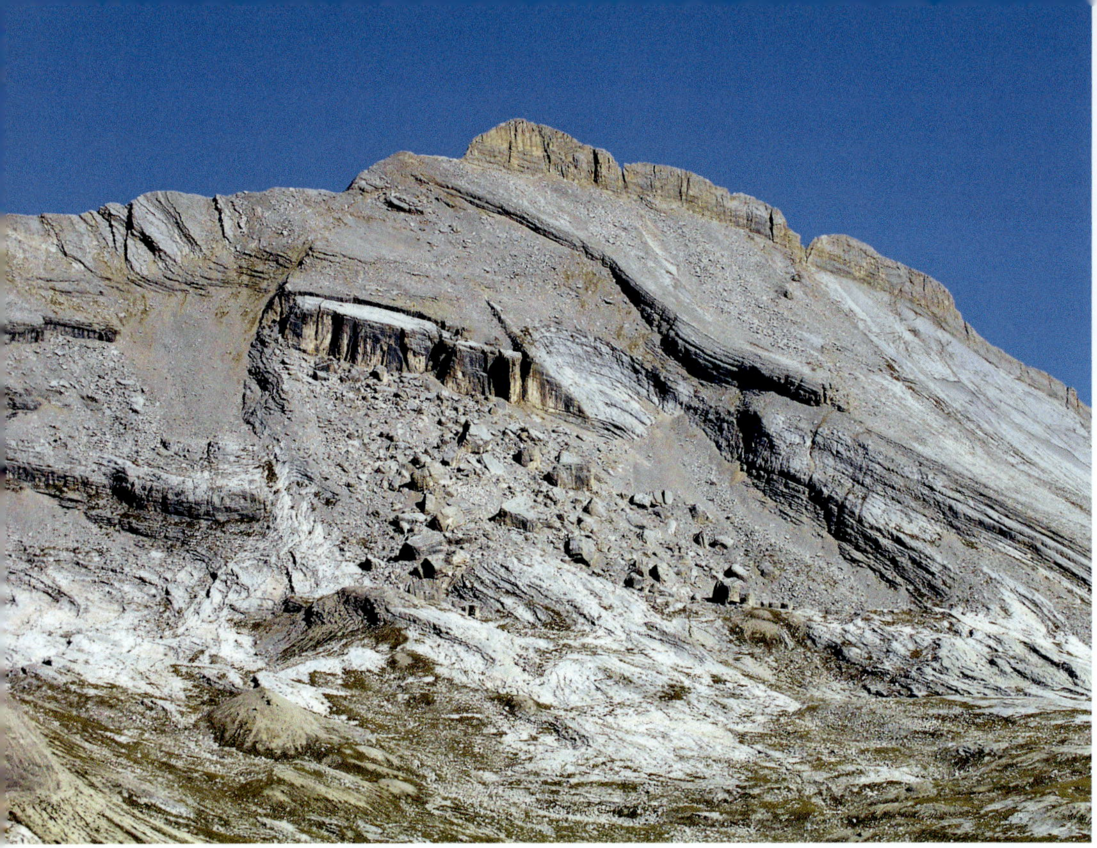

Die einzigartige Berggestalt des Zehners

Zehner 3026 m

Der Hahnenkamm über der Fanesalm

69

Die Tour im Überblick Pederü – Klein-Fanes – Kreuzkofelscharte – Zehner – retour
Orientierung und Schwierigkeit Bis zu den Gipfelfelsen leicht, doch auch der abschließende kurze Klettersteig ist für etwas felsgeübte Geher nicht schwierig
Höhenunterschiede Bis Klein-Fanes ca. 500 m, von dort zum Gipfel ca. 985 m
Gehzeiten Aufstieg zur Klein-Fanes 2 Std., von dort zum Gipfel 4 Std.; Abstieg insgesamt 4 ½ Std.
Ausrüstung Bergbekleidung; Sicherungsutensilien für Ungeübte; Klettersteigausrüstung nicht notwendig

10 ½ Std. | 25,8 km | 1485 Hm

Er, der Sas dales Diesc, ist kein Berg im gewöhnlichen Sinne, sondern eine mit keinem anderen Berg vergleichbare Felsgestalt; zumindest wenn man sie von Süden, von der Alm Klein-Fanes herauf, betrachtet. Dorthin nämlich zeigt sie ihren markanten, an einen Hahnenkamm erinnernden Gipfelaufbau ganz besonders schön.

Den Geröllflanken und schrägen, leicht durchgebogenen Felsplattenschüssen des eigentlichen Berges gleichsam aufgesetzt, ragt der besagte Kamm mit senkrechten Felsen kühn und unnahbar empor. Doch ganz so unnahbar ist er nicht; denn erstens sieht er höher aus, als er in Wirklichkeit ist, und zweitens sind die steilen Felsen – über die der Zehner 1887 erstmals bestiegen wurde – durch fest verankerte Halteseile auch für den sogenannten Normalbergsteiger begehbar gemacht worden.

Ordentlich zupacken muss man zwar schon, um den ersten senkrechten Aufschwung zu bewältigen, aber schon bald lässt

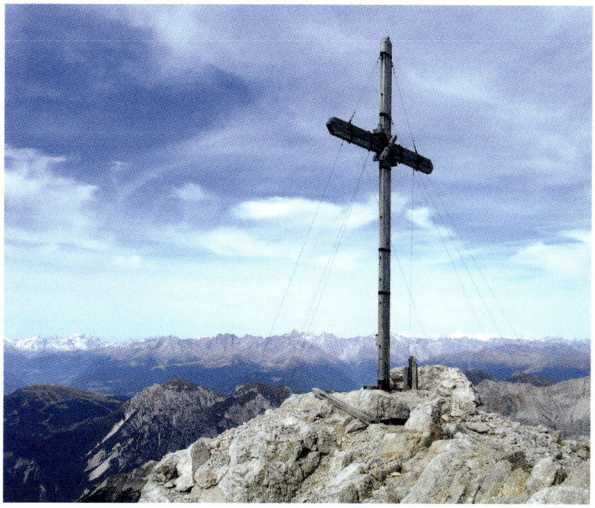

Das Gipfelkreuz auf dem Zehner gegen die Hohen Tauern

die Steilheit nach, und schneller, als man denkt, hat man das Gipfelkreuz erreicht – einen Punkt, den man wegen seiner freien und zentralen Lage mit Fug und Recht als einen der aussichtsreichsten der gesamten Dolomiten bezeichnen darf.

Mit der Schilderung des letzten Abschnitts der Aufstiegsroute haben wir sozusagen das Pferd vom Schwanz her aufgezäumt, doch nicht ohne Grund. Denn dieser Abschnitt ist es, von dem jeder Gipfelaspirant wissen will, ob und wie er zu bewältigen ist.

Alles Übrige am Aufstieg ist normales Gehgelände; ja mehr noch: Vom Gasthaus Pederü im innersten Rautal, bis wo von St. Vigil herein eine gute Autostraße führt, kann man – sofern man nicht den steileren Bergpfad vorzieht – in bequemen Serpentinen auf breitem Wanderweg zur berühmten Almmulde von Klein-Fanes mit den dortigen beiden Schutzhäusern aufsteigen, dann geht es kaum weniger bequem weiter zur Kreuzkofelscharte, die keine Scharte, sondern ein breites, aussichtsreiches Joch ist, und selbst die Querung unter dem Heiligkreuzkofel hinüber zum Fuß des genannten Felskammes erfolgt auf gutem und markiertem Fußsteig.

So bleiben nur noch geschätzte hundert Meter bis zum Gipfel, die zwar nicht mehr so leicht, aber dank der Fixseile auch nicht besonders schwierig sind.

Übrigens: Der erwähnte, 2908 Meter hohe Heiligkreuzkofel ist – im Gegensatz zum Zehner – bis zum Gipfelkreuz auf

Besonderer Hinweis Das Kreuzkofeljoch kann auch von der Höhenkirche Heiligkreuz erreicht werden, allerdings nur über einen langen und anspruchsvollen Klettersteig.
Einkehrmöglichkeit Lavarellahütte, T 0474 501094, , s. S. 272
Karten 1:50.000: Kompass, Blatt 57 (Bruneck – Toblach)

Wegverlauf: Vom Gasthaus Pederü (1545 m; hierher Straße von St. Vigil in Enneberg) entweder auf dem breiten Fahrweg (nur mäßig steil) oder auf dem beschilderten und markierten, anfangs ziemlich steilen Fußweg hinauf zu einer Hangverflachung und dann teils auf dem Fußweg, teils auf dem Fahrweg großteils mäßig steil weiter zur Almmulde Klein-Fanes mit der Faneshütte und der Lavarellahütte (ca. 2040 m; private Schutzhütten mit Sommerbewirtschaftung); ab Pederü 2 Std.
Dann von der Lavarellahütte auf dem guten Steig 12 großteils durch lichte Baumbestände zum Anschluss an Steig 7 und nun auf diesem über teils grüne, teils steinige Böden und Mulden großteils nur mäßig ansteigend westwärts zur Kreuzkofelscharte (2609 m;

Der kurze Klettersteig am Zehner

Rechte Seite: Der seilgesicherte Steilaufschwung am Zehner, der zum Gipfel führt

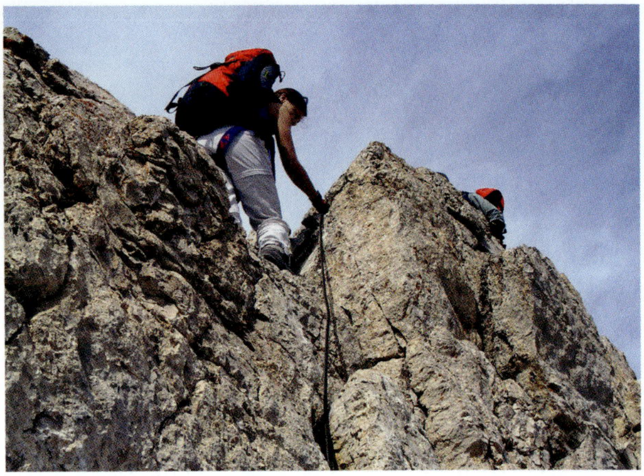

ab Fanes 2 Std.); hier nun rechts ab, auf dem markierten Steig über den Kamm leicht ansteigend nordwärts hinauf zu Weggabel unter dem Heiligkreuzkofel (dieser ist von da in wenigen Min. ersteigbar), auf dem rechts weiterführenden Steig die Steilhänge und die Senke zwischen den beiden Gipfeln querend hinüber zum Felsaufschwung des Zehners und über den kurzen Klettersteig an starken Halteseilen in unschwieriger Kletterei anfangs kurz senkrecht, später weniger steil empor zum Gipfel (3026 m; ab Kreuzkofelscharte 2 Std.). *Abstieg:* über die beschriebene Aufstiegsroute.

unschwierigem Geröllsteig ersteigbar und kann von unserem Pfad aus sozusagen im Vorbeigehen mitgenommen werden. Aber so empfehlenswert der Abstecher ist, er ist kein Muss. Denn der Zehner ist bedeutend genug, um allein und ohne jeden Nebenbuhler angepeilt und bestiegen zu werden – er, einer der eigenwilligsten Dreitausender der Alpen.

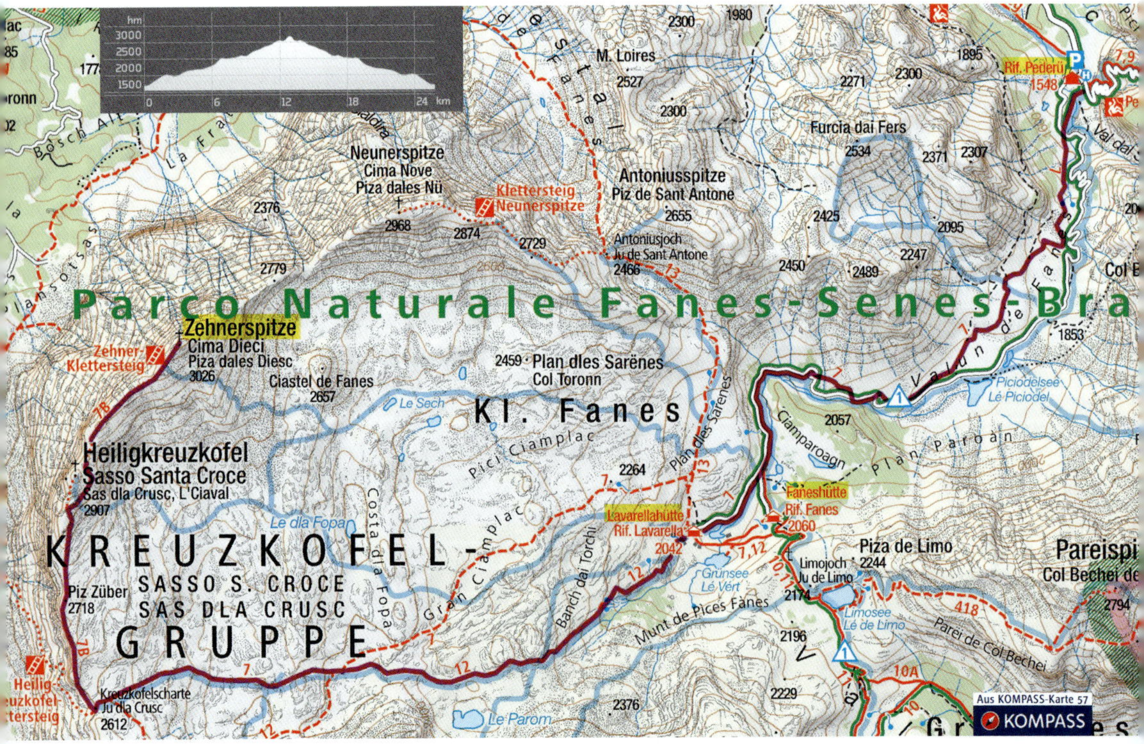

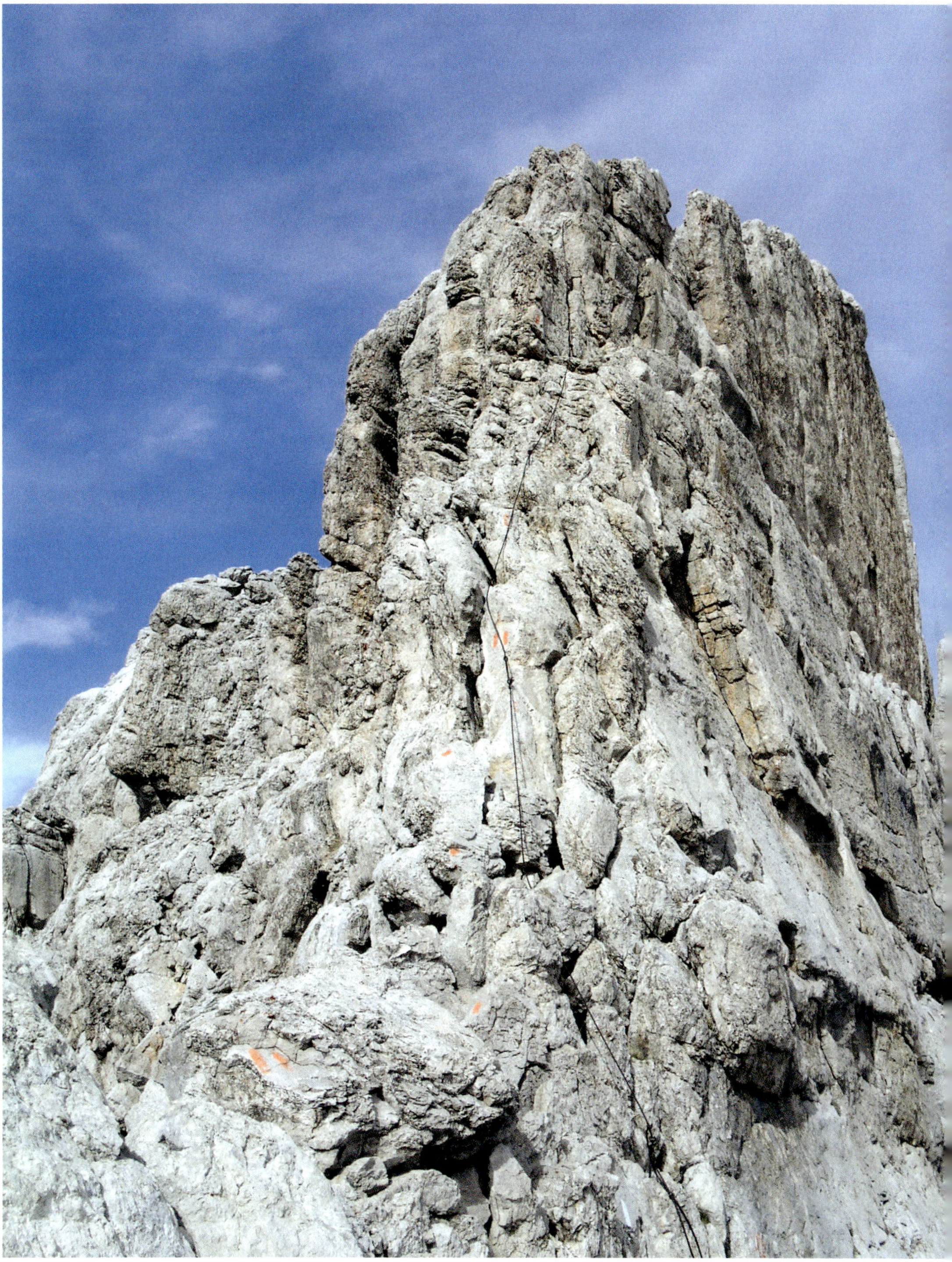

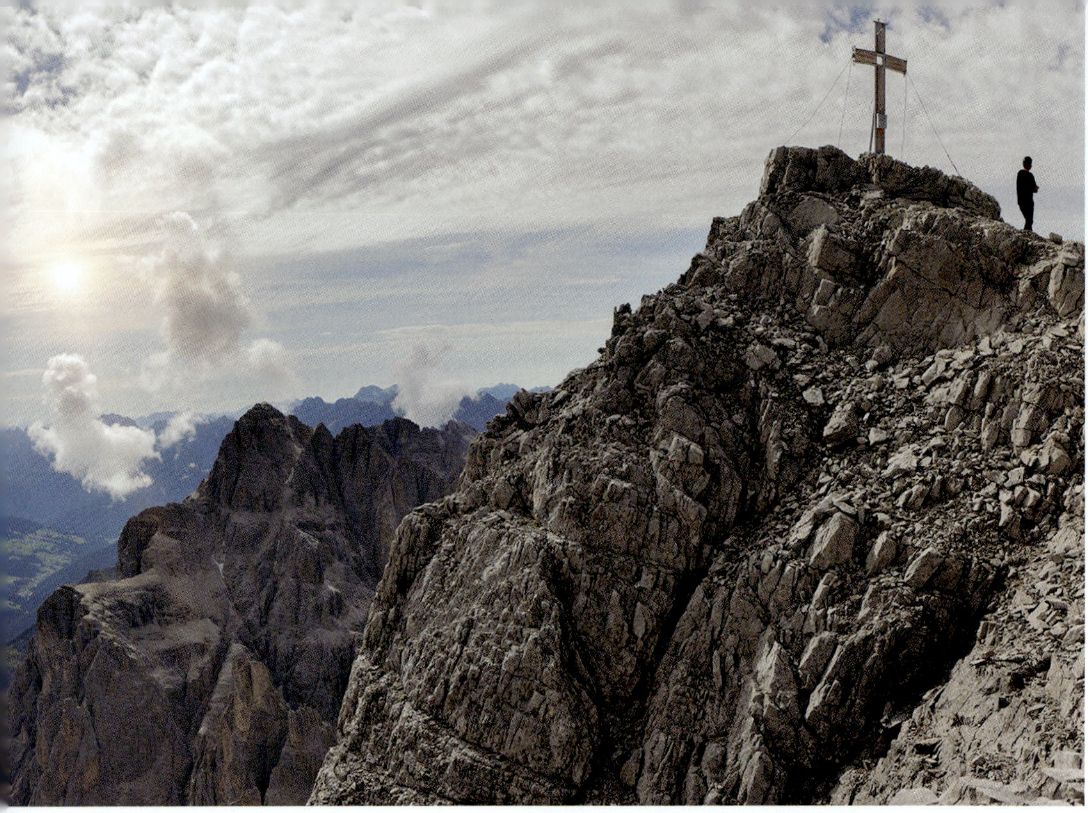

Gipfelsteinmann der Hochbrunnerschneide gegen Dreischusterspitze, Elfer und Hohe Tauern

Hochbrunnerschneide 3046 m

Dreitausender in den Sextner Dolomiten

70

Die Tour im Überblick Fischleinboden – Zsigmondy-Comici-Hütte – Hochbrunnerschneide – retour

Orientierung und Schwierigkeit Für trittsichere und schwindelfreie Berggeher mit Dolomiten- und Hochgebirgserfahrung nicht schwierig, aber teilweise mühsam; die Route stellenweise nicht ganz leicht zu finden, da und dort leichte Felskletterei (I–I+)

Höhenunterschiede Bis zur Hütte 770 m, von der Hütte zum Gipfel 822 m

Gehzeiten Aufstieg zur Hütte 2 ½ Std., weiter zum Gipfel 3 ½ Std., Abstieg insgesamt 4 ½ Std.

Ausrüstung Hochtourenbekleidung, evtl. Sicherungsutensilien für Ungeübte

10 ½ Std. | 18,8 km | 1592 Hm

Die Östlichen Dolomiten sind durchaus nicht arm an Dreitausendern, und wenn auch die mächtigsten und bekanntesten von ihnen sich außerhalb Südtirols im Ampezzaner Raum befinden – ich nenne hier Pelmo, Civetta, Sorapis, Antelao – so finden sich doch zum Beispiel in den Pragser und Sextner Dolomiten so bekannte und bedeutende Berge wie Elfer, Zwölfer oder Hohe Gaisl, die die Dreitausendmetergrenze überschreiten.

Zu diesen Berühmtheiten gehört die Hochbrunnerschneide nicht; denn hinsichtlich ihrer Lage und ihrer Form ist sie kein besonders auffallender Berg, ja es scheint, als wollte sie sich wegen der ihr fehlenden besonderen Formschönheit geradezu verstecken.

Von wo aus immer man die berühmten Sextner Dolomiten betrachtet, die Rotwand, den Elfer, den Zwölfer, die Drei Zinnen – sie springen einem in die Augen, nicht so die Hochbrunnerschneide.

Aber mag sie sich auch hinter der Rotwand und dem Elfer verbergen, ein echter Dolomitendreitausender ist sie doch. Und

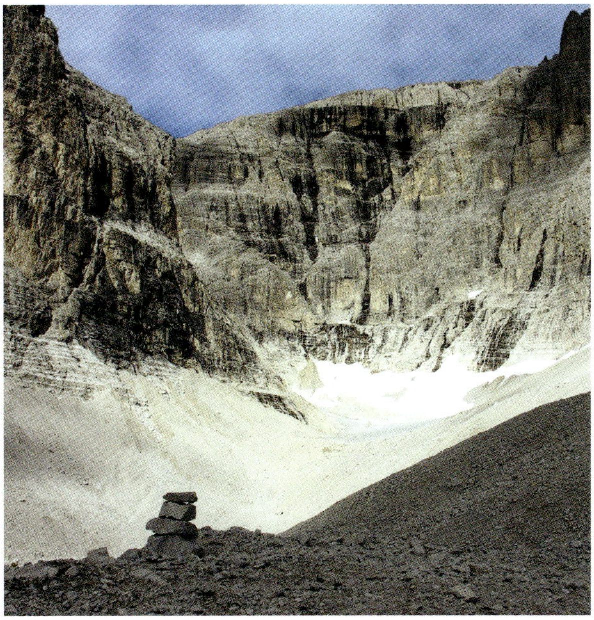

Das »Innere Loch«, in Bildmitte die Hochbrunnerschneide

wer etwa den berühmten Alpinisteig geht und weiß, wo sie zu suchen ist, der entdeckt bei genauerem Hinsehen auch ihre mächtigen Wandabstürze, die mit den auffallenden Wasserstreifen und dem langen Gipfelgrat – diese beiden Elemente haben ihr denn auch den Namen gegeben – über dem sogenannten Inneren Loch, einem von senkrechten Wänden begrenzten Felsental, hervorlugen.

Und was die Hochbrunnerschneide für den »normalen« Bergsteiger weit interessanter macht als Elfer oder Zwölfer, ist ihre relativ leichte Ersteigbarkeit bei gleichzeitiger bedeutender Höhe, was denn auch die frühe Erstbesteigung bereits im Jahre 1874 durch Maurice Holzmann und Santo Siorpaes über die auch heute übliche Route zum Ausdruck bringt. Denn der Normalanstieg eben von der Zsigmondyhütte bzw. vom Inneren Loch aus ist keine ausgesprochene Kletterroute, sondern ein teils über Schnee und Geröll, teils über gestuften Fels führender Pfad.

Allerdings ganz so leicht, wie manchmal fast etwas abschätzig behauptet wird, ist die Route dann auch wieder nicht. Da und dort muss man trotz der Steinmännchen nach ihrem Verlauf suchen, und vor allem gibt es eine längere Felspassage, die zwar nicht in schwieriger, aber doch etwas ausgesetzter und steiler Kletterei bewältigt werden muss. Außerdem kann

Aufstieg zur Hochbrunnerschneide

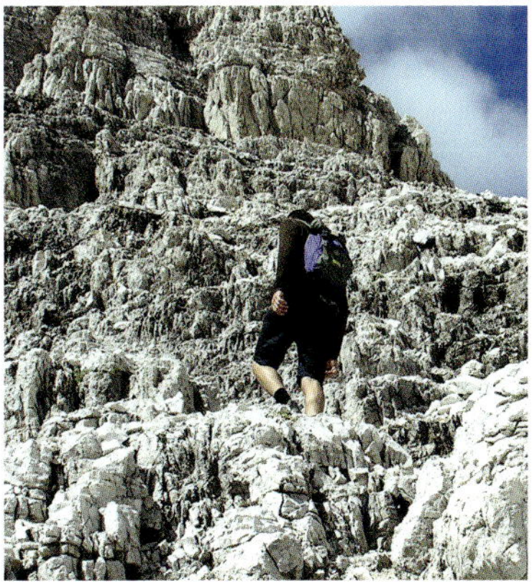

Besonderer Hinweis: Bei Neuschnee oder Nebel ist von der Tour dringend abzuraten!
Karten 1:50.000: Kompass, Blatt 58 (Sextner Dolomiten)

Rechte Seite: Die Zsigmondyhütte, darüber der Zwölfer

Wegverlauf: Vom Fischleinboden im gleichnamigen Sextner Seitental (1454 m, Parkplätze, Gastbetriebe) in ½ Std. hinein zur Talschlusshütte (1540 m; Gaststätte), von da auf Weg 102/103 im Altensteintal kurz hinauf zur Wegteilung, hier links ab und auf dem Weg 103 großteils mittelsteil hinauf zur Zsigmondyhütte (2224 m; Sommerbewirtschaftung; ab Fischleinboden gut 2 ½ Std.); hier evtl. Nächtigung.
Vom Schutzhaus dann auf beschildertem Weg südwärts hinan zur Wegteilung, dem Wegweiser »Alpinisteig« folgend links zum kleinen Eissee, auf dem gut markierten Weg empor auf den Rücken des Hochleist, dann hinein in einen Schottergraben und zu Wegteilung (links geht der Alpinisteig weiter); nun rechts (geradeaus) dem Wegweiser »Hochbrunnerschneide« folgend auf gutem Steig (nicht markiert, aber mit Steinmännchen versehen) steile Geröll- und Schneehänge querend zu einem meist den ganzen Sommer über vorhandenen großen Schneefeld im sogenannten Inneren Loch, über dieses hinauf zu seinem Ende, dann auf dem Steig über steiles Geröll teils gerade, teils in Serpentinen lange hinauf bis unter die auffallende Felsflanke, nun leicht ansteigend über Felsabsätze nach rechts zum unteren Ende einer auffallenden kleinen Schlucht, links davon über eine steile, aber gut zu erkletternde Felsrippe (I–I+) hinauf zu einem Felshaken und roten Farbfleck, dann rechts wieder auf dem Steig mit Steinmännchen über Blockwerk, Geröll und steiles Felsgelände (I-) hinauf zum Nordgrat und am Gipfelhang zum höchsten Punkt (3046 m; ab Hütte 3 ½ Std.).
Abstieg: über die beschriebene Aufstiegsroute.

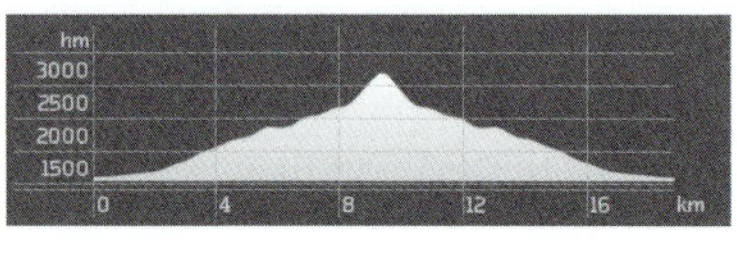

Schnee im Inneren Loch den Zugang erschweren, sofern nicht überhaupt – was bekanntlich im Hochgebirge selbst mitten im Sommer geschehen kann – der ganze Berg verschneit ist und deshalb besser gemieden wird.

Unser Anstieg schenkt bis zum Gipfelgrat zwar keine besonders freie und weitreichende Aussicht, aber dafür sind die Nahbilder unbeschreiblich eindrucksvoll. Kaum bei einer anderen Tour steht man den atemberaubenden Felsbastionen der Dolomiten so nahe und unmittelbar gegenüber wie beim Aufstieg zur Hochbrunnerschneide.

Und das gilt auch noch oben am Gipfel, nur gesellt sich hier zu den Nahbildern der unermessliche Blick über ungezählte Gipfel und Kämme und Täler. Und zumindest in diesem Punkt kann sich die bescheiden im Hintergrund bleibende Hochbrunnerschneide mit den sich keck in den Vordergrund drängenden Konkurrenten absolut messen.

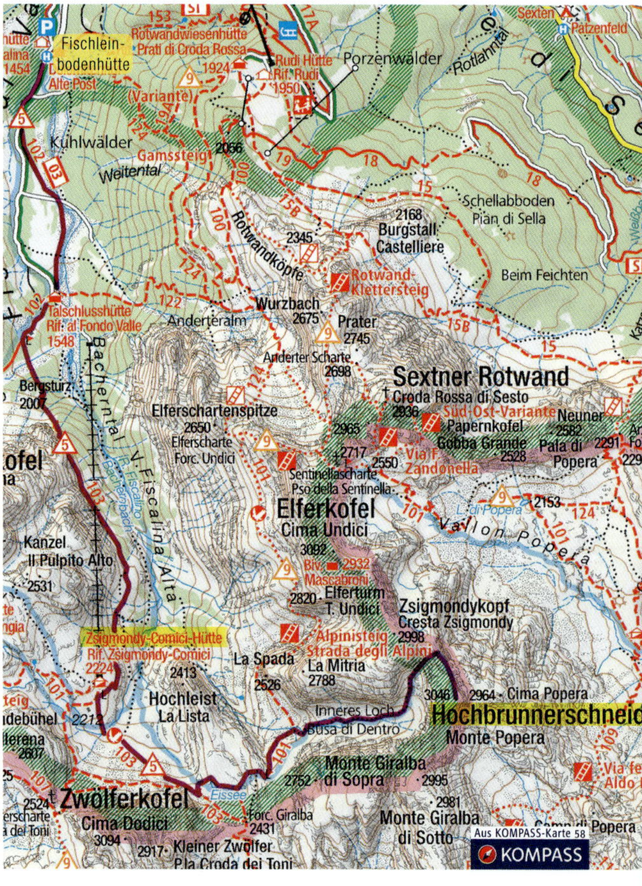

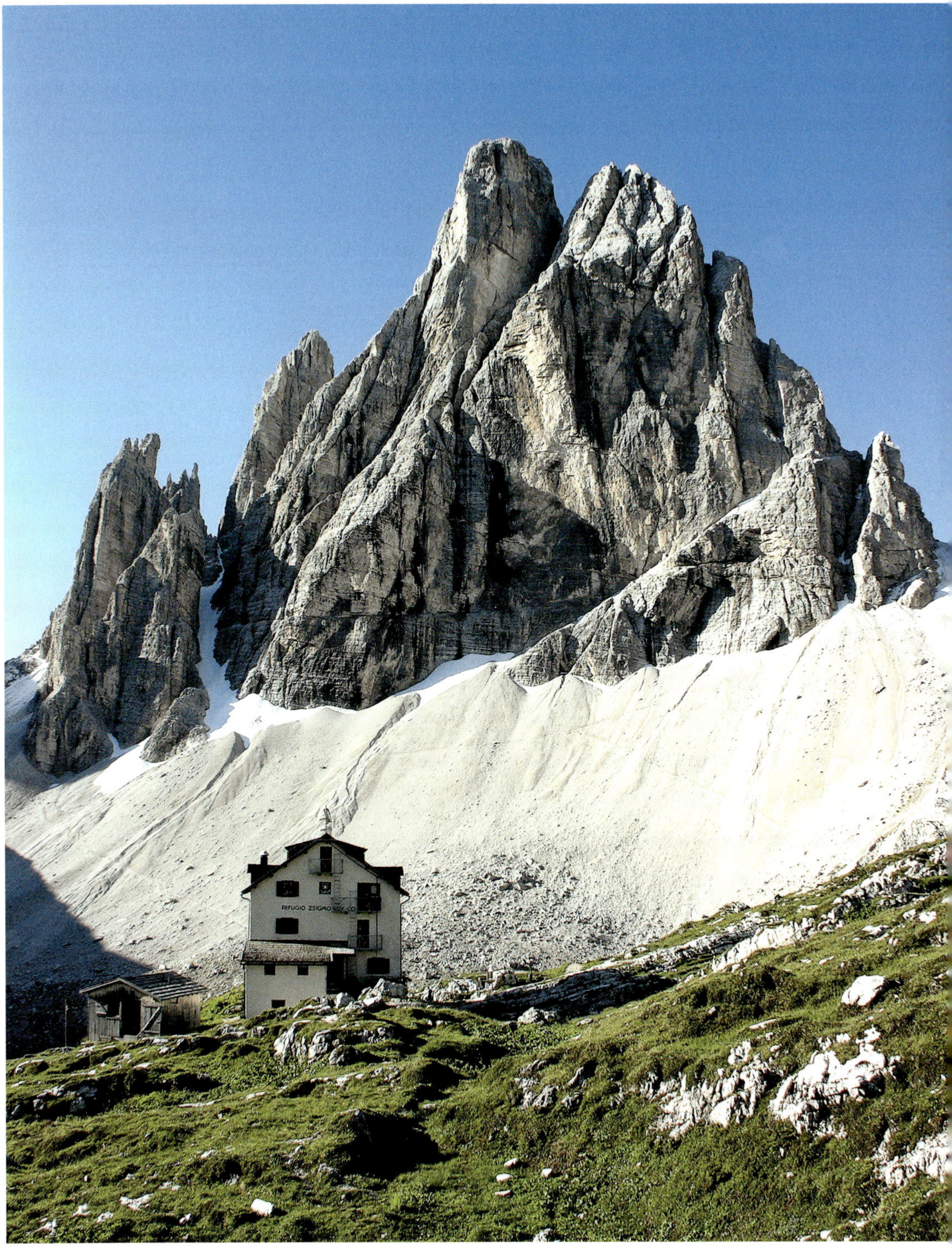
RIFUGIO ZSIGMONDY CO

Literatur

eine Auswahl

Beikircher, Werner – **Hellweger,** Karl: Alpinführer Tauferer-Ahrntal. Bozen 1987.

Cammelli, Fabio: Ötztaler und Stubaier Alpen. Trient 1995.

Costamoling, Hansi und Willy: Fossilien des Gadertales. Bozen 1994.

Der Schlern, Zeitschrift für Südtiroler Landeskunde. Bozen ab 1920.

Edlinger, Max (Hrsg.): Peter Anich – Atlas Tyrolensis. Innsbruck 1981.

Ellmenreich, Helmut: Die Meraner Bergwelt. Meran 1986.

End, Willi – **Peterka,** Hubert: Venedigergruppe, Alpenvereinsführer. München 2006.

Fischer, Hans – **Klier,** Heinrich: König Ortler. München 1956.

Frass, Hilde: Die schönsten Klettersteige der Dolomiten. München 1979.

Goedeke, Richard: 3000er in den Alpen – Südliche Alpen mit Dolomiten. München 2004.

Grohmann, Paul: Wanderungen in den Dolomiten. Wien 1877.

Hager, Hannsjörg – **Menara,** Hanspaul: Berge und Bergsteiger – Alpingeschichte Südtirols. Bozen 1994.

Höfler, Horst – **Werner,** Paul: Klettersteige Dolomiten. München 2000.

Holl, Peter: Ortleralpen, Alpenvereinsführer. München 2003.

Klebelsberg, Raimund von: Südtirols Berge und Täler. Brixen 1948 (1965).

Klier, Heinrich und Walter: Stubaier Alpen, Alpenvereinsführer. München-Ottobrunn 2006.

Klier, Heinrich und Walter: Zillertaler Alpen, Alpenvereinsführer. München 1990 (1996).

Klier, Walter: Ötztaler Alpen, Alpenvereinsführer. München-Ottobrunn 2006.

Kübler, Peter: Fanes – Wandern durch Geschichte und Landschaft. Bozen 1989.

Langes, Gunther: Burggrafenamt und Meran (Südtiroler Landeskunde Bd. 4). Bozen 1989.

Langes, Gunther: Überetsch und Bozner Unterland (Südtiroler Landeskunde Bd. 3). Bozen 1990.

Mayr, Christoph – **Ortner,** Peter: Südtiroler Naturführer. Bozen 1977.

Menara, Hanspaul: Zillertaler Alpen. Bozen 1981.

Menara, Hanspaul – **Rampold,** Josef: Südtiroler Bergtouren. Bozen 1982.

Menara, Hanspaul: Stubaier Alpen. Bozen 1982.

Menara, Hanspaul: Ötztaler Alpen. Bozen 1983.

Menara, Hanspaul: Südtiroler Schutzhüttenwanderungen. Bozen 2001.

Menara, Hanspaul: Südtiroler Gipfelwanderungen. Bozen 2005.

Mitteilungen des Deutschen und Österreichischen Alpenvereins, ab 1874.

Müller, Martin: Julius von Payer. Stuttgart 1956.

Pause, Walter und Michael: 50 Gipfeltouren in den Ostalpen. München 1988.

Purtscheller, Ludwig – **Heá,** Heinrich: Der Hochtourist in den Ostalpen, verschiedene Bände. Leipzig um 1910.

Rabededer, Gernot: Die Höhlenbären der Conturines. Bozen 1991.

Rampold, Josef: Bozen (Südtiroler Landeskunde Bd. 7). Bozen 1985.

Rampold, Josef: Pustertal (Südtiroler Landeskunde Bd. 2). Bozen 1987.

Rampold, Josef: Eisacktal (Südtiroler Landeskunde Bd. 5). Bozen 1996.

Rampold, Josef: Vinschgau (Südtiroler Landeskunde Bd. 1). Bozen 1991.

Schnürer, Sepp: Bergsteigen in Südtirol, Bd. 1 und 2., München 1980.

Seibert, Dieter: Leichte Dreitausender in den Ostalpen. München 1993.

Seibert, Dieter: Ötztaler Alpen. Rosenheim 1993.

Staffler, Johann Jakob: Das deutsche Tirol und Vorarlberg. Innsbruck 1839–1847 (Reprint Bozen 1981).

Stiebritz, Ernst Eugen: Geisler und Steviagruppe, Alpenvereinsführer. München 1981.

Thurwieser, Peter Carl: Die Ersteigung der Ortlerspitze im August 1834, in: Zeitschrift des Ferdinandeums. Innsbruck 1837.

Viazzi, Luciano: Ortles – Cevedale. Bologna 1981.

Visentini, Luca: Sextener Dolomiten. Bozen 1985.

Weber, Beda: Das Land Tirol. Innsbruck 1838.

Wolff, Karl Felix: Dolomitensagen. Innsbruck 1974.

Zeitschrift des Deutschen und Österreichischen Alpenvereins, ab 1870

Register

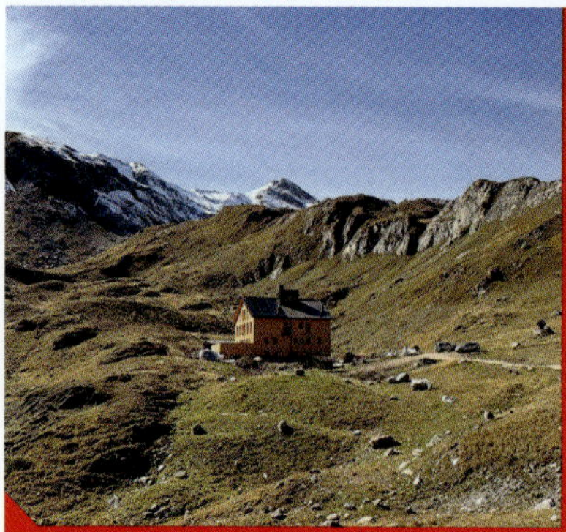

Tour 6 – **Piz Rims/Piz Cristanas**

6

Schutzhütte Sesvenna

Das junge Pächterpaar Georg und Indira heißt euch samt Team auf der frisch sanierten Sesvennahütte herzlich willkommen. Das klassische Schutzhüttenerlebnis wird ergänzt durch gelebte Regionalität, einen klaren Fokus auf Umweltschutz und viel Gemeinschaft. Eingebettet in die einmalige Bergwelt der Sesvennagruppe ist die Hütte ein Ziel für Bergbegeisterte ebenso wie für Ruhesuchende. Wandert zu den umliegenden Gipfeln, genießt eine traditionell-moderne Küche und entspannt euch in der Leseecke.

info@sesvennahuette.it | www.sesvennahuette.it |

Öffnungszeiten: von Anfang Februar bis Mitte April und von Mitte Juni bis Mitte Oktober

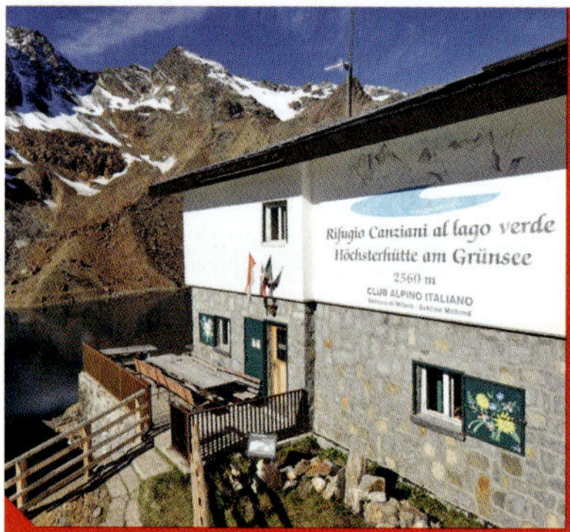

Tour 27 – **Hintere Eggenspitze**

27

Höchsterhütte

- *In unserer Küche legen wir großen Wert auf frische und hochwertige Produkte aus der Umgebung. Eine Leitlinie ist dabei immer wieder die Küche der hl. Hildegard von Bingen. Ihr Wissen über „Was tut uns gut" inspiriert uns immer wieder, NEUES zu kreieren und auszuprobieren.*
- *65 Schlafplätze, vom 3-Bett-Zimmer bis zum Lagerplatz*

Auf Ihr Kommen freuen sich Dominikus Bertagnolli und sein Team.

T +39 0473 798120 | M +39 376 2183570 und 324 8793260
info@rifugiocanziani.it | www.rifugiocanziani.it

Öffnungszeiten: von Mitte Juni bis Mitte Oktober

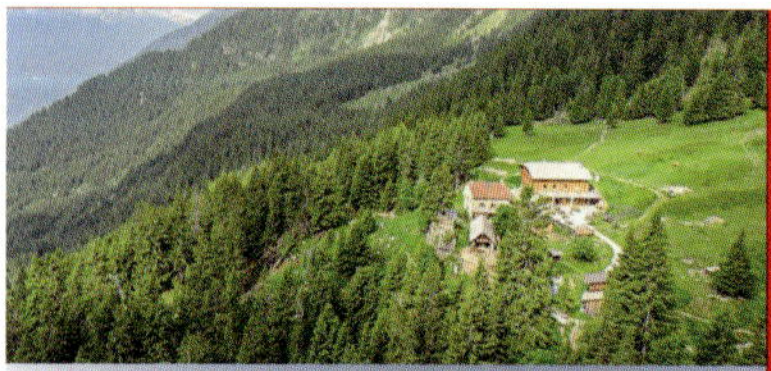

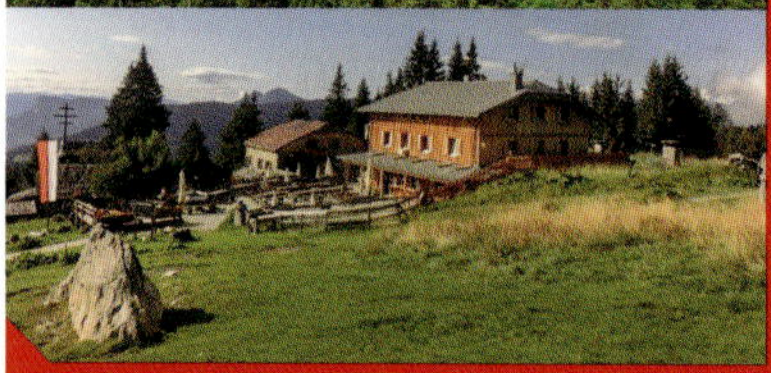

Tour 35 – **Tschigat**

35

Hochganghaus

Das Schutzhaus ist ein ideales Ausflugsziel mit viel Spiel- und Freiraum und spannenden Naturerlebnissen für Familien sowie Bergfreunde, denen die Ursprünglichkeit und die Einfachheit ein Herzensanliegen sind. Das Hochganghaus bietet Übernachtungsmöglichkeiten und ist Ausgangspunkt für Tagestouren sowie Wanderungen von Hütte zu Hütte für unvergessliche Berggipfel im Naturpark Texelgruppe.

Fam. Wolf Erlacher | Gampenstraße 66/1 | 39020 Marling
T & F +39 0473 443310
erlacher@hochganghaus.it

Öffnungszeiten: 1. Juni bis 15. Oktober

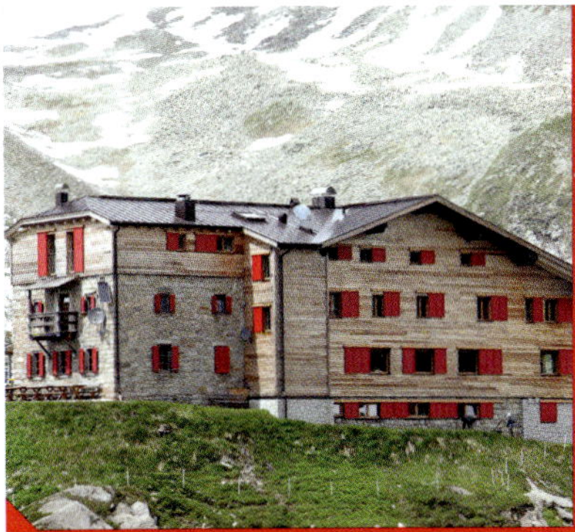

Tour 42 – **Hohe Wand**

42

Pfitscherjochhaus

Das Pfitscherjochhaus liegt inmitten der Zillertaler Alpen, direkt an der Staatsgrenze zwischen Italien und Österreich.
· durchgehend warme Küche von 10 bis 19.30 Uhr
· Übernachtungsmöglichkeit auch im DZ mit Dusche/WC
· Bio-Sauna, abschließbarer Radraum für Mountainbikes
· beliebter Ausgangspunkt und Übergang für Mountainbiketouren
· Juli bis September täglicher Shuttle-Dienst

Familie Volgger | St. Jakob 103 | 39049 Pfitsch
T +39 0472 630119 | M +39 333 8404587
office@pfitscherjochhaus.com | www.pfitscherjochhaus.com

Öffnungszeiten: von Mitte Juni bis Anfang Oktober

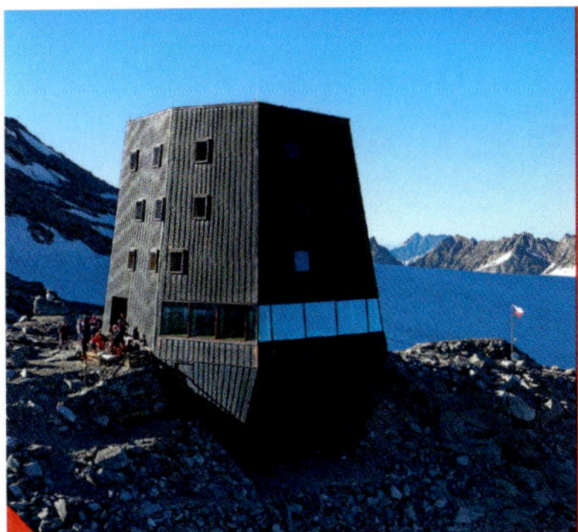

Tour 50 – **Schwarzenstein**

50

Schwarzensteinhütte

· in den Zillertaler Alpen auf 3026 m Meereshöhe
· Hüttenerlebnis, Gipfel, Gletscher, Sonne, Wind, Nebel: ein Schauspiel der Natur das erlebt werden kann.
· Aufstieg zur neu gebauten Hütte: über das Ahrntal oder über das Zillertal

T +39 0474 646584 | M +39 342 8038586
info@schwarzensteinhuette.com
www.schwarzensteinhuette.com

Öffnungszeiten: von Mitte Juni bis Mitte September

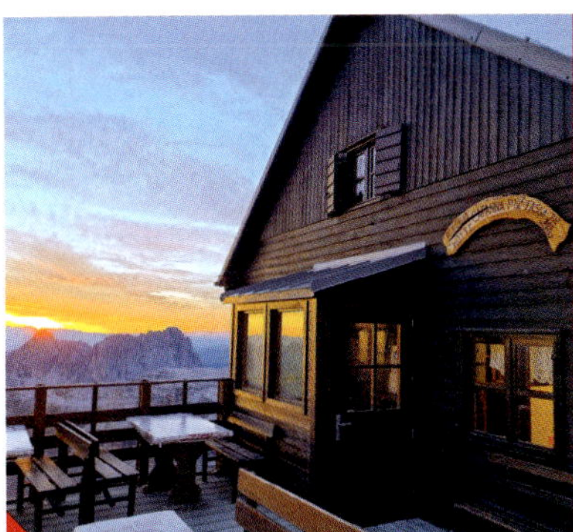

Tour 66 – **Piz Boè**

66

Fassahütte / Capanna Piz Fassa

Auf dem Piz Boè, dem höchsten Berggipfel der Sellagruppe, befindet sich die Berghütte Capanna Piz Fassa, der ideale Ort um den Sonnenaufgang und -untergang zu erleben.
Die Hütte verfügt über 22 Betten, Reservierung ist erwünscht.

Bernard Guido und sein Team freuen sich auf Euch.

T +39 0462 601723 (Sommer) | M +39 336 452523 (Winter)
info@rifugiocapannapizfassa.com
RifugioCapannaPizFassa

Öffnungszeiten: von Mitte Juni bis Ende September

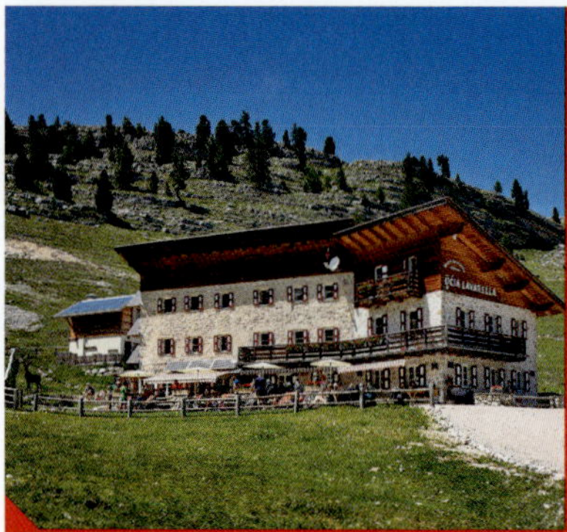

Tour 68/69 – **Piz Lavarela/Zehner**

68 69

Lavarellahütte

- *Gemütliche und komfortable Hütte im Naturpark Fanes-Sennes-Prags*
- *GA.Beer: Höchste Microbrauerei der Dolomiten auf 2050 m*
- *Es wird viel Wert auf eine echte, gesunde Bergküche gelegt, auf frische Produkte und einheimische Gerichte*
- *Liebevoll eingerichtete Zimmer mit Waschbecken und Lagerplätze, Duschen und finnische Sauna*

Familie Frenner-Sógorka | 39030 St. Vigil/Enneberg
T +39 0474 501094 | M +39 340 5243516
rifugio@lavarella.it | www.lavarella.it

Öffnungszeiten: von Juni bis Oktober und Dezember bis April

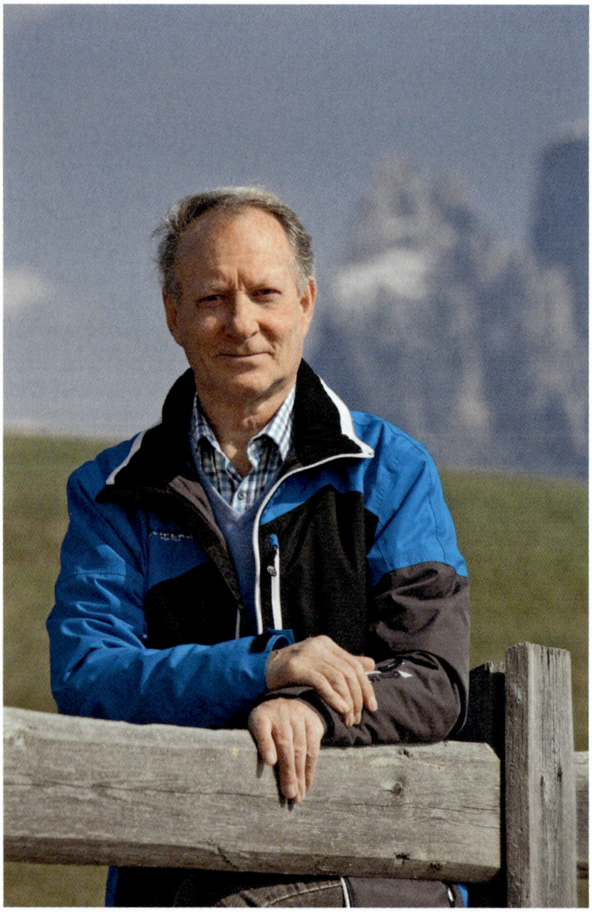

Hanspaul Menara, 1945 in Sterzing geboren und dort wohnhaft, befasst sich als freischaffender Publizist und begeisterter Wanderer seit Jahrzehnten mit der Natur- und Kulturlandschaft Südtirols.
Die Gesamtauflage seiner über 60 Bücher, die zum Teil auch in italienischer und englischer Sprache erschienen sind, umfasst rund 800.000 Exemplare.
Öffentliche Auszeichnungen: 1988 Ehrenurkunde der Südtiroler Landesregierung, 2005 Verdienstkreuz des Landes Tirol, 2008 Ehrenmitgliedschaft des Alpenvereins Südtirol.

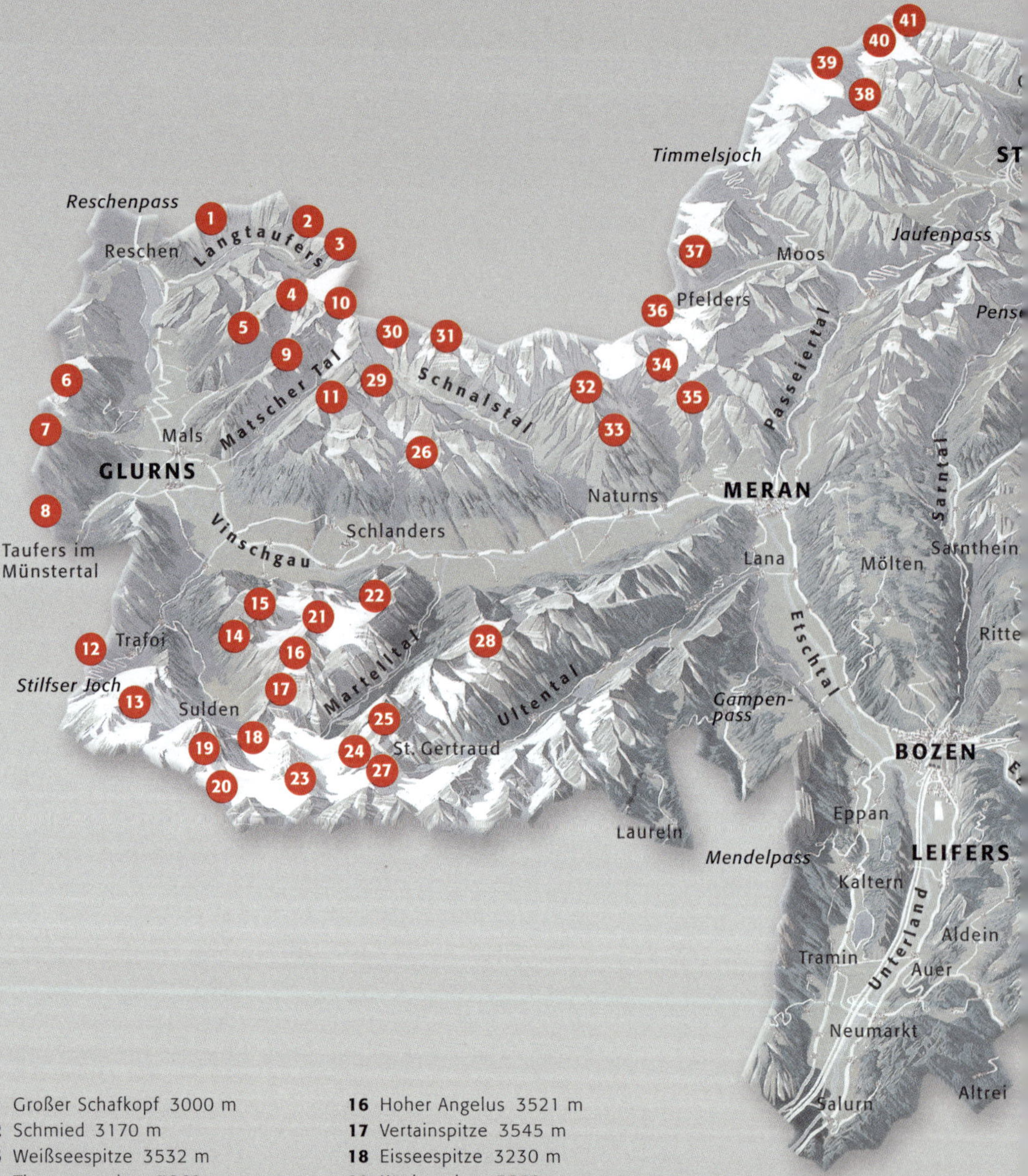

1 Großer Schafkopf 3000 m
2 Schmied 3170 m
3 Weißseespitze 3532 m
4 Tiergartenspitze 3068 m
5 Danzebell 3148 m
6 Piz Rims 3070
und Piz Cristanas 3092 m
7 Piz Sesvenna 3205 m
8 Piz Starlex 3076 m
9 Portlesspitze 3071 m
10 Weißkugel 3739 m
11 Upikopf 3175 m
12 Rötelspitze 3026 m
13 Ortler 3905 m
14 Hinteres Schöneck 3128 m
15 Tschenglser Hochwand 3375 m
16 Hoher Angelus 3521 m
17 Vertainspitze 3545 m
18 Eisseespitze 3230 m
19 Königsspitze 3859 m
20 Cevedale 3769 m
21 Kalvenwand 3061 m
22 Laaser oder Orgelspitze 3304 m
23 Veneziaspitze 3386 m
24 Vordere Rotspitze 3033 m
25 Zufrittspitze 3438 m
26 Zerminiger Spitze 3109 m
27 Hintere Eggenspitze 3443 m
28 Hasenöhrl 3257 m
29 Kortscher Schafberg 3115 m
30 Fineilspitze 3516 m
31 Similaun 3606 m